Ines Heiser l Jana Mikota l Andy Sudermann (Hrsg.)
Interkulturalität neu entdecken: fachwissenschaftliche und
fachdidaktische Perspektiven auf Kinder- und Jugendliteratur

Kinder- und Jugendliteratur. Themen – Ästhetik – Didaktik

Herausgegeben von
Jan Standke

Die Bände der Reihe verstehen sich als Beiträge zur Erforschung der Kinder- und Jugendliteratur der Gegenwart in ihrer medialen, ästhetischen und thematischen Vielfalt. Dabei sollen Ansätze der Kinder- und Jugendmedienwissenschaft und ihrer Bezugsdisziplinen ebenso eine Rolle spielen wie Perspektiven der Literatur- und Mediendidaktik. Inhaltliche Schwerpunkte der Bände – Monografien oder Sammelbände – können in folgenden Bereichen liegen: literatur-, medien- und kulturtheoretisch fundierte Analysen eines breiten Spektrums kinder- und jugendliterarischer Medien (auch unter Berücksichtig literatur- und mediengeschichtlicher Fragestellungen); Untersuchung produktions-, vermittlungs- und rezeptionsbezogener Aspekte des kinder- und jugendliterarischen Feldes; literatur- und mediendidaktische Reflexionen zum (auch außerschulischen) Bildungspotenzial von Kinder- und Jugendmedien; Impulse für das literarische Lernen mit Kinder- und Jugendliteratur im Unterricht.

Ines Heiser | Jana Mikota | Andy Sudermann
(Hrsg.)

Interkulturalität neu entdecken: fachwissenschaftliche und fachdidaktische Perspektiven auf Kinder- und Jugendliteratur

Diese Publikation wurde gefördert von der Münsterschen Stiftung für Interkulturelle Kommunikation und der SChilF-Stiftung für Chancengleichheit und individuelle leistungsgerechte Förderung.

Das Werk einschließlich aller seiner Teile ist urheberrechtlich geschützt. Jede Verwertung ist ohne Zustimmung des Verlags unzulässig. Das gilt insbesondere für Vervielfältigungen, Übersetzungen, Mikroverfilmungen und die Einspeicherung und Verarbeitung in elektronische Systeme.

Dieses Buch ist erhältlich als:
ISBN 978-3-7799-7794-0 Print
ISBN 978-3-7799-7795-7 E-Book (PDF)
ISBN 978-3-7799-8327-9 E-Book (ePub)

1. Auflage 2024

© 2024 Beltz Juventa
in der Verlagsgruppe Beltz · Weinheim Basel
Werderstraße 10, 69469 Weinheim
Alle Rechte vorbehalten

Herstellung: Myriam Frericks
Satz: xerif, le-tex
Druck und Bindung: Beltz Grafische Betriebe, Bad Langensalza
Beltz Grafische Betriebe ist ein klimaneutrales Unternehmen (ID 15985-2104-100)
Printed in Germany

Weitere Informationen zu unseren Autor:innen und Titeln finden Sie unter:
https://www.beltz.de

Inhalt

Interkulturalität neu entdecken. Eine Einleitung
Ines Heiser/Jana Mikota/Andy Sudermann   11

Theoretische Grundlagen

Das ist bestimmt was Kulturelles.
Kultur und Interkulturalität: Begriffsbestimmungen
Andy Sudermann   20

Kultur(en) in der Schule. Interkulturelles Lernen und interkulturelle
Literatur im Deutschunterricht
Ines Heiser   31

„Ein in mir wohnendes Tier hilft mir, diese Wörter sprechen zu lassen
und mehrdeutige vielschichtige Geschichten zu erzählen."
Kinder- und Jugendliteratur und Interkulturalität. Eine kurze
Geschichte nach 1945
Jana Mikota   41

Literaturdidaktische Konzepte

Von Flussdrachen und Wassermonstern
Interkulturelles Lernen mit dem *SDG Book Club*
Carmen Sippl   54

Jugendliche Lebenswelten.
Dialogdidaktik und Literatur in interkultureller Perspektive
Jörg Roche und Gesine Lenore Schiewer   65

Fremdheit vor und nach der Literatur – Responsives Lesen als
interkulturelle Kompetenz
Ben Dittmann   77

Analysen zu Einzeltexten

„Sie lernten sich normal"
Frank Cottrell Boyces *Der unvergessene Mantel* zwischen Angst und Magie
Andreas Wicke — 90

„Ich will später keine Kultur, da muss man ständig alles erklären."
Guus Kuijers *Polleke*-Reihe
Susanne Drogi — 102

„Unsere Klasse hatte sich schon ewig einen Flüchtling gewünscht":
Forschungsgruppe Erbsensuppe oder wie wir Omas großem Geheimnis auf die Spur kamen von Rieke Patwardhan, szenisch interpretiert in Klasse 5
Kirsten Kumschlies — 117

Literarisches Lernen und interkulturelle Kompetenz in der Kinder- und Jugendliteraturdidaktik am Beispiel des Romans *Der Junge aus der letzten Reihe* von Onjali Q. Raúf
Natalia Blum-Barth — 128

Detektiv und Gentleman?
Die Suche nach einer kosmopolitischen Haltung in Kirsten Boies *Thabo – Der Nashorn-Fall* (2016)
Julia Catherine Sander und Wolfgang Jäger — 141

„Ich finde, sie ist halb normal, halb Superheldin."
Literarisches Lernen mit Abouets und Sapins transkultureller Comicfigur Akissi
Astrid Henning-Mohr und Juliana Sölter — 152

Pembo – Wie (literaturdidaktische) Reflexionen auf den Topos *halb und halb* für ein kritisches Hinterfragen von Zugehörigkeitsordnungen im Literaturunterricht fruchtbar gemacht werden können
Vesna Bjegač und Nina Simon — 166

Turntables – Teilhabe am öffentlichen und literaturbezogenen Diskurs mit Jason Reynolds' *Asphalthelden*
Fenster und Spiegel einer hyperdiversen Gesellschaft
Farriba Schulz — 177

Samir und Jonathan. Inter- und transkulturelles Lernen mit Literatur am Beispiel des Nahostkonflikts
Damaris Nübel — 189

Das Mädchen Wadjda von Hayfa Al Mansour
Eine intermediale Unterrichtsreihe für die Jahrgangsstufe 7/8
Juliane Dube 200

Ein Wolf unter Schafen?
Identitätsverhandlung und Grenzüberschreitung im illustrierten
Jugendroman *Die besseren Wälder* von Martin Baltscheit
(Jahrgangsstufe 7/8)
Susanne Schul 212

Satirisches Spiel mit dem Konstrukt ‚Flüchtling'
Jean-Claude Grumberg: *Ein neues Zuhause für die Kellergeigers* (2016)
Hajnalka Nagy 226

Samira El-Maawi: *In der Heimat meines Vaters riecht die Erde wie der Himmel* (2020)
Rassismus, Identität und Zugehörigkeit
Monika Riedel 238

Verhandlungen sexueller und kultureller Fremd- und
Selbstbestimmungen in Kristina Aamands interkulturellem
Adoleszenzroman *Wenn Worte meine Waffe wären*
Martina Kofer und Cornelia Zierau 249

„Was wissen denn Sie?"
Interkulturelle Begegnungen in und mit Gudrun Pausewangs *Die Not der Familie Caldera*
Katrin Geneuss und Christian Hoiß 264

Eine Hand voller Sterne. Ein deutsch-polnisch-syrisches Projekt
Der Jugendroman *Eine Hand voller Sterne* von Rafik Schami
Annette Kliewer 276

„Wir träumen alle davon, Schmetterlinge zu werden, doch man will
uns nur als Raupen leben lassen."
Rafik Schamis *Sami und der Wunsch nach Freiheit*
Monika Hernik 287

Eine Kindheitsautobiographie über Flucht
Mehrnousch Zaeri-Esfahanis *33 Bogen und ein Teehaus*
Kristina Krieger 301

Literarisch-sprachliches und interkulturelles Lernen mit dem
migrationsmehrsprachigen Jugendroman *Nicu & Jess*
Ute Filsinger 314

Deutschsein unter anderen Bedingungen in Eleonora Hummels *Die Fische von Berlin* (2005)
Julia Podelo   328

Auch die Ostsee ist das Meer?
In Susan Krellers Roman *Elektrische Fische* migrationsbedingte Verschiedenheit wahrnehmen
Florian Hesse   342

Que Du Luu: *Im Jahr des Affen* (2016)
Eine „Banane" mit Fluchterfahrung im Familiengepäck
Gabriela Scherer   354

David Yoon: *Frankly in Love* (Jahrgangsstufe 9/10)
Johannes Windrich   366

„Alles ist mehrerlei":
Zweieinhalb Störche: Roman einer Kindheit in Siebenbürgen von Claudiu M. Florian und sein Potenzial zur Förderung des interkulturellen Dialogs im Deutschunterricht
Antonella Catone und Daniela Sorrentino   377

Anleitung zum Unglücklichsein oder *Wie wird man seines eigenen Glückes Schmied?*
Rolf Lapperts *Pampa Blues* aus Sicht einer interkulturellen Literaturdidaktik
Nicole Masanek   387

„So ist das, wenn man die Welt von einer privilegierten Position aus betrachtet":
Alteritätserfahrung und Fremdverstehen im Literaturunterricht. Vorschläge für literarisches und interkulturelles Lernen mit Tahereh Mafis Jugendroman *Wie du mich siehst*
Janika Frei-Kuhlmann   402

Julya Rabinowich: *Dazwischen: Ich* (2016)
Ein Adoleszenzroman über interkulturelle Identitätsprozesse
Larissa Carolin Jagdschian   414

Ein Buch für einen König, ein Buch für eine Königin!
Literatur als (interkulturelle) Selbstermächtigung
Kristina Kocyba   425

Fremdheit erfahren
Shaun Tans Graphic Novel *The Arrival* (2006) im Literaturunterricht
der Jahrgangsstufen 9/10
Christiane Hänny und Maike Jokisch 436

Verzeichnis der Beiträger*innen 447

Interkulturalität neu entdecken.
Eine Einleitung

Ines Heiser / Jana Mikota / Andy Sudermann

Globalisierung, Digitalisierung, Migration, letztere auch bedingt durch Flucht und Vertreibung: Menschen unterschiedlichster Herkunft begegnen sich in zahlreichen Kontexten analog und digital. Aber auch jenseits nationaler, kulturräumlicher, religiöser und sprachlicher Differenzmarker interagieren Menschen mal mehr, mal weniger erfolgreich. Sie gehören zahlreichen mehr oder weniger organisierten Gruppen, Kollektiven, an, die mit je eigenen Denk- und Sichtweisen, Verhaltenskodizes, Ritualen u. ä. ausgestattet sind, die als Kultur in der Interaktion mit Angehörigen anderer Kollektive zum Tragen kommen können. All diese Begegnungen sollen – so eine Grundfestlegung für diesen Band – als interkulturelle Erfahrungen aufgefasst werden können. Deshalb wählen wir als Titel für unseren Band *Interkulturalität neu entdecken*.

Interkulturalität ist von jeher auch ein Motiv und Thema der Literatur. Zahlreiche literarische Texte, eben auch der Kinder- und Jugendliteratur, beschreiben den Kontakt und die Begegnung von Kindern und Jugendlichen mit Gleichaltrigen und/oder Erwachsenen, mit denen sie keine Kulturzugehörigkeit teilen. Die Rezeption und die unterrichtliche Auseinandersetzung mit dieser Literatur erlauben Heranwachsenden ein Probehandeln, das wesentlich – in diesem Fall – zum Aufbau interkultureller Kompetenz beitragen kann. Interkulturelles Lernen als der Weg hin zur interkulturellen Kompetenz wird dann zu einer zunächst genuin pädagogischen Zielsetzung, die in den Literaturunterricht hineingetragen wird. Nichtsdestotrotz berührt interkulturelles Lernen auch dezidiert literaturdidaktische Bereiche, denn das Literarische Lernen im Sinne Kaspar H. Spinners kann dadurch gefördert werden, dass zum Nachvollzug der Figurenperspektiven die ‚interkulturelle Brille' aufgesetzt und die Darstellung und Wirkung innerfiktionaler interkultureller Begegnungen der Figuren analysiert wird. Die Rezeption ist oft selbst als Fremdheitserfahrung eine interkulturelle Begegnung, und zwar der Lesenden mit den Figuren in der Literatur.

Der Band, den wir mit diesen Zeilen einleiten, möchte an Arbeiten Heidi Röschs, Christian Dawidowskis, Dieter Wrobels u. a. zur interkulturellen Literaturdidaktik anschließen. Für die Jahrgangsstufen 1 bis 6 legten Gabriela Scherer und Karin Vach 2019 den Band *Interkulturelles Lernen mit Kinderliteratur* vor, der neben Unterrichtsvorschlägen auch Berichte und Reflexionen zur unterrichtlichen Erprobung bietet. Wir möchten mit den hier abgedruckten Beiträgen (vor allem, aber nicht nur zeitgenössische und dabei teils illustrierte) kinder- und jugendliterarische Romane, aber auch einen Comic und eine Graphic Novel für den Unterricht in den Jahrgangsstufen 5 bis 10 vorschlagen. Die Beiträger*innen stellen jeweils den Text vor, analysieren ihn literaturwissenschaftlich, arbeiten sein literaturdidaktisches Potential vor allem bezüglich des interkulturellen Lernens heraus und unterbreiten in der „didaktischen-methodischen Konkretisierung" erste Unterrichtsideen, die es für konkrete Lerngruppen auszuarbeiten gilt. Diesen Beiträgen sind solche zur theoretischen Fundierung und grundlegenden Einbettung vorangestellt:

Andy Sudermann entwickelt ausgehend von einem offenen Kultur-Begriff und vom Konzept der Multikollektivität einen Begriff interkultureller Fremdheitserfahrung, der sich von einer Fokussierung auf Nation, Ethnie, Sprache und Religion löst und der erlaubt, zahlreiche inner- wie außerliterarische Begegnungen als interkulturell zu lesen.

Ines Heiser stellt dar, wie sich die Literaturdidaktik in der Vergangenheit zu Fragen des inter- bzw. transkulturellen Lernens positioniert hat und beschreibt, welche Funktionen inter- und transkulturelle Ansätze in den zentralen Handlungsfeldern eines aktuellen Literaturunterrichts einnehmen können.

Jana Mikota untersucht in ihrem Beitrag, wie sich der Begriff der Interkulturalität in der deutschsprachigen Kinder- und Jugendliteratur nach 1945 verändert hat.

In ihrem Beitrag macht **Carmen Sippl** den von den Vereinten Nation initiierten *Sustainable Development Goals Book Club* für den mehrsprachig ausgerichteten und/oder fremdsprachlichen Literaturunterricht fruchtbar, und zwar mit ‚Wassergeschichten' aus aller Welt in interkultureller Perspektive. Sippl kombiniert dafür Phasenmodelle des interkulturellen und des kulturökologischen Lernens.

Gesine Lenore Schiewer und **Jörg Roche** stellen die von ihnen mitentwickelte Literaturdidaktik des Dialogs vor, die Schüler*innen in der Begegnung mit interkulturellen Autor*innen in Lesungen und Workshops zum eigenen Schreiben anregt.

Ben Dittmann lotet Nicola Mitterers Konzept der responsiven Literaturdidaktik aus, die die durch Literatur initiierten Fremderfahrungen in den Mittelpunkt rückt. Dabei geht er von einem relationalen Fremdheitsbegriff aus und betrachtet Fremdheit nicht als auszuräumenden Missstand, sondern als dem menschlichen Leben wie der Literatur konstitutiv innewohnendes Element.

Auf diese Vorstellungen literaturdidaktischer Konzepte folgen die Beiträge zu Einzelwerken im Hinblick auf den Einsatz dezidiert im Deutschunterricht.

Eine Migrationsgeschichte, die mit der Abschiebung endet, erzählt Frank Cottrell Boyce in dem multimodal gestalteten Roman *Der unvergessene Mantel* (2012). In seinem Beitrag dazu reflektiert **Andreas Wicke** insbesondere die Konstruktion von Rätselhaftigkeit und Exotisierungen rund um Fremdes und versucht dieser durch das Anregen von Perspektivwechseln nahezukommen.

Susanne Drogi konzentriert sich in ihrem Beitrag auf das Figurengeflecht um die titelgebende Ich-Erzählerin, den marrokanischstämmigen Mimun und Consuelo aus Mexiko in der *Polleke*-Reihe (1999 ff.) des niederländischen Autoren Guus Kuijer. Die Bände werfen Fragen nach Kultur, kultureller Zugehörigkeit, Glaube und (Anti-)Rassismus auf, die interkulturellem Lernen im Literaturunterricht zugutekommen.

Kirsten Kumschlies analysiert den ersten Band der *Forschungsgruppe Erbsensuppe* (2019) als modernen Kinderroman, der sich durch die doppelte Perspektivierung von Flucht auszeichnet. Sie kombiniert in ihren Vorschlägen Figurenanalyse mit szenischer Interpretation und berücksichtigt dabei auch die literarästhetisch anspruchsvollen intertextuellen Verweise und deren Funktion.

Auch *The Boy at the Back of the Class* (2019) von Onjali Q. Raúf lenkt die Aufmerksamkeit auf die Fluchterfahrung eines Kindes. **Natalia Blum-Barth** verbindet in ihrer Analyse und den daraus abgeleiteten Konkretisierungen für den Unterricht literarisches und interkulturelles Lernen miteinander, was z. B. die Behandlung des im Roman eine wichtige Rolle spielenden Granatapfel-Motivs erlaube.

Kirsten Boies Kinderkrimi-Reihe *Thabo. Detektiv & Gentleman* sticht für **Julia Catherine Sander** und **Wolfgang Jäger** durch ihre postkoloniale Anlage heraus. Der in ihrem Beitrag behandelte erste Band (2016) eigne sich besonders für das interkulturelle Lernen, da sich Schüler*innen ausgehend von der Thematisierung von Erzählanlage und Figurenperspektiven im Roman mit Selbst- und Anderen-Entwürfen auseinandersetzen können.

Einen transkulturellen Blick auf einen anderen Teil des afrikanischen Kontinents bieten **Astrid Henning-Mohr** und **Juliana Sölter** in ihren Ausführungen zum Comic *Akissi* (2018), der in seiner Multimedialität erlaubt, die in der Elfenbeinküste angesiedelte Handlung als Repräsentation globaler Kindheitserfahrungen zu lesen. Dafür unterbreiten die Autorinnen des Beitrags handlungs- und produktionsorientierte Ideen.

Fragen nach Zugehörigkeit und kultureller Identität rücken **Vesna Bjegač** und **Nina Simon** in ihrer Analyse des Romans *Pembo – Halb und halb macht doppelt glücklich* (2020) in den Mittelpunkt. Sie problematisieren dabei das dem Roman inhärente Türkeibild sowie die Repräsentation von Mehrsprachigkeit und Kultur und plädieren dafür, diese Darstellungen im Unterricht zu thematisieren, um der Gefahr einer Nivellierung gesellschaftlicher Dominanzverhältnisse und Dethematisierung individueller (Diskriminierungs-)Erfahrungen vorzubeugen.

Farriba Schulz fokussiert in ihrer Analyse von Jason Reynolds' *Look Both Ways. A Tale Told in Ten Blocks* (2019) die multiperspektivische Anlage und die zum Tragen kommende Raumsemantik, die jeweils auf gesellschaftliche Hybridität verweisen. Sie macht beide Aspekte für Unterrichtssettings nutzbar, die teilweise auf die digital-virtuelle Inszenierung des Nachvollzugs von Figurenperspektiven abzielen.

In *Samir und Jonathan* (1996) erzählt Daniella Carmi die Geschichte einer interkulturellen Freundschaft zweier Jungen vor dem Hintergrund des Nahostkonflikts. **Damaris Nübel** deutet den Handlungsschauplatz des Krankenhauses als liminalen Raum, der für den kindlichen Protagonisten zum Erinnerungs- und Imaginationsraum wird. In der Beschäftigung damit eröffnet sich mit Schüler*innen die Chance zu einer transkulturellen Lektüre.

Hayfa Al Mansours Kinderroman *Das Mädchen Wadjda* (2015) steht im Zentrum des Beitrags von **Juliane Dube**. Thema der auch durch den entsprechenden Kinofilm bekannten Geschichte ist das Streben des saudischen Mädchens Wadjda nach einem eigenen Fahrrad, als Symbol ihres Ringens um Freiheitsrechte. Dubes intermediale Lektüre von Roman und Film zielt in diesem Sinne auf das Aufbrechen kulturbezogener Stereotype.

Susanne Schul untersucht das Wechselspiel zwischen kultureller Identität und Grenzüberschreitung ausgehend von Martin Baltscheits Fabelroman *Die besseren Wälder* (2013). Einen didaktischen Mehrwert für die Auseinandersetzung mit interkulturellem Lernen bieten hier zum einen die prominenten Illustrationen, zum anderen die durch die Fabelform erzeugte Abstraktion, die eine Anwendung auf verschiedene außerliterarische Konstellationen erlaubt.

Ebenfalls auf metaphorisch-abstrakter Ebene setzt sich Jean-Claude Grumbergs *Ein neues Zuhause für die Kellergeigers* (2016) mit unterschiedlichen Flucht- und Migrationserfahrungen aus Perspektive der Flüchtenden auseinander. **Hajnalka Nagys** Beitrag zu diesem satirischen Kinderbuch legt einen besonderen Fokus darauf, wie durch Fremdzuschreibungen „VerAnderung" konstruiert wird.

Monika Riedel thematisiert ausgehend von Samira El-Maawis Roman *In der Heimat meines Vaters riecht die Erde wie der Himmel* (2020) Identitäts- und Loyalitätskonflikte, in die Kinder binationaler bzw. bikultureller Partnerschaften geraten können, besonders dann, wenn sie in ihrem heimatlichen Umfeld selbst als „fremd" gelesen werden. Die Darstellung aus der Perspektive einer Schwarzen Erzählerin eignet sich besonders, um negative Auswirkungen von Othering und verschiedene Reaktionsmuster bzw. Coping-Strategien Betroffener ins Bewusstsein zu rücken.

An der Schnittstelle verschiedener Differenzkategorien setzt Kristina Aamands *Wenn Worte meine Waffe wären* (2018) an. Erzählt wird die Liebesgeschichte zwischen Thea und Sheherazade, deren Beziehung nicht allein dadurch kompliziert ist, dass Sheherazade Einwanderin ist, sondern besonders auch durch die unterschiedlichen soziökonomischen Schichten, denen sie zugehören. Der Beitrag von **Martina Kofer** und **Cornelia Zierau** nutzt das Medium der Zines, das im Roman eine wichtige Rolle spielt, um interkulturelles mit literarästhetischem und medienkompetenzorientiertem Lernen zu verbinden.

Einen (ehemaligen?) Klassiker der Schullektüre greifen **Christian Hoiß** und **Katrin Geneuss** mit Gudrun Pausewangs *Die Not in der Familie Caldera* (1977) auf. Hoiß und Geneuss beleuchten den Roman neu vor dem Hintergrund der Theorieentwicklung im Bereich von Cultural und Postcolonial Studies und prüfen, inwiefern dieser heute noch Grundlage für interkulturelles Lernen sein kann.

Annette Kliewer greift mit Rafik Schamis *Eine Hand voll Sterne* (1987) einen weiteren Klassiker der Migrant*innenliteratur auf, der ebenfalls häufig in der Schule gelesen wird. Kliewers Beitrag stellt die Lektüre in den Kontext eines Unterrichtsprojekts, in dem konkrete Begegnungen mit Angehörigen anderer kultureller Kontexte, u. a. im Rahmen eines virtuellen Austauschs mit einer polnischen Schule, organisiert wurden.

Einen zweiten Roman Rafik Schamis, *Sami oder der Wunsch nach Freiheit* (2017), thematisiert **Monika Hernik**. Sie stellt das besondere interkulturelle Potenzial des Romans nach Rösch heraus und schlägt vor, etwa am Beispiel der Darstellung von Schule ausgehend von auf den ersten Blick vertraut wirkenden Räumen Anderes zu entdecken.

Eine autobiografische Kindheitserinnerung stellt **Kristina Krieger** ins Zentrum ihrer Überlegungen. Ihr Beitrag zu Mehrnousch Zaeri-Esfahanis *33 Bogen und ein Teehaus* (2016) nutzt die Beschreibung einer Flucht, die aus dem Iran über die Türkei und die DDR in die BRD führt, um durch handlungs- und produktionsorientierte Verfahren interkulturelle Begegnungen und das Erleben von Fremdheit aus mehreren Perspektiven nachzuvollziehen.

Ute Filsinger untersucht in ihrem Beitrag den englischsprachigen Versroman *Nicu & Jess* des britischen Autor*innenteams Sarah Crossan und Brian Conaghan, der 2018 in deutscher Übersetzung erschienen ist. Dabei arbeitet sie die Sprachenvielfalt heraus, die den Versroman charakterisiert, und zeigt, wie man diese in didaktischen Kontexten nutzen könnte.

Julia Podelo widmet sich dem autobiografischen Roman *Die Fische von Berlin* (2005) von Eleonora Hummel, der exemplarisch eine Geschichte der Deutschen aus Russland erzählt und ausgehend von dieser Migrationsgruppe neue Ansatzpunkte für interkulturelle Lernsettings eröffnet.

Der 2019 erschienene Roman *Elektrische Fische* der mehrfachausgezeichneten Autorin Susan Kreller ist das Thema des Beitrages von **Florian Hesse**. Nach der Trennung der Eltern kehrt Emma mit ihrer Mutter sowie ihren Geschwistern aus Dublin ins mecklenburg-vorpommersche Velgow zurück. Dabei wird das Meer zu einer Reflexionsfläche für Emmas Gefühle. Die Wassermetaphorik gilt es mit Schülerinnen und Schülern zu entdecken.

Im Jahr des Affen (2016) der deutschsprachigen Autorin Que Du Luu spielt im Jahr 1992 und erzählt von der 16-jährigen Minh Thi Tu. **Gabriela Scherer** untersucht den Mehrwert des Romans, der vom Zurechtfinden in verschiedenen Kulturen erzählt, für das interkulturelle Lernen in den Jahrgangsstufen 9 und 10.

Johannes Windrich widmet sich dem Debütroman *Frankly in Love* des US-amerikanischen Schriftstellers und Illustrators David Yoon, der von den Schwierigkeiten einer interkulturellen Beziehung unter Teenagern erzählt und ein gelungenes Beispiel für die Identitätsbildung eines Heranwachsenden darstellt.

Antonella Catone und **Daniela Sorrentino** untersuchen den Roman *Zweieinhalb Störche: Roman einer Kindheit in Siebenbürgen* (2008) von Claudiu Mihail Florian. Dabei steht neben dem Identifikationspotential insbesondere die Mehrsprachigkeit im Fokus des interkulturellen Lernens.

Im Mittelpunkt des Beitrages von **Nicole Masanek** steht der Roman *Pampa Blues* (2012), der in dem kleinen Dorf Wingroden spielt. Die Verfasserin untersucht, welchen Beitrag der Roman für das interkulturelle Lernen leisten kann, und setzt sich mit der Kultur des Dorfes auseinander.

Janika Frei-Kuhlmann dagegen untersucht den Roman *Wie du mich siehst*, der 2019 in deutscher Sprache erschienen ist und klassische Motive des Adoleszenzromans mit interkulturellen Themen verbindet.

Den Integrationsprozess der 15-jährigen Madina aus dem Roman *Dazwischen: Ich* (2016) stellt **Larissa Caroline Jagdschian** vor und zeigt, wie Migrationserfahrungen in literarischen Texten verarbeitet werden und exemplarisch für das interkulturelle Lernen sind.

Karosh Tahas 2020 erschienener Roman *Im Bauch der Königin* erzählt von Jugendlichen, die kurz vor dem Abitur stehen und sich mit der Frage auseinandersetzen, wie ihr Leben aussehen könnte. **Kristina Kocyba** zeigt, dass diese Frage nicht nur das Leben danach betrifft, sondern auch eine Auseinandersetzung mit der eigenen Familiengeschichte bedeutet, und fokussiert sich insbesondere auf die Erzählperspektive.

Christiane Hänny und **Maike Jokisch** untersuchen die Graphic Novel *The Arrival* (2006) von Shaun Tan, die jedoch nicht eine Darstellung fremder Kulturen im Aufeinandertreffen mit der eigenen beschreibt, sondern eine neue, für alle Rezipient*innen gleichermaßen fremde Kultur erschafft. Die Autorinnen regen in ihrem Beitrag zu einer handlungs- und produktionsorientierten Auseinandersetzung an.

Wir danken allen beteiligten Kolleg*innen für ihre Mitwirkung an diesem Band. Die Fülle und Bandbreite der versammelten Beiträge freut uns sehr und spiegelt unseres Erachtens das große Interesse an der Thematik und deren Bedeutsamkeit. Wir freuen uns über die Aufnahme unseres Bandes in die Reihe *Kinder- und Jugendliteratur. Themen – Ästhetik – Didaktik* und danken Prof. Dr. Jan Standke für die Begleitung vor allem in der Phase der Druckvorbereitung. Für die sehr gewissenhafte Durchsicht der Beiträge danken wir Frau Jana Schmidt.

Die Drucklegung unseres Bandes wurde durch die großzügige finanzielle Unterstützung der Münsterschen Stiftung für Interkulturelle Kommunikation und der SChilF-Stiftung für Chancengleichheit und individuelle leistungsgerechte Förderung ermöglicht. Ihnen gebührt unser Dank.

Ines Heiser, Jana Mikota, Andy Sudermann
im Juli 2023

Theoretische Grundlagen

Das ist bestimmt was Kulturelles.
Kultur und Interkulturalität: Begriffsbestimmungen

Andy Sudermann

1. Kultur

„Das ist bestimmt was Kulturelles"[1], vermutet die Mutter der Ich-Erzählinstanz in Shaun Tans *Eric* (OA 2008), als sie versucht, das aus Sicht der Gastfamilie merkwürdige Verhalten des Gastschülers, der ‚Eric' genannt werden möchte, zu erklären: dass er zum Beispiel lieber in der Speisekammer als im für ihn hergerichteten Zimmer weilt oder die Dankesgaben, die er der Familie hinterlässt.

Etwas Kulturelles – weder die Erzählinstanz noch deren Mutter explizieren, was sie darunter verstehen. Dies scheint für den Kultur-Begriff ein im Alltag häufig anzutreffendes Phänomen zu sein. Es lassen sich kontext- und sprecher*innenabhängige Begriffsumfänge ausmachen. Der Kultur-Begriff erscheint dadurch ‚vereindeutigt': Versteht man *Kultur* im Sinne des englischen *culture* übergreifend als Zivilisation[2], kann der Begriff der *Natur* gegenübergestellt werden. Die (oder der) Beauftragte der Bundesregierung für Kultur und Medien ist für künstlerische Erzeugnisse, die Würdigung kultureller Verdienste und die kulturelle Landschaft zuständig, was sich vielleicht mit *Hochkultur* als Gegensatz zu Populärkultur in Verbindung bringen lässt. Der Begriff findet sich auch in Komposita wie *Subkultur*, *Jugendkultur*, *Unternehmenskultur* und referiert dabei auf bestimmte Personengruppen und ihnen zugeschriebene (deskriptiv) respektive von ihnen erwünschte Verhaltensweisen (z. B. innerhalb einer Firma; normativ), denen gewisse Werte, Ideale und/oder Normen zugrunde liegen.

Für den Kultur-Begriff lässt sich somit eine „Masse an Begriffsbestimmungen"[3] feststellen. Dabei dominieren offenbar

> „vier grundverschiedene Orientierungstendenzen […]: (a) Kulturbegriff für die wissenschaftliche Begründung der […] Kultur- und Sprachnation; (b) gesellschaftlicher Bewertungsparameter für sprachliche, literarische und sonstige Produkte; (c) Deutungsinstanz der Welt und Orientierungspunkt für das Handeln; (d) in modernen

---

1 Shaun Tan, 2020, Geschichten aus der Vorstadt des Universums, Stuttgart: Thienemann-Esslinger/Aladin, S. 9 und S. 17.
2 Vgl. Csaba Földes, 2009, Black Box ‚Interkulturalität'. Die unbekannte Bekannte (nicht nur) für Deutsch als Fremd-/Zweitsprache. Rückblick, Kontexte und Ausblick, in: Wirkendes Wort 59 (2009) 3, S. 503–525, hier S. 508 f.
3 Földes, Black Box [Anm. 2], S. 505.

Naturwissenschaften wie Genetik: Umwelteinflüsse, im Gegensatz zu vererbten Verhaltenspositionen"[4].

Kultur – im Sinne von (c) – ist „ein – kognitives und soziales – Orientierungssystem"[5], „eine Art semiotisches und rituelles Netzwerk"[6], ein „Bedeutungs- und Orientierungssystem[ ]"[7] – und in diesem Sinne muss sicher auch die zitierte Äußerung in *Eric* gelesen werden.

Christoph Barmeyer, dessen Definition dem vorliegenden Band zugrunde gelegt werden soll, beschreibt *Kultur* als ein

> „[e]rlerntes Orientierungs- und Referenzsystem von Werten, Praktiken und Artefakten, das von Angehörigen einer bestimmten Gruppe oder Gesellschaft kollektiv gelebt und tradiert wird und sie von Angehörigen anderer Gruppen und Gesellschaften unterscheidet"[8].

Er verweist dabei darauf, dass dies nicht nur für Nationen oder Gesellschaften – sozusagen Makrostrukturen – gelte, sondern auch „auf alle Formen sozialer Systeme und kultureller Gruppen wie Organisationen, Regionen, Generationen, Berufe"[9] beziehbar sei. Kultur – so drei laut Barmeyer komplementäre Forschungskonzepte – lasse sich zum einen als „Kommunikation und Kooperation" ermöglichendes „Interpretationssystem", zum anderen als „durch Sozialisation erworbenes Wertesystem" und zum dritten als zwischenmenschliches Handeln prägendes „System zur Zielerreichung und Problembewältigung" fassen.[10]

Dabei wird betont, dass Kulturen jeweils nicht als statisch, sondern dynamisch zu begreifen sind, dass sie in gegenseitigem Kontakt zueinander stehen und auch nicht kohärent sind, d. h. innerhalb ihrer selbst auch Widersprüchlichkeiten aufweisen können.[11] Kulturen sind „keine einheitlich abgrenzbaren, in sich geschlossenen, homogenen sowie statischen Gebilde"[12]. Somit „existieren [...] keine geografisch verorteten, beständigen Normen- und Wertesysteme"[13]. Die Vorstellung klarer Abgrenzbarkeit tritt jedoch noch auf, wenn beispielsweise bei interkulturellen Trainings in Rollenspielen ein Firmenmanager aus

---

4 Ebd.
5 Ebd.
6 Ebd.
7 Földes, Black Box [Anm. 2], S. 507, Anm. 7.
8 Christoph Barmeyer, 2012, Taschenlexikon Interkulturalität, Göttingen: Vandenhoeck & Ruprecht, S. 95.
9 Ebd.
10 Ebd.
11 Vgl. Barmeyer, Taschenlexikon [Anm. 8], S. 96; Földes, Blackbox [Anm. 2], S. 505; Stefanie Rathje, 2006, Interkulturelle Kompetenz —Zustand und Zukunft eines umstrittenen Konzepts, in: Zeitschrift für Interkulturellen Fremdsprachenunterricht 11: 3, hier S. 12 f.
12 Földes, Black Box [Anm. 2], S. 517.
13 Ebd.

Deutschland und ein Firmenmanager aus Japan aufeinandertreffen, die jeweils als Repräsentanten einer statisch-homogenen deutschen und japanischen Kultur interagieren und kommunizieren sollen. Diese Settings werden von manchen Wissenschaftler*innen wie Tommy Dahlén kritisiert,[14] denn „[d]urch Individualisierung und Heterogenisierung der Gesellschaften entstehen multiple kulturelle Bezugspunkte [...] und polyvalente Identitäten [...], die bisherige Analyserahmen wie Nationalkulturen in Frage stellen"[15].

Der hier zum Ausdruck kommende Befund der kulturellen Heterogenität und individuellen Mehrfachzugehörigkeit führt zum Begriff des Kollektivs, den Klaus P. Hansen neben und ergänzend zu Kultur gestellt hat und der in Barmeyers erstzitierter Definition aufscheint. Hansens Konzept der Multikollektivität gibt aufschlussreiche Impulse auch zur begrifflichen Einfassung von *Interkulturalität* (jenseits der Debatte um *Inter-* versus *Transkulturalität*, s. u.) und wird deshalb im Folgenden näher vorgestellt.

2. Multikollektivität

In dem auf Hansen zurückgehenden Konzept gehört jeder Mensch einer Vielzahl von Gruppen an, die als Kollektive bezeichnet werden.[16] Die Kollektive können sich auf allen Ebenen erstrecken und dabei z. B. „Familie, Berufsgruppe, Sportvereine[ ], politische[ ] Partei, Sprach-, Religionsgemeinschaft, Ethnie und Nation(en)"[17] sein. Grundsätzlich kann es unzählig viele Kollektive geben.[18] Dabei zeichnen sich Kollektive durch die „partielle[ ] Gemeinsamkeit"[19] der ihnen jeweils angehörigen Individuen aus. Es wird zwischen Abstraktionskollektiven und Sozial-/Virulenzkollektiven unterschieden. Während erstere nur auf Grund faktischer partieller Merkmalsunterscheidung existieren (z. B. auf der Basis der Augenfarbe), entstehen die anderen auf der Basis von Kommunikation und Interaktion und bilden ein „lebendiges Kollektiv", z. B. als Sportverein.[20]

Für einen Teil dieser Kollektive wie den eben erwähnten Verein lässt sich die bewusst-freiwillige Mitgliedschaft ausmachen (Interessenskollektiv), in andere Kollektive wird man hineingeboren (Schicksalskollektive), wobei ein Austritt/

---

14 Vgl. Barmeyer, Taschenlexikon [Anm. 8], S. 166.
15 Ebd., S. 96.
16 Vgl. Jan-Christoph Marschelke, 2017, Mehrfachzugehörigkeit von Individuen – Prämissen und Reichweite des Begriffs der Multikollektivität, in: Zeitschrift für Kultur- und Kollektivwissenschaft 3:1, S. 29–68, hier S. 30.
17 Marschelke, Mehrfachzugehörigkeit [Anm. 16], S. 30. Die Kollektive fungieren dabei als Mesoebene zwischen der Makroebene der Gesellschaft und der Mikroebene des Individuums (vgl. Marschelke, Mehrfachzugehörigkeit [Anm. 16], S. 31f.).
18 Vgl. ebd., S. 33.
19 Ebd., S. 36.
20 Vgl. ebd., S. 34–37; Zitat: S. 36.

Wechsel teilweise nur schwer oder gar nicht möglich ist[21]; daraus folgt, dass die Zugehörigkeit zu manchen Kollektiven zeitlebens vorliegt, während sie bei anderen zeitlich begrenzt ist.[22]

Die Mehrfachzugehörigkeiten haben zur Folge, dass jedes Individuum an verschiedenen Kulturen Anteil hat oder zumindest über Kenntnis der entsprechenden Kultur verfügt bzw. mit gewissen kulturellen Gewohnheiten des jeweiligen Kollektives vertraut ist.[23] In der Wechselbeziehung aus individueller und kollektiver Identität entsteht kulturelle Identität, welche auf kollektiver Ebene Zusammenhalt generiert und auf individueller Ebene ein Gefühl von Zugehörigkeit und Sicherheit schafft.[24]

Das Resultat der Mehrfachzugehörigkeit wird als „Multikollektivität"[25] bezeichnet – ein begriffliches Konzept, das der sozialen Differenzierung innerhalb von Gesellschaften Rechnung trägt. Der Begriff *Kultur* entspricht insofern der oben zitierten Definition Barmeyers, als dass die Kultur mit den „kollektiven Werten, Normen, Gewohnheiten (sowie deren symbolischen Ausdrücken)"[26], mit „Denk-, Fühl- und Handlungs- und Kommunikationsmustern"[27] innerhalb eines Kollektives gleichzusetzen ist. Die verschiedenen (Sozial/Virulenz-)Kollektive fungieren als „Kulturträger"[28]. (Sozial-)*Kollektiv* und *Kultur* stehen dabei in einem gedachten Verhältnis von Struktur bzw. Form und „Inhalt"[29]: „In puncto Multikollektivität folgt daraus [...], dass Individuen an mehreren Kulturen teilhaben, nämlich an denen aller Sozialkollektive, denen sie angehören."[30] Für die Identität der und des Einzelnen ergibt sich somit ein „Amalgam"[31], ein jeweils einzigartiges und über die Lebenszeit hinweg sich veränderndes „Multikollektivitätsprofil"[32].

Aus der Perspektive dieses Konzepts lassen sich im Übrigen auch andere Begriffe neu betrachten. Kritisch gesehen werden muss an *Diversity*-Konzeptionen laut Rathje und Marschelke, dass sie in der Regel auf ein Merkmal fokussierten und dabei die Mehrfachzugehörigkeit ignorierten. Ähnlichkeiten lassen sich zwi-

---

21 Zum Beispiel bzgl. Änderung der Staatsbürgerschaft oder der Religionsgemeinschaft.
22 Vgl. Marschelke, Mehrfachzugehörigkeit [Anm. 16], S. 39f., 55.
23 Vgl. dazu Stefanie Rathje, 2009, Der Kulturbegriff – Ein anwendungsorientierter Vorschlag zur Generalüberholung, in: Konzepte kultureller Differenz. Münchener Beiträge zur interkulturellen Kommunikation, hrsg. von Alois Moosmüller, München: Waxmann, S. 83–106, hier: S. 97 f.: „Um Teil einer Kultur zu sein, genügt es, mit deren Gewohnheiten vertraut zu werden." Zitat S. 98.
24 Vgl. Barmeyer, Taschenlexikon [Anm. 8], S. 72 f.
25 Marschelke, Mehrfachzugehörigkeit [Anm. 16], S. 33.
26 Ebd., S. 32.
27 Ebd., S. 40.
28 Ebd., S. 32.
29 Ebd., S. 41.
30 Ebd.
31 Klaus P. Hansen, 2009, Kultur, Kollektiv, Nation, Passau: Stutz, S. 20, zitiert nach Marschelke, Mehrfachzugehörigkeit [Anm. 16], S. 55.
32 Marschelke, Mehrfachzugehörigkeit [Anm. 16], S. 55.

schen *Intersektionalität* und *Multikollektivität* erkennen, wobei für Rathje und Marschelke „letztere neutraler [ist], weil [sie] nicht den Gender- und Diskriminierungsdiskursen verhaftet" sei.[33]

Kritisch zu bewerten ist auf der Grundlage des Multikollektivitätskonzepts auch, dass z. B. im Kontext des interkulturellen Lernens besonders in der Vergangenheit in erster Linie oder gar ausschließlich Nationen und Ethnien als Kulturträger angesehen wurden.[34] Dieses Phänomen wird mit dem Begriff der Primärkollektivität umrissen, „d. h. ein Individuum wird primär *einem* Kollektiv, meist dem eines Landes, zugehörig verstanden"[35]. Problematisch ist dabei vor allem, „jedes Individuum fest einem einzigen Kollektiv"[36] zuzuordnen. Dies umgeht das Konzept der Multikollektivität und rückt ins Zentrum, dass Individuen von zahlreichen Kulturen (sicherlich in unterschiedlichem Umfang) geprägt sind.

Welchen Mehrwert hat das vorgestellte begriffliche Konzept nun für die inhaltliche Stoßrichtung des vorliegenden Sammelbandes? Um diese Frage beantworten zu können, muss zunächst auf den Begriff der *Multikulturalität* sowie die bisherigen Begriffsbestimmungen von *Inter-* und *Transkulturalität* eingegangen werden.

3. Multikulturalität

Die Etablierung des auf das Individuum zu beziehenden Begriffs *Multikollektivität* ist auch deshalb nötig, weil Multikulturalität in der Regel auf den Zustand der „Vielfalt der Kulturen innerhalb einer Gesellschaft"[37] bezogen wird. Die Tatsache, dass Individuen an einer Vielzahl von Kulturen Anteil haben, lässt sich daher nicht ohne weiteres (d. h. ohne dass Verwirrung entstehen würde) mit *Multikulturalität* beschreiben. *Multikulturalität* – im Sinne von „Nebeneinander von in sich kohärenten Gruppen"[38] – taugt am ehesten als rein deskriptiver Begriff für den Zustand schlicht jeder Gesellschaft, die aus einer Vielzahl sich überlagernder, gegenseitig beeinflussender und damit in ihren jeweiligen – nie statischen – Grenzen verschiebender Kulturen besteht, wobei die Grenzen sich aus der Zugehörigkeit

---

33 Vgl. ebd., S. 63 (Zitat ebd.) unter Verweis auf Stefanie Rathje, 2014, Multikollektivität. Schlüsselbegriff der modernen Kulturwissenschaften, in: Kultur und Kollektiv. Festschrift für Klaus P. Hansen, hrsg. von Stephan Wolting, Berlin: Wissenschaftlicher Verlag, S. 39–59.
34 Vgl. Marschelke, Mehrfachzugehörigkeit [Anm. 16], S. 32, S. 47 Anm. 69, S. 58–60; vgl. dazu auch Rathje, Der Kultur-Begriff [Anm. 23], S. 92; Rathje, Interkulturelle Kompetenz [Anm. 11], S. 10 f.
35 Rathje, Der Kulturbegriff [Anm. 23], S. 92. Herv. i.O.
36 Ebd., S. 93.
37 Karin Vach, 2017, Ästhetische Suchprozesse, in: JuLit 43(2), S. 3–9, hier S. 5; so ähnlich Gabriele Scherer und Karin Vach, 2019, Interkulturelles Lernen mit Kinderliteratur. Unterrichtsvorschläge und Praxisbeispiele, Seelze: Klett Kallmeyer, S. 21.
38 Scherer/Vach, Interkulturelles Lernen [Anm. 37], S. 21.

der Individuen zu verschiedenen Kollektiven ergeben, was *Multikollektivität* wiederum definitorisch in der Ebene des Individuums ansiedelt. Problematisch ist jedoch, dass Multikulturalismus im ursprünglichen Sinne Charles Taylors auf die Ebene ethnischer Kollektive reduziert wird und gleichzeitig dem Paradigma von Kultur als kohärenter geschlossener Größe verhaftet bleibt.[39]

4. Interkulturalität und Transkulturalität

Der Begriff *Interkulturalität* wird laut Földes bisweilen inflationär gebraucht[40], was sicherlich auch daran liegt, dass er – wiederum Földes zufolge – abschließend gar nicht schlüssig erfasst sei und oftmals gar nicht oder nur unpräzise, mitunter sogar falsch definiert werde.[41] Földes listet allein 26 Definitionsversuche und Umschreibungen von Interkulturalität auf.[42]

Laut Földes fußt die „im westlichen postmodernen Denken entwickelte Konzeption von ‚Interkulturalität'" auf binären Oppositionen wie des Eigenen und des Anderen/Fremden.[43] Beschreiben lässt sich Interkulturalität als „Zusammentreffen unterschiedlicher Kulturen und die dadurch entstehenden Veränderungen im kulturellen Gesamtgefüge"[44]. Das Präfix *inter-* illustriere dabei die Entstehung von etwas Neuem im Rahmen der Begegnung und des Austausches. Dieses neu Entstehende wird u. a. mit Begriffen wie „Drittkultur", „dritte Kultur", „Tertiärkultur" sowie „Interkultur" umschrieben.[45]

Die sich der Zahl drei bedienende Nomenklatur erweckt jedoch wiederum den Eindruck, Individuen gehörten jeweils nur einer Kultur an (‚Monokulturalität' bzw. „individuelle[ ] Monokollektivität"[46]), und läuft Gefahr, von einer angenommenen Primärkollektivität aus die Polyvalenz der Identität und die Mehrfachzugehörigkeit zu ignorieren, als würde das Individuum in einer Begegnung mit einem Menschen, der keinem der Kollektive angehört, denen es selbst angehört, lediglich die Kulturzugehörigkeit eines der zahlreiche Kollektive ‚aktivieren'.[47]

---

39 Vgl. dazu Rathje, Der Kulturbegriff [Anm. 23], S. 85 f.
40 Vgl. Földes, Black Box [Anm. 2], S. 504.
41 Vgl. ebd., S. 504, 510. Beispielhaft erwähnt Földes, S. 510, eine Wörterbuchdefinition, die eigentlich auf Multikulturalität abzielt.
42 Vgl. ebd., S. 510 f. Als problematisch stuft Földes auch die oft programmatische statt deskriptive Begriffsbestimmung sowie die politisch-ideologische Aufladung des Begriffs ein (vgl. Földes, Black Box [Anm. 2], S. 511).
43 Vgl. ebd., S. 503; Zitat ebd.
44 Vach, Ästhetische Suchprozesse [Anm. 37], S. 5; so ähnlich Susanne Helene Becker, 2017, Facetten des Fremdverstehens, in: JuLit 43(2), S. 25–32, hier S. 25.
45 Vgl. Földes, Blackbox [Anm. 2], S. 512 f.; Scherer/Vach, Interkulturelles Lernen [Anm. 37], S. 21 f.
46 Marschelke, Mehrfachzugehörigkeit [Anm. 16], S. 63.
47 Vgl. dazu Marschelke, Mehrfachzugehörigkeit [Anm. 16], S. 63.

In dieser Hinsicht sinnvoller erscheint der von Wolfgang Welsch in den 1990er Jahren geprägte Begriff der *Transkulturalität*, dem man „einen offenen Kulturbegriff"[48] zugrunde legt und der die Unabgeschlossenheit, Dynamik und Vernetzung, die „vielfältige wechselseitige Durchdringung der Kulturen"[49] betonen soll. Dabei ist von fluiden Grenzen auszugehen.[50]

Oft wird Mehrfachzugehörigkeit als Teil einer Begriffsfassung von *Transkulturalität* aktiviert, z. B. wenn Susanne Helene Becker in der Erklärung zu *Transkulturalität* bemerkt, dass „ein Individuum mehreren, je nach Kontext wechselnden, sozio-kulturellen Subsystemen angehören kann"[51]. Wenn *Interkulturalität* also die Geschlossenheit von Kulturen voraussetze und die Vorstellung einer ein Dazwischen und damit Grenzen schaffenden Begegnung *othering* befördere, dann impliziere *Transkulturalität* Hybridität/Vermischung und die Teilhabe eines Individuums an einer Mehrzahl von Kulturen:[52] „‚Transkulturalität' beschreibt also das Mit-, Neben- und Ineinander variabler kultureller Bezüge [,] während Interkulturalität den Austausch zwischen zwei Kulturen bezeichnet"[53]. Als Vorwurf erscheint, dass „der Begriff des Interkulturellen noch zu sehr der Blickrichtung der Mehrheitskultur verhaftet"[54] sei. Im Sinne eines veralteten Kulturbegriffs, der die Nation (/Ethnie/Religion/Sprachgemeinschaft) als Träger der Primärkollektivität ansieht, und gemäß einer auf Multikollektivität des Individuums basierenden Vorstellung des Transkulturellen erscheinen die Begriffe *Inter-* und *Transkulturalität* somit in der Hinsicht als Opposition zueinander, insofern, als dass ein geschlossener und offener Kulturbegriff zu Grunde liegen. Scherer und Vach kommen nunmehr in Bezug auf die interkulturelle Forschung zu dem Schluss, dass „die Grenzen zwischen Interkulturalität und Transkulturalität mittlerweile [...] nahezu aufgehoben"[55] seien. Ursprünglich sei der Transkulturalitätsbegriff in Opposition zu einem Interkulturalitätskonzept entstanden, als „diesem insbesondere ein unzeitgemäßes Verständnis vom Nebeneinander der Kulturen zugeschrieben wurde"[56]. Da „[b]eide Konzepte [...] [inzwischen] von einem konstruktivistischen Verständnis des Eigenen und Fremden aus[gehen]"[57] und heute von einem offenen Kulturbegriff her gedacht werden (müssen), erscheint *Interkulturalität* als eigenständiger Begriff neben *Transkulturalität* obsolet – es sei denn, man bettet ihn in das Konzept der Multikollektivität ein, fasst ihn definitorisch enger, um

---

48 Vach, Ästhetische Suchprozesse [Anm. 37], S. 5.
49 Ebd.
50 Vgl. Becker, Facetten [Anm. 44], S. 26.
51 Ebd.
52 Vgl. Christian Dawidowski, 2019, Interkulturalität in der Literaturdidaktik: Empirie, Fachhistorie, Theorie, in: Der Deutschunterricht 3/2019, S. 54–63, hier S. 59.
53 Becker, Facetten [Anm. 44], S. 26.
54 Dawidowski, Interkulturalität [Anm. 52], S. 59.
55 Scherer/Vach, Interkulturelles Lernen [Anm. 37], S. 21.
56 Ebd.
57 Ebd.

seinen Anwendungsbereich zu erweitern und sich dabei von der – auf den ersten Blick – gängigen Ineinssetzung von interkulturell als ‚inter-national-kulturell' o. ä. zu lösen.

5. Interkulturalität: Neubestimmung I – definitorische Engführung

Wie oben entwickelt, wird davon ausgegangen, dass Menschen jeweils einer Vielzahl von Kollektiven angehören und damit mindestens Vertrautheit mit, i. d. R. eher Teilhabe an verschiedenen Kulturen besitzen und von ihnen beeinflusst werden – ohne übrigens von ihnen je voll determiniert zu sein.[58] Nun soll entsprechend des Präfixes *inter-* das in den Fokus gerückt werden, was zwischen den sich begegnenden Kulturen resp. Kollektiven in einer zwischenmenschlichen Interaktion ist – oder eben nicht.

Zu dieser Blickrichtung lassen sich Stefanie Rathjes Engführungen des Begriffs *Interkulturalität* lesen: „Interaktionen zwischen Individuen aus unterschiedlichen Kollektiven mit einer jeweils eigenen Kultur, die von den Interaktionspartnern selbst als interkulturell (als durch Fremdheit gekennzeichnet) interpretiert werden"[59], führen also zur jeweils subjektiv bedingten Konstruktion von Interkulturalität. Rathje schreibt weiter, dass,

> „wenn Kulturalität nicht durch Homogenität, sondern vor allem durch Bekanntheit von Differenzen gekennzeichnet ist, sich Interkulturalität demgegenüber durch Unbekanntheit, bzw. durch Fremdheit von Differenzen auszeichnet. Interkulturelle Interaktion als Anwendungsgebiet interkultureller Kompetenz muss dann als Interaktion zwischen Individuen aus unterschiedlichen Kollektiven aufgefasst werden, die aufgrund mangelnder Bekanntheit des jeweiligen Differenzspektrums Fremdheitserfahrungen machen."[60]

Anders ausgedrückt, beschreibt Interkulturalität nicht den Kontakt und Austausch von Individuen ausgehend von einer ihnen zugeschriebenen und von ihnen selbst angenommenen Primär- oder Monokollektivität, sondern die Erfahrung, dass in der interindividuellen Begegnung kein automatischer Rückgriff auf eine (oder mehrere) verbindende Kultur(en) möglich ist oder zumindest möglich scheint, weil zum Beispiel die gemeinsame Zugehörigkeit zu einem Kollektiv (z. B. jenseits des bekannten oder angenommenen Primärkollektivs)

---

58 Zu letztgenanntem Aspekt vgl. Rathje, Der Kulturbegriff [Anm. 23], S. 90.
59 Rathje, Interkulturelle Kompetenz [Anm. 11], S. 14.
60 Ebd., S. 17.

nicht bekannt ist oder nicht erlebt wird, z. B. weil die Wahrnehmung auf eben ein Differenzmerkmal fokussiert.

Einem konstruktivistischen statt einem essentialistischen, die Nationalkultur als Primärkollektiv denkenden Kulturbegriff[61] folgend, gelangt man somit zu einem konstruktivistischen Interkulturalitätsbegriff: „Kulturelle Differenz ist [...] das Ergebnis einer Zuschreibung, die sich in einem Prozess der Begegnung vollzieht"[62]. Stefanie Rathje verwendet für dieses, nun als Interkulturalität zu verstehendes Phänomen auch die „missing link"-Metapher:[63] Von den Beteiligten wird ein Zwischenraum empfunden[64]. Interkulturelle Kompetenz bestünde dann darin, den Zwischenraum mit Kulturalität zu füllen, die die Möglichkeit zur Kreation eines neuen Kollektivs eröffne,[65] oder gemeinsame Kollektivzugehörigkeiten zu eruieren und deren Kultur zu aktivieren.

6. Interkulturalität: Neubestimmung II – anwendungsbezogene Erweiterung

Interkulturalität wird noch sehr häufig – bewusst/intentional oder unbewusst – auf Ethnie, Nation und/oder Religion bezogen. Diese Schwerpunktsetzung findet sich z. B. bei Hodaie in ihrem Artikel im Handbuch Kinder- und Jugendliteratur[66] oder bei Scherer/Vach in ihrem Einführungskapitel des Bandes zum Interkulturellen Lernen mit Kinderliteratur[67]. In diesem Sinne finden sich auch in diesem Sammelband zahlreiche literarische Texte thematisiert, die auf der Basis der genannten Marker interkulturell zu lesen sind – aber eben auch solche, die (auch) Interkulturalitätserfahrungen jenseits Ethnie, Nation, Sprache und Religion beschreiben.

Auf der Basis der vorherigen Ausführungen wird deshalb für den vorliegenden Sammelband dafür plädiert, Interkulturalität entgegen einer Engführung auf

---

61 Vgl. zu dem konstruktivistischen und essentialistischen Kulturbegriff allgemein Barmeyer, Taschenlexikon [Anm. 8], u. a. S. 72 f. und S. 126 f.
62 Michael Hofmann, 2006, Interkulturelle Literaturwissenschaft. Eine Einführung. Paderborn: Wilhelm Fink, S. 11.
63 Siehe Abbildung 5 in Stefanie Rathje, 2011, The Cohesion Approach of Culture and its Implications for the Training of Intercultural Competence, in: Journal Advances in Higher Education: Research, Education and Innovation 3, 1.
64 Vgl. Rathje, Interkulturelle Kompetenz [Anm. 11], S. 18.
65 Ebd. Vgl. dazu die Grafiken auf dieser Seite bei Rathje, Interkulturelle Kompetenz [Anm. 11], S. 18, in denen sie ein kohärenzbasiertes Verständnis von Interkulturalität mit der Idee der Drittkultur und ihr kohäsionsorientiertes Verständnis gegenüberstellt.
66 Vgl. Nazli Hodaie, 2020, Interkulturalität, in: Handbuch Kinder- und Jugendliteratur, hrsg. von Tobias Kurwinkel und Philipp Schmerheim unter Mitarbeit von Stefanie Jakobi, Stuttgart: J. B. Metzler, S. 322–333.
67 Vgl. Scherer/Vach, Interkulturelles Lernen [Anm. 37], S. 10–13.

Ethnie/Nation/Religion auf alle denkbaren Kollektivzugehörigkeiten zu beziehen, literarische Texte dahingehend zu lesen sowie diese auf ihr literaturdidaktisches Potential dahingehend zu befragen. Somit findet sich eine Bandbreite literarischer Texte in den Beiträgen dieses Bandes vertreten.

Der Interkulturalitätsbegriff soll sich auf Erfahrungen gründen, die Interkulturalität im Rahmen einer zwischenmenschlichen Begegnung konstruieren, und zwar auf der Basis (tatsächlicher oder von den Individuen empfundener) fehlender gemeinsamer Kollektivzugehörigkeiten. Diese Differenzerfahrung kann ethnisch (→*race*), national, lokal (vgl. Rolf Lapperts *Pampa Blues*), religiös, sozioökonomisch (→*class*), geschlechtlich (→*gender*), im sexuellen Begehren (→*desire*), generational (→*age*), in körperlicher Konstitution (→*[dis]ability*) u. a. m. begründet sein oder in eben deren Kombination liegen, also intersektional beschreibbar sein. Dabei ist es möglich, dass die Differenzerfahrung von Individuum zu Individuum auch in der gleichen als interkulturell erlebten Erfahrung unterschiedlich stark empfunden wird sowie auch jeweils auf unterschiedliche Faktoren zurückgeführt wird. Die Begegnungen zwischen Thabo und den Tourist*innen in Kirsten Boies Kriminalromanreihe lassen eine Differenzerfahrung auf ethnisch-nationaler und/oder sozioökonomischer Basis als wahrscheinlich erachten; möglich ist aber zusätzlich, dass der generationale Unterschied zu den schon oft dem Senior*innen-Alter zuzurechnenden Tourist*innen interkulturelle Alteritätserfahrungen auslöst.[68] In Kristina Aamands *Wenn Worte meine Waffen wären* ergeben sich die Spannungen zwischen Sheherazade und Thea, deren Beziehung sich auf die Zugehörigkeit zum weiblichen Geschlecht und auf ihre lesbische sexuelle Identität stützt, nicht nur aus ethnisch-religiösen Differenzerfahrungen, sondern auch den Zugehörigkeiten zu unterschiedlichen sozialen Schichten, was sich auch in der Tatsache widerspiegelt, dass die beiden in verschiedenen Stadtteilen wohnen.[69]

---

68 Kirsten Boie, 2016, Thabo. Detektiv & Gentleman. Die Krokodil-Spur. Hamburg: Oetinger; Kirsten Boie, 2017, Thabo. Detektiv & Gentleman. Der Rinder-Dieb. Hamburg: Oetinger; Kirsten Boie, 2019, Thabo. Detektiv & Gentleman. Der Nashorn-Fall. 3. Aufl. Hamburg: Oetinger. Vgl. den Beitrag von Sander und Jäger in diesem Band.
69 Kristina Aamand, 2018, Wenn Worte meine Waffen wären, Hamburg: Dressler, 2. Auflage. Vgl. auch den Beitrag von Kofer und Zierau in diesem Band.

7. Interkulturalitätserfahrung in und mit Literatur & interkulturelles Lernen

Interkulturelle „Differenz-, Pluralitäts-, Alteritäts- und Fremdheitserfahrungen"[70] können sich in literarischen Texten in diesem Sinne innerfiktional vollziehen, wenn Figuren aufeinandertreffen, die Differenzerfahrungen machen. Die Erfahrung kann gleichzeitig im Rezeptionsvorgang vonstattengehen, und dies eben auch dann, wenn zwar innerhalb der Fiktion keine interkulturelle Begegnung erzählt wird, die Leser*innen jedoch Alterität gegenüber dem Dargestellten empfinden. Für die im vorliegenden Band versammelten Beispiele gilt sicher mehrheitlich, dass beide Ebenen angesprochen werden: textintern die Darstellung von Interkulturalitätserfahrungen der Figuren, aber genauso in der Textrezeption ausgelöste Interkulturalitätserfahrungen. Beides – Hand in Hand – kann für den Literaturunterricht fruchtbar gemacht werden, um „das literarische Lernen unter dem Aspekt der Interkulturalität zu akzentuieren"[71].

---

70 Jürgen Straub, 2003, Interkulturelle Kompetenz und transitorische Identität in Übersetzungskulturen: Zu Alexander Thomas' psychologischer Bestimmung einer „Schlüsselqualifikation", in: Erwägen, Wissen, Ethik 14:1, S. 207–210, hier: S. 209, zitiert nach: Rathje, Interkulturelle Kompetenz [Anm. 11], S. 11.
71 Scherer/Vach, Interkulturelles Lernen [Anm. 37], S. 9.

Kultur(en) in der Schule. Interkulturelles Lernen und interkulturelle Literatur im Deutschunterricht

Ines Heiser

1. Interkulturalität und Literaturunterricht – Neuansätze am Beginn der 2000er Jahre

Ein erster Höhepunkt einer literaturdidaktischen Auseinandersetzung mit Inter- bzw. Transkulturalität lässt sich kurz nach 2000 feststellen, als etwa zeitgleich eine ganze Reihe einschlägiger Publikationen zur Thematik entstanden.[1] Auslöser dafür mögen zum einen die Erkenntnisse der ersten PISA-Untersuchung gewesen sein, die Migrationsbezug als Risiko für erfolgreiche Bildungswege auswiesen. Zum anderen war das Thema allgemein im öffentlichen Bewusstsein damals sehr präsent: Fluchtbewegungen als Folge der Jugoslawienkriege prägten die öffentlichen Diskussionen ebenso wie erste juristische Auseinandersetzungen im sogenannten ‚Kopftuchstreit' darüber, ob Staatsbedienstete ein solches bei der Wahrnehmung ihrer Dienstaufgaben tragen dürften, oder die Änderung des Staatsangehörigkeitsrechtes, die zum 1. Januar 2000 festlegte, dass fortan nicht ausschließlich das Abstammungsprinzip gelte, sondern Kinder ausländischer Einwohner*innen bei Geburt zusätzlich die deutsche Staatsbürgerschaft erhielten,[2] wenn mindestens ein Elternteil bei der Geburt seit acht Jahren rechtmäßig in Deutschland lebte.

Die Autor*innen der entsprechenden Studien begründen die Relevanz ihres Themas jeweils ähnlich, wenn auch mit tendenziell unterschiedlicher Schwerpunktsetzung: So bezeichnet etwa Irmgard Honnef-Becker interkulturelle Kom-

---

1 Vgl. Irmgard Honnef-Becker, 2006, Interkulturalität als neue Perspektive der Deutschdidaktik, Nordhausen: Traugott Bautz, oder auch Werner Wintersteiner, 2006, Transkulturelle literarische Bildung. Die „Poetik der Verschiedenheit" in der literaturdidaktischen Praxis, Innsbruck: Studienverlag, bzw. Christian Dawidowski / Dieter Wrobel (Hgg.), 2006, Interkultureller Literaturunterricht, Baltmannsweiler: Schneider Verlag Hohengehren.

2 Dabei galt zunächst für so gut wie alle Heranwachsenden die sogenannte Optionspflicht, im Rahmen derer mit Vollendung des 21. Lebensjahres eine Entscheidung für eine der beiden Staatsbürgerschaften getroffen werden musste. Seit 2014 entfällt die Optionspflicht für Personen, die als zweite eine EU- oder die Schweizerische Staatsangehörigkeit besitzen oder die in Deutschland aufgewachsen sind, vgl. o.A.: Staatsangehörigkeitsrecht.2022. https://www.auswaertiges-amt.de/de/service/konsularinfo/staatsangehoerigkeitsrecht (04.02.2024).

petenz als Schlüsselqualifikation, da „nur Prozesse interkulturellen Verstehens zu dauerhaftem Frieden auf der Welt führen können"[3]. In einer globalisierten Welt müssten Lernende durch die Förderung interkulturellen Verstehens dazu in die Lage versetzt werden, „die alltägliche Wahrnehmung multikultureller Situationen zu deuten und sich selbstständig in der Vielfalt multikultureller Situationen zurechtzufinden"[4].

Werner Wintersteiner zieht als zusätzlichen Aspekt explizit damals aktuelle Erfahrungen aus Schulpraxis und Schulpolitik heran, die seiner Einschätzung nach zeigten,

> dass unsere Schulen immer mehr zum Kristallisationspunkt für die Auseinandersetzung um eine gesellschaftliche Grundfrage werden: Sollen wir uns nach wie vor als monokulturelle und einsprachige Gesellschaft verstehen? Oder zumindest als eine Gesellschaft, deren Ideal die Monokultur und Einsprachigkeit ist [...]? Müssen wir, um die Werte der Gesellschaft zu schützen, eine ‚Leitkultur' kodifizieren und verordnen? Oder sollen wir Einwanderung und Durchmischung, Mehrsprachigkeit und Multikulturalität nicht als Ausnahme und Fehler, sondern als Chance begreifen und uns als eine multikulturelle, offene Gesellschaft definieren?[5]

Wintersteiner votiert ausdrücklich für die zweite Option. Das Fach Deutsch sieht er diesbezüglich in einer maßgeblichen Verantwortung, da es „wesentlich zur sprachlichen Bildung und zur kulturellen und politischen Orientierung der Jugend"[6] beitrage. Dabei sei insofern dringend ein Umdenken notwendig, als dass der Literaturunterricht lange „dazu eingesetzt worden [sei], Nationalbewusstsein zu entwickeln, während die Vielfalt der Literaturen der Welt unterbelichtet blieb"[7]. Diesem seiner Ansicht nach nicht mehr zeitgemäßen Vorgehen stellt er die Perspektive gegenüber, dass Literatur besonders dazu geeignet sei, interkulturelle Kompetenzen zu erwerben: Sie ermögliche es, „sich fremden Erfahrungen zu öffnen, von ihnen zu lernen und das selbstverständlich ‚Eigene' zu hinterfragen, sich mit dem ‚Anderen' auseinanderzusetzen und Gemeinsames zu definieren"[8]. Auch Wintersteiner bezieht abschließend die Entwicklung der Globalisierung als Referenzpunkt mit ein und stellt fest, dass außerhalb einer globalen Sichtweise weder die (außerliterarische) Welt noch die Welt der Literatur zu verstehen seien.[9]

---

3 Honnef-Becker, Interkulturalität [Anm. 1], S. 8.
4 Honnef-Becker, Interkulturalität [Anm. 1], S. 9.
5 Wintersteiner, Poetik der Verschiedenheit [Anm. 1], S. 8.
6 Wintersteiner, Poetik der Verschiedenheit [Anm. 1], S. 9.
7 Ebd.
8 Wintersteiner, Poetik der Verschiedenheit [Anm. 1], S. 9f.
9 Wintersteiner, Poetik der Verschiedenheit [Anm. 1], S. 10.

Christian Dawidowski und Dieter Wrobel gehen in ihrer Einführung zu dem damals von ihnen herausgegebenen Sammelband von kritischen Beobachtungen der PISA-Studie zu negativen Auswirkungen von Migrationsbezug auf Bildungswege aus.[10] In Übereinstimmung mit einem von der Bund-Länder-Kommission für Bildungsplanung und Forschungsförderung 2003 veröffentlichten Gutachten[11] fordern sie deswegen besondere Fördermaßnahmen für die entsprechenden Personengruppen und weisen darauf hin, dass in den Schulen bzw. auch dem Bildungswesen allgemein Bedarf bestehe, eine differenzierende „Kultur der interkulturellen Kommunikation" aufzubauen.[12] Aufgaben und Möglichkeiten von Literatur sehen sie diesbezüglich v. a. im sozialisatorischen Potenzial literarischer Texte, die „eine Auseinandersetzung mit der eignen kulturellen Herkunft wie Identität im Kontext einer polykulturell geprägten Gesellschaft und einer ebenso ausgeprägten Alltagskultur"[13] ermöglichen. Zusätzlich sei Literatur ein Bildungsinstrument, sie biete Zugang zum kulturellen Gedächtnis und erlaube Alteritätserfahrungen, bei denen man „etwas über den anderen und sein Anderssein erfahren"[14] könne. Dieses Bildungspotenzial schließt nach Dawidowski/Wrobel ausdrücklich auch eine ästhetische Dimension mit ein.

2. Interkulturalität als um 2000 ‚neue' Perspektive?

Mehr oder weniger explizit gehen fast alle Autor*innen in dieser Phase von der Annahme aus, eine ‚neue' Sicht auf den Literaturunterricht und eine ‚neue' Unterrichtspraxis seien v. a. deswegen erforderlich, weil kulturenbezogene Diversität in den Lerngruppen zunehme bzw. in der direkt zurückliegenden Vergangenheit zugenommen habe. Sie sehen sich als Gipfelpunkt einer didaktischen Tradition der Fortentwicklung: Beginnend mit einer bis in die 1970er Jahre hinein praktizierten Phase der Ausländer*innenpädagogik habe sich nach einer Übergangsphase in den 1980er Jahren sukzessive die Erkenntnis entwickelt, dass interkul-

---

10 Vgl. Christian Dawidowski/Dieter Wrobel, 2006, Einführung: Interkulturalität im Literaturunterricht, in: Dawidowski/Wrobel, Interkultureller Literaturunterricht [Anm. 1], S. 1–16, hier S. 1. Bezugspunkt der Ausführungen ist die PISA-Studie von 2001, die aktuelleren Ergebnisse der Erhebung von 2018 stellen damit übereinstimmend allerdings immer noch fest, dass „immer noch Handlungsbedarf besteht, um die Leistungsdisparitäten, die bezüglich zuwanderungsbezogener [...] Herkunft bestehen, zu verringern," vgl. Mirjam Weis et al., 2019, Soziale Herkunft, Zuwanderungshintergrund und Lesekompetenz, in: Kristina Reiss et al. (Hgg.): PISA 2018. Grundbildung im internationalen Vergleich. Münster/New York Waxmann, S. 129–162, hier S. 129.
11 Bund-Länder-Kommission für Bildungsplanung und Forschungsförderung (Hrsg.), 2003, Förderung von Kindern und Jugendlichen mit Migrationshintergrund, Bonn: BLK.
12 Dawidowski/Wrobel, Einführung [Anm. 10], S. 3.
13 Ebd.
14 Dawidowski/Wrobel, Einführung [Anm. 10], S. 4.

turelles Lernen als „gemeinsames Lernen aller Kinder gleich welcher Herkunft"[15] auch im Literaturunterricht erforderlich sei.

Nur vereinzelt – etwa bei Annette Kliewer – findet sich der ausgesprochen wichtige Hinweis darauf, dass „sprachliche und kulturelle Heterogenität der SchülerInnen [...] kein neues Phänomen [ist]"[16]. Demgegenüber verstehen aktuelle Untersuchungen zurecht „sprachliche und kulturelle Diversität, die durch internationale Migrationen verstärkt wird, nicht als vorübergehendes Sonderphänomen für Bildung und Erziehung [...], sondern [als] eines der grundlegenden Probleme von Bildung in differenzierten Gesellschaften"[17]. In ihrer Breite können die historischen Entwicklungen, die Grundlage dieser andauernden kulturellen Diversität darstellen, im vorliegenden Kontext nicht nachgezeichnet werden. Gogolin verweist in diesem Zusammenhang exemplarisch beispielsweise auf Durchmischung autochthoner Bevölkerungsstrukturen durch Kriegsfolgenwanderung u. a. aus den ehemals deutschen Ostgebieten nach 1945 und auf Zuwanderung im Zuge der Anwerbeabkommen mit Italien oder der Türkei in den 1950er und 1960er Jahren sowie auf die Diskussion um die sogenannten ‚brown babies' aus Beziehungen zwischen Deutschen und Angehörigen des US-Militärs.[18] Vor dem 20. Jahrhundert sind als wesentliche Faktoren für Migration daneben etwa religiöse Konflikte, wirtschaftliche Zwänge oder auch die engen personalen Verflechtungen innerhalb bestimmter sozialer Gruppen wie etwa des Adels über Staatsgrenzen hinweg zu berücksichtigen.[19]

Wenn also bereits mit Blick auf nationale und ethnische Abstammung unterrichteter Heranwachsender nicht von einer irgendwann ‚früher' vorhandenen kulturellen Homogenität auszugehen ist, so muss ergänzt werden, dass sich Interkulturalität innerhalb von Lerngruppen zusätzlich durch weitere Faktoren konstituieren kann. Ein relevanter Aspekt besteht diesbezüglich etwa in der Zugehörigkeit Lernender zu verschiedenen Herkunftsregionen innerhalb Deutschlands. Eine gemeinsame und oft weitgehend einheitlich gedachte deut-

---

15 Ingelore Oomen-Welke, 2006, Interkulturalität, in: Heinz-Jürgen Kliewer/Inge Pohl (Hgg.), Lexikon Deutschdidaktik. Bd. 1, Baltmannsweiler: Schneider Verlag Hohengehren, S. 258–262, hier S. 259 f.
16 Annette Kliewer, 2006, Interkulturalität und Interregionalität. Literaturunterricht an der Grenze, Baltmannsweiler: Schneider Verlag Hohengehren, S. 54.
17 Ingrid Gogolin, 2019, Lernende mit Migrationshintergrund im deutschen Schulsystem und ihre Förderung. Forschungstraditionen und aktuelle Entwicklungen, in: JERO (Journal for educational research online) 11 (2019) 1, S. 74–91, hier S. 76. Vgl. sinngemäß entsprechend auch Gabriela Scherer/Karin Vach, 2019, Interkulturelles Lernen mit Kinderliteratur. Unterrichtsvorschläge und Praxisbeispiele. Seelze: Kallmeyer in Verbindung mit Klett, S. 11.
18 Vgl. Gogolin, Lernende [Anm. 17], S. 76 f.
19 Heidi Rösch verweist auf ähnliche Konstellationen wie Gogolin, sie systematisiert zusätzlich nach Zwangsmigration, Arbeitsmigration, Aussiedlung und Systemmigration (aus den Ostblockstaaten in den Westen) und Flucht, vgl. Heidi Rösch, 2017, Deutschunterricht in der Migrationsgesellschaft. Eine Einführung. Stuttgart: Metzler, S. 45 f.

sche Kultur wurde zwar von den Nationalbewegungen des 19. Jahrhunderts als wesentliches Argument für die Notwendigkeit eines gemeinsamen deutschen Staates angeführt und später in Nationalismus und Nationalsozialismus instrumentalisiert, um politische Geschlossenheit zu erzeugen oder zu erzwingen. Inzwischen tritt allerdings u. a. vor dem Hintergrund der europäischen Einigung deutlich stärker in den Blick, dass in einem ‚Deutschland der Regionen' innerhalb desselben Staates sehr unterschiedlich geprägte Landschaften, Dialekte und kulturelle Traditionen zusammengefasst sind.[20] Um die Konsequenzen für den Unterricht kurz an einem etwas plakativen Beispiel zu skizzieren: Die Boßel-Szenen in Storms Novelle *Der Schimmelreiter* eignen sich in einigen norddeutschen Regionen wie auch in Teilen Frankens sicherlich, um eine Verbindung zum historisch fremden Text herzustellen und Distanz der Lernenden dazu zu verringern. Umgekehrt stellen sie in Regionen, die keinen Bezug zu dieser überregional wenig bekannten traditionellen Sportart haben, ein zusätzliches erklärungsbedürftiges Element dar – dort werden sie eher Anlass dazu geben, die Erzählung noch über den historischen Abstand hinaus als fremd und wenig zugänglich wahrzunehmen, so dass regionalkulturbezogen interkulturelles Lernen erforderlich wird.

Ein zweiter zu bedenkender Aspekt ist, dass zwischen autochthonen und migrierten Personen konstruierte Differenzlinien historischen Wandel innerhalb der autochthonen Gruppe ausblenden. Dem ist entgegenzuhalten, dass Herkunft aus einem bestimmten ethnischen oder nationalen Kontext keineswegs garantiert, dass Lernende automatisch über intrinsisches Wissen oder intuitives Verständnis für alle historisch zuvor existierenden Entwicklungsstufen der damit verbundenen Kultur verfügen. Insbesondere in Phasen mit hoher gesellschaftlicher Mobilität und dynamischem gesellschaftlichem Wandel oder auch in bildungsfernen Milieus sinkt die Wahrscheinlichkeit, dass bestimmte Wissensinhalte oder kulturelle Praxen informell weitergegeben werden. Um dies erneut mit einem Beispiel zu illustrieren: Die in Fontanes *Effi Briest* dargestellt Welt des Bürgertums im ausgehenden 19. Jahrhundert ist heutigen Lernenden deutlich fremd; Irritationspunkte erklären sich eben daraus, dass Heranwachsende heute ganz andere Konventionen des Zusammenlebens als kulturell akzeptiert erfahren: Weder die Verheiratung eines sehr jungen Mädchens an den ehemaligen Verehrer der Mutter noch die rigide einzuhaltenden Umgangsformen oder die Durchführung eines tödlichen Duells dürften in der Regel als typische Bestandteile einer eigenen ‚deutschen' Kultur wahrgenommen werden.

Betrachtet man ergänzend schließlich die Texte als Gegenstand des Literaturunterrichts, so ergeben sich auch hier in vielen Bereichen implizit vorhandene Be-

---

20 Vgl. zum Begriff der Region z. B. Manfred Sinz, 2018, Region, in: ARL – Akademie für Raumforschung und Landesplanung (Hrsg.), Handwörterbuch der Stadt- und Raumentwicklung, Hannover, S. 1975–1984.

züge zu interkulturellen Fragestellungen und Austausch zwischen den Kulturen. Nicht erst für das 21. Jahrhundert gilt Wintersteiners Beobachtung, dass Literatur nur „unter globalen Prämissen [...] zu begreifen"[21] sei. So sind etwa in der Auseinandersetzung mit literaturhistorisch einflussreichen Texten eines häufig national gelesenen deutschsprachigen ‚Klassikerkanons' ohne Kenntnisse des antiken, des französischen und des englischen Theaters die Entwicklungen des deutschsprachigen Dramas nicht nachzuvollziehen und entsprechend finden sich in den Lehrwerken selbstverständlich auch Hinweise auf Euripides, Shakespeare oder Molière. Wrobel formuliert diesbezüglich sehr treffend:

> nahezu alle großen kultur- wie literaturhistorisch wirksam gewordenen kulturellen und literarischen Innovationen und Befunde sind – mindestens – in einem europäischen Kontext zu sehen, auszuleuchten und zu interpretieren. [...] Die Kultur verliert ihre staatlich definierten Grenzen – und das nicht erst seit wenigen Jahrzehnten.[22]

Als Fazit ließe sich insofern festhalten, dass ein fachlich versierter Literaturunterricht in diesem Sinne in jedem Fall interkulturell ausgerichtet sein muss.

Diese Ausführungen zeigen, dass Interkulturalität vielleicht nicht als explizit diskutiertes Konzept, dafür aber als Querschnittsthema – als auf sehr vielen Ebenen in der Praxis existierendes Phänomen und implizite Herausforderung – den Literaturunterricht an deutschsprachigen Schulen seit seinen Anfängen begleitet. Auch mit Blick auf einen expliziten Diskurs muss Wintersteiners generell treffende Kritik an einer nationalen Ausrichtung der Unterrichtsgegenstände mindestens differenziert werden: Bereits in früheren Phasen gab es durchaus immer wieder Stimmen, die ausdrücklich eine Verbindung des Unterrichts zu anderen Literaturen forderten. So wies etwa Gustav Wendt 1896 auf die Notwendigkeit des Einbezugs antiker Stoffe und Texte in den deutschsprachigen Literaturunterricht hin,[23] stark diskutiert wurde in der Folge ebenfalls Walter Schönbrunns 1929 publizierter Vorschlag, den Literaturunterricht stärker am Modell der Arbeitsschule nach Lotte Müller auszurichten und in diesem Zusammenhang auch „die Grenze des Nationalen"[24] zu überschreiten. Generell lässt sich also sagen, dass die Frage, inwiefern Literaturunterricht national zu denken sei, auch im 19. und frühen 20. durchaus kontrovers und mit verschiedenen Ergebnissen diskutiert wurde,

---

21 Vgl. Wintersteiner, Poetik der Verschiedenheit [Anm.1], S. 10.
22 Dieter Wrobel, 2006, Texte als Mittler zwischen Kulturen. Begegnung und Bildung als Elemente des interkulturellen Literaturunterrichts, in: Christian Dawidowski/Dieter Wrobel (Hgg.), 2006, Interkultureller Literaturunterricht, Baltmannsweiler: Schneider Verlag Hohengehren S. 37–52, hier S. 39 f.
23 Vgl. Gustav Wendt, 1896, Didaktik und Methodik des deutschen Unterrichts und der philosophischen Propädeutik, München: Beck'sche Verlagsbuchhandlung.
24 Walter Schönbrunn, 1929, Die Not des Literaturunterrichts in der großstädtischen Schule, in: Die Erziehung. Monatsschrift für den Zusammenhang von Kultur und Erziehungswissenschaft 4 (1929), S. 252–259, hier S. 258.

wobei es nationalen und später nationalistischen Bestrebungen – nicht zuletzt aufgrund der allgemeinpolitischen Konstellationen – besser gelang, ihre Anliegen institutionell verankern zu lassen.[25] Auch in dieser Hinsicht handelt es sich also keineswegs um ein nach 2000 gänzlich neues Diskussionsfeld.

3. Interkulturalität und literarisches Lernen

Über andere Publikationen hinausgehend führen Dawidowski/Wrobel einige kritische Anmerkungen in Bezug auf das Konzept einer interkulturell ausgerichteten Literaturdidaktik an: Sie verweisen darauf, dass bislang empirisch nicht erwiesen sei, inwiefern Literatur tatsächlich eine „handlungsleitende und persönlichkeitsformende Wirkung auf das Leben des Individuums"[26] habe und dass diese Annahme eine zutiefst an bildungsbürgerliche Konzeptionen milieugebundene sei. Demgegenüber ergäben empirische Studien zur Leseforschung, dass schulische Lektüren von den jungen Lesenden häufig als ‚Zwangszusammenhang' empfunden würden, so dass fraglich sei, ob das adressierte Publikum überhaupt in der intendierten Form angesprochen werden könne.[27] Abschließend ließe sich aus einer germanistischen Perspektive heraus die Befürchtung einer Instrumentalisierung literarischer Texte formulieren, bei der „genuin Literarische[s] durch den pädagogischen Diskurs [überformt]"[28] werde.

Diese Bedenken sollten ernst genommen werden: Sie warnen davor, Möglichkeiten des Literaturunterrichts zu überschätzen, und halten zurecht dazu an, Texte nicht auf bestimmte Lesarten oder für bestimmte Zwecke zu vereinnahmen. Festzuhalten ist allerdings, dass diese Einwände nur auf eine der möglichen Intentionen eines interkulturell ausgerichteten Literaturunterrichts ausgerichtet sind: Sie beziehen sich auf die Absicht, im Rahmen eines solchen Literaturunterrichts pädagogische Wirksamkeit zu entfalten und sozialisierende Effekte von

---

25 Zu den Entwicklungen im Überblick vgl. Michael Kämper-van den Boogaart, 2015, Geschichte des Lese- und Literaturunterrichts, in: Ders./Kaspar H. Spinner (Hgg.), Lese- und Literaturunterricht. Teil 1: Geschichte und Entwicklung. Konzeptionelle und theoretische Grundlagen. 2. Aufl. Baltmannsweiler: Schneider Verlag Hohengehren, S. 3–83.
26 Dawidowski/Wrobel, Einführung [Anm. 10], S. 7. Empirische Daten fehlen haben sich diesbezüglich weiterhin, theoretische Modellierungen zu möglichen Wirkweisen wurden inzwischen differenziert und weiterentwickelt, vgl. z. B. Elisabeth Hollerweger, 2012, Nachhaltig Lesen! Gestaltungskompetenz durch fiktionale Spiegelungen, in: interjuli 4, S. 97–110 oder Anna Morbach, 2021, Der Blick in die Zukunft, Dystopie und Bildung für nachhaltige Entwicklung, in: Jan Standke/Dieter Wrobel (Hgg.), Ästhetisierungen der Natur und ökologischer Wandel. Literaturdidaktische Perspektiven auf Narrative der Natur in der deutschsprachigen Gegenwartsliteratur, Trier: Wissenschaftlicher Verlag, S. 35–49, hier v. a. S. 36–38.
27 Vgl. Dawidowski/Wrobel, Einführung [Anm. 10], S. 8.
28 Vgl. ebd., S. 9.

Literatur auf Lernende zu nutzen.[29] Damit bewegen sie sich nach einer älteren, von Fritzsche eingeführten Definition im Bereich der Erziehung durch Literatur, dem dort Anliegen der Erziehung zur Literatur, d. h. einer Leseförderung bzw. der Etablierung einer stabilen Lesehaltung und eines Beitrags zur Lese- und literarischen Sozialisation gegenübergestellt werden.[30] Eine zusätzliche Perspektive wäre literarisches Lernen, wie es u. a. von Kaspar H. Spinner beschrieben wird und bei dem speziell literaturbezogene Lernprozesse, etwa das Einüben einer literarischen Lesehaltung sowie das Kennenlernen von Literatur als System mit spezifischen Bedingungen, im Zentrum stehen. Entsprechend beschreiben Abraham und Kepser als wesentliche Zieldimensionen des Literaturunterrichts Individuation, Sozialisation und Enkulturation.[31]

Geht man von einer solchen differenzierteren Gesamtsystematik des Literaturunterrichts aus, so können über die von Dawidowski/Wrobel dargestellten Ansätze hinaus weitere Potenziale eines interkulturell ausgerichteten Literaturunterrichts beschrieben werden. Im Bereich der Individuation, d. h. der Unterstützung von individueller Entwicklung und Identitätsbildung, kann ggf. ein von Dawidowski/Wrobel zur Diskussion gestellter Einstellungswandel erfolgen. Daneben ist aber auf einer vorgelagerten Ebene entscheidend, dass die Darstellung von inter- bzw. transkulturellen Kontakten und Konflikten zunächst überhaupt zu einer Repräsentanz dieses lebensweltlich für viele Heranwachsenden wichtigen Themas im Bereich Literatur führt. Damit kann schlicht deklaratives Wissen darüber erworben werden, wo kulturelle Kodierungen eine Rolle spielen, in welchen Kontexten kulturelle Prägungen besonders konfliktträchtig sein können, welche Formen von inter-/transkulturellen Kontakten und inter-/transkulturellem Zusammenleben es gibt und welche Perspektiven darauf möglich sind. Dies kann zu Selbstbildung und erweitertem Weltwissen führen – auch ohne, dass daraus zunächst unmittelbare Handlungskonsequenzen oder veränderte Haltungen bei den Lernenden erwachsen müssen.[32] Zusätzlich kann diese Repräsentanz inklusiven Charakter entwickeln: Sie erlaubt es Personen, die sich in ihrem Umfeld aufgrund kultureller Kontexte selbst als marginalisiert erfahren oder die – ggf. auch aus der Perspektive einer dominanten Gruppe heraus – ihr Umfeld als deutlich von Kontroversen um kulturelle Einflüsse geprägt erleben, sich selbst in den Texten zu erkennen und die eigene Situation in den Kontext globaler und historisch übergreifender Herausforderungen einzuordnen. In der Privatlektüre können thematisch einschlägige Texte daher zu einer persönlichen Entlastung führen

---

29 Vgl. ebd., S. 7.
30 Vgl. Joachim Fritzsche, 1994, Zur Didaktik und Methodik des Deutschunterrichts. Bd. 3: Umgang mit Literatur, Stuttgart: Klett, S. 98 ff.
31 Vgl. Ulf Abraham/Matthis Kepser, 2009, Literaturdidaktik Deutsch. Eine Einführung. 3., neu bearb. u. erw. Aufl., Berlin: ESV, S. 19.
32 Ähnlich sprechen Scherer/Vach hier von einer „Möglichkeit zum Selbst- und Fremdverstehen", vgl. Scherer/Vach, Interkulturelles Lernen [Anm. 17], S. 24.

und es Heranwachsenden erlauben, durch Probehandeln in der Vorstellungsbildung Handlungsalternativen zu entwickeln und abzuwägen. Zudem können sie Literatur so als Medium erleben, das sie persönlich Betreffendes darstellt – dessen Rezeption also subjektiv lohnend sein kann – und das sie selbst zur Darstellung eigener Themen nutzen können. Scherer/Vach beschreiben diesen Komplex ausgehend von Habermas' Theorie des kommunikativen Handelns als Kennenlernen von bzw. Einüben in expressives Handeln.[33] Ein interkulturell ausgerichteter Literaturunterricht erweitert in diesem Sinne den Handlungsspielraum der Lernenden und er kann aufgrund dieser Erfahrungen lese- und schreibfördernde Wirkung entwickeln. Wichtig für entsprechende Prozesse im Unterrichtskontext ist, dass der so größer gesteckte Rahmen nicht zu einer Bagatellisierung von individuell erlebten Reibungen bzw. Konflikten führt, sondern dass der Fokus auf der Sichtbarkeit und Anerkennung der zeit- und kontextübergreifend bestehenden Herausforderungen liegt.

Betrachtet man den zweiten Bereich der Sozialisation, so zielt dieser auf einen medienbezogenen Dialog ab, der sich medienvermittelt auch über historische oder räumliche Distanzen erstrecken kann.[34] Potenziale eines interkulturell ausgerichteten Literaturunterrichts werden hier besonders deutlich offensichtlich: Indem der Literaturunterricht Texte in den Fokus stellt, die interkulturelle Kontakte ins Zentrum rücken, oder indem Texte unter interkultureller Perspektive gelesen werden, wird ein Kommunikationsangebot gerade an Personen gemacht, die sich von einem national ausgerichteten Literaturunterricht aus verschiedenen Gründen nicht angesprochen fühlen. Ein interkulturell ausgerichteter Literaturunterricht erlaubt dabei zusätzlich Austausch mit Personen und Kulturen, zu denen ein persönlicher Kontakt nicht möglich ist, und der Austausch über gemeinsam Rezipiertes kann ggf. auch die allgemeine Dialogfähigkeit steigern sowie eine neue, gemeinsame Hybridkultur entstehen lassen.

Auch für den dritten Bereich der Enkulturation scheint eine interkulturelle Ausrichtung des Literaturunterrichts wünschenswert: Diese Perspektive erlaubt es, Verbindungen deutschsprachiger Texte zu anderen Literaturen zu erkennen und zu beschreiben. Sie versetzt Lernende zunehmend in die Lage, zu erkennen, welche Spezifika eine deutschsprachige Kultur in ihren unterschiedlichen historischen Phasen aufweist, wo sie Anleihen bei benachbarten Literaturen macht und inwiefern von ihr selbst Impulse dorthin ausgesendet wurden.

Damit lassen sich zusammengefasst Potenziale eines interkulturell ausgerichteten Literaturunterrichts etwa so beschreiben: Über die bei Wrobel dargestellte Ebene eines Aufbaus von interkultureller Kompetenz[35] hinausgehend unterstützt dieser differenziertes literarisches Lernen, indem er deutschsprachige

---

33 Vgl. Scherer/Vach, Interkulturelles Lernen [Anm. 17], S. 15.
34 Vgl. Abraham/Kepser, Literaturdidaktik [Anm. 31], S. 15f.
35 Vgl. Wrobel, Texte als Mittler [Anm. 22], S. 42.

Literatur als vielgestaltiges und vielstimmiges Phänomen in ihren Vernetzungen mit anderen Literaturen und Kulturen sichtbar macht. Zusätzlich kann interkulturell ausgerichteter Literaturunterricht inklusive Wirkung entfalten: Indem er kulturelle Bedingtheit von Texten explizit anspricht und so einen offenen und professionell-reflektierten Umgang damit ermöglicht, erleichtert er Zugänge zu Texten auch für Lernende, die sich selbst bestimmten Traditionskollektiven nicht zurechnen. Der dabei entstehende Austausch kann seinerseits sozialisatorischen Charakter entwickeln und allgemein rezeptionsfördernd sein.

„Ein in mir wohnendes Tier hilft mir, diese Wörter sprechen zu lassen und mehrdeutige vielschichtige Geschichten zu erzählen."[1]

Kinder- und Jugendliteratur und Interkulturalität. Eine kurze Geschichte nach 1945

Jana Mikota

1. Einführung

Fremdheit, das Aufeinandertreffen von literarischen Figuren aus unterschiedlichen Kulturen, Nationen, Regionen, Schichten oder Ethnien gehört zu den „am häufigsten verarbeiteten Alteritätserfahrungen"[2] der Kinder- und Jugendliteratur und findet sich nicht erst in den Büchern nach 1945. Während jedoch literarische Texte bis ins 20. Jahrhundert in Reise- und Abenteuerromanen vor allem über Begegnungen zwischen den Kulturen erzählen, verändert sich der Blick in der zweiten Hälfte des 20. Jahrhunderts. Alteritätserfahrungen behandeln auf inhaltlicher Ebene in der Kinder- und Jugendliteratur des späten 20. und frühen 21. Jahrhunderts neben Themen wie Flucht, Migration, Ankunft auch Umzüge vom ländlichen Raum in eine städtische Umgebung oder umgekehrt sowie Begegnungen zwischen Figuren unterschiedlicher Schichten (vgl. den Beitrag zu einem weiten Begriff von Interkulturalität von Andy Sudermann in diesem Band). Im Zuge der *postcolonial* und *gender* studies bilden sich zudem kritische Stimmen und es werden neue Formen des Erzählens gefordert. Autor*innen wie Andrea Karimé sprechen sich für vielschichtige und vielstimme Geschichten im 21. Jahrhundert aus. Es existiert zunehmend eine Literatur von Autor*innen mit Migrationshintergrund, die nicht mehr über bestimmte Situationen schreiben, sondern aus diesen heraus.

Der Begriff ‚Interkulturalität' wird als ein dynamisches Sinn- und Orientierungssystem betrachtet. Hans-Jürgen Lüsebrink fasst unter dem Begriff Phäno-

---

1 Andrea Karimé, 2023, Wörter und Himmelörter – Sprachen erfinden, poetische und fantastische Räume öffnen. In: Andrea Karimé, Wörter Wörter Himmelörter. Sprachen erfinden Essays und Texte. (i. Vorb.)
2 Petra Büker und Clemens Kammler, 2003, Das Fremde und das Andere in der Kinder- und Jugendliteratur, in: Das Fremde und das Andere. Interpretationen und didaktische Analysen zeitgenössischer Kinder- und Jugendbücher, hrsg. von Petra Büker und Clemens Kammler, Weinheim/München: Juventa, S. 7–27, hier: S. 13.

mene, die „aus dem Kontakt zwischen unterschiedlichen Kulturen entstehen"[3]. Nazli Hodaie hebt zudem hervor, dass das Attribut „interkulturell" als „pädagogische Kategorie anders konnotiert" ist[4]. Die Perspektive der interkulturellen Pädagogik ist nach Georg Auernheimer „die Idee einer multikulturellen Gesellschaft, die auf zwei Grundsätzen basiert: dem Prinzip der Gleichheit und dem Prinzip der Anerkennung"[5]. Ausgehend von dieser Perspektive sowie von dem Verständnis, dass Kinder- und Jugendliteratur als ein heteronomes Phänomen wahrgenommen wird, stellt Hodaie fest:

> So finden sich im Umgang mit (kultureller) Alterität in der Kinder- und Jugendliteratur Anklänge einer sich an den Maximen der interkulturellen Pädagogik anlehnenden Interkulturalität, die häufig die Kultur zur zentralen Differenzkategorie erklärt. Dieser Perspektive steht ein Paradigma gegenüber, das seinen Ursprung in der postkolonialen Literaturwissenschaft hat und dementsprechend binäre Zuschreibungen dekonstruiert und auf die Dynamik kultureller Phänomene setzt.[6]

Eine interkulturelle Pädagogik entwickelt und verändert sich demnach kontinuierlich und Autor*innen reagieren auf diese Diskurse. Daher muss, wenn man sich mit Kinder- und Jugendliteratur und Interkulturalität auseinandersetzt, die Frage in den Fokus rücken, wie sich der Blick auf unterschiedliche Kulturen gewandelt hat, welche Rolle ‚weiße' Figuren in den literarischen Welten innehaben und wie sich das Narrativ im 21. Jahrhundert verändert. Betrachtet man bspw. die Abenteuerliteratur des 19. und 20. Jahrhunderts, so sind es hierarchische Aufeinandertreffen, die nur bedingt von Respekt und Akzeptanz erzählen. Es geht um Eroberungen und die Herrschaft des ‚weißen' Mannes (vgl. hierzu die Kolonialliteratur). Aber bereits in der Kinderliteratur der Weimarer Zeit sowie des Exils finden enthierarchisierte Begegnungen zwischen Kindern unterschiedlichen Nationen statt. Europa und der Völkerbund bekommen in Romanen bspw. von Erika Mann oder Lisa Tetzner eine größere Rolle zugewiesen und auch der Abenteuerroman verlässt teilweise tradierte Erzählmuster und Stereotypen.[7] Ende des

---

3   Hans-Jürgen Lüsebrink, [4]2016, Interkulturelle Kommunikation. Interaktion, Fremdwahrnehmung. Kulturtransfer, Stuttgart: Metzler, S. 17.
4   Nazli Hodaie, 2020, Interkulturalität, in: Handbuch Kinder- und Jugendliteratur, hrsg. von Tobias Kurwinkel und Philipp Schmerheim, Stuttgart: Metzler, S. 322–333, hier: S. 322.
5   Georg Auernheimer, [8]2016, Einführung in die Interkulturelle Pädagogik. Darmstadt: WBG, S. 19.
6   Hodaie, Interkulturalität [Anm. 4], S. 322.
7   Der Beitrag fokussiert sich auf die Entwicklung innerhalb der Kinder- und Jugendliteratur der BRD, ein Vergleich zur Kinder- und Jugendliteratur der DDR steht noch aus. Erste Ansätze finden sich in: Gina Weinkauff, 2006, Ent-Fernungen. Fremdwahrnehmung und Kulturtransfer in der deutschsprachigen Kinder- und Jugendliteratur seit 1945. Band 1: Fremdwahrnehmung. Zur Thematisierung kultureller Alterität in der deutschsprachigen Kinder- und Jugendliteratur seit 1945. München: iudicium.

20. Jahrhunderts beginnen Kinder der Arbeitsmigrant*innen über ihre Erfahrungen zu schreiben und die Kinderliteratur öffnet sich neuen Stimmen. Kindliche Figuren mit Migrationshintergrund gestalten die Handlung der Geschichte mit, treten als Ich-Erzähler*innen auf und es wird nicht ausschließlich ein friedliches Miteinander geschildert, sondern Alltagsrassismus, Scham und Lügen sind den literarischen Texten inhärent.

2. 1950er Jahre in der BRD: Von Flucht und Ankommen

Begegnungen mit ‚fremden' Welten finden sich in der westdeutschen Kinder- und Jugendliteratur nach dem Ende des Zweiten Weltkrieges vor allem in den (realistischen) Romanen, die über Flucht erzählen. Insbesondere für ältere Leser*innen werden in den späten 1940er und den 1950er Jahren Romane publiziert, die von Begegnungen zwischen Geflüchteten und Einheimischen erzählen. Wichtige Vertreter*innen sind Margot Benary-Isbert (1889–1979) mit den Bänden *Die Arche Noah* (1948) und *Der Ebereschenhof* (1949), Lise Gast (1908–1988) mit *Die Haimonskinder* (1950), Marianne Eckel (1915–1958) mit *Hummel und das Zwillingskrönchen* (1956) oder Berta Schmidt-Eller (1899–1987) mit *Alles wegen Gisela* (1953). Die unmittelbaren Nachwirkungen des Krieges schildern die Bände *Die Arche Noah* (1948) und *Der Ebereschenhof* (1949) von Margot Benary-Isbert, in denen die Ankunft der Familie Lechow in einer hessischen Stadt in der Rhön im Mittelpunkt steht. Die Handlungszeit entspricht den Jahren 1946/47 und beide Bände stehen exemplarisch dafür, wie die Themen Flucht, Vertreibung und Ankunft, Erzählmuster und Leerstellen in der Kinder- und Jugendliteratur der Nachkriegsjahre dargestellt wurden.[8] Die Romane thematisieren den Umgang mit Geflüchteten, nennen die Vorurteile und Probleme der Integration. Hinzu kommt die unterschiedliche Sozialisation der Geflüchteten.

Bislang kaum erforscht ist jedoch, ob und wie Begegnungen zwischen den Alliierten, ihren in der BRD stationierten Familien und deutschen Kindern in der Kinder- und Jugendliteratur dargestellt wurden.[9] Mit der Serie *Poosie* (3 Bände, 1953–1956) von Ruth Hoffmann steht ein US-amerikanisches Mädchen im Mittelpunkt, das im zweiten Band, *Poosie entdeckt Europa* (1954), mit ihrer Familie nach Frankfurt am Main reist, in einer US-amerikanischen Base lebt und nur wenigen deutschen Kindern begegnet. Es ist der Blick von außen auf die 1950er Jahre, denn Poosie erzählt naiv von ihren Erlebnissen und Ausflügen nach Österreich oder Italien. Es finden sich Hinweise auf den Krieg, die Haushälterin der Familie ist eine Geflüchtete, deren Mann kriegsversehrt ist. Sie muss, um ihre Familie ernähren

---

8 Vgl. auch Annegret von Wietersheim, 2019, „Später einmal werde ich es dir erzählen". Leerstellen in der Kinder- und Jugendliteratur der 1950er Jahre. Heidelberg: Winter, S. 61.
9 Auch in dem umfangreichen Band von Gina Weinkauff [Anm. 7] fehlen Hinweise.

zu können, arbeiten. In Gesprächen wird die Armut und der Hunger der Bevölkerung angedeutet und mit Poosies Situation verglichen. Poosie blickt auf ihren Reisen skeptisch auf die Grenzen und unterschiedlichen Währungen. Sie versteht nicht, warum es nicht *ein* Europa und *eine* Währung gibt. Die Autorin nimmt hier Konzepte der Vereinten Nationen und eines Vereinten Europas auf, die bereits innerhalb der Kinder- und Jugendliteratur des Exils diskutiert wurden (bspw. in *Der neue Bund*, 1949, von Lisa Tetzner, *A Gang of Ten*, 1942, dt. 1990, von Erika Mann oder *S. O. S. Genf* von Oskar Seidlin/Richard Plant). Poosie hebt immer wieder die Vorteile des Konzepts „Vereintes Europa" hervor und vergleicht es mit den USA. Was jedoch in dem Band fehlt, ist die Begegnung zwischen Poosie und deutschen Kindern. Poosie lebt auf der US-amerikanischen Base, Begegnungen erfolgen lediglich in Österreich.

Neben diesen Beispielen erscheinen klassische Abenteuergeschichten, die, wie im 19. Jahrhundert, von fremden Ländern erzählen.

3. 1960er und 1970er Jahre in der BRD: Arbeitsmigration in der Kinder- und Jugendliteratur

Mit der Anwerbung ausländischer Arbeitskräfte Ende der 1950er Jahre findet sich ein neuer Umfang der Migrationsprozesse und Weinkauff differenziert zwischen „neue[n] und autochthone[n] Minderheiten"[10] in der westdeutschen Kinder- und Jugendliteratur. In diesem Kontext werden im Laufe der nächsten Jahrzehnte Textsorten wie Migrationsliteratur sowie eine problemorientierte Kinder- und Jugendliteratur publiziert. Es entstehen erste kinderliterarische Texte, in denen kindliche Akteur*innen auf Kinder mit Migrationshintergrund treffen, die mit ihren Eltern in die BRD, Schweiz oder nach Österreich gekommen sind. Geschrieben werden die Texte von Autor*innen ohne Zuwanderungsgeschichte. So bezeichnet Weinkauff Pepino aus dem Kinderroman *Komm wieder, Pepino* (1967) von Eveline Hasler als das „erste Gastarbeiterkind der deutschsprachigen KL"[11]. Die Handlung spielt in der Schweiz und erzählt wird von Pepino, der nach einer längeren Trennung zu seinen in der Schweiz arbeitenden Eltern reisen darf und sowohl sein Zuhause als auch den Großvater auf der Insel Elba vermisst. Mit der Unterstützung einer Freundin findet er schließlich auch in der Schweiz ein Zuhause. Im Fokus der Texte aus den 1970er Jahren stehen insbesondere Kinder aus italienischen und türkischen Familien, die sich in der BRD einleben müssen.

---

10 Weinkauff, Ent-Fernungen. [Anm. 7], S. 660.
11 Gina Weinkauff, 2013, Kulturelle Vielfalt (in) der deutschsprachigen Kinder- und Jugendliteratur, in: „Das ist bestimmt was Kulturelles". Eigenes und Fremdes am Beispiel von Kinder- und Jugendmedien, hrsg. von Petra Josting und Caroline Roeder, Kjl&m 13.extra. München, S. 33–52, hier: S. 38.

Weinkauff stellt zurecht fest, dass das Gattungsspektrum weit gefasst ist – vom Bilderbuch bis zu Texten für ältere Jugendliche –, aber das bestimmte Motive sich durchziehen. Dazu zählen Freundschaft sowie ein zu Unrecht beschuldigtes Kind mit Migrationserfahrung – die Anschuldigen betreffen kleinere Delikte wie Diebstahl.[12] Exemplarisch nennen sowohl Weinkauff (2006) als auch Hodaie (2020) in ihren Beiträgen das Bilderbuch *Selim und Susanne* (1978) von Ursula Kirchberg, in dem von einem Streit zwischen Selim und Susanne und ihrer beginnenden Freundschaft erzählt wird. Das Besondere hierbei dürfte sein, dass sich auch Susanne an Fremdheitserfahrungen erinnert und sich so auch in Selims Situation hineinversetzen kann. Kritisiert wurden neben den stereotypenhaften Zeichnungen auch die Passivität der türkischen Mädchenfigur Nach 2000 existieren solche Alteritätsbegegnungen nach wie vor in der Kinderliteratur. Uticha Marmon erzählt bspw. in ihrem Kinderroman *Mein Freund Salim* (2015) von dem Aufeinandertreffen eines Jungen ohne und eines mit Fluchterfahrungen. Erzählt wird die Geschichte aus der Sicht des einheimischen Jungen Hannes, der den Jungen Salim zunächst kritisch betrachtet und sein Handeln nicht nachvollziehen kann. Auch Salim wird zunächst zu Unrecht beschuldigt, aber die kindlichen Figuren erkennen seine Not, helfen ihm, ohne dass ein Machtgefälle zwischen Einheimischen und Migranten entsteht.

Zu dem Paradigmenwechsel innerhalb der Kinder- und Jugendliteratur gehören auch Forderungen u. a. Journalisten wie Rüdiger Siebert, den globalen Süden anders darzustellen als bislang geschehen:

- „Ethnologische, soziologische, historische und länderkundliche Studien und Quellen sind in breiterem Umfang als bisher vom Autor zu berücksichtigen.
- In der Darstellung der Dritten Welt und ihrer Bewohner muß die prinzipielle Andersartigkeit im Vergleich zu den uns bekannten Lebensformen deutlich werden. Diese Andersartigkeit soll funktional erklärt und als Ausdruck (positiv zu wertender) menschlicher Vielfältigkeit verstanden und wiedergegeben werden.
- Die Begegnung zwischen Europäern und Menschen der Dritten Welt hat sich an einem Dialogmodell zu orientieren, das wechselseitige Prozesse vermittelt.
- Übersetzungen von Kinder- und Jugendbüchern aus verschiedenen Ländern der Dritten Welt sollen speziell gefördert werden."[13]

---

12 Vgl. auch Weinkauff, Ent-Fernungen. [Anm. 7], S. 665 ff.
13 Jörg Becker, Jörg und Rosmarie Rauter (Hrsg.), 1978, Die Dritte Welt im deutschen Kinderbuch 1967–1977. Wiesbaden, S. 13 f. Hier zit. nach: Gerhard Haas, 1998, Eigene Welt – Fremde Welt – Eine Welt. Die Geschichte eines Bewußtseinswandels in der neueren Kinder- und Jugendliteratur, in: Das Fremde in der Kinder- und Jugendliteratur. Interkulturelle Perspektiven, hrsg. von Bettina Hurrelmann und Karin Richter, Weinheim / München: Juventa, S. 209–222, hier: S. 215.

Diese Modifizierungen, die u. a. den Umgang der Menschen meinen und von einer „Ausländerpädagogik" zu einer interkulturellen Kommunikation wechseln, prägen auch den Kinderroman seit den 1960er Jahren und bewegen sich von einer multikulturellen Vielfalt hin zu hybriden Identitäten.

Neben den Texten, die von Arbeitsmigration erzählen, erscheinen auch kinderliterarische, in denen die Ankunft der Aussiedler thematisiert wird. 1979 erscheint der mittlerweile zum Klassiker avancierte Kinderroman *Ben liebt Anna* von Peter Härtling, der nach Weinkauff zugleich einer der „innovativsten [...] deutschsprachigen Kinderromane der vergangenen dreißig Jahre"[14] ist. Sie sieht einen weiteren Unterschied darin, dass die Ankunft der Aussiedler aus ihrer Perspektive geschildert wird, während die Texte, die über Migration erzählen, in der Regel aus der Außenperspektive auf die Geschehnisse blicken.

Weitere Kinderromane zeigen Freundschaften, arbeiten zugleich mit Stereotypen und es gelingt ihnen nicht, wie es Dagmar Grenz 1992 kritisiert, „das Fremde der Türkei als different und eigenwertig darzustellen bzw. das Vertraute der deutschen Kultur mit fremden Augen zu sehen"[15].

4. 1980er und 1990er Jahre in der BRD: Rechtsradikale Überfälle und erste Stimmen der zweiten Generation

Ausgehend von dieser Kritik beginnen in den 1980er Autor*innen mit Migrationshintergrund Kinderromane zu schreiben. Initiatoren waren Rafik Schami und Eleni Torossi mit ihrem Beitrag *Den Trägern der Zukunft erzählen, ein Plädoyer für Kinderliteratur in der Fremde* (1985/86), die das Fehlen einer Literatur von Autor*innen mit Zuwanderungsgeschichte beklagten und auch die Darstellung der kindlichen Lebenswelt kritisierten:

> Die Zugehörigkeit eines Autors zur Minderheit ist eine unentbehrliche Voraussetzung einer glaubwürdigen Literatur der Minderheit. [...] Das technische Handwerk ist nicht im Stande, die fehlende Zugehörigkeit zur Minderheit zu ersetzen.[16]

In den 1990er Jahren kommt es zu weiteren Veränderungen, denn Vertreter*innen der zweiten Generation, also die Kinder der Arbeitsmigrant*innen und Geflüchteten, beginnen mit dem Schreiben und ihre biografischen Erfahrungen fließen auch in kinder- und jugendliterarische Texte. Sie blicken auf ihre Erfahrun-

---

14 Weinkauff, Ent-Fernungen, [Anm. 7], S. 673.
15 Dagmar Grenz, 1992, „Das Problem des Anderen". Die Darstellung türkischer Mädchen und junger Frauen in der zeitgenössischen Kinder- und Jugendliteratur, in: DIYALOG – Dialog. Interkulturelle Zeitschrift für Germanistik, H. 1, S. 33–69, hier: S. 37.
16 Rafik Schami und Eleni Torossi, 1985/86, Den Trägern der Zukunft erzählen. Ein Plädoyer für Kinderliteratur in der Fremde, in: Die Brücke, H. 1, S. 25–26, hier: S. 26.

gen und ihr Aufwachsen zwischen den Kulturen in den 1970er und 1980er Jahren. Damit setzt die Kinder- und Jugendliteratur neue Akzente. Einer der ersten Autor*innen dieser Generation ist Zoran Drvenkar. Er ist 1967 in Krizevci (Jugoslawien) geboren, zog jedoch mit seiner Familie im Alter von drei Jahren nach Berlin, wo er seine Kindheit und Jugend verbrachte. Diese hat er in seinen beiden Romanen *Niemand so stark wie wir* (1998) und *Im Regen stehen* (2000) beschrieben. Beide Romane wurden mit zahlreichen Preisen ausgezeichnet. Im Mittelpunkt der Geschichte *Niemand so stark wie wir* (1998) steht Zoran, der im Berlin der 1970er Jahre aufwächst und etwa 12 Jahre alt ist. Er ist mit Adrian, Eli und Karim befreundet, die ihre Freizeit miteinander verbringen und nur vereinzelt über ihre Herkunft nachdenken. In der Kindergruppe findet sein wahres Leben statt. Familie und Schule hingegen sind weniger wichtig und werden mitunter sogar als störend empfunden. Zorans Familie sieht wie folgt aus: Seine Mutter kocht weiterhin jugoslawisch und schimpft serbokroatisch; sein Vater vermisst die Heimat und versucht zugleich seiner Familie ein gutes Leben in Deutschland zu ermöglichen. Eigentlich möchte die Familie jedes Jahr nach Jugoslawien, doch aufgrund des fehlenden Geldes müssen sie in Berlin bleiben. Zoran genießt es, seine Sommerferien in Berlin mit seinen Freunden zu verbringen, und vermisst seine frühere Heimat kaum. Doch weitaus bedeutender als der jugoslawische Alltag zuhause ist das Umfeld von Zoran direkt in Berlin: Er ist mit seinen Freunden auf den Straßen unterwegs, sie spielen gemeinsam Fußball, sprechen über Mädchen und das Erwachsenwerden. Obwohl die Jungen aus unterschiedlichen Familien stammen und mit verschiedenen Sprachen aufwachsen, sprechen sie untereinander Deutsch und zu Hause dann die Muttersprache. In der Jungengruppe, so könnte man vereinfacht sagen, erfährt Zoran eine Sozialisation, die ihn sicherlich genauso stark, wenn nicht sogar stärker prägt als seine Familie und damit seine jugoslawische Herkunft. Drvenkar hat mit seinen Romanen, so Annette Kliewer in ihrem Beitrag *Pädagogik der Vielfalt: Zoran Drvenkar: Niemand so stark wie wir* (2004), neuen Boden betreten und den Weg für eine neue Migrationsliteratur geebnet, aber auch einen anderen Umgang mit Interkulturalität innerhalb der Kinder- und Jugendliteratur entworfen.[17]

Nach Gina Weinkauff setzten in den 1990er Jahren insbesondere Übersetzungen aus dem Englischen neue Akzente – in ihrem Beitrag hebt sie insbesondere den Roman *Der unvergessene Mantel* (2012) von Frank Cotrell Boyce.[18] Sie hebt hervor, dass es dem Autor gelingt, „von den Schwierigkeiten des interkulturellen Ver-

---

17 Vgl. hierzu: Annette Kliewer, 2004, Pädagogik der Vielfalt: Zoran Drvenkar: Niemand so stark wie wir, in: Neue Leser braucht das Land! Zum geschlechtsdifferenzierenden Unterricht mit Kinder- und Jugendliteratur, hrsg. von Annette Kliewer und Antina Schilcher, Baltmannsweiler: Schneider Verlag Hohengehren, S. 172–181.
18 Weinkauff, Kulturelle Vielfalt [Anm. 11], S. 45.

stehens zu erzählen"[19]. Daneben existieren kinderliterarische Texte, die u. a. auf die Übergriffe Rechtsradikaler reagieren und sich klar gegen Rassismus positionieren. Der bekannteste und bis heute auch in Schulen gelesene Text dürfte *Milchkaffee und Streuselkuchen* (1996) von Carolin Philipps sein, der aufgrund der stereotypenhaften und rassistischen Darstellung kritisch reflektiert werden muss. Sammy, Sohn eritreischer Eltern, wird bspw. fast ausschließlich auf sein Äußeres reduziert, Wissen über seine Herkunft und Kultur wird vermieden und stattdessen wird die Anpassung an die Mehrheitsgesellschaft gelobt. Zurecht stellt Becker daher fest, dass eine interkulturelle Kommunikation im Sinne Byrams nicht stattfindet.[20] Interesse an Sammys Eltern, ihrem Leben in Eritrea werden nicht eingefordert. Seit dem Paradigmenwechsel sind Migration, Flucht, Ankunft feste Bestandteile des Kinderromans. Aber bis in die 1990er Jahre finden sich kinderliterarische Texte mit paternalistischen Narrativen[21] und Freundschaften zwischen Kindern mit und ohne Migrationshintergrund werden oft von den Grundsätzen der Toleranz und Empathie gegenüber den Fremden geleitet.

5. Die Kinder- und Jugendliteratur nach 2000: Vielfalt und kulturelle Hybridität

Im ausgehenden 20. und beginnenden 21. Jahrhundert ist eine interkulturelle Gesellschaft selbstverständlich und auch ein demokratisches Miteinander gehört zur Alltagswelt der Kinder. Besonders beliebt im Kinderroman ist daher der Entwurf einer kulturellen Hybridität und die kindlichen/jugendlichen Figuren bewegen sich in einer Welt, in der sie immer wieder unterschiedliche kulturelle Erfahrungen sammeln. Allerdings wird das Miteinander nicht idealisiert, sondern es werden auch Probleme wie Rechtsradikalismus und Ausgrenzung angedeutet. Wichtige Texte dürften Romane wie *Tankstellenchips* (2018) von Antonia Michaelis, *Tschick* (2010) von Wolfgang Herrndorf oder *Mission Kolomoro oder: Opa in der Plastiktüte* (2021) von Julia Blesken sein. Eine hybride Kultur ist ein selbstverständlicher Bestandteil der Settings, die Kinder und Jugendlichen begegnen unterschiedlichen Figuren, ohne dass es zu schwerwiegenden Konflikten kommt. Weinkauff (2013) benennt diese Form eine „eher beiläufige Art des Erzählens kultureller Vielfalt"[22]. Ironie, Humor und skurrile Szenen sind feste Bestandteile der genannten Romane und anders als bei früheren Kinder- und Jugendbuch-

---

19 Ebd., S. 49.
20 Karina Becker, 2020, Vom Umgang mit kultureller Diversität in Kinder- und Jugendbüchern seit den 1990er Jahren, in: Zwischen Ideologie und Transcreation – Schreiben und Übersetzen für Kinder, hrsg. von Beate Sommerfeld, Poznan: Wydawnictwo Rys, S. 117–132, hier: S. 125.
21 Vgl. hierzu: Kliewer, Pädagogik [Anm. 17], S. 172–181; Haas, Eigene Welt [Anm. 13], S. 209–222.
22 Weinkauff, Kulturelle Vielfalt [Anm. 11], S. 47.

held*innen muss Diversität weder betont noch problematisiert werden. Nach wie vor stehen auch Freundschaften im Fokus, diese sind jedoch gleichwertig und auch innerhalb der unterschiedlichen Kindergruppen findet sich eine Enthierarchisierung. Die unterschiedlichen Kulturen erfahren eine Akzeptanz. Im Jahre 2012 erscheint der Kriminalroman *Der Junge, der Gedanken lesen konnte* von Kirsten Boie, der sich hinsichtlich des Genremusters an Andreas Steinhöfel orientiert, aber auch neue Wege innerhalb einer interkulturellen Kinder- und Jugendliteratur beschreitet. Erzählt wird die Geschichte aus der Sicht des Jungen Valentin, der mit seiner Mutter aus Kasachstan nach Deutschland kam. Er ist nach einem erneuten Umzug neu in der Stadt, es sind zudem Sommerferien und er durchstreift seine neue Umgebung, lernt den Jungen Mesut, dessen Eltern aus der Türkei kamen, kennen und gemeinsam lösen sie einen Kriminalfall. Neu ist hier der Perspektivenwechsel, denn es ist ein Kind mit Migrationshintergrund, das die Geschichte erzählt. In der Fortsetzung *Gangster müssen clever sein* (2022) wählt Kirsten Boie das zweifache Erzählen und schildert die Ereignisse einerseits aus Valentins, andererseits aus Jamie Lees (aus *Entführung mit Jagdleopard*) Perspektive. Dabei gelingt ihr der Spagat, mehrere Differenzmarker miteinander zu verbinden. Valentin mit Migrationshintergrund kennt nur flüchtig Jamie-Lee und ihre Mutter und überrascht sowohl Jamie-Lee als auch ihren Bruder mit seinem Wissen.

Zoran Drvenkar gehört, wie bereits erwähnt, zu den frühen Autor*innen, die über ihre Kindheit geschrieben haben. Nach 2000 erscheinen Titel weiterer Schriftstellerinnen und Schriftsteller. Erst langsam kann sich daher eine Kinder- und Jugendliteratur entfalten, die durch Repräsentant*innen der zweiten und dritten Generation der Arbeitsmigration geprägt wird und als postmigrantisch bezeichnet werden kann. Postmigrantisch bezieht sich in diesem Zusammenhang nicht auf ein neu entstandenes Genre, denn die Texte sind inhaltlich und formal zu vielfältig. Erol Yildiz schlägt vor den Begriff ‚Postmigration' analog zu Postkolonialismus/post colonial studies zu denken:

> In Analogie zu dieser Auffassung des Postkolonialismus bedeutet die Idee der ‚Postmigration' zunächst, die Geschichte der Migration neu zu erzählen und das gesamte Feld der Migration radikal neu zu denken, und zwar indem die Perspektiven derer eingenommen werden, die Migrationsprozesse direkt oder indirekt erlebt haben. Im Gegensatz zu gängigen nationalen Narrativen wird im postmigrantischen Diskurs nicht nach integrativen Leistungen von (Post-)Migranten gefragt, es rücken vielmehr Prozesse von Entortung und Neuverortung, Mehrdeutigkeit und Grenzbiographien ins Blickfeld.[23]

---

23 Erol Yildiz, 2014, Postmigrantische Perspektiven. Aufbruch in eine neue Geschichtlichkeit, in: Nach der Migration: Postmigrantische Perspektiven jenseits der Parallelgesellschaft, hrsg. von Erol Yildiz und Marc Hill, Bielefeld: transcript, S. 19–48, hier: S. 21.

Dabei werden auch in der Kinder- und Jugendliteratur Erfahrungen der Migration, der Ausgrenzung, der Mehrsprachigkeit, des Rassismus und damit marginalisiertes Wissen sichtbar gemacht und gängige Erzählungen, auch über Migration, infrage gestellt. Dabei kommen in den aktuellen Kinder- und Jugendromanen vor allem die Kinder und Enkel der Arbeitsmigrant*innen zu Wort und erzählen eine weitere Sicht auf die letzten Jahrzehnte in der BRD. Diese Kinder- und Enkelgeneration verfügt über andere Erfahrungen als ihre Eltern bzw. Großeltern, wird jedoch oftmals auf ihren Status als Personen mit Migrationshintergrund reduziert.

Besonders die Autorin Andrea Karimé plädiert für eine andere Form und fordert in Anlehnung an das Postulat der Autorin Chimamanda Ngozi Adichie[24], nicht eine „Single story" zu erzählen, Gegengeschichten für jüngere Leser*innen, was sich auch in der im Titel zitierten Aussage zeigt. In ihren Kinderbüchern zeigt sie Diversität als etwas Selbstverständliches, lässt Figuren mit und ohne Migrationshintergrund auftreten und vor allem nimmt sie in der Figurenrede unterschiedliche Sprachen auf. Die kindlichen Figuren in ihren Werken – *Nuri und der Geschichtenteppich* (2006), *Kaugummi und Verflixungen* (2010), *Tee mit Onkel Mustafa* (2011), *Der Wörterhimmel des Fräulein Dill* (2013), *Sterne im Kopf und ein unglaublicher Plan* (2021) oder *Antennenkind* (2021) – bewegen sich zwischen dem europäischen und arabischen Raum. Sie sind auch dann keine Opfer, wenn sie etwa gemobbt werden. Sie handeln und werden aktiv – wie bspw. Nuri aus *Nuri und der Geschichtenteppich*, die in Anlehnung an Scheherazade ihre Geschichte erzählt und Anerkennung erfährt. Karimés Figuren wollen kein Mitleid, sondern sind voller Phantasie, voller Geschichten und möchten diese erzählen. Sie reduziert ihre Held*innen nicht auf das, was sie nicht können, sondern zeigt sie mit Stärken. Auch wenn sie bspw. die neue Sprache noch erlernen müssen, so sind sie nicht defizitär. Ihre Figuren können neu in einem Land sein, sie können aber auch Elternteile aus unterschiedlichen Kulturkreisen haben. In den hybriden Identitäten verwebt sie geschickt so mehrere Kulturen miteinander und zeigt vor allem, dass Mehrsprachigkeit ein wichtiges Gut für die Bildung der eigenen Identität ist. Dazu gehört bspw. der Geschichtenteppich, der an Märchen aus *Tausendundeine Nacht* erinnert, sowie das Erzählen von Geschichten, aber eben auch der Gebrauch der arabischen Floskeln, Wörter und Sätze. Sie zeigt Kinder, die ihre hybride Identität nicht verstecken. In Karimés Geschichten spielt die Form der Mehrsprachigkeit auf vielfältige Weise eine entscheidende Rolle, denn ihre Romane und Gedichte sind voller unterschiedlicher Sprachen. Mal werden einzelne Wörter in den Satz ohne Übersetzung eingeflochten, mal sind es ganze

---

24 Chimamanda Ngozi Adichie, 2009, The Danger of A Single Story (TED-Talk). Online unter: https://www.ted.com/talks/chimamanda_ngozi_adichie_the_danger_of_a_single_story/transcript#t-1110035 [Stand: 11.02.2024].

Sätze und diese müssen im Kontext erschlossen werden. Hinzu kommt ihr Spiel mit Sprachen sowie Neologismen.

Andere Autor*innen erzählen über ihre Erfahrungen in der Kindheit und zeigen, wie bspw. Christian Duda in seinem Roman *Gar nichts von allem* (2017) neben dem Alltagsrassismus auch Gewalt in den Familien.

Neben Begegnungen zwischen Kindern mit und ohne Migrationshintergrund spielt auch *class* als Fremdheitserfahrung eine wichtige Rolle in der Kinder- und Jugendliteratur. Diese wird vor allem als Freundschaftsgeschichte zwischen Kindern aus unterschiedlichen Milieus erzählt. Während oftmals aus der Außenperspektive auf kindliche und jugendliche Akteur*innen geblickt wurde und Kinder aus nichtprekären Verhältnissen die Geschichte erzählten, wählen Romane wie *Ich ganz cool* (1992) von Kirsten Boie oder *Irgendwo ist immer Süden* (2020) von Marianne Kaurin die Erzählperspektive des Kindes aus prekären Verhältnissen und erzählen von Scham und Lügen. Die interkulturellen Begegnungen erfolgen im Zusammentreffen der Kinder aus unterschiedlichen Milieus, die auf unterschiedliche Erfahrungswelten blicken. Deutlich wird dabei, dass es unterschiedliche Codes gibt und Kinder aus benachteiligten Familien diese nicht kennen und sich für ihre Elternteile, ihr Wohnumfeld und ihre Kleidung schämen.

6. Fazit

Insbesondere die Romane, die seit der Jahrtausendwende entstehen, zeichnen ein positives Bild eines interkulturellen Zusammenlebens und kindliche Akteur*innen mit Zuwanderungsgeschichte werden als aktive Figuren dargestellt, die auch den Fortgang der Handlung bestimmen. Gemischte Gruppen sind nicht hierarchisch organisiert und sie geben Einblicke in die unterschiedlichen kulturellen Räume. Interkulturelles wird weit gefasst, Alteritätserfahrungen sammeln die Akteur*innen auf unterschiedlichen Ebenen und diese müssen nicht mehr krisenhafte Erlebnisse sein. Probleme werden gemeinsam gelöst, ein Paternalismus findet nicht statt. Aber die Autor*innen idealisieren nicht eine vielfältige Gesellschaft, denn sie klammern Rassismus und Benachteiligung ebenfalls nicht aus. Vielmehr erleben die Figuren immer wieder Rassismus im Alltag, können sich jedoch zumeist wehren. Die Romane bilden keine kulturellen Binaritäten ab, sondern hybride Phänomene, kulturelle Verflechtungen und zeigen literarische Figuren, die mehreren Zugehörigkeiten zugeordnet werden können. Anders verhält es sich, wenn interkulturelle Begegnungen im Kontext des Klassismus erzählt werden. Denn insbesondere Kinder/Jugendliche aus wohlhabenderen Verhältnissen verstehen die Lügen und die Scham nicht, es kommt zu Streitigkeiten, die erst langsam aufgelöst werden.

Und noch etwas deutet die kursorische Geschichte der interkulturellen Kinder- und Jugendliteratur an: Insbesondere frühere Texte müssen sich immer einer Re-Lektüre unterziehen[25] und Analysen neuere/aktuellere Forschungsperspektiven einbinden.

---

25 Vgl. hierzu den Beitrag von Christian Hoiß und Katrin Geneuss zu Gudrun Pausewang in diesem Band.

Literaturdidaktische Konzepte

Von Flussdrachen und Wassermonstern

Interkulturelles Lernen mit dem *SDG Book Club*

Carmen Sippl

1. Wassergeschichten aus aller Welt: Die Leseempfehlungen des *SDG Book Club* zu SDG Nr. 6

Wie vielfältig Wasser die Kulturen der Welt prägt, spiegelt sich in der mythopoetischen Überlieferung und kulturellen Symbolbildung wider.[1] Kinder der Primarstufe begegnen diesem in vielerlei Gestalt: von der Arche Noah der biblischen Sintflut über *Das Wasser des Lebens* in Grimms Märchen bis zu den multimedialen Formaten von Hans Christian Andersens *Die kleine Meerjungfrau*. In der Kinderliteratur zeigt sich der Facettenreichtum der *Wasserwelten* auch in interkultureller Perspektive, in einer Vielzahl an deutschsprachigen Originaltiteln ebenso wie übersetzten Werken.[2]

Eine Möglichkeit der literarästhetischen Welterkundung unter diesem thematischen Fokus bieten die kuratierten Leselisten des *SDG Book Club*, einer Initiative der Vereinten Nationen, die Kinder im Alter von 6 bis 11 Jahren weltweit zu einer aktiven Auseinandersetzung mit den 17 Nachhaltigkeitszielen (Sustainable Development Goals = SDGs) der Agenda 2030 ermutigen will.[3] Angeboten in den sechs offiziellen UN-Sprachen (Arabisch, Chinesisch, Englisch, Französisch, Russisch, Spanisch), eignen sich die Lektüreempfehlungen insbesondere für Literaturunterricht im mehrsprachigen Kontext, aber auch für den Fremdsprachenunterricht der Sekundarstufe I, für den interkulturelle Kompetenz ein zentrales Lehr- und Lernziel ist.

---

1 Vgl. Hartmut Böhme, 1988, Umriß einer Kulturgeschichte des Wassers. Eine Einleitung, in: *Kulturgeschichte des Wassers*, hrsg. von Hartmut Böhme, Frankfurt am Main: Suhrkamp, S. 7–42; Karl Matthäus Woschitz, 2003, *Fons vitae – Lebensquell. Sinn- und Symbolgeschichte des Wassers*, Freiburg, Basel, Wien: Herder.

2 Vgl. die Buchauswahl in *Wasserwelten in Bilder- und Kinderbüchern*, 3. aktualisierte und erweiterte Ausgabe, hrsg. von der Internationalen Jugendbibliothek München, 2014. – Eine Suche zum Stichwort Wasser in der Datenbank von Kolibri, den Leseempfehlungen von Baobab für „Bücher, die die kulturelle Vielfalt thematisieren, Einblick in unbekannte Welten geben und eine offene Begegnung mit anderen Kulturen ermöglichen", weist ebenfalls eine große Auswahl an Kinder- und Jugendbüchern zu diesem Themenfeld aus, vgl. https://www.baobabbooks.ch/kolibri/datenbank/ (11.02.2024).

3 United Nations: Sustainable Development Goals. SDG Book Club. https://www.un.org/sustainabledevelopment/sdgbookclub/ (11.02.2024).

Die englischsprachige Leseliste des *SDG Book Club* stellt zu Nachhaltigkeitsziel Nr. 6 (Sauberes Wasser und sanitäre Einrichtungen) ein Sachbilderbuch (*One Well: The Story of Water on Earth* von Rochelle Strauss, 2007), ein Bilderbuch (*Gizo-Gizo: A Tale from the Zongo Lagoon* von Emily Williamson, 2018) und die illustrierte Anthologie *Water Stories from around the World* vor[4], sodass die avisierte Altersgruppe differenziert, aber hauptsächlich in Text-Bild-Symbiosen angesprochen wird. Die elf *Wassergeschichten* der letztgenannten Anthologie, die in diesem Beitrag beispielhaft vorgestellt wird, nehmen mündliche Überlieferungen von der Elfenbeinküste, aus China, Indien, Griechenland, Australien, Nordamerika, Spanien, Botswana „and places beyond names" auf,

> to reflect upon an intrinsic connection, while the pictures are inspired by the rich, visual representations of water across cultures.
>
> Together with interesting facts and a timeline from earliest times, this book makes a creative plea to readers of all ages to treat water, and, by extension, all life, with respect.[5]

Die Autor*innen, welche die alten Geschichten in einer lebendigen, altersgerechten Sprache stilistisch vielfältig, als Märchen, Ballade, Abenteuer, in Dialogen neu erzählen, eint die indische Herkunft (vgl. „Contributors", S. 87f.). Ergänzt sind die fiktionalen Geschichten um zwei faktuale Doppelseiten, mit einer „Water Timeline" und „Water Facts". Von der Textmenge her sind die Geschichten im Literaturunterricht der Primarstufe bzw. Sekundarstufe I eher zum Vorlesen bzw. Nacherzählen als zum Selberlesen geeignet.[6]

2. Bilder und Texte zum Wasser, in kulturökologischer und interkultureller Perspektive

Wasser ist „als Reservoir kultureller Symbolwelten"[7] schier unerschöpflich, wie Hartmut Böhme feststellt und an sprachlichen Bildern und sprechenden Beispielen u. a. aus Religions-, Kunst-, Kultur- und Technikgeschichte eindrücklich be-

---

[4] Radhika Menon and Sandhya Rao (eds.), 2010, *Water Stories from around the World*, illustrated by Nirupama Shekhar, Chennai: Tulika Publishers. – Vgl. UN: Sustainable Development Goals. Goal 6 – Clean Water and Sanitation Reading List, https://www.un.org/sustainabledevelopment/sdgbookclub-6archive/ (11.02.2024). Eine Kurzvorstellung dieser drei Titel bei Carmen Sippl, 2020, Nachhaltigkeit literarisch lernen. Themenorientierte Literaturdidaktik im Anthropozän (am Beispiel des *SDG Book Club*), in: *R&E-Source*, S21, https://journal.ph-noe.ac.at/index.php/resource/article/view/789/938 (11.02.2024).
[5] Tulika Publishers, Verlagsanzeige, https://www.tulikabooks.com/story-collections/water-stories-pb-english.html?search_query=Water+STories&results=1 (11.02.2024).
[6] Vgl. Abschnitt 4 dieses Beitrags.
[7] Böhme, Umriß einer Kulturgeschichte des Wassers [Anm. 1], S. 13.

legt. Wassergeschichten eignen sich daher in besonderem Maße, um den Blick auf die literarischen Codierungen der „dynamischen Beziehung von Natur und Kultur"[8] zu lenken, die im Fokus der kulturökologischen Literaturdidaktik mit ihrer theoretischen Fundierung im Ecocriticism stehen.

Die elf *Water Stories from around the World* bieten dafür eine Vielzahl an Decodierungsmöglichkeiten in Verbindung mit der interkulturellen Perspektive, insofern sie „die historischen, kausalen und materialen Verflechtungen zwischen Mensch, Natur und Umwelt"[9] in verschiedenen kulturellen Symbolwelten auf der Text- und auf der Bildebene zum Ausdruck bringen. Die Vielfalt zeigt sich dabei auf der Ebene des Erzählens, und zwar mit in jeder Geschichte verschieden ausgeformten Erzählstimmen, ebenso wie auf der Ebene des Erzählten. Dieses stellt die kulturell unterschiedlichen Wasser-Vorstellungen in Handlungen und Räumen dar, welche mit ihnen entsprechenden Figuren verbunden sind: Menschen und Tiere, die um das Lebenselement Wasser kämpfen müssen, aber auch Planeten, Zauberer, Wassergeister, Seemonster, Flussdrachen, die es auf magische Weise beeinflussen. Die Illustrationen, die in ihrer expressiven Zweifarbigkeit den Blick auf das Wasser lenken, setzen einzelne Schlüsselszenen ins Bild, deuten Landschaften an, in denen diese eingebettet sind, und schaffen eine ornamentale Rahmung.

Abb. 1–3: Radhika Menon and Sandhya Rao (eds.), 2010, *Water Stories from around the World*, illustrated by Nirupama Shekhar, Chennai: Tulika Publishers. – Die farbintensiven Illustrationen der Anthologie bieten Bildimpulse zum Gespräch über andere Lebenswelten und die kulturelle Bedeutung des Wassers (hier: Cover, S. 23 und S. 72). © Tulika Publishers, Abdruck mit freundlicher Genehmigung

Die Vorstellungsbilder, welche die Geschichten beim Lesen oder Hören und beim Betrachten der Bilder erzeugen, ermöglichen die rezeptionsästhetische

---

8   Berbeli Wanning, 2019, Literaturdidaktik und Kulturökologie, in: *Grundthemen der Literaturwissenschaft: Literaturdidaktik*, hrsg. von Christiane Lütge, Berlin: de Gruyter, S. 430–453, hier S. 451.
9   Ebd., S. 431.

„Auseinandersetzung mit Erfahrungen von *Eigenart* und *Fremdheit*"[10], insofern sie bei der Lektüre zur Einfühlung „in verschiedene Rollen, Zeiten, Identitäten und Gefühlszustände"[11] einladen. Mit ihrem Ziel, „to focus on the need to protect, conserve and value water"[12], kodieren die Geschichten aus aller Welt dabei Wasserwissen in literarischen Verfahren, deren Dekodierung „gespeicherte kulturelle Energie"[13] freisetzen kann, zur Beförderung eines Perspektivenwechsels in zweifacher Hinsicht: 1) im Sinne interkulturellen Lernens, als „*Oszillation* zwischen Eigenem und Fremdem, zwischen Bestehendem und Neuem und zwischen Jetzigem und Zukünftigem"[14], und 2) im kulturökologischen Sinne, in der Begegnung mit „(literarischen bzw. ästhetischen) Naturbildern, die bewusstseinsbildend wirken"[15] können.

Die Verknüpfung der beiden Zugänge betont das Prozesshafte in der Interaktion mit dem literarischen Text: „Fremdes kann ebenso vertraut werden wie sich Vertrautes durch Verfremdung verändert"[16]. Im Mittelpunkt steht dabei der ökologische Fokus auf „die Verschränkung von Natur und Kultur"[17], um einen anthropozentrischen Standpunkt zu hinterfragen, den zu verstärken die explizite Gegenüberstellung von Eigenem und Fremdem Gefahr laufen könnte. Vielmehr kann hierbei jene „echte Symbiose von Mensch und Natur, im Sinne eines gegenseitigen Nutzens"[18] initiiert werden, die ein zentraler Gedanke des Anthropozän-Konzepts als Denkrahmen für transformative Bildungsprozesse ist: Bil-

---

10 Michael Ritter, 2013, *Eigenart* und *Fremdheit* – mehr als ein Thema in neuen Bilderbüchern, in: „*Das ist bestimmt was Kulturelles*". *Eigenes und Fremdes am Beispiel von Kinder- und Jugendmedien*, hrsg. von Petra Josting und Caroline Roeder, München: kopaed, S. 69–79, hier S. 69; Hervorhebungen im Original.
11 Ebd., S. 71.
12 Tulika Publishers, Verlagsanzeige [Anm. 5].
13 Wanning, Literaturdidaktik und Kulturökologie [Anm. 8], S. 443, unter Berufung auf W. Rueckerts Übertragung ökologischer Konzepte auf literarische Texte als „stored energy"; vgl. William Rueckert, 1978/1996, Literature and Ecology: An Experiment in Ecocriticism, in: Cheryll Glotfelty and Harold Fromm (eds.), *The Ecocriticism Reader*, Athens, Ga.: The University of Georgia Press, pp. 103–123; p. 108.
14 Christian Dawidowski, 2006, Theoretische Entwürfe zur Interkulturellen Literaturdidaktik. Zur Verbindung pädagogischer und deutschdidaktischer Interkulturalitätskonzepte, in: *Interkultureller Literaturunterricht. Konzepte – Modelle – Perspektiven*, hrsg. von Christian Dawidowski und Dieter Wrobel, Baltmannsweiler: Schneider Verlag Hohengehren, S. 18–36, hier S. 26; Herv. i.O.
15 Wanning, Literaturdidaktik und Kulturökologie [Anm. 8], S. 443.
16 Ebd., S. 451.
17 Ebd., S. 451.
18 Reinhold Leinfelder, 2020, Von der Umwelt zur Unswelt – das Potenzial des Anthropozän-Konzeptes für den Schulunterricht, in: *Die Verführung zur Güte. Beiträge zur Pädagogik im 21. Jahrhundert*, hrsg. von Christine Schörg und Carmen Sippl, Innsbruck et al.: Studienverlag, S. 81–97, hier S. 87.

dungsprozesse, die Lernende „zur Veränderung von Bedeutungsperspektiven"[19] befähigen wollen, um „zu veränderten Selbst- und Weltverhältnissen [zu] gelangen"[20]. In der Erfahrung lokaler Problemstellungen, z. B. im Umgang mit der Ressource Wasser, im Kontext der globalen Nachhaltigkeitsziele, verbunden zu glokalem Denken, will das Anthropozän-Konzept beitragen zur „Transformation in eine auf dem Nachhaltigkeitsgedanken basierende, zukunftsfähige Welt"[21].

Die mythopoetischen Erzählungen der Anthologie *Water Stories from around the World* machen auf dem Weg der literarischen Imagination die Zusammenhänge zwischen dem natürlichen Wasserkreislauf und der menschlichen Nutzung von Wasser bewusst. Sie können auf einem Weg literarischen Lernens erschlossen werden, der durch Handlungsorientierung den Lernraum für aktive eigene Erfahrungen öffnet und in deren gemeinsamer Reflexion die genannten Perspektivenwechsel, interkulturell und kulturökologisch, sichtbar macht.[22]

3. „Reading is just the first step": die didaktischen Empfehlungen des *SDG Book Club*

Der Fokus auf „aktionsorientiertes und transformatives Lernen"[23], wie ihn die *UNESCO-Roadmap zur Umsetzung des Weltaktionsprogramms „Bildung für nachhaltige Entwicklung"* empfiehlt, findet sich auch in den didaktischen Empfehlungen des *SDG Book Club* für den Umgang mit den Leselisten wieder:

> Reading is a great way to better understand what people from across the globe struggle with in their everyday lives, and it helps us reflect on our own situation. But reading is just the first step: now it's time to share your book club experiences and how you plan to take action.[24]

---

19 Mandy Singer-Brodowski und Janina Taigel, 2020, Transformatives Lernen im Zeitalter des Anthropozäns, in: *Das Anthropozän lernen und lehren*, hrsg. von Carmen Sippl, Erwin Rauscher und Martin Scheuch, Innsbruck et al.: Studienverlag, S. 357–368, hier S. 360.
20 Ebd., S. 359.
21 Leinfelder, Von der Umwelt zur Unswelt [Anm. 18], S. 87.
22 Vgl. weitere Beispiele dazu in: Carmen Sippl, 2020, Was der Fluss erzählt. Wasser literarisch lernen mit dem Bilderbuch, in: *Das Anthropozän lernen und lehren*, hrsg. von Carmen Sippl, Erwin Rauscher und Martin Scheuch, Innsbruck et al.: Studienverlag, S. 537–551.
23 Deutsche UNESCO-Kommission e.V. (Hrsg.), 2014, *UNESCO Roadmap zur Umsetzung des Weltaktionsprogramms „Bildung für nachhaltige Entwicklung"*. Bonn, S. 12. https://www.unesco.at/bildung/artikel/article/unesco-roadmap-zur-umsetzung-des-weltaktionsprogramms-bildung-fuer-nachhaltige-entwicklung (11.02.2024).
24 United Nations: Sustainable Development Goals. SDG Book Club. https://www.un.org/sustainabledevelopment/sdgbookclub/ (11.02.2024).

An erster Stelle steht die Veranstaltung eines eigenen *SDG Book Club Meeting* und dessen Dokumentation auf dem Blog.[25] Dafür stehen ein Banner, ein Lesezeichen und ein Werbeplakat zum Download zur Verfügung.

Abb. 4: Das Banner des *SDG Book Club* ist zum Download verfügbar.[26]

Das Klubtreffen dient zunächst der gemeinsamen Auseinandersetzung mit dem Buch, „sharing the joy of reading", mit der anschließenden Planung „to take action" für das jeweilige Nachhaltigkeitsziel. Empfohlene Aktionen zur handlungsorientierten Auseinandersetzung mit dem Buch im Sinne der SDGs finden sich im FAQ-Bereich der *SDG Book Club*-Website:

There are actions that you can take beyond just reading the books.

a) Help your kids to create a poster with a photo or drawing and interesting facts about their favourite character(s) of the book.
b) Design a reading scavenger hunt for kids using drawings and pictures instead of questions and help them search for things mentioned in the book.
c) Help your kids write a letter to the local government representative and tell them what you learned in the book and ask them what action(s) they are taking toward a specific Goal.
d) Organize a parent-child facilitated book discussion for younger kids. Invite your child's friends and their parents to discuss a book from thereading list at your local library or children's book store.
e) Spread the word on social media, using the hashtag #SDGBookClub. We'd love to feature your pictures/videos on our social media.

---

25 Vgl. die Beispiele auf https://www.un.org/sustainabledevelopment/sdgbookclub/blog/ (11.02.2024).
26 https://www.un.org/sustainabledevelopment/wp-content/uploads/2019/04/SDG-Book-Club-Banner.pdf (11.02.2024).

Bei den hier vorgeschlagenen Aktionen zeigen sich Anknüpfungsmöglichkeiten an handlungs- bzw. produktionsorientierte Verfahren der Literaturdidaktik[27]: die Einladung zum Verfassen eines Steckbriefes über die Figuren, zum Gestalten eines Posters mit Visualisierung des Handlungsverlaufs, zur Entwicklung einer Bildergeschichte in Bild und Text, zur Veranstaltung einer Talkshow zum Thema des Buches, zum Verfassen eines Briefes an den*die Bürgermeister*in, zu einer Schnitzeljagd unter Nutzung von im Buch genannten Dingen. Auch hier sollen Texte also „nicht nur behandelt, vielmehr soll mit ihnen gehandelt werden, und die Schülerinnen und Schüler sollen nicht nur rezipierend besprechend, sondern selbst produzierend auf sie reagieren"[28]. Die Aktionen, die der *SDG Book Club* für die Auseinandersetzung mit den Büchern vorschlägt, transponieren diese Reaktionen in die außerliterarische Wirklichkeit und Lebenswelt der Schüler*innen.

In Verbindung mit den mythopoetischen Geschichten der *Water Stories from around the world* gedacht, können die Phasenmodelle des interkulturellen (Irritation – Transparenz – Perspektivwechsel – Transfer[29]) und des kulturökologischen (awareness – analysis – evaluation – participation[30]) Lernens im Sinne einer „ecocritical pedagogy"[31] zusammengeführt werden. Zur Veranschaulichung empfehlen sich zwei Geschichten aus der Anthologie: „Selekana and the River Goddess. A Story from Botswana retold by Zai Whitaker" (S. 23–30) und „The Dragon's Pearl. A Story from China retold by Niveditha Subramaniam" (S. 66–73). Gemeinsam ist ihnen

- die Wertschätzung, die dem Wasser als Lebenselement in der jeweiligen Kultur entgegengebracht wird, in beiden Fällen versinnbildlicht durch eine mythologische Figur (der Flussgöttin bzw. des Flussdrachens);
- die Einbettung in eine kulturell andere, von der europäischen Lebensweise und Vorstellungswelt verschiedene Lebenswelt (ein Dorf in Botswana bzw. China);
- die narrative Einbettung in soziale Konstellationen, die anthropologische Konstanten darstellen (Hilfsbereitschaft und Selbstlosigkeit versus Neid und

---

27 Vgl. einen differenzierten Überblick bei Kaspar H. Spinner, ²2013, Handlungs- und produktionsorientierter Literaturunterricht, in: *Literatur- und Mediendidaktik Band 2*, hrsg. von Volker Frederking, Axel Krommer & Christel Meier, 2., neu bearb. u. erw. Aufl. *(Taschenbuch des Deutschunterrichts)*, Baltmannsweiler: Schneider Verlag Hohengehren, S. 319–333.
28 Ebd., S. 319.
29 Nach Christian Dawidowski, Theoretische Entwürfe zur Interkulturellen Literaturdidaktik [Anm. 14], S. 30–32.
30 Nach Hayden Gabriel and Greg Garrard, 2012, Reading and Writing Climate Change, in: Greg Garrard (ed.), *Teaching Ecocriticism and Green Cultural Studies*, Basingstoke: Palgrave Macmillan, pp. 117–129; p. 122–123.
31 Greg Garrard, 2010, Problems and prospects in ecocritical pedagogy, in: *Environmental Education Research* 16, 2, pp. 233–245.

Missgunst; die Weitergabe traditionellen Wissens von Alten an Junge; Mutter und Sohn; Besitzende und Besitzlose);
- die Integrierung fremdsprachiger Elemente (wie Redewendungen, Bezeichnungen von Sprache, Bewohner*in, Land).

Während in „Selekana and the River Goddess" ein selbstloses Mädchen im Mittelpunkt steht, das von den alten Frauen für ihre Hilfsbereitschaft mit Schmuck beschenkt und daraufhin von den anderen jungen Frauen ihres Dorfes beneidet und ausgetrickst wird, ist es in „The Dragon's Pearl" ein Junge, der die Perle des Flussdrachens findet und die Wohltaten, die ihm dadurch zuwachsen, freigebig mit seinen Nachbarn teilt.

4. Vom (inter-)kulturellen Wert des Wassers: Unterricht als *SDG Book Club Meeting*

Die beiden ausgewählten Texte können einzeln oder zusammen im Mittelpunkt von Unterrichtseinheiten der Grundstufe II bzw. des Englischunterrichts der Sekundarstufe I stehen, die (z. B. über eine Woche verteilt) als *SDG Book Club Meeting* konzipiert sind.[32] Ausgangspunkt ist ein leseförderliches Setting wie der Lesekreis oder eine Leseecke, die mit Plakat und Banner des *SDG Book Club* sowie einer Infografik zu SDG Nr. 6 (sauberes Wasser und sanitäre Einrichtungen)[33] ausgestaltet ist. Eine durch die Woche begleitende Fotodokumentation für einen Bericht auf der Schulwebseite bzw. im *SDG Book Club Blog* sollte von Beginn an eingeplant sein. Die genannten Phasen[34] spiegeln sich im als *SDG Book Club Meeting* geplanten Unterricht in den folgenden Schritten wider (hier beispielhaft an einer der beiden Geschichten expliziert):

Irritation/awareness: Die Lehrperson erzählt in der Vorleserunde die Geschichte über „Selekana and the River Goddess" absatzweise (in der Unterrichtssprache) nach. Einzelne Worte und Sätze – z. B. die direkten Reden der alten Frauen („How can we make her happy?"), die Redewendungen in der Landessprache („,Ke itumetse', they would say, which means thank you"), Selekanas Bitte an die Flussgöttin („Oh Goddess, have mercy on me!") und deren Einladung („Kind-hearted girl,

---

32 Infolge der Covid-19-Pandemie hat der *SDG Book Club* die Möglichkeit eines Online-Meetings eröffnet, siehe die Beschreibung unter https://www.un.org/sustainabledevelopment/wp-content/uploads/2020/04/How-To-Organize-Your-Own-SDG-Book-Club-ONLINE.pdf (11.02.2024).
33 Infografiken sind zum Download verfügbar unter https://www.un.org/sustainabledevelopment/water-and-sanitation/ (11.02.2024).
34 Siehe oben Abschnitt 3 dieses Beitrags.

follow me!") – werden im englischen Original vorgelesen; dafür eignen sich auch weitere einfache Sätze, die dann jeweils noch ins Deutsche übersetzt werden. Die Kinder haben die Möglichkeit zu Rückfragen und können Entsprechungen in ihren eigenen Sprachen einbringen. Das sich anschließende literarische Gespräch nutzt die Illustrationen als Bildimpuls, um Raum, Zeit, Figuren, Schlüsselszenen der Handlung zu erschließen und die Vorstellungsbildung zu dieser märchenhaften Geschichte zu fördern.[35]

Transparenz/analysis: Handlungsorientierte Aufgabenstellungen fokussieren die fremdkulturellen Elemente der Geschichte. Angeboten zur freien Auswahl und kollaborativen Erarbeitung im Sinne der Szenariendidaktik[36] können dies sein:

- „Beschreibe den Tagesablauf von Selekana";
- „Erstelle einen Steckbrief ... zum Land Botswana, zum Baobab-Baum, zur Mopane-Pflanze, zum Afrikanischen Ochsenfrosch, zum Glühwürmchen" (die alle in der Geschichte genannt werden), auf der Grundlage von Recherchen auf Kinderwebsites[37];
- „Male ein Bild zu Selekanas Besuch in der Höhle der Flussgöttin".

Perspektivwechsel/evaluation: Die Präsentation ihrer Lernprodukte im Plenum bietet den Kindern die Möglichkeit, Bekanntes und Unbekanntes zur Sprache zu bringen, von vorhandenen Erfahrungen (aus Filmen, Büchern, Reisen o.Ä.) zu berichten und Vergleiche zur eigenen Lebenswelt anzustellen. Die die Präsentation abschließende Reflexionsrunde fasst die gewonnenen neuen Perspektiven zusammen; im Mittelpunkt steht die Frage, wie die Verfügbarkeit von bzw. der Mangel an Wasser die Lebensweise der Menschen dort in Afrika und hier zu Hause bestimmt. Besonders eindrücklich lässt sich das durch den Vergleich eines Tagesablaufs von Selekana und von den Kindern festhalten.

Transfer/participation: Die Beschäftigung mit dem Wert des Wassers im Spiegel einer anderen Kultur anhand der Geschichte von Selekana und der Flussgöttin kann fächerverbindend weitergeführt werden, zu Themenfeldern des Sachunterrichts wie Wasserkreislauf, Mobilität, Energie, Landwirtschaft/Ernährung, Was-

---

35 Zu den Phasen des Literarischen Unterrichtsgesprächs im „Textforscher-Setting", das auch hier Anwendung finden könnte, vgl. die Überblicksdarstellung bei Felix Heizmann, 2018, *Literarische Lernprozesse in der Grundschule. Eine qualitativ-rekonstruktive Studie zu den Praktiken und Orientierungen von Kindern in Literarischen Unterrichtsgesprächen über ästhetisch anspruchsvolle Literatur*, Baltmannsweiler: Schneider Verlag Hohengehren, S. 68.

36 Vgl. Petra Hölscher, 2018, Leselust und Sprachwachstum: In Szenarien literarischen Texten begegnen, in: *Lernen statt Lehren: So gelingt Deutsch lernen! Lehr- und Lernstrategien für einen effektiven, handlungsorientierten Spracherwerb in Kita und Grundschule*, hrsg. von Petra Hölscher, Braunschweig: Westermann, S. 74–87.

37 Z.B. https://www.fragfinn.de, https://www.planet-wissen.de, https://www.kiwithek.at, https://www.wasistwas.de, https://www.klexikon.de (11.02.2024).

serberufe, Wasserwege, Berechnung des virtuellen Wassers in Lebensmitteln und Produkten, möglichst unter Einbeziehung außerschulischer Lernorte bzw. von Expert*innen, um kognitiven Wissenserwerb in Verbindung mit eigenem Erleben zu ermöglichen. In den kulturellen Lernbereichen können Anknüpfungspunkte geschaffen werden, indem Sagen zu heimischen Flüssen (z. B. Donauweibchen, Flussgott Danubius) oder Wasserwelten im Märchen bzw. Kunstmärchen (z. B. *Das Wasser des Lebens* der Brüder Grimm; *Die kleine Meerjungfrau* von H. C. Andersen) in literarischen und künstlerischen Lernprozessen intermedial erkundet und für sprachliche Bildung erschlossen werden. Den Abschluss des solchermaßen umgesetzten *SDG Book Club Meeting* bildet eine weitere Leserunde zum Thema Wasser, für die sich eine Vielzahl an Titeln aus der Kinderliteratur anbietet.[38]

Das *SDG Book Club Meeting* kann auch im Fremdsprachenunterricht der Sekundarstufe I[39] wertvolle Impulse für interkulturelles und kulturökologisches Lernen geben. Am Beginn kann ein Vergleich der englischen, französischen, spanischen, russischen und, wenn es die Sprachen der Lernenden ermöglichen, der arabischen und chinesischen Leselisten des *SDG Book Club* zu SDG Nr. 6 stehen: Inwiefern ähneln sich die Buchempfehlungen, und wo sind Unterschiede (z. B. anhand der kurzen Beschreibungen zu jedem Titel oder weiteren Recherchen auf den Verlagswebseiten) erkennbar? Die handlungsorientierte Erschließung eines – gemeinsam ausgewählten – Titels von der Empfehlungsliste in den dargestellten Phasen, als „Verfahren des kulturellen Lesens"[40], stellt eine Gelegenheit für Kontextualisierungen (zum Umgang mit Wasser in den jeweiligen Ländern, aus sprachlicher, kultureller, gesellschaftlicher, historischer, politischer Perspektive) und auf diesem Wege für „einen mehrperspektivischen Blick auf gesellschaftliche Phänomene"[41] im Land der Zielsprache dar. Eingebettet z. B. in eine Projekt-

---

38 Vgl. die Hinweise oben [Anm. 2].
39 Wenngleich der *SDG Book Club* Sechs- bis Elfjährige fokussiert, sind manche der empfohlenen narrativen Texte auf den Leselisten eher für 11- bis 14-Jährige geeignet (etwa der russische Jugendroman *Zdravstvuj, brat moj Bzou!* von Evgenij Rudaševskij, der von der Freundschaft eines abchasischen Jungen mit einem Delphin erzählt).
40 Britta Freitag-Hild, 2019, Interkulturelle Literaturdidaktik, in: *Grundthemen der Literaturwissenschaft: Literaturdidaktik*, hrsg. von Christiane Lütge, Berlin: de Gruyter, S. 359–372, hier S. 371. – Zum Konzept des „kulturellen Lesens" im Rahmen einer kulturwissenschaftlichen Literaturdidaktik vgl. Wolfgang Hallet, 2007, Literatur und Kultur im Unterricht: ein kulturwissenschaftlicher didaktischer Ansatz, in: *Neue Ansätze und Konzepte der Literatur- und Kulturdidaktik*, hrsg. von Wolfgang Hallet und Ansgar Nünning, Trier: WVT, S. 31–47, hier S. 43 f.
41 Britta Freitag-Hild, Interkulturelle Literaturdidaktik [Anm. 40], S. 368. – Zu den „Lehr- und Lernzielen im fremdsprachlichen Unterricht" und zur „Förderung von interkulturellen Kommunikationskompetenzen" im Besonderen vgl. Carola Surkamp und Ansgar Nünning, ⁴2016, *Englische Literatur unterrichten I: Grundlagen und Methoden*, Seelze: Kallmeyer Klett, S. 28–44; Lothar Bredella, ²2013, Fremdverstehen und interkulturelles Verstehen, in: *Handbuch Fremdsprachendidaktik*, hrsg. von Wolfgang Hallet und Frank G. Königs, 2. Aufl., Seelze-Velber: Kallmeyer, Klett, Friedrich, S. 120–125.

woche, bieten sich vielfältige fächerübergreifende[42] Anknüpfungspunkte zur Auseinandersetzung mit SDG Nr. 6 (bzw. weiteren Nachhaltigkeitszielen) an.

5. Fazit

Wasser, Grundlage allen Lebens auf dem Planeten Erde, ist für die meisten Kinder im sogenannten globalen Norden ein selbstverständlich jederzeit und scheinbar unbegrenzt verfügbares Element. Doch 40 Prozent der Weltbevölkerung leiden an Wassermangel; bis 2030 könnten deshalb 700 Millionen Menschen zur Migration gezwungen sein.[43] Die Vereinten Nationen haben daher das Jahrzehnt 2018 bis 2028 zur „Water Action Decade" erklärt, um uns zu einem veränderten Umgang mit Wasser zu bewegen.[44]

Die kuratierten Leselisten des *SDG Book Club* zu SDG Nr. 6 bieten eine Möglichkeit, das imaginative Potenzial von Kinder- und Jugendliteratur zur Sensibilisierung für unterschiedliche Lebenswelten in ihrer Abhängigkeit vom Lebenselement Wasser zu nutzen. Die Fokussierung auf literarästhetische Lernwege, in der Verbindung interkultureller und kulturökologischer Perspektiven, kann ein Verstehen des kulturell Anderen fördern und Faktenwissen beiläufig vermitteln[45], ohne den ökologisch notwendigen Irritationsimpuls durch Aktionismus zu unterlaufen. Die kulturelle Symbolik, im vorgestellten Beispiel der *Water Stories around the world* personifiziert in mythologischen Figuren des Wassers, erweist sich als ebenso kulturspezifisch wie kulturübergreifend und lässt das „Vertraute im Fremden entdecken"[46]. Der allen Kulturen immanente Mythos Wasser bietet auf diese Weise einen Brückenschlag in die Wirwelt des Anthropozäns.[47]

---

42 Zur konzeptionellen Unterscheidung von fächerverbindendem und fächerübergreifendem Unterricht sowie zu konzentralem und dezentralem Unterrichten, mit ihrer jeweiligen Konsequenz für die Unterrichtsgestaltung, im Kontext des vorliegenden Beitrags empfohlen als Anregung für Lehr-Lernsettings zu den Nachhaltigkeitszielen, vgl. Erwin Rauscher, 2012, *Schule sind WIR. Bessermachen statt Schlechtreden*, St. Pölten et al.: Residenz, S. 68–72.

43 United Nations: Sustainable Development Goals. Goal 6: Ensure access to water and sanitation for all. Facts and figures. https://www.un.org/sustainabledevelopment/water-and-sanitation/ (11.02.2024).

44 United Nations: Water Action Decade, 2018–2028. https://wateractiondecade.org/ (11.02.2024).

45 Vgl. Ulf Abraham und Christoph Launer (Hrsg.), 2002, *Weltwissen erlesen. Literarisches Lernen im fächerverbindenden Unterricht*, Baltmannsweiler: Schneider Verlag Hohengehren.

46 Lea Grimm, 2017, Das Vertraute im Fremden entdecken. Menschliche Grunderfahrungen in der interkulturellen Kinderliteratur, in: *JuLit* 2/17, S. 33–38.

47 Vgl. Erwin Rauscher, 2020, Unswelt als Wirwelt. Anthropozän – Herausforderung für Schulleitungshandeln, in: *Das Anthropozän lernen und lehren*, hrsg. von Carmen Sippl, Erwin Rauscher und Martin Scheuch, Innsbruck et al.: Studienverlag, S. 181–202.

Jugendliche Lebenswelten.

Dialogdidaktik und Literatur in interkultureller Perspektive

Jörg Roche und Gesine Lenore Schiewer

1. Einleitung

Wie lassen sich Jugendliche motivieren, selbst literarisch aktiv zu werden und mit Sprache produktiv und reflektierend umzugehen, im Deutschunterricht und im fächerübergreifenden Unterricht? In welchem Verhältnis stehen Literatur und Gesellschaft heute und wie kann die kritische Auseinandersetzung mit der Lebenswelt der Jugendlichen im Umgang mit Literatur entwickelt werden? Wie lässt sich im Austausch mit Mitschülerinnen und Mitschülern anderer Muttersprachen und Kulturen Dialogverhalten ausprobieren; wie lassen sich dabei gerade Fremdheitserfahrungen zur Reflexion der eigenen, oftmals allzu selbstverständlich erscheinenden Lebenswelten zielführend einsetzen?

Praktische und vielschichtige Antworten für einen wirklich interessanten, motivierenden und kenntnisreichen Unterricht geben darauf die interkulturellen Autorinnen und Autoren der Gegenwart, die nicht nur ausgezeichnete zeitgenössische Schriftstellerinnen und Schriftsteller sind, sondern in der Regel auch erfolgreiche Leiterinnen und Leiter von schulischen Workshops, Schreibwerkstätten und Meisterklassen. Zu ihnen gehören prominente Preisträgerinnen und Preisträger wie Michael Stavarič, Zehra Çirak, José Oliver, Akos Doma, Senthuran Varatharajah, Sudabeh Mohafez und Lena Gorelik.

Der vorliegende Beitrag illustriert exemplarisch anhand der Jugendliteratur von Michael Stavarič, Zehra Çirak und José Oliver die Grundlagen und die Methodik der Literaturdidaktik des Dialogs, eines neuartigen Ansatzes der Literaturvermittlung und des Zugangs zum Lesen und Schreiben, der von ihnen in Zusammenarbeit mit dem Institut für Deutsch als Fremdsprache an der LMU München und dem Lehrstuhl für Interkulturelle Germanistik an der U Bayreuth entwickelt wurde. Die Vielfalt der Themen, der Poetiken sowie der didaktischen Zielsetzungen und Schwerpunkte eröffnet ein großes Spektrum an Zugängen zu jungen Leserinnen und Lesern bzw. jungen Autorinnen und Autoren, von denen viele vermutlich noch gar nicht wissen, dass in ihnen literarische Anlagen schlummern. Als Referenzpunkte dienen dabei eigene Werke etablierter Autorinnen und Autoren unterschiedlicher Gattungen. Besonders hervorgehoben werden Strukturelemente literarischer Texte, Funktionen sprachlicher Mittel, Perspektivierungen in Erzählung und Dichtung, Schreibstrategien und -techniken, Aspekte der Mehrsprachigkeit und interkulturelle Potentiale.

2. Ausgewählter Text

Der Text *Hoffnung* des ungarischstämmigen Autors Akos Doma nimmt im Titel Bezug auf eine positive oder negative Erwartungshaltung, die für Jugendliche ebenso wie für Menschen aller Altersstufen von elementarem Charakter ist und als eine *Conditio humana* bezeichnet werden kann. Damit ist er für Jugendliche unmittelbar relevant und zugänglich. Als eine der drei christlichen Tugenden schwingt bei ‚Hoffnung' auch ein religiöses Substrat mit, das von Jugendlichen heute, sofern sie nicht ausdrücklich mit religiöser Bindung und Schulung vertraut sind, nicht bewusst erkannt werden dürfte, gleichwohl aber als implizit präsentes lebensweltliches Wissen in der Regel eine gewisse Ausstrahlung haben wird.

Neben dieser lebensweltlichen Relevanz und Aktualität enthält der Text, der hier nur in verkürzter Form zitiert werden kann, gleichzeitig eine Fülle informativer Facetten, in denen die Wortsemantik mit einer komprimierten Philosophie- und Literaturgeschichte verbunden wird. Insofern enthält er diverse Zugangsmöglichkeiten, multiple curriculare Schnittstellen und literaturhistorische Vertiefungspotentiale. Diese Spannung zwischen lebensweltlicher Relevanz für die Schülerinnen und Schüler und dem für sie sonst schwer zugänglichen Bildungswissen bietet vielfältige Entdeckungsmöglichkeiten für die Bearbeitung im Deutschunterricht und – interesseweckend – darüber hinaus.

Hoffnung
Die Hoffnung ist der Regenbogen
über den *herabstürzenden*, jähen *Bach*
des Lebens.
Nietzsche, „*Nachgelassene Fragmente*"

„Ich hoffe, dass" ...
    Die Formulierung gehört zu den häufigsten Wendungen im Alltag: „Ich hoffe, dass es klappt", „ich hoffe, dass sie es schafft", „ich hoffe, dass es gut ausgeht", „ich hoffe, dass es morgen nicht regnet", „ich hoffe, dass wir uns bald wiedersehen", „ich hoffe, dass ich am Samstag nicht arbeiten muss", „ich hoffe, dass wir das nächste Spiel gewinnen", „ich hoffe, dass man sich für mich entscheidet" ...
    Hoffnung ist der erwartungsfrohe, zuversichtliche Blick in die Zukunft.
    Die griechische Entsprechung des Wortes, „elpis", ist noch neutral und bedeutet Erwartung sowohl im positiven (Hoffnung) als auch im negativen (Befürchtung)

Sinn. In den neuzeitlichen Sprachen ist der Begriff hingegen positiv konnotiert. Hoffnung steht für eine positive Erwartungshaltung, für Zuversicht und Vertrauen in die Zukunft. Sie wirkt motivierend, sie ermutigt weiterzumachen.

Als Pandora in der griechischen Mythologie die Büchse öffnete und damit alle Übel, Laster, Krankheit und Tod in die Welt entweichen ließ, fand sich darin als einziges positives Gegenmittel die Hoffnung. Immanuel Kant formulierte es später so: „Der *Himmel hat* den *Menschen* als *Gegengewicht* zu den vielen *Mühseligkeiten* des *Lebens drei Dinge gegeben*: Die *Hoffnung*, den *Schlaf* und das *Lachen*."

Solange die Hoffnung lebt, ist alles noch möglich.

Die Hölle, das ist die Hoffnungslosigkeit. Das Fehlen jeder Perspektive, jeder Aussicht auf eine Wendung zum Besseren. „Lasst, die ihr eintretet, alle Hoffnung fahren!", lautet die Inschrift an der Höllenpforte in Dante Alighieris *Göttliche Komödie*. Der Schrecken der Hölle besteht nicht nur in der Grausamkeit der Strafen, sondern auch in deren Fortdauer in alle Ewigkeit. Hoffnung auf Erlösung besteht nicht.

Die Hoffnung dagegen kann sogar noch stärker, beseelender als das Glücksgefühl sein, das man empfindet, wenn sie in Erfüllung geht. „Die starke Hoffnung", so Friedrich Nietzsche, „ist ein viel größeres Stimulans des Lebens, als irgendein einzelnes wirklich eintretendes Glück."

Wenn „der Weg das Ziel" ist, ist die Hoffnung der Weg.

Und als solcher stirbt sie zuletzt.

***

Die Kehrseite des positiven Gefühls Hoffnung ist die Ungewissheit, ob sie sich je erfüllen wird oder nicht, weshalb man „ich hoffe" auch stets mit einem eher zuversichtlichen oder einem eher bangen Unterton spricht, je nachdem ob die Aussichten auf Erfüllung gut oder schlecht sind. Ist letzteres der Fall, wird die Hoffnung eine „trügerische", „leere", „falsche".[1]

So weit die einleitenden Absätze des Textes von Akos Doma. Mit Zitaten von Platon und Aristoteles und Schopenhauer sowie Verweisen auf Ibsens ‚Lebenslügen', Tschechows von hohlen Illusionen geprägten Figuren, Gorkis von der Lebenshoffnung enttäuschtem *Nachtasyl* und die Demontage des ‚American Dream' in der klassischen amerikanischen Theaterliteratur von Williams, O'Neill, Miller und Albee öffnet Doma den Horizont für eine spannende und weitreichende Auseinandersetzung mit dem Thema. Der folgende Ausschnitt illustriert das weitere Vorgehen mit Bezug auf O'Neills monumentales Spätwerk *Der Eismann kommt* (1946).

---

1 Jörg Roche und Gesine Lenore Schiewer (Hrsg.), 2021, Unterrichtswelten – Dialoge im Deutschunterricht. Neue Perspektiven für Literaturvermittlung, Lesen und Schreiben. Mit Unterrichtskonzepten von José F. A. Oliver, Akos Doma, Lena Gorelik, Sudabeh Mohafez und Senthuran Varatharajah. Tübingen: Narr, S. 41 ff.

Das Stück handelt von einer Gruppe heruntergekommener Trinker, die ihre Tage in der Bar des gutmütigen Wirtes Harry Hope verbringen, wo sie in Alkoholseligkeit leere Zukunftspläne schmieden und von einer Rückkehr in ihr früheres, „erfolgreiches" Leben träumen. Als sie eines Tages von ihrem einstigen Saufkumpan Hickey beim Wort genommen und in die Wirklichkeit hinausgeschickt werden, kehren sie am Abend in einer Reihe erschütternder Szenen geschlagen und demoralisiert zurück, manche von ihnen konnten vor schierer Angst nicht einmal die Straße überqueren. Die Konfrontation mit der Wirklichkeit, der Verlust ihrer Lebenslüge („pipe dream") hat sie nun auch ihrer letzten Würde beraubt. Wie es bereits in Ibsens Drama *Die Wildente* (1884) heißt: „Nehmen Sie einem Durchschnittsmenschen die Lebenslüge, und Sie nehmen ihm zu gleicher Zeit das Glück".[2]

3. Literaturwissenschaftliche Analyse: Interkulturelles Lernen, Erzählperspektive, Stil

Der hier vorgestellte Text *Hoffnung* von Akos Doma ist zunächst hinsichtlich seiner besonderen Gattungsmerkmale zu beleuchten, bevor im zweiten Schritt sein Potential für das interkulturelle Lernen ausgelotet werden kann.

Akos Doma bedient sich in *Hoffnung* einer Reihe literarischer Charakteristika, die für die Gattung des Essays besonders typisch sein können. Robert Musil, einer der großen Essayisten des 20. Jahrhunderts, beschreibt die Gattung so: „[Es] ist das Kennzeichen eines Essays, daß sein Innerstes in begriffliches Denken so wenig übersetzbar sei wie ein Gedicht in Prosa. [...]"[3]

Häufig werden sachlich-faktische Elemente auf der Ebene des Inhalts mit literarisch-fiktionalen auf der Formebene in besonderer Weise verknüpft, was die jeweilige Einzigartigkeit essayistischer Texte ausmacht. Der Text von Akos Doma zeigt einige charakteristische Kennzeichen eines Wörterbuchartikels, in dem „Hoffnung" wie ein Lemma erläutert wird. Man kann sich etwa an das *Deutsche Wörterbuch* von Jacob und Wilhelm Grimm erinnert fühlen, in dem ebenfalls mit literarischen Zitaten gearbeitet wird. Gleichwohl ist dort der entsprechende Artikel *Hoffnung* der lexikographischen Anlage des gesamten Wörterbuchs gemäß angelegt, während Akos Doma die Freiheit des literarischen Autors in Anspruch nimmt. So konzentriert er sich auf mögliche Semantiken von „Hoffnung", ohne sich dabei auf die deutsche Sprache zu beschränken, was ihm unter anderem erlaubt, Beispiele aus der Weltliteratur virtuos auszuwählen und den Begriff so vielfältig zu perspektivieren. Genau hierin ist auch begründet, warum die Gattung

---

2   Jörg Roche und Gesine Lenore Schiewer (Hrsg.), Unterrichtswelten – Dialoge im Deutschunterricht. Neue Perspektiven für Literaturvermittlung, Lesen und Schreiben. [Anm. 1], S. 41 ff.
3   Robert Musil, 1978 [1913], Essaybücher, in: Gesammelte Werke in neun Bänden, hrsg. von Adolf Frisé. Reinbek: Rowohlt, S. 1450.

des Essays bei interkulturellen Autorinnen und Autoren seit einigen Jahren erneut viel Aufmerksamkeit erhält. Denn für Interkulturalität ist gerade der jeweils neue und andere Blick von besonderem Interesse, der das, was Alfred Schütz als „Denken-wie-üblich" bezeichnet[4], aufbricht. Ähnlich beschreibt auch der Stuttgarter Semiotiker Max Bense die zentralen Merkmale:

> Essayistisch schreibt, wer experimentierend verfaßt, wer also seinen Gegenstand hin und her wälzt, befragt, betastet, prüft, durchreflektiert, wer von verschiedenen Seiten auf ihn losgeht und in seinem Geistesblick sammelt, was er sieht, und verwortet, was der Gegenstand unter den im Schreiben geschaffenen Bedingungen sehen läßt.[5]

Dies ist es, was interkulturelles Lernen im Kern ausmacht und im Deutschunterricht dementsprechend zu vermitteln ist.

4. Didaktischer Kommentar I: Das Potential interkultureller Literatur

Gegenstand des folgenden Abschnitts ist der vielfach diskutierte Umgang mit Literatur im Deutschunterricht, die hier mit aktuellen Impulsen verbunden wird. Dabei werden literarische Texte und ihr kulturvermittelndes Potential im vorliegenden Beitrag nicht passiv rezipierend in sprach- und kulturbezogene Lehr- und Lernprozesse einbezogen, sondern Literatur wird mit literarischem Schreiben und mündlicher Präsentation in aktive Lernprozesse übergeführt. Im Folgenden werden zwei Leitfragen behandelt:

1. Welche Art von Literatur ist für die Arbeit mit literarischen Texten im Deutsch- und Fremdsprachenunterricht als besonders geeignet zu betrachten?
2. Wie kann mit dieser Literatur im Deutsch- und Fremdsprachenunterricht gearbeitet werden?

Prämisse für die erste Frage ist, dass die Arbeit mit literarischen Texten

- die gezielte Schulung deutscher Sprachkompetenz im Erst-, Zweit- und Fremdsprachenunterricht auf verschiedenen Schulstufen und Kompetenzniveaus erlaubt,
- das sprachliche Ausdrucksvermögen fördern kann,
- das Verständnis semantischer Differenzierung unterstützt,
- der Kommunikations- und Gesprächsfähigkeit sowie der Dialogfähigkeit u. a. im Sinn interkultureller Vermittlungsarbeit zugutekommen kann,

---

[4] Alfred Schütz 1972, Der Fremde. Ein sozialpsychologischer Versuch. In: Ders. Gesammelte Aufsätze II. Studien zur soziologischen Theorie. Den Haag: Martinus Nijhoff, S. 58.
[5] Max Bense, 1947, Über den Essay und seine Prosa, in: Merkur 1:3, S. 414 ff.

- u. U. auch den Umgang mit gesellschaftsbezogenen Fragen zu fördern erlaubt.

In der Auseinandersetzung mit dieser ersten Fragestellung sind zunächst Besonderheiten interkultureller Literatur in den Blick zu nehmen. Deutschsprachige interkulturelle Literatur ist eng damit verbunden, dass Bezüge zu Mehrsprachigkeit und Mehrkulturalität hergestellt werden. Auf Initiative des Instituts für Deutsch als Fremdsprache der LMU München wurde 1985 bis 2017 ein viel beachteter Literaturpreis vergeben, der Adelbert-von-Chamisso-Preis, wodurch interkulturelle Literatur große Aufmerksamkeit erhielt. Heute werden die Preisträgerinnen und Preisträger ebenso wie zahlreiche andere interkulturelle Autorinnen und Autoren als besonders bedeutende Impulsgeber für die neueste deutsche Literatur betrachtet. Zum Beispiel werden die Werke von Rafik Schami, Feridun Zaimoglu, Zehra Çirak, Saša Stanišić und vielen weiteren zunehmend in den Lektürelisten von Schulen, in Hochschulseminaren und der internationalen Forschung berücksichtigt.

Gemeinsam ist interkulturellen Schriftstellerinnen und Schriftstellern oft, dass in ihren Texten Aspekte der interkulturellen Existenz und des Kulturkonflikts thematisiert bzw. sprachkünstlerisch gestaltet werden. Inhaltlich-thematisch und in sprachlich-formalästhetischer Hinsicht werden in diesen Texten Denken, Sprechen, Kommunizieren, Verständigung, aber auch Aspekte des Lebens, Arbeitens, Forschens, Lehrens und Lernens unter der Prämisse sprach- und kulturübergreifender Bedingungen literarisch bearbeitet. Interkulturelle Literatur ist daher für schulische Curricula gerade auch wegen der gesellschaftlichen Relevanz der Themen (Flucht, Mehrsprachigkeit, Prozesse urbaner Entwicklungen und der Integration) fächerübergreifend besonders wertvoll.

Als kurz gefasstes Zwischenfazit zur ersten Leitfrage kann festgehalten werden, dass die kreativen Schreibweisen vieler interkultureller Autorinnen und Autoren die Basis für die Ausbildung eines stilistisch sensibilisierten Ausdrucks bilden und das Bewusstsein für die Vielfalt der Textsorten in Literatur und Alltag schärfen. Neben literarischen Gattungen wie Erzählungen, Romanen, Gedichten und Kinderbüchern geht es daher auch um die Textsorten des Essays, des journalistischen Schreibens und verschiedener Gebrauchstexte des Alltags.

Zu den Merkmalen interkultureller Literatur gehört auch, dass die Autorinnen und Autoren insofern für ihre Werke einstehen, als sie eine Vorbildrolle ausüben, Stellung nehmen und mit ihrer Persönlichkeit ein offenes, lernbereites Bewusstsein für die maßgebliche gesellschaftliche Rolle von Sprachen verkörpern. Diese Rolle wird unter anderem durch das Internationale Forschungszentrum Chamisso (IFC) an der LMU München und durch den Lehrstuhl für Interkulturelle Germanistik an der Universität Bayreuth künftig im Rahmen des Bildungsprojekts *Wortstatt – Heilbronn im Dialog* in Verbindung mit dem Literaturhaus Heilbronn gezielt durch eine Förderung von Lesungen und Workshops an Schulen unterstützt. Die meisten der Autorinnen und Autoren haben es sich deswegen zur Aufgabe gemacht, ihre schriftstellerischen Talente in Lesungen, Workshops, Seminaren, Meisterklassen und Fortbildungen zu vermitteln, darunter insbesondere für Schülerinnen und Schüler, Studierende und Lehrkräfte. Gepaart mit ihrer schriftstellerischen Prominenz und literaturvermittelnden Erfahrung leisten sie einen wichtigen Beitrag zur Förderung von Text- und Schreibkompetenz junger Menschen sowie zu ihrer Hinführung zur Literatur.

Damit steht die zweite Frage im Raum: Wie kann mit Literatur im Deutsch- und Fremdsprachenunterricht gearbeitet werden?

Zunächst ist zu betonen, dass bereits didaktische Konzepte einzelner interkultureller Autorinnen und Autoren in Publikationen für Lehrkräfte verfügbar sind. Besonders hervorzuheben ist der Band von José F. A. Oliver, der 2013 im Verlag Klett-Kallmeyer unter dem Titel *Lyrisches Schreiben im Unterricht. Vom Wort in die Verdichtung* erschienen ist. Wichtig ist, sich hier zunächst mit den Grundauffassungen Olivers vertraut zu machen, der keineswegs eine Standarddidaktik für kreatives Schreiben vorlegt. Vielmehr überträgt er seine Einsichten in sprachlich-linguistische Prinzipien in eine gezielte Förderung des Umgangs von Schülerinnen und Schülern mit Sprache. Literatur ist für Oliver erst einmal so etwas wie eine allgemein menschliche Anlage oder eine anthropologische Gegebenheit: „[…] ich will behaupten, dass jeder Mensch Poetisches und dessen Gesten in sich birgt. Die beste Voraussetzung, sich einem unbeschriebenen Blatt Papier anheim zu geben. Sich zuzutrauen"[6]. Im Zentrum steht für ihn die Arbeit am Wort und am individuellen Wortschatz. Angestrebt wird ein verfeinertes Bewusstsein für den Umgang mit Sprache und auf diese Weise eine Fortentwicklung des Bewusstseins für sich selbst beziehungsweise die eigene Person.

5. Didaktischer Kommentar II: Interkulturelles Lernen

Hier ist das Konzept der Transdifferenz einzubeziehen, das aus der Auseinandersetzung mit den Kernproblemen trans- und interkultureller Kommunikation entstanden ist. Es geht um solche Fragen: Was ist das „Eigene", was ist das „Fremde"? Wie lange bleibt es fremd? Wie sollen Eigenes und Fremdes in Einklang gebracht werden, wenn das nötige Wissen fehlt? Zunächst stehen Bekanntes und Neues immer im Wechselspiel, wenn es zu Lernprozessen kommt. Es ist daher davon auszugehen, dass das Neue und Fremde zum Lernen dazugehören und Neugier wecken können. Dies ist in Ansätzen interkultureller Sprachdidaktik gezielt fruchtbar zu machen. In der Entwicklung des Konzeptes der Transdifferenz liegt der

---

6 José F. A. Oliver, 2013, Lyrisches Schreiben im Unterricht. Vom Wort in die Verdichtung. Stuttgart: Klett-Kallmeyer, S. 3 f.

Fokus sowohl auf dem Verstehen als auch auf dem Nichtverstehen und Missverstehen. So ist es möglich, „die Aufmerksamkeit auf die Differenzen zu legen, womit wiederum eine wichtige Voraussetzung für den Zugang zu einer ‚produktiven Transdifferenz' gegeben"[7] ist. Die Besonderheit so verstandener Differenz besteht darin, dass sie nicht als binäre Polarität eines ‚Entweder-oder' verstanden wird, sondern als ein oszillierendes ‚sowohl als auch'[8]. Differenzen sind also vorübergehende Erscheinungen, die instabil werden. Sie haben eine orientierungsstiftende Funktion, sollen in dieser Funktion erhalten bleiben und durch eine Komponente Transdifferenz ergänzt werden. Insgesamt erfolgt hierbei eine „Umstellung auf ein dynamisches Identitätskonzept, in dessen Zentrum die Frage danach steht, ‚wer ich werde'"[9], und nicht, ‚wer ich bin'.

In allen deutschsprachigen Gesellschaften spielt die Thematik von ego und alter, von Selbstbezug sowie Fremde und Fremdheit zunehmend eine zentrale Rolle im schulischen Alltag. Das liegt in erster Linie an der Demographie der Schüler- und Lehrerschaft und deren wachsendem Migrationshintergrund. Es liegt aber auch an der verstärkten internationalen Ausrichtung des Bildungswesens und hängt mit der allgemeinen Globalisierung durch Wirtschaft, Politik und Medien ebenso zusammen wie mit gleichzeitig stattfindenden gegenläufigen Re-Nationalisierungsprozessen. Der Deutschunterricht soll und kann sich diesen Realitäten nicht entziehen, denn es geht dabei nicht nur um vordergründige ethnographische Zuschreibungen, sondern vor allem um den reflektierten Umgang mit dem Vertrauten und vermeintlich Selbstverständlichen ebenso wie mit dem Fremden schlechthin.

Da dieser Umgang vorwiegend durch Sprache und Sprachen gestaltet wird, kann der Deutschunterricht gar nicht umhin, sich den neuen und dynamisch entwickelnden Herausforderungen zu stellen und sich damit in Richtung von elaborierten kommunikativen Zielsetzungen zu öffnen. Dabei ist die Vermittlung grammatischer Formeigenschaften von Sprache und Sprachen allenfalls ein erster Schritt; im Kern geht es um die Förderung des Vermögens, interkulturell geschult a) zu sprechen, b) zu deuten und c) zu prozessieren. Ziel des Deutschunterrichts ist es, hierfür eine ausgesprochene Dialogfähigkeit ausbilden zu helfen (Didaktik des Dialogs[10]).

---

7   Lars Allolio-Näcke und Britta Kalscheuer, 2005, Wege der Transdifferenz, in: Differenzen anders denken. Bausteine zu einer Kulturtheorie der Transdifferenz, hrsg. von Lars Allolio-Näcke, Britta Kalscheuer und Arne Manzeschke, Frankfurt am Main, New York: Campus, S. 21.
8   Klaus Lösch, 2005, Begriff und Phänomen der Transdifferenz: Zur Infragestellung binärer Differenzkonstrukte, in: Differenzen anders denken. Bausteine zu einer Kulturtheorie der Transdifferenz, hrsg. von Lars Allolio-Näcke, Britta Kalscheuer und Arne Manzeschke, Frankfurt am Main, New York: Campus, S. 27.
9   Allolio-Näcke und Kalscheuer, Wege der Transdifferenz [Anm. 7], S. 17 f.
10 Vgl. Jörg Roche und Gesine Lenore Schiewer (Hrsg.), 2017, Identitäten – Dialoge im Deutschunterricht. Schreiben – Lesen – Lernen – Lehren unter konzeptueller Assistenz und mit Original-

All dies erfordert v. a. ein besonders entwickeltes Bewusstsein für semantische „Feinarbeit", das heißt für Denotationen ebenso wie für Konnotationen und sogenannte Bedeutungshöfe. Man spricht in diesem Zusammenhang in der Diskursanalyse und Diskurslinguistik auch von „Deutungshoheit"[11], das heißt dem erfolgreichen Besetzen von Semantiken. Es kommt mit anderen Worten darauf an, in alltäglichen und anderen Situationen, in Zweiergesprächen (in der Soziologie als Mikro-Ebene bezeichnet) oder auch in Unterrichtsgesprächen (die der soziologischen Meso-Ebene angehören)

- solche Deutungshoheiten zu erkennen und zu benennen,
- gegebenenfalls mittels semantischer Differenzierungen dazu Stellung zu nehmen oder auch sich dagegen wehren zu können und
- eigene Positionen zu vertreten.

Konkret erfolgt dies in kommunikativen Prozessen. Einseitiger „semantischer Bedeutungshoheit", das heißt, einseitiger Weltdeutungshoheit soll entgegengewirkt werden durch kommunikative Arbeit im Sinne dessen, was als „Aushandlung von Bedeutungen" bezeichnet wird. Die Berücksichtigung der „Aushandlung von Bedeutungen" ist auch ein wichtiger Aspekt in solchen Modellen des Dialogs der Kulturen, die sowohl kommunikationstheoretisch als auch interkulturell angemessen und das heißt hier zugleich anspruchsvoll fundiert sind. Diese Überlegungen haben zur Entwicklung der Didaktik des Dialogs für den Literatur- und Sprachunterricht geführt, die sich nicht nur mit ethnokultureller Selbstwahrnehmung und Fremdheit befasst, sondern vielfältige Perspektivierungen im Zusammenhang von relevanten Themen der Lebenswelten der Schülerinnen und Schüler erlaubt. Sie teilt viele der Prämissen und Methoden interkulturellen Unterrichts, unterscheidet sich aber von interkulturell-hermeneutischen Ansätzen am ehesten in der weniger ausgeprägten Zielgerichtetheit auf ein „besseres", also eher auf ein interessiertes und reflektiertes Verstehen eines fremden Textes.

Die Dialogdidaktik bezieht sich auf den gesamten Prozess des Literarischen, angefangen bei den Autorinnen und Autoren über diejenigen, die in Verlagswesen, gegebenenfalls an Übersetzung, Literaturkritik, Literaturhäusern und Buchhandel beteiligt sind, bis hin zu den Leserinnen und Lesern. Sie umfasst also alle an Literatur Beteiligten und ist ein Beispiel dafür, wie sich die Anliegen der interkulturellen Literatur und der Sprachdidaktik unter Berücksichtigung stetiger kommunikativer Veränderungsprozesse weiterentwickeln und beleben lassen. Die Literaturdidaktik des Dialogs nimmt unter anderem biographische

---

beiträgen von José F. A. Oliver, Zehra Çirak, Akos Doma und Michael Stavarič. Tübingen: Narr, S. 16.

11 Vgl. hierzu zum Beispiel Jürgen Spitzmüller und Ingo Hans Oskar Warnke, 2011, Diskurslinguistik. Eine Einführung in Theorien und Methoden der transtextuellen Sprachanalyse. Berlin, Boston: de Gruyter.

Erfahrungen und literarische Produktionen von Autorinnen und Autoren aus dem Umfeld des Chamisso-Preises und generell interkultureller Schriftstellerinnen und Schriftsteller als Ausgangspunkt. Die Sprach- und Literaturförderung im Deutschunterricht ist daher Grundlage für ein methodisch und theoretisch anspruchsvolles Verständnis interkultureller Kommunikations- und Dialogfähigkeit, die sich auch in schwierigen Situationen mit Konfliktpotenzial bewährt. Auf diese Weise kann ein Beitrag zur Befähigung zum multiperspektivischen Denken geleistet werden, das ein ‚Durchspielen von Optionen' erlaubt und somit reflektierte Haltungen fördert, die differenziert geäußert und vertreten werden können.

6. Didaktisch-methodische Ansätze interkultureller Autorinnen und Autoren

Je nach Zielgruppe, Zielsetzung und Umständen kann der Dialog unterschiedlich gestaltet sein. Im Folgenden soll dargestellt werden, welches dialogdidaktische Verfahren Akos Doma dafür wählt. Das Thema ist wie eingangs dargestellt Hoffnung. Um Jugendlichen den Zugang zu literarischen Texten zu erleichtern, wählt Doma häufig einen authentischen, das heißt autobiographischen Zugang zum Thema. Er beschreibt so zum Beispiel den Weg eines Romans von der Idee zum fertigen Buch und den Weg des Buches in die Hand des Lesers oder der Leserin. Dabei geht er nicht dozierend, sondern stets fragend vor, wodurch eine konstruktive kommunikative Grundlage und Stimmung von Anfang an geschaffen wird. Das Vorgehen hat Akos Doma in Roche/Schiewer (2021)[12] detailliert beschrieben und für unterschiedliche Schularten und Klassen kleinschrittig für eine leichte Umsetzung im Unterricht ausgeführt, von der Willkommensklasse über die Grundschule, die Haupt-, Mittel- und Berufsschulen bis hin zu Realschule und Gymnasium. Die Grundausrichtung bleibt die gleiche, aber die Vertiefung, zum Beispiel auch durch weiterführende Texte unterschiedlicher Gattungen, wird entsprechend der Zielgruppe angepasst. Das soll im Folgenden anhand der didaktischen Hinweise für Schreibwerkstätten für die Haupt-, Mittel- und Realschule illustriert werden. Ganz im Sinne konstruktionistischer Lerntheorien ist das eigene Produzieren von Texten ein wichtiges motivationales und kreatives Element dieses Ansatzes.

Der Zugang erfolgt über Fragen nach der Bedeutung literarischen Schreibens und nach den Gründen. Die Schülerinnen und Schüler sollen berichten, ob sie schon einmal selbst ein Tagebuch, Gedichte, Erzählungen etc. geschrieben haben, was sie gerne lesen, welche Gattungen sie mögen und ob sie eine(n)

---

12 Roche und Schiewer, Unterrichtswelten [Anm. 1].

Lieblingsschriftsteller(in), einen Lieblingsroman haben. Im Anschluss daran beschreibt Doma den Weg eines Romanstoffes von der ersten Idee zum fertigen Text über die Arbeitsstufen Idee, Entwurf (Konstruktion, Personenkonstellation, Handlung, etc.), Niederschrift, ständige Überarbeitung. Die Schülerinnen und Schüler sollen dabei auch verstehen lernen, dass Schreiben kein einmaliges Produkt, sondern ein Prozess ist (siehe auch Olivers Beitrag *Von der Notiz ins Notat; vom Notat in die Verdichtung: aus der Verdichtung ins Gedicht*[13]). Doma bespricht mit der Klasse schließlich auch den Produktions- und Vermarktungsprozess und die Aufgaben der beteiligten Akteurinnen, Akteure und Institutionen. Zum Schluss grenzt er das literarische Schreiben vom journalistischen und wissenschaftlichen Schreiben und dem Verfassen von Sachtexten ab.

In seinen Schreibwerkstätten geht es immer wieder darum zu entdecken, warum ein Text gelungen oder weniger gelungen sein kann. Dabei stehen nicht die richtige Grammatik und Rechtschreibung im Fokus, sondern Fragen wie: Wer hat etwas zu sagen? Wer kann das, was er zu sagen hat, am spannendsten, bewegendsten, anregendsten, poetischsten, originellsten sagen? Wer macht sich Gedanken über die Welt und kann seine Gedanken erzählerisch, poetisch umsetzen? Was macht einen reichen, dicht(erisch)en Text aus? Was heißt es überhaupt, gut erzählen zu können? Was ist dieses rätselhafte, schwer fassbare Phänomen Erzählen? Und nicht zuletzt: Kann man das überhaupt lernen?

Der Schwerpunkt der Schreibwerkstatt liegt auf dem eigenen Text, es wird also geschrieben. Wichtige literarische Elemente wie Erzähler, Erzählperspektive, Ton, Metaphorik, Sprache, rhetorische Mittel, Thema und psychologische Stimmigkeit fließen während der Textbesprechungen genauso ein wie Querverbindungen zur Weltliteratur, womit zugleich das Wissen um die Vielfalt literarischer Möglichkeiten vertieft wird. Die im vorliegenden Beitrag dargestellte Herangehensweise an das literarische Feld weckt darüber hinaus Interesse für einen Zugang zu Werken der Weltliteratur, der durch curriculare Vorgaben oftmals mehr verstellt als eröffnet wird. Ziel ist es, eine Handlung zu erfinden und das, was zu sagen ist, im Rahmen der fiktiven Handlung mit fiktiven Figuren zu erzählen. Als Beispiel für den Produktionscharakter des dialogdidaktischen Vorgehens kann folgende Aufgabe dienen.

Aufgabe

Das langersehnte Wiedersehen mit einer geliebten Person gehört zu den emotionalsten Momenten im Leben. Die Schülerinnen und Schüler schreiben die Geschichte eines solchen Wiedersehens. Der Protagonist, aus dessen Perspektive erzählt wird, soll in ihrem Alter sein. Wie immer kann die fiktive Erzählung auch autobiographisch inspiriert sein. Eine Möglich-

---

13 Roche und Schiewer, Unterrichtswelten [Anm. 1].

keit, die Geschichte zu erzählen, wäre im Rahmen einer Rückblende, während der Protagonist auf die andere Person wartet.

Aus den Vergleichen ihrer eigenen Erfahrungen/Vorstellungen mit den Textausschnitten von Akos Doma ergeben sich verschiedene Möglichkeiten, Fragen zu recherchieren, Geschichten weiterzuerzählen oder sie zu inszenieren.

7. Abschließende Bemerkungen

Der im vorliegenden Beitrag vorgestellte Ansatz hat sich vielfach in der vom Internationalen Forschungszentrum Chamisso IFC an der LMU München (Finanzierung bis 2017 durch die Robert Bosch Stiftung) und in jüngster Zeit im Rahmen des Projekts *Wortstatt – Heilbronn im Dialog* (Finanzierung durch die Dieter Schwarz Stiftung) durchgeführten Arbeit mit Schülerinnen und Schülern, mit Studierenden und in Fortbildungen für Lehrkräfte bewährt. Der Erfolg gründet auf den drei vorgestellten Säulen: der Erfahrung und dem Einsatz der Autorinnen und Autoren, den wissenschaftlichen Grundlagen und der engen Verschränkung von Literaturarbeit und interkulturellem Lernen.

Fremdheit vor und nach der Literatur – Responsives Lesen als interkulturelle Kompetenz

Ben Dittmann

Das Partizipations- und Integrationsgesetz Berlins definiert interkulturelle Kompetenz als auf spezifischem Wissen fußend.[1] Sieht man von der Essentialisierung ab, die eine solche Perspektive zwangsläufig impliziert, fällt auf, dass nirgendwo der Begriff der Fremdheit auftaucht. Die Frage danach, was interkulturelle Kompetenz auszeichnet und wie sie literaturdidaktisch erworben werden kann, ist aber unter Ausschluss des Fremden schwer zu stellen. Der Fremdheitsbegriff erlaubt es, eine theoretische Brücke zwischen Reflexionen zur Interkulturalität und solchen zur Literatur zu schlagen, die nachfolgend gerade in ihrem Verbund durchdrungen werden sollen.

Fremdheit stellt sich nicht erst im Kontakt mit anderen Kulturen ein, sondern durchzieht stets die eigene. Mit Homi K. Bhabhas Konzeptualisierung der Kultur als grundlegend heterogenes Gebilde wird Fremdheit zu einem allgegenwärtigen Potential, das vor dem Vertrauten nicht Halt macht. Im Unterschied zu essentialistischen Auffassungen, die Kulturen einen festen, unveränderlichen Kern unterstellen, geraten mit Bhabha die immer schon bestehenden intrakulturellen Differenzen (etwa generations-, geschlechts-, lokal oder sozial bedingte) in den Blick. Diese Einsicht – die Infragestellung kultureller Identitäten – verändert den Fremdheitsbegriff nachhaltig: Das Fremde ist kein starrer Zustand mehr, der einem ebenso starren Eigenen gegenübersteht, sondern muss relational gedacht werden: Fremd ist etwas nur in Bezug auf etwas. Gerade weil sie keine objektive Eigenschaft ist, kann Fremdheit prinzipiell alles affizieren.

In Anbetracht dieser Virtualität wird das Phänomen der Fremderfahrung bedeutsam; jener Moment, der die Begegnung mit dem je Fremden sichtbar werden lässt. Die Erfahrung von Fremdheit setzt eine Sphäre der Vertrautheit voraus, von der sie als Abweichung empfunden wird, wodurch die „Erfahrung *des* Fremden" mit einem „*Fremdwerden der Erfahrung*"[2] in Korrelation gerät. Diese Verschränkung

---

[1] „Interkulturelle Kompetenz ist eine auf Kenntnissen über kulturell geprägte Regeln, Normen, Werthaltungen und Symbole beruhende Form der fachlichen und sozialen Kompetenz", § 4 III1 PartIntG.
[2] Bernhard Waldenfels, 2018, Grundmotive einer Phänomenologie des Fremden, 6. Aufl. Frankfurt am Main: Suhrkamp, S. 8 [Herv. i.O.].

offenbart eine übergeordnete Interdependenz von Eigenem und Fremdem, nach der die Erfahrung des einen von der Erfahrung des anderen abhängt und vice versa. Literatur, die es vermag, gewohnte Wahrnehmungs- und Deutungsschemata außer Kraft zu setzen, scheint aus dieser Perspektive als prädestinierte Provokateurin von Fremderfahrungen. Diese Möglichkeit will Nicola Mitterer mit einer responsiven Literaturdidaktik ausschöpfen: Literatur auf die ihr inhärente Fremdheit abtasten. Inwiefern ein derart geschärfter Blick für Fremdheit als interkulturelle Kompetenz fruchtbar werden kann, soll nachfolgend ausgelotet werden.

1. Grundriss einer responsiven Literaturdidaktik

Mitterer betont mehrfach ihr Gebot, Gewissheiten zu verabschieden, um literarischen Texten in ihrer Fremdheit adäquat begegnen zu können. Die folgenden Ausführungen stehen deshalb vor der Herausforderung, nicht als solche missverstanden zu werden. Sie stellen vielmehr ein Angebot dar, das responsives Lesen als Zugangsmöglichkeit zu interkulturellem Lernen bemisst.

Neben der bereits skizzierten Befreiung des Fremdheitsbegriffs von essentialistischen Residuen nimmt Mitterer eine weitere Bedeutungskonturierung vor: Das Fremde versteht sie nicht als problematischen und zu überwindenden Störfall, sondern stattdessen als unhintergehbares alltägliches Ereignis, das vor jedem Versuch der Überwindung geltend zu machen ist. In diesem Sinne nimmt das Fremde in ihrer Didaktik nicht nur eine Rolle *„als Ausgangspunkt, sondern auch als Ziel literarischen Verstehens"*[3] ein. Diese Zirkularität, der es darum geht, Fremdheit anzuerkennen, ist als theoretisch motivierte Rahmung zu verstehen; Fremdheit findet vor und nach der Literatur statt und wird nicht nur als unersetzbare Erfahrung didaktisch genutzt, sondern zugleich vor gewaltsamer Vereinnahmung geschützt.

Vor dem Hintergrund dieser zwei begrifflichen Verschiebungen überrascht es nicht, dass Mitterer das Fremde zum konstitutiven Zentrum ihrer Literaturdidaktik erhebt: Eine *„Literaturdidaktik des Fremden"* so heißt es, sei „Literaturdidaktik schlechthin"[4]. Grundlegende menschliche Erlebnisse (beispielsweise die Begegnung mit anderen Menschen, die Geburt oder der Tod) konfrontieren mit Fremderfahrungen, weshalb diese „unabdingbarer Bestandteil institutionalisierten Lernens"[5] sein sollten. Von und in Literatur werden solche Erfahrungen

---

3 Nicola Mitterer, 2015, Das Fremde in der Literatur. Zur Grundlegung einer responsiven Literaturdidaktik, Bielefeld: transcript, S. 94 [Herv. i.O.].
4 Ebd., S. 25 [Herv. i.O.].
5 Ebd., S. 271.

mannigfaltig inszeniert, weshalb die Auseinandersetzung mit ihr im Unterricht dazu eine Möglichkeit bietet.

Mitterer sieht eine theoretische Verortung der Literaturdidaktik als Forschungsdesiderat und bemüht sich deshalb um eine Standortbestimmung, ohne zunächst auf praktische Zwänge zu achten. Aus literaturdidaktischer Perspektive spielt Fremdheit in (mindestens) zweierlei Hinsicht eine eminente Rolle. Einerseits stößt uns Literatur als Fremdheit unerwartet zu. Dieses Zustoßen ist dabei „weder in einem vorgängigen Was fundiert, noch in einem nachträglich erzielten Wozu aufgehoben", sondern markiert schlicht „Bruchstellen der Erfahrung"[6]. Bei der Annäherung daran, wie sich Literatur als Fremdheit manifestiert, stützt sich Mitterer auf Bernhard Waldenfels' Motiv des Pathos, jenem unvermittelten Widerfahren, Überfallen oder Erleiden, das sich jeder kausalen oder intentionalen Einordnung entzieht.[7] Andererseits durchwirkt das Fremde auch den institutionellen Rahmen, da der Unterricht von der Interaktion seiner Teilnehmer*innen lebt und daher kaum zu antizipieren ist. Eine Lektüre geschieht zudem nie voraussetzungslos, sondern ist von den individuellen und „je eigenen Sprach-, Begriffs- und Erlebnis- sowie Erlebensbiographien"[8] der Leser*innen geprägt, die sich untereinander fremd sein können. Der Literaturdidaktik wohnt damit eine im doppelten Sinne unkontrollierbare Dimension inne, die das Auftreten von Fremderfahrungen potenziert. Will man dem Fremden gerecht werden, ist es als Mitgestalter des Unterrichts zu akzeptieren.

Die der Literatur inhärente Fremdheit fasst Mitterer ausdrücklich nicht als kulturelle. Sie spricht stattdessen, in Anlehnung an Waldenfels, von „radikaler Fremdheit", die nicht nur eine jeweilige Interpretation, sondern die Möglichkeit des Interpretierens schlechthin fraglich werden lässt.[9] Was Emmanuel Lévinas für das Antlitz erkannt hat, gilt auch für die Literatur: Beides „entzieht sich dem Besitz" und leistet „Widerstand gegen den Zugriff"[10]. In enger Nähe zur Radikalität dieser Fremdheitsauffassung resümiert Mitterer, dass das Fremde „keine rational vollständig fassbare, aber eine erfahrbare Kategorie"[11] sei. Die vielen Gesichter, die Fremdheit annehmen kann – was also von den Schüler*innen und Lehrpersonen jeweils als fremd erfahren wird – können unter keiner gemeinsamen Kategorie subsumiert werden. Diese Offenheit gewährleistet zudem, dass Literaturdidaktik ihrem Gegenstand gerecht wird: Literatur wird hierdurch in ihrer ästhetischen Vielschichtigkeit gewürdigt und nicht für außerliterarische

---

6 Waldenfels, Grundmotive [Anm. 2], S. 43.
7 Vgl. ebd., S. 42 f.
8 Mitterer, Das Fremde [Anm. 3], S. 273.
9 Vgl. Bernhard Waldenfels, 2016, Topographie des Fremden. Studien zur Phänomenologie des Fremden I, 7. Aufl. Frankfurt am Main: Suhrkamp, S. 36 f.
10 Emmanuel Lévinas, 2014, Totalität und Unendlichkeit. Versuch über die Exteriorität, 5. Aufl. Freiburg, München: Karl Alber, S. 283.
11 Mitterer, Das Fremde [Anm. 3], S. 271.

Zielsetzungen funktionalisiert. Mit Susan Sontags Abkehr vom „Primat des Inhalts" und dessen „Streben nach *Interpretation*"[12] plädiert auch Mitterer für die Aufwertung anderer ästhetischer Dimensionen – etwa körperlich-sinnlicher Art.[13] Wird Fremdheit ausschließlich auf inhaltlicher Ebene angesiedelt, wie das häufig von inter- und transkulturellen Didaktiken nahegelegt wird, werden andere ästhetische Aspekte vernachlässigt, wodurch jener Moment des pathetischen Zustoßens verloren geht. Literatur wird dann – wenn auch gutgemeint – instrumentalisiert; Mitterer spricht von solchen Verengungen als einer „pädagogischen Ideologie"[14], die Literatur auf nützliche moralische Botschaften reduziert.[15] Infolge dieser Einwände griffe es zu kurz, Fremdheit pauschal an inhaltlichen oder formalen Kriterien festzumachen. Mit Hans Lösener ließe sich einschränken, dass zumindest bestimmte Alteritätskonzepte einer responsiven Literaturdidaktik zuwiderlaufen: Exemplarisch zeigt er anhand Wolfgang Isers Rezeptionsästhetik, wie deren Aufwertung des oder der Lesenden bei der Bedeutungsfindung auf Kosten des Textes und dessen Fremdheit geschieht.[16] Auch wenn also nicht alle Fremdheitsauffassungen gleichermaßen in Frage kommen, muss die der Literatur inhärente Fremdheit offen gehalten werden. Radikal ist sie, weil Literatur „hermeneutisch niemals vollständig fassbar und zugänglich ist und sich den erlernten Verstehensroutinen widersetzt"[17]. Diese Radikalität kann sich literarisch in unterschiedlichster Weise verwirklichen, weshalb Mecklenburg zuzustimmen ist, wenn er der poetischen Alterität „etwas Schwebend-Vieldeutiges"[18] zugesteht.

Ausschlaggebend für Mitterer ist es, die Autorität des literarischen Textes und dessen ästhetische Dimensionen anzuerkennen. Was sich zunächst wie Umberto Ecos Projekt, allzu willkürliche Interpretationen zu falsifizieren,[19] anhört, offenbart vor allem eine Verantwortung, die sich in einem responsiven Zugang aus-

---

12 Susan Sontag, 2016, Gegen Interpretation, in: Dies., Standpunkt beziehen. Fünf Essays, 5. Aufl. Stuttgart: Reclam, S. 7–22, hier S. 8 und 10 [Herv. i.O.].
13 Vgl. Mitterer, Das Fremde [Anm. 3], S. 57–60.
14 Ebd., S. 91.
15 Trotz dieser harschen Kritik würdigt Mitterer die Verdienste einer inter- und transkulturellen Literaturdidaktik hinsichtlich einer Kanonerweiterung der Unterrichtsliteratur, vgl. ebd., S. 56.
16 Vgl. Hans Lösener, 2010, Poetisches Verstehen bei der Unterrichtsvorbereitung. Überlegungen zur literaturunterrichtlichen Sachanalyse, in: Poetisches Verstehen. Literaturdidaktische Positionen – empirische Forschung – Projekte aus dem Deutschunterricht, hrsg. von Ines Winkler, Nicole Masanek und Ulf Abraham, Baltmannsweiler: Schneider-Hohengehren, S. 82–97, hier S. 88–91.
17 Mitterer, Das Fremde [Anm. 3], S. 271.
18 Norbert Mecklenburg, 2008, Das Mädchen aus der Fremde. Über das Verhältnis von kultureller und poetischer Alterität, in: Das Mädchen aus der Fremde. Germanistik als interkulturelle Literaturwissenschaft, hrsg. von Norbert Mecklenburg, München: Iudicium, S. 213–237, hier S. 237.
19 Vgl. Umberto Eco, 2005, Theorien interpretativer Kooperation. Versuch zur Bestimmung ihrer Grenzen, in: Ders., Streit der Interpretation, Hamburg: Philo, S. 47–79.

drückt. Responsivität fasst Mitterer als Haltung, sich von „Fragen, die der Text aufwirft, [...] ergreifen"[20] zu lassen. Das bedeutet aufmerksam für das zu sein, was der Text als Fremdheit zu sagen hat. Während eine traditionelle Frage-Antwort-Logik im Unterricht darauf abzielt, die ‚richtigen' Antworten auf jene Fragen zu geben, deren Antwort bereits bekannt ist, zielt die responsive Lektüre darauf ab, sich beim Aufspüren von Fragen vom Fremden leiten zu lassen. Das heißt keineswegs, dass die subjektiven Reaktionen und Zugänge irrelevant sind: Mitterer unterstreicht die Wichtigkeit, dass sich die Schüler*innen mit ihren je eigenen Voraussetzungen einbringen, ohne die überhaupt keine Fraglichkeiten entstünden.[21] Hierin macht Mitterer eine notwendige Gewaltsamkeit aus, die es sich stets bewusst zu machen gilt und die sich überdies nicht (zumindest nicht ohne einen völligen Ausschluss des Fremden) vermeiden lässt. Wolle man die gewaltsame Begegnung zwischen Eigenem und Fremdem umgehen, dann bliebe – übertragen auf die Literatur – der Text ungelesen.[22] In den je eigenen Erfahrungshorizonten liegt das Potenzial, zu unterschiedlichen Lesarten zu gelangen, da erst in deren Konfrontation die Relativität von eigenen und Fremderfahrungen sichtbar wird.

Entscheidend bleibt jedoch über diese „bornierte Subjektivität"[23] hinauszugehen, um das Eigene tatsächlich aufs Spiel zu setzen. Jede Rezeption perspektiviert anders und wird daher neue Fragen aufspüren können. Diese Dynamik, die die Unabschließbarkeit des Verstehens einsichtig macht, muss unterrichtlich gesichert werden, um zwischen subjektivem Zugriff – Eigenem – und der Autorität des Textes – Fremdem – zu vermitteln. Diese Lektürehaltung, die darin besteht, den eigenen Standpunkt immer wieder zu verlassen, ihn stets dem Fremden auszusetzen, trägt der radikalen Fremdheit der Literatur Rechnung. Die Aufforderung zu einem verantwortungsvollen Umgang mit dem Text, die sich dabei artikuliert, besteht in der Übung, dem Fremden nicht das Eigene überzustülpen, sondern umgekehrt, den Widerstand des Fremden zu respektieren.

Literarische Texte sind nicht zwangsläufig der objektiven Wirklichkeit verpflichtet. Sie vermögen deshalb für den „Möglichkeitssinn" zu sensibilisieren, also die Fähigkeit, das, was ist, auch anders zu denken. Literatur ist laut Mitterer vom Sein und dessen Zwängen emanzipiert,[24] weshalb sie per se über das Bestehende hinausweist. Die Responsivität soll das utopische Potenzial fruchtbar machen und anderes, vom Fremden angestoßenes, Denken erproben. Wäh-

---

20 Mitterer, Das Fremde [Anm. 3], S. 13.
21 Vgl. ebd., S. 85.
22 Vgl. ebd., S. 23.
23 Jürgen Kreft, 1982, Grundprobleme der Literaturdidaktik. Eine Fachdidaktik im Konzept sozialer und individueller Entwicklung und Geschichte, 2. Aufl. Heidelberg: Quelle & Meyer, S. 379.
24 Diese starke These lässt sich berechtigterweise anzweifeln, da sich Literatur selbstverständlich nicht im luftleeren Raum realisiert, sondern in komplexen Beziehungen zum Sein steht. Literatur ist immer produktiv und reproduktiv zugleich und somit nur *relativ* vom Sein emanzipiert. Dieser Einwand schmälert allerdings nicht ihre utopischen Kapazitäten.

rend Literatur Fremderfahrungen und Utopien provoziert und inszeniert, fällt der Literaturdidaktik gemäß Mitterer die Aufgabe zu, ein Lesen unter diesen Vorzeichen institutionell zu sichern.[25]

2. Responsivität als interkulturelles Potential

Den Blick für Fremdheit an Literatur zu schärfen erlaubt eine Übertragung dieser Erfahrung auf interkulturelle Begegnungen.[26] Diese Verschiebung hat nichts mit einem Desinteresse gegenüber fremden Kulturen zu tun, sondern nimmt die Bedenken ernst, dass der Umgang mit ihnen vielfach problematisch verläuft. Hierüber trösten auch Kenntnisse kultureller Gepflogenheiten nicht hinweg – kulturspezifisches Wissen garantiert noch keine angemessene Haltung dem Fremden gegenüber. Vielmehr besteht angesichts inhaltlicher Lektürevorgaben die Gefahr einer „landeskundlichen Aufarbeitung"[27] literarischer Texte, die deren ästhetischen Überschuss zugunsten didaktischer Vorgaben ausblendet und damit die Fremdheit der Literatur aus dem Unterricht verbannt. Der Literaturunterricht und sein Gegenstand stehen dann im Schatten bestimmter Erwartungshaltungen, die der Fremdheit keinen Raum mehr zugestehen; es ginge dann wesentlich um eine Text-*Erschließung*, was Ulf Abraham zurecht als „*Kolonialmetapher*"[28] bezeichnet. Fremdheit wird zum zu überwindenden Übel, das im Bekannten aufgelöst oder schlimmstenfalls bei der Bedeutungsstiftung ausgeschlossen wird. Ein Literaturunterricht, der Fremdheit zulässt, ohne koloniale Gesten der Vereinnahmung, Aberkennung oder Exklusion, verweist auf die Rolle, die er als Paradigma interkultureller Kompetenz einzunehmen vermag. Diese Rolle darf aber nicht im Sinne der oben erwähnten Instrumentalisierung literarischer Texte überstrapaziert werden. Die Qualitäten der von Literatur initiierten Fremderfahrungen werden von einer responsiven Literaturdidaktik ausdrücklich nicht auf interkulturelle Begegnungen reduziert, sondern lassen, angesichts etwa der binnenkulturellen Heterogenität, eine Erweiterung auf zwi-

---

25 Vgl. Nicola Mitterer, 2019, Auf eine Geschichte antworten bedeutet fragen – Überlegungen zur Responsiven Literaturdidaktik am Beispiel der Erzählung *Das Vamperl* von Renate Welsh, in: didacticum. Zeitschrift für (Fach)Didaktik in Forschung und Unterricht der Pädagogischen Hochschule Steiermark 1, S. 13–26, hier S. 14.
26 Mitterer selbst äußert diese Möglichkeit, vgl. Mitterer, Das Fremde [Anm. 3], S. 47. Eine vergleichbare Schlussfolgerung zieht Mecklenburg, vgl. Mecklenburg, Das Mädchen [Anm. 18], S. 233.
27 Mitterer, Das Fremde [Anm. 3], S. 23 [Fußnote 6].
28 Ulf Abraham, 2010, P/poetisches V/verstehen. Zur Eingemeindung einer anthropologischen Erfahrung in den kompetenzorientierten Deutschunterricht, in: Poetisches Verstehen. Literaturdidaktische Positionen – empirische Forschung – Projekte aus dem Deutschunterricht, hrsg. von Ines Winkler, Nicole Masanek und Ulf Abraham, Baltmannsweiler: Schneider-Hohengehren, S. 9–22, hier S. 15 [Herv. i.O.].

schenmenschliche Beziehungen überhaupt zu. Die interkulturelle Begegnung ist damit nur ein Sonderfall all jener Fremderfahrungen, die uns täglich umgeben und auf die eine responsive Literaturdidaktik vorzubereiten vermag. Gerade weil die responsive Haltung auf mannigfaltige Phänomene übertragbar ist, besitzt sie einen Vorteil gegenüber jenen didaktischen Konzepten, die interkulturelles Lernen mit Literatur nur unter instrumentellen Einschränkungen zulassen.

Die responsive Literaturdidaktik ist in diesem Sinne eine „rückhaltlose Selbstkritik"[29], die dem Fremden nicht vorschreibt, wie es zu sein hat. In seinen überzeugendsten Versuchen setzt auch der postkoloniale Diskurs bei einer Modifizierung des Eigenen an, die ein angemessenes Miteinander, ohne Arroganz dem Fremden gegenüber, erst gewährleisten soll.[30] Auch die responsive Haltung versucht die „Kontinuität des Eigenen"[31] zu irritieren. Eine solche Irritation weist Helmuth Plessner als Ursprung des Verstehensprozesses aus, auch wenn dieser letztlich unabschließbar bleiben muss. Durch die „Macht der Gewohnheit" nehme, so Plessner, unsere Perzeptionsfähigkeit sukzessive ab, bis schließlich nur noch das Vertraute wahrgenommen werde.[32] Um das Fremde erfahren zu können, bedürfe es deshalb einer Verfremdung des Vertrauten. Damit zielt Plessner genau wie Mitterer darauf ab, den eigenen Standpunkt immer wieder zu verlassen: „Stets sind wieder andere Augen nötig"[33]. Dieses fortwährend Anders-Sehen, das die Fremdheit (einer Kultur, eines anderen Menschen, eines Phänomens, usw.) erst in den Blick nimmt, kann durch (Re-)Lektüren im Literaturunterricht, mit Hinweis auf die radikale Fremdheit seines Gegenstandes, geschult werden.

Was passiert, wenn sich die eigenen Standpunkte verhärten? Wenn das Eigene nicht mehr transzendiert wird? Waldenfels sieht als Gegenteil des Pathos die Indifferenz oder Apathie.[34] Die Folgen einer Unfähigkeit, das Fremde als Erfahrung zuzulassen, werden eindringlich in der *Dialektik der Aufklärung* beschrieben: Das Fremde, das Inkommensurable, geht verloren und wird auf die eigene Erfahrung verengt. Damit verliert das Fremde seine Existenzberechtigung und fällt unter die Macht des Eigenen. Jochen Dubiel betont, dass eine solche „verfälschende Sinnzuschreibung [...] Garant der Verfügbarkeit des Objekts"[35] sei, womit ein solches unangemessenes Verhältnis zum Fremden zwangsläufig in Machthierarchien und Herrschaftsbeziehungen mündet. Ein Ausblenden des Fremden ver-

---

29 Vgl. etwa Jochen Dubiel, 2007, Dialektik der postkolonialen Hybridität. Die intrakulturelle Überwindung des kolonialen Blicks in der Literatur, Bielefeld: Aisthesis, S. 170.
30 Vgl. ebd. Dubiel spricht explizit von intra- statt interkultureller Hybridität.
31 Mitterer, Das Fremde [Anm. 3], S. 15.
32 Vgl. Helmuth Plessner, 2000, Mit anderen Augen, in: Ders., Mit anderen Augen. Aspekte einer philosophischen Anthropologie, Stuttgart: Reclam, S. 164–182, hier S. 168–170.
33 Ebd., S. 179.
34 Vgl. Waldenfels, Grundmotive [Anm. 2], S. 43.
35 Dubiel, Dialektik [Anm. 29], S. 128.

unmöglicht ferner einen Ausbruch aus dem Bestehenden und resultiert in dessen Affirmation.³⁶

Mitterers Ziel, einen kreativen Bezug zwischen Schüler*innen und literarischen Texten herzustellen, macht den Literaturunterricht nach Bhabha hingegen zu einem „Dritten Raum der Äußerung". Dieser Raum verhandelt das Eigene und das Fremde im Sinne einer „Neuartikulierung – oder Übersetzung – von Elementen, die *weder das Eine* [...], *noch das Andere* [...] sind, *sondern etwas weiteres neben ihnen*"³⁷. Während Iris Winkler auf die Position „zwischen den Stühlen" der Literaturdidaktik verweist, die sie etwa zwischen „Schülerorientierung und Gegenstandsorientierung"³⁸ ausmacht, vermag die responsive Literaturdidaktik diesen Dualismus zu überwinden.³⁹ Die Verhandlung, die mit dem Text stattfindet, legt im besten Fall neue Perspektiven frei, die das Entweder-oder zugunsten etwas Dazwischenliegenden transzendieren, das sich aus eigenen und Fremderfahrungen gleichermaßen speist. Daraus entsteht ein Ausdruck, der mit Waldenfels als Antwort bezeichnet werden kann, die nicht reproduzierend, sondern schöpferisch ist.⁴⁰ Die Überschreitung des Eigenen, die eine solche Antwort leistet, holt das utopische Potential ‚literarischer Text' wieder ein, indem das Vertraute und Bekannte durch etwas Neues erweitert wird. Bhabha hat nicht nur drauf hingewiesen, dass der Dritte Raum ein solches Neu- und Anders-Denken anregt,⁴¹ sondern hat dessen Dynamik an den kulturellen Grenzen verortet.

Interkulturelle Kompetenz besteht vor diesem Hintergrund gerade darin, Fremdheit als Antrieb kultureller Signifikationsprozesse zu verstehen. Das kulturelle Bedeutungsgeflecht ist nie abgeschlossen, sondern wird stets, in der Begegnung mit Fremdheit, neu ausgehandelt. Wird interkulturelle Kompetenz um diese Dimension verkürzt und auf kulturspezifisches Wissen reduziert, wird die Dynamik des Bedeutungswandels ausgeklammert: Fremde Kulturen werden auf Essenzen fixiert und unter einem Berg bestehenden Wissens begraben, der die tatsächliche Komplexität meist verkennt. Die Voraussetzungen interkultureller Kompetenz lassen sich an responsiven Lektüren üben, die mit ihrem Verzicht auf Gewissheiten, der Anerkennung des Fremden und dem kreativen Umgang mit ihm in einem Dritten Raum jene Kompetenz vorbereiten und zugleich mit

---

36 Vgl. Max Horkheimer/Theodor W. Adorno, 2010, Dialektik der Aufklärung. Philosophische Fragmente, 19. Aufl. Frankfurt am Main: S. Fischer, S. 32–35.
37 Homi K. Bhabha, 2011, Das theoretische Engagement, in: Ders., Die Verortung der Kultur, Tübingen: Stauffenburg, S. 29–58, hier S. 42 [Herv. i.O.].
38 Iris Winkler, 2012, Wozu Literaturdidaktik? Perspektiven auf eine Disziplin zwischen den Stühlen, in: Oldenburger Universitätsreden Nr. 200, hrsg. von Sabine Doering und Hans-Joachim Wätjen, Oldenburg: BIS-Verlag, S. 9–31, hier S. 11.
39 Ob dies auf Kosten positiven Wissens geschieht, soll an dieser Stelle nicht diskutiert werden.
40 Vgl. Waldenfels, Grundmotive [Anm. 2], S. 60.
41 Vgl. Jonathan Rutherford, 1990, The Third Space. Interview with Homi Bhabha, in: Identity, Community, Culture, Difference, hrsg. von Jonathan Rutherford, London: Lawrence and Wishart, S. 207–221, hier S. 211.

Erfahrungen anreichern. Das Verhältnis zwischen Eigenem und Fremdem – sei es nun das zwischen Leser*in und Text oder zwischen den Angehörigen unterschiedlicher Kulturen – wird durch eine responsive Haltung dynamisch gehalten und damit die Gewalt eines solchen Zusammenstoßes gemindert.

3. Responsive Unterrichtspraxis

Die Dimension der Fremdheit macht die konkrete Unterrichtsgestaltung zur größten Herausforderung einer responsiven Literaturdidaktik. Mitterer entwirft drei Phasen, nach denen sich responsives Lesen strukturieren lässt, die jedoch praktisch ineinander übergehen. Sie spricht sich übergreifend für eine Methodenoffenheit aus, sofern die genutzte Methode der Fremdheit des literarischen Textes Rechnung trägt. Methoden dürften nicht als starre Rezepte verstanden werden, die „einen bestimmten Textzugang garantieren", sondern sollten von den Vorgaben des Textes und den jeweiligen Bedingungen des unterrichtlichen Lesens abhängen.[42] Eine Voraussetzung, die allen Lektüreschritten vorangeht, sieht Mitterer in der Aufmerksamkeit, die es erlaube, auch „jene nicht offensichtlichen und oft auch schwer zu formulierenden Fragen hören zu können"[43].

Den ersten Zugang zum Text nennt Mitterer mit Waldenfels „Phase des Pathos"; eine möglichst unbeeinflusste Annäherung an den Text vonseiten der Schüler*innen. Um den Text zum Sprechen zu bringen, schlägt Mitterer eine laute Lektüre vor, was zugleich auch die körperlich-sinnliche Dimension der Sinnerfassung berücksichtigt. Diese Phase ist ein „Herantasten, an das, was auffällt, was erstaunt, verwundert"[44], aber auch schockiert oder missfällt. Ziel ist es, einen offenen Raum zu etablieren, in dem aufgeworfene Fraglichkeiten formuliert werden, die den weiteren Lektüreprozess begleiten. Der Lehrperson fällt in dieser Phase die Aufgabe zu, prompte Antworten auf die entstandenen Fragen mit dem Hinweis auf die Fremdheit des Textes zu verflüssigen und insbesondere sicherzustellen, dass das Fremde von den Schüler*innen nicht unterschlagen wird. Eine jede Widerspenstigkeit nivellierende Lektüre muss deshalb immer wieder mit widerspenstigen Textstellen konfrontiert werden.[45]

In der zweiten, der „utopischen Phase", die die Lehrperson einleitet, wenn sie einschätzt, dass alle Auffälligkeiten erfasst wurden, geht es um eine „reflexive Auseinandersetzung damit, *was* sich am Text [...] aufgedrängt hat und *weshalb*"[46].

---

42 Vgl. Mitterer, Das Fremde [Anm. 3], S. 275 f.
43 Ebd., S. 90.
44 Mitterer, Auf eine Geschichte [Anm. 25], S. 19.
45 Für den gesamten Abschnitt vgl. Mitterer, Das Fremde [Anm. 3] [Herv. i.O.], S. 82–88, sowie Mitterer, Auf eine Geschichte [Anm. 25], S. 19–22.
46 Mitterer, Das Fremde [Anm. 3], S. 91.

Wie oben erwähnt, entwirft Literatur Utopien und bestärkt damit die Entwicklung des Möglichkeitssinns. Anhand ausgewählter Textpassagen können sich die Schüler*innen zu den jeweils formulierten Utopien verhalten. Bezogen auf interkulturelle Fragestellungen könnte in dieser Phase etwa geprüft werden, wie Fremdbegegnungen in einem Text inszeniert werden und ob und inwiefern sich darin ein utopisches Moment ausmachen lässt. Diese Auseinandersetzung kann zur Artikulation erster Thesen über den Text führen, die schriftlich oder performativ im Unterricht geteilt werden können. Dabei dürfen aber wiederum jene Textstellen nicht vernachlässigt werden, die vermeintlich eindeutigen Thesen widersprechen. Hierfür spielen insbesondere die gesammelten Fraglichkeiten der ersten Phase eine eminente Rolle. Mit den Fragen lassen sich mannigfaltige Zugänge zum Text durchspielen, die nicht nur den Möglichkeitssinn des Textes weiterführen, sondern ihn selbst performativ realisieren. Zudem wird die Fähigkeit ausgebildet, Perspektiven einzunehmen, die der eigenen Antwort ihre Eindeutigkeit nehmen. In diese Phase dürfen nun auch jene Zusatzinformationen einfließen, die der ersten Begegnung mit dem Text vorenthalten wurden. Hierbei kann es sich etwa um relevante biografische Bemerkungen zum/zur Autor*in handeln, oder um Hinweise zur Entstehungszeit und Rezeptionsgeschichte. Gerade bei Texten fremder Kulturkreise können nun auch landes- und kulturspezifische Aspekte beleuchtet werden. Gängige literarische Motive, Figuren oder Konstellationen können ebenso einbezogen werden, um bestimmte Bedeutungsschichten für die Schüler*innen sichtbar zu machen. Erst die Kenntnis solcher Zusammenhänge erlaubt etwa eine Einschätzung, ob und wie ein Text mit tradierten Bedeutungen bricht oder nicht. Die Gefahr solcher Informationen besteht allerdings in ihrer Beeinflussung der Leser*innen, weshalb immer wieder jene Textstellen beachtet werden müssen, die die Vorurteile, die sich aus solchem Zusatzwissen ergeben können, unterminieren.[47]

Die dritte Phase ist die des „kreativen Antwortens". Solche Antworten sind gerade keine Wiederholung vorgefertigten Wissens, sondern Ausdruck von etwas Neuem. Die Antwort soll im besten Fall auf die doppelte Dimension der Fremdheit im Literaturunterricht verweisen, indem sie nicht nur auf den Text, sondern auch auf die Antworten (Perspektiven) der anderen Mitschüler*innen Bezug nimmt. Da die Antworten als schöpferische Akte zu verstehen sind, erlauben sie auch eine Reflexion darüber, inwiefern das Fremde das Eigene verändert hat: Worin überrascht die eigene Antwort? Was an ihr ist unerwartet? Die Antworten können verschiedene Ausdrucksformen annehmen – essayistische Formate sind ebenso denkbar wie performative Darstellungen; wichtig bleibt immer die Nähe zum Text, die vor einer bloßen Rückkehr zum Eigenen bewahrt. Wesentlich für diese Phase ist die Erkenntnis – die zugleich auch die hieraus abgeleitete inter-

---

47 Für den gesamten Abschnitt vgl. Mitterer, Das Fremde [Anm. 3], S. 89–91, sowie Mitterer, Auf eine Geschichte [Anm. 25], S. 22–24.

kulturelle Kompetenz auszeichnet –, dass die je eigene Antwort nie abschließend auf die Fremdheit antwortet.[48]

Fremdheit – so ließen sich die Anliegen responsiver Literaturdidaktik und interkultureller Kompetenz zusammenführen – sollte immer *vor und nach* einer Begegnung (sei sie zwischenmenschlicher, literarischer oder anderer Art) bestehen. Diese zwei temporalen Präpositionen formulieren eine Verantwortung, die weder vor dem Zusammenstoß mit Fremdem noch danach fehlen darf.

---

48 Für den gesamten Abschnitt vgl. Mitterer, Das Fremde [Anm. 3], S. 92–94, sowie Mitterer, Auf eine Geschichte [Anm. 25], S. 24f.

Analysen zu Einzeltexten

„Sie lernten sich normal"
Frank Cottrell Boyces *Der unvergessene Mantel* zwischen Angst und Magie

Andreas Wicke

1. Inhalt

Der Roman *Der unvergessene Mantel* beginnt mit einem Polaroidfoto, das die Erinnerung der Ich-Erzählerin in Gang setzt: Zu sehen sind vier heitere Kinder in britischer Schuluniform. In diesen klischierten und uniformierten Schulalltag, in dem es um pubertäre Schwärmereien und Make-up geht, bricht das Andere, das Fremde unvermittelt ein:

> Es war der Tag, als Mimi in der großen Pause zwei Jungen entdeckte – einen großen und einen kleinen –, die durch den Schulhofzaun herüberstarrten. Der große hielt den kleinen an der Hand, der kleine hatte eine Fellmütze auf, und sie trugen die gleichen Mäntel. Die Dinger sahen verrückt aus, lang wie Morgenmäntel und von innen mit Pelz gefüttert. (UM, S. 9)[1]

Die Brüder Dschingis und Nergui Tuul sind mit ihrer Familie aus der Mongolei nach Bootle in England geflüchtet, wo sich die Erzählerin Julie mit ihnen anfreundet. Sie wird von den Jungen zu ihrem „Guten Ratgeber" ernannt und verbringt mit ihnen ihre Freizeit.

Am Tag nach einer gemeinsamen Unternehmung sind die Brüder allerdings verschwunden. Die Lehrerin berichtet, Dschingis habe sie früh morgens angerufen und von der Abschiebung der Familie erzählt:

> Sie hatten nicht die erforderlichen Papiere. Sie haben zwar versucht sie zu bekommen, aber die Zeit wurde knapp. Wie es aussieht, ist die Polizei heute früh gekommen, um alle abzuholen und sie in ihr Heimatland zurückzuschicken. (UM, S. 92)

Lakonisch ergänzt die Erzählerin: „Das war alles. Wir sahen ihn nie wieder" (UM, S. 92).

Erst nach und nach erkennt Julie, dass vieles von dem, was Dschingis gesagt hat, nicht stimmt, dass die Fotos, die er bei sich trug und die im Buch abgebil-

---

[1] Frank Cottrell Boyce, 2012, Der unvergessene Mantel, übers. von Salah Naoura, mit Fotografien von Carl Hunter und Clare Heney, Hamburg: Carlsen, S. 9. Aus *Der unvergessene Mantel* wird im Text mit der Sigle UM sowie der Seitenzahl zitiert.

det sind, keineswegs die Mongolei zeigen, sondern in Bootle aufgenommen wurden. Auch die angeblich traditionell mongolischen Mäntel stammen in Wirklichkeit aus London.

Als die Erzählerin Jahrzehnte nach den Ereignissen noch einmal ihre alte Schule besucht, findet sie den Mantel und versucht über Facebook, Kontakt zu den ehemaligen Mitschülern aus der Mongolei aufzunehmen. Der Roman endet wiederum mit einem Bild, das Dschingis postet und auf dem die erwachsenen Brüder ein Schild in der Hand halten: „Julie, Du bist unser Guter Ratgeber und Freund. Danke. Liebe Grüße von Dschingis und Nergui" (UM, S. 101).

Frank Cottrell Boyces *The Unforgotten Coat* erscheint 2012 in der deutschen Übersetzung von Salah Naoura und wird für Kinder ab 10 Jahren empfohlen, bietet sich also für den Deutschunterricht der Jahrgangsstufen 5 und 6 an. 2013 wird der Roman mit dem Deutschen Jugendliteraturpreis ausgezeichnet, die Jury lobt, *Der unvergessene Mantel* thematisiere „zugleich die Brüchigkeit von Erinnerungen und die Künstlichkeit kultureller Identitäten"[2].

2. Literaturwissenschaftliche Analyse

Julie ist sowohl Figur als auch Erzählerin des Romans, der wie ein Schulheft mit eingeklebten Fotografien aufgemacht ist. Die erwachsene Frau erinnert sich an ein Ereignis aus ihrer Kindheit. Während die Rahmenhandlung von einem Besuch in der ehemaligen Schule berichtet, bei dem Julie den Mantel mit den Fotos findet, geht es in der Binnenhandlung um die Begegnung der Elfjährigen mit den beiden Kindern aus der Mongolei. Da die erwachsene Julie aus ihrer Sicht als Kind erzählt, erkennen die Leser*innen erst spät, dass hinter der scheinbar naiven Furcht Nerguis vor einem Dämon eine ganz reale Angst steckt.

Das Motiv des Dämons durchzieht den Roman: Die Brüder gehen zum Beispiel auf stets wechselnden Wegen von der Schule nach Hause, um ihn zu verwirren. Bei Julie backen sie eine Figur aus Teig, die sie vor die Tür legen, damit der Dämon sie isst und die Jungen in Ruhe lässt. Schließlich soll er durch Schattentheater vertrieben werden, außerdem durch einen Trick, den schon Odysseus anwendet, um dem Polyphem zu entkommen: „Nergui bedeutet Niemand. Wenn der Dämon uns also mit Nergui sprechen hört, denkt er, wir sprechen mit niemandem" (UM, S. 31).

Dass Nergui verängstigt ist, lässt sich vor allem daran ablesen, dass er „jedes Mal, wenn draußen ein Zweig knackte oder ein Tannenzapfen runterfiel, ,Was ist das?!' sagte" (UM, S. 81). Diese Furcht bemerkt Julie jedoch nicht, und sie hält es für einen Aberglauben, wenn Dschingis von seiner Angst berichtet: „Viele

---

2 Jurybegründung. 2013. https://www.jugendliteratur.org/buch/der-unvergessene-mantel-3872 (11.02.2024).

Menschen verschwinden einfach. Fast alle, die wir kennen, sind verschwunden. Deswegen mussten wir ja unsere Heimat verlassen – weil die Leute dauernd verschwanden" (UM, S. 73). Bereits beim Backen der Teigfigur hat Dschingis erwähnt, dass der Dämon „wie ein normaler Mensch" aussieht, der versucht, Nergui „verschwinden zu lassen" (UM, S. 32).

Die elfjährige Julie hat solche Erfahrungen nie gemacht, sie weiß nicht, dass das sogenannte ‚Verschwindenlassen' eine Menschenrechtsverletzung ist, gegen die sich etwa eine UN-Konvention[3] richtet. Auch in die Situation von Geflüchteten kann sich das Mädchen nicht hineinversetzen. Die Vorstellung, die sie vom Leben einer mongolischen Familie in Großbritannien hat, ist vielmehr idyllisierend und basiert u. a. auf dem Wissen, das sie über Wikipedia erworben hat und nun auf Familie Tuul projiziert: „Was ich mir vorstellte, war eine Wohnung voll bis oben hin mit Sachen aus Seide, einer mongolischen Pferdekopfgeige in der einen Ecke und einem blubbernden Samowar in der anderen" (UM, S. 26).

Auch Julies Mutter hat keine spezifische Vorstellung von der Mongolei und fragt, als die Brüder zu Gast sind, „ob die beiden wohl Fischstäbchen mochten. ‚Oder verstößt das gegen ihre Religion?'" Julie antwortet, dass sie in der Schule „ganz normales Mittagessen" (UM, S. 28) bekommen. Die exotisierende Konstruktion von ‚Normalität' und ‚Fremdheit' durchzieht den Roman als eine Form des *Othering*. Dass Julies Vorstellungen nichts mit der Wirklichkeit einer Flüchtlingsfamilie zu tun haben, wird ihr erst bewusst, als sie mit ihrer Mutter den Mantel zu Dschingis bringen will und trotz mehrmaligen Klingelns niemand aufmacht. Schließlich wird die Tür geöffnet und Julie bemerkt zwar die Furcht, die bei der Familie herrscht, sie durchschaut jedoch nicht, dass es die konkrete Angst vor einer Abschiebung ist. Über die Mutter der Brüder heißt es:

> Sie trug nicht den traditionell mongolischen Kopfschmuck, mit Edelsteinen besetzt. Sie war nicht in Seide gehüllt. Sie freute sich nicht mich zu sehen. [...] Es gelang mir einen kurzen Blick in die Wohnung zu werfen – der lange, leere Flur, die nackte Glühbirne ganz hinten und, neben der Tür, eine Reihe von Taschen und Koffern, prall gefüllt und verschnürt, als wäre die Familie kurz davor zu verreisen. (UM, S. 55)

Während die Perspektive also dadurch bestimmt wird, dass die Ich-Erzählerin die Gegebenheiten nicht versteht und missdeutet, ist es auf der anderen Seite Dschingis, der sich und seine Kultur nicht erklärt, sondern inszeniert und verfremdet. Nicht nur die Metapher des Dämons, die dem kleinen Bruder das Phänomen Angst in ein greifbares Bild übersetzt, ist hier zu nennen. Im Vordergrund steht die Inszenierung über Kleidung und Fotos, die angeblich aus der mongolischen Heimat stammen.

---

3 Vgl. International Convention for the Protection of All Persons from Enforced Disappearance. 2006. https://treaties.un.org/doc/source/docs/A_RES_61_177-E.pdf (11.02.2024).

Erst spät erkennt Julie, dass die Motive, die Dschingis fotografiert hat und mit geheimnisvoller Bedeutung auflädt, nicht in der Mongolei liegen, sondern im Umkreis von Bootle. „Die magische mongolische Oase lag auf unserem Pausenhof, hinter den Mülltonnen" (UM, S. 62). Die vertraute Umgebung mit magischem Blick neu zu sehen und zu erleben, ist eine zentrale Botschaft des Textes und Siggi Seuß spricht in diesem Zusammenhang vom „magischen Realismus"[4], der das Werk von Cottrell Boyce insgesamt präge.

Auch die Herkunft des Mantels, der als zentrales titelgebendes Motiv des Romans fungiert, wird erst am Ende enttarnt, als die erwachsene Julie ihn in ihrer alten Schule wiederfindet:

> Heute kann ich erkennen, dass es alles andere als ein traditioneller mongolischer Mantel ist. Es ist so ein alter, langer aus der Hippiezeit, ein Afghanenmantel. Innen auf dem Etikett steht BIBA – London. Wahrscheinlich hatten sie ihn aus einem Secondhandladen oder aus der Kleiderspende der Flüchtlingshilfe. (UM, S. 94)

Der unvergessene Mantel wirkt stellenweise wie eine interkulturelle Transformation von Gottfried Kellers *Kleider machen Leute*. Auch der Schneidergeselle Wenzel Strapinski wird über seine Kleidung definiert und obwohl er anfangs nichts dafür tut, wird er durch seine „polnische[] Pelzmütze" und den „weiten dunkelgrauen Radmantel [...], der seinem Träger ein edles und romantisches Aussehen verlieh"[5], anders behandelt als ein üblicher Schneidergeselle.

Die Angst vor der Abschiebung ist in *Der unvergessene Mantel* eng mit Formen der Assimilation verbunden. Während Julie über ihre neuen Freunde in eine idealisierte Mongolei entfliehen und eine mongolische Prinzessin im Märchenreich Xanadu werden will, passt sich Dschingis an britische Gepflogenheiten an. Sein Bestreben, in der neuen Umgebung nicht aufzufallen, ist stark ausgeprägt. Es beruhigt ihn, dass sein kleiner Bruder beim Fußball aussieht wie die anderen Kinder. „Die beste Methode, eine Nadel im Heuhaufen zu verstecken, ist, die Nadel als Heu zu tarnen" (UM, S. 44). Er selbst perfektioniert nicht nur seine Englischkenntnisse, sondern spricht sogar mit Liverpooler Akzent. „Die Jungen lernten nicht nur unsere Sprache, sie *versteckten* sich hinter unserer Sprache, verschanzten sich hinter Fußball, hinter Beleidigungen, Flüchen und Modewörtern", kommentiert Julie und fasst ihre Beobachtungen in einer pointierten Formulierung zusammen: „Sie lernten sich normal" (UM, S. 44).

Der Suche nach Normalität steht jener „exotische Zauber" entgegen, „mit dem der fremde Junge sich selbst und seinen kleinen Bruder umgibt"[6], indem er eine kulturelle Identität, mithin ein Bild der Mongolei konstruiert, das von der realen

---

4 Siggi Seuß, 2013, Xanadu liegt um die Ecke, in: JuLit 4, S. 25–30, hier S. 29.
5 Gottfried Keller, 2006, Die Leute von Seldwyla, hrsg. von Thomas Böning, Frankfurt am Main: Deutscher Klassiker Verlag, S. 286.
6 Jurybegründung [Anm. 2].

Situation der Familie ablenkt, die Brüder jedoch für Julie auch interessant und faszinierend macht.

Julies Lernprozess basiert auf Verunsicherung. Geht sie anfangs noch von klaren Kategorien und Vorstellungen aus, verschwimmen die Koordinaten zusehends. Nachdem sie die Fotografien als Fake enttarnt hat, ist sie gänzlich irritiert: „Kommt ihr überhaupt aus der Mongolei?" (UM, S. 70), fragt sie sich. Vor allem aber verändert sich ihre Sicht auf das scheinbar Vertraute. Als sie erkennt, dass die angeblich in der Mongolei aufgenommenen Fotomotive in der direkten Umgebung von Bootle liegen, beginnt sie, ihren Blick neu auszurichten: „Vielleicht entdeckte ich gerade ein unbekanntes Land, das man trotz der geringen Entfernung übersehen hatte" (UM, S. 64).

Der Roman lässt sich auf verschiedenen Ebenen lesen, die sich immer wieder gegenseitig durchdringen und ergänzen: Auf der psychologischen Ebene kann man eine Geschichte der Angst verfolgen. Wie die beiden Brüder mit ihrer Sorge vor Abschiebung umgehen, wie Dschingis versucht, die Furcht seines kleinen Bruders zu mildern, und wie der Text eine Sprache findet, sie zu thematisieren, ohne sie auszusprechen, sind zentrale Aspekte einer psychologisierenden Lesart.

Im Nachwort schildert Frank Cottrell Boyce die Erinnerung an eine Lesung, bei der ihm eine Lehrerin vom Schicksal eines Mädchens aus der Mongolei berichtet hat. Wie in jenem Fall bleiben auch in *Der unvergessene Mantel* die Gründe für die Flucht der Geschwister und ihrer Familie offen. Wichtig ist dem Autor hingegen eine allgemeine humanistische Einsicht, die jenseits der konkreten juristischen Situation gilt und die eine politisch motivierte Lesart des Textes nahelegt: „Ein Land, das seine Staatsdiener beauftragt, Kinder mitten in der Nacht aus dem Bett zu holen und mitzunehmen, kann wohl kaum als zivilisiert bezeichnet werden" (UM, S. 106).

3. Potentiale literarischen Lernens

Als „sprachliches und literarisches Kunstwerk"[7] bezeichnet Marie-Thérèse Schins den Roman und in der Tat bietet er vielfältige Angebote für literarästhetische Betrachtungen im Deutschunterricht. Allerdings lassen sich literarisches und interkulturelles Lernen kaum voneinander trennen, da beispielsweise die Metaphern und Symbole ebenso wie die narratologische Konstruktion eng mit den inhaltlichen Aspekten der Migrationsgeschichte verwoben sind.

Auf struktureller Ebene ist neben der Ich-Perspektive und der Form des nachträglichen Erzählens die Verzahnung von Rahmen- und Binnenhandlung hervorzuheben. Aber auch der Vergleich zu Kellers *Kleider machen Leute* lässt sich jenseits

---

7   Marie-Thérèse Schins, 2013, Woanders Fuß fassen, in: JuLit 3, S. 28–35, hier S. 34.

der interkulturellen Faktur thematisieren, etwa wenn man Barbara Kindermanns Nacherzählung der Novelle für Kinder als Vergleichstext wählt. Hier wäre zu klären, inwiefern die Figuren in *Kleider machen Leute* sowie *Der unvergessene Mantel* aufgrund ihrer Kleidung jeweils unterschiedlich behandelt werden.

4. Potentiale interkulturellen Lernens

Aus interkultureller Perspektive ist der Roman nicht nur deswegen relevant, weil er eine Geschichte von Migration sowie Abschiebung erzählt und dabei unterschiedliche Kulturen, Erwartungen und Projektionen aufeinandertreffen. Interessant ist vor allem, wie die Geschichte konstruiert und perspektiviert ist. Zu Recht weist Schins darauf hin, dass *Der unvergessene Mantel* „den Rahmen der bislang erschienenen ‚Migrantenbücher' in vielerlei Hinsicht absolut sprengt"[8].

Ein markanter Punkt ist, dass Begriffe wie ‚Flucht' oder ‚Flüchtling' im Roman nicht fallen. Nie wird der Erzählton emotional, sondern er bedient sich eher einer behutsamen Komik und Ironie. Auch ist der Blick auf die mongolischen Kinder nicht defizitorientiert, sie werden nicht als bemitleidenswert und hilfsbedürftig dargestellt, sondern sind im Gegenteil selbstbewusst und originell. Kulturelle Stereotype kommen kaum auf, weil die Mongolei kein frequentes Herkunftsland im Migrationskontext ist. „Über die britische Einwanderungspolitik und die außenpolitischen Beziehungen unseres Landes zur Mongolei weiß ich nicht viel" (UM, S. 106), sagt Cottrell Boyce selbst im Nachwort.

Das didaktische Potential ergibt sich vor allem aus den Leerstellen, die den Roman prägen. Am Schluss deutet sich zwar in der Rahmenhandlung die Hoffnung auf ein Wiedersehen an, doch die Binnenhandlung endet mit der Abschiebung der mongolischen Familie. Weder erfahren die Leser*innen Details dieser Abschiebung noch sind Gründe für die Flucht nach Großbritannien bekannt.

Die Leerstellen im Text beziehen sich jedoch nicht nur auf die politische Ebene, auch die beiden Jungen wirken in ihrem Tun rätselhaft und fremd. Zwar enttarnt Julie im Laufe der Handlung viele Aussagen von Dschingis als falsch, dennoch wird er nicht als Lügner oder Hochstapler etikettiert. Vielmehr bleibt ungeklärt, warum die Brüder sich über die Kleidung und die Fotografien eine scheinbare kulturelle Identität erfinden. Das Mysteriöse der Jungen liegt wiederum in der Erzählsituation begründet, resultiert also aus der Perspektive Julies.

In der interkulturellen Literaturdidaktik hat Perspektivität eine zentrale Bedeutung, Aufgaben sollen, so Heidi Rösch, „die eigene Perspektive bewusst machen und einen Perspektivenwechsel anregen". Dessen Ziel ist es, „sich in die Einstellungen und Lebensbedingungen anderer einzufühlen" und „sich die eigenen

---

8 Ebd., S. 35.

Wahrnehmungs- und Handlungsmuster sowie Projektionen bewusst zu machen und Situationsdefinitionen entsprechend dem eigenen und dem fremden Selbstverständnis vorzunehmen"[9].

Während die Perspektive der Ich-Erzählerin in *Der unvergessene Mantel* gegeben ist, besteht die Herausforderung für die Rezipierenden darin, die Sichtweise der mongolischen Kinder einzunehmen und über Gründe für ihr oftmals irritierendes Verhalten nachzudenken. Dabei soll es nicht darum gehen, richtige Lösungen zu finden, sondern über mögliche Faktoren und Motivationen ins Gespräch zu kommen.

Als ein besonderes Potential interkultureller Kinderliteratur bezeichnet Nazli Hodaie die Möglichkeit, „kulturell begründete Zuschreibungen und Differenzdimensionen als Konstrukte zu entlarven"[10]. Dass kulturelle Identität keine normierte oder statische Größe ist, sondern jeweils individuell inszeniert wird; dass Kultur ein ebenso fragiles wie artifizielles Phänomen ist, stellt auch in *Der unvergessene Mantel* eine wichtige Einsicht dar. Die Frage lautet demnach nicht, inwiefern Dschingis und Nergui typische Mongolen sind, sondern viel eher, wie sie mit ihrem kulturellen Hintergrund umgehen und sich präsentieren.

Damit verbunden ist die Erkenntnis, dass interkulturelles Lernen nicht nur den Blick auf das Fremde verändert, sondern vor allem auf das eigene Leben als scheinbar vertraute Größe. „Irgendwo bei uns in Bootle lag Xanadu, verborgen wie ein Schatz" (UM, S. 27), erkennt Julie. Das Ziel interkulturellen Lernens, das wird in Cottrell Boyces Roman deutlich, ist nicht das lexikographische Wissen über andere Kulturen, sondern der verunsicherte Blick auf die eigenen Werte. Es geht eher um Irritation als um Sicherheit. „Gibt es in diesem Land einen Glauben, der Fischstäbchen verbietet?" (UM, S. 30), lautet die Gegenfrage, die Dschingis vermutlich nicht ohne Ironie auf entsprechende Bedenken von Julies Mutter stellt. Und diese nebensächliche Frage illustriert einen zentralen Konflikt, indem sie zeigt, wie sehr interkulturelles Miteinander von Unsicherheiten und Projektionen geprägt ist.

Von didaktischer Relevanz ist natürlich das Symbol des Mantels, welches paratextuell betont wird, darüber hinaus aber die Erinnerung Julies in Gang setzt und die Handlung immer wieder motiviert. Dabei ist er nicht nur ein Kleidungsstück, das Schutz und Wärme bietet, vielmehr dient er der Inszenierung kultureller Identität. Während das Cover der bei Walker Books erschienenen Originalausgabe ein fotografiertes Gesicht zeigt und darunter die Silhouette eines Mantels abbildet, der als weiße Fläche dargestellt wird, öffnet der Mantel der bei Carlsen erschienenen deutschen Ausgabe den Blick auf eine Steppenlandschaft mit Bergen im Hintergrund. Gemeinsam ist beiden Illustrationen, dass sie den Mantel

---

9   Heidi Rösch, 2017, Deutschunterricht in der Migrationsgesellschaft, Stuttgart: Metzler, S. 24.
10 Nazli Hodaie, 2020, Interkulturalität, in: Handbuch Kinder- und Jugendliteratur, hrsg. von Tobias Kurwinkel und Philipp Schmerheim, Berlin: Metzler, S. 322–333, hier S. 324.

als Projektionsfläche verstehen. Während er in der englischen Ausgabe als unbeschriebenes – bzw. nur mit Autor und Titel beschriebenes – Blatt erscheint, zeigt er in der deutschen Edition eine Landschaft, von der allerdings unklar ist, wo sie wirklich liegt.

Insgesamt fordern die in den Text eingefügten Fotografien die Leser*innen dazu auf, sich ihrer Sichtweise auf die eigene Umwelt bewusst zu werden und diese kritisch zu hinterfragen. „Sechs Jahre lang waren wir zur Schule gegangen und bis zu diesem Moment hatte ich geglaubt, wahrscheinlich alles gelernt zu haben, was ich jemals würde lernen müssen" (UM, S. 14). Julie wird klar, dass sie zwar das „Volumen eines Würfels" berechnen kann und die „Gesetze der britischen Thronfolge" kennt, jedoch nichts über „Adlerberuhigung" (UM, S. 14) weiß. Sie erkennt, dass das Leben über die curricular tradierten Unterrichtsgegenstände hinausreicht. Aber auch die Leser*innen bemerken, dass das lexikographische Wissen, das Julie auf Wikipedia über die Mongolei – ihre Geschichte, Landschaft und Kultur – recherchiert, kaum geeignet ist, ein interkulturelles Miteinander anzubahnen und die Kinder aus der Mongolei zu verstehen.[11]

5. Didaktisch-methodische Konkretisierungen

Abschließend sollen einige ausgewählte Bausteine für die unterrichtspraktische Umsetzung zu *Der unvergessene Mantel* modelliert werden, die die skizzierten Deutungsansätze und didaktischen Potentiale aufnehmen und konkretisieren.

Eine Mindmap anlegen: Das Motiv des Mantels

Das Motiv des Mantels durchzieht den Roman, der Mantel findet sich im Titel sowie in der Illustration der Buchausgabe. Er setzt in der Rahmenhandlung die Erinnerung in Gang, ist aber auch in der Binnenhandlung ein zentraler Gegenstand, etwa wenn Julie und ihre Mutter Dschingis den Mantel zurückbringen wollen. Die Schüler*innen sammeln zunächst Textstellen, in denen der Mantel vorkommt, schreiben sie auf Zettel und hängen sie an die Tafel oder um eine vergrößerte Abbildung des Buchcovers. Nun wird über die unterschiedlichen Funktionen als Kleidungsstück und Symbol im Kontext des Romans gesprochen. Besonders Julies Bemerkung „Dann schlüpfte ich in Nerguis Mantel wie in eine andere Welt" (UM,

---

11 Seit Fertigstellung des Manuskripts sind zwei weitere Beiträge erschienen, die nicht mehr berücksichtigt werden konnten, sich der Erzählung jedoch ebenfalls aus einer didaktischen Perspektive annähern: Ina-Brendel-Kepser, 2021, Fakt, Fake und Fiktion. Wirklichkeitskonstruktionen als Kombination von Fotografie und Literatur im Roman *Der unvergessene Mantel* von Frank Cottrell Boyce, in: MIDU – Medien im Deutschunterricht 2, S. 1–19. Hajnalka Nagy, 2021, Entfremdung des *weißen* Blicks. Globales Lernen und postkolonial orientierter Literaturunterricht, in: ide – Informationen zur Deutschdidaktik 4, S. 34–43.

S. 46) kann dabei hervorgehoben und auf die Coverabbildung bezogen werden. Die symbolische Bedeutung umfasst auch jenes kulturelle Paradox, dass gerade der Mantel, der zum traditionellen Sinnbild mongolischer Kultur stilisiert wird, in Wahrheit aus England stammt. Hier findet die Brüchigkeit oder Künstlichkeit kultureller Konstruktion ihren wohl treffendsten Ausdruck.

Perspektivübernahme: Eine Passage aus Dschingis' Sicht umschreiben
Aufgaben zur Perspektivübernahme bieten sich bei jenen Szenen des Romans an, in denen man mehr über die Sicht von Dschingis und seiner Familie erfahren möchte. Gleich zu Beginn schildert Julie, wie die Fotografie entstanden ist, die sie mit ihren Mitschüler*innen zeigt. „Es war der Tag, als [...]" (UM, S. 9), so setzt die Passage ein, in der sie von der ersten Begegnung mit den mongolischen Jungen berichtet. Auch Dschingis könnte seine Erzählung mit diesen Worten beginnen. Was hat den Tag für ihn besonders gemacht? Wie hat er die anderen Kinder wahrgenommen? Was ist ihm wichtig? Was hofft oder befürchtet er?

Nachdem die Schüler*innen die Passage aus Dschingis' Sicht verfasst und die verschiedenen Versionen verglichen und besprochen haben, kann im Plenum überlegt werden, welche weiteren Szenen aus seiner Perspektive interessant wären und umgeschrieben werden sollen.

Szenisches Lesen: Der Dämon
Szenisches Lesen soll die Offenheit von Texten verdeutlichen, indem probiert wird, wie durch unterschiedliche stimmliche Realisierung eine jeweils andere Wirkung hervorgerufen werden kann. Während die Kinder mit Julies Mutter einen Dämon backen, ist unklar, ob beispielsweise bei Dschingis Überheblichkeit, bei der Mutter Ironie mitschwingt. Daher erscheint es sinnvoll, den Text (UM, S. 30–32) in verteilten Rollen unterschiedlich lesen zu lassen. Nachdem die Schüler*innen sich in kleinen Gruppen auf eine Version geeinigt, diese eingeübt und der Klasse vorgeführt haben, wird über die jeweilige Wirkung diskutiert. Welche Fassung ist angemessen? Wie wirkt sich die Gestaltung auf das Bild aus, das die Rezipient*innen von Dschingis und Nergui einerseits, von Julie und ihrer Mutter andererseits haben? In einem weiteren Durchgang darf das Publikum die Lesung mit Stopp-Rufen und Fragen unterbrechen, die von der angesprochenen Figur aus deren Perspektive knapp beantwortet werden, bevor das szenische Lesen fortgesetzt wird.

Eine Diskussion führen: Kunst oder Lüge?
Was Dschingis von Riesenblumen und Metallgebirgen in der Mongolei berichtet (vgl. UM, S. 48) oder über den Dämon erzählt, stimmt so nicht, man könnte ihn also als Lügner bezeichnen. Glaubt er vielleicht selbst, was er Julie erzählt? Sind es Notlügen, die sich entschuldigen lassen? Ist Dschingis ein Angeber oder Auf-

schneider? Oder kann man ihn als Künstler betrachten, der Julie dazu bringt, die Magie ihrer eigenen Heimat zu erkennen?

Bevor die Schüler*innen die Frage nach Kunst oder Lüge diskutieren, sollen sie zunächst in Einzelarbeit entsprechende Textbeispiele und Argumente für die Beurteilung des Problems herausschreiben. Anschließend wird die Diskussion – zum Beispiel in einer Form mit vorab festgelegten Standpunkten – in Kleingruppen geführt. Im abschließenden Plenum lässt sich die Fragestellung erweitern, indem gemeinsam nach Gründen für Dschingis' Verhalten gesucht wird.

Kreative Aufgaben: Ein eigenes Foto inszenieren
Scherer und Vach stellen eine Unterrichtsidee zu *Der unvergessene Mantel* vor, die die Polaroidfotos ins Zentrum rückt. Nachdem die Funktion der Bilder, die Dschingis aufnimmt und von denen er behauptet, es handele sich um Motive aus seiner Heimat, besprochen wurde, sollen die Schüler*innen „in Gruppen selbst solch ein verfremdetes Foto [...] inszenieren"[12] und die beabsichtigte Wirkung durch eine Bildunterschrift verstärken. Auf die gemeinsame Präsentation und Diskussion folgt ein Gespräch, „in dem über Bilder und Vorstellungen des sogenannten Eigenen und des Fremden gesprochen werden kann"[13].

Standbild und Stimmenskulptur: Besuch bei den Brüdern
Verfahren der szenischen Interpretation eignen sich, um Leerstellen im Text zu füllen. Durch die interne Fokalisierung der Erzählerin bleiben vor allem die Gedanken und Ängste von Dschingis und seiner Familie unausgesprochen. Als Julie und ihre Mutter den Mantel zurückbringen wollen, wird die Tür trotz mehrmaligen Klingelns zunächst nicht geöffnet: „Aber nun waren im Flur Schritte zu hören und jemand zog die Tür auf. Eine Frau ..." (UM, S. 55). In der anschließenden Begegnung werden Julies märchenhafte Vorstellungen von der Kleidung der Mutter und dem Leben der mongolischen Familie nicht erfüllt, aber das Mädchen versteht auch die Bedeutung der gepackten Koffer im Flur nicht, wenn sie vermutet, dass „die Familie kurz davor [sei] zu verreisen" (UM, S. 55). Zwar spürt sie, „dass es irgendwas mit Angst zu tun hatte" (UM, S. 56), doch kann sie die Verbindung zu einer politischen Abschiebung nicht herstellen. Im Auto sagt die Mutter „kein einziges Wort" (UM, S. 56), obwohl viele Fragen im Raum stehen.

Zunächst ließe sich die Begegnung im Flur über ein Standbild[14] erarbeiten. Nachdem es beschrieben und gedeutet wurde, darf die Klasse Fragen an die Figu-

---

12 Gabriela Scherer und Karin Vach, 2019, Interkulturelles Lernen mit Kinderliteratur. Unterrichtsvorschläge und Praxisbeispiele, Seelze: Klett/Kallmeyer, S. 201.
13 Ebd., S. 202.
14 Vgl. Ingo Scheller, 2008, Szenische Interpretation. Theorie und Praxis eines handlungs- und erfahrungsbezogenen Literaturunterrichts in Sekundarstufe I und II, 2. Aufl. Seelze: Klett/Kallmeyer, S. 72 f.

ren des Standbildes richten, die die angesprochenen Schüler*innen aus der Figurenperspektive beantworten. Um die besondere Situation der Mutter von Dschingis und Nergui deutlich zu machen, ist auch eine Stimmenskulptur[15] denkbar, die die unausgesprochenen Gedanken der Frau verbalisiert, nachdem der Bericht über sie mit drei Punkten abbricht. Was geht ihr durch den Kopf?

Die Schüler*innen gruppieren sich nach und nach um das Standbild, formulieren einen Satz aus Sicht der Mutter und sprechen ihn laut aus. „Sind genügend Stimmen versammelt, stellt sich der Spielleiter der Figur gegenüber und ruft die einzelnen Gedanken noch einmal der Reihe nach ab. Er zeigt dazu mit dem Finger auf die entsprechenden Schüler, die auf sein Zeichen hin ihren Satz wiederholen".[16] Abschließend werden die einzelnen Formulierungen so dirigiert, dass sich die ambivalenten Gefühle der Mutter zu einer Stimmenskulptur oder Gedankenwolke fügen.

Textproduktive Verfahren: Chat zwischen Julie und Dschingis
Das Ende des Romans ist offen. Zwar haben sich Dschingis und Nergui über Facebook bei Julie gemeldet, doch ob es zu weiteren Posts, Chats oder Treffen kommt, erfährt man nicht. Die Schüler*innen sollen in Partnerarbeit über ein digitales Kommunikationsmedium ihrer Wahl ins Gespräch kommen, wobei eine oder einer die Rolle Julies, der oder die andere jene von Dschingis einnehmen soll. Im Chat werden zunächst Erinnerungen ausgetauscht, anschließend aber auch Fragen zur damaligen Abschiebung, zu den Mänteln, den Polaroidfotos, zur aktuellen Situation etc. gestellt und beantwortet.

Innerer Monolog: Guter Ratgeber oder Betrügerin?
„Betrügerin. Du hast uns reingelegt" (UM, S. 89), schimpft Dschingis, als der gemeinsame Weg plötzlich an der Wohnung von Familie Tuul endet. Julie versteht erst später, dass Dschingis mit seinem Bruder weglaufen wollte, und resümiert: „Aber ich hatte ihn gefunden. Ich, sein Guter Ratgeber. Ich brachte ihn nach Hause. Wo sie ihn abholten. Genau dorthin brachte ich ihn zurück" (UM, S. 93). Die Folgen dieser Einsicht werden im Text nicht thematisiert, hier sollen die Schüler*innen mit einem inneren Monolog ansetzen, in dem Julie ihre Rolle als „Guter Ratgeber" reflektiert, aber auch die Empfindungen an jenem Tag, an dem Dschingis sie als „Betrügerin" bezeichnet.

Insgesamt macht die Verbindung aus literarischem und interkulturellem Lernen Frank Cottrell Boyces Roman *Der unvergessene Mantel* zu einem vielschichtigen Lerngegenstand, der darüber hinaus die Möglichkeit eröffnet, sich über Migrationspolitik, vor allem hinsichtlich der Abschiebung von Kindern, sowie die Rechte

---

15 Vgl. Ebd., S. 74 f.
16 Ebd., S. 74.

und Pflichten im schulischen Kontext zu informieren. Die Proteste junger Menschen gegen die Abschiebung migrantischer Mitschüler*innen – etwa 2013 in Paris, 2017 in Nürnberg, 2021 in Wolfhagen oder Wien – stellen Beispiele dar, die nicht nur die Frage aufkommen lassen, wie Julie und ihre Klasse hätten reagieren können, wenn sie von der Gefahr der Abschiebung gewusst hätten, sondern auch die Überlegung, wie jede und jeder einzelne in einem solchen Fall handeln würde. Auf den Transparenten der Schüler-Demonstrationen in Österreich im Januar 2021 heißt es: „Abschiebung von Kindern ist NIE okay".

„Ich will später keine Kultur, da muss man ständig alles erklären."[1]
Guus Kuijers *Polleke*-Reihe

Susanne Drogi

1. Einleitung

An ihrem Freund Mimun und der Freundin Consuelo kulturelle Prägungen wahrzunehmen, fällt Polleke leicht. Doch ihre eigene Identität ist ihr so selbstverständlich, dass sie anzweifelt, selbst eine Kultur ‚zu haben'.

Es ist begründungswürdig, wenn im Jahr 2024 eine Kinderbuchreihe besprochen wird, deren erster Band in der deutschen Übersetzung 2001 und damit vor etwas mehr als 20 Jahren erschienen ist. Jedoch ist die Geschichte um das Mädchen Polleke des niederländischen Autoren Guus Kuijer mit ihrer Vielfalt an Lebenskonzepten und -themen sowie der sprachlich-stilistischen Gestaltung als wegweisend für die KJL nach der Jahrtausendwende zu werten.

Der erste Band erschien unter dem Titel *Voor altijd samen, amen* in den Niederlanden 1999 (dt. Titel: *Wir alle für immer zusammen*[2])[3]. Der zweite Band ist *Es gefällt mir auf der Welt*[4], der dritte *Das Glück kommt wie ein Donnerschlag*[5], der vierte *Wunder kann man nicht bestellen*[6] und der fünfte, abschließende Band *Ich bin Polleke!*[7] In den Niederlanden erschien die Reihe zwischen 1999 und 2001, in Deutschland zwischen 2001 und 2005 mit einer Lesealterempfehlung ab zehn, sodass sie ab

---

1 Guus Kuijer, 2005, Ich bin Polleke! Hamburg: Oetinger. Im Folgenden werden Verweise auf die fünf Erzählungen unter Angabe der Siglen im Fließtext in Klammern angegeben, hier: IbP, S. 51.
2 Guus Kuijer, 2001, Wir alle für immer zusammen. Hamburg: Oetinger. Im Folgenden Wafiz.
3 Für *Wir alle für immer zusammen* erhielt Kuijer den Goldenen Griffel 2000, die höchste niederländische Auszeichnung für ein Kinderbuch, und die Goldene Eule, die höchste belgische Auszeichnung für ein Kinderbuch, 2002 den Deutschen Jugendliteraturpreis und 2012 den Astrid Lindgren Memorial Award für sein Gesamtwerk.
4 Guus Kuijer, 2002, Es gefällt mir auf der Welt. Hamburg: Oetinger. Im Folgenden EgmadW.
5 Guus Kuijer, 2003, Das Glück kommt wie ein Donnerschlag. Hamburg: Oetinger. Im Folgenden DGkweD.
6 Guus Kuijer, 2004, Wunder kann man nicht bestellen. Hamburg: Oetinger. Im Folgenden Wkmnb.
7 Im Folgenden IbP.

Klasse vier geeignet ist. In den Niederlanden wurde der Film *Polleke* produziert; in Deutschland entstand zum ersten Roman ein empfehlenswertes Hörbuch[8].

Schon häufiger hat sich die Fachdidaktik mit dem ersten Band um die *Polleke*-Reihe beschäftigt und Unterrichtsvorschläge entwickelt.[9] Der vorliegende Beitrag möchte die bisherigen Ideen und Erträge insofern erweitern, als dass er die gesamte Reihe in den Blick nimmt und damit auch den Fokus auf Pollekes Peers und die Dimension der Interkulturalität lenkt. Die fünf Bücher sind altersgemäß im Umfang: Sie umfassen jeweils zwischen 85 Leseseiten (5. Band) und 123 Leseseiten (3. Band) und die Kapitel schwanken überwiegend zwischen fünf und sieben Seiten, einzelne Kapitel bestehen aus maximal zehn bis elf Seiten, wodurch eine Lektüre, die Vorlese- und Selbstleseanteile beinhaltet und durch kursorisches Erzählen und die gezielte Auswahl einzelner Auszüge durch die Lehrkraft gerafft werden kann, gut zu bewältigen ist.

2. Thematischer Abriss

Im ersten Buch ist Polleke elf Jahre alt, das fünfte endet mit ihrem 13. Geburtstag. Auslöser ihres Erzählens ist eine emotionale Überforderung: Ihr Lehrer Walter und ihre Mutter sind ineinander verliebt – eine Katastrophe für eine elfjährige Schülerin. Vorangegangen ist dieser, dass Pollekes Freund Mimun mit ihr Schluss gemacht hat. Beide Liebesgeschichten – ihre eigene und die ihrer Mutter – ziehen sich durch alle fünf Bände. Zu dem Zeitpunkt, als Polleke ihre Narration beginnt, sind Mimun und sie bereits zwei Jahre miteinander ‚gegangen', was ungewöhnlich für dieses Alter ist. Zunächst sicher eine freundschaftliche bzw. kindliche Liebe, entwickelt sie sich nun zu einer immer intensiveren Auseinandersetzung mit großen Gefühlen und inneren Konflikten, denn Mimuns Familie stammt aus Marokko und es gibt dort ein Mädchen, mit welchem der Junge verheiratet werden soll.

---

8   Guus Kuijer, 2008 Wir alle für immer zusammen, Hörbuch gelesen von Jana Pallaske, Regie: Frank Gustavus. Hamburg: Oetinger audio.
9   Siehe zum Beispiel: Susanne Riegler, 2016, „Wir alle für immer zusammen" von Guus Kuijer, in: Erzählende Kinder- und Jugendliteratur im Deutschunterricht: Textvorschläge – Didaktik – Methodik, hrsg. v. Kaspar H. Spinner, Paderborn: Schöningh, S. 225–227; Kirsten Waterstraat und Ricarda Dreier, 2013, Polleke und das Leben. Der niederländische Kinderroman Voor Altijd samen, amen (Wir alle für immer zusammen) von Guus Kuijer, in: Literatur aus zweiter Hand. Anregungen zum Umgang mit Übersetzungen im Deutschunterricht, hrsg. v. Gina Weinkauff und Petra Josting, Baltmannsweiler: Schneider Verlag Hohengehren, S. 81–106. Siehe auch die erzähltheoretische Perspektive in Regina Hofmann, 2010, Der kindliche Ich-Erzähler in der modernen Kinderliteratur: Eine erzähltheoretische Analyse mit Blick auf aktuelle Kinderromane. Frankfurt am Main: Lang.

Ein zentraler Motor Pollekes innerer Reifung ist die Beziehung zu ihrem Vater: Spiek ist drogenabhängig und seine Tochter übernimmt viel Verantwortung für ihn. Am Ende des zweiten Bandes, in dem Spiek obdachlos wird, fordert das Mädchen ihn zum Entzug auf und begleitet ihn – gegen das Anraten ihrer Familie – in die Klinik.

Walter wird für Polleke entgegen ihrer anfänglichen Einschätzung ein Gewinn, denn er bringt oft Verständnis auf und zeigt dort Loyalität, wo ihre Mutter es nicht tut.

Auftakt zum dritten Band sind Pollekes zwölfter Geburtstag und die neue Mitschülerin Consuelo. Gemeinsam mit ihrer besten Freundin Caro bringt Polleke Consuelo Niederländisch bei. Spiek verbringt eine längere Zeit in Nepal – in dem Land, in das er bereits im ersten Buch reisen will. Am Ende dieses Romans ist er wieder zurück. Von nun an führt Spiek zwar immer noch ein unkonventionelles Leben, aber Polleke ist von der Sorge und Verantwortung für ihn weitestgehend befreit; er sorgt für sich selbst und kann hin und wieder in seiner Vaterrolle agieren. Im vierten Buch nimmt die Krankheit des Opas, die zum Tod führen wird, eine zentrale Stellung ein. Ebenfalls gegen Ende des vierten Buches fragt Polleke Mimun, ob er sie heiraten möchte, was er bejaht. Der schließende Band erzählt dann vor allem von Pollekes Trauer um den Opa, bei der sie auch intensiv von Consuelo begleitet wird, die ihren eigenen kulturellen Umgang mit Trauer einfließen lässt. Die Beziehung zu Mimun entwickelt sich immer mehr Richtung Adoleszenz: Eine gemeinsame Zukunft darf erahnt werden, wenn beide überlegen, ob er der erste marokkanische Bauer in den Niederlanden werden wird, denn Polleke möchte Bäuerin werden.

3. Literaturwissenschaftliche Analyse

Aus diesem komplexen Figuren- und Themengeflecht mit einer klugen und aufgeweckten Ich-Erzählerin entsteht ein tragikomischer Kinderroman, der viele ‚große' Themen ernst nimmt und sich zugleich erlaubt, sie kritisch und humorvoll zu be- und hinterfragen. Die zunächst elfjährige Protagonistin tritt als Ich-Erzählerin auf. Verstärkt wird die subjektive Perspektive durch die Gedichte, die Polleke schreibt und die kontinuierlich in die Romantexte eingebunden sind. Das Schreiben hat für sie im ersten Band noch einen intensiven emotionalen Bezug zu ihrem Vater – Spiek bezeichnet sich als Dichter, wenn auch als einen „Dichter ohne Gedichte" (Wafiz, S. 25). Pollekes Gedichte stehen im Kontext intensiver Emotionen und Konflikte und stellen eine stilistische Besonderheit der Texte dar, die in der literaturdidaktischen Auseinandersetzung ebenfalls Berücksichtigung finden können.

Mit ihrem Alter von elf bzw. zwölf Jahren steht Polleke innerhalb eines besonderen Entwicklungskontextes, dem Übergang zwischen Kindheit und beginnender Adoleszenz, in dem sie sich sowohl mit sich selbst auseinandersetzt – begleitet von ihren Freunden, die teils eine stärkende Funktion haben, teils sie herausfordern – als auch mit den Erwachsenen in ihrem Umfeld: Während Tina und Spiek in ihren Rollen nicht immer kompetent agieren und Polleke zuweilen zu viel Verantwortung und ‚Erwachsenheit' aufladen, treten ihre Großeltern in klassischen Rollen auf. Verstärkt durch den topographischen Kontrast, bieten sie Polleke für die Wochenenden einen emotionalen Rückzugsort auf dem Land und unterstützen sie bei wichtigen Entwicklungsfragen.

Die unterschiedlich dargestellten Familienentwürfe bilden aktuelle Lebenswelten in den Niederlanden ab. Pollekes eigene Familie ist eine moderne Patchworkfamilie, in der die Eltern neue Partner*innen finden und Polleke mehrere Halbgeschwister hat (sie werden nur im ersten Band thematisiert). Ihre beste Freundin Caro hat einen SUP (einen sehr unnormalen Papa; Wafiz, S. 18), ihr leiblicher Vater ist der homosexuelle Hans, der Caros Mutter seinen Samen gespendet hat: „Zu Hans, der nicht bei ihr zu Hause wohnt, sagt Caro Papa. Zu dem Freund ihrer Mutter, der bei ihr zu Hause wohnt, sagt sie Evert. SUP!" (ebd.)

Mimuns marokkanische Familie stellt ein traditionelles Familienkonzept dar, in dem Mutter und Vater einen Haushalt mit ihren gemeinsamen, leiblichen Kindern bilden. Glaube und Traditionen spielen für die Familie eine bedeutende Rolle, wodurch immer wieder Konflikte zwischen Polleke und Mimun entstehen; darin bestehen für Polleke Möglichkeiten, kulturelle und religiöse Selbstverständlichkeiten zu hinterfragen und zu reflektieren.

Wenn dann im dritten Roman das Mädchen Consuelo in die Klasse kommt, wird dies für Polleke eine neue Lerngelegenheit und Consuelos Familie erweitert auch die verschiedenen Familienbilder: Consuelos Mutter ist alleinerziehend mit drei Kindern, da der Familienvater im mexikanischen Bürgerkrieg erschossen wurde.

Insbesondere Mimun und Consuelo sind für die Protagonistin wesentliche Katalysatoren, sich mit Konzepten wie Kultur, Glaube und religiöser Vielfalt, mit Rassismus auseinanderzusetzen. Dabei darf der Umstand, dass die Polleke-Reihe auch die niederländische Gesellschaft als Migrationsgesellschaft mit ihrem Multikulturalismus spiegelt, nicht übersehen werden.

4. Didaktischer Kommentar I: Allgemeines literaturdidaktisches Potential

Die Reihe lässt sich auch als Coming-of-Age-Geschichte lesen, in der ihre Protagonistin nach ihrer Identität sucht und die dabei mit ihren Entwicklungsthemen zahlreiche Identifikationsmöglichkeiten für junge Leser*innen anbietet. Damit offeriert die Romanreihe ein großes Potential hinsichtlich der literarischen Kompetenzen nach Kaspar H. Spinner (2006)[10]: lebendige Vorstellungen entwickeln, Perspektiven literarischer Figuren nachvollziehen und subjektive Involviertheit und genaue Textwahrnehmung miteinander ins Spiel bringen.

Bündeln lässt sich die thematisch-motivische Komplexität folgendermaßen:

- die *unterschiedlichen Familienbilder*, die anhand der Protagonistin und ihrer Peers dargestellt werden. Ein zentrales Thema ist dabei auch Pollekes Beziehung zu ihrem Vater Spiek.
- die *unerfüllbare bzw. die verbotene Liebe*: Bereits mit elf Jahren weiß Mimun, dass er später ein marokkanisches Mädchen heiraten wird. Für Mimuns Eltern war die Beziehung Mimuns und Pollekes bis zum Beginn ihres Erzählens unproblematisch, da sie als eine eher freundschaftliche gedeutet werden konnte. Nun sind Mimun und Polleke in einem Alter, in dem dies für seine Eltern zunehmend schwieriger wird, weshalb diese wiederum versuchen, der Beziehung Grenzen zu setzen, woraus Loyalitätskonflikte für den Jungen resultieren. Die kulturelle und religiöse Differenz als Hürde für die Liebesbeziehung einerseits und die arrangierte Heirat andererseits reflektiert Polleke einmal mehr, als sie erfährt, dass auch ihre Großeltern nicht aus romantischen Gründen geheiratet haben, sondern die Zuneigung erst schrittweise gewachsen ist und dass der Großvater erst konvertieren musste, um zu heiraten.
- die *Bedeutung des Topographischen* für die Protagonistin mit ihren regelmäßigen Besuchen der Großeltern auf dem Land, die ihr emotionalen Rückzug ermöglichen und zusätzliche Angebote des Weltbezugs (tiefe Religiosität der Großeltern) liefern.

5. Didaktischer Kommentar II

a) *Potentiale hinsichtlich kulturellen Lernens*

Polleke setzt sich in den circa zwei Jahren ihres Lebens, an denen sie als Ich-Erzählerin die Lesenden teilhaben lässt, immer wieder und in unterschiedlichen Kontexten mit Kulturalität und Religiosität auseinander. Dabei wird die Lektüre für die Rezipierenden auch zu einer „ebenso unpädagogisch wie unaufgeregt in Szene gesetzte[n] Begegnung mit der heutigen niederländischen Gesellschaft"[11]. Für die Niederlande als Migrationsgesellschaft sind Offenheit und Toleranz zentrale

---

10 Kaspar H. Spinner, 2006, Literarisches Lernen, in: Praxis Deutsch 200, S. 6–16.
11 Arbeitskreis Jugendliteratur: Jurybegründung. Deutscher Jugendliteraturpreis, Sparte Kinderbuch. 2002 https://www.jugendliteratur.org/buch/wir-alle-fuer-immer-zusammen-1680 (02.02.2024).

Werte[12]. Dass Pollekes Freund Marokkaner ist, scheint insofern nicht zufällig, als dass Marokkaner*innen die größte Gruppe der Einwandernden in die Niederlande darstellen. Doch auch unabhängig von Mimun ist es für Polleke selbstverständlich, in einer multikulturellen Lebenswelt aufzuwachsen. Die Protagonistin zeigt eine deutliche Sensibilität bzw. Vorsicht, aus der wiederum zuweilen komische Situationen resultieren, denn ihre

> im Grunde intakte kindliche Unvoreingenommenheit im Umgang mit anderen Menschen [...] wird bisweilen dadurch gehemmt, dass sie stets darauf bedacht ist, sich politisch korrekt zu verhalten, so wie es ihr unter anderem in der Schule beigebracht wurde.[13]

Motiviert durch die schulischen Thematisierungen, aber auch durch ihr Heranwachsen, denkt Polleke oft über Begriffe wie Kultur, Glaube[14] und (Anti-)Rassismus nach. Diese Versuche, die Begriffe für sich zu klären und zu füllen, ziehen sich durch alle fünf Bücher und bilden das zentrale Argument, die Romanreihe für einen interkulturellen Literaturunterricht zu nutzen. Spannend ist, wie Polleke und Mimun kulturelle Zugehörigkeit bestimmen bzw. nach ihr suchen. So formuliert der Junge im ersten Band „Ich bin hier geboren [...]. Ich spreche genauso gut Niederländisch wie du" (Wafiz, S. 91), später dann „Ich bin hier geboren, aber ich gehöre vielmehr zu ihnen als zu euch" (DGkweD, S. 34); Polleke antwortet im zweiten Band „Ich bin niederländisch, Lakritz ist niederländisch und ich liebe Niederländisch." (EgmadW, S. 39) Da die Konflikte zwischen den beiden Heranwachsenden überwiegend ihre Ursprünge in den Fragen nach kulturellen Normen haben, lohnt es sich, die Liebesbeziehung der beiden mit Schüler*innen intensiv zu betrachten.

Das Mädchen Consuelo erweitert Pollekes Erfahrungshorizont: Neben der Sprachvermittlung unterstützen Polleke und Caro sie dabei, in den Niederlanden heimisch zu werden. Gleichzeitig setzt sich Polleke durch sie mit Themen wie Armut, Traumatisierung und Krieg auseinander, zu welchen sie vorher keinen persönlichen Bezug hatte. Anfangs sehr unsicher und schüchtern, bringt Consuelo bald selbstbewusst ihre kulturellen Praktiken und Traditionen in die

---

12 Dass der niederländische Multikulturalismus auch im 21. Jahrhundert nicht ohne Herausforderungen ist, stellt Evelyn Ersanilli (2014) dar. So sei „seit der Jahrtausendwende [...] eine aufgeheizte Debatte über den niederländischen Multikulturalismus und die (vermeintlich) geringe Integration der seit langem im Land lebenden Einwanderer und ihrer Kinder [entstanden]. [...] Trotz der Einführung dieser Restriktionen ist die niederländische Einwanderungspolitik immer noch vergleichsweise offen, insbesondere im Hinblick auf politische Rechte und die Rechte religiöser Minderheiten." Ersanilli, Evelyn: Einleitung. 2014. https://www.bpb.de/gesellschaft/migration/laenderprofile/197364/einleitung (02.02.2024).
13 Waterstraat/Dreier, Polleke und das Leben [Anm. 9], S. 86.
14 Durch Mimun lernt sie den Islam kennen, durch ihre Großeltern das Christentum und durch ihren Vater, im Anschluss an seine Nepal-Reise, den Buddhismus.

Freundschaftsbeziehung mit ein, und zwar zuerst nach einem heftigen Streit zwischen Polleke, Caro und Mimun, der aus einem Kuss zwischen Caro und Mimun resultiert und für Polleke einem Verrat gleichkommt. Consuelo führt mit den drei Freunden ein mexikanisches Versöhnungsritual durch, das Pollekes Wut reduziert und sie Mimun und Caro wieder näherbringt. Nach dem Tod des Großvaters bietet Consuelo Polleke einen für sie zwar irritierenden, aber dennoch heilsamen Weg an, mit dem Verlust zurecht zu kommen, indem sie ihr zeigt, welche Rituale bei Besuchen auf dem Friedhof in Mexiko typisch sind. So fordert sie Polleke auf, mit dem Großvater zu sprechen, was diese aus ihrer Sprachlosigkeit erlöst, und erprobt mit ihr Wege, aktiv mit ihrer Trauer umzugehen. Nicht zuletzt hält Consuelos Prozess, in dem sie die neue Sprache lernt, für die Mädchen Gelegenheiten bereit, über Erstsprache und die Rolle von Sprache für die Bestimmung von Identität nachzudenken. So widerspricht Polleke ihr konsequent, wenn Consuelo ihr Heimatland spanisch artikuliert (vgl. IbP, S. 42), bis eine fremde Frau im Zug Polleke erklärt: „[...] [I]ch glaube, Mehiko gibt ihr ein schönes Gefühl und Mexiko nicht." (ebd., S. 43)

Wiederholt entstehen für die Lesenden komische Wendungen, wenn Polleke Mimun ganz klar zuspricht, eine Kultur zu haben, dasselbe für Consuelo jedoch negiert. So sagt sie, Consuelo sei genauso wie sie: „Sie isst gern Lakritz und kann Schlittschuhlaufen, von einer Kultur merkt man bei ihr nichts." (ebd., S. 34) Und später: „Ob Consuelo vielleicht doch eine Kultur hatte?" (ebd., S. 46) Diese teils naiv-kindlichen Reflexionen bieten einen spannenden Ausgangspunkt für Schüler*innen, sich mit dem komplexen Konstrukt Kultur/kulturelle Identität(en) auseinanderzusetzen, denn *Kultur* wird, wie Scherer und Vach (2019) zu bedenken geben, teils inflationär, aber zugleich oft auch inhaltsleer verwendet[15]. In diesem Sinne sind Pollekes Zugriffe, so naiv sie auch erscheinen, in dem Bemühen einer individuellen, aus ihrer subjektiven Erfahrung entstandenen Deutung in ihrem didaktischen Potential wertzuschätzen. Und mehr noch wohnt in ihren, wenn auch Komik generierenden Verkürzungen eine deutliche Neugier, das Leben und die Vergangenheit Consuelos zu entdecken und selbst die spanische Sprache zu erlernen. Emotional keineswegs unbedeutend ist dabei, dass Consuelo im letzten Band den Status der besten Freundin erhält, den in den anderen Bänden – nicht frei von Konflikten – noch Caro innehat.

b) *Reflexionen über Rassismus*

Parallel zu Pollekes Auseinandersetzung mit dem Kulturbegriff verläuft die mit dem des Rassismus. Dies beginnt schon sehr früh im ersten Band, als Polleke in ihrer Wut darüber, dass Mimun die Beziehung beendet hat, in einem Brief an ihn schreibt: „Deine Scheißkultur kannst du dir sonst wohin stecken!" (Wafiz, S. 11)

---

15 Vgl. Gabriela Scherer und Karin Vach, 2019, Interkulturelles Lernen mit Kinderliteratur. Unterrichtsvorschläge und Praxisbeispiele. Seelze: Kallmeyer, S. 20.

Der Lehrer initiiert daraufhin spontan ein Antirassismusprojekt. „Jetzt weiß ich, dass man sich höchstens als faule Kartoffel[16] beschimpfen darf. Alles andere ist Rassismus." (ebd.) Diese Versuche Pollekes, zu verstehen, wann etwas rassistisch ist, ob sie selbst zuweilen rassistisch agiert und was politisch korrekt oder inkorrekt ist, ziehen sich ebenfalls durch die gesamte Reihe und bieten Reflexionsanlässe mit Lernenden zu diskutieren, wie sich Rassismus und entsprechende Stereotype nicht zuletzt sprachlich manifestieren. Dabei ist auch die Zuspitzung im Sprachwandel bzw. die gewachsene sprachliche Sensibilität zu berücksichtigen, welche sich z. B. auch in einem Gespräch zwischen Polleke und ihrer Großmutter zeigt:

> Oma brachte mir die Namen der Bäume im Garten bei. Jetzt kannte ich die Erle, den Holunder, die Pappel, die Esche, die Linde und den Ahorn. Am Anfang fand ich, die Bäume sähen alle gleich aus. Ich würde sie nie auseinander halten können. Aber jetzt fand ich es einfach. Sie sahen überhaupt nicht gleich aus! ‚Genau wie die Neger', sagte Oma. ‚Die sehen auch nicht mehr gleich aus, wenn man sie einmal kennt.' Ich erschrak ein bisschen, denn vielleicht war das ja Rassismus. Das konnte man nie wissen. Zum Glück war außer mir niemand dabei. (Wafiz, S. 71)

Neben dem Nachvollzug der Figurenperspektiven („Was würdest du an Pollekes Stelle tun? Würdest du mit der Oma reden? Was würdest du ihr sagen? Hast du schon mal ähnliche Situationen erlebt?") müsste hier auch hinterfragt werden, welche Haltung gegenüber der bezeichneten/diskriminierten Personengruppe jeweils offenbar wird. In unterschiedlichen Textstellen zeigt sich vor allem, dass Pollekes Peers zwischen einer unreflektierten Übernahme von Stereotypen, die sie bei Erwachsenen wahrnehmen, und einer reflektierten Distanzierung von ebendiesen schwanken.[17]

---

16 Auch in der Originalfassung steht an dieser Stelle „rotte aardappel" (Guus Kuijer, 2020, Polleke, Amsterdam, Antwerpen: Querido, S. 13.) Während Polleke den Begriff hier scheinbar neutral verwendet, ist jedoch zu beachten, dass dieser Begriff inzwischen im deutschsprachigen Raum als Beleidigung für Deutsche ohne Migrationshintergrund von Personen mit Migrationshintergrund verwendet wird Hier ist die Sensibilität der Lehrkraft gefordert.

17 Zum Beispiel, wenn Caro Polleke erzählt, dass ihre Mutter sagt, man solle nie etwas mit einem Marokkaner anfangen (vgl. EgmadW, S. 47), oder als Tom, der Junge auf dem Land, „Aber das wird doch nichts! [...] Mit einem Ausländer!" (Wkmnb, S. 56) sagt, nachdem Polleke ihn mit der Begründung abweist, dass sie Mimun liebt. Oder als eine Mitschülerin im Unterricht sagt „Niederländische Kinder haben keinen Respekt vor ihren Eltern" und Polleke entgegnet, dass marokkanische Kinder Respekt vor ihren Eltern haben, „weil sie sonst den Arsch voll kriegen" (ebd., S. 23 f.).

6. Didaktisch-methodische Konkretisierungen

a) *Die Klassengemeinschaft*

Die Unterrichtsideen richten sich an die Klassenstufen 4 bis 6. Der erste Band kann vollständig als Klassenlektüre gelesen werden. Aufgrund der Kürze der Kapitel kann gut zwischen gemeinsamen Vorlese- und Selbstleseanteilen gewechselt und auch das Hörbuch genutzt werden. Die vier weiteren Bücher können durch kursorisches Erzählen der Lehrkraft und die Auswahl einzelner Kapitel bewältigt werden. Insbesondere für den zweiten und vierten Band bietet sich eine gezielte Reduktion an[18].

Da der Beginn von Pollekes Erzählung im Kontext Unterricht situiert ist, liegt es nah, mit dieser räumlich-sozialen Situation zu beginnen und von hier zur Beziehung mit Mimun überzuleiten. Das erste Kapitel wird gemeinsam gelesen bzw. gehört. Polleke erzählt, wie es dazu gekommen ist, dass sich ihre Mutter und ihr Lehrer ineinander verliebt haben. Dafür erinnert sie sich an das Berufsprojekt vor einigen Monaten. Der Lehrer fragte, welche Berufe die Schüler*innen später ergreifen möchten. Auf seine Beispiele „Lehrer" und „General" antwortete jede*r Schüler*in mit „General" – eine Absprache, die die Klasse im Vornherein getroffen hat, um den Lehrer zu ärgern. (vgl. Wafiz, S. 9) Schon anhand der Namen der Schüler*innen, die der Lehrer aufruft, erkennen die Lesenden die kulturelle Vielfalt: Mehmet, Mourad, Fatima, Mimun. Im Zusammenhang zu der nur wenige Seiten später folgenden Feststellung „Caro und ich sind die einzigen niederländischen Kinder in der Klasse. Alle anderen sind Ausländer" (ebd., S. 18) kann die Lehrkraft hier einen Abschnitt aus dem vierten Band zur Ergänzung des Einstiegskapitels nutzen, in dem alle Klassenmitglieder benannt werden:

> Kibar, Oner, Hanan, Chaima,
> Kadir, Yilmaz, Nahid, Asma,
> Mehmet, Fatima, Gamesh, Adil,
> Murad, Fatih, Ruki, Anass,
> Yeter, Nusha, Issehak, Osge,
> Sehra, Enver, Shivani, Donjeta,
> Abshir, Samira, Mimun, Caro,
> Consuelo und Polleke. (Wkmnb, S. 23 f.)

Den Namen Consuelo sollte die Lehrkraft aus der Textstelle tilgen, da sie erst ab dem dritten Buch Teil der Klasse ist. Diese 29 Namen können Anlass sein, dass

---

18 Denkbar ist auch, dass Bände 2 bis 5 auf Kleingruppen aufgeteilt werden und jede Gruppe so eine Fortsetzung liest (so schlagen es auch Waterstraat und Dreier vor (vgl. Waterstraat/Dreier, Polleke und das Leben [Anm. 9], S. 103.) Nach der Lektüre könnten sich die SuS in einer Art Gruppenpuzzle austauschen.

die Schüler*innen jeweils einen Namen zugeteilt bekommen und zu diesem im Internet seine mögliche Herkunft recherchieren, welche die kulturelle Vielfalt der Klasse veranschaulicht, indem sie als Namencollage auf einer Weltkarte verortet wird.

Mit dieser Aufgabe soll den Schüler*innen deutlich werden, dass Namen zwar nicht zwangsläufig auf die Herkunft schließen lassen, sich jedoch u. U. Rückschlüsse ziehen lassen könnten. Diskutiert werden kann so, dass Migration schon immer Teil der Menschheitsgeschichte war. So könnte ein französisch klingender Name auf Einwanderer der Hugenottenbewegung im 18. Jhd. zurückzuführen sein.

b) *Die Beziehung Polleke-Mimun*

Da Mimun die erzählte Unterrichtssituation zum Anlass nimmt, die Beziehung zu Polleke zu beenden, sollte diese intensiver betrachtet werden. Er schreibt ihr einen Brief:

> Ich gehe nicht mehr mit dir, denn ich glaub, in meiner Kultur ist das gar nicht erlaubt, dass eine Frau Dichter ist, ganz bestimmt ist das nicht erlaubt, und wer will auch schon Dichter sein? (Wafiz, S. 10)

Die Lesenden erfahren, dass eine dauerhafte Beziehung bestand, die der Junge hier beendet. Der Grund ist eine deutliche Verunsicherung, wobei Pollekes Berufswunsch hier wohl eher ein Vorwand ist. Eher zeigt der Brief Zweifel an der Legitimität ihrer Beziehung. Das Mädchen reagiert am nächsten Tag ebenfalls schriftlich:

> Deine Scheißkultur kannst du dir sonst wohin stecken! Dann geh doch mit so 'nem Mädchen, das immer mit einem Staubtuch auf dem Kopf rumläuft. Ist ja auch praktisch!
> Polleke (ebd., S. 11)

Zu Pollekes Ärger findet der Lehrer den Zettel und hat das Bedürfnis, unmittelbar zu reagieren; er verwirft seine Pläne für den Unterricht und initiiert ein Antirassismusprojekt:

> Jetzt weiß ich, dass man sich höchstens als faule Kartoffel beschimpfen darf. Alles andere ist Rassismus. Aber ich hab es aus Versehen getan. Weil ich so verrückt bin nach diesem bescheuerten Marokkaner. (ebd.)

Hier sollten die Perspektiven Pollekes und des Lehrers reflektiert und kontrastiert werden, denn der Grund für Pollekes Äußerung ist Verletztheit und Wut. Angenommen werden darf auch, dass für Mimun und Polleke die kulturellen Traditionen seiner Familie nicht das erste Mal als Herausforderung für die Beziehung explizit werden, bisher jedoch keinen Trennungsgrund darstellten. Somit kann gefragt werden, ob Pollekes emotionale Reaktion nachvollziehbar ist, genauso mit Blick auf den Lehrer: Ist sein Verhalten nachvollziehbar und angemessen? Wie hat sich Polleke wohl in der Situation gefühlt? Die Schüler*innen können hierzu aus Pollekes Sicht einen Brief/eine E-Mail an den Lehrer formulieren – genauso wie seine Reaktion auf Pollekes Text.

Die Lektüre kann dann bis zum Ende des vierten Kapitels fortgesetzt werden. Die Lernenden lernen hier die Familien Pollekes und Caros kennen und es gibt eine Entschuldigung Mimuns, wiederum in Form eines Briefes: „[...] mein Vater sagt, dass ich etwas Dummes gesagt habe. Er sagt, dass ich vor Dichtern Respekt haben muss. [...] Es tut mir Leid. Aber ich darf nicht mehr mit dir gehen. [...]" (ebd., S. 29) War die Beziehung bisher offiziell und legitimiert, ist sie nun von seinen Eltern negativ sanktioniert. Als zusätzliche Belastung für beide kommt hinzu, dass bereits die Hochzeit für Mimun arrangiert ist. Dieser Themenkomplex von romantischer Liebe/verbotener Liebe/arrangierter Ehe dient auch dazu, Mimun als Figur auszudeuten, seine emotionale Zerrissenheit zu verstehen, die auch eine Zerrissenheit zwischen den Kulturen andeutet. Auch ringt Mimun mit den Vorstellungen seiner marokkanischen und von maskuliner Dominanz geprägten Kultur, in der die Geschlechterrollen strikter definiert sind, und der Frage, ob er diese Vorstellungen übernimmt oder sich von ihnen löst. Vermutet werden darf letzteres, als er es im vierten Buch akzeptiert, dass Polleke ihm einen Heiratsantrag macht (vgl. Wkmnb, S. 76 f.). Da die Leser*innen aufgrund der Erzählperspektive nur begrenzt etwas über das Innenleben Mimuns erfahren, lohnt es sich, dazu anzuregen, seine Perspektive nachzuvollziehen.

Zunächst sollten die Kapitel sechs bis zehn gemeinsam oder individuell gelesen werden und notiert werden, was die Schüler*innen über Mimun, aber auch über den Umgang zwischen dem Jungen und Polleke erfahren. Nun schließt sich eine Gruppenarbeitsphase an. Dafür werden Ausschnitte aus allen fünf Büchern genutzt, in denen es um die Beziehung geht. Da die Textsorte Brief so zentral ist, können die Textauszüge von der Lehrkraft in Umschläge gelegt und in einem Briefkasten (auch gebastelt aus Karton) in den Unterricht mitgebracht werden. Jede Kleingruppe erhält einen Umschlag und setzt sich mit dem Textauszug auseinander: Worin besteht der Konflikt der beiden? Welche Perspektive hat Polleke, welche Mimun? Können die Schüler*innen die Figurenperspektiven nachvollziehen? Beispiele für diese Auszüge sind:

- Das letzte Kapitel des ersten Romans, als Mimun gegen den Willen seiner Eltern mit zu Pollekes Großeltern fährt und explizit an der Beziehung festhält (vgl. Wkmnb, S. 90 ff.).
- Eine Szene, in der Polleke Mimun küsst und ihn diese Handlung irritiert. Er meint, Mädchen bzw. Frauen dürfen nicht den ersten Schritt machen. Dass

Polleke es selbstbewusst doch tut, bewertet er negativ als niederländisches Benehmen (vgl. EgmadW, S. 38 ff.).
- Ein Gespräch, in dem sich die als unterschiedlich unterstellten Frauenrollen zwischen Holland und Marrokko artikulieren: Mimun offenbart Polleke, dass sie in seiner marrokanischen Heimat bekannt sei, da er mit ihr eine untypische Rollenverteilung leben würde; mehr noch werde er geradezu gemobbt, da er mit Polleke nicht das ihm zugedachte Rollenmodell leben könne. Für Mimun stellt das einen immensen Konflikt dar, da er verunsichert ist, ob diese Normvorstellungen für ihn selbst gelten (müssen) (vgl. DGkweD, S. 33 f.).
- ein Gespräch, in dem sich beide diskriminierende Schimpfwörter an den Kopf werfen: Polleke fragt Mimun, ob er wieder mit ihr gehen will. Er sagt, er werde darüber nachdenken. Sie sagt:

    ‚[..] Du kannst mich mal, du blöder Türke.' (Das finden Marokkaner nämlich ganz schlimm, wenn man Türke zu ihnen sagt, und Türken übrigens auch, wenn man Marokkaner zu ihnen sagt.) [...] ‚Was soll ich mit einem Kaaskopp?' Er grinste zwar dabei, aber trotzdem! Ein Kaaskopp! (Wkmnb, S. 72)

- Mimun reist in den Sommerferien nach Marokko. Polleke hat die Vorstellung, dass Marokkaner auf Kamelen reiten. Eine besondere Komik entsteht, da Mimun dies verneint, es dann aber tut, um ihrer Vorstellung gerecht zu werden, und schließlich Polleke das Gedankenspiel entwickelt, das Mädchen, das er heiraten soll, könne von einem Kamel fallen und dadurch die Hochzeit nicht stattfinden. Als Mimun sagt, dass er noch nie auf einem Kamel gesessen habe, widerspricht das Pollekes (stereotyper) Vorstellung. Nach einem kleinen Wortgefecht, aus welchem Mimun beleidigt hervorgeht, attribuiert die Ich-Erzählerin Mimuns Empfindlichkeit auf seine kulturelle Zugehörigkeit. Von sich selbst meint sie, keine Kultur „zu haben" und auch keine zu wollen, da aus kultureller Zugehörigkeit und Verschiedenheit Konflikte entstehen können, so ihre Denkweise (vgl.: IbP, S. 33f).
Aus dem folgenden Sommerurlaub schickt Mimun seiner Freundin dann eine Postkarte: „Hallo, Polleke! Ich bin auf einem Kamel geritten! Tschüs! Mimun" (ebd., S. 60).
- Und schließlich das achte Kapitel des fünften Bandes: Mimun hat Polleke aus Marokko ein rotes Kopftuch mitgebracht: ‚Jetzt bist du ein blondes marokkanisches Mädchen.' [...] ‚[...] [Ab]er es stimmt natürlich nicht. Ich kann anziehen, was ich will, ich werde immer ein niederländisches Mädchen bleiben.' (ebd., S. 67)
Außerdem sagt er ihr, dass er das marokkanische Mädchen nicht heiraten wird. Polleke entwickelt die Idee, dass er auch Bauer werden könne, so wie sie Bäuerin. ‚Hast du schon mal von einem marokkanischen Bauern in den

Niederlanden gehört?', fragte er. ‚Nein', sagte ich. ‚Vielleicht wirst du der erste.' (ebd., S. 71)

Damit ergeben sich sechs Textauszüge, die gruppenweise gelesen und besprochen werden. Hierbei sollen die Perspektiven der beiden Figuren nachvollzogen werden und die Rolle der kulturellen Unterschiede für die Beziehung bzw. der Umgang mit der kulturellen Differenz diskutiert werden. Einzelne Auszüge fordern die Lernenden eventuell zum Recherchieren auf, z. B. wenn Mimun sich als Berber bezeichnet, oder Polleke sagt, sie sei ein Eskimo (vgl. IbP, S. 33)[19].

Die Erträge werden gesammelt, indem in chronologischer Reihenfolge jeweils zwei Schüler*innen jeder Gruppe die Szene in eigenen Worten aus der Ich-Perspektive in eigenen Worten wiedergeben; ein*e Schüler*in verbalisiert Pollekes Perspektive, der/die andere die Mimuns. Dafür sollten sie entweder einen Gegenstand zeigen oder ein Bild gestaltet haben, das symbolischen Charakter für die entsprechende Situation hat und von den Präsentierenden in den Händen gehalten wird (z. B. einen Zug, ein Kamel, ein rotes Tuch) und die Chance bietet, dass in der szenischen Umsetzung die Lernenden auch *über* dieses Symbol sprechen. Potential dieser Auseinandersetzung ist, wahrzunehmen, wie sich die beiden Figuren mit Aspekten von Kultur auseinandersetzen (müssen), es ihnen aber Stück für Stück gelingt, ihre Beziehung zu behaupten und dabei die Kulturen in ihre je eigene und die Identität als Paar zu integrieren.

c) *Das Mädchen Consuelo*

In einer weiteren Unterrichtssequenz wird die Figur Consuelo betrachtet: Das gegenseitige Kennenlernen bietet großes Reflexionspotential u. a. zum sprachsensiblen Umgang. Ausgangspunkt für das folgende Gespräch ist Pollekes Idee, Consuelo könne eine Indianerin[20] sein, was sie „total cool" (DGkweD, S. 20) fände. Andererseits ist ihr bewusst, dass diese Zuschreibung als problematisch gilt, und sie möchte einen unreflektierten Gebrauch vermeiden. Verwirrt sind Caro und Polleke, als Consuelo – nachdem Polleke das Wort doch herausgerutscht ist – es sofort annimmt.

‚Vielleicht weiß sie nicht, was Rassismus ist', sagte ich. [...] Wir finden es nicht schlimm, wenn einer Indianer ist, aber die Indianer vielleicht schon. Bei solchen Sachen muss man vorsichtig sein. (DGkweD, S. 20 ff.)

---

19 Schon im dritten Band hatte Polleke formuliert, dass man das Wort ‚Eskimo' nicht verwenden darf, anderenfalls sei es Rassismus. Siehe Zitat auf der folgenden Seite.
20 Mit dem Begriff ‚Indianer' werden eher nordamerikanische indigene Kulturen bezeichnet; Consuelo wäre als Mexikanerin eher eine „Indio" und es ist ja auch unklar, ob sie tatsächlich indigene Wurzeln oder nicht vielleicht eher europäisch-spanische bzw. portugiesische hat.

Polleke ist bestrebt, sprachsensibel zu agieren. Jedoch gelingt es ihr nicht immer, da ihr Wissen hier (noch) ein begrenztes ist, was sie wiederum auf der Ebene des discours als unzuverlässige Erzählerin ausweist: In ihrem Blick verschwimmen Zeichen und Bezeichnetes.

Diskriminierende Sprache und Pollekes Versuche, diese zu meiden, lassen sich mehrfach in der Narration finden. Die Komik dieses Ausschnittes ergibt sich daraus, dass Consuelo tatsächlich Pollekes stereotype Vorstellung einer „Indianerin" zu erfüllen scheint, was aber tatsächlich nur das Stereotyp selbst leistet. Insofern ist dieser Auszug, wie andere auch, besonders fruchtbar für die Schwierigkeit, dass viele Wörter, die immer noch selbstverständlich für Menschen anderer Kulturen genutzt werden, rassistische Hintergründe haben. Hierfür sollten auch Prozesse des Sprachwandels thematisiert werden[21], um ein Bewusstsein dafür zu schaffen, dass Beziehungen auch sprachlich gestaltet werden. Im Unterricht können die Schüler*innen zur obigen Szene den Auftrag erhalten, in schriftlicher Form die Situation noch einmal aus Consuelos Perspektive Revue passieren zu lassen (z. B. in Form eines Tagebucheintrags oder eines Gesprächs mit ihrer Mutter). Insgesamt bieten sich im dritten und fünften Band mehrere Textstellen an, um die Perspektive Consuelos nachzuvollziehen, so z. B. wenn Consuelo das Wort *Mexiko* spanisch realisiert, Polleke aber die niederländische (bzw. in der deutschen Übersetzung eigentlich die deutsche) Realisierung einfordert; oder wenn Consuelo Polleke zeigt, wie die Menschen in Mexiko trauern.

7. Abschluss

Unsere Gegenwart ist geprägt von Aushandlungsprozessen, die sich durch ein gesteigertes Maß an sprachlicher Aufmerksamkeit auszeichnen bzw. diese auch einfordern, indem durch sprachliche Sensibilität auch eine höhere Sensibilität im Umgang mit gesellschaftlicher Vielfalt unterstellt werden kann. Nicht nur hierin zeigt sich die Aktualität der Polleke-Reihe.

Ein weiteres zentrales Thema für die Protagonistin ist die Frage nach ihrer eigenen kulturellen Prägung und Verortung. Hierauf sollte unbedingt ein Schwerpunkt gelegt werden und – vorzugsweise am Ende der Lektüre – reflektiert werden, woran Polleke an Mimun und Consuelo Kultur erkennt bzw. zu erkennen meint und weshalb sie denkt, selbst keiner Kultur zugehörig zu sein[22]. Leitfragen

---

21 Siehe hier z. B. Wenke Mückel, 2017, Aspekte von Sprachwandel im Unterricht, in: Deutschunterricht, Heft 1/2017, S. 4–7.
22 Eher ist es ja so, dass sie dafür noch kein Bewusstsein hat. Eine mögliche Lesart ist auch, dass sie sich deshalb wehrt, da sie in ihrem Alltag oft erlebt, dass kulturelle Unterschiede zuweilen in Konflikten münden.

sollten sein, ob ein Mensch keine Kultur haben kann und was die Lernenden über Polleke denken: Wie zeigt sich – entgegen ihres Wunsches, später keine Kultur haben zu wollen – auch an ihr kulturelle Zugehörigkeit bzw. den Plural favorisierend kulturelle Zugehörigkeiten?

„Unsere Klasse hatte sich schon ewig einen Flüchtling gewünscht":

Forschungsgruppe Erbsensuppe oder wie wir Omas großem Geheimnis auf die Spur kamen von Rieke Patwardhan, szenisch interpretiert in Klasse 5

Kirsten Kumschlies

1. Zum Inhalt: Der erste Fall der Forschungsgruppe Erbsensuppe

Die Freude in der Klasse von Nils und Evi ist groß, als ihnen die Klassenlehrerin Frau Schmidt eines Tages ankündigt, dass sie eine neue Mitschülerin bekommt. Sie heiße Lina und sei mit dem Vater vor dem Bürgerkrieg in Syrien geflüchtet, so die Lehrerin. Das ist insofern eine gute Nachricht für die Klasse, als die Kinder „sich schon ewig einen Flüchtling gewünscht"[1] hatten, denn: „Die Doofen aus der A hatten sogar zwei, und beide waren richtig gut im Fußball." (FE, S. 19 f.). Als die Klasse erfährt, dass es sich bei dem geflüchteten Kind um ein Mädchen namens Lina handelt, ebbt die Freude schon ab, denn tatsächlich spielt Lina nicht besonders gerne Fußball.

Der Protagonist Nils hat einen Außenseiterstatus in der Klasse, was sich vor allem in dem Umstand spiegelt, dass er nahezu als einziger nicht zu der Bande der „22 Fragezeichen" gehört, die an einem seiner Fehltage gegründet wurde. Neben ihm gilt das nur noch für die ruppige Evi, die im Sozialverhalten auffällig ist, was für die Lehrerin Frau Schmidt zu Beginn der Handlung Grund genug ist, die beiden nebeneinanderzusetzen, mit der Bemerkung, Nils habe so ein „ausgleichendes Gemüt" (FE, S. 9). Fortan weicht Evi kaum noch von Nils' Seite und folgt ihm auch nach Schulschluss. Seine Nachmittage verbringt der Junge bei seinen Großeltern. Dort geht nun auch Evi hin, über deren familiär-soziale Hintergründe man lediglich erfährt, dass sie samstags zu einer Ergotherapeutin geht („Ergo-Elke") und ihre Mutter Ärztin ist. Als Nicht-Mitglieder der „22 Fragezeichen" beschließen die beiden nunmehr auf Evis Vorschlag hin, selbst eine Detektivbande zu gründen, als deren erstes Projekt sie für sich selbst die Integration Linas deklarieren. Aber Lina möchte gar nicht integriert werden, vielmehr will sie selbst ein Bandenmitglied werden, was sie offen und in ziemlich gutem Deutsch artiku-

---

1 Rieke Patwardhan, 2019, Forschungsgruppe Erbsensuppe oder wie wir Omas großem Geheimnis auf die Spur kamen, mit Illustrationen von Regina Kehn, München: Knesebeck, S. 19, im Folgenden im Fließtext mit der Sigle FE angegeben.

liert, sehr zum Erstaunen von Nils und Evi. So wird aus der Zweier- schnell eine Dreierbande, die nun händeringend nach dem ersten Fall sucht. Ein solcher trudelt ihnen ins Haus, als Nils' Großmutter plötzlich ein merkwürdiges Verhalten an den Tag legt. Sie kauft kistenweise Erbsensuppe in Dosen, legt einen Notfallkoffer an und scheint nur noch vor dem Fernseher zu sitzen. Mittagessen kocht sie auch nicht mehr, stattdessen gibt es jeden Tag (manchmal versalzene) Bratkartoffeln vom Opa. Auf die Fragen der Kinder geben die Erwachsenen nur ausweichende Antworten.

Als es im Sachunterricht in die große Forschungs-Projektwoche geht, ist für Lina, Evi und Nils schnell klar, was sie machen wollen: Sie bilden die „Forschungsgruppe Erbsensuppe" und möchten herausbekommen, was hinter dem seltsamen Verhalten der Oma steckt. Am Ende stellt sich heraus, dass die Großmutter im Zweiten Weltkrieg selbst Fluchterfahrungen hat machen müssen. Angesichts der aktuellen medialen Berichterstattung zu Flucht und Krieg kamen die Erinnerungen bei ihr wieder hoch, und das Trauma aktualisierte sich. Hilfe findet sie schließlich in der „Kontaktstelle für alte Menschen". Doch bis sich diese Zusammenhänge offenbaren, muss die Forschungsgruppe Erbsensuppe zunächst einige Ermittlungen anstellen.

Der Kinderroman eignet sich für die Lektüre in den höheren Grundschuljahrgängen (Klasse 3–4) und in der frühen Sekundarstufe I (Klasse 5), da er kindliche Lebenswelten abbildet, die dieser Altersstufe entsprechen. Die Hamburger Autorin Rieke Patwardhan wurde für ihr kinderliterarisches Debüt, das sie mit der *Forschungsgruppe Erbsensuppe* vorlegte, im Jahr 2020 mit dem Deutschen Jugendliteraturpreis in der Kategorie Sonderpreis „Neue Talente" ausgezeichnet.[2]

2. Literaturwissenschaftliche Analyse

Rieke Patwardhan hat mit *Forschungsgruppe Erbsensuppe oder wie wir Omas großem Geheimnis auf die Spur kamen* einen interkulturellen Kinderroman geschrieben, der mit Witz und Leichtigkeit erzählt ist und sich trotzdem sensibel und mit gebotener Ernsthaftigkeit dem Thema Flucht zuwendet. Eine Besonderheit ist, dass das Thema Flucht doppelt perspektiviert ist, insofern als es zum einen um die Freundschaft des Protagonisten und Ich-Erzählers Nils mit dem aus Syrien geflüchte-

---

[2] Die Fortsetzung *Forschungsgruppe Erbsensuppe auf neuer Mission oder wie wir ein Haus kaperten und Linas Geheimnis auf die Spur kamen* erschien 2021 im Knesebeck Verlag (Rieke Patwardhan, 2021, Forschungsgruppe Erbsensuppe oder wie wir ein Haus kaperten und Linas Geheimnis auf die Spur kamen, München: Knesebeck). Hier gerät Lina selbst ins Zentrum der Banden-Ermittlungen und es stellt sich heraus, dass sie einen älteren Bruder hat, den die Familie seit ihrer Flucht aus Syrien vermisst. Die Geschichte der Flucht wird aber auch im zweiten Band nicht explizit erwähnt, im Zentrum stehen hier weiterhin die Bandenabenteuer aus kindlicher Perspektive.

ten Mädchen Lina geht, zum anderen aber auch um die Fluchterfahrungen seiner Großmutter, deren Erinnerungen an die Vertreibung nach dem Zweiten Weltkrieg angesichts der aktuellen weltpolitischen Ereignisse wieder wach werden. Linas Fluchtgeschichte wird nicht auserzählt, sondern nur angedeutet. Durch die Lehrerin Frau Schmidt erfahren die Leser*innen, dass Linas Mutter in Syrien geblieben ist, um sich dort um die kranke Großmutter zu kümmern. Lina selbst spricht nicht darüber und beklagt sich nicht über ihre Situation. Vielmehr tritt sie als Ich-starkes, fröhliches Mädchen auf, das von Anfang an gut Deutsch spricht und ein vollwertiges Mitglied der Forschungsgruppe Erbsensuppe sein möchte:

> Evi setzte sich auf die Bank und schlenkerte mit den Beinen.
> „Wir sind doch eine Integrationsbande", erklärte sie, den Blick fest auf die Schuhspitzen gerichtet. „Du bist unsere Aufgabe – die kann man nicht einfach weglassen."
> „Ich will keine Aufgabe sein." Lina starrte Evi böse an.
> „Wieso nicht?" Evi schaute hoch. „Das ist fast das Wichtigste in einer Bande."
> „Quatsch", sagte Lina wütend. „Aufgabe sein ist blöd. Außerdem ist die Aufgabe vorbei. Ich weiß gut Bescheid. Und Deutsch kann ich auch." (FE, S. 56–57).

Somit avanciert ihre Flucht- und Migrationsgeschichte zum selbstverständlichen Teil der kindlichen Lebensrealität. Sie wird an keiner Stelle problematisiert, sondern fungiert als Spiegel der Vertreibungsgeschichte der Großmutter des Protagonisten. Bei beiden Fluchtgeschichten verzichtet der Text auf Analepsen. Es bleibt bei vorsichtigen Andeutungen in Figurenreden. So erzählt der Großvater den Kindern davon, wie seine Mutter nach dem Zweiten Weltkrieg eine geflüchtete Familie aufnehmen musste – dem Ich-Erzähler und somit auch den kindlichen Leser*innen wird erst nach und nach klar, dass es sich bei dem geflüchteten Mädchen mit der roten Schleife, das mediensozialisierte Kinder sofort mit der populären Conni-Figur analogisieren, um Nils' Oma handelte. Flucht erscheint in dieser Darstellung realistisch als Menschheitsproblem, das sowohl historisch als auch aktuell virulent ist. So leistet der Kinderroman auch einen Beitrag zur Erinnerungskultur und vermittelt den lesenden Kindern in Ansätzen zeitgeschichtliches Wissen über Vertreibungsgeschichten in der NS-Zeit. Zugleich sensibilisiert er für die Traumata, die Fluchterfahrungen mit sich bringen, indem er davon erzählt, dass diese nach so vielen Jahren bei der Großmutter wieder aktualisiert werden. Doch all das läuft mehr im Hintergrund der Handlung ab, denn die Erzählinstanz fokussiert sich in ihrer Erzählung vor allem auf die Gründung der Bande. Dadurch entstehen Leerstellen in der Darstellung, und das Buch ist auf Gespräche zwischen kindlichen Leser*innen und erwachsenen Vermittler*innen angewiesen, die mit den Kindern über Flucht in historischer und gegenwärtiger Perspektive sprechen.

Ähnlich verfährt der Text mit der Figurenkonzeption von Evi. Dem erwachsenen Lesenden ist klar, dass es sich hier um ein sozial auffälliges Mädchen handelt.

In der Perspektive des Ich-Erzählers ist sie zwar merkwürdig und er berichtet davon, wie sie anderen Kindern „mit Karacho den Ellenbogen in die Seite gerammt" (FE, S. 9) habe, und am Anfang nervt es ihn, dass sie einfach mit zu seinen Großeltern kommt, aber dann wird sie gleichsam selbstverständlich zu seiner Freundin, genau wie die aus Syrien geflüchtete Lina.

Der Text lässt sich somit als moderner Kinderroman klassifizieren, in dem klassische kinderliterarische Motive wie das Lösen von Kriminalfällen durch eine Kinderbande mit den ernsten Themen Flucht und Krieg verbunden werden. Hervorzuheben ist darüber hinaus die explizit markierte Intertextualität, die den Roman kennzeichnet. Da wird Linas Name sogleich mit der gleichnamigen Magd aus Astrid Lindgrens *Michel aus Lönneberga* assoziiert und ihm somit ein schwedischer Ursprung zugeschrieben, und der Bandenname der Antagonisten „22 Fragezeichen" rekurriert auf die populären Abenteuer der *Drei Fragezeichen*. Durch diese intertextuellen Verweise ordnen sich die Erlebnisse der „Forschungsgruppe Erbsensuppe" deutlich in die Tradition der unbeschwerten Erfahrungen von bekannten Kinderbuchhelden ein und schreiben Nils, Evi und Lina eine unverstellte kindliche Leichtigkeit zu, von der auch Michel, Justus Jonas, Peter Shaw und Bob Andrews in ihren literarischen Kosmen leben.

So liegt dann auch für die Kinderfiguren der Vergleich mit Conni nahe, als der Großvater von einem Mädchen mit einer roten Schleife berichtet. Dadurch wird die Leichtigkeit einmal mehr auf die Migrationsgeschichte übertragen:

> Nun war es an Opa, verdutzt zu gucken, und auch Lina sah total verwirrt aus, denn sie kannte die Bücher von Conni natürlich nicht. Aber ich musste mitlachen. Conni war wirklich überall: im Kindergarten, beim Arzt, im Schwimmbad und sonstwo. Und jetzt war Conni also auch ein Flüchtling. (FE, S. 51–52)

Hier ist die kindliche Lebensrealität sehr realistisch abgebildet, was die Handlung insgesamt auszeichnet: Die Figuren gehen in die Ganztagsbetreuung, ihre Eltern sind berufstätig, Nils, Evi und Lina geben angesichts der seltsamen Verhaltensänderung der Großmutter die Suchwörter ‚Fernsehen' und ‚Erbsensuppe' in den Computer ein und nehmen die Existenz geflüchteter Menschen als Teil ihres Alltags an, ohne diese zu hinterfragen.

3. Literaturdidaktisches Potenzial

Forschungsgruppe Erbsensuppe ist ein Kinderroman, der einerseits relativ leicht lesbar ist, bedingt durch kurze Kapitel und recht einfach gehaltene Sprache, andererseits aufgrund seiner intertextuellen Verweisstrukturen und der komplexen Thematik als literarästhetisch anspruchsvoll zu kennzeichnen ist.

Sein Einsatz als Klassenlektüre kann sowohl einen Beitrag zum literarischen als auch zum historischen Lernen leisten, da er Gesprächsanlässe über das Thema Flucht in gegenwärtiger und historischer Perspektive bietet. Das historische Lernen als Teil des Literaturunterrichts lässt sich mit von Brand fassen als „Sinnbildungsprozess, in welchem vergangene Ereignisse in einen stimmigen Zusammenhang gebracht werden".[3] Die Lektüre der *Forschungsgruppe Erbsensuppe* lädt zu einem solchen Sinnbildungsprozess durch die Geschichte der Oma ein, deren Erlebnisse im Text nur angedeutet, aber nicht auserzählt werden. Von daher eröffnet sich hier die Perspektive, das Thema Flucht in einen großen historischen Zusammenhang zu setzen. Es gilt somit, was Dieter Wrobel grundsätzlich für die Arbeit mit Flucht-Literatur im Unterricht formuliert hat: Erforderlich ist „ein komplexes Wechselspiel zwischen empathischer Haltung und textbezogenen Operationen (Analyse, Interpretation, Kommunikation über Verstehen und Deutung)".[4]

Literaturunterrichtlich evident erscheint zudem der Umgang mit der explizit markierten Intertextualität des Kinderromans. Der Rekurs auf Klassiker der Kinderliteratur sowie auf den populären *Conni*-Medienverbund bietet vielfältigen Anlass zur Reflexion dieser intertextuellen Verweisstrukturen, indem die Schüler*innen über deren Wirkung nachdenken. Welche Assoziationen bergen diese intertextuellen Spuren? Hat Lina Gemeinsamkeiten mit der gleichnamigen Magd aus Astrid Lindgrens *Michel aus Lönneberga*? Thematisch ist hier eine Überleitung zur Analyse der Figurenkonzeptionen im Kinderroman flankiert, in der ein weiteres literaturdidaktisches Potenzial zu sehen ist. Der Vergleich mit eindimensionalen Figuren, z. B. aus Märchen, dem *Conni*-Medienverbund oder der *Drei Fragezeichen*-Serie, birgt die Möglichkeit, die Schüler*innen für unterschiedliche Figurenkonzeptionen zu sensibilisieren. Eine solche komparative Figurenanalyse eröffnet die Chance, im Literaturunterricht die Differenzierung zwischen Figurencharakterisierung, die erzähltheoretisch auf der Ebene der *histoire* angesiedelt ist, und der Figurenkonzeption (narratologisch: *discours*) zu thematisieren. So können erste Schritte zum analytischen Umgang, der in der späteren Sekundarstufe virulent wird, mit Literatur angebahnt werden. Das literarische Lernen (vor allem im Bereich des Figurenverstehens und der Perspektivenübernahme) ist hier eng verzahnt mit dem interkulturellen Lernen, denn, so schreiben Gabriela Scherer und Karin Vach: „Literatur eröffnet im Hinblick auf das interkulturelle Lernen viele Lernmöglichkeiten. Dabei zeigt sich, dass diese Lernprozesse keine grundsätzlich anderen sind als die des literarischen Lernens."[5]

---

3   Tilman von Brand, 2016, Historisches Lernen im Literaturunterricht, in: Praxis Deutsch 259/2016, S. 4–11, hier: S. 5.
4   Dieter Wrobel, 2016, Flucht-Texte – Flucht-Orte, in: Praxis Deutsch 257/2016, S. 4–11, hier: S. 8.
5   Gabriela Scherer und Karin Vach, 2019, Interkulturelles Lernen mit Kinderliteratur. Unterrichtsvorschläge und Praxisbeispiele, Klett Kallmeyer: Seelze, S. 24.

4. Interkulturelles Lernen

Das auch diesem Sammelband eingeschriebene Plädoyer, interkulturell orientierte Kinder- und Jugendromane in den Literaturunterricht einzubeziehen, geht konform mit der Forderung, Interkulturalität müsse als „Dauerperspektive im Literaturunterricht mitlaufen", die Dieter Wrobel 2006[6] formuliert hat und die heute wohl aktueller ist denn je. Kriterien zur Bewertung von interkultureller Literatur und damit gleichsam Auswahlkriterien für den Unterricht stellt Heidi Rösch auf:

1. Interkulturelle KJL betrachtet die Welt aus interkultureller Perspektive und unterstützt interkulturell relevante Erkenntnisprozesse.
2. Interkulturelle KJL ist ethnisch mehrfach adressiert und unterstützt einen Perspektivenwechsel. Sie schreibt für eine in Einwanderungsgesellschaften und im Zeitalter der Globalisierung typische multiethnische Leserschaft.
3. Interkulturelle KJL vermeidet rassistische Argumentationsmuster und ist stattdessen dominanzkritisch gestaltet.
4. Interkulturelle KJL unterstützt die doppelte Optik der Selbst- und Fremdwahrnehmung und gestaltet z. B. Figurenkonstellation, Ort und Zeit der Handlung oder auch Lebensbereiche multiperspektivisch.
5. Interkulturelle KJL reflektiert das Spannungsverhältnis von Assimilation und Emanzipation sowie von zu überwindender Differenz und zu gestaltender Diversität, indem Unterschiede nicht aufgehoben, sondern ihre Bedeutung reflektiert wird.
6. Interkulturelle KJL leistet nicht nur Kulturvermittlung, sondern unterstützt den Prozess der interkulturellen Kommunikation.
7. Interkulturelle KJL wird literarisch und nicht dokumentarisch erzählt und gelesen.[7]

All diese Kriterien erfüllt der Kinderroman *Forschungsgruppe Erbsensuppe* von Rieke Patwardhan. Der Text ist insbesondere für seine Betrachtung der Welt aus kindlich-interkultureller Perspektive positiv in Anschlag zu bringen. Er gehört aber nicht zu den vielen Kinderromanen, in denen die Interkulturalität im Hintergrund mitläuft, auf die Jana Mikota[8] aufmerksam gemacht hat, da das Thema bei Patwardhan im Vordergrund der Handlung steht. Er hat mit den von

---

6   Dieter Wrobel, 2006, Texte als Mittler zwischen den Kulturen. Begegnung und Bildung als Elemente des interkulturellen Literaturunterrichts. In: Christian Dawidowski und Dieter Wrobel: Interkultureller Literaturunterricht. Konzepte – Modelle – Perspektiven. Baltmannsweiler: Schneider Verlag Hohengehren, S. 37–52, S. 40.
7   Heidi Rösch, 2006, Was ist interkulturell wertvolle Kinder- und Jugendliteratur?, in: Beiträge Jugendliteratur und Medien 58. H. 2, S. 94–103, hier: S. 101–102.
8   Vgl. Jana Mikota, 2016, Mehrsprachige Kinderliteratur. Eine Bestandsaufnahme, in: interjuli 16/01, S. 6–28.

Mikota analysierten Kinderromanen (z. B. *Hier kommt Lola!* und Folgebänden von Isabel Abedi oder *Der Junge, der Gedanken lesen konnte* von Kirsten Boie) aber die Gemeinsamkeit, dass die Interkulturalität hier als selbstverständlicher Teil im kindlichen Lebensalltags verankert ist und auf komische Weise verhandelt wird. In *Forschungsgruppe Erbsensuppe* steht das alltägliche Leben in der Migrationsgesellschaft im Zentrum, das für die Kinderfiguren im Buch kein Problem darstellt. So wartet die Klasse des Protagonisten ja regelrecht auf ein geflüchtetes Kind, weil sie sich einen guten Fußballspieler erhofft, nicht etwa, weil sie dessen Migrationsgeschichte reflektiert. Vielmehr integriert die Klasse die Kinder mit Fluchterfahrungen vorbehaltlos in ihre spielerischen Kontexte, ohne tiefergehende Fragen zu stellen. So steht auch für den Protagonisten die Gründung der eigenen Bande im Fokus, die Reflexion der Fluchtgeschichte bahnt sich erst durch die Spiegel-Erfahrung seiner Großmutter an. Ein moralisch aufgeladener Appell zur Integration bleibt hier aus. Zwar sprechen die Kinder von der zu leistenden Integration, die Erwachsene (vor allem die Lehrerin) von ihnen fordern, ironisieren diese aber insofern, als sie diese explizite Erwartung einfach auf die eigenen kindlichen und spielerischen Bedürfnisse übertragen. So versucht Evi, das Fernsehverbot von Nils' Großeltern am Nachmittag zu unterlaufen, indem sie behauptet: „Das bildet, und man lernt gutes Deutsch. Das wäre super für die Integration" (FE, S. 38). Zudem ist ihnen der Integrationsgedanke selbstverständlich, der Appell gehört in ihre Alltagswelt, denn: „Dass Flüchtlinge integriert werden mussten – ob sie nun wollten oder nicht –[,] hörte man schließlich an jeder Ecke, vor allem im Fernsehen" (FE, S. 32.), so der Kommentar des Ich-Erzählers.

Nils und Evi akzeptieren Lina vorbehaltlos als Spielgefährtin, Sprachbarrieren werden von den kindlichen Figuren als selbstverständlich angenommen. Umso überraschter sind Nils und Evi, als sich Linas gute Deutschkenntnisse offenbaren. Schwierigkeiten scheint ihr nur der Genus bzw. die deutsche Artikelnutzung zu bereiten („Wir haben die Thema für Forschung vergessen" (FE, S. 74) oder „Kommt, wir gehen nach Hause und versuchen, die Geheimnis rauszukriegen, FE, S. 79), was ein Beispiel ist für „Figurenrede mit zweitspracherwerbsspezifischem [...] Sprachgebrauch"[9], die Heidi Rösch als Spezifikum interkultureller KJL benennt. Auch Alltagsrassismus und Vorurteile gegenüber Muslimen werden im Kinderroman insofern thematisiert, als die Klassenkameradin Sofie unterstellt, Mohammed, Adil oder Lina würden eventuell einen Anschlag planen. Das ist für die zügellose, streitsüchtige Evi nicht hinnehmbar, und es kommt zu einer Schlägerei. Lina etabliert sich hingegen mehr und mehr als Ich-starkes Mädchen, in dem Nils immer mehr Ähnlichkeiten mit Evi entdeckt. In Syrien, so erzählt sie, sei sie der „Chef" (FE, S. 40) einer Detektivbande gewesen.

---

9   Heidi Rösch, 2020, Interkulturelle Literaturdidaktik, in:
    https://www.kinderundjugendmedien.de/fachdidaktik/5053-interkulturelle-literaturdidaktik
    (11.02.2024).

Konkreten Anlass zum Gespräch der Figuren über Flucht und Migration bietet aber erst das aufgebrochene Trauma der Großmutter, woraus sich wiederum das didaktische Potenzial ergibt, im Unterricht mit den Schüler*innen über Flucht in Geschichte und Gegenwart zu sprechen. Lina bleibt, was sie ist: Freundin und gewitztes Bandenmitglied des Protagonisten, über ihre Erfahrungen lässt sich mit den Leser*innen lediglich im Unterrichtsgespräch spekulieren – oder aber diese lassen sich im Rahmen einer szenischen Interpretation als Leerstellen konkretisieren, wie die folgenden unterrichtspraktischen Überlegungen skizzieren.

5. Unterrichtliche Konkretisierung

Das Unterrichtsmodell kombiniert analytische und handlungs- und produktionsorientierte Verfahren, indem eine Figurenanalyse mit der szenischen Interpretation verbunden wird.

Der Kinderroman eignet sich aufgrund der Komplexität seiner Thematik und vor allem wegen der (interkulturellen) Vielfalt, die sich durch die verschiedenen Figurenperspektiven und -geschichten ausdrückt, sehr gut für eine klassische szenische Interpretation, wie sie von Scheller ursprünglich in der Dramendidaktik entwickelt[10] und von Grenz auf den Umgang mit Kinderliteratur in der Primarstufe übertragen wurde.[11] Hierbei steht die „Erkundung des Textes aus der Binnenperspektive"[12] im Zentrum. Jedes Kind übernimmt eine Rolle aus dem Text. Zu besetzen sind hier: Nils, Evi, Lina, Oma, Opa, Mama, Papa, Frau Schmidt, Pit, Sofie, Adil, Mohammed (Fußballer aus der A), ggf. Ergo-Elke. Mithilfe ausgewählter Textausschnitte und Rollenkarten für die Figuren (siehe Anhang) schreiben die Schüler*innen Rollenbiographien für ihre Figuren (Fragen zur Unterstützung ebenso im Anhang). Phasen, in denen zentrale Kinderromanszenen im szenischen Spiel oder in Standbildern erkundet werden, und solche, in denen die Kinder in ihre Rollenhefte schreiben, wechseln sich ab. Zentrale Spielszenen sind: Evi soll sich neben Nils setzen (S. 9–12), Lina kommt in die Klasse (S. 21–23), Oma kauft die Erbsensuppe (S. 61), Bandenname entsteht (S. 77, als Standbild), Sofie behauptet, Nils' Oma müsse ins Heim, bzw. Streit vor

---

10 Ingo Scheller, 2004, Szenische Interpretation. Theorie und Praxis eines handlungs- und erfahrungsbezogenen Literaturunterrichts in Sekundarstufe I und II, Klett Kallmeyer: Seelze.
11 Dagmar Grenz, 2010, Szenische Interpretation, literarisches Lernen und moderner Kinderroman, in: Kinder- und Jugendliteratur – Theorie, Geschichte, Didaktik, hrsg. von Dagmar Grenz, Baltmannsweiler: Schneider Verlag Hohengehren, S. 142–163 vgl. zusammenfassend: Kirsten Kumschlies, 2020, Szenische Interpretation, https://www.kinderundjugendmedien.de/index.php/fachdidaktik/153-unterrichtskonzepte-und-methoden/4400-szenische-interpretation-von-kinderliteratur (11.02.2024).
12 Dagma Grenz, 1999, Szenisches Interpretieren, in: Literarisches Lernen, hrsg. von Matthias Duderstadt und Claus Forytta, Frankfurt am Main: Grundschulverband, S. 157–167, hier: S. 157.

der Kontaktstelle für ältere Menschen (S. 108), Opa erzählt die Fluchtgeschichte der Oma (S. 132–135).

Alle Spielszenen werden mit Ein- und Ausführungsfragen der Lehrkraft begleitet, um herauszuarbeiten, wie sich die Figuren in den jeweiligen Szenen fühlen und was sie denken (Vor dem Spiel: Wo bist du hier? Wie geht es dir? Was möchtest du machen? Nach dem Spiel: Wie geht es dir jetzt? Was hast du jetzt vor?).

Die Lehrkraft moderiert die Präsentation der Spielszenen und Standbilder und verbindet sie mit Gesprächen über das Buch, welche die Darstellung des Themas Flucht in Geschichte und Gegenwart in den Blick nehmen. Leitfragen für die Gespräche sind: Was erfahren wir aus dem Roman über Flucht und Migration? Warum musste die Oma fliehen und warum musste Lina fliehen?

Darüber hinaus ist auch die Inszenierung intertextueller Szenen möglich, sofern der Lerngruppe die Figuren aus den anderen kinderliterarischen Texten bekannt sind: Nils, Evi und Lina, die Kinder der „Forschungsgruppe Erbsensuppe", treffen Conni, Michel aus Lönneberga und die Detektive der „Drei Fragezeichen". Was raten Justus Jonas, Peter Shaw und Bob Andrews im Erbsensuppen-Fall? Auf Basis solcher Spielszenen können Gespräche über die Funktionen der intertextuellen Verweise und deren Wirkung angebahnt werden. Die Lehrkraft stellt hierfür die Impulsfrage: Warum tauchen im Buch eurer Meinung nach Verweise auf Figuren aus anderen Kinderbüchern auf?

Durch die szenische Interpretation kann die Perspektivenübernahme mit den Figuren sehr gestärkt werden, was wiederum eine gute Grundlage für die analytische Arbeit zu den Figuren ist. Die Kinder nehmen die Figuren arbeitsteilig in Kleingruppen mithilfe eines vorstrukturierten Arbeitsblatts, das sowohl auf die Figurenkonzeption (discours) als auch auf die Charakterisierung (histoire) abzielt, in den Blick. Hier reicht der Fokus auf die Hauptfiguren (Nils, Evi, Lina, Großeltern). Um den Funktionen der intertextuellen Verweise auf die Spur zu kommen, analysieren zudem einige Schüler*innen Conni und wahlweise Michel aus Lönneberga oder einen der Detektive der „Drei Fragezeichen". Die Wahl sollte hierbei den Schüler*innen überlassen werden, je nachdem, welche Figuren ihnen vertrauter sind. Sollten sie alle unbekannt sein, können Texte bzw. Medien hinzugezogen werden, sodass die Kinder, die mit der Analyse der jeweiligen Figuren beschäftigt sind, diese flankierend rezipieren können, z. B. indem sie einzelne Hörspielszenen anhören. Folgende Fragen unterstützen die Analyse:

- *histoire*: Mit wem ist die Figur befreundet? Hat sie vielleicht Feinde? Welche besonderen Eigenschaften kennzeichnen die Figur? Verändert sich die Figur während der Handlung, entwickelt sie sich?
- *discours*: Wie sieht die Figur aus? Wie ist ihr Körperbau beschaffen? Was trägt die Figur für Kleidung? Wie spricht die Figur?

Die Kleingruppen notieren ihre Ergebnisse auf einem Plakat und stellen sie anschließend der ganzen Klasse vor. Abschließend kann reflektiert werden, warum Figuren überhaupt wichtig für literarische Texte sind.

Anlagen: Materialien für die szenische Interpretation

Rollenkarten

- *Nils:* Dein Name ist Nils. Deine Lehrerin sagt, du hättest ein ausgleichendes Gemüt. Nachmittags bist du immer bei deinen Großeltern, weil deine Eltern arbeiten. Viele Leute sagen über dich, du seist schüchtern. Gemeinsam mit Evi und Lina gründest du die Bande „Forschungsgruppe Erbensuppe".
- *Evi:* Dein Name ist Evi. Du bist immer in Bewegung. Du hast eine laute Stimme und eine unordentliche Zippelfrisur und eine Brille, durch die du finster guckst, wenn du wütend wirst. Du wirst oft wütend. Dann schreist du, haust oder rammst anderen Kindern deinen Ellenbogen mit Karacho in die Seite. Außer mit Nils hattest du schon mit allen Kindern der Klasse Streit. Vor deinen Rippenstößen haben sogar die Viertklässler Angst. Wegen deiner schwachen Rechtschreibung nimmst du am Förderunterricht teil. Samstags gehst du immer zur Ergo-Therapie bei „Ergo-Elke". Gemeinsam mit Nils und Lina gründest du die Bande „Forschungsgruppe Erbensuppe".
- *Lina:* Du bist mit deinem Vater aus Syrien geflüchtet, weil dort Bürgerkrieg herrscht. Deine Mutter musste noch dort bleiben, weil sie sich um deine kranke Großmutter kümmert. Nun wohnst du in einer Flüchtlingsunterkunft in Deutschland und gehst mit Nils und Evi in eine Klasse. Gemeinsam gründet ihr die Bande „Forschungsgruppe Erbensuppe". Du sprichst schon sehr gut Deutsch. In Syrien warst du die Chefin einer Detektivbande.
- *Oma:* Dein Name ist Renate, und du bist die Großmutter von Nils und kochst jeden Mittag für deinen Enkel: Pfannkuchen, Milchreis, Nudeln mit Tomatensauce und alles, was er so mag. Außerdem backst du sehr gerne. Backen ist deine große Leidenschaft. Mit deinem Mann bist du schon sehr lange verheiratet. Als Kind hattest du eine rote Schleife im Haar und bist mit deiner Familie geflüchtet. Viele nennen dich „Renatchen", obwohl du das gar nicht magst.
- *Opa:* Dein Name ist Hans, und du bist der Großvater von Nils. Wenn dein Enkel mittags zu euch kommt, öffnest du die Tür mit dem Satz: „Na, min Jung. Was macht die Kunst?" Du sprichst häufig Plattdeutsch. Deine Frau Renate hast du schon in der Jugend kennengelernt. Sie war ein Flüchtlingsmädchen, das ihr als Familie bei euch zu Hause kurz nach Ende des Zweiten Weltkriegs aufgenommen hattet.
- *Mama:* Du bist die Mutter von Nils und arbeitest als Richterin. Bei Aufregungen trinkst du gerne Kakao.
- *Papa:* Du bist der Vater von Nils und arbeitest als Richter.

- *Frau Schmidt:* Du bist die Lehrerin von Nils, Lina und Evi. Du redest furchtbar laut und setzt dich für die Integration Linas ein. Im Unterricht klatschst du häufig dreimal in die Hände.
- *Pit:* Du gehst mit Sofie, Nils, Evi und Lina in die Klasse von Frau Schmidt. Gemeinsam mit Sofie hast du die Bande „22 Fragezeichen" gegründet. Du spielst gerne Fußball. Über das Erbsensuppen-Forschungsprojekt lachst du.
- *Sofie:* Du gehst mit Pit, Nils, Evi und Lina in die Klasse von Frau Schmidt. Gemeinsam mit Pit hast du die Bande „22 Fragezeichen" gegründet. Du hast den Verdacht, Adil, Mohammed oder Lina könnten einen Anschlag planen.
- *Adil und Mohammed:* Ihr seid die Fußballer aus der A, der Nachbarklasse von Nils, Lina und Evi.

Leitfragen für die Rollenbiographien
- Wie heißt du?
- Wie alt bist du? Wie siehst du aus? Was trägst du für Kleidung?
- Wo wohnst du? Wie sieht es bei dir zu Hause aus?
- Wer gehört zu deiner Familie?
- Hast du Freunde oder Bekannte? Wer ist das?
- Was magst du an deinen Freund*innen? Was magst du an ihnen nicht?
- Bist du verliebt? In wen?
- Wie findest du die Schule? Was sind deine Lieblingsfächer? Welche Fächer magst du nicht? Wie findest du deine Lehrerin?

Alternativ bei erwachsenen Figuren (Eltern, Großeltern, Frau Schmidt):
- Wo arbeitest du?
- Gefällt dir deine Arbeit?
- Wie viel Geld verdienst du?
- Hast du Kolleg*innen?
- Was denkst du über sie?
- Was machst du in deiner Freizeit?
- Was macht dir am meisten Spaß?
- Was kannst du besonders gut? Was kannst du nicht so gut?
- Wovor hast du Angst?
- Wovon träumst du?
- Was magst du an dir? Was magst du an dir nicht? Was wünschst du dir?
- Was denkst du von deinem Leben? Bist du zufrieden damit oder eher nicht?

Literarisches Lernen und interkulturelle Kompetenz in der Kinder- und Jugendliteraturdidaktik am Beispiel des Romans *Der Junge aus der letzten Reihe* von Onjali Q. Raúf

Natalia Blum-Barth

The Boy at the Back of the Class (2019) – so lautet der Originaltitel des Debütromans von Onjali Q. Raúf. Mit ihrem Erstlingswerk landete die in Bangladesch geborene und in London aufgewachsene Autorin gleich einen großen Erfolg. Das Buch wurde mit renommierten Literaturpreisen ausgezeichnet – *Sunday Times Bestseller*, *Blue Peter Book Award for Best Story* (2019), *Waterstones Children's Book Prize* (2019) u. a. – und in zahlreiche Sprachen übersetzt. Die deutsche Ausgabe erschien 2020 in der Übersetzung von Katharina Naumann im Züricher Atrium Verlag. Diesem Roman folgten mittlerweile sechs weitere Kinderbücher, die Onjali Q. Raúf zu „a best-selling English author"[1] machen.

1. Thema und Inhalt des Romans

Der Junge aus der letzten Reihe – so der Titel der deutschen Übersetzung – ist ein knapp 300 Seiten starker Roman, der in 26 Kapitel gegliedert ist.[2] Gewidmet ist das Buch „den Millionen Flüchtlingskindern auf der ganzen Welt, die ein sicheres und liebevolles Zuhause brauchen" (JR, S. 5), womit bereits das Thema des Romans angedeutet ist. Angeregt wurde die Autorin zu diesem Buch durch ihre Erfahrungen als Helferin in den Flüchtlingslagern der französischen Hafenstädte Calais und Dunkerque.[3]

Je nach Aufgabenstellung und Zielsetzung kann der Roman im fünften bis zum siebten Schuljahr behandelt werden. Die lineare Erzählweise ermöglicht eine schnelle Lektüre und trägt zur guten Verständlichkeit bei. Diese wird durch

---

1 Vgl. Onjali Q. Raúf, https://en.wikipedia.org/wiki/Onjali_Q._Ra%C3%BAf (11.02.2024).
2 Onjali Q. Raúf, 2020, Der Junge aus der letzten Reihe, Zürich: Atrium. Im Folgenden wird aus diesem Roman im Text unter der Sigle JR zitiert.
3 Vgl. New children's novel brings refugee crisis to the classroom. https://www.bbc.com/news/av/entertainment-arts-45606558 (11.02.2024).

viele Dialoge sowie durch die klare, stellenweise emotionale Sprache unterstützt. Kurze Sätze wechseln sich mit Hypotaxen ab.

Die neunjährige Alexa, die Ich-Erzählerin, und ihre drei Klassenkameraden freunden sich mit dem neuen Schüler Ahmet an. Von Erwachsenen hören Alexa und ihre Freunde das Wort ‚Flüchtlingskind' und überschütten Ahmet daraufhin mit Süßigkeiten und kleinen Geschenken. Als Alexa mitbekommt, dass Ahmet aus Syrien stammt, will sie möglichst viel über dieses Land erfahren. Neben der Freundschaft mit Alexa erlebt Ahmet auch unschöne Vorfälle. Er gerät in eine Prügelei auf dem Schulhof, seine Schulsachen werden beschädigt und er wird schikaniert. Als Alexa Ahmet zu Halloween eines ihrer *Tim-und-Struppi*-Hefte mitbringt, erfährt sie, dass Ahmet nicht weiß, wo sein Vater ist, und dass seine Schwester Syrah im Meer ertrunken ist. Als Ahmet seine Mutter zuletzt gesehen hat, war sie krank. Er wisse nicht, ob sie noch am Leben sei.

Zufällig hört Alexa im Bus von „Grenzsicherungen" (JR, S. 132). In der Pause erzählt sie ihren Freunden, dass Ahmet seine Eltern vielleicht nicht mehr sehen wird, wenn er sie nicht vor der Grenzschließung findet. Auch nach einem Gespräch mit der Klassenlehrerin, die den Kindern versichert, dass sich Rechtsanwälte und einige Wohltätigkeitseinrichtungen um die Zusammenführung von Ahmets Familie kümmern, beruhigen sich die Kinder nicht und schmieden eigene Pläne, um Ahmet zu helfen. Mit Zug und Taxi erreichen Alexa und Tom den Buckingham-Palast. Bei der Wachablösung bricht Alexa aus der Menge aus, überwindet die Absperrung und läuft auf einen Palastwächter zu, um ihm einen Brief für die Queen zu übergeben. Fernsehteams strahlen wirkungsvolle Bilder aus, wie ein neunjähriges Mädchen den Coldstream Guards der Queen hinterherläuft. Die Nachrichtensprecher berichten über den Vorfall, der je nach Sender unterschiedlich dargestellt wird.

Als Alexa wieder zu Hause ist, bekommen sie und ihre Mutter Besuch von einigen Nachbarn, die ihre Zustimmung und Bewunderung zum Ausdruck bringen. Aber auch negative Reaktionen und Warnungen bleiben nicht aus. In den nächsten Tagen müssen Alexa und Tom vor Reportern geschützt werden, die mit Mikrofonen und Kameras auf sie lauern. Den Reportern entgeht nicht, wie Ahmet von Brendan und seinen Schlägerfreunden bedroht wird, während der Aufsichtslehrer Mr Irons untätig zuschaut. Als ein Abgeordneter den Vorfall für seine Interessen instrumentalisiert, entscheiden die Klassenlehrerin und die Eltern, dass Alexa und ihre Freunde den Reportern ihre Geschichte erzählen sollen.

An Alexas Geburtstag kommt eine Mitarbeiterin des Innenministeriums in die Schule und übermittelt eine freudige Nachricht für Ahmet: Seine Eltern wurden gefunden und bekommen dauerhaftes Asyl im Vereinigten Königreich.

2. Literaturwissenschaftliche Analyse des Romans

Aus literaturwissenschaftlicher Perspektive lassen sich in diesem Roman im Hinblick auf das interkulturelle Lernen drei Besonderheiten hervorheben: die Figurenkonstellation, die Struktur des Romans und die Intertextualität.

Ahmet, der „Junge aus der letzten Reihe", ist ein neunjähriges Flüchtlingskind. Als Figur ist er passiv konzipiert, was mit der Erzählperspektive zusammenhängt. Ahmet ist jedoch eine starke Figur, auch wenn er in vielen Situationen als Opfer erscheint. Die Intention des Romans liegt nicht zuletzt darin, die Menschen aus Ahmets neuer Umgebung in ihrer Reaktion auf ihn zu zeigen. Dies impliziert, dass sowohl positiv konzipierte Figuren entworfen werden, die den Jungen unterstützen – allen voran Alexa –, als auch negative Figuren, die ihm ablehnend und feindlich begegnen.

Alexa setzt sich für den geflüchteten Jungen ein und hilft ihm, seine Eltern zu finden. Sie selbst ist Halbwaise, ihr aus Österreich stammender Vater ist vor einigen Jahren verstorben und sie vermisst ihn sehr.

Die Konzeption der Figuren ist geprägt von der Geschlechter-Dichotomie. Bei der Figurenanalyse fällt auf, dass die meisten Frauenfiguren positiv konzipiert sind. Die Klassenlehrerin (Mrs Kahn), die Schulbegleiterin (Ms Hemsi), die Schulleiterin (Mrs Sanders), die Reporterin (Ms Hall), die Sanitäterin Davinder und die Polizistin Martina repräsentieren das Bild einer starken, erfolgreichen und selbstbewussten Frau. Dieses Bild trifft besonders auf die alleinerziehende Mutter von Alexa zu. Sie ist gebildet, emanzipiert, fleißig, liebevoll zu ihrer Tochter und resolut zum fremdenfeindlichen Nachbarn. Trotz ihrer zuvorkommenden Art kann sie sehr bestimmt auftreten, wenn es um Gleichberechtigung und Toleranz geht. Als Figur ist sie sehr positiv gezeichnet und hat Vorbildcharakter. In der Interkulturalitätsforschung wurde der Zusammenhang zwischen Interkulturalität und Gender kaum näher untersucht. Erste Studien beziehen sich auf den Bereich der Interkulturellen Pädagogik.[4] Nach Beobachtungen von Carmine Chiellino[5] fokussierte Nora Isterheld kulturspezifische Geschlechter- und Familienentwürfe im Werk russischstämmiger Autorinnen und Autoren. Die von ihr beschriebenen Genderentwürfe[6] korrespondieren mit dem von Onjali Q.

---

[4] Baquero Torres, Patricia, 2009, Kultur und Geschlecht in der Interkulturellen Pädagogik: Eine postkoloniale Re-Lektüre, Frankfurt am Main u. a.: Peter Lang.

[5] Carmine Chiellino, 2001, Liebe und Interkulturalität. Essays 1988–2000, Tübingen: Stauffenburg.

[6] Nora Isterheld, 2020, Die Russen sind wieder da! Wie russischstämmige AutorInnen den deutschsprachigen Literaturbetrieb erobern, in: Migration und Gegenwartsliteratur. Der Beitrag von Autorinnen und Autoren osteuropäischer Herkunft zur literarischen Kultur im deutschsprachigen Raum, hrsg. von Matthias Aumüller und Weertje Willms, Paderborn: Brill/ Wilhelm Fink, S. 71–90, hier S. 82 f.

Raúf zum Vorbild erhobenen Bild einer starken, emanzipierten, gebildeten und erfolgreichen Frau.

Die einzige negativ gezeichnete Frauenfigur ist Tante Christina, die Ehefrau von Alexas Onkel Lenny. Obwohl sie „wunderschön und immer perfekt gekleidet und perfekt frisiert" (JR, S. 117) ist, mag Alexa sie nicht. Auch Tante Christina kann die Schwester und die Nichte ihres Mannes nicht leiden und kommt selten zu Besuch. Und wenn sie da ist, „rümpft [sie] immer die Nase, wenn sie etwas sieht, das ihr nicht passt. Außerdem lächelt sie künstlich. Es ist ein Lächeln, das ganz viel Zähne zeigt, aber nie bis zu ihren Augen reicht." (JR, S. 117)

Die positiv gezeichneten männlichen Figuren im Roman sind vor allem Onkel Lenny, den Alexa als Vaterersatz betrachtet, und der Gemüseverkäufer, der dem Mädchen zwei Granatäpfel schenkt. Der Aufsichtslehrer Mr Irons, der Nachbar Mr Gregg und vor allem der Abgeordnete Mr Fry sind Fremdenhasser, die Asyl suchende Menschen als „dieses faule Ungeziefer, das hier nur auf das leichte Leben aus ist" (JR, S. 206), bezeichnen und hilfsbereite Kinder, die sich zum Buckingham-Palast aufmachen, „[r]adikale Flüchtlingsterroristen" (JR, S. 244) nennen.

Neben geschlechtersensibler Perspektive lässt sich die Gegenüberstellung ‚gute Einwanderer' versus ‚böse Einheimische' – unabhängig vom Geschlecht[7] – beobachten. So entsteht der Eindruck, Interkulturalität zeichne sich dadurch aus, dass sich Fremde untereinander solidarisieren. Deutlich wird dies nicht nur an der Hauptprotagonistin Alexa, deren Mutter aus Indonesien und deren verstorbener Vater aus Österreich stammen, sondern auch an Nebenfiguren, wie dem Ehepaar Rashid:

„Wenn dein Freund Hilfe braucht, *irgendwelche* Hilfe, dann sag uns bitte Bescheid", sagte sie [Mrs Rashid] und streichelte mir über die Wange. „Ja?"

„Versprochen?" fügte Mr Rashid hinzu und sah mich mit seinen großen Augen ernst an. (JR, S. 204f.; Herv. i.O.)

Figuren mit Migrationshintergrund werden beinahe verklärt. Hervorzuheben ist dabei, dass Onjali Q. Raúf auf exotisierende Schreibweisen zurückgreift und die Fremdheit durch die Schilderung der Äußerlichkeiten exponiert. Alexa ist beispielsweise fasziniert vom Äußeren des Gemüseverkäufers: „‚Er sah aus wie ein König', sagte ich und dachte an den Ring mit dem Stein darauf und an den roten Turban" (JR, S. 84). Thematisiert wird in erster Linie die Sympathie, die Alexa gleich beim ersten Anblick des fremden Äußeren für diese Menschen verspürt: „Der Mann hatte einen langen weißen Kinnbart, einen Schnurrbart, der sich an

---

7 Tante Christina offenbart Alexa, dass ihre Großmutter väterlicherseits ein Flüchtling war mit dem Kommentar „Stellt euch nur mal vor! Ein Kriegsflüchtling zu sein, damals? Bevor sie all diese Unterstützung bekamen und schönere Häuser als wir ..." (JR, S. 119), der ihre Abneigung den Fremden gegenüber verrät.

den Enden zwirbelte, und trug einen knallroten Turban. Ich mochte ihn, weil seine Augenbrauen wie haarige Raupen aussahen" (JR, S. 81).

Die äußere Erscheinung beflügelt die Phantasie Alexas, was sich auf der Sprachebene in Vergleichen niederschlägt:

> Ich mochte Ms Hemsis Kopftuch auch. Es sah aus wie ein silbriger Fluss und war mit einer glitzernden Klemme an der Seite befestigt, die wie ein Stern aussah. [...] Und ihre Augen waren mit einem schwarzen Stift ummalt, was sie größer und interessanter wirken ließ. (JR, S. 54)

Kunstvoll formulierte Sätze, lebendige Sprache, dialogreiche Szenen prägen den Stil dieses Romans. Er besteht aus 26 Kapiteln, die zwei zentrale Ereignisse – Flucht und Hilfe – thematisieren. In den ersten zwölf Kapiteln geht es um die Erlebnisse des aus Syrien geflüchteten Jungen in einem fremden Land. Die nächsten vierzehn Kapitel thematisieren Alexas Abenteuer bei der Suche nach Ahmets Eltern.

Dieser Aufbau des Romans scheint eine interkulturelle Botschaft zu transportieren. Jedes Kind braucht seine Eltern, insbesondere in der Fremde. Eltern stehen stellvertretend für die Heimat, Herkunft und Muttersprache. Erst wenn ein Kind, das durch den Krieg aus seiner gewohnten Umgebung herausgerissen wurde, eine Verbindung zu seiner Vergangenheit herstellen kann, wird es in der neuen Sprache, Heimat und Kultur interkulturell aufwachsen.

Alexas Bemühungen, die Eltern von Ahmet zu finden, ist nicht nur ein Akt der Hilfe und Solidarität mit dem syrischen Jungen, sondern der Ausdruck ihrer eigenen Identitätssuche. In diesem Prozess erfährt sie von ihrer österreichischen Großmutter und deren wohl jüdischem Schicksal im Nationalsozialismus. Der frühe Tod des Vaters verunmöglichte ihr den Zugang zu diesem Teil ihrer Familiengeschichte. Die indonesische Herkunft ihrer Mutter und ihres Onkels Lenny wird nur flüchtig erwähnt. Alexas Unwissen über die koloniale Vergangenheit des Landes ihrer Mutter wird implizit zum Ausdruck gebracht und kann als Gegenentwurf zur medial diskutierten Geschichte des geflüchteten syrischen Jungen betrachtet werden.

Der Bezug zur Comicserie *Tim und Struppi* (Les aventures de Tintin), ist eine der wenigen, wenn nicht die einzige intertextuelle Referenz in diesem Roman (sieht man von Verweisen auf den Koran bzw. auf die Bibel ab, die mit der Erwähnung des Granatapfels einhergehen). Gleich zu Beginn des Buches findet sich der erste Verweis auf Tim und Struppi, der bereits wegen seiner Länge über eine bloße Erwähnung hinausgeht. Im zwölften Kapitel, „Syrah und das Meer", bringt Alexa Ahmet eines ihrer Lieblingshefte mit, in dem Tim gegen viele böse Männer kämpft, „obwohl die bösen Männer größer und in der Überzahl sind" (JR, S. 127). Zu ihrer großen Überraschung stellt sie fest, dass Ahmet diese Serie kennt. Beim Anblick von Kapitän Haddock wird Ahmet an seinen Vater erinnert. In wenigen, gebrochenen Worten, die nicht nur auf mangelnde Sprachkenntnisse von Ahmet zurückzuführen sind, wird die tragische Geschichte seiner Flucht erzählt. Alexa erfährt, dass seine kleine Schwester im Meer ertrunken ist, dass Ahmet nicht weiß, wo seine Eltern sind, und dass sein Haus zerstört wurde. Durch diesen zweifachen intertextuellen Verweis rahmt die Autorin die ersten zwölf Kapitel. Unmittelbar danach erfährt Alexa von der Schließung der Grenze und begibt sich auf die Suche nach Ahmets Eltern. Am Ende des 26. Kapitels werden sie gefunden und bekommen dauerhaftes Asyl im Vereinigten Königreich. Damit wird das Motiv der Grenzschließung bzw. -öffnung implizit aufgenommen, wodurch auch die zweite Hälfte des Buches gerahmt wird. Man kann annehmen, die Autorin wollte in der Struktur des Textes die Grenzen widerspiegeln, die Ahmet in seinem Leben überschreiten musste. Dieser Aufbau des Romans exponiert Ahmets Konfrontation mit der Fremdheit, das Kennenlernen des neuen Landes, die Notwendigkeit der Auseinandersetzung mit neuen Realien, um das Verständnis und die Akzeptanz für die bis dahin unbekannte Kultur zu entwickeln und Teil der Gemeinschaft zu werden.

Das Happy End des Romans unterstreicht die Bedeutung der Eltern im interkulturellen Kontext. ‚Eltern' kann als Metapher im Sinn von Kaspar H. Spinner[8] gelesen werden.

3. Das literaturdidaktische Potenzial: Kompetenzerwerb und literarisches Lernen

Der Roman *Der Junge aus der letzten Reihe* erfüllt viele Kriterien der Textauswahl: thematische Bedeutung, sprachliche und künstlerische Qualität, Eignung für die Unterrichtspraxis und vielfältige Möglichkeiten der Didaktisierung. Die Aktualität der Thematik und die kindliche Sicht, die den Lernenden das Hineinversetzen in literarische Figuren besonders gut ermöglicht, sind ausschlaggebende Kriterien für die Auswahl dieses Romans im Hinblick auf das interkulturelle Lernen.

Das Thema der Flucht beschäftigt nicht nur Politik und Gesellschaft, sondern findet immer mehr Eingang in die Literatur. Das literaturdidaktische Potenzial des Romans *Der Junge aus der letzten Reihe* korrespondiert mit der von Heidi Rösch beschriebenen Leistung der Fluchtliteratur: den Lernenden „das Bild einer diversen und pluralen Gesellschaft zu vermitteln"[9] und in der Fremdheit und Anders-

---

8   Kaspar H. Spinner, 2015, Elf Aspekte auf dem Prüfstand. Verbirgt sich in den elf Aspekten literarischen Lernens eine Systematik? in: Leseräume. Zeitschrift für Literalität in Schule und Forschung. 2. Jg., H. 2, S. 188–194, S. 191.
9   Heidi Rösch, 2018, Alles wird gut!? – Flucht als Thema in aktuellen Bilderbüchern für den Elementar- und Primarbereich, in: https://www.leseforum.ch/sysModules/obxLeseforum/Artikel/626/2018_2_de_roesch.pdf (11.02.2024)

heit ein Miteinander zu befördern. In pädagogischer und didaktischer Hinsicht trägt die unterrichtliche Thematisierung der Fluchtschicksale zum interkulturellen Lernen und der Persönlichkeitsentwicklung bei. Die Akzentuierung kultureller Unterschiede soll eine Auseinandersetzung mit kulturellen Differenzen aktivieren und interkulturelles Verstehen fördern. Gleichzeitig werden psychologisches Verstehen, moralische Urteilsfähigkeit, allgemeine ästhetische Bildung und Erweiterung von Weltwissen[10] angestrebt und geschult.

Der Junge aus der letzten Reihe ist ein Kinder- und Jugendbuch, das Erwerb von interkulturellen Kompetenzen und literarisches Lernen natürlich verbindet. Am Beispiel dieses Werkes lässt sich zeigen, dass „literarische Erfahrungen wie das persönliche Berührtsein von einem Text, die Anregung der Fantasietätigkeit durch das Lesen oder das empathische Mitfühlen mit Figuren in einem Unterricht, der am Kompetenzerwerb ausgerichtet ist"[11], nicht nur „gefragt", sondern notwendig sind, um diesen Kompetenzerwerb zu ermöglichen. Dazu gehören „Folgefunktionen"[12] wie moralische Urteilsfähigkeit, Erweiterung von Weltwissen und allgemeine ästhetische Bildung. Angesichts der medienintegrativen Unterrichtskonzepte in der gegenwärtigen Literaturdidaktik sind die ansprechenden Illustrationen des Buches ein wichtiges Argument für das literarische Lernen.[13]

Da die Beschäftigung mit Literatur das Ziel verfolgt, literarische Kompetenzen zu fördern, soll unter Einbeziehung der elf Aspekte von Kaspar H. Spinner[14] geprüft werden, wie Onjali Q. Raúfs Roman zum literarischen Lernen beitragen kann. Zahlreiche Situationen bieten sich zum Nachspielen in Rollen, zur Inszenierung als Streitgespräch zwischen verschiedenen Figuren etc. an, wodurch die ersten zwei Aspekte literarischen Lernens – „Beim Lesen und Hören Vorstellungen entwickeln" und „Subjektive Involviertheit und genaue Wahrnehmung miteinander ins Spiel bringen"[15] – berücksichtigt wären. Die Einnahme einer anderen Perspektive, das Hineinversetzen in schwierige, prekäre oder gefährliche Umstände, fördert nicht nur die Einbildungskraft der Schüler*innen, sondern lässt sie den Ort und die Zeit der Handlung, die Beschaffenheit der Figuren, subtile

---

10 Vgl. Rupp, Gerhard, Heyer, Petra und Bonholt, Helge, 2004, Folgefunktionen des Lesens – Von der Fantasie-Entwicklung zum Verständnis des sozialen Wandels. In: Lesesozialisation in der Mediengesellschaft. Ein Forschungsüberblick, hrsg. von Norbert Groeben und Bettina Hurrelmann, Weinheim/München: Juventa, S. 95–141.
11 Kaspar H. Spinner, 2018, Vermittlungsinstanz Schule. Didaktik der Kinder- und Jugendliteratur, in: Kinder- und Jugendliteratur: historische, erzähl- und medientheoretische, pädagogische und therapeutische Perspektiven, hrsg. von Bettina Bannasch und Eva Matthes, Münster: Waxmann, S. 183–200, hier S. 177.
12 Rupp, Heyer und Bonholt, Folgefunktionen [Anm. 10], S. 95.
13 Diese Illustrationen besitzen einen ganz eigenen ästhetischen Wert und verstärken das literaturdidaktische Potenzial des Buches.
14 Spinner, Elf Aspekte [Anm. 8], S. 188–194.
15 Ebd., S. 189.

Konflikte und ihre Lösungen nachvollziehen. Daraus erwachsen ein besseres Verständnis des literarischen Werkes sowie interkulturelles Verstehen und Toleranz.

Die sprachliche Gestaltung ist ein zentraler Aspekt jeder Textarbeit. Der Roman *Der Junge aus der letzten Reihe* liefert zahlreiche Anlässe für lexikalische und stilistische Analysen, die ausschlaggebend auch zum interkulturellen Lernen und Verstehen beitragen. Dabei kann die Auswahl der zu analysierenden Textstellen an Schüler*innen delegiert werden. Ferner ist die Erstellung von Wort- und Themenfeldern (Isotopien) eine gute Möglichkeit für die Textarbeit. Ein Beispiel für solche Themenfelder im Roman *Der Junge aus der letzten Reihe* wäre die interkulturell besetzte Isotopie Augen/Sehen.

Angesichts der bereits angesprochenen Besonderheiten der Figurenkonstellation in Raúfs Roman lassen sich beim Aspekt „Perspektiven literarischer Figuren nachvollziehen"[16] literarisches Lernen und interkulturelle Kompetenzen besonders gut verknüpfen. Beschreibungen des äußeren Erscheinungsbildes der Figuren, Fokussierung ihrer Kleidung, Thematisierung von Männer- und Frauenrollen bieten sich als Einstieg in die Analyse des Romans an. Die Zugehörigkeit der Figuren zur Mehrheitsgesellschaft oder zur marginalisierten Gruppe, ihre sozialen und kulturellen Prägungen, ihre Haltung und Position in thematisierten Situationen können durch die Einnahme der Perspektive der jeweiligen Figur reflektiert und diskutiert werden. Der Roman liefert zahlreiche Anlässe für den handlungs- und produktionsorientierten Unterricht, der der Zielgruppe und dem Schwierigkeitsgrad angepasst werden kann.

Das Verstehen literarischer Handlungslogik, fünfter Aspekt nach Spinner, kann durch die Analyse der Erzählstrukturen gefördert werden. Da die Handlungslogik des Textes von einem Konflikt geprägt ist, der interkulturelle Aspekte in den Mittelpunkt des Erzählten befördert, liegt die Verknüpfung mit interkulturellem Lernen auf der Hand. Die Auseinandersetzung mit dem thematisierten Konflikt in den Rollenspielen sensibilisiert die Schüler*innen für kritischen Umgang mit Stereotypen und Toleranz für andere Kulturen sowie vermittelt Verständnis für Fremdheit.

Eine weitere Verknüpfung des literarischen Lernens mit dem Erwerb interkultureller Kompetenzen entsteht durch die Begriffsbestimmung und Diskussion der relativ neuen Gattung ‚Fluchtroman'. Damit würde man auf den Aspekt „Prototypische Vorstellungen von Gattungen/Genres gewinnen"[17] eingehen. Die Suche nach Eltern, die *pars pro toto* für Herkunft, Sprache, Kultur, Religion, Geschichte stehen, kann auf den siebten Aspekt von Spinner, „Metaphorische und symbolische Ausdrucksweise verstehen"[18], bezogen werden.

---

16 Ebd., S. 190.
17 Ebd.
18 Spinner, Elf Aspekte [Anm. 8], S. 191.

Die Aspekte 8–11 von Kaspar H. Spinner sind auf „die Unabschließbarkeit des Sinnbildungsprozesses"[19] ausgerichtet. Das deutlich gewordene literaturdidaktische Potenzial des Romans ist insbesondere in Bezug auf das interkulturelle Lernen zu betonen. Es geht aber darüber hinaus und bietet viele transkulturelle Momente, die das Gemeinsame, Verbindende und Vereinende evozieren.

4. Literaturunterricht und interkulturelles Lernen

Interkulturelles Lernen gilt als eine Form des sozialen Lernens. Das damit verbundene Ziel besteht im Erwerb interkultureller Kompetenzen, die als Schlüsselqualifikationen angesehen werden. „Der Erziehungsauftrag soll demnach Denk- und Verhaltensweisen fördern, die auf Freiheit, Humanität und Verantwortung basieren, Schlagworte wie Demokratie, Solidarität, Toleranz und Völkerverständigung gehören zu den wichtigen Prinzipien im pädagogischen Kontext."[20] Auf diese Ideale zielt auch transkulturelle Erziehung ab, die ausgehend vom Konzept der Transkulturalität (Wolfgang Welsch[21]) die universellen, übergreifenden Eigenschaften fokussiert.[22]

Beim interkulturellen Lernen stehen kulturelle Unterschiede im Vordergrund. Die neue bzw. fremde Kultur soll entdeckt, kennengelernt und verstanden werden. Durch die Begegnung mit der fremden Kultur sollen Schüler*innen ihre eigene Kultur erfahren und sich der Präsenz und Bedeutung der kulturellen Grundlagen im alltäglichen Leben bewusst werden. Damit geht die Wertschätzung der eigenen Kultur einher, die als Voraussetzung für die Toleranz gegenüber anderen Kulturen gilt.

Literaturunterricht bietet vielfältige Möglichkeiten für die Vermittlung interkultureller Kompetenzen, daher verwundert es nicht, dass die „Ausweitung des Literaturunterrichts auf interkulturelle Kontexte"[23] zum integralen Bestandteil der Richtlinien der Bundesländer für den Deutschunterricht wurde. Angesichts der Fülle der Neuerscheinungen auch im Bereich der Kinder- und Jugendliteratur,

---

19 Ebd., S. 192.
20 Was bedeutet interkulturelles Lernen?, https://www.online-lernprogramme.de/fachartikel-zum-thema-lernen/was-bedeutet-interkulturelles-lernen/ (10.02.2024).
21 Wolfgang Welsch, 1994, Transkulturalität – die veränderte Verfassung heutiger Kulturen. Ein Diskurs mit Johann Gottfried Herder, in: Europäisches Kultur- und Informationszentrum in Thüringen, hrsg. von VIA REGIA – Blätter für internationale kulturelle Kommunikation, H. 20, https://www.via-regia.org/bibliothek/pdf/heft20/welsch_transkulti.pdf (11.02.2024).
22 Arata Takeda, 2012, Wir sind wie Baumstämme im Schnee. Ein Plädoyer für transkulturelle Erziehung, Münster: Waxmann.
23 Christian Dawidowski/Dieter Wrobel, 2006, Einführung: Interkulturalität im Literaturunterricht, in: Interkultureller Literaturunterricht. Konzepte – Modelle – Perspektiven, hrsg. von Christian Dawidowski und Dieter Wrobel, Baltmannsweiler: Schneider Verlag Hohengehren, S. 1–17, hier S. 1f.

die sich verschiedenen Aspekten der Interkulturalität widmen, kann die Öffnung des Literaturunterrichts „für eine Interkulturalisierung der Perspektive bzw. Lesearten"[24] vielfältig umgesetzt werden.

In Anlehnung an Byrams Modell[25] zur Beschreibung interkultureller Kompetenzen lässt sich aufzeigen, inwiefern Raúfs Text als Unterrichtsgegenstand das interkulturelle Lernen fördert. Das Modell zur *Intercultural Communicative Competence* (1997) führt fünf Komponenten der interkulturellen Kompetenz an. Im Zentrum dieses Modells steht die Ausbildung von *savoir s'engager*, die Fähigkeit, fremde Kulturen kritisch zu reflektieren. Von vier anderen sogenannten „savoirs" – *savoir* (Wissen), *savoir être* (Einstellungen eines interkulturellen Sprechers), *savoir comprendre* (Fähigkeit, eine andere Kultur zu verstehen) und *savoir apprendre* (Fähigkeit, neues Wissen zu erwerben) – ist *savoir être* besonders hervorzuheben. Sie bezieht sich auf die Haltung und Persönlichkeit der Lernenden und meint die Offenheit und Neugierde gegenüber dem Fremden, die Fähigkeit und Bereitschaft, eigene Stereotype und Vorurteile zu relativieren sowie Unterschiede zwischen den Menschen zu verstehen und zu akzeptieren. In Bezug auf das interkulturelle Lernen bieten literarische Texte vielfältige Anlässe, kulturelles Wissen zu vermitteln und eine tolerante Haltung gegenüber Fremdem zu fördern.

Im Sinne der interkulturellen Literaturdidaktik sollen Lesarten und Textanalysen angestrebt werden, die einerseits die Interkulturalität poetischer Werke entschlüsseln und zur Wirkung bringen, andererseits aber auch literaturdidaktische Lehr-Lern-Settings so gestalten, dass interkulturelles Lernen gefördert wird.

5. Einige Anregungen für didaktisch-methodische Konkretisierungen

In Bezug auf das interkulturelle Lernen empfiehlt sich, wie bereits oben ausgeführt, die Analyse der Figuren, die eine Herausarbeitung ihrer Eigenschaften und ein Verständnis für ihre Motive ermöglicht. Die Schüler*innen sollen auf die Konstellation der Figuren aufmerksam gemacht werden und die Konzeption der einheimischen Figuren und Figuren mit Migrationsgeschichte ebenso wie der männlichen und weiblichen sowie der Kinder- und Erwachsenenfiguren begreifen. Dieses Verständnis ist notwendig, um die Handlungen der Figuren und den themati-

---

24 Dieter Wrobel, 2006, Texte als Mittler zwischen Kulturen. Begegnung und Bildung als Elemente des interkulturellen Literaturunterrichts, in: Interkultureller Literaturunterricht. Konzepte – Modelle – Perspektiven, hrsg. von Christian Dawidowski und Dieter Wrobel, Baltmannsweiler: Schneider Verlag Hohengehren, S. 37–52, hier S. 38.
25 Michael Byram, 1997, Teaching and Assessing Intercultural Communicative Competence, Clevedon: Multilingual Matters, S. 33 f.

sierten Konflikt in der Erzählung zu erfassen. Gleichzeitig trägt das Wissen über die Beschaffenheit der Figuren entweder zur Identifikation mit ihnen oder, bei einigen, zur Ablehnung und Verurteilung bei, was wiederum den Erwerb psychologischer, sozialer und interkultureller Kompetenzen fördert.

Insbesondere in Bezug auf das interkulturelle Lernen bietet sich ein Rollenspiel[26] an, weil es die Schüler*innen die Perspektive der jeweiligen Figur einnehmen und ihre Motive nachvollziehen und verstehen lässt.

Auf der einen Seite sind die Rollen von Ahmet, Alexa, Tom, Jossi und Michael zu vergeben, auf der anderen die von Brendan-dem-Quälgeist, Chris, Liam und Clarissa, sowie von drei bis fünf anderen Schülerinnen und Schülern und der Lehrerin, Mrs Khan. Auch Beobachter und Publikum sollen festgelegt werden. Nach der Vorbereitungsphase, in der jede Rolle die Beschaffenheit ihrer Figur anhand der Textarbeit studiert, um auf Grundlage ihrer Rollenzuweisung argumentieren zu können, beginnt das Spiel. Die Vorgesetzte von Mrs Khan (die Lehrkraft) klopft an der Tür und teilt mit, dass ein weiterer syrischer Junge an ihrer Schule aufgenommen werden soll. Sie fragt Mrs Khan nach ihrer Meinung, muss aber zu einem Termin eilen und bittet Mrs Khan, das Anliegen in der Klasse zu besprechen.

Da man sich auf die Spielsituation nicht vorbereiten konnte, ist zu hoffen, dass tatsächlich *gespielt* wird.

In der Reflexionsphase äußern sich zunächst Beobachter*innen und vergleichen die gespielten Rollen mit der Konzeption der Figur im Roman. Im nächsten Schritt gehen Beobachter*innen auf die Argumentationen ein. Dann wird um Ergänzungen aus dem Publikum in Bezug auf die Argumente und den Zusammenhang zwischen diesen Argumenten und der Konzeption der Figur gebeten. Im Anschluss können sich Rollenspieler*innen dazu äußern, welche Schwierigkeiten sie bei der Einnahme der Figurenperspektive hatten.

Die nächste Anregung betrifft die Vermittlung des interkulturellen Wissens anhand des Granatapfel-Motivs. Die Schüler*innen werden gebeten, im Text Passagen (JR, S. 75–84, 86–92) zu finden, in denen es um Granatäpfel geht. Im nächsten Schritt soll die Gemeinsamkeit der beiden Stellen erarbeitet werden: der Granatapfel wird geschenkt (der Gemüseverkäufer schenkt Alexa zwei Granatäpfel, die einen Granatapfel dann an Ahmet verschenkt). Der Weg zum Granatapfel bzw. seine Suche in verschiedenen Gemüseabteilungen ist zunächst erfolglos und erinnert an das aus Märchen vertraute Motiv der Prüfung des Helden. Auch Ahmet muss als Besitzer den Granatapfel vor anderen verteidigen und sich beweisen. Inwiefern fungiert der Granatapfel in diesem Roman als Symbol oder Metapher? Um sich dieser Frage zu nähern, soll die Lehrkraft auf die Präsenz des Granatapfels in der Kunst aufmerksam machen, indem sie einige Bilder zeigt: die Dar-

---

26 Vgl. Wolfgang Mattes, 2006, Rollenspiele durchführen und besprechen, in: Ders.: Methoden für den Unterricht. 75 kompakte Übersichten für Lehrende und Lernende, Paderborn: Schöningh, S. 106.

stellung der syrischen Göttin Atargatis (der Granatapfel ist ihr Symbol), Botticellis Gemälde „Madonna mit dem Granatapfel", Grünewalds Gemälde „Stuppacher Madonna" (auf dem Maria dem Jesuskind einen Granatapfel überreicht), das Wappen der spanischen Stadt Granada, Glasfenstermalerei mit Granatapfelmotiven im Palast der Shaki Khans in Aserbaidschan, Paul Cézannes „Stillleben mit Granatapfel und Birnen" etc. Anhand dieser Bilder soll den Schülerinnen und Schülern bewusst werden, dass der Granatapfel ein beliebtes Motiv ist, das in verschiedenen Kulturen verwendet wird. Damit kann die Lehrkraft auf transkulturelle Werte – Fruchtbarkeit, Reichtum – verweisen, die der Granatapfel transportiert. Nach dieser intermedialen Sequenz bietet sich eine intertextuelle Aufgabe an: Wie und in welchem Kontext wird der Granatapfel in der Bibel und im Koran erwähnt (anhand der von der Lehrkraft vorbereiteten Textvorlagen: Bibel: 2. Mose 28.33 f.; 2. Mose 39.24-26; 4. Mose 13.23; 1. Könige 7.18-20; 1. Könige 7.42; 2. Könige 25.17, 2. Chronik 3.16, 4.13; Hohelied 4.3, 6.7, 8.2; Jeremia 52.22 f.; Koran: Ar-Rahman, 68; An-Nahl, 13; Al-An'am, 141 u. a.). Wie korrespondieren diese Darstellungen mit dem Motiv des Granatapfels in Raúfs Roman? Diese Korrespondenzen lassen sich besonders eindrucksvoll anhand von Zitaten aus 4. Mose 20.5 „Und warum habt ihr uns aus Ägypten geführt an diesen bösen Ort, da man nicht säen kann, da weder Feigen noch Weinstöcke noch Granatäpfel sind und dazu kein Wasser zu trinken?" und 5. Mose 8.7 f.: „denn der HERR, dein Gott, führt dich in ein gutes Land, ein Land, darin Bäche und Brunnen und Seen sind, die an den Bergen und in den Auen fließen; 8 ein Land, darin Weizen, Gerste, Weinstöcke, Feigenbäume und Granatäpfel sind" herausarbeiten.

Ein ähnliches Vorgehen wie beim „Granatapfel" bietet sich auch bei „Augen" an. Anhand ausgewählter Stellen zum Themenfeld „Augen" lassen sich Wiederholungen, Vergleiche, Adjektive und Aufzählungen und ihre jeweiligen Funktionen im Text erläutern. Gleichzeitig ist dieses Themenfeld interkulturell besetzt. Die erste Begegnung mit der Fremde wird in der interkulturellen Literatur meistens durch visuelle Wahrnehmung dargestellt. Aus interkultureller Sicht ist zu erwähnen, dass Augen, wie die „ummalt[en]" Augen von Ms Hemsi, in der Begegnung mit dem Fremden Orientierung ermöglichen. Die visuelle Wahrnehmung kommt meistens dann zum Tragen, wenn der verbale Kontakt beispielsweise aufgrund fehlender oder mangelnder Sprachkenntnisse oder wegen der Hierarchieordnung nicht ohne Weiteres gegeben ist. Vor diesem Hintergrund bietet sich das Nachspielen der Textstellen mit Augen-Motiv sehr gut an. Dabei werden die Schüler*innen erkennen, dass non-verbale Kommunikation überwiegt. Im Anschluss kann man die Lernenden auffordern, die betreffenden Augen-Textstellen im Hinblick auf Emotionalität zu analysieren. Dadurch wird deutlich, welche Gefühle und Phantasien bei der visuellen Wahrnehmung des Fremden entstehen.

Um literarisches und interkulturelles Lernen zu verknüpfen, kann überlegt werden, durch welche interkulturellen Begegnungen die Handlung des Romans angeregt wird. Zunächst bietet sich eine Zuordnung der Kapitel zu Ahmet und

Alexa an, je nachdem, von welcher Figur im jeweiligen Kapitel hauptsächlich erzählt wird. In welchen Kapiteln stehen Ahmet und Alexa gemeinsam im Mittelpunkt der Erzählung? Was wird zum Auslöser für das Zusammenkommen beider Figuren?

Neben dem Granatapfel ist die vor über 90 Jahren entstandene und aus 25 Episoden bestehende Comicserie *Tim und Struppi* des Belgiers Hergé ein weiterer intertextueller Verweis. Wenn es möglich ist, einige Hefte der Serie einzusehen, sollten die Schüler*innen beobachten, wie das Fremde darin dargestellt wird. (Die Serie enthält Elemente rassistischer und kolonialistischer Stereotype.) Als Nächstes bestimmen die Schüler*innen, in welchen Kapiteln und wie diese Comicserie erwähnt wird. Dann sollen sie mutmaßen, warum das Blättern im Heft Ahmet dazu veranlasste, Alexa seine Geschichte zu erzählen. Anhand dieser Stelle (JR, S. 127–130) sollen die Schüler*innen diskutieren, was Alexa in diesem Moment fühlen und denken könnte. Inwiefern waren diese Gedanken und Gefühle für Alexas Reaktion auf die Nachricht über „Grenzsicherung" ausschlaggebend? In Partner- oder in Gruppenarbeit soll überlegt werden, unter welchen anderen Umständen Ahmet seine Geschichte Alexa oder einer anderen Figur hätte anvertrauen können. Welcher Anlass, welche Umstände wären denkbar dafür? Diese Situationen sollen dann in Rollspielen vorgeführt werden.

Die Schüler*innen sollen erkennen, dass die Wahl der Erzählperspektive mit Grenzen und Einschränkungen korrespondiert. Gegen die „Grenzsicherungen" (JR, S. 132) kann Ahmet nichts unternehmen, er ist auf die Hilfe anderer angewiesen. Deshalb rückt Alexa in den Mittelpunkt der Erzählung: die Autorin berichtet von ihrer Suche nach Ahmets Eltern. Die Lehrkraft soll darauf aufmerksam machen, dass die erzählten Ereignisse sich in der Erzählstruktur niederschlagen und mit der Beschaffenheit der Figuren und mit Rahmenbedingungen im interkulturellen Kontext zusammenhängen. Abschließend sollen die Schüler*innen diskutieren, was Eltern für ein Kind in einem fremden Land bedeuten: nicht nur Liebe und Fürsorge, sondern Muttersprache, Religion, besonderes Essen, gemeinsame Familienfeste etc. Eltern sind eine Metapher für die Verbindung mit der Vergangenheit, mit dem Herkunftsland und fungieren als Garant dafür, dass die Herkunftskultur nicht verloren geht. Diese Absicherung der Erstkultur ist notwendig, damit man sich auf ein neues Land, seine Sprache und Kultur einlassen kann.

Detektiv und Gentleman?

Die Suche nach einer kosmopolitischen Haltung in Kirsten Boies *Thabo – Der Nashorn-Fall* (2016)

Julia Catherine Sander und Wolfgang Jäger

1. Einleitung

Im ersten Band der dreibändigen Kinderbuchreihe *Thabo. Detektiv und Gentleman*[1] von Kirsten Boie ermittelt eine Kindergruppe in einem Verbrechen: Im Nationalpark *Lion Park* im südlichen Afrika wurde eine Nashornmutter brutal getötet, ihr wertvolles Horn abgesägt. Thabo – Hauptfigur, Ich-Erzähler, Detektiv und Gentleman-to-be – macht sich gemeinsam mit seiner Freundin Emma und seinem Freund Sifiso auf die Suche nach dem Täter, erst recht als Thabos Onkel Vusi als Verdächtiger festgenommen wird. Unterstützung finden die selbsternannten Privatdetektive bei Emmas Tante Miss Agatha, einer alten Dame, die – wie Thabo – Kriminalfilme schätzt und selbst an Miss Marple erinnert. Zunächst fällt der Verdacht der ermittelnden Kinder auf den unfreundlichen Mr. Wu. Dem Täter, Mr. Winterbottom, hingegen schenken sie ihr Vertrauen. Dadurch geraten Thabo und seine Freunde in große Gefahr. Aber nach einer aufregenden Befreiungsaktion und einer rasanten Verfolgungsjagd gelingt es den Kindern, den Wilderer zu stellen und der Polizei zu übergeben.

Thabo. Detektiv und Gentleman – Der Nashorn-Fall ist ein spannender Kinder- und Detektivroman einer der renommiertesten Autorinnen der aktuellen Kinder- und Jugendliteratur.[2] Die postkoloniale Perspektive des Textes – immer noch selten in der deutschsprachigen KJL – ist wichtig für den Deutschunterricht in der späten Unter- und frühen Mittelstufe.[3] Die Verbundenheit der Autorin mit Afrika und ihre Projekte[4] verknüpfen ihr literarisches Werk mit konkretem Engagement. Ins-

---

1 Reihe in drei Bänden: 2016, Thabo. Detektiv und Gentleman – Der Nashorn-Fall, 2016, Die Krokodil-Spur und 2017, Der Rinder-Dieb, Hamburg: Oetinger. Der Medienverbund zu Thabo umfasst weiterhin eine Erstlesereihe, Hörbücher und seit 2023 die Verfilmung „Thabo – Das Nashorn-Abenteuer".
2 Bisher sind mehr als hundert Bücher erschienen und in zahlreiche Sprachen übersetzt worden. 2007 wurde sie für ihr Gesamtwerk mit dem Sonderpreis des Deutschen Jugendliteraturpreises ausgezeichnet, 2022 für ihren Roman „Dunkelnacht" mit dem Deutschen Jugendliteraturpreis für das beste Jugendbuch. Vgl. https://www.oetinger.de/person/kirsten-boie (11.02.2024).
3 Boies Roman lässt sich in den Kontext einer intensiven Beschäftigung mit Afrika-Europa-Relationen stellen, wie sie (nicht nur) Kinder- und Jugendmedien der Gegenwart aktuell zeigen.
4 Zum Beispiel gründete Kirsten Boie 2015 die Möwenweg-Stiftung zur Unterstützung von Kindern in Eswatini.

besondere – und dies steht im Fokus der folgenden Überlegungen – eröffnet der Roman vielfältige Reflexionsmöglichkeiten von Figurenperspektiven, erzählerischen Konstruktionen und eigenen Standpunkten. Insofern kann die Auseinandersetzung mit dem Text das kritische Literaturlesen und das interkulturelle Lernen fördern: Denn „to open people's viewpoints and to adjust their self-perceptions" gilt für beides als eine Hauptherausforderung.[5]

2. Überlegungen zum Gegenstand

Kirsten Boies Roman weist mit der Story einer Gruppe Kinderdetektive, die auf Verbrecherjagd gehen, Ähnlichkeiten zu manchem Kinderbuch(klassiker) auf.[6] Seltener in der deutschsprachigen (Kinder- und Jugend-)Literatur hingegen findet man den Schauplatz: Kirsten Boie verortet ihre Geschichte im südlichen Afrika, in einem „kleinen Königreich", das, obgleich Städtenamen und Sprache auf Eswatini hindeuten, „ein neues, eigenes Königreich nur für diese Geschichte" ist, das sie zugleich mit der ganzen Welt verbindet (T, S. 296).[7] In einem Nationalpark, *Lion Park*, und dem dazugehörigen Hotel *Lion Lodge* situiert Boie die Begegnungen Thabos und seiner Freunde mit Tourist*innen aus der ganzen Welt sowie die Ermittlungen der Kinder in einem Fall von international organisierter Wilderei.

Die Situation ist geprägt durch die koloniale Geschichte und persistierende Dominanzverhältnisse. Das zeigt sich im Nebeneinander von Bildern der ehemaligen englischen Könige und von dem aktuellen, „unser[em] eigene[n] König" (T, S. 9). Das zeigt sich auch in der Verteilung von Gütern, Chancen und Rechten: Der englischstämmigen Familie gehört *Lion Lodge*, Tochter Emma besucht ein britisches Internat. Thabo lebt bei seinem Onkel Vusi in einer Bedienstetenunterkunft ohne fließendes Wasser, die Hütte seines Freundes Sifiso trägt ein nur notdürftig schützendes Dach. Thabos Handy, Attribut seiner Weltgewandtheit als Detektiv, ist ein Geschenk von Miss Agatha und verpflichtet ihn, der Geberin zur Verfügung zu stehen. Als Vusi unter Tatverdacht gerät, zweifelt Thabo an der Gleich-

---

[5] Dominic Busch und Jana Möller-Kiero, 2016, Rethinking interculturality will require moral confessions: Analysing the debate among convivialists, interculturalists, cosmopolitanists and intercultural communication scholars, in: Interculture Journal 15, 26, S. 43–57, hier S. 51; zu interkultureller Literaturdidaktik, die Dominanz und Differenz, Diversität und Hybridität zum Thema macht s. Heidi Rösch, 2020, Interkulturelle Literaturdidaktik, in: https://www.kinder-undjugendmedien.de/index.php/fachdidaktik/5053-interkulturelle-literaturdidaktik (11.02.2024).

[6] U.a. Kästner: Emil und die Detektive, Lindgren: Kalle Blomquist, Steinhöfel: Beschützer der Diebe.

[7] Kirsten Boie, 2016, Thabo. Detektiv und Gentleman – Der Nashorn-Fall, Hamburg: Oetinger, zitiert im Text mit T und Seitenangabe.

behandlung seines Onkels und des touristischen Verdächtigen durch die Polizei. Bänke und Pool sind für die überwiegend älteren englischen Tourist*innen reserviert ebenso wie das feine Essen, um das Sifisos hungrige Geschwister bitten, zur Scham des großen Bruders. Die Reisenden behandeln die Kinder geringschätzig, lassen sich sogar trösten, nachdem sie fast die kleine Schwester Sifisos überfahren hätten. Dominierend sind ihre Afrika-Vorstellungen, die Thabo und sein Onkel auf den Safaritouren zu erfüllen versuchen – „die Touristen wollen immer Löwen" (T, S. 22; vgl. S. 102). Onkel Vusi entspricht als „John" ihren rassistischen Überzeugungen: „Das können sich die Touristen leichter merken, und sie fühlen sich auch wohler bei einem Ranger mit englischem Namen als bei einem mit afrikanischem. Sie glauben dann, dass er klüger und zuverlässiger ist, sagt Onkel Vusi" (T, S. 26). Die Kinder werden durch die Reisenden als arm und heiter ins Bild gesetzt, ein Stereotyp, das Thabo bedient durch ein fröhliches Lachen, „wie man das [...] soll", in der Hoffnung auf ein gutes Trinkgeld, während sein Freund die Tourist*innen extrem aufdringlich findet, aber nicht wagt, sich gegen die ständig auf ihn gerichteten Kameras zu wehren (T, S. 21–23).

In dieser Situation ergreift Boies Hauptfigur Thabo das Wort und erzählt – auf der Folie der Miss Marple-Filme, die er zusammen mit Miss Agatha anschaut[8] – von Wilderei im Nationalpark. Boie verschiebt den Fokus – geographisch und generationell. Nicht länger geht es um die alte englische Dame, die im dörflichen Südengland ermittelte, im Zentrum steht ein Kind in Afrika, das einen Kriminalfall in internationalen Bezügen untersucht: Thabo mit seinem Selbstentwurf als Detektiv und Gentleman. Die interne Fokalisierung schafft einen kindlich-direkten Blick auf die Verteilung von Gütern, Chancen und Rechten, auf Denk- und Verhaltensweisen. Dadurch werden Machtstrukturen verdeutlicht und stellenweise auch reproduziert, z. B. durch Thabos übergroße Naivität, wenn er mit Verständnis feststellt, dass die Tourist*innen im Urlaub keine hungernden Kinder sehen wollten (T, S. 102) oder dass Lesende sicher so polyglott seien, dass sie seine Sprache nicht bräuchten (T, S. 100).[9]

---

[8] Thabo reflektiert die Wahrnehmung seiner „Wirklichkeit" auf der Folie dieser Filme und generell fiktionaler Medien, allerdings keiner afrikanischen (T, S. 210).

[9] Warum und wie Kirsten Boie als weiße Autorin ein schwarzes Kind zum Helden der Geschichte macht, reflektiert sie z. B. im Vorwort zu „Odo und der Beginn einer großen Reise" von Dayan Kodua, 2021. Boies Vorgehen wird mit Bezug zu whitewashing, white gaze, white supremacy und kultureller Aneignung von einigen Forschenden hinterfragt (vgl. Lisa Pychlau-Ezli und Özkan Ezli, 2022, Wer darf in die Villa Kunterbunt? Über den Umgang mit Rassismus in Kinderbüchern, Münster: Unrast). Allerdings sprechen Pychlau-Ezli und Ezli auch von dem „ehrenhafte[n] Anliegen", „Afrika für Kinder nun positiv [...] darzustellen" und halten fest, wie wichtig Boies offener Umgang mit Rassismus sei (ebd., S. 202; s. dazu Julia Catherine Sander, 2024 (i. Vorb.), With and against the text – Zu einem didaktischen Modell kritischen Literaturlesens, in: Einfach aussortieren? Machtaffirmierende Erzählwelten zwischen Zumutbarkeit und Verletzung in der literaturwissenschaftlichen und literaturdidaktischen Diskussion, hrsg. von Magdalena Kißling und Johanna Tönsing, Berlin: Frank und Timme).

Thabos Wahrnehmung des und der Anderen zeigt sich immer wieder als beeinflusst durch Stereotype. An vielen Stellen hinterfragt der Roman diese, u. a. indem sie ironisch gebrochen werden und die Detektivarbeit in hohem Maße behindern. Thabo dient in dieser pädagogischen Konstruktion dazu, Menschen in Europa zur Reflexion anzuregen – dies ist problematisch und zugleich eine Möglichkeit, differenziert und (selbst)kritisch über die Reproduktion von Stereotype und Machtstrukturen nachzudenken. Mit Thabos Nationalstolz „auf unser Land", in dem das Autofahren nach Alkoholkonsum verboten sei – „Viele wichtige Dinge hat die Welt von uns gelernt" (T, S. 45) –, zitiert Boie, zum Beispiel, den häufig paternalistischen Gestus des Westens gegenüber Afrika, indem sie ihn wendet und Thabo in den Mund legt.[10] Dass Thabo sein Gefühl der Überlegenheit ausgerechnet anlässlich des Alkoholgeruchs äußert, der von dem ermittelnden Kommissar ausgeht, lässt es sofort brüchig werden und reproduziert zugleich ein Stereotyp.

Bei ihren Ermittlungen bringen stereotypisierende Vorstellungen Thabo und seine Freunde in Gefahr und stören die Ermittlungen der internationalen Akteure: Dem Täter, Mr. Winterbottom, schenken die Kinder Sympathie und Vertrauen, weil er sich freundlich und zugewandt gibt und sie in seinem Aussehen an einen amerikanischen Filmstar erinnert (T, S. 26). Ihr Verdacht richtet sich gegen Mr. Wu – den amerikanischen Ermittler – aufgrund seiner Unfreundlichkeit und der Vermutung, Nashornpulver werde als Medizin nach Asien verkauft. Trotz Miss Agathas Warnung, sie bewegten sich damit in rassistischen Denkstrukturen, lassen die Kinder jedes Indiz gegen Mr. Wu sprechen – passend oder nicht (T, S. 94). Die Anregung zur Reflexion – wie fände Thabo es, „wenn irgendwer behaupten würde, alle Afrikaner sehen gleich aus" (ebd.) – kommt ausgerechnet von einem „Relikt aus der Kolonialzeit"[11] und Thabo weist sie ab: „Jeder weiß, dass Afrikaner sehr, sehr unterschiedlich aussehen, meine Damen und Herren, das wissen Sie auch. Mit Chinesen und Japanern und Asiaten überhaupt ist das doch wohl anders" (T, S. 94 f.).

Der Themenkomplex des Rassismus ist Schüler*innen wenig zugänglich, so konnte z. B. Elke Rajal in dem Projekt *Making Democracy* zeigen.[12] Durch ihre Konstruktion eröffnet Boie Raum für Fragen: Was ist Rassismus? Von wem geht er aus? Wie wird er reproduziert? Anhand der konkreten Situation im Roman kann im Literaturunterricht über Rassismus als individuelle Diskriminierung und gewordene Machtstruktur gesprochen werden.

---

10 Vgl. auch Thabos kritischen Blick auf die englische Polizei, den er im Verlauf des Romans relativiert.
11 Pychlau-Ezli und Ezli, Wer darf in die Villa Kunterbunt? [Anm. 9], S. 208.
12 Elke Rajal, 2020, Making Democracy. Aushandlungen von Freiheit, Gleichheit und Solidarität unter Jugendlichen. Erkenntnisse aus dem Prozess, in: Making Democracy. Aushandlungen von Freiheit, Gleichheit und Solidarität im Alltag, hrsg. von Elke Rajal et al., Bielefeld: transcript, S. 33–48, hier S. 44 f.

Mit *Thabo. Detektiv und Gentleman – Der Nashorn-Fall* reflektiert Kirsten Boie auch eine kosmopolitische Haltung in konkreten lokalen Kontexten globalisierter Lebenswelten – in Herausforderungen, in Momenten des Gelingens und Nichtgelingens. Momente des Gelingens und Nichtgelingens, das kann auch für Boies ästhetische Konstruktion gelten.[13] Boie geht reflexiv und sensitiv mit Selbst- und Anderenentwürfen sowie Relationen in einer globalisierten Welt um, legt ein Augenmerk auf Ungerechtigkeit, Stereotypisierungen und ethnozentrische Perspektiven – und reproduziert diese stellenweise doch. So lässt sich der Roman einerseits in Bezug setzen zu Ansätzen eines kritischen, dekolonialen Kosmopolitismus,[14] und eröffnet andererseits Raum für eine rassismuskritische Auseinandersetzung.

Thabo ermittelt und überprüft als Detektiv und Gentleman: Seine genaue Beobachtung, intensive Reflexion und bereitwillige Revision sowie seine Höflichkeit, Offenheit und Großzügigkeit prägen nicht nur seine Arbeit am konkreten Fall, sondern auch seinen Selbstentwurf. Doch auch wenn Thabo, gemessen an seinem Selbstentwurf – immerhin stellen Sifiso und er den Täter und übergeben ihn der Polizei – ein noch teilweise scheiternder Held ist, an seinem Ziel des „Detektiv-Werden[s]" hält er fest (T, S. 290). Für die Weiterentwicklung, die Thabo am Ende des ersten Bandes anstrebt, gilt es wohl, in konkreten Herausforderungen weiter zu versuchen, den eigenen Rahmen starrer Gewissheiten zu verlassen und Vorstellungen auf die Probe zu stellen, im Wissen darum, dass es immer wieder „wirklich überraschend [ist], wie alles mit allem zusammenhängt. Auf der ganzen Welt" (T, S. 285 f.).[15]

Solche Zusammenhänge schafft auch die Gestaltung der Sprechsituation: Indem Thabo als Ich-Erzähler Lesende direkt adressiert und in einen Dialog mit ihnen tritt, lädt der Roman ein, seinen Blick auf die Ermittlungen und darüber hinaus auf Lion Lodge, Europa, die Welt und seinen Selbstentwurf zu teilen, auch eigene Sichtweisen beizusteuern. Vertrauensvoll, zugewandt und höflich, auch etwas manieriert erläutert, kommentiert und zensiert er das Geschehen für die Lesenden. Er ist dabei reflektiert, was sich und andere betrifft. Die Lesenden sieht er als weltgewandt, polyglott – englisch, spanisch, französisch – und ausgestattet

---

13 Das gilt wahrscheinlich auch für diesen Artikel.
14 Vgl. Werner Wintersteiner, 2019, Global Citizenship Education – eine pädagogische Antwort auf die „große Regression"?, in: Zeitschrift für internationale Bildungsforschung und Entwicklungspädagogik 42, 1, S. 21–25; Anja Ballis, 2019, Kirsten Boie erzählt von Paule, Thulani und Thabo. Global Citizenship Education und Deutschunterricht, in: Der Deutschunterricht 3/2019, S. 64–72. https://epub.ub.uni-muenchen.de/68462/1/Ballis_Kirsten_Boie%20_erzählt.pdf (11.02.2024); Zur Kritik und deren Kritik s. Johannes Drerup, 2019, The West and the Rest? Zur postkolonialen Kritik an Global Citizenship Education, in: ZEP – Zeitschrift für internationale Bildungsforschung und Entwicklungspädagogik, 42(4), S. 4–11.
15 Insofern kann Thabo, den Pychlau-Ezli und Ezli als „demütig" und „anspruchslos" lesen (Wer darf in die Villa Kunterbunt? [Anm. 9], S. 206), auch als selbstbewusstes, zukunftsorientiertes Vorbild in glokaler Perspektive gelesen werden.

mit einem „schnelle[n] Gehirn"– wie er (T, S. 64 f.). Durch die Ansprache als „Meine Damen und Herren" verweist er kindliche Leser*innen – passend zu seinem Zukunftsplan als Detektiv und Gentleman – auf ihre Zukunft. Dieser Verweis, die Einladung zum Dialog und Thabos intensives Nachdenken über sich, Andere und die Welt kann Lesende anspornen, sich an der Suche nach reflexiven (kosmopolitischen) Haltungen zu beteiligen.

Aber die Position, die Thabo den Lesenden zuspricht, ist komplex und bietet nicht nur die Möglichkeit, seine Sichtweisen und seinen Selbstentwurf zu übernehmen. Er adressiert die Lesenden als Andere aus anderen Ländern mit anderen Lebensbedingungen, die er nicht kennt. Dabei setzt er sie nicht mit den Tourist*innen gleich. Dennoch ist die Sprechsituation potentiell spannungsreicher, als es nach dem ersten Blick auf Thabos leichten und einladenden Ton scheinen mag. So kann Thabo bei Lesenden auch Befremden und Widerspruch aktivieren. Das gilt auf inhaltlicher Ebene z. B. für Thabos Reproduktion von Genderstereotypen (T, S. 245), für seine Rede über Institutionen wie die Zweitehe und seine Wahrnehmung der Tourist*innen, z. B. deren Geiz und Unzufriedenheit trotz eines hohen Wohlstands (T, S. 41, 51). Auch überschätzt Thabo sein Publikum, das sein Zutrauen, z. B. in extensive Sprachkenntnisse, wohl meist enttäuschen muss. Das gilt zugleich für die Konstruktion der Figur und ihrer Lebenswelt, durch die Afrika-Stereotype auch reproduziert werden.[16] Und das gilt nicht zuletzt für Boies Benennung von Thabos Ideal mit den stark auf Großbritannien bezogenen Begriffen Detektiv und Gentleman. Dadurch können in der Auseinandersetzung der Lesenden mit den Aussagen der Figur, der ihnen zugedachten Rolle im Dialog und mit der Figurenkonstruktion Fragen aufkommen, die auch im Feld der inter-/transkulturellen, postkolonialen, rassismuskritischen Forschung und in zivilgesellschaftlichen Aushandlungsprozessen bearbeitet werden: Welche Bilder des Anderen finden sich und welche Rolle spielen diese in alltäglichen Aushandlungen? Welche Machtstrukturen, Ungerechtigkeiten gibt es? Was sind Kriterien gelungener Kommunikation, was sind Herausforderungen, was Zielperspektiven? Deshalb wäre es eine vertane Chance, Thabo für den Deutschunterricht zu streichen, wie Pychlau-Ezli und Ezli nahelegen,[17] und nicht zur Förderung kritischen Lesens vorzuschlagen.

---

16 Pychlau-Ezli und Ezli, Wer darf in die Villa Kunterbunt? [Anm. 9], S. 209, 210.
17 Ebd., S. 213, 214.

3. Didaktischer Kommentar I: Beschreibung des allgemeinen literaturdidaktischen Potentials

Kirsten Boies Roman, dem der Leipziger Lesekompass 2016 ein besonderes Leseförderpotential attestiert hat, bietet auf thematischer und sprachlicher Ebene viele Möglichkeiten, Kompetenzen literarischen Lesens weiterzuentwickeln. Der spannende Fall, eine eher einfache Sprache (LIX ca. 31) sowie markierte Übergänge zwischen den kurzen Kapiteln und die Leser*innen-Führung durch Thabo fördern den Lesefluss. Auch die Möglichkeit, die bekannten Figuren in den Folgebänden weiter zu begleiten, kann der Lesemotivation dienlich sein.[18] Allerdings ist die Ereignisdichte nicht durchgängig hoch und die Leser*innen-Ansprache, die als motivierend gilt, kann aufgrund des gewählten Gentleman-Stils verunsichern.

Im Hinblick auf das literarische Lernen unterstützt der Roman durch sein Genre die Entwicklung prototypischer Vorstellungen des Detektivromans. Er umfasst ein weites Spektrum an Themen: die Bedeutung von Familie und Freunden, Geschlechterrollen, Tierschutz und Tourismus in Nationalparks, Rassismus und (Post-)Kolonialismus, ungleiche Lebensbedingungen, Mediennutzung. Die Figurenkonstellation bietet Schüler*innen unterschiedliche Charaktere und somit Anknüpfungs- und Abgrenzungsmöglichkeiten. Intermediale Verweise eröffnen Reflexionsmöglichkeiten unterschiedlicher Ebenen von Fiktionalität. Auf formalästhetischer Ebene hält der Roman Lernpotentiale bereit durch die Erzählperspektive mit Leser*innen-Ansprache, durch Thabos Stil, der sich an einer Vorstellung des Höflichen orientiert, durch die Beschreibung von Naturphänomenen, durch Sprachbilder und das Sprachfeld der Kriminalistik. Auch durchziehen Wörter aus dem siSwati den Roman, deren Übersetzung ins Deutsche sich in einer, in ihrer Zusammenstellung diskussionswürdigen „Liste aller schwierigen Wörter" im Anhang findet, mit denen Lesende etwas vertraut werden und die einladen, sie auszuprobieren – „Eish!" (T, S. 299 f.).

4. Didaktischer Kommentar II: Thabo kritisch lesen

Wenn es im Folgenden um Potentiale interkulturellen Lernens im Umgang mit dem Roman geht, rückt vor allem das literarische Lesen in den Fokus, das als ein privilegiertes Feld (kritischer) Selbst- und Welterfahrung gilt. Im Hinblick auf ein Konzept kritischen Literaturlesens, das durchgängig verfolgt werden kann, ist es

---

18 Vgl. Andrea Bertschi-Kaufmann, 2018, Gute Bekannte. Buchserien und ihre Bedeutung für die Lesemotivation und die Leseaktivität von Kindern und Jugendlichen, in: leseforum.ch 1/2018, S. 1–15. https://www.leseforum.ch/sysModules/obxLeseforum/Artikel/616/2018-1-bertschi-kaufmann.pdf (10.02.2024).

produktiv, kritisches Lesen als Lesen mit dem und gegen den Text zu denken, geht es doch um beides: die Nutzung von Potentialen, die literarische Texte und deren Lektüren in ihrer spezifischen Qualität und Wirkung für Selbst- und Weltkritik bieten,[19] und die Dekonstruktion der in Literatur lebendigen Machtverhältnisse.[20] Damit lässt sich kritisches Literaturlesen fassen als Bereitschaft und Fähigkeit, Relationen in Bezügen von Leser:in, Text und gesellschaftlichen Lebenswelten zu aktualisieren, d. h.

1. zum einen, die Perspektive(n) des Textes einzunehmen und ausgehend von literarischen Entwürfen, d. h. *mit dem Text*, Selbstverständlichkeiten aufzubrechen, zu prüfen, Bedingungen, Alternativen und damit Möglichkeiten von Veränderung zu reflektieren,
2. und zum anderen, *gegen den Text*, Texte, ästhetische Ausdrucksformen, Figuren, ihre gesellschaftspolitischen Lebenswelten, auch Autor*innen und deren Lebenswelten auf der Grundlage eigener wie anderer Erfahrungen und Wissensbestände zu befragen.

Dabei gilt es, Befremden, Begrenztheit und Unsicherheit nicht (nur) als hindernd oder bedrohlich wahrzunehmen, sondern auch als Chance, und in Form einer fragenden, differenzierenden Suchbewegung auszutragen. Eine solche kritische Lesehaltung richtet sich tendenziell gegen unreflektierte Feststellungen, starre Gewissheiten, Alternativlosigkeit; sie entfaltet sich im Horizont der demokratischen Grundprinzipien Freiheit, Gleichheit und Solidarität,[21] um Macht und Ungleichheit, Dominanz und Ungerechtigkeit wahrnehmbar und verhandelbar zu machen. In der Betonung der (Selbst)Reflexion trifft sich die Vorstellung kritischen Literaturlesens mit Herausforderungen und Zielen interkulturellen Lernens.[22]

Allerdings gibt es empirische Hinweise darauf, dass Aktivitäten der (Selbst)Reflexion auch bei geübten Leser*innen nicht einfach spontan stattfinden.[23] Daraus

---

19 Wintersteiner spricht der Literatur eine „‚inter-kulturelle[]' oder transkulturelle[] Funktion" zu, weil „[l]iterarische Kunstwerke [...] neue Sichtweisen [provozieren] und [...] einen Reflexionsprozess auslösen [können] über die Art, wie wir Dinge und Sachverhalte geistig modellieren" (Werner Wintersteiner, 2006, Transkulturelle literarische Bildung: Die Poetik der Verschiedenheit in der literaturdidaktischen Praxis, Innsbruck/Wien/Bozen: StudienVerlag, S. 127).
20 S. zu einem didaktischen Modell kritischen Literaturlesens mit Bezug zu Werner Wintersteiner und der Critical Literacy-Forschung Sander, 2024 (i.Vorb.), With and against the text [Anm. 9].
21 Vgl. Sander, 2024 (i. Vorb.), With and against the text [Anm. 9] mit Bezug zu Oliver Marchart.
22 Vgl. Busch und Möller-Kiero, Rethinking interculturality will require moral confessions [Anm. 5], S. 51.
23 Vgl. Julia Catherine Sander, 2021, Kritik als Haltung und Aktivität. Überlegungen zum kritischen Lesen literarischer Texte, in: Ideologiekritik und Deutschunterricht heute? Analysen und Handlungsansätze 50 Jahre nach Gründung des Bremer Kollektivs, hrsg. von Steffen Gailberger und Ralph Köhnen, Peter Lang, S. 307–327; s. auch Wiebke Dannecker, 2012, Literarische Texte reflektieren und bewerten. Zwischen theoretischer Modellierung und empirischer Rekonstruk-

lässt sich folgern, dass es der literaturdidaktischen Förderung einer kritischen Lesehaltung bedarf, niedrigschwellig und schon für junge Leser*innen. Diese Haltung ist ethisch-politisch gedacht: In der Möglichkeit, auf das, was uns affiziert, reflexiv-urteilend Bezug zu nehmen, steckt die Freiheit, derer es für eine Übernahme von Verantwortung bedarf.[24]

Boies Roman wirft Fragen danach auf, was Begegnungen in globalisierten Lebenswelten prägt und prägen sollte. Deshalb eignet er sich in besonderem Maße für die Förderung der (Selbst-)Reflexion beim literarischen Lesen und – nach Edward Hall – für die Bewusstmachung von ethnozentrischen Standpunkten[25] – der Figuren, der durch die ästhetische Konstruktion entstehenden, der anderer und der eigenen. Kritisch lesen ist für Kinder ein durchaus anspruchsvolles Programm – zugänglich und verhandelbar werden diese Fragestellungen vor allem durch die Figuren, die Kinderdetektive, durch den spannenden internationalen Kriminalfall und durch Thabo als Detektiv und Gentleman. So ermöglicht es der Roman Schüler*innen der späten unteren und frühen mittleren Sekundarstufe, über Selbstentwürfe und Relationen in einer globalisierten Gegenwart nachzudenken. Dabei werden die Überlegungen der Schüler*innen konkret und handlungsbezogen sein.[26]

Die komplexen, weil nicht eindeutigen und zudem durch Thabo vermittelten Figurenperspektiven, die unterschiedlichen Lebensbedingungen der Figuren und das Figurengeflecht des Romans ermöglichen es, mit dem und gegen den Text zu lesen. Interessant sind die Interaktionen zwischen den Kindern und die Begegnungen zwischen den Kindern und den am Fall Beteiligten sowie zwischen den Kindern und den Tourist*innen. Dass diese Begegnungen geprägt werden durch Vorstellungen des Eigenen und des Anderen und dass Boie diese zeigt und hinterfragt, auch Klischees reproduziert, ermöglicht eine konkrete Auseinandersetzung mit Funktionen und Problematiken von Zuschreibungen und mit Machtstrukturen vor dem Hintergrund von Freiheit, Gleichheit, Solidarität.

---

tion am Beispiel einer empirischen Untersuchung mit Schülerinnen und Schülern der Sekundarstufe II, Trier: WVT Verlag, S. 128.

24 Vgl. ebd.; Frauke Annegret Kurbacher, 2018, Was ist Haltung? Überlegungen zu einer Theorie von Haltung im Hinblick auf Interindividualität, S. 7. http://www.dgphil2008.de/fileadmin/download/Sektionsbeitraege/03-2_Kurbacher.pdf (11.02.2024).

25 Busch und Möller-Kiero, Rethinking interculturality will require moral confessions [Anm. 5], S. 51.

26 Nach Spinner gelingt es Kindern „in der Regel ab dem 10. Lebensjahr, [...] das Wechselspiel der Perspektiven von außen, sozusagen von dritter Position aus, zu begreifen." Die Fähigkeit, verschiedene Figurenperspektiven auf abstraktere Hintergründe zu beziehen, entwickelt sich in den folgenden Jahren (Kaspar H. Spinner, 1993, Entwicklung des literarischen Verstehens, in: Leseförderung und Leseerziehung. Theorie und Praxis des Umgangs mit Büchern für junge Leser, hrsg. von Ortwin Beisbart, Ulrich Eisenbeiss, Gerhard Koß, Dieter Marenbach, Donauwörth: Auer, S. 55–64, hier S. 61).

Spannend ist die Auseinandersetzung mit der im Roman angelegten Sprechsituation, in der Thabo Lesende direkt an- und ihnen Attribute zuspricht. Daraus ergibt sich die Frage, inwiefern diese sich mit der durch Thabo entworfenen Rolle als Dialogpartner*in identifizieren, beziehungsweise an welchen Stellen sie aus welchen Gründen Thabos Sichtweisen, ihre eigenen, ihre Lebenswelten und – sicherlich anspruchsvoll und deshalb vonseiten der Lehrkraft zu unterstützen – Boies Konstruktion hinterfragen.

Mit Boies Entwurf Thabos als Detektiv und Gentleman gibt es einen konkreten Vorschlag für eine – man kann sie kosmopolitisch nennen – Haltung in globalisierten Lebenswelten ‚in the making'. Schüler*innen können (Zukunfts-)Entwurf und Umsetzung mit Zielen, Widersprüchen und Grenzen erarbeiten und reflektieren. Thabos überlegtes, aber nicht rundum gelingendes Agieren auf der Handlungsebene und Boies auf der Ebene der Konstruktion laden ein, an einem differenzierenden, sensitiven und reflexiven Blick auf Texte, Andere und sich zu arbeiten.

5. Didaktisch-methodische Konkretisierungen

Zugang zu den in ihrer Abstraktheit und ihrer globalen Bedeutung anspruchsvollen Inhalten eröffnet Schüler*innen auf der Ebene der Aufgaben das Genre: Die Kinder nehmen den Kriminalfall noch mal auf, ausgehend von Thabos Aussage, er und seine Freunde seien meist auf der falschen Fährte gewesen (T, S. 290). Sie untersuchen, in welchen Situationen und aus welchen Gründen die Kinderdetektive auf die richtige bzw. die falsche Spur gelangen. Eine vorstrukturierte Visualisierung des Ermittlungswegs bietet sich als Unterstützung an, auch Karten mit Hinweisen auf wichtige Textstellen sind hilfreich.

Die Verdächtigung Mr. Wus, des amerikanischen Ermittlers, kann Ausgangspunkt eines Gesprächs über Stereotype im Umgang mit anderen sein. In der Auseinandersetzung mit einer konkreten Situation können Kinder Mechanismen stereotypisierender Zuschreibung erkennen und verhandeln. Warum behandeln Thabo und seine Freunde Mr. Wu und Mr. Winterbottom, den wahren Täter, so ungleich? Wie entsteht der Verdacht und warum bleibt er bestehen? Wie gehen Thabo, seine Freunde und Mr. Wu mit dieser Situation um? Explizit oder im Schutze der Fiktion können dabei auch Situationen aus der Erfahrungswelt der Schüler*innen zur Sprache kommen, in denen Menschen wegen bestimmter Merkmale anders behandelt werden als andere, anderes von ihnen erwartet wird als von anderen. Darüber hinaus geht es darum, mit Kindern über Kolonialismus und strukturellen Rassismus zu sprechen, die Lebenswelt in *Lion Park* bietet dafür viele Ansatzpunkte. Auch die ästhetische Konstruktion Boies und die damit verbundene Frage nach der Reproduktion von Stereotype und Machtstrukturen soll thematisiert werden.

Im kritischen Gespräch mit dem und gegen den literarischen Text im Horizont von Freiheit, Gleichheit und Solidarität gilt es, den subjektiven Leseerfahrungen und den unterschiedlichen Deutungen Raum zu geben und zugleich Wissen auf- und Kritikfähigkeit auszubauen, sodass (auch eigene) Stereotypisierungen erkannt und reflektiert werden können.

Die im Roman angelegte Sprechsituation bietet zunächst Gelegenheit, die Sicht eines Anderen auf sich selbst als den/die konstruierte*n Leser*in wahrzunehmen, da Thabo Vorstellungen äußert, die sich auf die Lesenden beziehen, und Fragen aufwirft, die sich an sie richten. Die Schüler*innen arbeiten heraus, wie Thabo sie sich vorstellt, und überlegen, inwiefern sie diesem Bild entsprechen und was sie zum Dialog beitragen können und wollen. Auch die Lehrkraft kann Aussagen Thabos zur Diskussion stellen, falls diese nicht von den Schüler*innen genannt werden, z. B. zu Geschlechterrollen, Familie, Normen, ungleichen Lebensbedingungen usw., wichtig ist, aufmerksam für klischeehafte Afrikabilder zu sein. Zudem soll ausgehend von der These, dass Thabo genutzt wird, um Kinder in Europa zum Nachdenken über Stereotype anzuregen, eine kritische Auseinandersetzung mit der pädagogischen Konstruktion Boies angestoßen werden.

Zur weiteren Auseinandersetzung mit der Figur stellen sich die Schüler*innen vor, dass Thabo nach Abschluss des Nashorn-Falls überlegt, was er gelernt habe. Schließlich hofft er, sein kriminalistisches Talent in künftigen Fällen unter Beweis stellen zu können. Also rekonstruieren die Schüler*innen in Gruppen sein Programm: *Detektiv und Gentleman* – Wie will Thabo sich verhalten? In der anschließenden Aushandlung geht es um die Frage, wie Schüler*innen das Programm für Thabo bewerten und ob sie Detektiv und Gentleman als ein Ideal für sich sehen bzw. welche anderen Vorstellungen sie hinsichtlich Thabos und ihrer Zukunft haben. Auch in diesem Kontext ist die kritische Reflexion der ästhetischen Konstruktion zentral, Thabo gerade das Konzept des Gentleman zuzuschreiben und damit auch den Schüler*innen als ein Zukunftsprogramm anzubieten.

„Ich finde, sie ist halb normal, halb Superheldin."[1]

Literarisches Lernen mit Abouets und Sapins transkultureller Comicfigur Akissi

Astrid Henning-Mohr und Juliana Sölter

1. „Akissi – auf die Katzen, fertig, los!"

Der Comic *Akissi. Auf die Katzen, fertig, los!*[2] von Marguerite Abouet und Mathieu Sapin (2018) erzählt und bebildert in insgesamt 14 Kurzgeschichten den aufregenden Alltag des kleinen Mädchens Akissi. Sie besucht die erste Klasse und lebt gemeinsam mit ihren Eltern, ihrer pubertierenden Schwester und ihrem größeren Bruder in Abidjan, der größten Stadt der Elfenbeinküste. Akissi ist ein Mädchen, welches es immer wieder schafft, sich Probleme einzuhandeln: Sei es der Kampf mit einer Straßenkatze wegen eines Fischs, den sie eigentlich zu einer Bekannten bringen sollte, oder das unerlaubte ‚Ausleihen' des Babys von Gegenüber, als die eigene Puppe beim Spielen mit den Freundinnen kaputtgeht. Auf der Tagesordnung stehen auch Streitigkeiten mit ihrem Bruder Fofana und ihren Freund*innen, in denen sich Akissi immer wieder schlagfertig und dennoch kindlich egozentrisch zeigt. Spannend ist, dass in dieser Welt von Akissi sowohl Gemeinsamkeiten als auch Unterschiede zur sozialen Umwelt der Kinder in bundesdeutschen Klassenzimmern erkennbar werden. Wenn Akissi mit ihrer Puppe spielt, von Bandwürmern durch verdorbene Lebensmittel befallen wird oder sie sich eine kleine Schwester wünscht und stattdessen Bubu, einen Affen, von ihren Eltern bekommt, dann finden sich darin sowohl Momente des Wiedererkennens als auch der Befremdung.

Insgesamt offeriert der Comic Momentaufnahmen einer Kindheit in der Republik Côte d'Ivoire, die durch Identifikation und Fremdheit sowohl Komik als auch Irritation entstehen lassen. Bereits jüngere Schulkinder zeigen Interesse an Akissi, an ihrem Alltag und an bestimmten Gewohnheiten, weshalb der Comic bereits in der Primarstufe eingesetzt werden kann, besonders aber für die Jahrgangsstufen 5/6 geeignet ist.

---

1 Kind während eines Literaturgesprächs zu dem vorliegenden Comic, durchgeführt von den Autorinnen in einem Online-Treffen mit zwei Grundschulkindern.
2 Marguerite Abouet und Mathieu Sapin, 2018, Akissi. Auf die Katzen, fertig, los!, Berlin: Reprodukt.

2. Der Comic als interkulturelles Medium

Sowohl Engelmann[3] als auch Frahm[4] geben eine Minimaldefinition des Comics an, welche sich durch Selbstreflexivität beschreiben lässt, die sich im Zusammenhang mit der Vielfalt von Zeichen, durch Wiederholungen und Unabgeschlossenheit ergibt. Im Spiel dieser Zeichen entstehen Imaginationen, die ihrerseits außerliterarische Deutungen aufnehmen und, gewollt oder ungewollt, dekonstruieren.[5] Dabei weisen Engelmann und Frahm nach, dass derart grundlegende Deutungsmuster über Identitäten und strukturelle Positionierung (Krankheit, Rassismus, Gender etc.) ihrer Deutungsmacht beraubt und zur Disposition gestellt werden[6]. Diese Definition lässt sich auf den vorliegenden Comic übertragen und verweist zum einen auf seinen interkulturellen Gehalt und zum anderen auf das Potenzial der Bilder, welches sich durch die Wiederholung und den Prozess beschreiben lässt, in dem erkennbar wird, dass die Protagonist*innen Teil einer globalen Kindheit sind. Bei der Wiederholung handelt es sich u. a. um ein werkimmanentes Wiederkehren von Motiven, Figuren und Themen. Alle vierzehn Bildergeschichten des Comics *Akissi. Auf die Katzen, fertig, los!* erzählen von Kindheitserlebnissen in der Elfenbeinküste und machen damit das Kindsein in Abidjan zum allgegenwärtigen Motiv. Die Lesenden werden in jeder Erzählung angehalten, die Protagonistin wiederzuerkennen, dabei rücken eventuelle kulturelle Andersartigkeiten mehr und mehr in den Hintergrund und stattdessen werden Momente einer Kindheit erkennbar, welche die Kinder in Deutschland ebenso erleben. Die Vielfalt, die Wiederholungen und die Unabgeschlossenheit des Comics bedingen eine besondere Form der literalen Praxis, die hauptsächlich aus dem Wiedererkennen des Spiels mit den Kontinuitäten und Neudeutungen entsteht. Beispielhaft zeigt sich dies in einer Szene, in der Akissi mit Freund*innen Fußball spielt (Abb. 1). Während das Fußballspiel hier als transnationales Wiedererkennungsmerkmal fungiert, lassen Bildelemente wie das Barfußsein auf ärmliche Verhältnisse schließen. Diese Assoziation wird nun wieder gebrochen, weil die Werbung im Hintergrund auf Kaufkraft und urbanes Setting verweist; das egalisierende Vorurteil von einem armen afrikanischen Land wird unterlaufen.

Überhaupt sind die intertextuellen Verweise stark an populäre Symbole und Phänomene gebunden.[7] Neben dem Fußballspiel verweisen z. B. auch der wieder

---

3 Engelmann, 2013, Gerahmter Diskurs. Gesellschaftsbilder im Independent-Comic, Mainz: Ventil.
4 Frahm, Ole, 2010, Die Sprache des Comics. Hamburg: Philo Fine Arts.
5 Vgl. Engelmann, Gerahmter Diskurs [Anm. 3], S. 25.
6 Vgl. ebd.
7 Vgl. Randy Kluver, 2011, Comic Effects. Postkoloniale politische Mythen in The World of Lily Wong, in: Theorien des Comics. Ein Reader, hrsg. von Barbara Eder u. a., Bielefeld: transcript, S. 237–254, hier S. 238, 242.

Abb. 1: Akissi und ihre Freund*innen beim Fußball. Abouet/Sapin 2018, S. 9.

auftretende Superheld *Spectreman* oder auch der heimliche Kinobesuch (vgl. *Aufsicht im Dunkeln*) mit Bruce Lee auf Bekanntes für die europäischen Leser*innen. Gleichzeitig stellen diese Praktiken die Elfenbeinküste als vielfältiges Land mit urbanen *und* ländlichen Teilen dar, in dem es sowohl ‚reicheren' als *auch* ‚ärmeren' Gegenden gibt.

Medienkombination, die Symbole und das Sprechen zwischen den Bildern durch die Zwischenräume ermöglichen einen Anschluss an die interkulturelle Literatur. Letztere zeichnet sich nämlich in Anlehnung an Hofmann auch dadurch aus, dass sie die Macht der Bilder und des verschriftlichten Wissens hinterfragt, die der Beschreibung und Verortung von Kultur und ihren Handlungen innewohnen. Ihre Perspektiven, Korrelationen, ihre Tropen und Figurationen bespielen und erspielen Identitätskonzepte als Ergänzung und Bestimmung des Eigenen.[8] Dies zeigt sich u. a. in der TV-Szene (Abb. 2), in welcher die japanische Serie *Spectreman* von Kindern geschaut wird, in einem Bild, das an die westeuropäische und US-amerikanische Fernsehkultur und gleichzeitig an Charles Schulz und seinen Zeichenstil erinnert. In dieser Story schauen Freund*innen von Akissi gegen Bezahlung und ohne Erlaubnis der Eltern im familiären Wohnzimmer *Spectreman* (vgl. *Heimkino*). Das Gerangel der Kinder um die besten Plätze überführt Akissi mit dem Verweis auf den Start der Sendung in einen gemeinsamen Gesangschor der Titelmelodie. Ihre Sprechblase mit dem onomatopoetischen Verweis „Psst" ist über den Rahmen ausgeweitet, nimmt Transfer in das nächste Panel, in dem *Spectreman* zu sehen ist. Diese Überführung mündet in eine Profilansicht der Kinder, in der diese nur noch als Schatten und nicht mehr als Einzelpersonen gezeichnet sind, die unisono das Intro der Serie mitsingen. Eine japanische

---

8 Vgl. Michael Hofmann, 2006, Interkulturelle Literaturwissenschaft. Eine Einführung, Paderborn: Fink, S. 26.

Superheldenfigur wird zum popkulturellen Symbol der kindlichen Gemeinschaft an sich. Auf diese Weise funktioniert der Prozess der Entwicklung einer globalen Kindheit – der zweite Teilaspekt des Comicprinzips.

Abb. 2: Akissi und ihre Freund*innen schauen „Spectreman". Abouet/Sapin 2018, S. 29.

Das Kulturelle der Literatur liegt daher im sinngebenden immateriellen Aspekt von Handlungen und Gegenständen, der sich beim Comic über Akissi durch das Prozesshafte und Wiederholen in einer Dekonstruktion kolonialer Blicke auf die République de Côte d'Ivoire zeigt und damit gleichzeitig Stereotype über ein Land auf dem afrikanischen Kontinent hinterfragt.[9]

Die Figur von Akissi widersetzt sich dem Vorurteil über eine Kindheit in einem afrikanischen Land, die für alle Kinder von Armut geprägt sein soll. Stattdessen erfahren wir über ihre Sprech- und Denkblasen, dass ihr Leben in der Elfenbeinküste Varianten des Lebens von Kindern in anderen Großstädten gleicht. In Akissis Bildergeschichten entwickelt sich eine Kindheit, die der europäischen gleichberechtigt ist.

Das Zusammenspiel von Bild und Figurenrede im Sinne einer Wiederholung und Entwicklung einer emanzipatorischen Kindheit wird im nächsten Punkt genauer dargelegt. Dazu sollen die analysierten Aspekte noch einmal aufgegriffen und mit didaktischen Potenzialen verknüpft werden.

---

9   Vgl. Heidi Rösch, 2013, Interkulturelle Literaturdidaktik im Spannungsfeld von Differenz und Dominanz, Diversität und Hybridität, in: „Das ist bestimmt was Kulturelles". Eigenes und Fremdes am Beispiel von Kinder- und Jugendmedien, hrsg. von Petra Josting und Caroline Roeder, Kjl&m 13 extra: München, S. 21–32, hier S. 21.

3. Der Comic als Potenzial einer transkulturellen Kindheit

Die literaturwissenschaftlichen Merkmale und das Spezifische des Comics verweisen auf komplexe Vorgänge beim Lektüre- und Verstehensprozess. Die Text-Bild-Interdependenzen, das Auftreten von Symbolen und Zeichen und vor allem auch die Nähe zu narratologischen Mitteln des Films bedingen eine Zugangsweise zum Text, die sich grundsätzlich vom Zugang zu schriftbasierten Texten unterscheidet und dementsprechend ein Switchen zwischen den unterschiedlichen Ebenen und Codes erfordert.[10] Gleichzeitig hält diese Komplexität aber auch großes literaturdidaktisches Potenzial bereit. Zum einen bietet die Nähe zum Film eine literarische Andersartigkeit, zu der Kinder und Jugendliche bekanntlich eine Affinität aufweisen[11], und zum anderen wird mit der didaktischen Aufbereitung von Comics die Vielfalt von Literatur erkennbar, was auch im Sinne eines Gattungswissens wesentliche Bedeutung erhält.

Dem Comic wohnt ein Grundprinzip der Alterität inne, welches das Wiedererkennen des eigenen Erfahrungsbereichs aufzeigt und trotzdem kein Fremdsein zwischen Figur und europäischen Lesenden auslöst. Dieses Wiedererkennen, die persönliche Ansprache und die Identifikation mit der Hauptfigur sind für ein intensives literarisches Verstehen essenziell:

> In solcher Wechselbeziehung zwischen subjektiver Involviertheit und genauer Textwahrnehmung spielen Prozesse der Verfremdung und des Wiedererkennens eine wichtige Rolle: Man sieht sich und seine Erfahrungen im literarischen Text wie in einem Spiegel und wird zugleich irritiert.[12]

Im Falle der Kindheitserzählung Akissis wird eine subjektive Involviertheit der jungen Lesenden und damit eine differente Textwahrnehmung ermöglicht.

Das bisher vermeintlich erworbene Wissen über afrikanische Länder bekommt durch die Ironie, die Pointe und den Wandel der Bilder einen Riss – die eigene subjektive Involviertheit muss daher mit einer genauen Wahrnehmung ins Spiel gebracht werden.

Bedeutend erscheinen uns in Bezug auf das interkulturelle Potential des Comics ebenfalls die Bilder, in denen sich Symbole verschieben. Solche Bildverschiebungen zeigen sich z. B. in der Bekleidung der Eltern und der älteren Schwes-

---

10 Vgl. Bernd Dolle-Weinkauff, 2015, Die ‚Graphic Novel'. Phänomen oder Phantom?, in: Graphic Novels, hrsg. von KjL&m 15.3, München, S. 16–28, hier S. 3 f.
11 Dies wird beispielhaft durch die JIM-Studie 2019 belegt – eine Basisuntersuchung zum Medienumgang 12- bis 19-Jähriger vom Medienpädagogischen Forschungsverbund Südwest, kurz: Mpfs, der den Medienalltag von Jugendlichen in Deutschland jährlich untersucht. Medienpädagogischer Forschungsverbund Südwest (Hrsg.): KIM Studie 2019. Jugend, Information, Medien. Basisuntersuchung zum Medienumgang 12–19jähriger. https://www.mpfs.de/fileadmin/files/Studien/JIM/2019/JIM_2019.pdf (11.02.2024) S. 13, 36
12 Kaspar H. Spinner, 2006, Literarisches Lernen, in: Praxis Deutsch 200, S. 6–16, hier S. 8.

ter. Alle außer der Mutter treten in einer Garderobe auf, die dem großstädtischen Raum zugeordnet werden kann[13]. Das Gleiche gilt für die Darstellung der Mediennutzung (Handys, Laptop etc.). Laut Engelmann haben wir es bei diesen Bildern der Moderne in ihrer Platzierung in einem afrikanischen Land mit einer Dekonstruktion von Rassismen zu tun[14]. Dieses Sichtbar-Machen beschränkt sich nicht auf eine Beschreibung der kulturellen Praktiken als andersartig, sondern ermöglicht eine tiefgreifende Auseinandersetzung mit den Grundlagen der Identität[15]. Hier setzt das literaturdidaktische und gleichzeitig interkulturelle Prinzip der Irritation an.

Neben der Bildsprache und Komik ist auch die Textebene des Comics Teil des interkulturellen literaturdidaktischen Potentials: Onomatopoetiken, Symbole und Tropen, das Layout des Textes und der Sprechblasen müssen in ihrer Beziehung zueinander und zu den Zeichnungen. Das erfordert von den Lesenden einen aktiven Konstruktionsprozess, der nach einer ersten Eigensichtung der Schüler*innen am Beispiel kleinschrittig besprochen werden muss. Dabei gilt es unterschiedliche Codierungen und Verstehensansätze der sprachlichen und bildlichen Gestaltungsmittel nebeneinander bestehen zu lassen. Auf diese Weise wird die Vielheit der Deutungsmöglichkeiten als literarisches Prinzip im Klassenraum erlebbar und ermöglicht eine Reflexion des eigenen literarischen Verständnisses als Interpretationsmöglichkeit und mehreren.[16]

4. Das Wiedererkennen und der Entwicklungsprozess globaler Kindheit – eine Praxis des Aushandelns

Die oben besprochene Medienkombination und das Spiel der Symbole zeichnen sich bei *Akissi* durch eine Wiederholung und Entwicklung der globalen Kindheit aus. Die Protagonistin ist als Kind in ihren Praktiken des Spielens und der Auseinandersetzung mit den Erwachsenen wiederzuerkennen und macht so Momente sichtbar, in denen sich Schüler*innen wiederfinden oder die ihnen helfen, sich in die Perspektive der Hauptfigur hineinzuversetzen und die beschriebenen Alltagsereignisse als wiedererkennbare Erlebnisse von Kindheit zu erfahren. Akissi muss ihre Eltern davon überzeugen, ihr ein Haustier zu besorgen, sich gegen die medizinisch-pflegerischen Vorschriften der Mutter auflehnen (vgl. *Das Läusespiel*), oder sie handelt sich Ärger mit dem Bruder ein (vgl. *Üble Nachrede*).

---

13 Das Gewand der Mutter gehört in europäischen Großstädten zwar ebenso zum Straßenbild, kann aber nicht als ad hoc erkennbare europäische Kleidung verallgemeinert werden.
14 Vgl. Engelmann, Gerahmter Diskurs [Anm. 3], S. 54.
15 Vgl. Rösch, Interkulturelle Literaturdidaktik [Anm. 9], S. 29.
16 Vgl. Alexander Press, 2018, Die Bilder des Comics. Funktionsweise aus kunst- und bildwissenschaftlicher Perspektive, Bielefeld: transcript, S. 61.

Dieses Doing-Childhood, das Entwickeln der Kindheit aus der Praxis, sich in einer Kinderrolle zu verhalten und zu handeln, erhält seinen Witz durch das Wiedererkennen ebenso wie durch die Pointen der einzelnen Geschichten. Da ist z. B. das sprachlose Staunen von Bruder, Vater und Mutter, wenn Akissi ihren Affen verteidigt oder die Kinder vor der Aufsicht im Kino rettet. Die Sprachlosigkeit der Erwachsenen ist ein durchgängiges Motiv und entspricht den Ermächtigungsmöglichkeiten, welche im Leseprozess entstehen und Lesende in ihrem Selbst bestärken können.

Die Vater- und Mutterfiguren funktionieren auch auf der Bildebene als Teil einer wiedererkennbaren Kindheitspraxis. Beide sind angelehnt an europäische Genderstereotype gezeichnet: Der Vater ist stets in Anzug, wenigstens in Hemd, Hose und Krawatte zu sehen, die Mutter trägt ein traditionelles Gewand. Die eigentliche Rollenverteilung geschieht aber in einer sozialen Praxis: Den Anordnungen der Mutter versucht Akissi durch kleine Tricks zu entfliehen, wird jedoch (vgl. *Das Läusespiel*) von der Cleverness der Mutter unterlaufen. Der Autorität des Vaters begegnet Akissi hingegen verstärkt durch Bitten und Umarmen (vgl. *Das Haustier*). Somit ist die Rollenverteilung zwar nicht aufgehoben, aber sie stellt sich nicht dadurch her, dass die Republik Côte d'Ivoire ein vormodernes Land sei, sondern entwickelt sich durch die familiären Praktiken selbst. In diesem Umgang finden sich vergleichende Praktiken der Kinder in europäischen Elternhäusern wieder, sie fungieren hier als übernationales Prinzip des Doing-Family, also der Praktiken, in denen Familie erfahrbar wird. In diesen Praktiken entsteht ein Prinzip ‚Kind', das nicht nach kontinentaler Zugehörigkeit unterschieden, sondern immer wiedererkennbar wird – angereichert mit den Spezifika der jeweiligen Wohnumgebung. Diese Darstellungsweise birgt enormes interkulturelles Potenzial, da es klischeehaften oder stereotypen Vorstellungen vom Kindsein in einem afrikanischen Land zuwiderläuft. Der Blick auf das Leben von Akissi, einem Kind im städtischen Ballungsraum Abidjan, eröffnet damit eine neue Sichtweise auf kulturelle Universalthemen wie Kindheit bei gleichzeitiger Reflexion des Eigenen in die Verwobenheit.[17] Damit verbleibt die Textarbeit nicht in einer Betrachtung des Anderen als dem Fremden, sondern ermöglicht eine transkulturelle Bearbeitung von Sich als etwas Neuem.[18] Der Comic trägt also nicht bloß dazu bei, dass die Lesenden die Perspektive wechseln, sondern fördert auch das eigene Selbstverständnis und Fremdverstehen. Er regt die Lesenden dazu an, Fremdes grundsätzlich wahrzunehmen und die eigenen Praktiken zu reflektieren, z. B. die eigenen Freundschaften.

Methoden des konkreten Abgleichs der eigenen Subjektivität mit der genauen Analyse der Panels und der Bild-Text-Korrelationen können aus einem literari-

---

17 Vgl. Werner Winterstein, 2010, Transkulturelle literarische Bildung. Die „Poetik der Verschiedenheit" in der literaturdidaktischen Praxis, Innsbruck: Studienverlag.
18 Vgl. Rösch, Interkulturelle Literaturdidaktik [Anm. 9], S. 28.

schen Gespräch über diese Bilder entstehen. Anregende Fragen hierfür wären: *Was kommt dir bekannt vor? Was irritiert dich? Was ist für dich besonders spannend oder interessant gewesen?* Auf diese Weise erfolgt im Gespräch eine Mehrperspektivität, die die Diversität der Kinder im Klassenraum ebenso zu Tage treten lässt wie die Gemeinsamkeiten und Unterschiede, das Verstehen oder Distanzieren von der literarischen Figur. Solche Mehrperspektiven des Literarischen evozieren Mehrfachzugehörigkeiten und damit ein Öffnen eines noch immer virulenten homogenen Kulturverständnisses.[19] Akissi ist keine Repräsentantin einer homogenen Kulturvorstellung, sondern oszilliert an den ‚Rändern der Welt', als Repräsentantin der Kinder dieser Welt.[20] Wir finden im sozialen Raum Abidjans einen „Schwellenraum zwischen den Identitätsbestimmungen", in dem Kontakte zwischen allen Lebensbereichen entstehen – ökonomische und soziale Begegnungen, Begegnungen der Generationen, Begegnungen mit kulturellen Artefakten wie Kino und Comics.[21]

Anhand zwei beispielhafter Storys aus dem Comic soll diese Aushandlung der Identitäten analysiert und für die didaktische Konkretisierung aufgegriffen werden.

5. Popkulturelle Symboliken der Kindheit: Zwei Beispielstorys

Die Figur des *Spectreman*, die mehrmals im Comic auftaucht, ist die erste stetig wiederkehrende Projektionsfläche für die Aushandlung von transkultureller Identitäten. Akissis Freund Edmond ist ein glühender Fan von *Spectreman* (Abb. 3) und schlüpft immer wieder in dessen Rolle. Bei *Spectreman* handelt es sich um eine in Japan entwickelte Superheldenfigur, die von Außerirdischen auf die Erde entsandt wurde, um die Umweltverschmutzung zu beenden. Sie lief von 1970 an mit 63 Folgen auf Fuji TV.

Als Popfigur wird der Superheld für Edmond zu einer Widerstandshilfe gegen den prügelnden Lehrer. Edmond spielt, dass er eine Rakete gegen den verhassten Lehrer auf dem Schulhof abfeuert, nachdem dieser ihn und Akissi im Unterricht geschlagen hat. Als der Lehrer wegen eines epileptischen Anfalls umfällt und ins Krankenhaus gefahren wird, ist Edmond schockiert ob der Wirkungsmächtigkeit seines Spiels. Der Superheld und die spielerische Adaption seiner Superkräfte werden hier zu einer klassischen fantastischen Hilfe zur Selbstermächtigung in

---

19 Vgl. İnci Dirim, Ulrike Eder, Birgit Springsits: Subjektivierungskritischer Umgang mit Literatur in migrationsbedingt multilingual-multikulturellen Klassen der Sekundarstufe. In: Gawlitzek, Ira u. Kümmerling-Maibauer (Hrsg.): Mehrsprachigkeit und Kinderliteratur. Filibach/Klett, Stuttgart 2014, S. 121–141, S. 121 f. sowie Rösch, Interkulturelle Literaturdidaktik [Anm. 9], S. 2.
20 Vgl. Rösch, Interkulturelle Literaturdidaktik [Anm. 9], S. 22.
21 Vgl. Homi K. Bhabha, 2000, Die Verortung der Kultur, Tübingen: Stauffenburg, S. 5.

Abb. 3: Edmond will sich in Spectreman verwandeln. Abouet/Sapin 2018, S. 45.

der Ohnmacht. Diese Ohnmacht wird aber nicht zwischen den Hautfarben ausgemacht, sondern zwischen Kindern und Erwachsenen, wobei letztere über eine Machtposition gegenüber den Kindern verfügen. Die gleiche Adaption der Superkräfte funktioniert nicht nur im Spiel, sondern wird auch körperlich. Als Edmond sich vom Dach eines Hauses stürzt, um zu beweisen, dass er *Spectreman* ist, erklärt Akissi ihm, dass er gar nicht *Spectreman* sein könne: „Edmond, komm da runter!!! Du bist nicht Spectreman. Und überhaupt bist du doch schwarz."[22] Auf der Bildebene wird diese Aussage Akissis jedoch Lügen gestraft, da Edmonds Hautfarbe im Kostüm nur noch sehr bedingt zu sehen ist und dadurch nicht mehr wie auch immer farbig markiert werden kann. Auch auf der Sprachebene unterläuft Edmond die Zuordnungen. Als Akissi ihn im Krankenhaus besucht und mahnt, er könne nicht *Spectreman* sein, da dieser Asiat, Edmond aber Ivorer sei, ignoriert Edmond diese Unterteilung. Er verweist auf seine zwei Gipsbeine und meint, dass er das doch könne, diesmal habe er sich schon die Beine von *Spectreman* geholt, das nächste Mal kämen die Arme dazu. (vgl. *Superhelden in Gips*, S. 45–50). Die Zuschreibung ‚Afrikaner' wird somit in der Pointe sichtbar als Konstrukt, aus dem sich Edmond (noch) spielend heraus bewegen kann.

Im Hintergrund der Superheldenfigur funktioniert ein weiteres Ermächtigungsspiel. Denn in der Auswahlmöglichkeit des Superheldenolymps entscheiden sich die Freund*innen Akissis nicht für Supermann, Batman etc., sondern für einen japanischen Superhelden, der die Umweltverschmutzung stoppen will. So zeigt sich in diesem popkulturellen Symbol ein kleiner, aber entscheidender Sprung – zitiert es doch die besondere Betroffenheit asiatischer und afrikanischer Länder von den ökologischen Folgen des euro-amerikanischen Wirtschaftssystems.

---

22 Marguerite Abouet und Mathieu Sapin, 2018, [Anm. 2], Dort: *Superhelden in Gips*, S. 48.

Eine zweite Bild-Symbol-Text-Aushandlung von Kindheitsstereotypen auf dem afrikanischen Kontinent bietet der wiederkehrende Verweis auf Gâte-Gâte – eine ivorische Weise des Battlens im Hip-Hop, das mit einem Verweis im Glossar gesondert hervorgehoben wird. Dort wird es als Spiel vorgestellt, dessen Ziel es ist, sich gegenseitig zu verspotten.[23] Akissi und ihre Freund*innen spielen Gâte-Gâte immer wieder, die Vokabel wird innerhalb der Panels nicht aus dem Ivorischen ins Deutsche übersetzt, sondern ist einer von vier Glossarbegriffen für ivorische Ausdrücke. Ivorischer Hip-Hop ist ein wichtiger Part der ivorischen Popmusik, verbunden u. a. mit landestypischen Musikstilen wie Zouglou.[24] Im Hip-Hop im Allgemeinen und im Gâte-Gâte im Besonderen findet sich eine transatlantische Variation per se. Hip-Hop bezieht sich in jeder seiner Variationen auf einen (US-amerikanischen) Archetext seiner Grundpraktiken – den Sprechgesang, den Battle, die Praxis der Kleidung und des (Break-)Dances – und bleibt dennoch immer Zitat, weil sich jede Praxis und jeder Song am Archetext orientiert und ihn verändert.[25]

Das didaktische Potenzial zeigt sich u. a. im kindlichen Spiel und im popkulturellen Transfer der Kräfte des Fanobjektes auf den eigenen Körper, wodurch u. a. ein überkontinentales Zitat an das Phänomen ‚Kindheit' entsteht, das intermedial und intersymbolisch in eine Unabschließbarkeit der Geschichte mündet. Diese Unfertigkeit ist in Bezug auf die Dekonstruktion von Rassismus wertvoll, bringt sie doch Risse in die kulturalistischen und rassistischen Vorstellungen über afrikanische Länder und stellt das Wissen über vermeintliche afrikanische Entitäten in Frage.[26]

6. Zwischenfazit

Der Comic *Akissi* ermöglicht im Spiel mit dem Wiederholen der Symbole und Erzählungen eine Relativierung des Stereotyps von Kindheit auf dem afrikanischen Kontinent bei den Lesenden.

Durch Wiederholung und Bewegung geraten die Bilder und Deutungen ins Schwingen, die Rezipierenden erkennen etwas wieder oder werden irritiert. Der Comic deutet also und lässt uns deuten. Beim Comic von Abouet und Sapin zeigt sich eine vielseitige und hybride Hauptfigur. Akissi wird mit jedem Abenteuer mehr Kind und Mensch der Welt. Dabei erhält ihr Kindsein immer neue Ergän-

---

23 Vgl. Abouet und Sapin, Akissi [Anm. 2], *Bonustrack*.
24 Zum afrikanischen Hip-Hop: Michelle Auzanneau, 2003, Rap als Ausdrucksform afrikanischer Identitäten, in: Hip-Hop: Globale Kultur – lokale Praktiken, hrsg. von Jannis Androutsopoulos, Bielefeld: transcript, S. 190–215.
25 Vgl. Androutsopoulus, 2003, Einleitung, in: Hip-Hop: Globale Kultur – lokale Praktiken, hrsg. von dems., Bielefeld: transcript, S. 9–23, hier S. 11.
26 Vgl. Engelmann, Gerahmter Diskurs [Anm. 3], S. 48.

zungen durch Freund*innen, Superhelden, Ansprüche der Eltern oder Geschwister. Ein vollendetes Deuten und eine abschließende Interpretation der Figur und ihrer Handlung schließen sich damit aus. Literaturdidaktisch kann diese Offenheit genutzt werden, um bei Schüler*innen ein Verständnis für die Unabschließbarkeit und die Polyvalenz literarischer Texte anzuregen. Diese Unabschließbarkeit erinnert auch, dass Akissi nicht für alle Kinder Afrikas steht, sondern mit ihrer sozio-ökonomischen und kulturell-urbanen Kindheit einen Teil der Vielheit sowohl Côte d'Ivoires als auch des Kontinents darstellt.

7. „Also ein Superheld ist jemand, der cool ist und anderen hilft."[27] – Didaktisch-methodische Konkretisierungen

Für konkrete didaktisch-methodische Umsetzungen wird sich zum einen des bereits vorher angeführten literarischen Gesprächs und zum anderen der Methoden des handlungs- und produktionsorientierten Literaturunterrichts bedient, in denen Lernende sich eigenständig, kreativ und aktiv mit dem Comic auseinandersetzen und über Erkenntnisse und Erfahrungen diskutieren. Die Aufgabenstellung und das Gespräch sollten so strukturiert sein, dass eine Auseinandersetzung der Kinder mit dem eigenen Weltwissen und den ästhetischen Nachwirkungen des Comics und seiner (Sprach-)Bilder möglich wird.

8. Globale Kindheit erkennen: Transkulturelle*r Superheld*in

Demnach wird vorgeschlagen, ein literarisches Gespräch nach der Lektüre des Comics anzuschließen, um Reflexionsprozesse in Bezug auf das vermeintlich Fremde anzuregen. Das Auslösen eines Reflexionsprozesses auf Seiten der Schüler*innen ist Ziel des interkulturellen Lernens dieser Stunde. Die literarischen Erfahrungen sollen Gemeinsamkeiten zwischen den Figuren und den Schüler*innen erkennen lassen und somit das eigene Wissen über Kindheiten auf dem afrikanischen Kontinent überprüfen.

Die Kinder erhalten den Auftrag, sich die Storys, in denen *Spectreman* eine Rolle spielt, gemeinsam mit einer Partnerin bzw. einem Partner noch einmal anzusehen (vgl. *Superhelden in Gips* und *Hexenmeister*). Dazu nutzen die Kinder Kopien der Geschichten. Der Arbeitsauftrag besteht darin, jene Stellen in den Storys mit Post-it-Zetteln zu markieren, die entweder befremdlich oder bekannt erscheinen. Gegebenenfalls können Notizen auf den Zetteln gemacht werden. Anschließend stellen die Kinder ihre Entdeckungen in der Klassengemeinschaft vor, wäh-

---

27 Aussage aus Interview zum Buch mit Vorschulkindern durch die Autorinnen.

rend die Lehrkraft das Gespräch moderiert und anleitet. Hier ist eine offene Lernumgebung wichtig, in der den Kindern die Möglichkeit gegeben wird, alles Irritierende oder Spannende auszuführen. Im Anschluss an das Gespräch fragt die Lehrkraft, was die Schüler*innen über das Leben der Kinder in der Côte d'Ivoire Neues gelernt haben. Der interkulturelle Reflexionsgedanke kann gestärkt werden, wenn die Lehrkraft selbst erzählt, welche Praxis im Comic ihr ‚Wissen' über Kindheit in Afrika verändert hat. Das literarische Lernen wird dann auch noch gefördert, wenn die Lehrkraft auf das literarische Stilmittel verweist, durch das die Neuerung erfolgte – ein Detail im Bild, eine Überbrückung in ein anderes Panel oder ein ‚widersprechender Hintergrund' wie beispielsweise die Werbetafeln beim Fußballspiel.

Die Nennungen werden als Wortigel zum Begriff „Kindheit in der Côte d'Ivoire" am White Board/an der Tafel festgehalten.

Von hier aus soll nun einer gemeinsamen kindlichen Praxis auf die Spur gekommen werden. Das Entdecken der Gemeinsamkeit ist die Voraussetzung für ein Erkennen, welches das unterschiedliche Leben der Kinder der Welt nicht als Faszination des Fremden erfahren lässt, sondern als ein Erleben der Vielheit in der Gemeinsamkeit.

Hierfür wird nun im Anschluss an die Stunde mit dem literarischen Gespräch eine vertiefende Auseinandersetzung initiiert, welche diese Vielheit der Kindheit innerhalb einer gemeinsamen Praxis verdeutlicht. Als solche Praxis wird hier die Geschichte um den Superhelden *Spectreman* beispielhaft herausgenommen. Die Lehrkraft könnte hier die Auseinandersetzung mit der Frage eröffnen: *Wolltest du auch schon mal jemand anderes sein, ein Supermann oder eine Superfrau? Welche Superkräfte hättest du? Und was würde deine Superheldenfigur in der Welt ändern.*

Die Kinder haben nun eine Stunde Zeit, sich mit dieser Frage von der eigenen Erfahrung aus zu beschäftigen. Die Aufgabe kann einzeln, in Schreibtandems, in Schreibgesprächen etc. stattfinden und Teil der generellen Schreibarbeitskultur der Klasse sein. Eine Autor*innenrunde[28] schließt die Aufgabe dieser Sitzung ab, die eine fokussierte Auseinandersetzung mit der eigenen kindlichen Praxis als Vorbedingung des interkulturellen Reflexionsprozess darstellt.

Eine weitere Stunde dieser Einheit dient dem Vergleich der kindlichen Praxis der Superheldenfaszination. Mit einem erneuten Blick auf die Story *Spectreman* im Comic wird dessen Bedeutung für die Kinderfiguren erarbeitet.

Welche Superkräfte hat Spectreman? Was bedeutet er für Edmond? Und warum glaubt Akissi, dass Edmond nicht Spectreman sein kann?

---

28 Leßmann, Beate, 2020, Autorenrunden. Kinder entwickeln literale Kompetenzen. Eine interdisziplinäre, theoriebildende Studie zu Gesprächen über eigene Texte in der Grundschule. Münster: Waxmann.

Diese Fragen können – je nach Klassenbedarf – gemeinsam schriftlich oder mündlich erarbeitet werden. In jedem Fall sollte die Aufgabe jedoch in der Gruppe gelöst werden, damit die unterschiedlichen Blicke auf die Geschichte und die Figuren für alle Kinder erfahrbar werden. Eine solche Perspektivübernahme ist nicht nur aus interkultureller Unterrichtsabsicht gewinnbringend, sondern impliziert auch literarisches Lernen an sich, dessen Teilaspekt die Perspektivübernahme zu den Figuren darstellt.[29]

Die letzte Stunde dieser Einheit führt nun die reflektierenden und emphatisierenden Blicke auf kindliche Superhelden zusammen. Im Gruppengespräch verbinden die Kinder die eigenen Bedarfe an Superhelden und die Edmonds, Akissis und der anderen, indem sie einen gemeinsamen Helden/eine gemeinsame Heldin zeichnen, kleben, beschreiben etc.

Die abschließende Besprechung dieser zusammengeführten Superheld*innen sichert ein interkulturelles Lernen, welches im Entdecken des Gemeinsamen innerhalb einer Vielheit an Praktiken und Lebensentwürfen steckt. Das Entwickeln und Vergleichen einer Superheldenfigur wird so als ein verbindendes Element mit Kindern überall auf der Welt erfahren und zeigt zugleich den transkulturellen Aspekt von Kindheit.

Die vergleichende Auseinandersetzung mit globalen kindlichen Zugängen und Lebenswelten kann statt in Bezug zu Spectreman auch über die Beschäftigung mit Akissis Verhältnis zu ihrer Familie oder zu ihren Freund*innen oder zu ihrem Haustier stattfinden. Die wiederkehrenden Elemente des Kindseins, die in Akissi erzählt werden, ermöglichen es auf vielfältige Weise sich einem Kindheitsbegriff zu nähern, welcher den Herausforderungen einer Global Citicen Education entspricht[30].

9. Zusammenfassung

Die didaktischen Konkretisierungen ermöglichen es, die Besonderheiten des Comics *Akissi* zu thematisieren. Es ist vor allem die Veränderung des Kindheitsbildes des/der Lesenden selbst, aber auch von der Figur, die vor allem durch das Spiel, den Wechsel und die prozesshafte Verschiebung der Symbolbedeutungen sowie Bilder durch den Comic hervorgebracht wird. Irritations- oder Wiedererkennungsmomente bringen den Lesenden zum Nachdenken und zum (Um-)Deuten, wobei vorurteilsbehaftete, stereotypisierende und koloniale Blicke auf ein afrikanisches Land dekonstruiert werden. Die beschriebenen didaktischen Umsetzungen unterstreichen diese Besonderheiten und bringen sie im

---

29 Spinner, Kaspar H.: Literarisches Lernen. In: Praxis Deutsch 200/2006, S. 6–16.
30 Deutsche UNESCO-Kommission: Global Citizen Education. https://www.unesco.de/bildung/hochwertige-bildung/global-citizenship-education (11.02.2024).

Gespräch und in aktiven Auseinandersetzungen hervor. Das Kindsein ist das zentrale Thema des Comics, dazu gehören ebenfalls Freund*innen, Superhelden und Spiele. Durch die didaktische Aufbereitung dieser Themen kann literarisch wie interkulturell gelernt werden, da Kindheit universell wahrgenommen und verstanden werden kann. Der zentrale Ansatz zur Konzeption der Konkretisierungen lag im literarischen Gespräch, um über Eigenes und Fremdes nachzudenken, sich über die beschriebenen Besonderheiten des Comics auszutauschen und im Klassenverband gemeinsam zu diskutieren. Darüber hinaus stellen die handlungs- und produktionsorientierten Methoden eine sinnvolle Ergänzung zum literarischen Gespräch dar, um sich nicht nur mündlich, sondern auch kreativ und eigenaktiv mit obengenannten Themen zu beschäftigen, diese zu reflektieren und zu vertiefen.

Pembo – Wie (literaturdidaktische) Reflexionen auf den Topos *halb und halb* für ein kritisches Hinterfragen von Zugehörigkeitsordnungen im Literaturunterricht fruchtbar gemacht werden können

Vesna Bjegač und Nina Simon

1. Einleitung

In der langen Diskussion um das interkulturelle Lernen mit Literatur und im Literaturunterricht stand und steht die Frage nach der geeigneten Lektüre häufig im Mittelpunkt der Auseinandersetzungen.[1] Dabei unterscheidet sich das Verständnis von Interkulturalität und Interkulturellen Kompetenzen, die es mit dem jeweiligen Text zu erwerben gilt, jedoch mitunter stark. Trotz dieser Differenzen steht hinter derartigen Vorhaben in der Regel ein ähnliches Literaturverständnis: Indem Literatur stets versuche sprachlich, stilistisch und inhaltlich Konventionen zu durchbrechen und Neues zu schaffen, zeichne sie sich durch poetische Alterität aus, die – so die Argumentation – beim Lesen irritiere und Alteritätserfahrungen aller Art, also auch kulturelle, ermögliche. Somit trage Literatur zur Relativierung und Reflexion (kultureller) Eigen- und Fremdbilder sowie deren Konstruktion und (Re-)Produktion bei.[2]

Diese Annahmen werden unseres Erachtens der Bedeutung der Rezipient*innen beim Lesen nicht gerecht. Es gibt Hinweise, dass selbst von für interkulturelle Aspekte sensibilisierten Lehramtsstudent*innen Textpassagen, die sich aufgrund ihrer Polyvalenz einfachen (kulturellen) Bedeutungszuschreibungen entziehen, kulturalisierend vereindeutigt werden.[3] Daher plädieren wir dafür, in der Auseinandersetzung mit Interkulturellem Lernen im Literaturunterricht nicht nur

---

1   Vgl. u. a. Heidi Rösch, 1997, Bilderbücher zum interkulturellen Lernen, Hohengehren: Schneider, S. 25 f.
2   Vgl. Norbert Mecklenburg, 2008, Das Mädchen aus der Fremde, Germanistik als interkulturelle Literaturwissenschaft, München: Iudicium, S. 233; Werner Wintersteiner, 2006, Transkulturelle literarische Bildung. Die „Poetik der Verschiedenheit" in der literaturdidaktischen Praxis, Innsbruck: Studien Verlag, S. 127 f.
3   Vgl. Vesna Bjegač und Anna Waczek, 2017, Rezeption mehrsprachiger und interkultureller Literatur – zwischen Alteritätserfahrung und Identifikation, in: Zeitschrift für Interkul-

die Frage nach dem *was*, sondern auch verstärkt die Frage nach dem *wie* ernst zu nehmen: Wie sind im Unterricht literarische Rezeptionsprozesse zu gestalten und zu unterstützen, sodass eigene kulturelle Wahrnehmungen, aber auch gesellschaftlich tradierte Stereotype, ihre Konstruktionen sowie Funktionen sichtbar und damit zum Gegenstand von Reflexionsprozessen gemacht werden? Dieser Frage möchten wir in diesem Beitrag mittels des 2020 erschienenen Jugendromans *Pembo – Halb und halb macht doppelt glücklich* von Ayşe Bosse (Autorin) und Ceylan Boyoğlu (Illustratorin) nachgehen, einem Roman, der – wie im Folgenden gezeigt wird – nicht durchweg die Kriterien für *gute* interkulturelle Literatur erfüllt.

2. *Pembo* – die Geschichte einer Identitätssuche

Im Zentrum von *Pembo* steht das im Titel benannte Mädchen, das zu Beginn des Buches damit kämpft, dass sie mit ihren Eltern aus der Türkei nach Deutschland migrieren soll. Ihr Vater hat von einem verstorbenen Onkel einen Friseursalon – so glaubt er zumindest – in Hamburg geerbt, womit für ihn ein lang gehegter Traum in Erfüllung geht. Obgleich Pembos Mutter aus Deutschland kommt, fällt es der ganzen Familie schwer, ihr Dorf in der Türkei zu verlassen. Doch am meisten leidet Pembo unter dem bevorstehenden Umzug. Bis dahin waren ihr Name und die sich in diesem widerspiegelnden stereotypen Geschlechterrollen ihr größtes Problem. Denn eigentlich heißt sie Pembegül, was übersetzt *pinke Rose* bedeutet. Dieser Name steht für den ganzen „Glitzer-Mitzer"[4]-Mädchenkram, den Pembegül verabscheut. Durch die von ihren Eltern geplante Migration nach Deutschland allerdings gerät ein anderes Problem in den Mittelpunkt ihres Lebens, sieht sie sich nun nämlich damit konfrontiert, ihren Großvater, ihre Onkel und Tante, ihre Katze und vor allem ihre beste Freundin Dilo verlassen zu müssen. Pembo flüchtet sich in (Tag-)Träume, in denen sie ihr Dorf und insbesondere eine Bucht im Dorf in idyllischen und magischen Bildern immer wieder vor ihren Augen aufleben lässt. In diesen Träumen ist sie die fliegende Assistentin ihres Vaters, der als Magier vor allem mit seinen Flugkunststücken das Publikum begeistert. Deutschland stellt zu diesen Träumen die binäre Opposition dar: es ist düster, kalt, leise und langweilig. Nach ihrer Ankunft in Deutschland fühlt sich Pembo entfremdet und zwischen der Türkei und Deutschland zerrissen. Den deutlichsten Ausdruck findet diese Identitätskrise in der Tatsache, dass sie in Deutschland zum Träumen nicht mehr in der Lage ist: „Deutschland hat mir die Fantasie

---

turellen Fremdsprachenunterricht 22(1), S. 44–56, http://tujournals.ulb.tu-darmstadt.de/index.php/zif/article/view/836/837 (11.02.2024).

4 Ayşe Bosse und Ceylan Boyoğlu, 2020, Pembo – Halb und halb macht doppelt glücklich! Hamburg: Carlsen, S. 21; zur Bezeichnung „Glitzer-Mitzer" vgl. S. 2.

geklaut", resümiert sie.[5] Auch Pembos Vater erlebt in Deutschland eine Überraschung: der vererbte Friseursalon entpuppt sich als Salon für Hunde.

Im Laufe der Zeit lernen aber sowohl die Eltern als auch Pembo immer mehr nette Menschen kennen, die ihnen das Ankommen in Deutschland erleichtern. Pembo fühlt sich zunehmend mit sich im Reinen.

> Ich dachte immer, ich muss mich entscheiden, was ich sein will, türkisch oder deutsch, aber das stimmt nicht. Ich kann beides sein. Manchmal sind zwei Hälften mehr als ein Ganzes. Ich weiß, dass ich gerne hier bin, dass ich sogar hierbleiben möchte, aber die Türkei muss ich deshalb gar nicht aufgeben.[6]

Der Roman ist angesichts des Alters der Protagonistin (11 Jahre), die eine 5. Klasse eines Gymnasiums in Hamburg besucht, der Länge von fast 270 Seiten, die jedoch durchweg auch mittels ganzseitiger Illustrationen aufgelockert werden, sowie der ihm inhärenten problemorientierten, aber mit einem positiven Ausgang versehenen Migrationserzählung für die 5. und 6. Jahrgangsstufe geeignet.

3. Literaturwissenschaftliche Analyse

Bei *Pembo* handelt es sich um einen interlingualen Text, der dominant deutschsprachig ist, wobei einzelne Wörter in türkischer Sprache wiedergegeben werden. Ulrike Eder spricht in diesem Zusammenhang von „Sprachmischungen"[7]. Jedem Kapitel ist eine Vokabelliste der türkischen Wörter und Wendungen vorangestellt, die in dem darauffolgenden Kapitel verwendet werden. Damit ist der Text auch für Leser*innen, die des Türkischen nicht mächtig sind, ohne Weiteres zu verstehen. Insbesondere zu Beginn des Romans werden Wörter vorgestellt, die den Bereichen *Essen*, *Kosenamen* und *Familie* entnommen sind. Folgende Vokabeln stehen beispielsweise vor dem ersten Kapitel: köfte, güm, baba, Süleyman, mutlu, kuzu, hayatım. Angesichts dieser Auswahl sowie der Erklärung einiger Wörter im Haupttext (etwa: „In der Türkei sagt man Onkel zu allen alten Männern, egal, ob man mit ihnen verwandt ist oder nicht"[8]) entsteht der Eindruck, es würde Wissen über *die* Türkei vermittelt. Die Türkei erscheint dabei als ein Land mit liebevollen Menschen und leckerem Essen, in dem die Familie einen hohen Stellenwert hat, das aber sehr homogen und von jeglichen Globalisierungstendenzen ausgenommen zu sein scheint. *Pembo* grenzt sich somit von einer negativen Darstellung der Türkei als rückständiger und patriarchal geprägter Auswanderungsgesellschaft

---

5 Ebd., S. 93.
6 Ebd., S. 249.
7 Ulrike Eder, 2009, Mehrsprachige Kinder- und Jugendliteratur für mehrsprachige Lernkontexte, Wien: Preasens, S. 20.
8 Bosse, Pembo [Anm. 4], S. 21.

ab, wie sie für die interkulturelle Kinder- und Jugendliteratur der 1980er Jahre prägend war.[9] Der Roman überwindet auch eine defizitorientierte Darstellung von Migrant*innen und Migration, die häufig – insbesondere in der sog. Fluchtliteratur – als Opfer in Erscheinung treten.[10] Mit Blick auf die Erzählperspektive lässt sich beispielsweise festhalten, dass Pembo als zentrale Erzählerin und Akteurin als handlungsfähiges Subjekt konstruiert wird, aus dessen Perspektive die Geschichte erzählt wird und das in der Lage ist, sein Dasein mitzubestimmen.

Die Darstellung von Migrant*innen, Migration und der Türkei ist in *Pembo* somit positiv konnotiert, wird jedoch einseitig konstruiert. Insbesondere das Türkeibild ist teilweise stark idealisiert und enthält vor allem in den Traumsequenzen, in denen die Ich- in eine Er-/Sie-Erzählperspektive wechselt, Anklänge von Exotismus.[11] Auch die Bildebene, die in schwarz und blau gehalten ist und ein weitestgehend symmetrisches Verhältnis mit dem Schrifttext aufweist, folgt an einigen Stellen[12] diesem Exotisierungssyndrom.[13]

Weiterhin wird durch die im Buch präsentierte Mehrsprachigkeit einem statischen und dadurch problematischen Verständnis von Kultur[14] Vorschub geleistet, im Rahmen dessen *Kultur* mit *Nationalkultur* gleichgesetzt wird und gesellschaftliche (Macht-)Verhältnisse unberücksichtigt bleiben.

Aufgebrochen wird dieses sprachlich vermittelte, homogene Kulturverständnis jedoch immer dann, wenn Sprachmischungen mit der Funktion eingesetzt werden, Pembo als mehrsprachiges Subjekt zu entwerfen. Dabei werden mehrsprachige Praktiken erkennbar, im Rahmen derer Pembo die ihr zur Verfügung stehenden Sprachen nicht getrennt voneinander, sondern gleichzeitig verwendet, um Sinn zu erzeugen, vgl. etwa: „‚Mach dies nicht, das ist pis – mach das nicht, sonst wirst du pis – kletter da nicht hoch, du könntest dich pis machen.' Allah, voll nervig".[15] Diese mehrsprachigen Praktiken können als Ausdruck der hybriden Identität Pembos gelesen werden, bei der sprachliche und kulturelle Grenzen aufgrund von Vermischung aufgeweicht werden. Da Pembos Mehrsprachig-

---

9   Vgl. Gina Weinkauf, 2013, Kulturelle Vielfalt (in) der deutschsprachigen Kinder- und Jugendliteratur, in: „Das ist bestimmt was Kulturelles", Eigenes und Fremdes am Beispiel von Kinder- und Jugendmedien, kjl&m 13. Extra, München: kopaed, S. 40–43.
10 Vgl. Heidi Rösch, 2018, Alles wird gut!? – Flucht als Thema in aktuellen Bilderbüchern für den Elementar- und Primarbereich, in leseforum.ch (2), S. 1–25,
    https://www.leseforum.ch/sysModules/obxLeseforum/Artikel/626/2018_2_de_roesch.pdf (11.02.2024).
11 Vgl. Bosse, Pembo [Anm. 4], S. 5.
12 Vgl. u. a. Bosse, Pembo [Anm. 4], 6 f. und 36 f.
13 Vgl. Rösch, Alles wird gut!? [Anm. 10], S. 11.
14 Vgl. Rudolf Leiprecht, 2004, Kultur – Was ist das eigentlich? Universität Oldenburg: Arbeitspapiere des IBKM, S. 10 f., https://uol.de/f/1/inst/paedagogik/personen/rudolf.leiprecht/Kulturtextveroeffentl..pdf (11.02.2024).
15 Bosse, Pembo [Anm. 4], S. 96.

keit an keiner Stelle im Roman defizitär konstruiert wird, wird auch ihre hybride Identität entproblematisiert.

Zu Beginn des Romans wird die Migration zwar auch als Identitätskrise inszeniert, beispielsweise wenn Pembo im Flugzeug nach Deutschland über die Konsequenzen der Reise nachdenkt[16], jedoch macht bereits der Untertitel „halb und halb macht doppelt glücklich" deutlich, dass Pembo mit der Migration nicht ihr altes Zuhause und die damit einhergehende Identität verliert, sondern ein neues Zuhause und eine neue Identität dazu gewinnt. Dabei bleibt der Text jedoch in einem Transkulturalitätskonzept, wie es beispielsweise bei Wolfgang Welsch[17] formuliert ist, verhaftet. Pembo tritt in diesem Sinne als eine Figur mit einer hybriden Identität in Erscheinung, in der schlussendlich Eigenheiten *einer* türkischen und *einer* deutschen Kultur sich gegenseitig befruchten und eine harmonievolle Symbiose eingehen.[18]

In Pembos hybrider und multipler Identität werden aber auch binäre und teilweise klischeehafte Identitäts- und Kulturschemata reproduziert. Bei dieser Darstellung von Hybridität werden zugleich auch Machtverhältnisse dethematisiert und die individuelle Handlungsfreiheit überschätzt. Kulturelle Identitätskonstruktion wird als individueller Prozess dargestellt. Während in Bezug auf Geschlechterrollen und -identitäten die gesellschaftliche Dimension von Identitätsbildung und damit die Relevanz von Zuschreibungen und Fremdpositionierungen in Ansätzen mitgedacht wird, erscheint die kulturelle Identität als eine freie und persönliche Entscheidung. Welche Zugehörigkeiten mit einer solchen hybriden Identität, wie sie Pembo aufweist, (un-)möglich sind, welche Zuschreibungen und Konsequenzen damit einhergehen, sind Fragen, die im Buch nicht gestellt werden. In diesem Sinne wird auch Rassismus lediglich an einer Stelle im Roman kurz zum Thema.[19]

Auch trägt die Darstellung von Pembos Mehrsprachigkeit, die an keiner Stelle im Roman als Resultat ihrer privilegierten Klassenzugehörigkeit bzw. der ihrer Eltern thematisiert und einhergehend damit auch nicht reflektiert wird, dazu bei, die genannte Entproblematisierung des Hybriden zu unterwandern: So ist es etwa keineswegs natürlich, dass (mindestens) ein Elternteil Akademiker*in ist, dass dieses Elternteil, in *Pembo* ihre *weiße* deutsche Mutter, zunächst im Herkunftsland des Vaters (der Türkei) lebt und die türkische, im Vergleich zum Deutschen prestigelose(re), Sprache erlernt und schließlich bereits bei der Ankunft der Familie in Deutschland als sprachlich maximal kompetentes Subjekt agieren kann.

---

16 Vgl. ebd., S. 67.
17 Vgl. Wolfgang Welsch, 2009, Was ist eigentlich Transkulturalität?, in: Hochschule als transkultureller Raum? Beiträge zu Kultur, Bildung und Differenz, hrsg. von Lucyna Darowska und Claudia Machold, Bielefeld: transcript, S. 39–66.
18 Vgl. Bosse, Pembo [Anm. 4], S. 246.
19 Vgl. ebd., S. 200.

Ähnliches lässt sich resultierend daraus auch für Pembo selbst ausmachen: Pembo wird als mehrsprachiges Subjekt konstruiert, das bereits in der Türkei privaten Unterricht im Deutschen von ihrer Mutter erhält, der ihr die Ankunft vor allem auch in der Schule in Deutschland, in der sie von Beginn an mit keinerlei sprachlichen Herausforderungen konfrontiert ist, enorm erleichtert. Die so erkennbar werdenden Entproblematisierungen von Rassismus und Klassismus, auch in ihrem Zusammenwirken, laufen Gefahr, gesellschaftliche Exklusionsmechanismen zu nivellieren oder gar auszublenden, mit denen Subjekte, die anders positioniert sind und werden als Pembo, bei ihrem Ankommen konfrontiert sind.

Die Analyse verdeutlicht somit die Ambivalenz, die dem Roman *Pembo* inhärent ist. Diese lässt sich – wie im Folgenden zu zeigen sein wird – in vielerlei Hinsicht literaturdidaktisch fruchtbar machen.

4. Auseinandersetzung mit Fiktionalität als Ausgangspunkt für Selbstreflexion

In *Pembo* werden viele Aspekte thematisiert, die an die Lebenswirklichkeit von Heranwachsenden anknüpfen: Konflikte mit den Eltern, Freundschaft, Identitätssuche, Zurechtfinden in neuen Umgebungen und Gruppen, (Geschlechter-)Rollenerwartungen etc. Diese Themen werden zwar in einem Migrationskontext verhandelt, dürften aufgrund ihrer genannten Anschlussfähigkeit jedoch alle Kinder und Jugendlichen (also auch solche ohne eigene Migrationserfahrung) persönlich ansprechen. Damit erlaubt der Roman „subjektive Involviertheit"[20], die nach Kasper H. Spinner jedoch um „genaue Wahrnehmung"[21] zu ergänzen ist. Eine intensive Auseinandersetzung mit dem Text kann verhindern, dass Leser*innen lediglich die ihnen bekannten Denkschemata in den Text projizieren und stattdessen auch Aspekte, die außerhalb ihrer bisherigen Erfahrungen liegen, wahrnehmen und dadurch zur Selbstreflexion angeregt werden.

Die Perspektive von Pembo nachzuvollziehen[22] sowie die literarische Darstellung dieser Perspektive als solche zu erkennen und infrage zu stellen, kann als Ausgangspunkt dienen, sich der eigenen Verwobenheit in gesellschaftliche Kategorisierungen und Denkschemata bewusst zu werden. In *Pembo* werden zahlreiche Kategorien, mittels derer Personen Identitäten zugeschrieben werden bzw. sie sich selbst solche zuschreiben, explizit und implizit verhandelt, wie Geschlecht, Klasse oder Kultur. Der Roman bietet daher die Möglichkeit, sowohl persönliche Vorstellungen und Überzeugungen als auch die diesen zugrunde liegenden Wissensbestände zum Gegenstand der Reflexion zu machen. Dafür ist

---

20 Kasper H. Spinner, 2006, Literarisches Lernen, in: Praxis Deutsch 200, S. 8.
21 Ebd.
22 Vgl. ebd., S. 9.

ein bewusster Umgang mit Fiktionalität[23] erforderlich. Den Realitätsbezug von fiktionalen Texten wahrzunehmen und zu hinterfragen, darf dabei allerdings nicht dazu führen, den fiktionalen Gehalt eines Textes aus dem Blick zu verlieren. Statt einer pauschalen Gegenüberstellung von Fiktion und Wirklichkeit kann es fruchtbar sein, danach zu fragen, welche Wirklichkeitsbezüge fiktionale Darstellungen haben, aber auch wie diese wiederum die Wirklichkeit prägen.

5. (De-)Konstruktion hybrider Identitäten

Insbesondere Autor*innen des Postkolonialismus konnten nachzeichnen, wie mittels Literatur auch Wirklichkeit erzeugt wird.[24] Im Unterricht gilt es somit die gesellschaftliche Wirkmächtigkeit von Literatur anzuerkennen, ohne jedoch die Perspektiven einzelner Werke überzubewerten. Bezogen auf *Pembo* besteht unseres Erachtens die Gefahr, dass das statische Kulturverständnis, die Vernachlässigung der gesellschaftlichen Dimension von Identitätskonstruktionen, die positive und zum Teil naive Vorstellung von hybriden Identitäten bei gleichzeitiger Dethematisierung ihrer möglichen Konsequenzen für die Subjekte von den Schüler*innen verabsolutiert werden. Im Rahmen von interkulturellem Lernen im Literaturunterricht kann der in diesem Beitrag vorgestellte Roman dann didaktisches Potential entfalten, wenn seine Rezeption nicht darauf abzielt, vorherrschende Imaginationen von *Kultur*(en) und *Sprache*(n) in der Migrationsgesellschaft zu (re-)produzieren, sondern die damit einhergehenden Dilemmata zum Gegenstand der Überlegungen zu machen.[25]

Grundlegend dafür ist ein Verständnis, das Identitätsbildung als Subjektivierungsprozess reflektiert. Identitäten werden dabei als Konstrukte verstanden, die das Resultat eines Zusammenwirkens von *außen* und *innen* sind. Subjekte können demnach nicht ohne gesellschaftliche (Herrschafts-)Verhältnisse gedacht werden, sind aber zugleich nicht gänzlich von diesen determiniert. In diesen Verhältnissen zirkulieren Identitätsschablonen – in der Subjektivierungstheorie spricht man von Subjektpositionen –, die den Subjekten mitunter auch rigide zu verstehen geben, wie sie sich selbst zu formen haben, um Anerkennung erfahren zu können. Subjekten stehen dabei verschiedene, auch widersprüchliche Subjektpositionen zur Verfügung. Sie können sich bis zu einem gewissen Grad zu diesen Subjektpositionen verhalten, sie können sie annehmen, aber auch umdeu-

---

23 Vgl. ebd., S. 10.
24 Vgl. u. a. Edward W. Said, 2014 [1978], Orientalismus, Frankfurt am Main: S. Fischer, S. 54.
25 Vgl. Vesna Bjegač und Nina Simon, 2020, Jonas Hassen Khemiris INVASION! Subjektivierungsanalytische Perspektiven für den Literaturunterricht, in: Literatur im Unterricht – Texte der Gegenwartsliteratur für die Schule 21(2), S. 163–174.

ten oder gar ablehnen.[26] Ausgehend von diesen theoretischen Annahmen kann Identität nicht als ein abschließbarer und kohärenter Prozess verstanden werden. Vielmehr sind Unvollständigkeit, Widersprüchlichkeit und Ambivalenzen Kennzeichen von Subjektbildung/Identitätsbildung.

Auch in Literatur und damit in *Pembo* werden verschiedene Subjektpositionen hervorgebracht und tradiert. Migrant*innen als hybride Wesen zu entwerfen, ist eine nicht nur in der Belletristik anzutreffende Praxis. Kennzeichnend für diese Identitätskonstruktion ist, dass lediglich die Identitäten von Migrant*innen als unvollständig und erklärungsbedürftig erscheinen und damit problematisiert werden.[27] Migration bzw. Kultur oder Nation werden dabei als Kategorien konstruiert, die den Subjekten, denen Zugehörigkeit zu diesen Kategorien zugeschrieben wird, bestimmte Identitäten zu- bzw. absprechen.

Derartige Zugehörigkeitsordnungen und Identitätskonstruktionen lassen sich im Literaturunterricht dafür fruchtbar machen, zu einem Nachdenken darüber anzuregen, dass es sich bei diesen Ordnungen nicht um beliebige, sondern um gesellschaftlich wirkmächtige Ordnungen bzw. Differenzverhältnisse handelt, aus denen unterschiedlich privilegierte bzw. marginalisierte Subjektpositionen erwachsen. Für unterrichtliche Belange ist das Skizzierte in mehrfacher Hinsicht von zentraler Bedeutung: Ein Fokus auf Zugehörigkeitsordnungen und die dem literarischen Text inhärenten Subjektpositionen kann dazu beitragen, Differenzverhältnisse als Machtverhältnisse verstehen zu lernen und einhergehend damit die Konstruktion binärer Unterscheidungsschemata als der Aufrechterhaltung bestehender (gesellschaftlicher) Machtverhältnisse dienlich zu reflektieren. Auf dieser Basis können Schüler*innen dazu angeregt werden, auch widerständigen Praktiken Aufmerksamkeit zu schenken.

In Bezug auf *Pembo* gilt es davon ausgehend den dominanten Differenzmarker *Kultur* bei Identitätskonstruktionen zu reflektieren. Mit Blick auf das interkulturelle Lernen ist dies v. a. deshalb bedeutsam, da (literatur-)didaktische Überlegungen zu hybriden Identitäten, wie sie in *Pembo* gedacht werden, andernfalls dazu beitragen, gesellschaftlich bestehende (Macht-)Verhältnisse zu nivellieren und dadurch beispielsweise Diskriminierungserfahrungen von Schüler*innen zu dethematisieren.

---

26 Vgl. Saša Bosančić, 2019, Die Forschungsperspektive der Interpretativen Subjektivierungsanalyse, in: Subjekt und Subjektivierung. Empirische und theoretische Perspektiven auf Subjektivierungsprozesse, hrsg. von Alexander Geimer, Steffen Amling, Saša Bosančić, Wiesbaden: Springer VS, S. 43–54.

27 Vgl. İnci Dirim, Ulrike Eder und Birgit Springstis, 2013, Subjektivierungskritischer Umgang mit Literatur in migrationsbedingt multilingual-multikulturellen Klassen der Sekundarstufe, in: Ira Gawlitzek und Bettina Kümmerling-Meibauer, (Hrsg.): Mehrsprachigkeit und Kinderliteratur, Stuttgart: Fillibach bei Klett, S. 121–141.

6. Didaktisch-methodische Konkretisierungen

Voraussetzung für die folgende Unterrichtseinheit ist es, dass der gesamte Roman von den Schüler*innen gelesen wurde.

Damit sich alle Schüler*innen den verschiedenen Teilaspekten ihrer Identität, den dahinterstehenden Kategorisierungen und den damit einhergehenden Zuschreibungen und Zugehörigkeiten bewusst werden, bietet sich zum Einstieg eine Übung an, die in Diversity-Ansätzen bereits seit Längerem etabliert ist:[28] Den Schüler*innen wird dafür ein DIN-A3-Blatt ausgeteilt, das in maximal fünf verschieden große Teile zerschnitten ist. Die Schüler*innen bekommen den Arbeitsauftrag, für jedes dieser Puzzleteile den Satz „Ich bin ..." zu vervollständigen. Im Anschluss stellen die Schüler*innen im Plenum, am besten in einem Sitzkreis, ihre Identitätspuzzles vor. Die Lehrperson stellt dabei sicher, dass lediglich Verständnisfragen gestellt werden, vor allem um verletzende Kommentare (bestmöglich) zu vermeiden. Ziel des im Anschluss an diese Präsentationen stattfindenden Gesprächs im Plenum ist es, zur Reflexion der eigenen Identitätskonstruktion anzuregen und das Verständnis von Identität als einem Zusammenspiel von *außen* und *innen* zu fördern. Folgende Fragen können den Reflexionsprozess unterstützen:

- „Welche der Rollen sucht ihr euch aus, welche könnt ihr nicht ändern?
- Welche Patches liegen nebeneinander? Ergibt sich daraus eine Erkenntnis für euch? Wenn ja, welche?
- Wie fest bleiben die Rollen, Eigenschaften, Fähigkeiten? Wodurch kann sich die Identität verändern?".[29]

In einem nächsten Schritt werden die Schüler*innen aufgefordert, ein solches Identitätspuzzle für die Figur Pembo zu erstellen. Dabei gilt es gemeinsam mit den Schüler*innen Pembos Rollen als Tochter, Enkelin, Nichte, Freundin, Ringerin, Schülerin, Mädchen, Türkin, Deutsche etc. zu erarbeiten. Diese Aufgabe sollte mit der Nennung der Rollen beginnen, allerdings nicht damit enden. Vielmehr sollten anschließend daran sowohl die sozialen Erwartungen, die mit den verschiedenen Rollen einhergehen, als auch der Umgang Pembos mit diesen thematisiert werden. Für Letzteres sammeln die Schüler*innen Adjektive/Attribute, die Pembo in den unterschiedlichen Rollen charakterisieren. Hierbei ist eine Arbeit mit dem Roman unerlässlich. Stärkeren Schüler*innen kann die Auswahl geeigneter Textstellen überlassen werden. Schwächeren Schüler*innen können kurze Textpassagen vorgegeben werden. In einem gemeinsamen Gespräch gilt es ana-

---

28 Vgl. Zeno Ackermann, Carolin Auner und Elżbieta Szczebak, 2006, Einwanderungsgesellschaft als Fakt und Chance, Perspektiven und Bausteine für die politische Bildung, Praxishandbuch für Schule und Jugendarbeit, Schwalbach/Ts.: Wochenschau, S. 85–87.
29 Ebd., S. 85f.

log zu den Identitätspuzzeln der Schüler*innen auch Pembos Identität in ihrer ganzen Komplexität, mit ihren Widersprüchen und ihrer Unvollständigkeit sowie die der Identitätsbildung zugrundeliegenden Kategorisierungen zu erfassen.

Ausgehend von dieser Charakterisierung Pembos kann im Anschluss der dominante Fokus des Buches auf Pembos kulturelle Identität hinterfragt werden. Der Untertitel des Buches „halb und halb macht doppelt glücklich" und der im Buch wiederholt verwendete Terminus „Halblinge"[30] können als Impulse dienen, um die Reduktion Pembos auf ihre Identität als *Türkin, Deutsche* und/oder *Deutsch-Türkin* herauszuarbeiten. Hierbei sollten die Schüler*innen die Gelegenheit bekommen, über die Konsequenzen einer solchen Reduktion, die häufig als Migrant*innen gelesene Personen betrifft, nachzudenken.

Diese ersten Überlegungen der Schüler*innen zu kulturellen Zuschreibungen und den darin inkludierten (un-)möglichen Zugehörigkeiten mit all ihren Konsequenzen für die Subjekte werden in einer weiteren Erarbeitungs- und Reflexionsphase konkretisiert. Die Schüler*innen bekommen nun den Arbeitsauftrag, die Darstellung von Pembos kultureller Identität mit Darstellungen aus anderen Kinder- und Jugendmedien zu vergleichen. Für einen solchen Vergleich bietet es sich an, aus *Pembo* Ausschnitte aus den Seiten 67, 246 und 249 zu lesen, in denen Pembo zunächst das Verlassen der Türkei als einen Verlust ihrer (kulturellen) Identität thematisiert und dabei *eine* türkische und *eine* deutsche Kultur einander als unvereinbar gegenüberstellt, zum Ende des Buches jedoch eine harmonische, in mancher Hinsicht aber auch naive Synthese *einer* türkischen und *einer* deutschen Kultur zu ihrer Identität erklärt.

Als ein erster Vergleichstext dazu kann eine Szene aus dem Film *Almanya*[31] herangezogen werden. In dieser befindet sich Cenk, ein sechsjähriger Junge, auf dem Pausenhof. Die Mannschaften für ein Fußballspiel werden mittels des von einem Mitschüler vorgebrachten Vorschlags in *Türken gegen Deutsche* eingeteilt. Cenk, der eine *deutsche* Mutter und einen *türkischen* Vater hat, steht damit vor einem (Identitäts-)Problem. Er wird von der *deutschen* zur *türkischen* Mannschaft hin- und her geschubst, weil er für die eine Mannschaft *zu deutsch* und für die andere *zu türkisch* ist. Die Szene lässt offen, ob er schließlich in einer der beiden Mannschaften mitspielen darf oder gänzlich aus dem Fußballspiel ausgeschlossen wird, problematisiert jedoch trotz der Ergebnisoffenheit den gewaltvollen, (weil) exkludierenden Gehalt von Zugehörigkeitsordnungen. Als ein weiterer Vergleichstext dazu kann ein Ausschnitt aus dem Roman *Dönerröschen*[32] dienen, in dem ebenfalls ein Fußballspiel als (Reflexions-)Anlass für kulturelle Zuschreibungen fungiert. Dabei treffen zwei Gruppen von Jugendlichen in einem Park aufeinander und entschließen sich gemeinsam Fußball miteinander zu spielen. Zu Be-

---

30 Bosse, Pembo [Anm. 4], S. 152 und S. 187.
31 Yasemin Şamdereli und Nesrin Şamdereli: Almanya – Willkommen in Deutschland. 2011.
32 Jaromir Konecny, 2014, Dönerröschen, München: cbt, S. 108–113.

ginn des Spiels scheinen die kulturellen Zuschreibungen eindeutig zu sein, diese Eindeutigkeit(en) jedoch geraten rasch ins Wanken, sodass kulturelle Zugehörigkeiten in *Dönerröschen* nicht so essentialistisch verhandelt werden, wie es in *Pembo* der Fall ist. Vielmehr werden sie als Ergebnis eines Aushandlungsprozesses dargestellt, auf das man zumindest bis zu einem gewissen Grad Einfluss nehmen und das man situativ anpassen/verändern kann, um beispielsweise Zugehörigkeiten herzustellen.

Folgende Arbeitsaufträge können die Schüler*innen dabei unterstützen, die Gemeinsamkeiten und Unterschiede der Auseinandersetzung mit und der Verhandlung von kulturellen Zuschreibungen und Zugehörigkeiten in den verschiedenen Werken zu erarbeiten:

- Mit welchen kulturellen Bezeichnungen wird/werden Pembo/Cenk/die Jugendlichen aus *Dönerröschen* benannt?
- Welche Eigenschaften und Fähigkeiten werden Pembo/Cenk/den Jugendlichen aus *Dönerröschen* zugeschrieben?
- Wer macht die kulturellen Zuschreibungen? Sind es Pembo/Cenk/die Jugendlichen aus *Dönerröschen* selbst? Andere? Oder passiert beides?
- Welche Folgen haben die kulturellen Zuschreibungen für die Figuren?
- Verändern sich die kulturellen Zuschreibungen? Wenn ja, wie und warum?
- Welcher Text gefällt dir am besten? Warum?

Aufgrund der Komplexität der Arbeitsaufträge ist zu empfehlen, einen der Texte im Plenum zu erarbeiten und die anderen beiden Texte in (arbeitsteiligen) Gruppenarbeiten analysieren zu lassen. Bei der Besprechung der Schüler*innenergebnisse gilt es zunächst mit den Schüler*innen über die Darstellung kultureller Zuweisungen in den verschiedenen Werken ins Gespräch zu kommen und mit ihnen insbesondere über die Macht dieser Zuweisungen kritisch nachzudenken. Zugleich sollte die Auswertung dazu genutzt werden, die Schüler*innen dafür zu sensibilisieren, dass literarische Werke bestimmte Vorstellungen von Menschen (re-)produzieren, die man als Rezipient*in stets hinterfragen darf und sollte. Hierbei sollte insbesondere auf *Pembo* eingegangen und diskutiert werden, welche Möglichkeiten die Protagonistin dieses Werkes hat, sich anders zu positionieren als *halb und halb* und welche Konsequenzen damit für sie möglicherweise einhergehen.

Gibt es Situationen, in denen sie sich *nur* als *Deutsche* oder *nur* als *Türkin* bezeichnen kann/darf/soll? Gibt es Situationen, in denen sie jegliche kulturelle Zuordnung verweigern kann/darf/soll? sind Fragen, die dabei diskutiert werden können und nicht zuletzt mit Blick auf aktuelle Diskurse, im Rahmen derer die Fragen wie die diesen inhärente Ambivalenz häufig ausgeblendet wird, insbesondere hinsichtlich ihrer Janusköpfigkeit unseres Erachtens nach auch diskutiert werden müssen.

Turntables – Teilhabe am öffentlichen und literaturbezogenen Diskurs mit Jason Reynolds' *Asphalthelden*

Fenster und Spiegel einer hyperdiversen Gesellschaft

Farriba Schulz

Asphalthelden[1] (2021; OA: *Look Both Ways. A Tale Told in Ten Blocks*[2]) zeigt vielfältige Perspektiven auf das Leben Heranwachsender in einem Stadtviertel. Anhand unterschiedlicher Motive, wie Freundschaft, Liebe, Mobbing, Krankheit und Diskriminierung, bildet der Roman eine hybride Gesellschaft und komplexe Konstellationen von Vielfalt ab. Alle Romanfiguren haben unterschiedliche Hürden im Leben zu überwinden. Auf ihrem Schulweg zeigt sich, was ihnen das Leben zu bieten hat und was sie daraus machen: TJ und Jasmine, für die zwischen Krankheit und Einsamkeit Chipstüten wie Freundschaftsflaggen wirken; die Mitglieder der Superkurzhaar-Gang, die vieles teilen, nicht zuletzt die Erfahrung sich um einen Elternteil, der an Krebs erkrankt ist, sorgen zu müssen; das Skater-Girl Pia Foster, für das Skaten zum Lebensinhalt geworden ist, obwohl oder gerade weil seine Schwester beim Skaten tödlich im Straßenverkehr verunglückt ist; Fatima Moss, die Listen macht, um die ihr begegnenden Unwägbarkeiten (ein)zuordnen; Ty Carson, der dabei ist, seine sexuelle Orientierung zu entdecken, und währenddessen von seinem Freund Bryson Wills Schutz bietend begleitet wird; Simeon Cross und Kenzi Thompson, die ein Autodiebstahl ihrer großen Brüder und die Haftstrafe verbindet; Satchmo Jenkins, der seine Angst vor Hunden überwindet; Cynthia „Nasowas" Sower, die mit Witzen versucht, die Trauer zu vertreiben; Gregory Pitt, dem seine Freund*innen beim Überbringen einer Liebesbotschaft unterstützend zur Seite stehen, und Canton Post, der vom Verkehrsunfall seiner Mutter traumatisiert ist – sie alle erweckt Jason Reynolds authentisch in Sprache und Handlung zum Leben und fächert im Beziehungsgeflecht auf, was es braucht, um sich empowered zu fühlen.

Die Jugendlichen in *Asphalthelden* besuchen eine Middle School, weswegen sich der Roman mit 11- bis 14-jährigen Hauptfiguren für Schüler*innen ab der 5. Klasse eignet. Die Inszenierung von Multiperspektivität im Werk bietet dabei eine hervorragende Folie, um mit einem Blick in hybride Schwarze communities

---

1   Jason Reynolds, 2021, Asphalthelden. Übersetzt von Anja Hansen-Schmidt, München: dtv.
2   Jason Reynolds, 2019, Look Both Ways: A Tale Told in Ten Blocks, New York: Simon & Schuster.

als Fenster und Spiegel[3] zu dienen und innerhalb verschiedener Diskursgemeinschaften Handlungs- und Erfahrungsräume abzubilden.

1. Intersektionale Perspektiven auf soziale Ordnungen zwischen Schule, Schulweg und Schulbus

Multiperspektivisch erzählt, beschreibt Jason Reynolds in *Asphalthelden* in zehn Kapiteln aus der Sicht der jeweiligen Hauptfiguren der zehn unterschiedlichen Geschichten mannigfaltige Schulwege. Jedes Kapitel wird dabei mit der Ortsangabe räumlich und einem Titel thematisch verortet. Reynolds' literarisches Weltmodell strukturiert sich so in sozialen Räumen, die zugleich semantische Ordnungen bieten und „die Bedeutung des sozial definierten Raumes für die Identitätsentwicklung und -stabilisierung"[4] betrachten lassen. Die Marston Street, Placer Street, Bastion Street, Portal Avenue, Burman Street, Chestnut Street, Nestle Street, Southview Avenue, die Rogers Street und die Ecke an der Portal Avenue grenzen den Handlungsort auf zehn Häuserblocks, wie es im Originaltitel *Look Both Ways. A Tale Told in Ten Blocks*[5] bereits angekündigt ist, ein. Mal definiert der Straßenname die Wohnadresse einer Hauptfigur, mal das Ziel und mal den Ort des Geschehens. In jedem Kapitel steht eine andere Figur oder Figurengruppe im Vordergrund, die die Leser*innen auf ihren ganz persönlichen Weg von der Schule nach Hause mitnimmt. Die Entscheidung, in welche Richtung die Figuren sich bewegen, beeinflusst die Qualität der sozialen Räume und ihre Grenzen. Ob die Figuren die Portal Avenue links oder rechts hinunter gehen, macht einen Unterschied:

> Die meisten Fußgänger gingen links die Portal Avenue hinunter zu den anderen Vierteln, aber rechts – die Portal Avenue hoch – lagen die Chestnut Homes. [...] Die meisten Leute sind auf der Hut, wenn sie die Chestnut Street langgehen. Den Schwanz eingezogen, die Goldketten unter dem T-Shirt versteckt.[6]

Straßennamen markieren dabei semantische Räume, deren Grenzen sich als Oppositionspaare strukturieren[7] und an Ampeln oder Fußgängerüberwegen überquert werden können. Kartographisch fixierbar, wird der Stadtteil nach Lotman zum organisierenden Element, „um das herum sich auch die nichträum-

---

3 Rudine Sims Bishop, 1990, Mirrors, windows, and sliding glass doors, in Perspectives 6/3, ix-xi.
4 Natascha Würzbach, 2004, Raumdarstellung, in: Erzähltextanalyse und Gender Studies, hrsg.von Vera Nünning und Ansgar Nünning, Stuttgart/Weimar: Metzler, S. 49–71, hier S. 52.
5 Reynolds, Look Both Ways [Anm. 2].
6 Reynolds, Asphalthelden [Anm. 1], S. 108 f.
7 Vgl. Jurij M. Lotman, 1972, Die Struktur literarischer Text, München: Wilhelm Fink, S. 327.

lichen Charakteristika ordnen".[8] Auf dem Weg zur Rogers Street schafft es Gregory Pitt mit Hilfe seiner Freund*innen seine persönliche Grenze zu überwinden, um am Ziel angekommen mutig nach Sandra Whites Telefonnummer zu fragen. Begleitet von intensiver Körperpflege mit Deospray noch im Schulhaus gegen Schweißgeruch, mit Körperlotion schon aus der Schule raus, bis zur Straßenecke, die Straße überquerend und die Portal Avenue runter die Ellbogen eincremend und mit Wick VapoRub den Lippen stechenden Glanz verleihend, transformieren Candace, Remy und Joey Gregory Pitt zu ihrem „Romeo".[9] Während für viele der in Asphalthelden agierenden Figuren die Portal Avenue als Schnittstelle fungiert, ist die Straße für Fatima Moss Wohnadresse und zugleich Transitraum. Schritt für Schritt meistert sie die tägliche Strecke. Das Anfertigen einer Liste ermöglicht ihr dabei, das Ungewohnte zu kontrollieren. In 50 Punkten definiert sie gleichbleibende und sich verändernde Dinge. Ganz nach dem Motto ihres Vaters, „Gewohnheit verringert das Risiko"[10], nähert sich Fatima so den Personen, die ihr begegnen und ihren Weg kreuzen, und schafft sich damit den Freiraum für ein „Leben ohne Tagesmutter" und dafür, „alleine nach Hause zu kommen und sich Chicken Nuggets in der Mikrowelle warm zu machen".[11] Das Verlassen des Schulgeländes ist für alle sowohl als Grenzüberschreitung und zugleich als Überwindung semantischer Räume zu verstehen. Die Schule als institutionalisierte soziale Ordnung und der Weg zur Schule als Transitraum nach Hause symbolisieren einen repressionsfreien Raum, in dem die literarischen Figuren zwischen der Rolle als Schüler*in und Jugendliche*r ohne Aufsicht eigenständig handeln und sich emanzipieren können.[12] Würzbach schlägt aus gender-kritischer Perspektive vor, den erzählten Raum im Hinblick auf „Zugänglichkeit und Grenzüberschreitung", „Standort und Bewegung der Figuren" und auch „geschlechtsspezifische Erlebnisweisen und Bedeutungszuweisungen" zu konkretisieren.[13] Die differenten Standpunkte der Figuren lassen sich dabei nach Schmidt mithilfe der perzeptiven, ideologischen, räumlichen, zeitlichen und sprachlichen Perspektive differenzieren. Welche Erzählstimme, mit welchem Verhältnis zur Welt, an welchem Ort, zu welchem Zeitpunkt das Geschehen wahrnimmt und wie beschreibt, konstituiert das Geschehen in der Auswahl, Gewichtung und Anordnung der Ereignisse.[14]

Multiperspektivisch erzählte Texte wie Asphalthelden zeigen nach Allrath & Surkamp in der Auswahl, der literarästhetischen Gestaltung der Charaktere und ihrer umgesetzten Erzählperspektiven in gender-kritischer Lesart, „in welchem

---

8   Ebd., S. 316.
9   Reynolds, Asphalthelden [Anm. 1], S. 156.
10 Reynolds, Asphalthelden [Anm. 1], S. 76.
11 Ebd., S. 73 f.
12 Vgl. Würzbach, Raumdarstellung [Anm. 4], S. 55.
13 Ebd., S. 57.
14 Vgl. Wolf Schmid, 2014, Elemente der Narratologie, Berlin: De Gruyter, S. 122 ff.

Umfang weibliche und männliche Sichtweisen in der fiktionalen Welt berücksichtigt werden". Die Frage nach „den bedeutungskonstituierenden Wechselbeziehungen zwischen den verschiedenen Perspektiven" ist hierbei zentral.[15] Dieses Prinzip im Kontext von Intersektionalität auch mit Bezug zur feministischen Narratologie[16] anzuwenden, erscheint besonders aufgrund der Vielstimmigkeit im Werk naheliegend. „[Z]ur Beschreibung der spezifischen Wirklichkeitssicht" einer Erzählstimme oder eines Charakters müssen

> alle inneren Faktoren und äußeren Bedingungen einer fiktionalen Person – wie z. B. deren psychische Disposition, Werte- und Normensystem, Deutungsschemata, Alter, biologisches und kulturelles Geschlecht, sexuelle Orientierung, Nationalität und ethnische Identität sowie die kulturellen, sozialen, politischen und wirtschaftlichen Bedingungen, unter denen sie lebt.[17]

betrachtet werden, um den Figuren gerecht werden zu können, konstatieren Allrath & Surkamp. Wie entwirft die Erzählstimme die Welt, in diesem Fall das Leben der Figuren? Welche unterschiedlichen Parameter der Erzählperspektive können in den einzelnen Kapiteln ausgemacht werden? Was verbindet alle Figuren und was unterscheidet sie?

Reynolds' literarische Inszenierung, die sich als „Polyphonie der Räume"[18] erweist, ließe sich dahingehend untersuchen, auf welche Weise die jeweiligen Grenzziehungen mit Bezug auf Intersektionalität Trennungs- und Verbindungslinien von Ungleichheit widerspiegeln und in welchem Verhältnis diese zueinander stehen.

> Consider an analogy to traffic in an intersection, coming and going in all four directions. Discrimination, like traffic through an intersection, may flow in one direction, and it may flow in another. If an accident happens in an intersection, it can be caused by cars traveling from any number of directions and, sometimes, from all of them,[19]

schreibt Kimberlé Crenshaw, deren intersektionalitätsanalytischer Ansatz gerade aufgrund der eingängigen Metapher der Straßenkreuzung vielfach zitiert wurde. Sie verdeutlicht damit mehrdimensionale und intersektionale Diskri-

---

15 Gaby Allrath und Carola Surkamp, 2004, Erzählerische Vermittlung, unzuverlässiges Erzählen, Multiperspektivität und Bewusstseinsdarstellung, in: Nünning & Nünning, Erzähltextanalyse [Anm. 4], S. 143–179, hier S. 160.
16 Vgl. Gaby Allrath und Marion Gymnich, 2004, Neue Entwicklungen in der gender-orientierten Erzähltheorie, in: Nünning & Nünning, Erzähltextanalyse [Anm. 4], S. 33–48, hier S. 39.
17 Allrath & Surkamp, Erzählerische Vermittlung [Anm. 15], S. 161.
18 Lotman, Die Struktur literarischer Texte [Anm. 7], S. 328 f.
19 Kimberlé Crenshaw, 1989, Demarginalizing the Intersection of Race and Sex: A Black Feminist Critique of Antidiscrimination Doctrine, Feminist Theory and Antiracist Politics, in: University of Chicago Legal Forum, Volume 1989/1, S. 139–167, hier S. 194.

minierungserfahrungen als Lebensrealität von Menschen, die mit vielfältigen Differenzkategorien konfrontiert werden.[20] Diskriminierungen werden demnach aufgrund der Interdependenz vielfältiger Differenzkategorien nicht nur aus einer Richtung, sondern aus vielen Richtungen erlebt.[21] Damit verdeutlicht sich für Çetin auch, „dass Menschen nicht einfach als Repräsentant_innen einer spezifischen Gruppe betrachtet werden können".[22]

Als wenn Jason Reynolds Crenshaws Analogie der *intersection* als Metapher für seine Erzählung aufgegriffen und seinem Roman als Erzählgerüst zu Grunde gelegt hätte, werden in *Asphalthelden* Überschneidungen, Grenz- und Zwischenräume und simultane Zugehörigkeiten perspektiviert, die im sozialen Raum neue Blickwinkel auf eine hybride Gesellschaft bieten. Crenshaws Metapher der Straßenkreuzung verortet Reynolds im Roman an der Ecke an der Portal Avenue. Dort, im letzten und zehnten Kapitel des Romans („Der Besenhund – Ecke an der Portal Avenue"), führt er alle Erzählfäden mit einem Schulbus als Struktur überwindende Figur zusammen.

„Ein Schulbus kann vieles sein", beginnt die Erzählstimme[23] und definiert das Transportmittel für Schüler*innen auf knapp vier Seiten in seinen unterschiedlichen Funktionen und Möglichkeiten als Erfahrungs-, Handlungs- und Aushandlungsraum. Die Analogien, mit denen Reynolds hierfür aufwartet, füllen das Innere des Schulbusses in einer Vielzahl an Einzelszenen mit Leben. Ob Kampf-, Schau- oder Spielplatz, ob Ort, an dem Können präsentiert wird, Liebesbotschaften ausgetauscht werden oder Verletzungen stattfinden, die Erzählstimme präsentiert den Schulbus mit allen Sinnen wahrnehmbar. Allerdings dekonstruieren sich die vor dem inneren Auge aufgebauten Bilder, wenn der Schulbus aus Canton Posts Perspektive als Waffenmunition beschrieben und an der *intersection*, an der Ecke an der Portal Avenue, zur „Kanonenkugel"[24] wird. Mit der perspektivischen Brechung der erzählten Welt[25] wird die Straßenecke zum Tatort, an dem Cantons Mutter verletzt wird, während sie sich als Verkehrshelferin schützend zwischen einen Schüler, Kenzi Thompson, und den Schulbus wirft.

---

20 Vgl. Zülfukar Çetin, 2021, Einführung in die Intersektionalität, in: Rassismuskritische Bildungsarbeit. Reflexionen zu Theorie und Praxis, hrsg. von Karim Fereidooni und Stefan E. Hößl, Frankfurt am Main: Wochenschau Verlag, S. 141–152, hier S. 144.
21 Vgl. Helma Lutz, María Teresa Herrera Vivar und Linda Supik, 2013, Fokus Intersektionalität – eine Einleitung, in: Fokus Intersektionalität. Bewegungen und Verortungen eines vielschichtigen Konzepts, hrsg. von Helma Lutz, María Teresa Herrera Vivar und Linda Supik, Wiesbaden: Springer, S. 9–31, hier S. 13.
22 Çetin, Einführung in die Intersektionalität [Anm. 20], S. 143.
23 Reynolds, Asphalthelden [Anm. 1], S. 170.
24 Ebd., S. 173.
25 Vgl. Vera Nünning & Ansgar Nünning, 2004, Von der feministischen Narratologie zur *gender*orientierten Erzähltextanalyse, in: Nünning & Nünning, Erzähltextanalyse [Anm. 4], S. 1–32, hier S. 20.

Der Schulbus markiert ein Ereignis, das auch in den anderen neun Kapiteln aufgegriffen und als etwas gewertet wird, das keiner gesehen haben will, auf das niemand achtet, das nicht geglaubt wird, das unvorstellbar ist, das einen verunsichert, das ablenkt, das einen zum Lachen bringt, obwohl es nichts zu lachen gibt, einen belastet, aber eben auch „vieles sein kann. So wie ein Nachhauseweg".[26] Auf der metaphorischen Ebene wird der Schulbus, der als vom Himmel gefallen Erwähnung findet,[27] zum Verbindungsglied zwischen den einzelnen Kapiteln und zugleich Start- und Endpunkt aller Geschichten. Der Schulbus wird dadurch zur Analogie eines sozialen Raums, der „sowohl Gesellschaft strukturierend als auch durch Gesellschaft strukturiert und im gesellschaftlichen Prozess sich verändernd begriffen"[28], mikrokosmisch intersektionale Beziehungen innerhalb einer äußeren Form und Raumorganisation konstruiert. Mit Lefèbre kann der Schulbus als Produkt des Gesellschaftlichen definiert werden. Die durch „Routinen und Routen abgesicherte Praxis der Herstellung und Reproduktion von Räumen sowie das körperliche Erleben der Räume" erfasst als „spatial practice"[29] in ihrer Veränderbarkeit auch einen Handlungsaspekt, den die Erzählstimme als sehr konkrete Frage in Kapitel 4 fasst und an die Hauptfigur, Fatima Moss[30], und als Autor Jason Reynolds in der Danksagung an seine „Geschichtenerzähler"[31] und Leser*innen richtet: „Wie wollt ihr die Welt verändern?"[32]

Damit verweist der Autor paratextuell aus dem Buch heraus auf eine Wirklichkeit, die veränderbar ist und von den Leser*innen verändert werden kann. Zusammen mit der Widmung „Für Eloise Greenfield"[33], einer der renommiertesten Schwarzen Autor*innen für Kinder- und Jugendliteratur in den USA, positioniert sich *Asphalthelden* mit Bezug auf die Anfänge kinder- und jugendliterarischer Sichtbarkeit von African-American communities als zeitaktueller Repräsentant und perspektiviert sich zugleich historisch bedeutsam.[34]

---

26 Reynolds, Asphalthelden [Anm. 1], S. 187.
27 Vgl. ebd., S. 7, 33, 64, 78, 97, 111, 133, 154, 167, 187.
28 Martina Löw und Gabriele Sturm, 2017, Raumsoziologie – eine disziplinäre Positionierung zum Sozialraum, in: Handbuch Sozialraum, hrsg. von Fabian Kessl und Christian Reutlinger, Wiesbaden: Springer, S. 1–19, hier S. 2.
29 Ebd.
30 Reynolds, Asphalthelden [Anm. 1], S. 79.
31 Ebd., S. 189.
32 Ebd., S. 190; Der paratextuelle Verweis wird in der OA auf der Rückseite des Buchcovers eingraviert und auf der Rückseite des Schutzumschlags weitergeführt. Der Aufforderungscharakter von „How You Gon' Change The World?" verstärkt sich damit in der Wiederholung und fungiert zugleich als Werbung.
33 Reynolds, Asphalthelden [Anm. 1], S. 5.
34 Vgl. Gérard Genette, 1991, Introduction to the Paratext, in: New Literary History 22/2, S. 261–272, hier S. 270.

2. Paratextuelle und transmediale Verflechtungen: Lektüreprozesse öffnen

> Maybe it's that young people honestly just don't know yet what it feels like to know that their voices have power, that their voices can move and change a room, can shift the temperature and the climate of a country, and can literally knock the world of its axis. Maybe young people just don't know – and maybe that's because we're not doing, we as adults, aren't doing a good enough job at letting them know and creating spaces for them to do so. We're not giving the microphone to you to say go ahead say your thing, sing your song, do your dance, talk your talk, tell your story. So that you know, I don't have to worry anything that's happening externally. The thing internal is just as powerful.[35],

reflektiert Jason Reynolds bei seiner Antrittsrede als National Ambassador for Young People's Literature die Rolle der Erwachsenen junge Menschen darin zu unterstützen, ihre Stimme zu finden und zu nutzen.

Auch in zahlreichen Interviews und anderen Formaten im Netz, u. a. auf seiner Homepage[36], seinem eigenen Instagram-[37] und Twitter-Account[38], ist Jason Reynolds medial präsent. Der Paratext zu *Asphalthelden* erschöpft sich deswegen nicht allein auf die Aufforderung selbst aktiv zu werden, sondern setzt sich in Reynolds' „presence surrounding a text of paratextual messages"[39] fort. Dem Autor so auch digital zu begegnen, ermöglicht, an kultureller Praxis teilhaben zu können und darüber hinaus sein Autorkonzept kennenzulernen.[40] Dieses bezieht auch seine Selbstpositionierung mit ein, die bezogen auf gesellschaftliche Diskurse wie u. a. zu *Black History Month*, zur Repräsentanz von Black People of Color in Literatur und Film und zur Bedeutung von *Juneteenth* unterschiedliche Materialien intermedial aus anderen Quellen zusammenführt, verlinkt und vernetzt.

Den Roman auf diese Weise eingebettet in das Handlungsfeld der Kinder- und Jugendliteratur kennenzulernen, ermöglicht das Partizipationspotenzial sozialer Medien für die literarische Anschlusskommunikation zu nutzen. Diese sind für Brendel-Perpina als Gegenstand literarisch-medialen Lernens

---

35 Reynolds, Jason: National Ambassador for Young People's Literature Inauguration. 2020. Verfügbar unter: https://www.youtube.com/watch?v=ljVahOoO7lo (11.02.2024).
36 Reynolds, Jason: Webpage. Verfügbar unter: https://www.jasonwritesbooks.com (11.02.2024).
37 Reynolds, Jason: Instagram-Account. Verfügbar unter: https://www.instagram.com/jasonreynolds83/ (11.02.2024).
38 Reynolds, Jason: Twitter-Account. Verfügbar unter: https://twitter.com/JasonReynolds83 (11.02.2024).
39 Genette, Introduction to the Paratext [Anm. 34], S. 262.
40 Vgl. Ina Brendel-Perpina, 2020, Autorenbegegnungen, in: Handbuch Kinder- und Jugendliteratur, hrsg. von Tobias Kurwinkel und Philipp Schmerheim, Berlin: J. B. Metzler, S. 412–414, hier S. 414.

„im Hinblick auf die Befähigung zur Teilhabe an literarischer Öffentlichkeit unverzichtbar".[41] Blogs, Twitter, Instagram oder TikTok eröffnen als digitale Sozialräume weiterführende Erfahrungs-, Handlungs- und Aushandlungsräume. Kinder und Jugendliche können „sich durch eigene Beteiligung [...] positionieren wie auch durch medial gestütztes Beziehungsmanagement, das im Austausch mit Gleichaltrigen Bestätigung und Auseinandersetzung erlaubt"[42], äußern. Während sich die Alltags- und Lebenswelt von Kindern und Jugendlichen in Sozialen Netzwerken relativ autonom gestaltet, müssten nach Petra Anders Schüler*innen dabei unterstützt werden, „eine sich (durch Medien) ändernde Gesellschaft adäquat mitgestalten und beurteilen zu können und als Subjekt handlungsfähig (in der digital geprägten Welt) zu werden".[43] Medienintegrativ, symmedial und mit einem weiten Textverständnis sei das audio-visuelle Potential für den Deutschunterricht als zentral anzusehen.[44]

Bryson Wills' und Ty Carsons gemeinsame Geschichte, „Call of Duty – Burman Street", erlaubt auf besondere Weise, Aspekte sozialer und digitaler Räume aufzugreifen, um davon ausgehend u. a. digitales Nutzungsverhalten zu reflektieren. Wenn Bryson und Ty als die besten Videospieler*innen der Schule auftreten und ihre Loyalität nicht nur im Spiel, sondern Elemente des Spiels sich auch in ihrer Realität als relevant erweisen, verschwimmt nicht nur die Grenze zwischen realer und konstruierter Spielidentität („AfroGamer", „TYred"). Wenn ein Kuss auf Tys Wange Ausgangspunkt für Diskriminierung aufgrund der sexuellen Orientierung wird, stellt sich Bryson wie im Spiel schützend vor Ty und wird dabei selbst zur Zielscheibe von Gewalt. Mit Brysons und Tys Geschichte können Sinnzusammenhänge und Lebenswelten zwischen digitalen (Videospiel, Soziale Netzwerke) und analogen Räumen (Schulmensa, Schulweg, Bryson Wills Wohnung) nach Erfahrungen, Orientierungen, Prinzipien, Werten und Normen befragt werden. „Wie hättest du gehandelt?" erweist sich hierbei als die große Frage, um u. a. Handlungsmöglichkeiten gegen Hate Speech, Cybermobbing und (diskriminierende) Gewalt zu erörtern.

Vor dem Hintergrund transmedialer Verflechtungen den Lektüreprozess medial zu öffnen, die Rezeption des Textes, die verhandelten Diskurse, die gesamte Einbettung in das Handlungsfeld Literatur und eigene Textproduktionen mitein-

---

41 Ina Brendel-Perpina, 2018, Was (jugendliche) BuchbloggerInnen bewegt: Funktionen und Formate digitaler Anschlusskommunikation in der Blogosphäre, in: Literalität und Partizipation. Reden, Schreiben und Gestalten in und zu Medien, hrsg. von Petra Anders und Petra Wieler, Tübingen: Stauffenberg Verlag, S. 63–82, hier S. 79.
42 Ina Brendel-Perpina, 2017, Aufwachsen mit Medien – Medienwelten heute, in: kjl&m 17.2, S. 3–13, hier S. 5.
43 Petra Anders, 2018, Vom User zum Maker. Kinder gestalten und erzählen mit Scratch, in: Digitales Lernen in der Grundschule: Fachliche Lernprozesse anregen, hrsg. von Henriette Dausend und Birgit Brandt, Berlin: Waxmann, S. 17–36, hier S. 19.
44 Vgl. Ebd., S. 18.

zubeziehen, käme der Forderung Jenkins' et al. nach, die sozialen Dimensionen auch in Bezug auf ihre kollektive und kollaborative Bedeutungskonstruktion in einer Open-Source-Kultur mitzudenken[45], denn

> [y]ouths need skills for working within social networks, for pooling knowledge within a collective intelligence, for negotiating across cultural differences that shape the governing assumptions in different communities, and for reconciling conflicting bits of data to form a coherent picture of the world around them.[46]

3. Literarisches Weltmodell aus intersektionaler Perspektive

Die räumlichen Relationen und die multiperspektivische Anlage im Roman ermöglichen mit Bezug zum intersektionalitätsanalytischen Ansatz Zugänge, die Komplexität der Welt, die auf supratextueller Ebene modellhaft auf gesellschaftliche Hybridität verweist,[47] mitzudenken. Auf der literarischen Folie verdichten sich mögliche Selbst-, Anderen- als auch Weltverhältnisse räumlich. Dieses Weltmodell erlaubt in der literarischen Reflexion „Selbst- und Anderenverständnisse" miteinander zu verschränken und in einer sozialen Wirklichkeit mit „spezifischen symbolischen Ordnungs- und Sinnzusammenhängen" zu verorten.[48] Die Multiperspektivität in *Asphalthelden* begünstigt, was nach Allrath & Surkamp als offene Perspektivenstruktur bezeichnet werden kann und durch „ein gleichberechtigtes Nebeneinander heterogener Sichtweisen gekennzeichnet"[49] ist. Diese narrative Multiperspektivität bietet ein Fenster in eine hyperdiverse Welt bzw. einen Spiegel dessen[50] und sorgt für Sichtbarkeit.[51] Dabei sind Hinweise im Text, die die Charaktere Schwarz lesen lassen, eher beiläufig[52]. Reynolds' Weltentwurf verharrt nicht in einer Fokussierung auf Differenzkategorien, sondern verleiht den Figuren eine Vielfalt an Stimmen. Seine Charaktere sind nicht bloße Repräsen-

---

45 Vgl. Henry Jenkins, Ravi Purushotma, Margaret Weigel, Katie Clinton und Alice J. Robinson, 2009, Confronting the Challenges of Participatory Culture: Media Education for the 21st Century, Cambridge: The MIT Press, S. 32.
46 Ebd., S. 33.
47 Lotman, Die Struktur literarischer Texte [Anm. 7], S. 313.
48 Norbert Ricken, 2019, Bildung und Subjektivierung. Bemerkungen zum Verhältnis zweier Theorieperspektiven, in: Subjektivierung. Erziehungswissenschaftliche Theorieperspektiven, hrsg. von Norbert Ricken, Rita Casale und Christiane Thompson, Weinheim/Basel: Beltz Juventa, S. 95–118, hier S. 100 f.
49 Allrath & Surkamp, Erzählerische Vermittlung [Anm. 15], S. 162.
50 Vgl. Bishop, 1990, Mirrors [Anm. 3].
51 Allrath & Surkamp, Erzählerische Vermittlung [Anm. 15], S. 163.
52 z. B. AfroGamer, „Und Bryson lebte diesen Afro total" (Reynolds, Asphalthelden [Anm. 1], S. 86).

tant*innen und „Objekte' der Darstellung", sondern „erzählende und reflektierende ‚Subjekte'"[53].

Wenn Fatima Moss in 50 Punkten auflistet,[54] was sich ändert oder gleichbleibt, bildet diese Textsorte ihre Gedanken listenartig ab, und symbolisiert in der Textstruktur zugleich ihr Bedürfnis nach Ordnung und Sicherheit.[55] Dabei grenzt sich das erzählende Ich im Wechsel zwischen Erzähl- und Listentext und über die veränderte Erzählsituation als *private voice* von der *public voice*[56] ab, und demonstriert gegenüber dem Geschehen Handlungsmacht. Bryson Wills' und Ty Carsons Perspektiven auf das Geschehen sind Teil einer literarischen Inszenierung, die als eine Art Gegennarrativ[57] zur heterosexuellen Wirklichkeitserfahrung verstanden werden kann. Starre heteronormative Rollen- und Identitätsbilder werden dekonstruiert, indem die Erzählstimme abwechselnd Tys und Brys Innenwelt zwischen Selbst- und Weltverständnis offenlegt. Für die Leser*innen werden dadurch individuelle Diskriminierungs- und Gewalterfahrungen perspektiviert, aber eben auch fluide und sich noch formende Selbstpositionen und -konzepte thematisiert.[58] Durch die Fähigkeit zur Imagination können Leser*innen die literarischen Figuren wahrnehmen, deren innere Gefühlswelt einnehmen und die äußere Lebenswelt sowie deren Beziehungen zueinander erfassen.[59]

4. Handlungsmöglichkeiten und -ziele im Spiel erproben

Für die Umsetzung im Unterricht bietet es sich aufgrund der Romanstruktur an, eine erste Textbegegnung kapitelweise in zehn Lesegruppen aufzuteilen. Fragen nach den auftretenden Figuren, Handlungsorten und dem zentralen Ereignis können genauso das Lesen begleiten wie die Frage nach der Rolle des Schulbusses. Mit der Kugellager-Methode[60] die Querverbindungen der Figuren

---

53 Ebd., S. 164.
54 Fatimas Liste ist in der OA mit einer Handschrift Typo, in der dt. Übersetzung kursiv gesetzt, von der personalisierten Erzählstimme abgesetzt. Vgl. Reynolds, Look Both Ways [Anm. 2], S. 61–75 und Reynolds, Asphalthelden [Anm. 1], S. 65–80.
55 Vgl. Allrath & Surkamp, Erzählerische Vermittlung [Anm. 15], S. 169.
56 Vgl. Allrath & Gymnich, Neue Entwicklungen [Anm. 16], S. 40
57 Nach Lindemann Nelson kann ein Gegennarrativ, „that resists an oppressive identity and attempts to replace it with one that commands respect", marginalisierte Gruppen empowern. Vgl. Hilde Lindemann Nelson, 2001, Damaged Identities, Narrative Repair, Ithaca: Cornell University Press, hier S. 6.
58 Vgl. Allrath & Surkamp, Erzählerische Vermittlung [Anm. 15], S. 171.
59 Vgl. Kaspar H. Spinner, 2006, Literarisches Lernen, in: Praxis Deutsch 200, S. 6–16, hier S. 9f.; Ralph Olsen, 2011, Das Phänomen Empathie beim Lesen literarischer Texte. Eine didaktisch-kompetenzorientierte Annäherung, in: Zeitschrift ästhetische Bildung 3, H. 1 (16 Seiten), hier S. 10f.
60 Carl von Ossietzky Universität Oldenburg: Methodenkartei. Unterrichtsmethoden für den Alltag. Verfügbar unter: https://www.methodenkartei.uni-oldenburg.de (11.02.2024).

und ihrer sozialen Räume vergleichend zu besprechen, ermöglicht den Blick über das eigene Kapitel hinaus auf die Gesamtstruktur des Textes zu weiten und Stück für Stück als Gesamtbild zusammenzusetzen. Indem die Figuren und ihre zurückgelegten Wege dabei kartographisch auf einer Art Stadtplan fixiert werden, lassen sich zugleich Handlungen visualisieren, der Text ‚sujethaltig' gestalten und Entwicklungen nachverfolgen.

In Anlehnung an die gender-kritische Perspektive kann der erzählte Raum nach Würzbach dann bezüglich „Zugänglichkeit und Grenzüberschreitung", „Standort und Bewegung der Figuren" und auch „geschlechtsspezifische[n] Erlebnisweisen und Bedeutungszuweisungen"[61] in Rollen-Spielen[62] methodisch erfahrbar gemacht und reflektiert werden. Im „Als-ob-Spiel" können Veränderungsstrategien erprobt werden, „um Handlungsmöglichkeiten und Handlungsziele der Kinder und Jugendlichen eigenverantwortlich zu fördern"[63]. Das Rollen-Spiel in den digitalen Raum zu verlegen, ermöglicht in der Adaption klassischer Verfahren, wie das Verfassen innerer Monologe, Anfertigen von Tagebucheinträgen oder Briefen, über virtuelle Selbstinszenierungen eine vertiefte Textbegegnung und die Figurenperspektiven einnehmen zu können.[64] Hierfür kann als Vorarbeit ein Rollenprofil angelegt werden, das Fragen nach der Figur klärt und Vorstellungen zur Figur bildet. Übertragen auf Soziale Netzwerke könnten Statusmeldungen, Zitate, Hyperlinks, Freund*innen- oder Listen von Follower*innen das Profil der literarischen Charaktere konstruieren. Ausgewählte Aspekte wie die Frage nach dem wichtigsten Ereignis des Tages, der Rolle des Schulbusses oder die Hausaufgabe in einem weiteren Schritt als Post, Story oder auch Reel zu realisieren, bieten ein besonderes Spielfeld, das den Spielenden viele dramatische und theatralische Formen zur Verfügung stellt:[65] Zwischen Bild, Beschreibungstext, Emojis, Hashtags und Musik inszeniert die Erzählstimme, mit welchem Verhältnis zur Welt sie an welchem Ort, zu welchem Zeitpunkt das Geschehen wahrnimmt und beschreibt. Die virtuelle Inszenierung als sprachlich-kommunikative Auseinandersetzung verstehend, legt zugleich die „Notwendig-

---

61 Würzbach, Raumdarstellung [Anm. 4], S. 57.
62 Vgl. Kaspar H. Spinner, 2013, Identitätsorientierter Deutschunterricht heute, in: Identitäten. Ide. Informationen zur Deutschdidaktik. Zeitschrift für den Deutschunterricht in Wissenschaft und Schule 3, S. 29–37.
63 Rudolf Denk, 2013, Figurenkonzepte, Rollenspiele, theatralische Formen, in: Taschenbuch des Deutschunterrichts, Band 2. Literatur- und Medienddidaktik, hrsg. von Volker Frederking, Axel Krommer und Christel Meier, Baltmannsweiler: Schneider Verlag Hohengehren, S. 488–500, hier S. 492.
64 Vgl. Spinner, Identitätsorientierter Deutschunterricht [Anm. 62], S. 34.
65 Vgl. Volker Frederking, Axel Krommer und Klaus Maiwald, 2018, Medienddidaktik Deutsch. Eine Einführung, Berlin: Erich Schmidt, hier S. 67.

keit einer verantwortungsvollen reflexiven Aufarbeitung und Bewusstmachung der problematischen Facetten virtueller Identitäten"[66] nahe.

Darüber hinaus können über die Begegnung mit dem Autor die besondere Stimme von *Asphalthelden* im Handlungsfeld Literatur und die ihn umgebenden Diskurse und Kontexte aufgedeckt werden. Die aus dem Buch herausführende Frage „Wie wollt ihr die Welt verändern?" könnte aus der Perspektive der virtuellen Charaktere zwischen Wort, Bild und Ton beantwortet werden, indem mit der Methode der Zukunftswerkstatt[67] relevante Sozialräume und veränderungswürdige Verhältnisse identifiziert, beschrieben und Handlungsoptionen imaginiert werden. Die Ideen wiederum medienintegrativ, symmedial und inklusiv ausgerichtet umzusetzen, ermöglicht Schüler*innen sich beim Gestalten, im Spiel, beim Veröffentlichen und Präsentieren durch eigene Beteiligung zu positionieren: *How you gon' change the world?*

---

66 Volker Frederking, 2004, Identitätsorientierung, Medienintegration und ästhetische Bildung – eine theoretische Spurensuche, in: Medien – Deutschunterricht – Ästhetik, hrsg. von Jonas Hartmut und Petra Josting, München: kopaed, S. 141–162, hier S. 157.
67 Carl von Ossietzky Universität Oldenburg: Methodenkartei [Anm. 60].

Samir und Jonathan. Inter- und transkulturelles Lernen mit Literatur am Beispiel des Nahostkonflikts

Damaris Nübel

1. Einleitung: Interkulturelle Begegnung als potenziell traumatische Erfahrung

In *Samir und Jonathan* erzählt Daniella Carmi die Geschichte einer Freundschaft zwischen einem palästinensischen und einem israelischen Jungen. Schauplatz ist ein israelisches Krankenhaus Ende der 1980er Jahre, in welchem sich der aus dem Westjordanland stammende Samir zunächst fremd und unsicher fühlt. Bei ‚den' Juden wähnt sich Samir in feindlichem Gebiet, denn seine Heimatregion wurde 1967 im Sechstagekrieg von Israel eingenommen und steht zum Zeitpunkt der erzählten Handlung unter israelischer Militärverwaltung.

Im Vorwort spielt die in Tel Aviv geborene jüdische Autorin auf den Oslo-Friedensprozess an, in dessen Verlauf Israel die Palästinensische Befreiungsorganisation (PLO) als offizielle Vertretung Palästinas anerkennt:

> Am 13. September 1993, kurz nachdem dieses Buch geschrieben wurde, trafen sich die führenden israelischen und palästinensischen Vertreter in Washington. Sie unterzeichneten ein Abkommen, das vielleicht schon in der nahen Zukunft einen neuen Weg zu einer friedlichen Lösung des Konfliktes zwischen beiden Nationen weisen wird.[1]

Zwar wird die israelische Militärverwaltung in der Folge von der Palästinensischen Autonomiebehörde abgelöst, die fortan die Regierungsverantwortung im Westjordanland und im Gaza-Streifen trägt, doch Carmis Hoffnung auf Frieden bleibt bis heute unerfüllt.

Krieg und bewaffnete Konflikte verändern die Voraussetzungen für interkulturelle Begegnungen drastisch. Die kulturell Anderen sind in erster Linie Feinde und Feinde werden nicht nur als anders, sondern als gefährlich wahrgenommen. Krieg radikalisiert also ein dichotomes Konstrukt von Interkulturalität und lädt

---

[1] Daniella Carmi, 2000, Samir und Jonathan. Aus dem Hebräischen von Anne Birkenhauer, München: dtv. [Titel der Originalausgabe: „Samir we Jonatan al Kochaw Madim"; deutschsprachige Erstausgabe 1996: Carl Hanser Verlag, München], S. 6. In späteren Auflagen fehlt der hier zitierte Abschnitt.

es normativ auf. Das dominante Prinzip ist das Gegeneinander, nicht das Miteinander. In Kriegen und bewaffneten Konflikten beinhalten interkulturelle Begegnungen daher potenziell auch traumatische Erfahrungen. Hier setzt *Samir und Jonathan* an. Die Erzählung sucht nach Möglichkeiten für eine Heilung dieser Traumata und eine Rückkehr zum Miteinander. Das Krankenhaus erweist sich dabei nicht nur als Ort körperlicher Heilung. Als liminaler Raum ermöglicht es dem jungen Protagonisten Erfahrungen, die Feindbilder brüchig werden lassen.

2. Textvorstellung und Zielgruppe

Samir, der elfjährige Ich-Erzähler, muss sich nach einem Sturz vom Fahrrad einer komplizierten Knieoperation unterziehen. Diese soll in einem israelischen Krankenhaus stattfinden. Lieber wäre er zu Hause bei den Eltern, seiner Schwester und dem blinden Großvater geblieben, doch es kommt nicht zu der ersehnten Ausgangssperre. Im Krankenhaus fühlt sich Samir fremd und alleingelassen. Daran können auch die vier anderen Kinder, die das Zimmer mit ihm teilen, anfänglich nichts ändern. Samir hat Vorbehalte gegenüber Juden, wurde doch sein jüngerer Bruder Fadi von einem israelischen Soldaten erschossen. Besonders unwohl fühlt er sich in der Gegenwart von Zachi, dessen Bruder Angehöriger der israelischen Armee ist.

Samir ist verwundet. Offensichtlich ist die Knieverletzung, die eine Behandlung notwendig macht. Nicht sichtbar ist das Trauma, das der Tod des Bruders in Samirs Psyche hinterlassen hat. Es ist das Ergebnis eines gewaltsamen Konfliktes zwischen zwei Parteien. Für die Heilung beider Wunden ist es erforderlich, dass Samir Grenzen überwindet. Er wird zum Grenzgänger. Für eine gewisse Zeit muss er sein familiäres Umfeld aufgeben und sich an einem Seklusions-Ort[2], einem Ort „außerhalb der Welt"[3], zurechtfinden. Die anderen Kinder erleben ähnliches, auch wenn sie dafür keine Landesgrenze überschreiten mussten. So unterschiedlich ihre Familien- und Krankengeschichten auch sind, eint sie alle die Trennung von den ihnen vertrauten Räumen, in welchen sie sonst ihren Alltag verbringen, wo sie schlafen, essen, die Schule besuchen und vieles mehr.

Während ihres Klinikaufenthalts haben alle Kinder unabhängig von ihrer ethnischen Herkunft denselben Status. Ärzt*innen und Pflegepersonal, insbeson-

---

2 „Die Seklusion beschreibt die Existenz eines Individuums außerhalb seines bisherigen identitätsstiftenden Normgefüges. [...] Im Übergangsritual entspricht sie der liminalen Phase (Anti-Struktur). Die Handlungsräume der Seklusion sind dabei regelmäßig Grenzräume außerhalb des identitätsstiftenden Normgefüges wie z. B. Heterotopien oder Nicht-Orte. Hier machen Figuren die entscheidenden identitätsverändernden Erfahrungen" (Damaris Nübel, 2018a, Literarische Selbstinitiation. Grundlagen einer biografieorientierten Literaturdidaktik, München: kopaed, S. 109 f.).
3 Carmi, Samir und Jonathan [Anm. 1], S. 69.

dere Krankenschwester Verdina und Pfleger Felix, behandeln alle gleich. Samir wird als Palästinenser nicht ausgegrenzt oder benachteiligt. Zu Zachi bleibt Samir zunächst auf Abstand, mit dem lesebegeisterten Jonathan kommt es dagegen schon bald zu einer Annäherung und auch das Schicksal der beiden Mädchen Miki und Ludmilla bewegt Samir tief. Im Laufe der Zeit wachsen die fünf Kinder zu einer Gemeinschaft zusammen. Immer wieder entstehen Situationen, in denen sie sich solidarisch miteinander zeigen.[4] Entscheidend für diese Gemeinschaftserfahrung ist der Raum. Weil es außerhalb des Konfliktes liegt und die Identifikation mit den Konfliktparteien hier keine Rolle spielt, wird das Krankenhaus zum Ort der Begegnung.

Der Roman wurde von Anne Birkenhauer aus dem Hebräischen übersetzt und ist 1996 erstmals auf Deutsch erschienen. Ein Jahr später folgte seine Nominierung für den Deutschen Jugendliteraturpreis. Der Hanser Verlag empfiehlt die Lektüre ab Jahrgangsstufe 4. Der Text eröffnet m. E. jedoch ab Jahrgangsstufe 6 mehr didaktische Anknüpfungsmöglichkeiten, insbesondere wenn das biografische Schreiben, wie im vorliegenden Beitrag angeregt, eine Rolle spielen soll. Die theoretischen Kategorien „Raum" und „Fremdheit" dienen im Folgenden zunächst der literaturwissenschaftlichen und -didaktischen Einordnung.

3. Literaturwissenschaftliche Analyse und interkulturelle Lernmöglichkeiten

Identitätsnarrative herrschen in der Kinder- und Jugendliteratur vor. Nicht selten sind sie, so auch in *Samir und Jonathan*, eng mit der Kategorie „Raum" verknüpft. Identität zu erzählen, wird zu einem räumlichen Verfahren, das liminale Räume erzeugt. Sie entstehen immer dann, wenn sich adoleszente Figuren auf Identitätssuche begeben. Liminale Räume sind Raum gewordene Grenzen. Sie ermöglichen den Figuren zentrale Entwicklungsschritte und Statuswechsel innerhalb ihres ganz individuellen Identitätsbildungsprozesses. Die von Caroline Roeder vorgeschlagene Differenzierung zwischen Erinnerungs-, Handlungs- und Imaginationsräumen[5] ist im liminalen Raum aufgehoben. Das Krankenhauszimmer als Ort „außerhalb der Welt"[6] ist in *Samir und Jonathan* nicht nur äußerer Handlungsraum, also Schauplatz, an welchem sich Handlung vollzieht, sondern für den Protagonisten in besonderem Maße auch innerer Raum, der ein

---

4 Vgl. auch Nübel, Literarische Selbstinitiation [Anm. 2], S. 146 ff.
5 Caroline Roeder, 2014, ‚Hier, genau hier habe ich damals gelebt' oder ‚Die Erde ist rund' – Annäherung an Topographien der Kindheit, in: Topographien der Kindheit. Literarische, mediale und interdisziplinäre Perspektiven auf Orts- und Raumkonstruktionen, hrsg. von Caroline Roeder, Bielefeld: transcript, S. 11–26, hier S. 17 ff.
6 Carmi, Samir und Jonathan [Anm. 1], S. 69.

intensives Nachdenken über den traumatischen Verlust des Bruders ermöglicht (Erinnerungsraum) sowie ein Erträumen der eigenen und kollektiven Zukunft fördert (Imaginationsraum).

Kinder- und jugendliterarische Texte, in denen liminale Räume entworfen werden, erzählen in der Regel von Auf- oder Ausbruch, von Migrations-, Flucht- oder Reiseerfahrungen, vom Zurücklegen einer Wegstrecke, die wegführt vom Bekannten, vom Aufenthalt an fremden oder unvertrauten Orten, von Grenzübertritten, dem Überschreiten von Schwellen und ähnlichem mehr. Sie weisen ein Handlungsschema auf, das der Übergangslogik eines Initiationsrituals entspricht. Initiationsrituale dienen der Gestaltung und Begleitung von Übergängen im menschlichen Lebenslauf und das nicht nur an der Schwelle von der Jugend zum Erwachsensein. Arnold van Gennep und Victor Turner beschreiben mit der Trennung vom Alltag (1), der Transformations-, Schwellen- bzw. liminalen Phase (2) sowie der Wiedereingliederung (3) drei Phasen von Initiationsritualen[7], die sich auch in der Kinder- und Jugendliteratur (KJL) entdecken lassen. Augenfällig ist dabei, dass die Ablösung vom bisherigen Leben einhergeht mit einer räumlichen Absonderung oder anderweitigen Ortsveränderung.

Sowohl in der rituellen Praxis von Stammesgesellschaften, die van Gennep zu Beginn bzw. Turner in den 60er Jahren des 20. Jahrhunderts untersucht haben, als auch in der KJL ist die Trennung vom Alltag fast immer auch eine räumliche Trennung vom bisherigen Lebensumfeld und den damit verbundenen sozialen Bindungen.[8]

Um in liminale Räume vordringen zu können, müssen adoleszente Figuren innere und äußere Hürden überwinden. Dies kann, wie im Falle von Samir, bisweilen unfreiwillig geschehen und mit einem topographischen Grenzübertritt (hier vom Westjordanland in den Staat Israel) verbunden sein. Der Aufenthalt in liminalen Räumen ist reizvoll, denn dort ist Entwicklung möglich. Regeln und Normen des bisherigen Lebens haben ihre Gültigkeit ganz oder teilweise verloren. Als Patient eines israelischen Krankenhauses ist Samir nicht nur mit einer anderen Sprache und ungewohnten Speisen, sondern auch mit veränderten Abläufen, Verantwortlichkeiten und Beziehungen konfrontiert. Was zunächst ängstigt und überfordert, gibt bald Gelegenheit, selbst neue Ordnungen zu erschaffen, künftiges Sein und Handeln zu erproben und das bisherige Leben zu reflektieren. In

---

7   Vgl. Arnold van Gennep, 2005, Übergangsriten. (Les rites de passage), 3. erw. Aufl. Frankfurt am Main: Campus sowie Victor Turner 2005, Das Ritual. Struktur und Anti-Struktur, Neuauflage, Frankfurt am Main: Campus. Den Begriff *Liminalität* führt Turner ein.
8   Damaris Nübel, 2018b, Zur Funktion von Nicht-Orten und Heterotopien in Identitätsnarrativen der Kinder- und Jugendliteratur, in: Raumsemiotik: Räume – Grenzen – Identitäten (= Schriften zur Kultur- und Mediensemiotik I Online 4/2018), hrsg. von Martin Nies, http://www.kultursemiotik.com/wp-content/uploads/2019/10/Raumsemiotik-Martin-Nies-Hg._SMKS-Online-No.4-2018-red.pdf (11.02.2024).

liminalen Räumen haben sich alte Strukturen aufgelöst und es müssen neue entwickelt werden, bevor wieder ein Alltag jenseits des liminalen Raums beginnen kann. Von besonderer Bedeutung ist in Samirs Fall die Erfahrung des Fremdseins. Sein Aufenthalt im liminalen Raum ist maßgeblich geprägt von der Auseinandersetzung mit dem Eigenen und dem Fremden.

Bernhard Waldenfels bestimmt Fremdheit als „Grenzphänomen par excellence"[9], wodurch sie automatisch in die Nähe des Initiationsrituals rückt, das immer dazu dient, Übergänge zu gestalten, indem es bisherige Grenzen überwindet und neue Grenzen zieht. Waldenfels' Auffassung nach entsteht Fremdheit dort, wo Ordnungsprozesse ablaufen.

> Etwas ist, was es ist, indem es sich als Stein, Pflanze, Tier oder Mensch, als natürliches oder künstliches Ding von anderem abgrenzt. Doch im menschlichen Bereich wird das Grenzgeschehen von einer besonderen Unruhe erfaßt, da die Grenzen immer wieder in Frage gestellt werden. Der Mensch [...] ist ein Wesen, das nicht in festen Grenzen eingeschlossen ist, das sich vielmehr auf bestimmte Weise zu seinen Grenzen verhält.[10]

Fremdheit ist demnach keine starre Kategorie, sondern im Gegenteil beweglich. Sie ist insbesondere in Übergangs- bzw. Schwellenphasen erlebbar, jener rituellen Phase also, die in der Kinder- und Jugendliteratur häufig ins Zentrum gerückt und in Form liminaler Räume repräsentiert ist. Die Erfahrung von Fremdheit beginnt immer bei uns selbst[11] und ist nicht zuerst auf das Andere, den Anderen oder die Andere bezogen. Im Gegenteil: Das Fremde geht mitten durch uns hindurch.

> Ich bin leiblich in eine Welt hineingeboren, ohne daß ich dieses Faktum der Geburt je einholen und aneignen könnte [...]. Ich spreche eine Sprache, die ich von Anderen übernommen habe und buchstäblich vom Hörensagen kenne. Ich trage einen Namen, den Andere mir gegeben haben und in dem weit zurückliegende Traditionen anklingen. Ich spiegele mich immer wieder im Blick der Anderen.[12]

Diese „Verflechtung von Eigenem und Fremdem"[13] führt in Waldenfels' Denken dazu, dass sich das Fremde niemals vereinnahmen und dingfest machen lässt, eben weil es bereits mit dem Eigenen verbunden ist. Auch Samir erlebt diese Verflechtung als Irritation, wenn ausgerechnet Zachis Bruder, ein Soldat der israelischen Armee, dem er aufgrund der Todesumstände seines Bruders Fadi nur vol-

---

9   Bernhard Waldenfels, 2012, Grundmotive einer Phänomenologie des Fremden, 4. Aufl. Frankfurt am Main: Suhrkamp, S. 15.
10 Ebd.
11 Vgl. ebd., S. 11.
12 Ebd., S. 119.
13 Ebd., S. 117.

ler Angst gegenüberstehen kann, eine ihm überaus vertraute palästinensische Süßigkeit mit ins Krankenhaus bringt:

> Zachi stopfte sich mit Knaafi-Kuchen voll, und sein Bruder schaute ihm zu und freute sich, dass es ihm schmeckte. Da sah ich plötzlich den Deckel des Kartons. Mich rührte der Schlag: ‚Schachada und Söhne'! Schachada ist der Bäcker aus der Stadt, wo Mama arbeitet, nicht weit von unserem Dorf.[14]

Zwischen Zachis Bruder und Samirs Familie entsteht damit eine räumliche Nähe, die überrascht – zumal Samir seit Beginn seines Krankenhausaufenthaltes keinen Besuch von zu Hause erhalten hat, da „die Gebiete [...] abgeriegelt [sind]."[15] Das Erlebnis löst Heimweh in Samir aus und aus der Erfahrung des Fremden wird ein „Fremdwerden der Erfahrung."[16] Waldenfels spricht in diesem Zusammenhang von Selbstentzug und meint damit, dass „Momente des Fremden"[17] innerhalb der jeweils eigenen Ordnung erfahrbar sind.

Im liminalen Raum ist jedoch nicht nur Samir – das einzige palästinensische Kind in Zimmer sechs – ein Fremder. Auch die anderen Kinder erleben das Krankenhaus als strukturelle Fremdheit[18], in welcher die bisherigen alltäglichen Deutungsmuster nur noch bedingt greifen. Dieser Umstand führt dazu, dass Samirs kultureller Fremdheit weniger Bedeutung zukommt und zwischen den fünf jungen Patient*innen eine Gemeinschaft erwächst. Seine Rückkehr ins Zimmer sechs nach überstandener Knieoperation erlebt Samir wie „nach Hause [...] kommen."[19] Turner zeigt in seiner Theorie des Übergangsrituals auf, dass sich zwischen mehreren sogenannten Schwellenpersonen – Personen, die gemeinsam eine Übergangssituation erleben – eine intensive Beziehung entwickeln kann. Eine Orientierung an Kategorien wie Status, Herkunft oder Geschlecht ist in diesem Kontext obsolet. Schwellenpersonen akzeptieren sich gegenseitig als gleichwertig. Turner führt dafür den Begriff *Communitas* ein. Die Kinder aus Zimmer sechs haben die bisherigen Strukturen ihres Alltags hinter sich gelassen, was sie im liminalen Raum dazu befähigt, eine Gemeinschaft zu erleben, die ohne Hierarchien und Machtkämpfe auskommt. Der liminale Raum wird damit zum Möglichkeitsraum. Hier können Veränderungen angestoßen und neue Ordnungen erprobt werden. In Carmis Roman kulminiert dieser Gedanke im spielerischen Erschaffen einer neuen Weltordnung auf dem Mars. Eines Nachts schleichen sich Samir und Jonathan aus dem Zimmer, um innerhalb eines Spiels

---

14 Carmi, Samir und Jonathan [Anm. 1], S. 73.
15 Ebd., S. 80.
16 Waldenfels, Grundmotive einer Phänomenologie des Fremden [Anm. 9], S. 8.
17 Ebd., S. 29.
18 Vgl. Andrea Leskovec, 2011, Einführung in die interkulturelle Literaturwissenschaft, Darmstadt: WBG, S. 52.
19 Carmi, Samir und Jonathan [Anm. 1], S. 146.

an einem Krankenhauscomputer gemeinsam auf den roten Planeten zu fliegen. Im Computerspiel können ihn die beiden Jungen ganz nach ihren Vorstellungen einrichten und bewohnbar machen. Samir, der Computer bisher nur aus den Büros der Militärverwaltung kannte, erfährt darin eine Freiheit, die er „noch nie erlebt [hat]."[20] Und Jonathan findet,

> [...] wenn wir von unserer Welt genug haben, wenn sie uns da Probleme machen und es uns zu viel wird, dann können wir immer hierher kommen, in die andere Welt.[21]

Im Erfinden einer neuen Weltordnung schlummert letztlich die Hoffnung auf Überwindung des Nahostkonflikts, die Carmi erneut am Ende des Romans aufgreift. Während Samir an seinem letzten Tag im Krankenhaus darauf wartet, abgeholt zu werden, denkt er darüber nach, wie er die Communitas-Erfahrung in seinem künftigen Alltag lebendig halten kann:

> Ich werde glauben wollen, dass ich, Samir, ein Junge aus den besetzten Gebieten, hier mit einem jüdischen Jungen stand, dessen Bruder Soldat ist, und dass wir beide lachend in einen Sandkasten gepinkelt und auf die Welt gepfiffen haben. Ich werde mir jeden Tag etwas Neues suchen müssen, um mich daran zu erinnern, dass all das wirklich passiert ist, und nicht nur im Traum.[22]

Communitas-Erfahrungen fördern die Entwicklung eigener Werte, die im Gegensatz zu gesellschaftlichen Normen stehen können. Samir begreift, dass Verständigung, sogar Solidarität und Freundschaft zwischen Angehörigen verfeindeter Gruppen möglich sind. Carmis Erzählung formuliert damit eine Hoffnung, die durch die sog. „Macht der Schwachen"[23] symbolisch aufgeladen wird. Nach Turner handelt es sich hierbei um eine besondere Ausdrucksform der Communitas, in welcher „strukturell unterlegene oder ‚marginale' Typen", die häufig in literarischen Texten zu finden sind, „die Inhaber eines hohen Rangs ihres Dünkels berauben und sie auf das Maß allgemeiner Menschlichkeit und Moral reduzieren."[24] Bei Carmi sind es kranke oder verletzte bzw. traumatisierte Kinder, die „universelle menschliche Werte vertreten und ihnen Ausdruck verleihen."[25]

---

20 Ebd., S. 160.
21 Ebd., S. 173f.
22 Ebd., S. 190f.
23 Turner, Das Ritual [Anm. 7], S. 107.
24 Ebd., S. 109.
25 Ebd.

4. Didaktischer Kommentar I: Literatur als Erfahrungsraum

Samir und Jonathan ist nicht nur eine Einladung zur Auseinandersetzung mit dem Nahostkonflikt oder den beiden Weltreligionen Judentum und Islam. Mehr noch lädt der Roman ein, sich mit den Bedingungen interkultureller Begegnung und Versöhnung zu beschäftigen. Der Nahostkonflikt steht damit exemplarisch für zahlreiche ungelöste Konflikte weltweit, die um kulturbezogene oder religiöse Unterscheidungen kreisen.

In ihrer Erzählung entwirft Carmi das Krankenhaus als liminalen Raum. Es ist nicht nur Schauplatz einer Handlung, sondern ermöglicht als Erinnerungs- und Imaginationsraum auch die Reflexion vergangener und zukünftiger Identitätsentwürfe. Literatur erschafft und präsentiert Räume, sie ist aber auch selbst Raum. Leser*innen sind eingeladen, hier neue Erfahrungen zu machen und ihren Horizont zu erweitern. Lesen eröffnet einen „Simulationsraum", in welchem Lesende „die Grenzen [ihrer] praktischen Erfahrungen und Routinen überschreite[n], ohne ein wirkliches Risiko einzugehen."[26] Dieses „literarische[] Probehandeln" erweitert damit den individuellen „Erfahrungsspielraum"[27] und wird umso reichhaltiger, wenn produktive Verfahren zum Einsatz kommen. Sie fördern subjektive Zugänge zu literarischen Texten und ermöglichen Fragen „nach der Übertragbarkeit der ästhetischen Einsicht"[28] in das Leben. Das trifft insbesondere auf das biografische Schreiben zu, das in Abschnitt 6 als Methode umrissen wird, die sich zur Auseinandersetzung mit *Samir und Jonathan* besonders eignet. Schreibend können Kinder und Jugendliche die erzählte Welt mit ihrer eigenen transkulturellen Lebenswirklichkeit verbinden.

5. Didaktischer Kommentar II: Transkulturelle Lebenswirklichkeit

In den frühen 1990er Jahren wurde durch Wolfgang Welsch das Konzept der Transkulturalität bekannt. Während im Interkulturalitäts-Konzept von klar abgrenzbaren Kulturen ausgegangen wird, geht Transkulturalität von einer grundsätzlichen Verflechtung und Durchdringung von Kulturen aus und strebt damit in Richtung einer Überwindung von Eigen- und Fremdkultur.

> Es gibt nicht nur kein strikt Eigenes, sondern auch kein strikt Fremdes mehr. Im Innenverhältnis einer Kultur – zwischen ihren diversen Lebensformen – existieren

---

26 Dieter Wellershoff, 1969, Literatur und Veränderung. Versuche zu einer Metakritik der Literatur, Köln, Berlin: Kiepenheuer & Witsch. Zitiert nach Günter Waldmann, 2006, Produktiver Umgang mit Literatur im Unterricht, Baltmannsweiler: Schneider Verlag Hohengehren, S. 20.
27 Ebd.
28 Harro Müller-Michaels, 1991, Produktive Lektüre. Zum produktionsorientierten und schöpferischen Literaturunterricht, in: Deutschunterricht 8/1991, S. 588.

heute tendenziell ebenso viele Fremdheiten wie im Außenverhältnis zu anderen Kulturen.²⁹

Die Lebenswirklichkeit von Kindern und Jugendlichen in Deutschland ist von der Zugehörigkeit zu mehr als nur einer Kultur geprägt. Damit sind nicht nur sog. Nationalkulturen gemeint, sondern beispielsweise auch Regional-, Lokal-, Schul- oder Familienkulturen. Die Erkenntnis, dass Eigenes im Fremden und Fremdes im Eigenen zu entdecken ist, kann in der schulischen wie außerschulischen Literaturvermittlung ein Lernziel sein. *Samir und Jonathan* liefert eine Vielzahl an Impulsen, um das Thema *Fremdheit* zu bearbeiten und dabei Bilder des Fremden, möglicherweise sogar Feindbilder, zu dekonstruieren. Carmis Erzählung über eine Freundschaft, die sich vor dem Hintergrund des Nahostkonflikts entwickelt, ist damit anschlussfähig an den Erfahrungshorizont von Kindern und Jugendlichen, die in einer von Zuwanderung und religiöser Vielfalt geprägten Bundesrepublik aufwachsen. Wichtig erscheint dabei, dass Fremdheit nicht auf (national-)kulturelle Fremdheit verkürzt wird. In pädagogischen Kontexten führt die Orientierung an einer vermeintlich konsistenten nationalkulturellen Identität letztlich in eine Sackgasse, weil sie der Komplexität menschlicher Identitätsentwürfe nicht gerecht werden kann.

6. Didaktisch-methodische Konkretisierungen: Biografisches Schreiben

Literatur erweist sich insbesondere dann als Entwicklungsraum für junge Menschen, wenn die Lektüre eines Textes den Ausgangspunkt für die kreative Beschäftigung mit der eigenen Biografie bildet. Eine Orientierung bietet hier das vier Phasen umfassende Modell der biografieorientierten Literaturdidaktik.³⁰

- *Phase 1 (lesen):* Ausgangspunkt bildet die Lektüre und Erarbeitung von Carmis Erzählung unter besonderer Berücksichtigung des Krankenhauses als liminalen Raum sowie der Entwicklungsschritte der Hauptfigur Samir (vgl. hierzu Abschnitt 3).
- *Phase 2 (schreiben):* Schreibimpulse schaffen eine Verbindung zwischen *Samir und Jonathan* und dem biografischen Erfahrungshorizont der Lernenden. Leitfragen zur Entwicklung von Schreibimpulsen können sein: Wen oder was erlebe ich als fremd? Wo und warum erlebe ich mich selbst als Fremde*r? Welche

---

29 Wolfgang Welsch, 1995, Transkulturalität, in: Migration und Kultureller Wandel, Schwerpunktthema der Zeitschrift für Kulturaustausch, 45. Jg. 1995/1, hrsg. von Institut für Auslandsbeziehungen, Stuttgart. URL: https://www.kultur-vermittlung.ch/zeit-fuer-vermittlung/download/materialpool/MFV0104.pdf (11.02.2024).
30 Vgl. Nübel, Literarische Selbstinitiation [Anm. 2].

Gefühle lösen diese verschiedenen Fremdheitserfahrungen in mir aus? Von sich selbst zu erzählen leistet nicht nur einen Beitrag zum literarischen Lernen, sondern ist nach Claudia Fahrenwald „ein Modus der Selbst- und Welterkenntnis."[31] Nicht nur das Lesen (vgl. hierzu Abschnitt 4), auch das Erzählen hilft dabei, „imaginär neue Handlungsspielräume und Sinnperspektiven zu erschließen."[32] In dieser Phase ist insbesondere die Arbeit mit Klein- und Kleinstformen, wie z. B. Brief, Tagebucheintrag, Zevenaar, Haiku oder Akrostichon, zu empfehlen. Im Schreibprozess entstehen vielfältige Selbsterzählungen als sog. „small stories"[33], in denen sich die Schreibenden vor dem Hintergrund des Lektüreeindrucks selbst reflektieren.

- *Phase 3 (verarbeiten/archivieren):* Es schließt sich eine produktiv-kreative Weiterarbeit an, in welcher die biografischen *small stories* analog zur Vorstellung von Identität als Patchwork[34] miteinander verwoben werben. In Einzel- oder Gruppenarbeit können beispielsweise Journale, Fotostorys, Lebensbücher oder Videos entstehen, die den Texten einen gemeinsamen Rahmen verleihen bzw. sie dramaturgisch miteinander verknüpfen. In der Entwicklung eines Produkts vertiefen die Teilnehmenden ihre Auseinandersetzung mit dem Thema *Fremdheit* und erschaffen zugleich ein Archiv, das den persönlichen Reflexionsprozess speichert.
- *Phase 4 (präsentieren):* Abschließend werden die Ergebnisse entsprechend der in Phase 3 gewählten Form präsentiert. Der*die Einzelne setzt sich hierbei sowohl in Beziehung zum gelesenen Text als auch zur Gruppe. Das Individuum wird für andere sichtbar und besprechbar, indem es sich selbst und seine Erfahrungen in den Mittelpunkt seiner persönlichen Erzählung rückt.

Eine ausführliche Darstellung der vier Phasen ist in „Literarische Selbstinitiation. Grundlagen einer biografieorientierten Literaturdidaktik" aus dem Jahr 2018 zu finden. Weitere methodische Anregungen liefert etwa das Material „Philosophieren mit Kindern" von Miriam Holzapfel und Stefanie Saghri, das 2018 von der Bundeszentrale für politische Bildung herausgegeben wurde. Die Module drei und vier lassen sich hervorragend mit *Samir und Jonathan* verknüpfen, da sie sich an den Fragen „Wo ist die Fremde?" und „Was ist mir vertraut?" orientieren.[35]

---

31 Claudia Fahrenwald, 2011, Erzählen im Kontext neuer Lernkulturen. Eine bildungstheoretische Analyse im Spannungsfeld von Wissen, Lernen und Subjekt, Wiesbaden: VS Verlag für Sozialwissenschaften, S. 106.
32 Ebd., S. 84.
33 Wolfgang Kraus, 2007, Das narrative Selbst und die Virulenz des Nicht-Erzählten, in: Narrative Ethik. Das Gute und das Böse erzählen, Berlin: Akademie Verlag, hrsg. von Karen Joisten, S. 25–43, hier S. 26.
34 Heiner Keupp u. a., 2008, Identitätskonstruktionen. Das Patchwork der Identitäten in der Spätmoderne. 4. Aufl. Reinbek: Rowohlt.
35 Miriam Holzapfel & Stefanie Saghri: Philosophieren mit Kindern. 2018. URL: https://www.bpb.de/228237/philosophieren-mit-kindern (11.02.2024).

7. Fazit und Ausblick

Der Roman *Samir und Jonathan* bietet die Chance, vielfältige Bildungsprozesse anzustoßen. Ein wesentlicher Aspekt ist dabei die Reflexion der Kategorie Fremdheit, die nicht losgelöst vom Eigenen zu denken ist. Die Lektüre eröffnet Alteritätserfahrungen, bei denen „die Grenze zwischen Eigenem und Fremdem [...] in Bewegung [kommt]."[36] Dabei geht es nicht darum, das Fremde zu vereinnahmen oder dingfest zu machen, sondern zu erkennen, dass Eigenes und Fremdes schon immer aufs Engste miteinander verwoben waren. Aus dieser Erkenntnis, die sich gerade auch im biografischen Schreiben gewinnen lässt, kann letztlich eine tolerante und weltoffene Haltung erwachsen, die einer diversen und aufgeklärten Gesellschaft besser zu Gesicht steht als Abschottung, Verleumdung und Etikettierung. Eines dieser Etikette, mit denen gerade auch viele Kinder und Jugendliche in Deutschland konfrontiert sind, ist der Begriff Migrationshintergrund. Marina Papadimitriou gibt zurecht zu bedenken, dass es sich hierbei um eine „komplexe und intransparente Kategorie" handelt, die schnell zu „Stigmatisierung und Homogenisierung"[37] führt. Vielversprechend erscheint dagegen der Aufbau eines transkulturellen Literaturkanons, der übersetzte Texte ebenso umfassen sollte wie Werke von Autor*innen mit unterschiedlichsten Migrationserfahrungen und der neue Perspektiven ermöglicht auf die Fremdheiten, die uns alltäglich umgeben sowie auf das Ureigene, das immer schon im Fremden zu finden war.

---

36 Cornelia Rosebrock, 2001, Lektüre und Alteritätserfahrung. Rezeptionsästhetische Überlegungen, in: Entfaltung innerer Kräfte. Blickpunkte der Deutschdidaktik, hrsg. von Christine Köppert und Klaus Metzger, Velber: Friedrich, S. 80–91, hier S. 86.
37 Marina Papadimitriou, 2014, Transkultureller Literaturunterricht in der globalisierten Schulklasse. Kulturelle Identitätskonzepte in literaturdidaktischer Perspektive, Weinheim/Basel: Beltz Juventa, S. 200.

Das Mädchen Wadjda von Hayfa Al Mansour
Eine intermediale Unterrichtsreihe für die Jahrgangsstufe 7/8

Juliane Dube

1. Worum geht es?

2015 erschien das inzwischen preisgekrönte erste Jugendbuch *Das Mädchen Wadjda* der saudi-arabischen Autorin und Regisseurin Hayfa Al Mansour[1]. Die Buchadaption zum ebenfalls mehrfach ausgezeichneten gleichnamigen Spielfilm (2012)[2] erzählt in der Haupthandlung vom Aufwachsen des zehnjährigen Mädchens Wadjda (gesprochen: Wodscha) in Riad, der Hauptstadt Saudi-Arabiens. Für das lebenslustige Mädchen Wadjda ist das Aufwachsen im Land des Wahhabismus, einer streng traditionalistisch sunnitischen Auslegung des Islams, mit vielen Ge- und Verboten verbunden, an denen sie sich immer wieder stößt. Vielen der für sie geltenden Regeln begegnet das mutige Mädchen mit kindlichem Leichtsinn, Belustigung, Irritation und Ungeduld, aber häufig auch mit Ignoranz und Trotz. So ist Wadjda auch wild entschlossen, trotz des zur Zeit der Filmhandlung geltenden Verbotes für Mädchen und Frauen, selbst Fahrrad zu fahren. Den Kauf eines eigenen Fahrrads, den ihre Eltern strikt ablehnen, will sie sich mit dem Preisgeld eines Rezitationswettbewerbs ermöglichen. Das versprochene Preisgeld von 1000 Riyals bleibt ihr jedoch am Ende verwehrt, denn es soll als Spende an die „kämpfenden Brüder und Schwestern in Palästina" gehen.[3] Glücklicherweise entscheidet ihre Mutter am Abend des Koranwettbewerbs, an dem ihr Mann seine Zweitfrau heiratet, nicht nur ihr eigenes Leben in die Hand zu nehmen, sondern ihrer Tochter mit dem lang ersehnten grünen Fahrrad auch ein Stück Freiheit zu schenken.

Kontextinformationen
Kontroverse und in Saudi-Arabien tabuisierte Themen wie Gleichberechtigung (*Women without Shadows* 2005[4], *Das Mädchen Wadjda* 2012[5]) sowie die westlichen

---

[1] Hayfa Al Mansour, 2015, Das Mädchen Wadjda. Aus dem Englischen von Catrin Frischer. München: cbt; im Folgenden zitiert unter MW. Alle Seitenangaben im laufenden Text beziehen sich auf diese Ausgabe.
[2] Hayfa Al Mansour: Das Mädchen Wadjda (2012, 2014 auf DVD). Koch Media.
[3] Vgl. MW, S. 280.
[4] Hayfa Al Mansour, 2005, *Women without Shadows* [Film]. Saudi-Arabien.
[5] Hayfa Al Mansour, 2012, *Das Mädchen Wadjda* [Film]. Deutschland: Koch Media

Einflüsse auf die saudische Gesellschaft (*Die perfekte Kandidatin* 2020)[6] sind zentrale Aspekte in den Texten und Filmen der saudi-arabischen Autorin und Regisseurin Hayfa Al Mansour (geb. 1974), die bis in die Gesellschaftspolitik Saudi-Arabiens hineingewirkt haben.

2. Literaturwissenschaftliche Analyse

Das Mädchen Wadjda ist Hayfa Al Mansours erstes Kinderbuch und eine Adaption ihres gleichnamigen Spielfilms (Originaltitel: *The Green Bicycle*). Die literarische Umsetzung des preisgekrönten Jugendfilmes hält sich dabei inhaltlich stark an die filmische Vorlage.

In beiden Medien erzählt Al Mansour auf ehrliche und schonungslose Art und Weise für eine mehrfachadressierte Leser- bzw. Zuschauerschaft, wie das selbstbewusste Mädchen Wadjda, ihre Mutter, aber auch andere Frauen immer wieder mit den an sie gestellten Rollenerwartungen bzw. mit den vor allem religiös geprägten Einschränkungen hadern. Unterschiedlich stark treten sie in der chronologisch zeitraffenden Darstellung dabei als eigenständig denkende und handelnde Subjekte auf, anstatt sich ihrer ihnen zugeschriebenen passiven Rolle zu ergeben. Im Mittelpunkt der weiblichen Rebellion steht das zehnjährige Mädchen Wadjda, das sich bereits mit seinen abgetragenen Chucks und seiner Jeans gegen die vorherrschende weibliche Kleidungsnorm seiner Umgebung auflehnt. Während sich die meisten anderen weiblichen Figuren in Al Mansours Erzählung ein Überschreiten der religiösen und kulturellen Regeln folglich nur im privaten Raum erlauben, wenn sie z. B. unter der schwarzen *abaya* alles tragen, was ihnen gefällt – auch Leopardenmuster und hochhackige Schuhe –,[7] erlaubt sich Wadjda Normverletzungen immer wieder auch draußen auf dem Dach des Elternhauses oder in den Straßen von Riad. Erst unter freiem Himmel bekommt sie das Gefühl, wieder ein „echter Mensch" zu sein.[8] Folglich geht es in Al Mansours Werk nicht nur um kulturell und religiös geprägte weibliche Diskriminierung, sondern auch um die individuelle Freiheit. Ein eigenes Fahrrad zu besitzen, bedeutet für Wadjda schließlich konkret und symbolisch einen großen Schritt auf dem steinigen Weg zu ihrer persönlichen Freiheit.

Die unterschiedlichen Strömungen innerhalb der saudischen Gesellschaft und ihre damit einhergehende Zerrissenheit zwischen Tradition und Moderne sind jedoch nicht nur in der Figur Wadjdas angelegt, sondern auch in der Struktur der Handlungsräume. Geschützt vor den neugierigen Blicken und Verurteilungen der Außenwelt sind Wadjda und ihre Mutter – mit Ausnahme des

---

6   Hayfa Al Mansour: *Die perfekte Kandidatin*. 2020.
7   Vgl. MW, S. 99.
8   Vgl. MW, S. 54.

majlis, einem besonderen Wohnzimmer, das ihrem Vater und seinen männlichen Gästen vorbehalten ist und deshalb wie ein Fremdkörper wirkt – nur in ihrem Zuhause.[9] Kontrastiv steht dieser Ort der Unbefangenheit zur Schule mit ihrer strengen Hierarchie und Ordnung, zu der sich Wadjda nicht zugehörig fühlt,[10] und dem öffentlichen Raum, in dem sie der Dominanz des männlichen Geschlechts ausgeliefert ist.[11]

Als Übergang zwischen der räumlichen Innen- und Außenwelt sowie als Bindeglied der Familie fungiert das Dach der Wohnung. Hier kann sich Wadjda auch außerhalb der eigenen vier Wände kleiden, wie sie möchte, und mit ihrem Freund Abdullah Fahrrad fahren. Es ist „Wadjdas Lieblingsplatz"[12].

Neben Wadjdas Kampf um ihre persönliche Freiheit berichtet der heterodiegetische Erzähler auch vom Ehekonflikt ihrer namenlosen Eltern, deren Beziehung zueinander auf eine harte Probe gestellt wird. Grund hierfür ist abgesehen von den Geldsorgen und den langen berufsbedingten Phasen der Abwesenheit des Vaters der wachsende familiäre Druck auf diesen, eine zweite Frau zu heiraten. Grund hierfür ist die körperliche Einschränkung seiner Frau, die ihm kein zweites Kind und damit vielleicht keinen Stammhalter gebären kann. Obwohl sich beide sehr lieben und die Mutter intensiv um ihren Mann bemüht ist, unterliegt der Vater schließlich dem familiären Druck und verlässt Wadjda und ihre Mutter. An diesem für die Mutter bedeutsamen Wendepunkt ihres Lebens führen die beiden ansonsten überwiegend parallel zueinander laufenden Handlungsstränge – Wadjdas Streben nach einem eigenen Fahrrad und der Kampf ihrer Mutter um die eigene Ehe – zusammen. Nun beginnt auch die Mutter an Seite von Wadjda die Erweiterung ihres Handlungsspielraums aktiv zu gestalten. Für Wadjda steht ihr neues Fahrrad symbolisch für einen Start in die Freiheit, für ihre Mutter ist es das Abschneiden ihrer Haare und der Wechsel ihrer Arbeitsstelle.

3. Didaktischer Kommentar I: Beschreibung des allgemeinen literaturdidaktischen Potentials

Die moderne Gesellschaft des 21. Jh. ist weder in sprachlicher noch in nationaler und ethischer Beziehung homogen. Ganz im Gegenteil, sie ist in kultureller Hinsicht komplex und pluralistisch. Inzwischen besitzt rund ein Viertel der in Deutschland lebenden Menschen eine Migrationsgeschichte.[13] Bei den unter

---

9 Vgl. MW, S. 16.
10 Vgl. MW, S. 7.
11 Vgl. MW, S. 62–65.
12 MW, S. 145.
13 Vgl. Statistisches Bundesamt, 2022, Bevölkerung in Privathaushalten nach Migrationshintergrund. Wiesbaden: Statistisches Bundesamt.

Fünfjährigen in Deutschland sind es inzwischen etwa 42 %.[14] Differenz ist längst keine Ausnahme oder (vermutete) vorübergehende Erscheinung mehr, sondern der Normalfall.[15]

Neben anderen geisteswissenschaftlichen Fächern ist auch der Deutschunterricht bemüht, für „die Wahrnehmung, Gestaltung und Reflexion der Vielgestaltigkeit von Kultur und Lebenswirklichkeit"[16] zu sensibilisieren. Zentraler Gegenstand inter- und transkultureller Auseinandersetzungsprozesse ist im Deutschunterricht die Literatur in verschiedenen medialen Trägerformen. Zum Beispiel lassen „Literarische Texte", so Spinner bereits 1989, „uns fremde Erfahrungsperspektiven nachvollziehen, setzen verschiedene Perspektiven miteinander in Beziehung und regen dazu an, über Gründe und Folgen verschiedener Sichtweisen nachzudenken"[17].

Dieses Nachdenken über das Andere steht stets im engen Zusammenhang mit der eigenen Identität, was nicht zuletzt das Hinterfragen und die selbstkritische Betrachtung des eigenen Ichs impliziert. Auch die vorgestellte Lektüre bietet an zahlreichen Stellen die Möglichkeit, die Bewusstseinsbeschreibung der Figuren zu präzisieren, um so noch stärker an der Innenwelt der Figuren teilnehmen zu können. Das Identifizieren, Nachzeichnen, und Weiterdenken einzelner Perspektiven als wichtige Voraussetzung für die Akzeptanz und Toleranz anderer Kulturen bleibt dabei nicht auf die Hauptfigur Wadjda begrenzt. Identifikationspotenzial bietet auch das ambivalente Handeln des Nachbarsjungen Abdullah sowie das Agieren des Vaters zwischen der Liebe zu seiner Frau und familiären Erwartungen. Darüber hinaus lohnt auch ein Blick auf die Mitschüler*innen Fatima und Fatin, auf Abeer (gesprochen Abie) oder Leyla.

Buch und Film eröffnen aber ebenso eine Reihe an intermedialen Lerngelegenheiten. Neben filmästhetischen Mitteln bietet sich auch eine Diskussion zu den unterschiedlichen Filmtiteln und der damit einhergehenden Interpretation an. Während Buch und Film auf Deutsch den Titel *Das Mädchen Wadjda* tragen, wurde der Film international unter dem Titel *The Green Bicycle* veröffentlicht.

---

14 Vgl. Statistisches Bundesamt: Bevölkerung und Erwerbstätigkeit. Bevölkerung mit Migrationshintergrund. Statistisches Bundesamt: Mikrozensus – Bevölkerung nach Migrationshintergrund, Ergebnisse 2022
https://www.destatis.de/DE/Themen/Gesellschaft-Umwelt/Bevoelkerung/Migration-Integration/Publikationen/Downloads-Migration/statistischer-bericht-migrationshintergrund-erst-2010220227005.html. (25.01.2024).
15 Vgl. Petra Büker und Clemens Kammler, 2003, Das Fremde und das Andere: Interpretationen und didaktische Analysen zeitgenössischer Kinder- und Jugendbücher, Weinheim/München: Juventa, S. 7.
16 Kernlehrplan für die Sekundarstufe I Gymnasium in Nordrhein-Westfalen https://www.schulentwicklung.nrw.de/lehrplaene/lehrplan/196/g9_d_klp_%203409_2019_06_23.pdf (11.02.2024), S. 8.
17 Vgl. Kaspar, H. Spinner, 1989, Literaturunterricht und moralische Entwicklung. In: Praxis Deutsch 19, S. 13–19, S. 81.

4. Didaktischer Kommentar II: In Bezug auf das interkulturelle Lernen

Mit der Frage, welche Qualitätskriterien interkulturelle Kinder- und Jugendliteratur erfüllen muss, beschäftigt sich Heidi Rösch in ihrem gleichnamigen Artikel 2006.[18] Als Analysekriterien beschreibt sie die *interkulturelle Perspektive* der Erzählung sowie die initiierten *interkulturell relevanten Erkenntnisprozesse*, die *Mehrfachadressierung* einer multiethnischen Leserschaft, die *dominanzkritische Gestaltung*, die *doppelte Optik der Selbst- und Fremdwahrnehmung* sowie die *multiperspektivische Gestaltung von Figuren, Ort und Zeit* und das *Spannungsverhältnis zwischen Assimilation und Emanzipation*.[19]

Durch die gewählte Figurenkonstellation und die Multiperspektivität verspricht die Geschichte Wadjdas mit Blick auf diese Kriterien ein hohes Potenzial für die Initiierung interkultureller Lernprozesse. So gibt es auf der einen Seite mit Wadjda u. a. weibliche Figuren, die sich gegenüber tradierten männlichen Verhaltensmustern emanzipieren wollen, aber auch weibliche Figuren wie Salma oder Noura, die sich im Handlungskontext der traditionellen Gesellschaft sicher und respektiert fühlen. Al Mansour ist jedoch nicht nur darauf bedacht, gegen stereotype Vorstellungen zur islamischen Gesellschaft in Saudi-Arabien anzuschreiben. Vielmehr gelingt es ihr auch, neben der Hauptfigur weitere „multiple Identitäten"[20] einzelner Figuren ins Geschehen einzubinden. So wird Wadjdas Vater nicht nur als Ehemann und Vater in Abwesenheit dargestellt, sondern durchaus auch als liebender Ehemann und Vater, ebenso wie Abdullah einerseits als frecher Junge von nebenan und andererseits als treuer, hilfsbereiter Freund beschrieben wird. Diese Multiperspektivität überträgt sie, wie bereits beschrieben, auch auf die zentralen Handlungsorte.

Al Mansour verwehrt sich damit in ihren Werken einer Homogenisierungstendenz, wie es in vielen Werken der interkulturellen Kinder- und Jugendliteratur zu beobachten ist,[21] und stellt den Kampf um den freien Willen bzw. die Individualität in den Mittelpunkt ihrer Erzählungen. Geschickt gelingt Al Mansour damit immer wieder die Gratwanderung, die Menschen in ihren unterschiedlichen Ansichten ernst zu nehmen, Kritik an Traditionen und religiösen Auslegungen dennoch klar und unmissverständlich zu äußern. Damit öffnet sich ihr Werk für

---

18 Vgl. Heidi Rösch, 2006, Was ist interkulturell wertvolle Kinder- und Jugendliteratur? in: Beiträge Jugendliteratur und Medien 6/2, S. 94–103.
19 Ebd., S. 192.
20 Rösch, Was ist interkulturell wertvolle Kinder- und Jugendliteratur? [Anm. 18], S. 100.
21 Vgl. Andra Riemhofer, 2017, Interkulturelle Kinder- und Jugendliteratur in Deutschland. Lesen auf eigene Gefahr. 2. überarb. Aufl. Baden-Baden: Tectum.

die von Rösch geforderte „interkulturelle Lesart, die Irritationen nicht aus dem Unterricht verbannt, sondern aufgreift"[22].

Begründet in der Diversität des Figurentableaus sowie der Differenz zwischen Selbst- und Fremdbild mancher Figuren bedient Al Mansour in ihrem Erstlingswerk eine Fülle an Themen. Diese vereinen individuelle Selbstfindungs- und Reifeprozesse von weiblichen und männlichen Heranwachsenden im Spannungsverhältnis zwischen Assimilation und Emanzipation in traditionellen Gesellschaften mit gesellschaftlichen, kulturellen, religiösen und politikbezogenen Alltagsbeobachtungen zum Leben in Saudi-Arabien. Das Werk Al Mansours weist damit eine intrakulturelle Mehrfachadressierung auf, die zusammen mit differenzierten Darstellungen von Machtverhältnissen und Widerstandsformen entlang verschiedener Kategorien (Geschlecht, Religion, Status etc.) ein dominanzkritisches Potenzial bietet, wie es in seiner Summe nur selten in Kinder- und Jugendtexten vorzufinden ist.

Ansätze zum interkulturellen Lernen waren lange Zeit vor allem Gegenstand erziehungs- und sozialwissenschaftlicher Forschung.[23] Als wiederkehrende Schwierigkeiten zeigten sich hier die Theorierelativität des Kompetenzkonstruktes[24] sowie die Definitionsschwierigkeiten in Bezug auf das soziale Konstrukt von ‚Kultur'. Folglich gibt es bis heute keine disziplinübergreifende Definition interkultureller (Handlungs-)Kompetenz. Unabhängig von der Zahl der Dimensionen und Stufungen ist der Mehrheit der Modelle zur interkulturellen Kompetenz jedoch gemein, dass sie nicht nur personale Dispositionen und situative interkulturelle Erfahrungen umfassen, sondern zugleich auf eine Differenzierung von kognitiven, affektiven und verhaltensbezogenen Dimensionen dieser sozialen Kompetenz bestehen, die im weitesten Sinne auf ein gemeinsames Zusammenleben zielt. Auf kognitiver Ebene ist hierfür ein Wissen über Gemeinsamkeiten und Unterschieden zwischen Kulturen nötig, das eine differenzierte kulturorientierte Wahrnehmung ermöglicht und dazu beiträgt, kulturelle Überschneidungssituationen zu erkennen, einzuschätzen und zu strukturieren. Dieses Wissen wird auch als ‚interkulturelle Sensibilität' bezeichnet.

Zur Frage, wie Menschen interkulturelle Sensibilität entwickeln, haben Janet und Milton Bennett Menschen in interkulturellen Interaktionen jahrelang beobachtet. Diese Beobachtungsergebnisse bilden die Grundlage für das „Entwick-

---

22 Heidi Rösch, 2000, Entschlüsselungsversuche: Kinder- und Jugendliteratur und ihre Didaktik im globalen Diskurs, Baltmannsweiler: Schneider Verlag Hohengehren, S. 9.
23 Stephan Lindemann, 2006, Sadako – Ein Bilderbuch als Gegenstand transkulturellen Lernens für den Deutschunterricht, in: Interkultureller Literaturunterricht. Konzepte – Modelle – Perspektiven, hrsg. von Christian Dawidowski und Dieter Wrobel, Baltmannsweiler: Schneider Verlag Hohengehren, S. 83–100, S. 83.
24 Vgl. zur Schwierigkeit der theoretischen Modellierung und empirischen Erfassung von Kompetenzen: Dube, Juliane, 2021, Kompetenz. https://www.kinderundjugendmedien.de/fachdidaktik/5613-kompetenz?highlight=WyJkdWJlIiwia29tcGV0ZW56Il0= (11.02.2024).

lungsmodell interkultureller Sensibilität" („Development Model of Intercultural Sensitivity' 1986, 1998 und 2004, 2017)[25]. Das sechsphasige Modell, auch ‚Bennett-Skala' genannt, soll Lehrpersonen, insbesondere im interkulturellen Unterricht, eine Orientierungshilfe bieten, um aktuelle Entwicklungsstände der Lernenden einzuordnen und zukünftige Entwicklungsschritte zu planen.

In ihrem Entwicklungsmodell beschreiben Bennett und Bennett dabei die Ablösung einer ethnozentristischen Perspektive, in der die eigene Nationalkultur als die einzig wahre anerkannt wird und fremde Verhaltensweisen als Abweichung von der Norm und somit als tendenziell negativ bewertet werden, durch eine ethnorelativistische Sicht, in deren Zentrum ein transkultureller Blick auf die eigene Identität steht.

Da das Leben bzw. die Regelwelten, in denen sich die junge Wadjda bewegt, den gleichaltrigen Leser*innen ggf. eher fremd ist, ist nicht auszuschließen, dass viele Lernende zu Beginn der Unterrichtsreihe mit Desinteresse (Phase 1: Verleugnung), starker Irritation und Unverständnis bis hin zur Ablehnung (Phase 2: Abwehr) gegenüber der beschriebenen saudischen Kultur reagieren. Um die dualistisch geprägten Denkmuster in ‚Wir' und ‚Die' aufzubrechen, ist es wichtig, den schnell gefassten Vorurteilen und Stereotypisierungen zum Leben in Saudi-Arabien aktiv entgegenzuwirken. Mit Blick auf den Auf- und Ausbau interkultureller Sensibilität als „Schlüsselkompetenz des 21. Jahrhunderts"[26] ist es dabei zentral, kulturelle Unterschiede nicht zu homogenisieren (Phase 3: Minimierung), sondern sich wertfrei mit den kulturellen Unterschieden bzw. unterschiedlichen kulturell bedingten Handlungen der Menschen und ihrer Entstehung zu beschäftigen.[27] Aufgabenbeispiele, in denen die Lernenden aufgefordert sind, kulturelle und religiöse Unterschiede zu bewerten, sollten in einem kultursensiblen Unterricht daher vermieden werden. Beispielhaft sei hier auf eine Aufgabe aus dem Unterrichtsmaterial zum Film verwiesen, die anregt, sich über die Bildsymbolik von saudischen und deutschen Schulgebäuden auszutauschen. Als Impulse sind Bilder von einer Schule in Saudi-Arabien und Deutschland abgedruckt. Während für die saudi-arabische Schule eine Abbildung eines trostlosen Schulgebäudes mit verhangenen Fenstern gewählt wurde, wird die deutsche Schule durch einen weißen Rundbau mit viel Glas und Grünfläche repräsentiert. Ergänzend zu den Bildern erhalten die Schüler*innen die folgende Aufgabenstellung:

---

25 Milton J. Bennett, 2017, Developmental Model of Intercultural Sensitivity, in: International encyclopedia of intercultural communication, hrsg. von Young Yun Kim, Wiley: Wiley Online Library. https://www.researchgate.net/publication/318430742_Developmental_Model_of_Intercultural_Sensitivity (11.02.2024).
26 Claudia Sacchetti, 2015, Interkulturelle Sensibilität als ‚Schlüsselkompetenz des 21. Jahrhunderts'. In: Zeitschrift für Bildung, Erziehung und Wissenschaft, Nr. 193/Nov. 2015, S. 15–16, S. 15.
27 Vgl. Rösch, 2000, Entschlüsselungsversuche [Anm. 22], S. 86.

„Stell dir vor, es ist dein erster Schultag. Du stehst vor Wadjdas Schule oder vor der anderen Schule. Schreibe jeweils auf, was dir durch den Kopf geht, als du deine neue Schule zum ersten Mal siehst. Was erwartest du?"[28]

In der Reflexion des Aufgabenmaterials wird deutlich, dass das für Deutschland stellvertretend gewählte Schulgebäude, anders als das Schulgebäude aus dem Film, nicht der Architektur einer deutschen Regelschule entspricht und damit Stereotype festigt, anstatt diese aufzubrechen. Eine ganz ähnliche Problematik zeigt sich auch bei der Bearbeitung zur Aufgabe *Männer und Frauen*, in der die Schüler*innen einen Text zu Ursachen, Regeln und Auswirkungen der Geschlechtertrennung erhalten, indem sie das Verhalten der Männer und Frauen in diesem kulturellen Regelsystem bewerten sollen.[29] In beiden Beispielen wird ein Bild des arabischen Raums gefestigt, das diesen und ihre Bürger*innen als „irrational, depraved, childlike, different" beschreibt, während sich Europäer*innen selbst als „rational, virtuous, mature, normal" einschätzen.[30]

Damit die Lernenden jedoch diese ethnozentristische Perspektive, in der sie die eigene Nationalkultur als zentral und universal ansehen und davon ausgehen, dass andere Kulturen der eigenen nachstreben sollten, erweitern und sich gegenüber einer ethnorelativistischen Sicht öffnen, müssen kulturelle Unterschiede wertgeschätzt werden. Das heißt, kulturelle Unterschiede sollen sehr wohl benannt werden. Es muss jedoch klar sein, dass Werte, Überzeugungen und Zuordnungen von „gut" und „schlecht" zu Lebensweisen stets vom kulturellen Kontext abhängen und außerhalb der jeweiligen Kultur nicht adäquat bewertet werden können (Phase 4: Akzeptanz). Es geht also darum, „sich selbstreflexiv mit den Bildern von Anderen auseinanderzusetzen und dazu in Bezug zu setzen sowie gesellschaftliche Rahmenbedingungen für die Entstehung dieser Bilder zu kennen und zu reflektieren"[31].

Die gewählten Beispiele könnten folglich dahingehend adaptiert werden, dass ein Austausch zu eher traditionellen und eher modernen Schulen innerhalb Saudi-Arabiens angeregt wird, denn diese gibt es durchaus auch in Saudi-Arabien. Auch könnte anstelle der Tradierung geschlechtlicher Rollenzuweisungen die wachsende Emanzipation der Frauen in Saudi-Arabien thematisiert werden, auf die im Buch an vielen Stellen verwiesen wird. So gibt es eine Reihe von weiblichen Figuren, die mit ihrem Handeln das sie umgebende Werte- und Rollensystem

---

28 Siebauer, Ulrike, 2017, Unterrichtsmaterial zu: Hayfa Al Mansur: Das Mädchen Wadjda, S. 1–64. https://www.randomhouse.de/content/attachment/webarticle/almansour_dasmaedchenwadjda_65434.pdf (11.02.2024), hier S. 20.
29 Siebauer, Unterrichtsmaterial [Anm. 28], S. 23.
30 Said, 2003, S. 40 nach Andra Riemhofer, 2017, Interkulturelle Kinder- und Jugendliteratur in Deutschland. Lesen auf eigene Gefahr. 2. überarb. Aufl. Baden-Baden: Tectum.
31 Beschluss der Kultusministerkonferenz: Interkulturelle Bildung und Erziehung in der Schule. 2013. https://www.kmk.org/fileadmin/veroeffentlichungen_beschluesse/1996/1996_10_25-Interkulturelle-Bildung.pdf (11.02.2024), S. 2.

immer wieder in Frage stellen. Stellvertretend sei an dieser Stelle neben der Mutter auch auf die Mitschülerinnen Fatin und Fatima oder Leyla, eine Freundin der Mutter, verwiesen. Möchte man auf einen Vergleich mit Deutschland nicht verzichten, bietet es sich aus transkultureller Perspektive ebenfalls an, die unterschiedlichen Frauenbilder (progressiv bis konservativ) in Deutschland zu thematisieren.

Gelingt es, kulturelle Unterschiede und Gemeinsamkeiten im kulturellen Kontext zu beschreiben, geht es in einem nächsten Schritt darum, die Lernenden zu befähigen, flexibel und angemessen mit unterschiedlichen kulturellen Weltanschauungen zu handeln bzw. verschiedene kulturelle Perspektiven einzunehmen, wenn sie sich mit kulturellen Themen beschäftigen (Phase 5: Anpassung). Fortgesetzt wird diese Entwicklung bis zu der Übernahme einer Haltung in der aus einer multi- und transkulturellen Perspektive auf die eigene Identität geschaut wird. Damit einher geht die Anerkennung, dass diese nicht auf festen Zugehörigkeiten basiert (Phase 6: Integration).

Al Mansours Werk *Das Mädchen Wadjda* zeigt, dass die aktuelle Kinder- und Jugendliteratur Orte der interkulturellen Begegnung schaffen kann,[32] die „unsere Vorstellungen und Sichtweisen bestätigen, korrigieren oder differenzieren"[33]. So entsteht interkulturelle Sensibilität durch die Verschiebung gewohnter Sichtweisen im „Blick auf die eigene Kultur durch die Augen einer anderen Kultur"[34].

Über die Möglichkeiten der inhaltlichen Dimension interkulturellen Lernens hinaus bietet das ausgewählte Jugendbuch auch über die sprachliche Ebene immer wieder Anknüpfungspunkte zum interkulturellen Lernen. Hierzu wurden eine Vielzahl zentraler Begriffe wie u. a. *Abaya* (langes, meist schwarzes Übergewand für Frauen), *dhuhr* (islamisches Mittagsgebet) oder *furqan* (Sure – Kapitel im Koran) in integrativ mehrsprachigen Textabschnitten ausschließlich auf Arabisch eingeführt und ihre Bedeutung erst am Ende des Buches in einem zweisprachigen Glossar erläutert.[35]

---

[32] Vgl. Brendel-Perpina, Ina: Von Sesamkringeln, Träumen und einem osmanischen Flugpionier. Interkulturelles und literarisches Lernen mit einem türkischen Kinderbuch. 2015. https://d-nb.info/1068809043/34 (11.02.2024), S. 46.
[33] Lothar Bredella, 2007, Grundzüge einer interkulturellen Literaturdidaktik, in: Dialoge zwischen den Kulturen. Interkulturelle Literatur und ihre Didaktik, hrsg. von Irmgard Honnef-Becker, Baltmannsweiler: Schneider Verlag Hohengehren, S. 29–47, S. 33.
[34] Dieter Wrobel, 2006, Texte als Mittler zwischen Kulturen. Begegnung und Bildung als Elemente des interkulturellen Literaturunterrichts, in: Interkultureller Literaturunterricht. Konzepte – Modelle – Perspektiven, hrsg. von Christian Dawidowski und Dieter Wrobel, Baltmannsweiler: Schneider Verlag Hohengehren, S. 37–53, S. 42.
[35] Vgl. MW, S. 300 ff.

5. Didaktisch-methodische Konkretisierungen

Ziel der vorzustellenden intermedialen Unterrichtsreihe ist es, einerseits kulturelle Stereotype aufzubrechen und andererseits zu zeigen, dass kulturell geprägte Stereotype kein Phänomen ‚der anderen' sind.

Zur Umsetzung dieses Reihenziels wird die Geschichte Wadjdas intermedial aufgearbeitet. Im medialen Wechselspiel sollen zentrale Charaktere, zentrale Handlungsstränge und -orte sowie Erzählperspektiven herausgearbeitet werden. Da die einzelnen Episoden in Film und Buch in unterschiedlicher Reihenfolge erzählt werden, soll die intensive Vorarbeit einer intermedialen Lektüre mit der Übersicht in Tabelle 1 entlastet werden.

Tab. 1: Vorschlag zur Gestaltung der intermedialen Lektüre zum Jugendbuch *Das Mädchen Wadjda* von Hayfa Al Mansour.

Buch	Film
Kapitel 1–2: • Vorstellung von Mitschüler*innen und Lehrpersonen der Schule – Wadjda fühlt sich nicht zugehörig • Vorstellung Zuhause – Ort der Freiheit	
Kapitel 3–5:	7:30-10:18 • Streit mit Abdullah – Wadjdas Wunsch nach einem Fahrrad entsteht
Kapitel 6: • Wadjda im Koranunterricht • Wadjda sieht zum ersten Mal das grüne Fahrrad	
Kapitel 7–11:	10:18-20:45 • Sexuelle Belästigung; Rettung durch und Versöhnung mit Abdullah • Sparplan fürs Fahrrad; erzählt ihrer Mutter vom geplanten Fahrradkauf • Kundenfang • Wadjda hilft Abeer
Kapitel 12–15: • Streitgespräch mit der Mutter über das Fahrrad • Problematisierung Mehrfachehe: Einblicke in die Beziehung zwischen Mutter und Vater • Wadjda wird verraten	
Kapitel 16–17:	34:35-36:10 • Wadjda erfährt vom Rezitationswettbewerb
Kapitel 18–20: • Lernen im Religionsclub: Wadjda fühlt sich überfordert • Wadjdas Mutter erfährt von den Verkäufen in der Schule • Mutter verliert ihren Fahrer Iqbal; Streit zwischen Eltern um Geld und Zweitehe; ohne Fahrer kommt die Mutter nicht zur Arbeit – Rauswurf droht; Dach des Hauses als Zwischenraum wird eingeführt	
Kapitel 21–23:	38:55-45:10 • Abdullah und Wadjda überreden Iqbal, wieder als Fahrer zu arbeiten • Versöhnung zwischen Abdullah und Wadjda • Versöhnung zwischen Mutter und Tochter

Kapitel 24:	
• Wadjda erhält die ersten Fahrradstunden	
Kapitel 25–26:	45:20-51:00 • Leyla besucht Wadjdas Mutter und umwirbt die Stelle im Krankenhaus • Religionsclub – Wadjda hat große Mühen beim Rezitieren
Kapitel 27–36:	
• Wadjda beschließt, noch mehr für den Wettbewerb zu lernen – kauft sich ein Videospiel • Fahrradschule mit Abdullah • Wadjda versucht, mit dem Koransender das Rezitieren zu lernen • Religionsclub: Wadjda wird zur neuen Lieblingsschülerin von Ms Noof • Wadjda verrät Fatin und Fatima, um sich einen Vorteil im Koranwettbewerb zu ergattern – verzichtet dann jedoch darauf, den Vorteil zu nutzen • Streit zwischen Wadjda und Mutter ums Fahrrad	
Kapitel 37–39:	61:05-67:24 • Wadjda wird beim Fahrradfahren auf dem Dach von ihrer Mutter erwischt • Wadjda erfährt, dass nur männliche Vertreter im Stammbaum aufgenommen werden • Religionsclub: Wadjda macht erste Fortschritte
Kapitel 40–43:	
• Wadjda erfährt, dass der Besitzer das Fahrrad für sie reserviert hat • Streit zwischen den Eltern – Mutter besucht Leyla im Krankenhaus; sieht sie dort nur mit hidjab – Gedanken im Krankenhaus zu arbeiten, verwirft sie daraufhin wieder • Fatin und Fatima werden öffentlich von der Direktorin vorgeführt und gedemütigt • Einsicht in Beziehung der Eltern	
Kapitel 44–49:	70:29-81:44 • Mutter zeigt Wadjda, wie man rezitiert • Gemeinsamer Moment auf dem Dach (Mutter lehnt Fahrradwunsch nicht mehr ab) • Koranwettbewerb • Wadjda rückt zum Beten in die erste Reihe vor
Kapitel 50: Siegerehrung	
Kapitel 51–55:	84:40-94:26 • Treff mit Abdullah nach der Siegerehrung • Abschied vom Vater • Wadjda bekommt ihr grünes Fahrrad

Wie bereits erwähnt, ist es das Ziel der intermedialen Unterrichtsreihe, kulturelle Stereotype aufzubrechen. Die Unterrichtsreihe wirft daher einen Blick auf den Umgang mit kulturell und religiös geprägten konservativen stereotypen Geschlechter- und Rollenidentitäten von Mädchen und Jungen. Damit setzt die Reihe auf die Arbeit mit einem ‚transkulturellen Identitätsmodell', in dem, so Schweitzer, „Merkmale der kulturellen Identität des Individuums, die in allen Kulturen gleichermaßen anzutreffen sind und tendenziell transzendenten Charakter haben"[36], betont werden.

---

36 Helmuth Schweitzer, 1994, Der Mythos vom interkulturellen Lernen. Zur Kritik der sozialwissenschaftlichen Grundlagen interkultureller Erziehung und subkultureller Selbstorganisation

Um dieses Ziel zu erreichen, sollen die Lernenden während der intermedialen Lektüre in Begleitaufgaben u. a. Bezüge zwischen der Biografie Wadjdas und ihrer eigenen herstellen. Dafür sollen sich die Lernenden zunächst über Stereotype von Mädchen und Jungen aus ihrem Erfahrungsumfeld austauschen. Sätze, wie z. B. *Jungen spielen nicht mit Mädchen, Mädchen dürfen/können kein Fußball spielen* usw., sind vermutlich auch den Lerner*innen wohl bekannt. Die Ergebnisse der Gruppenarbeit, die gern auch auf Recherchen im Internet oder eine Befragung der eigenen (Groß-)Eltern erweitert werden kann, sollen in einem Themen-Padlet zum Buch gesammelt werden. Im Padlet können die Lernenden nicht nur eigene Texte einstellen, sondern auch Audios z. B. von Familienmitgliedern und Bekannten sowie Bilder, Zeitungsartikel und Filme integrieren.

Als weitere Begleitaufgabe der intermedialen Lektüre können die Lernenden gemeinsam Wadjdas größere und kleinere Rebellionen auf dem Weg zu einem eigenen Fahrrad in Gruppenarbeit mit einem Verlaufsdiagramm herausarbeiten (z. B. der Verkauf von Musikkassetten und Armbändern an der Schule, Wadjda verhandelt mit Abdullah um die Nutzung seines Fahrrades im Gegenzug zum Aufhängen einer Lichterkette, heimliches Fahrradtraining auf dem Dach, etc.). Die Text- und Filmarbeit kann an dieser Stelle auch durch die individuellen Erfahrungen der Lernenden erweitert werden, indem sie aufgefordert sind, von Bestrebungen nach scheinbar unerfüllbaren Wünschen zu berichten. Über diesen und andere Vergleiche wird die Transkulturalität und Zeitrelativität der Herausforderungen, vor denen die Heranwachsenden in Saudi-Arabien stehen, ohne Unterschiede aufzuheben bearbeitet, sodass am Ende klar ist, dass kulturell geprägte Stereotype kein Phänomen ‚der anderen' sind.

Mit Blick auf die Kompetenzvermittlung in einer zunehmend medial geprägten Welt liegt es nah, die Medienwechsel auch immer wieder zu nutzen, um das formalästhetische Potenzial des jeweiligen Mediums herauszuarbeiten. Ein vertiefter Medienvergleich bietet sich dabei über die intensive Betrachtung der Einstiegsszene und der Preisverleihung an. Während der heterodiegetische Erzähler die Leser*innen intensiv in Wadjdas Gefühl der fehlenden Zugehörigkeit einführt, steht im Film allein die Detailaufnahme von Wadjdas Chucks für ihre Unangepasstheit. Im Gegensatz zum Buch gelingt es hingegen dem Film, die Poetik und Erhabenheit der Koranrezitationen einzufangen. Durch den Vergleich der beiden Inszenierungstechniken werden die Lernenden demnach abschließend für Unterschiede in der Medienästhetik sensibilisiert.

---

ethnischer Minderheiten am Beispiel der USA und der Bundesrepublik Deutschland, Münster/Hamburg: Lit, S. 306.

Ein Wolf unter Schafen?

Identitätsverhandlung und Grenzüberschreitung im illustrierten Jugendroman *Die besseren Wälder* von Martin Baltscheit (Jahrgangsstufe 7/8)

Susanne Schul

1. Inhalt

Eine Wolfsfamilie verlässt ihr vertrautes Revier, um der unmittelbaren Not zu entkommen, und ihre Hoffnung richtet sich auf ein besseres Leben, sie wollen in „die besseren Wälder"[1] gelangen. Doch plötzlich fallen im Grenzgebiet Schüsse und ein kleiner Wolfsjunge bleibt allein als einziger Überlebender zurück. Ein kinderloses Schafsehepaar findet das Kind, nimmt es bei sich auf und erzieht von nun an einen Wolf unter Schafen. Der junge Ferdinand wächst ohne Kenntnisse seiner eigentlichen Herkunft in einer eingezäunten Schafsgemeinschaft heran. Gemeinsam mit seinem Freund Beck und seiner ersten Liebe Melanie stellt er sich den Herausforderungen des Teenageralters. Eines Abends bricht das junge Paar zu einem Ausflug jenseits der Zäune auf, morgens wird Ferdinand bewusstlos neben dem toten Schafsmädchen aufgefunden: „Arm in Arm. Aber sie mit durchgebissener Kehle!" (DbW, S. 127) Der Wolf im ‚Schafspelz' wird entlarvt und inhaftiert, denn er steht unter Mordverdacht. Ferdinand selbst weiß nichts mehr vom Tathergang, er flieht aus dem Gefängnis und begibt sich auf eine mehrfache Spurensuche – auf die Suche nach dem Täter, nach der eigenen Identität und nach Zugehörigkeit. Er kehrt zurück zu den Wölfen, aber auch dort gilt er als Außenseiter und so fragt er sich, wo auf der Welt ein Platz für ihn sein könnte.

2. Literaturwissenschaftliche Analyse

Wo liegen meine Wurzeln? Und wie prägen mich Veranlagung und Erziehung? Diese Fragen provoziert Martin Baltscheit in seinem illustrierten Jugendroman, der ein interkulturelles Lernen zwischen Identitätsverhandlung und Grenzüberschreitung ermöglicht. Der Roman *Die besseren Wälder* aus dem Jahr 2013 beruht auf dem gleichnamigen Theaterstück und zeichnet sich sowohl auf der Handlungs- als auch auf der Narrationsebene durch einen Akt des Mischens von

---

[1] Martin Baltscheit, 2013, Die besseren Wälder, Weinheim/Basel: Beltz & Gelberg, S. 7. Im Folgenden zitiert unter Verwendung der Sigle ‚DbW'.

Ungleichartigem aus.² Dabei wird die Erwartungshaltung der Leser*innen immer wieder unterlaufen, wenn sich Erzählmuster von Tierfabel, Kriminalerzählung, Adoleszenz- und Integrationsgeschichte kreuzen. Im distanzschaffenden Tier-Narrativ können dabei Ähnlichkeiten und Differenzen kultureller Zugehörigkeiten aus intersektionaler Perspektive neuartig austariert werden. Denn je nachdem welche Kategorien und Dimensionen zueinander in Verbindung gesetzt werden – Spezies, Geschlecht, Alter, Herkunft, Bildungsstand, Milieu, Ethnizität, Religion, Sprache usw. –, verändert sich auch die jeweilige Eigen- bzw. Fremdwahrnehmung.³

Tiere erhalten bereits in der antiken Fabel-Tradition eine Stimme, werden in ihrer Attribuierung als Nicht-Menschen mit Bedeutung aufgeladen und zu Projektionsflächen gemacht.⁴ Es geht dabei aber nicht nur um eine ‚einfache' Einteilung der Spezies, sondern um Relationen und naturalistisch begründete Machtverhältnisse: Das Schaf ist schwächer als der Wolf, ist ein Beutetier des Prädators. Hier setzt der narrative Prozess der Aushandlung von Differenz an und verbindet sich mit kulturhistorischen Konventionen bestimmter Tiercharaktere: Das Schaf ist friedfertig, der Wolf gierig. Diese wertenden Zuschreibungen prägen die symbolische Tierordnung und kommen in den variablen Auslegungstraditionen der Fabeln zum Tragen. Dabei können Tier-Narrative aber auch imaginäre Möglichkeitsräume eröffnen, um binäre Oppositionsbildungen von Nähe und Distanz, von Über- und Unterordnung, von Kultur- und Naturräumen sowie von Opfer- und Täterpositionen zu unterlaufen und aufzubrechen.⁵

Baltscheit greift in seinem illustrierten Jugendroman die prototypischen Vorstellungen von Fabeltieren auf und deutet sie zu einem Abenteuer der Identitätsfindung im tierlichen Kulturkontakt um. Grenzsetzungen werden auf der Handlungs-, Diskurs- und Auslegungsebene sowohl scharf definiert als auch problematisiert und dynamisiert, so dass die Chancen für deren Verschiebung, Über-

---

2   Martin Baltscheit hat zahlreiche Kinder- und Jugendbücher geschrieben und illustriert sowie Theaterstücke, Hörspiele und Trickfilme produziert. 2010 erhielt er für *Die besseren Wälder* den Deutschen Jugendtheaterpreis. Vgl. Autoren-Homepage: http://www.baltscheit.de (11.02.2024).
3   Vgl. Dieter Wrobel, 2006, Texte als Mittler zwischen Kulturen. Begegnung und Bildung als Elemente des interkulturellen Literaturunterrichts, in: Interkultureller Literaturunterricht. Konzepte – Modelle – Perspektiven, hrsg. von dems. und Christian Dawidowski, Baltmannsweiler: Schneider Verlag Hohengehren, S. 37–52; Heidi Rösch, 2017, Deutschunterricht in der Migrationsgesellschaft. Eine Einführung, Stuttgart: Metzler, S. 141–154; Wiebke Dannecker und Kirsten Schindler, 2022, Diversitätsorientierte Deutschdidaktik. Theoretisch-konzeptionelle Fundierung und Perspektiven empirischer Forschung, in: Diversitätsorientierte Deutschdidaktik, hrsg. von dens., online-Band in der Reihe SLLD-B: https://omp.ub.rub.de/index.php/SLLD/catalog/view/223/197/1193, S. 6–17, hier S. 7 ff. (11.02.2024).
4   Vgl. Hans Georg Coenen, 2000, Die Gattung Fabel. Infrastrukturen einer Kommunikationsform, Göttingen: Vandenhoeck und Ruprecht, S. 15 f., 99–133.
5   Vgl. Roland Borgards, 2016, Tiere und Literatur, in: Tiere. Kulturwissenschaftliches Handbuch, hrsg. von dems., Stuttgart: Metzler, S. 225–244, hier S. 233–238.

schreitung oder Auflösung in den Blick geraten.[6] In raschen Szenen- und Perspektivwechseln ebenso wie in pointierten Dialogen und kurzen, kursiv gesetzten Gedankenberichten, die eine Introspektion befördern, verschränken sich der dramatische und narrative Erzählmodus. Die Kombination aus grafischen Dimensionen wie Schriftbild, Layout und Farbgebung ebenso wie die Variationen der Text- und Bildbeziehungen, die zwischen tierlicher und menschlicher Perspektive changieren, lassen eine intermediale Mehrdeutigkeit entstehen. Die Illustrationen sind in den Handlungsverlauf eingebunden und reichen von kleinen Bildelementen über ganzseitige Einzelbilder bis hin zu Bilderfolgen, die auch Sprech- oder Gedankenblasen einbeziehen. Zwischen Text und Bild besteht damit eine korrelative Bezugnahme. Je nach inhaltlicher Nähe oder Ferne zueinander sind die Leser*innen gefordert, Verbindungen der werkseitigen Stimuli aktiv herzustellen.[7] Das zeigt auch die Gestaltung des Covers, das als Schwelle von Innen und Außen mit Titel, Autornamen, Gattungsbezeichnung und dem ambivalenten Text-Bild-Gefüge die Neugier auf diese moderne Fabelerzählung weckt (vgl. Abb. 1).

Denn während die verbalen Paratexte den Interspezieskontakt hervorheben und proleptisch auf die außergewöhnliche Liebesbeziehung zwischen Wolf und Schaf, den plötzlichen Todesfall und auf die Identitätssuche des jungen Helden verweisen, setzt die Bildebene zwei menschliche Jugendliche in Szene: Der düstere, frisch geschorene Ferdinand hält die bunt gekleidete, blondgelockte Melanie fest umschlungen, er blickt sie seitlich an, während sie den Blick nach vorn richtet. In einem Pop-Art-Stil stellt Baltscheit mit ausgeprägter Strichführung markante und weiche Konturen, hell-dunkle sowie flächige Färbungen, Körperhaltung und relative Körpergröße zueinander in Kontrast. Diese Text-Bild-Verknüpfung ist für die Anlage der ambivalenten Erzählhaltung relevant, denn sie ruft konfliktreiche Spezies- bzw. Genderkonstellationen auf: Jäger- und Beute-, Täter- und Opferrollen erscheinen nur auf den ersten Blick klar verteilt. Der Rückumschlag wiederholt die Szene, färbt sie aber blutrot, und auch die erste ganzseitige Illustration zeigt die junge Frau tot in ihrem Blut liegend,[8] während das gegenüberliegende Motto, weiß auf schwarzem Grund, dagegen an die Fluchtmotivation der Wolfsfamilie gemahnt: „Wir laufen nicht davon. Wir gehen in die besseren Wälder." (DbW, S. 7)

Opfer- und Täterschaft werden mehrdeutig lesbar, die Hoffnung auf ein besseres Leben wird eng mit einem Überlebenskampf verknüpft, noch ehe die Coming-of-Age-Geschichte des jungen Wolfs unter Schafen beginnt. Das nachfolgen-

---

6 Vgl. Lothar Bredella, 2012, Narratives und interkulturelles Verstehen. Zur Entwicklung von Empathie-, Urteils- und Kooperationsfähigkeit, Tübingen: Narr Verlag, S. 74–123; Rösch, Deutschunterricht in der Migrationsgesellschaft [Anm. 3], S. 154–166.
7 Vgl. Irina O. Rajewsky, 2002, Intermedialität, Tübingen, Basel: Francke, S. 12–17.
8 Vgl. DbW, S. 6.

Abb. 1: Die Liebe ohne Grenzen? Ferdinand hält Melanie fest in den Armen.

Cover aus: Martin Baltscheit, Die besseren Wälder © 2013, Beltz & Gelberg in der Verlagsgruppe Beltz, Weinheim/Basel.

de Polizeiprotokoll wirkt wiederum vereindeutigend. Es situiert das Verbrechen in der Tiergemeinschaft und bestätigt den Verdacht, dass der 17-jährige Ferdinand die 14-jährige Melanie „in der Nacht der heiligen Schur in Art und Weise der Bestien getötet" (DbW, S. 8) habe. Im Kontext der Gesamterzählung wirkt es als proleptische Anspielung, die in rückblickender Analyse die Grenzüberschreitung zum Gegenstand der persönlichen Auseinandersetzung macht. Damit eröffnet der illustrierte Jugendroman eine abenteuerliche Spurensuche zur Aufklärung des Verbrechens. Das Sammeln von Hinweisen und das Rekapitulieren des Geschehens wird aus mehreren Perspektiven eingefordert und provoziert moralisch-ethische Grundfragen. Von Beginn an wird also ein mehrdeutiges, gleichsam ‚wildes' Erzählen auf dem Weg zum Erwachsenwerden entworfen, das die Selektion und Verknüpfung aus einem Set verschiedenartiger Zuschreibungen als Mehrfachzugehörigkeit in Text und Bild zur Disposition stellt.

2.1 Wölfische Fluchtgeschichten erzählen

Der Prolog affiziert bereits die Zerrissenheitsgefühle, die die nachfolgende Fluchtgeschichte der Wolfsfamilie prägen wird, auf fünf schwarzen Seiten kontrastreich ‚ausgemalt' mit weißer Schrift.[9] Die nullfokalisierte-heterodiegetische Erzählinstanz steht dem Empfinden der Wolfseltern nah, führt in direkter Redewiedergabe vor, wie zuvor vertraute Bezugsgrößen durch Arbeitslosigkeit, Armut und Hunger zunehmend instabil werden.[10] Eindrücklich und bedrückend wird der Entscheidungsprozess der Wolfseltern, ihre Heimat zu verlassen, in Text und Bild gesetzt. Während die Erwachsenen das Für und Wider beraten, herrscht den Kindern gegenüber Stillschweigen:

> AUCH DIE KINDER würden sich gerne unterhalten über einen Umzug in ein fremdes Land. Über den Abschied von zu Hause. Wann es endlich losgeht, oder lieber nicht losgeht. Aber sie wissen von nichts. Eltern behalten solche Geheimnisse für sich [...]. (DbW, S. 14, Hervorhebung im Zitat)

Die Eltern wehren den Wunsch der Kinder nach Aufrichtigkeit ab. Über die Fluchtpläne wird nur in ihrer Abwesenheit gesprochen. Die Erwachsenen halten sie über den Ernst der Lage im Ungewissen, bis der Aufbruch unmittelbar bevorsteht. Die Kindersicht wird zwar von der Erzählinstanz rekonstruiert, im Eltern-Kind-Gespräch bleibt sie aber bewusst ausgespart, stattdessen wird das Erzählen „VON DEN BESSEREN WÄLDERN" (DbW, S. 16, Hervorhebung im Zitat) zum typografisch markierten Symbolträger der Hoffnung auf dem Fluchtweg gemacht. Dieser führt die Familie durch ein „Niemandsland" (DbW, S. 9) aus Eis und Schnee, das sich im grafischen Wechsel zum weißen Seitenlayout spiegelt, von dem sich die schwarzgekleideten Figuren mit starken Umrisslinien abheben. Ihr entbehrungsreicher Marsch führt die Wölfe räumlich wie gedanklich immer näher an einen militärisch streng gesicherten Grenzzaun heran, den es zu überwinden gilt.[11] Die Wolfseltern wissen zwar um diese Gefahr, schlagen aber alle

---

[9] Vgl. Dieter Wrobel, 2016, Flucht-Texte – Flucht-Orte, in: Praxis Deutsch 43, S. 4–13, hier S. 6f. Vgl. auch Margarete Hopp, 2021, Flucht und Flüchtlinge in aktuellen Kinder- und Jugendromanen, , in: „Ich vermisse mein Zuhause ..." – Fluchtgeschichten in Kinder- und Jugendmedien, kjl&m 73, 2. Vj., S. 27–34.
[10] Vgl. DbW, S. 9–14.
[11] Vgl. DbW, S. 15–27.

Warnungen in den Wind und werden dafür mit ihrem Leben bezahlen. Ihren Fluchtweg hüllen sie für das Kind in eine Märchenerzählung von den „besseren Wälder[n]" ein:

> Die Blicke der Eltern treffen sich. Wenn sie das hier schaffen, steht ihnen nichts mehr im Weg, dann ist alles möglich, dann sind sie König und Königin mit einem Prinzen, der es besser haben wird, weil die Zukunft hinter sicheren Zäunen liegt. (DbW, S. 19)

Die erlebte Unsicherheit findet ihr Gegenstück in der erzählten Versicherung von einem besseren Leben: Ein Leben in Sicherheit, Behaglichkeit und mit Nahrung im Überfluss – nämlich Schafe. Eine Aufzählung der Essensfantasie des ausgehungerten Kindes purzelt in immer heller und kleiner werdenden Schriftzügen über die Seite: „Lammfleisch. Lammkeule. Lammhack. Lammeintopf. Lammdöner. Lammrücken. Lammrippchen." (DbW, S. 23) Damit sperrt sich die tierliche Perspektive gegen ein ‚naives' Sich-Identifizieren-Können und setzt stattdessen die Fressfeindschaft der Tierfabel als komische Irritation in Szene. Gewiss ist hier nur, dass es keine Rückkehr gibt – und dass nicht alle Familienmitglieder diese Flucht überleben werden. Im dramatischen Modus wechselnder Perspektiven – zwischen Mutter, Vater und Kind – können die Leser*innen Schritt für Schritt die Vereinzelung des Jungen verfolgen. Aufgrund des fiktionalen Status lassen sich Nähe und Distanz zur geschilderten Verlusterfahrung austarieren und die intermedialen Erzählmuster der Emotionalisierung treten in den Fokus.

2.2 Zu einem ‚neuen' Tier gemacht werden

Anstatt Gewissheiten zu bieten, lässt das fabelhafte Erzählen also Identitäten zwischen Tier und Mensch verschwimmen und verhandelt auf der Text- und Bild-Ebene Ein- und Ausschlussprozesse am Beispiel des verwaisten Wolfskindes, das heimlich von Schafen adoptiert wird. Von seiner Herkunft ahnt Ferdinand nichts, seine Schafseltern suchen ihn durch Tarnung, Erziehung und Assimilation anzupassen. „Jetzt machen wir ein Schaf aus ihm" (DbW, S. 40), verkündet Vater Wanja und die anschließende ganzseitige Illustration führt schematisch die vier Schritte der äußerlichen Verwandlung des Jungen vor Augen (vgl. Abb. 2). In einer Sprechblase bestätigt Ferdinand diese zwar – „Schon bin ich ein neues Tier." (DbW, S. 41) –, aber die Eingliederung steht noch ganz am Anfang. Dass diese gerade nicht schablonenhaft verläuft, muss das Kind am eigenen Leib erfahren. Denn es verlangt Ferdinand viel ab, sich in die gutbürgerliche Schafsfamilie einzufügen, die Schafssprache zu lernen und sich fleischlos zu ernähren.[12] Dabei entsteht aber auch eine Doppelwertigkeit der Blickrichtungen, wenn die Schafs-

---

12 Vgl. Ferdinands Erinnerungsschub, DbW, S. 147.

eltern beginnen, die eigene Differenzierung zu hinterfragen. Jedoch brechen sich wölfische Eigenschaften auch immer wieder Bahn, z. B. wenn Ferdinand über Mauern springt.

Abb. 2: Ein Wolf unter Schafen? Ferdinands Verwandlung in vier Schritten.

S. 41 aus: Martin Baltscheit, Die besseren Wälder © 2013, Beltz & Gelberg in der Verlagsgruppe Beltz, Weinheim / Basel.

Sein Wild-Sein stößt bei den Schafen auf Unverständnis und birgt Gefahren in sich, wie der Großvater in einer grün- und großgesetzten Sittenlehre betont:[13]

---

13   Vgl. zum moralisierenden Fabelexempel Coenen, Die Gattung Fabel [Anm. 4], S. 108–122.

„SCHAFE LAUFEN NICHT DAVON. SCHAFE BLEIBEN. UNS SCHÜTZT DER ZAUN. DESHALB LEBEN WIR SO GUT. [...] Wenn er dich kriegt da draußen, der Wolf, dann ist dein Leben keinen Grashalm mehr wert." (DbW, S. 51 f., Hervorhebung im Zitat)

Das wölfisch Andersartige wird als das ‚Nicht-Eigene' markiert, dabei stehen das Figuren- und Leser*innen-Wissen aber zueinander in Kontrast. Die scharfe Grenzziehung von Schaf/Wolf, Innen/Außen, Bleiben/Weglaufen und Kultur/Natur erzeugt auf der diegetischen Ebene zwar eine Hierarchisierung, das Feindbild vom ‚bösen' Wolf wird aber durch die Anwesenheit des Kindes als Projektion entlarvt. In Ferdinands Coming-of-Age-Geschichte zeigt sich somit, wie ein *Doing* oder *Undoing Difference* als soziale Mehrfachzugehörigkeit entworfen wird.[14]

2.3 Abenteuerliche Spurensuche nach dem Selbst

Die Frage, ob die Figuren ihrer tierlichen Eigenart entsprechen müssen oder diese auch zu überschreiten vermögen, wird im Handlungsverlauf immer wieder gestellt. Eine besondere Relevanz bekommt sie für Ferdinands Mordanklage. Bei ihm ploppen aber nur Erinnerungsfetzen auf, die in einer zweiseitigen Bilderfolge den Blickwechsel zwischen den Opfern, den Schafen, und dem Täter, einem Wolf, wie in einem Zoom-Effekt immer näher heranrücken (vgl. Abb. 3). Die Leser*innen werden zu Augenzeugen gemacht, bleiben aber über Ferdinands Rolle im Mordgeschehen weiterhin im Unklaren. Das fabelhafte Erzählen reizt zum genauen Hinsehen, erfordert und fördert eine Wertungskompetenz, die dazu befähigt, die Überlagerung und Abhängigkeit der wechselnden Positionen in Text und Bild zu reflektieren.[15]

In der Untersuchungshaft drängen zwei Häftlinge Ferdinand zur Konfrontation mit seiner wölfischen Seite. In der zugehörigen Illustration bleibt er aber trotz der Wolfsattribute weiterhin als Mensch erkennbar, was es möglich macht, das entworfene Fremdbild auch gegen den Strich zu lesen.[16] Ferdinand sucht nun dem Rätsel seines Wolf- und offenbar auch Täter-Seins nachzugehen. Er flieht aus dem Gefängnis und begibt sich auf eine abenteuerliche Spurensuche. Diese geht teils mit einer Relativierung, teils mit einer kritischen Revision erlernter Denkmuster einher. Aber die Frage danach, was das Wolf-Sein für ihn bedeuten kann, er-

---

14 Vgl. Bredella, Narratives und interkulturelles Verstehen [Anm. 6], S. 98–108; Marina Papadimitriou und Cornelia Rosebrock, 2014, Identitätsentwürfe in der Differenz. Thema eines transkulturellen Literaturunterrichts, in: Leseräume 1, S. 1–14, hier S. 7 f.
15 Vgl. Wrobel, Texte als Mittler zwischen Kulturen [Anm. 3], S. 4 f.; Rösch, Deutschunterricht in der Migrationsgesellschaft [Anm. 3], S. 72 f.
16 Vgl. DbW, S. 136.

Abb. 3: Ein totes Schafsmädchen? Ferdinands Erinnerungen an die Mordnacht.

S. 131 aus: Martin Baltscheit, Die besseren Wälder © 2013, Beltz & Gelberg in der Verlagsgruppe Beltz, Weinheim/Basel.

weist sich als immer schwieriger zu beantworten, je mehr er tatsächlich mit den Wölfen zu tun hat. Zuerst sieht er sich mit sozialen Missverhältnissen konfrontiert und muss sich dann mit der kriminellen Ambivalenz der Fressfeindschaft und dem damit latent verbundenen Risiko der Schuldhaftigkeit auseinandersetzen. Als ihm aber die junge Wölfin Mascha zeigen soll, „wie ein Wolf lebt" (DbW, S. 178), beleuchtet sie diese soziale Ungleichheit aus ihrer Perspektive der tierlichen Andersartigkeit:

> Die Jägerin hält seinen Kopf in beiden Händen.

> Hör zu, Ferdinand. Der Wolf liebt zuallererst seine Freiheit. Warm ist der Schoß der Familie und wundervoll ist es, auch die kleinste Beute zu teilen. Wir machen aus jeder Not eine Tugend, weil wir aus eigener Kraft leben. Härte und Biss sind der Zaun, der uns vor Feinden bewahrt. Strenge und Ausdauer die Wolle, die uns durch Schnee und Eis bringt. Streit heißt unser Sport. Wölfe sterben im Kampf oder leben ewig. Wenn wir auf die Jagd gehen, dann um zu töten. Das ist nicht böse gemeint, sondern Tradition heißt: *Wenn alles bleibt, wie es ist, muss sich nichts ändern*. Ja, wir Wölfe haben auch Freunde, aber essbare Freunde kennen wir nicht. Hast du das, mein Wolf? (DbW, S. 193, Hervorhebung im Zitat)

Ferdinand steht nun aber eben nicht für „Tradition" ein, sondern sperrt sich durch seine Position im Dazwischen gegen ein „[es] muss sich nichts ändern" (DbW, S. 193). Er hat Anteil an mehreren Tierkulturen, fühlt sich ihnen zugehörig, aber auch zwischen ihnen hin- und hergerissen, besonders da er sich zu Mascha hingezogen fühlt und beginnt, mit ihr über eine gemeinsame Zukunft in den „besseren Wälder[n]" zu fantasieren.[17] Doch Melanie gerät darüber nicht in Vergessenheit, ganz im Gegenteil:

> FERDINAND DENKT AN MELANIE. Jeden Tag auf seiner Flucht war sie an seiner Seite, seine Gefährtin, und bei allem, was er erlebt hat, fragt er sich: *Was würde Melanie sagen?* Doch diesmal schweigt das Schaf und auch Mascha, die Jägerin, schweigt und streichelt ihn mechanisch. (DbW, S. 188, Hervorhebung im Zitat)

Dieser Schnittpunkt kann zum Anlass genommen werden, um eine kontrastive Interpretation der weiblichen Figuren anzuregen, denn es gibt interessante Wiederholungen von Details, identischen Stimmungslagen und die Überkreuzungen der Ausbruchsfantasien, wodurch die Differenzen der Spezies zunehmend verschwimmen. Gleichwohl plant Ferdinand weiterhin den Mord aufzuklären und sich zu rächen, während der Rudelführer ihn gleichzeitig für seine eigenen Zwecke, nämlich für einen Überfall auf die Schafsgemeinschaft, zu instrumentalisieren sucht. Die Unsicherheit des Ausgangs dieses tierlichen Abenteuers hält den Spannungsbogen bis zum Schluss aufrecht und gipfelt schließlich in einem Showdown in den „besseren Wälder[n]".

Damit erweist sich die Identitätsverhandlung des Wolfs unter Schafen als unabgeschlossen, dynamisch und wirkmächtig. Aber nicht so sehr die Alterität, also die Eigenart oder das Irritierende des ‚Fremden', wird damit betont, sondern der Fokus wird auf das Staunen als bewusstwerdendes Entdecken gelegt, das nach Wegen zum Verstehen des fremdgewordenen ‚Eigenen' sucht. „Es kommt nicht darauf an, wo du herkommst. Es kommt darauf an, wohin du gehst und mit wem. Kapiert?" (DbW, S. 249) – mit diesem Impuls schließt Baltscheit den

---

17 Vgl. DbW, S. 180f.

Jugendroman, so dass mit der Selbstverständlichkeit kultureller Erfahrung gebrochen wird. Damit offenbart sich der Prozess des Grenzziehens selbst als ein machtvolles Phänomen, das immer wieder auf seine Gültigkeit und seine Kriterien hin befragt werden muss. Dies erzeugt zwar eine Verunsicherung des Vertrauten, kann aber auch – und dies ist ganz entscheidend – zur Verschiebung und Überschreitung von Grenzen beitragen.

3. Didaktischer Kommentar

3.1 Allgemeines literaturdidaktisches Potenzial

Martin Baltscheit entwickelt in seinem illustrierten Jugendroman eine große Bandbreite an Ausdrucksmöglichkeiten, überschreitet Gattungsgrenzen und bietet erzählerische Komplexität. Aus der Verknüpfung von Fabel-, Krimi-, Adoleszenz- und Interkulturalitäts-Elementen können unterschiedliche Lernperspektiven abgeleitet werden, um prototypische Narrationsverfahren und Erzählhaltungen in ihrem Wechselverhältnis zu erschließen und den kompetenzorientierten Umgang mit intermedialen Erzähltexten zu schulen.[18] Die Sichtweisen der jungen Figuren repräsentieren vertraute Konflikte, die das Abenteuer des Erwachsenwerdens prägen, die Standortgebundenheit wird durch Perspektivwechsel ergänzt oder relativiert. Damit wird Schüler*innen auch über die tierliche Distanzierung hinweg ein gewisses Identifikationspotenzial ermöglicht.[19] Das fabelhafte Erzählen verlangt verschiedene Teilfähigkeiten, um die Wahrnehmung, Deutung und Einordnung von Wertesystemen, Kontrastsymbolik, Vorausdeutung, Bedeutungsverdichtung sowie von dramatischem und narrativem Erzählmodus zu befördern. Dabei gilt es zu berücksichtigen, dass die textlichen und bildlichen Erzählelemente nicht einfach additiv wirken, sondern verschiedene Codierungen besitzen, die zueinander in Beziehung gesetzt werden müssen.[20]

---

18 Vgl. Kaspar H. Spinner, 2006, Literarisches Lernen, in: Praxis Deutsch 33, S. 6–16, hier S. 10 f.
19 Vgl. Carsten Gansel, 2011, Zwischenzeit, Grenzüberschreitung, Störung – Adoleszenz und Literatur, in: Zwischenzeit, Grenzüberschreitung, Aufstörung – Bilder von Adoleszenz in der deutschsprachigen Literatur, hrsg. von dems. und Paweł Zimniak, Heidelberg: Winter Verlag, S. 15–48.
20 Vgl. Ulf Abraham und Hubert Sowa, 2016, Bild und Text im Unterricht. Grundlagen, Lernszenarien, Praxisbeispiele, Seelze: Klett Kallmeyer, S. 60–63.

3.2 Literaturdidaktisches Potenzial in Bezug auf das interkulturelle Lernen

Der illustrierte Jugendroman ermöglicht ein interkulturelles Lernen an und Reflexionen über Erzählverfahren der Identitätsverhandlung und Grenzüberschreitung, so dass die Textanalyse ein Bewusstsein für eine Multiperspektivität anregen und die Einsicht für die „Unabschließbarkeit des Sinnbildungsprozesses"[21] von Literatur befördern kann. Die mehrdeutigen Text-Bild-Kombinationen können im Literaturunterricht eingesetzt werden, um sich mit multiplen Identitätsentwürfen auseinanderzusetzen und die Schüler*innen in Perspektivübernahme und in der Anerkennung verschiedener Positionierungen zu schulen.[22] Denn im kriminalisierten Spannungsfeld der Verurteilungs- und Ausgrenzungserfahrung werden für den Wolfsjungen Fremd- und Selbstreflexion und die Suche nach seinen kulturellen Zugehörigkeiten besonders drängend. Das fabelhafte Erzählen fordert die Lernenden durch die wechselnden Sichtweisen dazu heraus, sich auf einen Dialog mit dem literarisch ‚Fremden' einzulassen. Dabei wird Verschiedenheit im Erzählen zur produktiven Ressource gemacht. Schüler*innen können am Beispiel der modernen Fabel den Umgang mit Ambivalenzen in intermedialen Erzähltexten vertiefen, indem sie den Jugendroman hinsichtlich seiner literarästhetischen Konstruktionen erschließen und ihn auf seine Relevanz für ein Diversitätsbewusstsein hin befragen.

4. Didaktisch-methodische Konkretisierungen

Das fabelhafte Erzählen von Liebe, Mord und Selbsterkenntnis, welches die Covergestaltung als eine kalkulierte Irritation avisiert, bietet sich als Einstieg an, der Gesprächsanreize für die Verknüpfung von gattungstypologischen, intermedialen und gesellschaftlichen Reflexionsbereichen eröffnet. Die paratextuelle Rahmung kann zum einen auf die ambivalente Figurenkonstellation einstimmen und lässt sich zum anderen auf ihre rezeptionslenkende Wirkung hin befragen, da sie die Schüler*innen zur eigenen Indiziensuche zwischen tierlicher Eigenart und Grenzüberschreitung einlädt. Um was für eine Art von Geschichte könnte es sich handeln? Welche Vorstellungen von dem Protagonisten legen Titel, Untertitel und Titelzeichnung nahe? Warum ist der Wolf der Hauptverdächtige und worauf gründet sich der Verdacht?

---

21 Spinner, Literarisches Lernen [Anm. 18], S. 12.
22 Karina Becker, 2019, Interkulturelles Lernen im Deutschunterricht. Hybridität und Diversität in der aktuellen Kinder- und Jugendliteratur, in: Literaturwissenschaftliche und literaturdidaktische Perspektiven, hrsg. von Marijana Jeleč, Frankfurt am Main: Peter Lang, S. 239–258, hier S. 242 f.

Die Paratextanalyse ermöglicht somit eine Annäherung an den Text und leitet zu dessen Interpretation im Sinne einer modernen Fabel über. Welche Gattungsmerkmale die Schüler*innen erwarten und wie sie die typisierten Eigenschaften von Fabeltieren in Bezug zur moralisierenden Bewusstseinsbildung setzen, kann anhand ausgewählter Fabel-Beispiele ausgearbeitet werden. Diese können den beiden tierlichen Sittenlehren gegenübergestellt werden, welche die Schafe und Wölfe nutzen, um Ferdinand in ihre jeweiligen Normverhältnisse einzugliedern. Inwiefern der Jugendroman Gattungskonventionen aufgreift und sie im Sinne der Identitätsverhandlung umdeutet und weitererzählt, dies lässt sich anhand ausgewählter Stationen der abenteuerlichen Spurensuche des jungen Wolfes herausarbeiten.

Die im Prolog eröffnete Leerstelle der Fluchtmotivation von Seiten der Erwachsenen kann den Ausgangspunkt bilden, um die Herausforderung zu thematisieren, die ein Erzählen von Fluchtgeschichten darstellt. Durch textproduktive Verfahren, bei denen die Schüler*innen das Eltern-Kind-Gespräch um die Kinderperspektive erweitern und durch Erzählerkommentare ergänzen, lassen sich verschiedene Blickwinkel austarieren, um die Wirkung der kontrastsymbolischen Erzählhaltung bewusst zu machen. Denn Baltscheit verzichtet im Erzählen zwar bewusst auf ein unmittelbar erlebendes Ich und berichtet stattdessen aus der Sicht der Wölfe in der dritten Person, der Wechsel zur Figurenrede führt aber auch die Perspektivgebundenheit der Wahrnehmung der Flucht vor Augen. Die Schüler*innen können herausarbeiten, dass sich die Raumgestaltung sowohl durch topographische als auch durch semantische Grenzziehung auszeichnet – deren Materialisierung der Zaun bildet. So lässt sich auf der Figurenebene Empathie und Fremdverstehen fördern, indem nachempfunden werden kann, was es heißt, zu fliehen und sich mit einer ungewissen Zukunft konfrontiert zu sehen.

Das Ringen des Wolfsjungen um seine Position innerhalb der Schafs- und später in der Wolfsgemeinschaft bietet die Möglichkeit, in der Interpretationsarbeit in einer graphischen Handlungsübersicht herauszustellen, wie sich Differenzkategorien im Erzählen immer wieder neuartig kreuzen, gegenseitig verstärken, abschwächen oder auch verändern. Auf dem Weg zu den Wölfen durchlebt Ferdinand vier Erinnerungsschübe – im Layout durch graue Seiten abgesetzt –, die sich für die Rekonstruktion seiner Gefühlszustände besonders eignen. Die Schüler*innen entwerfen in Form von inneren Dialogen mit Melanie, die der Wolf beständig im Kopf hat, was er zu den drei zentralen Stationen seines jungen Lebens – zur Tatnacht, Fluchterfahrung und Eingliederung in die Schafsfamilie – fühlt und denkt.[23]

---

23 Vgl. DbW, S. 139 f., 143 f., 147 f., 149 ff., 242 f.

Mit der räumlichen Annäherung an die Wolfsgemeinschaft vollzieht sich schrittweise ein Perspektivwechsel, so dass das Wölfische für Ferdinand nicht mehr nur für Gefährdung einsteht, sondern nun auch zu einem Teil seines Selbstentwurfs werden kann.[24] Die Begegnungen mit der jungen Wölfin Mascha befeuern diesen Aushandlungsprozess und ihr Figurenentwurf bietet sich für den kontrastiven Vergleich mit dem jungen Schaf Melanie an, um die jeweiligen Erzählmuster der Emotionalisierung in Text- und Bildfolgen herauszuarbeiten. Hierbei wird deutlich, dass die Figurenkonzeption, Motivation und Handlungslogik im illustrierten Jugendroman zwar in fabelbezogene Kontexte eingebettet sind, sie aber auch heutigen Vorstellungen einer psychologischen Nachvollziehbarkeit folgen. Dass das transformative Potenzial eines abenteuerlichen Bewährungswegs dabei fortwährend präsent gehalten wird, lässt sich anhand des intertextuellen Bezugs zur Zorro-Figur diskutieren.[25] Im Rudel erhält der junge Wolf nämlich einen neuen Namen, sie nennen ihn Capistrano, dem Titel des ersten Zorro-Abenteuers folgend.[26] Diese verdeckte Doppel-Identität, auf die der schwarzmaskierte Rächer verweist, kann im Unterricht genutzt werden, um die Wirkung der final motivierten Erzählstruktur zu untersuchen, wenn die Selbstsuche schließlich in der Konfrontation von Wölfen und Schafen gipfelt. Über die Sicht der Tiere tritt damit eine mehrdeutige Identitätsverhandlung in den Fokus, so dass die Lernenden (literarisch) Vertrautes im ‚Fremden' entdecken und sich damit aber auch in Distanz zum ‚Eigenen' setzen können.

---

24 Vgl. DbW, S. 158–171.
25 Vgl. DbW, S. 163.
26 Johnston McCulley gestaltet 1919 die Zorro-Figur in *Der Fluch von Capistrano* im Groschenroman, nach der Verfilmung 1920 wird sie variantenreich weitererzählt.

Satirisches Spiel mit dem Konstrukt ‚Flüchtling'

Jean-Claude Grumberg: *Ein neues Zuhause für die Kellergeigers* (2016)

Hajnalka Nagy

1. Inhaltsübersicht

Der französische Schriftsteller Jean-Claude Grumberg thematisiert in seinem 2016 auf Deutsch erschienenen Kinderbuch *Ein neues Zuhause für die Kellergeigers* (*Les Vitalabri*, 2014) die Fluchterfahrung und Heimatsuche einer Familie auf eine erfrischend humorvolle Weise, ohne dabei das Schicksal der Kellergeigers, die hier für die Lebensrealität zahlreicher Flüchtender stehen, auch nur ansatzweise zu banalisieren. Im Mittelpunkt der Geschichte steht die Familie Kellergeiger, die beschließt, auszuwandern, und zwar dorthin, wo die Kellergeigers gemocht werden. Kein leichtes Unterfangen – wie sich herausstellt –, zumal die Kellergeiger(s) nirgendwo wirklich gern gesehen werden. Nicht nur die Kellergeiger-Familie selbst hat bereits etliche Migrationen hinter sich, schnell wird auch deutlich, dass alle Mitglieder der von ihr repräsentierten Kellergeiger-Diaspora das gleiche Schicksal, nämlich das ewige Unterwegssein, miteinander teilen. Die Leser*innen begleiten die Figuren auf deren Weg in neue Länder, wobei die Reise keineswegs die Verbesserung der Lebenslage der Familie bewirkt, sondern diese ganz im Gegenteil an die absolute Peripherie der Aufnahmegesellschaft führt.

An den Stationen der Reise werden sowohl die Unwägbarkeiten der Wanderung als auch verschiedene Formen des gesellschaftlichen Umgangs mit Fremden und die willkürlichen Mechanismen der so genannten Migrations- und Flüchtlingspolitik veranschaulicht. Die Familienmitglieder treffen auf dubiose Schlepper, die sie um ihr wenig Geld betrügen wollen; sie hausen in Auffanglagern und auf den Straßen; durchqueren zahlreiche Länder, die ihnen immer schwierigere Bedingungen fürs Überleben bereitstellen. Letztendlich kommt ihnen nicht nur die Identität abhanden, sondern sie verlieren auch den familiären Zusammenhalt: In den USA müssen die zwei kleineren Söhne zu Pflegefamilien, während Vater und Mutter, miteinander zerstritten, völlig mittellos vor sich hinvegetieren. Nur der älteste Sohn, der bereits bei der ersten Station die Familie verliert und andere Wege geht, kann reüssieren, unter anderem deswegen, weil er, zurückgekehrt in die alte Heimat, sich als Musiker eine immer lukrativere Existenz aufbaut. Schließlich wird auch er gezwungen, die wiedergefundene

Heimat zu verlassen, als dort die Verfolgung der Kellergeiger beginnt. In den USA, wo er als berühmter Musiker im Luxor Hotel auftritt, wird schließlich die Familie wieder zusammengeführt. Das glückliche, fast märchenhaft anmutende Ende kann aber nicht darüber hinwegtäuschen, dass zahlreiche andere Menschen in Not die Chance auf einen Neuanfang nie erhalten. Die letzten Zeilen des Buches erinnern in diesem Sinne an alle, die in der Vergangenheit und in der jeweiligen Gegenwart ausgegrenzt, verfolgt oder sogar ermordet wurden/werden:

> Danach sind sie alle Cellarfiddlermusiker geworden, mit Papieren, echten Papieren, und einem Zuhause, einem wirklichen Zuhause.
>
> Sie lebten glücklich und zufrieden und hatten viele Kinder, aber stets spürten sie einen Stich im Herzen, einen Schmerz in ihrer Brust, wenn sie an die Kellergeiger dachten, die da unten geblieben waren, in den Ländern, in denen ihnen das *K* auf der Stirn prangt und aus denen sie für immer verschwinden werden. (EZK[1], S. 83)

Das Buch adressiert ein junges Lesepublikum (Zehn- bis Zwölfjährige) – dies wird sowohl an der leicht lesbaren Sprache und dem humoristischen Stil als auch an der Darstellung der Migrations- und Fluchtthematik erkennbar. Die Verknüpfung skurriler und märchenhafter Ereignisse – etwa die Szene, in der die Kellergeigers problemlos die Grenze passieren, indem sie die Grenzwächter mit ihrer Musik in tiefen Schlaf versetzen – mit durchaus realistischen Elementen aus dem wirklichen Leben von Geflüchteten – etwa die wiederholte Ausweisung der Familie aus den Ankunftsländern – erlaubt eine an die kindlichen Leser*innen angepasste Darstellung von Migrations- und Fluchtbewegungen. Das Buch macht das mühevolle Schicksal von Geflüchteten sichtbar, ohne jedoch eine radikale Fremdheitserfahrung, d. h. eine vollkommene Verunsicherung und Irritation, bei einer jungen Leserschaft zu provozieren. Kinder werden auf diese Weise einerseits behutsam an Themen wie Rassismus, Flucht und Exil herangeführt, andererseits werden sie angehalten, über unangenehme Fragen hinsichtlich der Exklusionsmechanismen in den Aufnahmegesellschaften nachzudenken. In den Einwanderungsländern Westeuropas wie Deutschland und Österreich kann die Beschäftigung mit dem Buch in diesem Sinne durchaus eine kritische Hinterfragung gesellschaftlicher Diskurse rund um das Thema Migration anregen.

---

[1] Jean-Claude Grumberg, 2016, Ein neues Zuhause für die Kellergeigers, übers. von Edmund Jacoby, Berlin: Jacoby & Stuart. Im Folgenden zitiert nach dieser Ausgabe unter Verwendung der Sigle ‚EZK' und Seitenbeleg im laufenden Text.

2. Analyse

Allein die Tatsache, dass hier ein fiktives Volk im Zentrum steht, deutet darauf hin, dass die Romanhandlung eine universelle Geschichte von Heimatverlust und Heimatsuche erzählt, und dabei nicht nur das Phänomen ‚Migration', sondern auch jene Diskriminierungs- und Zuschreibungsprozesse veranschaulicht, die in den meisten (westeuropäischen) Staaten immer noch natio-ethno-kulturelle Zugehörigkeitsordnungen regulieren[2]. Der Roman liest sich in diesem Sinne als Studie über die Entstehung von Vorurteilen und über die Funktionsweise von so bezeichneten Othering-Prozessen auf der strukturellen Ebene der Gesellschaft; zugleich werden aber anhand der Situation der verschiedenen Familienmitglieder auch Möglichkeiten oder eben Unmöglichkeiten der Neubestimmung der Identität dislozierter Subjekte aufgezeigt.

Die Beobachtung von Othering-Prozessen ist in Gefolge von Edward Said und Gayatri Spivak in der postkolonialen Theorie als eine wichtige Analysekategorie relevant geworden. Der Begriff Othering, den man mit Julia Reuter als VerAnderung übersetzen könnte[3], meint den Prozess, im Laufe dessen die ‚Anderen' „durch bestimmte Diskurse, Handlungen und Verfahren im Gegensatz zum ‚Eignen' in ihrer Alterität allererst erzeugt werden"[4]. Dabei dient die Konstruktion des ‚vermeintlich Anderen' einerseits dazu, das Eigene als ‚überlegen', ‚selbstverständlich' und ‚übergeordnet' zu imaginieren, andererseits dazu, den auf diese Weise fremd gemachten Personen Zugehörigkeit abzusprechen. Während zahlreiche kinder- und jugendliterarische Werke der 1980er und 1990er Jahre sowohl auf der Ebene des *discours* als auch auf der der *histoire* noch von kulturalistischen und ethnozentrischen Zuschreibungen geprägt waren, inszenieren aktuelle Veröffentlichungen wie auch *Ein neues Zuhause für die Kellergeigers* Prozesse der VerAnderung ganz bewusst, um sie gleichsam kritisch zu hinterfragen und zu unterlaufen.

Grumberg, der sich in vielen seiner fürs Theater geschriebenen Werke mit Antisemitismus und dessen Folgen, der Vertreibung und Vernichtung von Juden und Jüdinnen während des Zweiten Weltkriegs, beschäftigt, zeigt in diesem Roman auf eine für Kinder nachvollziehbare Art, wie Menschen zum Anderen und Nicht-Zugehörigen gemacht werden und wie diese Prozesse für die diskriminierte Minorität eine gesellschaftliche Teilhabe verunmöglichen. In ihrer Funktion

---

2 Vgl. Paul Mecheril, 2015, Das Anliegen der Migrationspädagogik, in: Schule in der Migrationsgesellschaft. Ein Handbuch, Bd. 1, Grundlagen – Diversität – Fachdidaktiken, hrsg. von Rudolf Leiprecht und Anja Steinbach, Schwalbach/Ts.: Debus Pädagogik, S. 25–53, hier S. 38 f.
3 Vgl. Julia Reuter, 2002, Ordnungen des Anderen. Zum Problem des Eigenen in der Soziologie des Fremden, Bielefeld: transcript.
4 Spivak 1985 zit. nach Anna Babka, 2017, Gayatri C. Spivak, in: Metzler-Handbuch Postkolonialismus und Literatur, hrsg. von Axel Dunker, Gabriele Dürbeck und Dirk Göttsche, Stuttgart: Metzler, S. 21–26, hier S. 23.

als ‚wandelnde Fremde' bieten nämlich die Kellergeiger die ideale Projektionsfläche für jegliche Zuschreibungen. Die Besonderheit des Buches besteht dabei darin, dass es die erzählte Migrationsgeschichte sowohl topographisch als auch ethnisch entkonkretisiert, um jene rassisierende Praktiken und Diskurse in den Fokus zu rücken, mittels derer die Kellergeiger von der ‚Mehrheitsgesellschaft' im jeweiligen Aufnahmeland mit willkürlich gewählten Differenzmerkmalen als nicht-zugehörig und fremd markiert werden, etwa so:

> Manche Leute behaupten – vor allem die, die eine runde Nase haben – sie mögen die Kellergeiger nicht, weil sie spitze Nasen haben, und die, die spitze Nasen haben, mögen die Kellergeiger nicht, weil sie finden, sie haben zu runde Nasen. Wieder andere mögen sie nicht, weil die Kellergeiger blaue Augen haben, oder schwarze oder „braune wie die Schweine" – das behaupten Leute, die die Kellergeiger wirklich nicht mögen. Die Kellergeiger sind auch deshalb unbeliebt, weil sie zu groß oder zu klein sind, viel zu klein oder eher zu normalgroß, viel zu normalgroß, was einfach hässlich ist. (EZK, S. 7)

Die Strategie der Entkonkretisierung macht sowohl die Absurdität wie auch die Universalität der Konstruktion vom/n Fremden deutlich, zumal die Kellergeiger, die zerstreut in der ganzen Welt unter den Namen „Cellar fiddlers", „Violinocantinas", „Violondecaves" usw. leben, überall mit den gleichen Exklusionsmechanismen konfrontiert sind. Die Kellergeiger stehen somit stellvertretend für ungleich markierte und deprivilegierte Personen, auch wenn sich Anspielungen auf Juden und Jüdinnen, Roma und Romnja oder auch Muslim*innen finden. Die Wahl eines fiktiven Volkes ermöglicht dem Autor, verschiedene Rassismus-, Antisemitismus- und Diskriminierungserfahrungen miteinander zu verweben, ohne dass eine bestimmte Ethnie auf eine stereotype Weise gezeichnet wäre.

Am obigen Zitat wird auch die zweite Strategie des Romans ersichtlich, jener der satirischen Überzeichnung von Vorurteilen, die dazu dient, die kollektive Praxis des Kategorisierens und Unterscheidens ad absurdum zu führen und ihrer Selbstverständlichkeit zu entkleiden. Auf diese Weise werden Leser*innen in ihren eigenen Konzepten des ‚Eigenen' und des ‚Fremden' irritiert, es wird für sie aber ebenfalls nachvollziehbar, wie eng eigene Vorstellungen über Fremde mit kollektiv tradierten zusammenhängen. Die Überzeichnung von Vorurteilen wie im obigen Zitat wird erst recht besonders verstörend, wenn plötzlich auf real existierende Rassismen oder historische Vorkommnisse rekurriert wird. Der ältere Sohn muss schließlich die wiedergefundene Heimat verlassen, als dort die Verfolgung der Kellergeiger eine lebensbedrohliche Dimension annimmt und allen Kellergeigern ein „K" auf die Stirn gestempelt wird. Dass eine solche Stigmatisierung vermeintliche kulturelle Differenzen überhaupt erst konstruiert, wird im Gespräch zwischen dem ältesten Sohn und einem Polizisten deutlich:

> „Warum müssen oder sollten die Kellergeiger ein K über der Nasenwurzel tragen?"
> „Damit man sie erkennt."
> „Damit man sie erkennt?"
> „Ja, ohne das K kann man sie nicht erkennen."
> „Man kann sie nicht erkennen?"
> „So konnte es nicht weitergehen, verstehen Sie?" (EZK, S. 66)

Im Lichte dieser radikalen Form des Fremdenhasses erscheinen nun auch die absurden Vorurteile nicht mehr so harmlos. Welche verheerenden Konsequenzen die Platzzuweisungen letztlich für Zugewanderte haben, zeigt das Ende des Buches. Während die Familie wegen der immer willkürlicher werdenden Anforderungen der Integrationspolitik in ihrer Bemühung, in einem neuen Land Fuß zu fassen, endgültig scheitert, gelingt es lediglich dem ältesten Sohn einen anderen Weg zu gehen, aber auch nur deshalb, weil er entsprechend den kulturalistischen Stereotypen agiert und das Musizieren, das als Differenz- und Identitätsmerkmal der Kellergeiger schlechthin gilt, zum Hauptberuf macht. Im Sinne des „Oasensyndroms"[5] repräsentiert er somit jenen außerordentlich ‚begabten' Anderen, der nur dank dieser besonderen Fähigkeit Anerkennung in der Aufnahmegesellschaft erhält.

Eine weitere Besonderheit des Buches ist, dass der Erzähler junge Leser*innen direkt anspricht und auf diese Weise bei Schüler*innen eine kritische Fragehaltung fördert (vgl. EZK, S. 17). Lesende werden zudem in das Erzählen involviert, indem ihre Phantasietätigkeit angeregt wird – „Und nun überlasse ich es euch, euch die Freude auf der einen und auf der anderen Seite auszumalen." (ebd., S. 82) –, und indem sie auf den fiktionalen Status des Erzählten aufmerksam gemacht werden:

> Ich weiß, ich weiß, das klingt nicht gerade sehr wahrscheinlich, aber wir befinden uns in einer Geschichte, stimmt's? Beinahe am Ende dieser Geschichte. Warum wollt ihr, dass alle Geschichten schlecht enden? Einige müssen doch auch ein gutes Ende haben, oder? (ebd., S. 83).

Kombiniert mit dem satirisch-ironischen Stil verdeutlichen solche metafiktionalen Kommentare nicht nur die Diskrepanz zwischen Realität und Fiktion, sondern sie verhindern auch eine zu schnelle Identifikation mit der Familie und deren Vereinnahmung für die (schulische) Einübung in klischeehaftes Gutmenschentum. Der Roman schafft Distanz sowohl zu den Kellergeigern als auch zu den jeweiligen Einheimischen, gleichzeitig erlaubt er eine kritische Hinterfragung gesellschaftlicher Verhältnisse im eigenen postmigrantischen Umfeld.

---

5 Vgl. Heidi Rösch, 2000, Globalisierung in der Kinder- und Jugendliteratur und ihrer Didaktik, in: ide. informationen zur deutschdidaktik 4, S. 18–35, hier S. 32.

Nicht zuletzt arbeitet der Roman gegen Homogenisierungen, indem er am Beispiel des Gegensatzes zwischen der Mutter und dem ältesten Sohn innere Differenzen in der Gruppe der Kellergeiger aufzeigt. Diese haben nämlich sehr unterschiedliche Konzepte über Heimat und gehen mit kollektiven Zuschreibungen auch unterschiedlich um. Während die Mutter sich die Heimat nur als einen Ort vorstellen kann, an dem die Kellergeiger gemocht werden – und somit das Fremdbild interiorisiert –, will der älteste Sohn selbst bestimmen, wo er sich heimisch fühlt. Ihre Wege entwickeln sich folgerichtig auseinander. Nachdem der älteste Sohn sich aus einem Flüchtlingslager davonstiehlt und vom Rest der Familie getrennt wird, entscheidet er sich für die Rückkehr in die alte Heimat, die zur Bestärkung der eigenen Identität führt:

> Er wandert und wandert weiter, und ein neues Lied will ihm über die Lippen kommen; ein heiteres Lied, ein kraftvolles und lebendiges Lied schwellt seine Brust. Er fühlt sich mit einem Mal als ein Reisender, der zu sich zurückkehrt, in das Land, das ihn voller Hoffnung erwartet hat, sein Land – und sein Lied ertönt überall in diesem Land. (EZK, S. 44)

Seine Heimkehr kann einerseits positiv gedeutet werden, weil er sich von den Bedeutungszuweisungen der Außenwelt, die die Familie zur Auswanderung bewegt haben, befreit und seinen Platz neu bestimmt, indem er sein Land mit seinem eigenen Lied in Besitz nimmt. Andererseits könnte diese Rückkehr auch kritisch gelesen werden, zumal hier suggeriert wird, dass Zugewanderte nur dann ihre Identität finden, wenn sie in die alte Heimat zurückkehren. Die Etablierung der Kellergeiger-Existenz als berühmte Musiker*innen in der idealisierten ‚Neuen Welt' (Amerika), die Immigrant*innen immer schon als Sehnsuchtsort und als Land des Neuanfangs imaginierten, offeriert leider kein alternatives Modell in Bezug auf die Frage, wie ein anderes, gleichberechtigtes Zusammenleben in heterogenen und postmigrantischen Gesellschaften möglich wäre oder welche Handlungsmöglichkeiten für Zugewanderte in diesen Gesellschaften zur Verfügung stehen, sich verändernd in soziale und politische Strukturen hineinzuwirken. Gerade dieses ambivalent beurteilbare Ende erlaubt es, im Unterricht die Geschichte weiterzuschreiben und subversive Strategien des Widerstands, der Partizipation und der Selbstermächtigung auszuarbeiten.

3. Didaktischer Kommentar I: Potentiale fürs literarische Lernen

Das Buch eignet sich nicht nur wegen der Thematisierung des Problemkomplexes Fremdes und Eigenes für den Literaturunterricht der Unterstufe, sondern auch dank weiterer ästhetischer Merkmale wie Metafiktionalität, der satirischen Schreibweise, der spezifischen Raumsemantik und der Darstellung oppositioneller Figurenschicksale. So können beispielsweise Schüler*innen ausgehend vom Buch die Funktions- und Wirkungsweisen ironischer Schreibweisen – etwa anhand von Vergleichen zwischen Karikatur, Satire, Groteske, Persiflage – untersuchen. Die genaue Verfolgung der kontrastierend dargestellten Entwicklungswege der Familienmitglieder kann wiederum mit der Nachzeichnung jener Routen und Räume verbunden werden, die die Figuren durchqueren oder in denen sie sich aufhalten. Auf diese Weise erkennen Schüler*innen die symbolische Bedeutung literarischer Orte und Räume. Bereits das erste Bild, das das alte Zuhause der Kellergeigers zeigt, kann mit Gewinn analysiert werden: Die randständige Positionierung der ärmlichen Holzhütte signalisiert die marginale sozioökonomische Lage der Familie und steht somit im vollkommenen Gegensatz zum Zentrum jener Großstadt im Ankunftsland, in der zwar pompöse Gebäude und Hochhäuser Weltläufigkeit und Modernität suggerieren (vgl. EZK, S. 34f.), in deren Gassen jedoch viele auf den Straßen leben müssen (vgl. ebd., S. 31) und Zugewanderte von der Polizei verfolgt werden. Auch dem (musikalischen) Aufstieg des älteren Sohnes kann anhand von Bildern – auf der Straße (vgl. ebd., S. 58f.), in Kellerkneipen (vgl. ebd., S. 60) und schließlich im Luxor Hotel (vgl. ebd., S. 81) – räumlich nachgespürt werden. Die Analyse der Raumsemantik fördert somit nicht nur literarische, sondern auch medienästhetische Kompetenzen, zumal die Bildanalysen ein Nachvollziehen intermodaler Beziehungen zwischen Text und Bild und der visuellen Bedeutungskonstruktion ermöglichen.

4. Didaktischer Kommentar II: Interkulturelle und rassismuskritische Zugänge

Wie es die Textanalyse verdeutlicht, lassen sich anhand des Kinderbuches sehr gut Prozesse der VerAnderung beobachten und die kulturelle Bedingtheit von Vorurteilen sowie von Denk- und Deutungsmustern kritisch reflektieren. Das Ziel der Beschäftigung mit dem Buch im Literaturunterricht soll also sein, junge Leser*innen zu befähigen, in literarischen Texten Zuschreibungspraktiken sowie Identitätsverhandlungen zu untersuchen. Ästhetische Verfremdungen und Überzeichnungen, wie sie für das vorliegende Kinderbuch charakteristisch sind, machen dabei die Mechanismen der Bedeutungszuweisung nicht nur sichtbar, sondern sie erzeugen auch Möglichkeitsräume, in denen Schüler*innen Momente des Widerstands realisieren wie auch alternative Modelle des Zusammenlebens durchspielen können. Neben der genauen Textarbeit und der Reflexion eigener Einstellungen sowie kollektiver Fremdbilder soll Schüler*innen ermöglicht werden, den Roman auf aktuelle gesellschaftliche Problemlagen zu beziehen und eigene Handlungsmöglichkeiten angesichts rassisierender Diskurse zu reflektieren. Somit kann die Arbeit mit dem Buch zu einer rassismuskritischen Bildung, wie sie von Karim Fereidooni und Nina Simon entworfen wurde[6], beitragen. Rassismuskritische Analysen machen Schüler*innen auf die eigene Involvierung in der Aufrechterhaltung von rassistischen Diskursen aufmerksam, wird doch rassismusrelevantes Wissen oft unbewusst – sowohl in literarischen Texten und öffentlichen/medialen Diskursen als auch in der Schule – reproduziert. Zu dieser Bewusstseinsbildung, die eine kontinuierliche kritische Reflexion der eigenen durch Sozialisation und Enkulturation erworbenen Wert- und Normvorstellungen, Denktraditionen, Wissenskonzepte voraussetzt, kann ein an diversitätssensiblen, rassismus- sowie dominanzkritischen Ansätzen orientierter Literaturunterricht wesentlich beitragen.

5. Didaktisch-methodische Konkretisierungen

Um die konkrete Arbeit mit dem Buch im Unterricht zu veranschaulichen, wird das von Werner Wintersteiner für transkulturelle Lernprozesse adaptierte Vier-Phasenmodell von Jürgen Kreft zur Grundlage genommen[7], das Schüler*innen schrittweise zur kritischen Selbstreflexion hinführt, ohne die ästhetischen Besonderheiten des Textes zu vernachlässigen.

In der ersten *Phase der bornierten Subjektivität* steht die spontane und subjektive Begegnung mit dem Text im Vordergrund, wobei Schüler*innen möglichst ohne Lenkung den Text vor dem Hintergrund der eigenen ‚Denk- und Ordnungskategorien' lesen und verstehen. Diese Phase kann und sollte kulturalistische, ethno- und eurozentrische Deutungen ebenso wie die in der Klasse vorhandenen klischeehaften Vorstellungen über Zugewanderte / Geflüchtete zulassen, weil kollektive Deutungsmuster nur dann reflektiert werden können, wenn ihre Funktionsweise für Lernende transparent gemacht wird. Eine erste „Dezentrierung", also eine Destabilisierung eigener Konzepte und Einstellungen, erfolgt hier demzufolge dezidiert nicht durch die Intervention der Lehrperson, sondern durch den Text selbst, der junge Leser*innen in ihrer bisherigen Weltvorstellung irritiert[8].

Die Aufgaben in dieser Phase zielen einerseits darauf, eigene und kollektive – etwa von Medien und politischen Diskursen transportierte – Vorstellungen über

---

[6] Karim Fereidooni und Nina Simon, 2020, Rassismus(kritik) und Fachdidaktiken – (K)ein Zusammenhang? – Einleitende Gedanken, in: Rassismuskritische Fachdidaktiken. Theoretische Reflexionen und fachdidaktische Entwürfe rassismuskritischer Unterrichtsplanung, hrsg. von dens., Wiesbaden: Springer, S. 1–17, hier S. 3f.
[7] Werner Wintersteiner, 2006, Transkulturelle literarische Bildung. Die „Poetik der Verschiedenheit" in der literaturdidaktischen Praxis, Innsbruck: StudienVerlag, S. 137ff.
[8] Hajnalka Nagy und Werner Wintersteiner, 2014, Figurationen des Fremden – Facetten des Eigenen. Zum Umgang mit weltliterarischen Texten im Deutschunterricht, in: „Sich in die Welt hinauslesen". Weltliteratur im Unterricht. Praxis Globales Lernen, hrsg. von Hajnalka Nagy, Werner Wintersteiner, Heidi Grobbauer, Wien: Stadtschulrat für Wien, S. 19–27, hier S. 20.

das ‚Eigene' und das (vermeintlich) ‚Fremde' (be)greifbar zu machen. Geeignete Methoden sind hierfür etwa Assoziogramme und Fotocollagen. Ein Assoziogramm zum Wort „Zuhause" soll der Veranschaulichung von Heimat- und Zugehörigkeitskonzepten der Lernenden dienen. Parallel dazu können Schüler*innen anhand des Coverbildes über ihre eigenen Bilder über Zugewanderte und Geflüchtete reden. Kontrastiert werden diese Bilder dann mit Fotocollagen, für die sie aus verschiedenen Zeitschriften, Zeitungen oder aus dem Internet Überschriften und Bilder zu den in der Öffentlichkeit häufig verwendeten, aber durchaus herabwürdigen Wörtern wie ‚Migrant' und ‚Flüchtling' zusammentragen.[9] Eine Zusammenschau der eigenen ‚Bilder im Kopf' und der medialen Darstellungen von Zugewanderten und Geflüchteten macht die Interdependenz individueller und kollektiver Vorstellungen deutlich.[10] Andererseits soll in dieser Phase eine erste Annäherung an das Buch stattfinden, wobei explizit danach gefragt werden soll, welche Textstellen Schüler*innen als befremdend, irritierend oder aber komisch/eigenartig/humoristisch empfunden haben. Bereits in dieser Phase können Steckbriefe zu der Kellergeigerfamilie (Name, Wohnort, Aussehen, Hobby, Beruf, Eigenschaften) erstellt werden, anhand derer Schüler*innen realisieren, wie schwer es ist, die Kellergeigers zu charakterisieren: Nicht nur die Eigennamen der einzelnen Familienmitglieder sind nämlich ausgespart – was die Entindividualisierung der Figuren unterstreicht –, sondern auch konkrete Zeit- und Raumangaben, die eine geographische oder kulturelle Verortung der Romanhandlung erschweren. Das Aussehen der Kellergeiger(s) kann ebenfalls nicht so leicht beschrieben werden, zumal ihnen die unterschiedlichsten Eigenschaften zugeschrieben werden. Diese Übung sensibilisiert Lernende für den Prozess der Konstruktion von Menschen als ‚Fremde' und ‚Nicht-Zugehörige'. Rückblickend können auch die collagierten Fotos aus den Medien in ihrem Konstruktionscharakter reflektiert werden.

Eine systematische Textarbeit erfolgt in der zweiten *Phase der Objektivierung*, deren Ziel es ist, die erste Lesart der Schüler*innen zu differenzieren. Im Mittelpunkt kann die Untersuchung der einander gegenüberstehenden Figurenwege in Verbindung mit den Stationen ihrer Reise (vgl. Bildanalysen) stehen. Die Aufmerksamkeit kann sich auch auf die Diskrepanzen zwischen dem Selbstbild und Fremdbild der Kellergeigers richten. So sollen anhand verschiedener Textstellen alle Zuschreibungen gesammelt und in ihrer Absurdität und Willkürlichkeit erkannt werden (runde/spitze Nase; braune/schwarze Augen; zu groß/zu klein/zu

---

9 Eine sprachliche Sensibilisierung für problematische Wörter, die rassistische Ideologien transportieren, kann bei dieser Aufgabe ebenfalls angedacht werden.
10 Es wäre hier auch möglich darauf hinzuweisen, dass Rassismus ein gesellschaftliches Verhältnis ist und nicht als individuelle Einstellung abgetan werden darf (vgl. dazu Birgit Rommelspacher, 2009, Was ist eigentlich Rassismus?, in: Rassismuskritik. 1. Rassismustheorie und -forschung, hrsg. von Claus Melter und Paul Mecheril, Schwalbach: Wochenschau Verlag, S. 25–38, hier S. 29).

normalgroß; mit Hut/Kopftuch/ohne Kopfbedeckung; kinderreich/kinderarm; mit oder ohne Bart). Kontrastiert werden soll dieses widersprüchlich konstruierte Bild der Kellergeigers mit der von den Lernenden geschriebenen Selbstbeschreibung der Mutter und des ältesten Sohnes (Was mögen die Figuren? Wollen sie weggehen und wenn ja, warum? Wie definieren sie Heimat? Was zeichnet sie aus?). Eine solche Selbstcharakterisierung macht die Unterschiede zwischen den Figuren bezüglich ihrer Selbstwahrnehmung und ihrer Heimat- und Identitätskonzepte offensichtlich, was auch eine Hinterfragung der Homogenisierungs- und Naturalisierungstendenzen rassisierender Diskurse und Praktiken erlaubt.

In der dritten *Phase der reflektierten Subjektivität* geht es um die kritische Reflexion kollektiver Denkkategorien, die die eigene Perzeption von und den eigenen Umgang mit Fremden/m maßgeblich prägen. Individuelle Vorstellungen über Identität, Kultur und Heimat sollen somit in ihrer kulturellen Bedingtheit erkannt und diskutiert werden. In dieser Phase fokussiert die Analyse nicht mehr auf das Erzählte (*histoire*), sondern auf das Wie des Erzählens (*discours*), indem man Schüler*innen für die Funktions- und Wirkungsweise verwendeter literarischer Verfahren und sprachlicher Mittel sensibilisiert. Auf diese Weise wird ihnen deutlich, dass gute Literatur gerade dank ihres ästhetischen Eigensinns in der Lage ist, herrschende Diskurse zu hinterfragen und zu durchkreuzen.

In unserem konkreten Fall sind hierbei zwei Aufmerksamkeitsrichtungen relevant. Zum einen sollen Schüler*innen die räumliche und ethnische Entkonkretisierung und die Entindividualisierung der Figuren als ästhetische Strategien lesen lernen, die dem Erzähler ermöglichen, anhand einer exemplarischen Migrationsgeschichte eine universelle Geschichte zu erzählen. Der im Buch geschilderte Umgang mit den Kellergeigern soll als weltweit wirksame soziale Praxis der VerAnderung herausgestellt werden. Die Bestimmung dieser verschiedenen Handlungsweisen kann durch Zuordnungsaufgaben erleichtert werden, wenn etwa Schüler*innen vorgegebene Bilder und Textstellen mit den dazugehörigen Verhaltens- und Denkweisen der Mehrheitsgesellschaft verbinden, wie zum Beispiel mit dem Kulturalisierungssyndrom (d.h. der stereotypen Zeichnung von zugewanderten Figuren, die auf kulturelle Klischees wie z. B. Kopftuch reduziert werden), dem Defizitsyndrom (d. h. der Schlechterstellung von Figuren aus der Minderheit, indem sie als zivilisatorisch bzw. kulturell unterentwickelt gezeichnet werden oder als solche, die über unzureichende Sprachkenntnisse verfügen), dem Oasensyndrom (d. h. der positiven Zeichnung einer Figur aus der Minderheit, indem diese Figur beispielsweise durch eine besondere Begabung als Ausnahme dargestellt wird)[11], mit Verfolgung/Rassismus, Kriminalisierung oder etwa Distanzierung/Ignoranz. Das Schreiben innerer Monologe aus der Sicht von Personen aus der Mehrheitsgesellschaft in diesen konkreten Situationen kann

---

11 Vgl. dazu Rösch, Globalisierung [Anm. 5], S. 31f.

einen Perspektivenwechsel dahingehend anregen, dass *weiße* und einheimische Schüler*innen ihre eigene privilegierte Rolle in sozialen Ungleichheitsverhältnissen und ihre Handlungsmöglichkeiten gleichermaßen überdenken.[12]

Zum anderen sollen die metafiktionalen Kommentare mitsamt der direkten Adressierung der Leser*innen sowie die satirisch-ironische Schreibweise thematisiert werden. Insbesondere durch produktionsorientierte Aufgaben wie Stilnachahmungen kann der besondere Stil des Autors nachvollzogen werden. Für diese Stilnachahmungen sollen die eigenen Vorstellungen und die medialen Bilder über Fremde/Zugewanderte/Geflüchtete, die in der ersten Phase gesammelt und notiert wurden, als Ausgangsmaterial dienen. Indem nämlich Schüler*innen im Stil des Autors (etwa am Beispiel der Anfangspassage, EZK, S. 7 und 8) ihre eigenen und kollektiv überlieferten Imaginationen mittels Satire verfremden, können sie diese einer kritischen Prüfung unterziehen.

In der letzten *Phase der Applikation* geht es um die Übertragung des Gelernten auf andere Bereiche sowie um die Reflexion der aktuellen gesellschaftspolitischen Lage, indem man etwa die im Buch geschilderte Situation mit der Krise der europäischen Flüchtlingspolitik in Verbindung bringt. Aber auch literarästhetische Fragen, etwa zur Rolle der Literatur bei der (Re-)Produktion und Dekonstruktion herrschender Diskurse, können hier relevant werden. Hierzu kann man mit Schüler*innen darüber diskutieren, ob und inwieweit sich ihre Sicht auf Flucht- und Migrationsbewegungen im Laufe des Lesens geändert hat oder in welchem Maße solche Bücher zur Veränderung der Einstellung der Mehrheitsgesellschaft gegenüber Geflüchteten beitragen können. Vergleiche mit thematisch ähnlichen Büchern – wie zum Beispiel dem Bilderbuch *Die Insel. Eine tägliche Geschichte* (2002) – können Schüler*innen für verschiedene ästhetische Verfahren der Verfremdung, der Reflexion oder der Dekonstruktion von Fremdbildern sensibilisieren. Im Sinne rassismuskritischer Bildung sollen auch die eigene Verwicklung in hegemoniale Machtverhältnisse ebenso wie Strategien des Widerstands reflektiert werden (etwa via Rollenspiele, szenische Darstellungen, Standbilder usw.). Durch das Schreiben alternativer Handlungsabläufe können Lernende passiv gezeichnete Figuren ermächtigen oder Entscheidungssituationen durchspielen. Szenenentwürfe, in denen andere als in der sozialen Wirklichkeit übliche Reaktionen auf Neu-Hinzugekommene realisiert werden, können nicht zuletzt Schüler*innen unterstützen, andere Verhaltensweisen

---

12 In Anlehnung an Heidi Röschs Kritik an Aufgabenstellungen, die *weiße* Leser*innen zu einer Übernahme von Empathie für deprivilegierte Menschen oder People of Color anleiten wollen (vgl. Rösch, Globalisierung [Anm. 5], S. 22), soll hier ebenfalls dafür plädiert werden, die für literarische Lernprozesse so zentral gesetzte Fähigkeit des ‚Perspektivenwechsels' neu zu definieren und vermehrt Aufgaben zu konzipieren, die *weißen* Leser*innen oder Mitgliedern der ‚Dominanzkultur' eine kritische Auseinandersetzung mit der eigenen Rolle in ungleichen Verhältnissen und mit der historischen Gewordenheit aktueller politischer, sozialer und kultureller Machtasymmetrien ermöglichen.

und Modelle des Zusammenlebens zu imaginieren, ohne in alte Muster wie Paternalismus und Viktimisierung zurückzufallen.

Samira El-Maawi: *In der Heimat meines Vaters riecht die Erde wie der Himmel* (2020)

Rassismus, Identität und Zugehörigkeit

Monika Riedel

1. Inhaltsangabe

Samira El-Maawis Debütroman *In der Heimat meines Vaters riecht die Erde wie der Himmel*,[1] der ab der Jahrgangsstufe 6 im Literaturunterricht eingesetzt werden kann, schildert aus der Perspektive einer zehnjährigen Ich-Erzählerin familiäre Wirklichkeiten in der Schweiz der 1980er Jahre, die in eine Krise geraten: Die binationale Ehe ihrer Eltern, einer emanzipierten Schweizerin und (selbsternannten) „Afrikaspezialistin" (HmV, S. 52) und eines lebensfrohen, aber entwurzelten Mannes aus Sansibar, wird durch Alltagsrassismen auf die Probe gestellt. Die Mutter, die das Ideal einer offenen und toleranten Schweizer Gesellschaft hochhält, war lange wegen seiner Herkunft stolz auf ihren Mann, weil er, wie die Tochter meint, „etwas Exotisches" (HmV, S. 9) sei. Je öfter er aber wütend nach Hause kommt und auf die „*halbherzige[n] Menschen*" (HmV, S. 22; Herv. i.O.) schimpft, umso mehr verändert sich ihre positive Einstellung. Der Vater fühlt sich nur noch beim Kochen lebendig. Seine Sehnsucht nach der Heimat verpackt er in Gerichte, von denen er an glücklichen Wochenenden „unter dem Küchentürspalt hindurch kleine Duftkostproben" (HmV, S. 10) schickt, die seinen Kindern die Bilder einer schönen, fremden Welt heraufbeschwören.

Als der gelernte Chemiker eines Tages in der Kantine, in der er sich als Koch verdingt und nach Vorgaben ausschließlich schweizerisches Essen zubereiten darf, mit der Salatsoße experimentiert und fristlos gekündigt wird (vgl. HmV, S. 60), bricht das mühsam ausbalancierte Leben der Eheleute endgültig zusammen. Sie haben zwar kleineren Feindseligkeiten und größeren Ressentiments im Dorf über ein Jahrzehnt erfolgreich trotzen können, aber sie haben im Laufe der Zeit vergessen, ihre „Liebe zu pflegen und sind jetzt mit Wichtigerem beschäftigt" (HmV, S. 23).

Denn mit der Arbeitslosigkeit wachsen die finanziellen Sorgen und der Druck auf den Vater. Anfangs verbringt er den ganzen Tag auf Arbeitssuche. Als sich aber

---

[1] Samira El-Maawi, 2020, In der Heimat meines Vaters riecht die Erde wie der Himmel. Roman, Basel: Zytglogge. Im Folgenden zitiert mit der Sigle HmV und Seitenzahl in Klammern direkt im Fließtext.

kein Erfolg einstellt, lässt er sich allmählich gehen. Der unhaltbare Zustand belastet die Kommunikation unter den Eheleuten, die ihre Streitigkeiten nicht mehr nur flüsternd, sondern immer öfter auch offen austragen. Der Vater kapselt sich zunehmend ab: Er verzichtet auf den sonntäglichen Kirchgang mit der Familie (vgl. HmV, S. 77) und flüchtet in Tagträumereien vom Lottogewinn und vom eigenen Restaurant (vgl. HmV, S. 73 f.).

Währenddessen hält seine Frau heimlich, um ihn in seiner Männlichkeit nicht zu kränken, Ausschau nach einer geringfügigen Beschäftigung. Als sie dann als Briefsortiererin von der Post eingestellt wird, übernimmt ihr Mann die Hausarbeit und die Betreuung der Kinder, was ihn alsbald überfordert und in der Nachbarschaft zur Zielscheibe des Gespötts macht (vgl. HmV, S. 83). Als sein Hass auf die Schweiz und die Schweizer*innen wächst, schlägt ihm seine Frau, die für ihn inzwischen Teil von seinem Unglück geworden ist, vor, sich mit anderen Ausländer*innen aus seiner Heimat auszutauschen (vgl. HmV, S. 87). So nimmt der Vater zu einer alten Bekannten Kontakt auf, die immer noch in der Schweiz lebt und in einer Bank arbeitet. Sie ist „wieder zu ihrem Glauben zurückgekehrt" (HmV, S. 89) und führt ihn bereitwillig an seinen islamischen Glauben heran. Dadurch entfernt er sich aus der Sicht seiner Frau und Kinder endgültig von der Familie.

Zum Schluss sucht er nur noch nach Gründen, die seinen Abstand zu Land und Leuten vergrößern: Er sammelt Zeitungsartikel, die den landläufigen Rassismus belegen, oder trägt seinen verletzten Stolz zur Schau, weil das Arbeitsamt ausschließlich mit Arbeitsangeboten aufwarten kann, die ihn zum „Putzmann" (HmV, S. 108) degradieren würden. Zum Entsetzen seiner kleinen Tochter stellt er seine frühere Entscheidung, in die Schweiz einzuwandern, gänzlich in Frage. Während seine Familie in ein kirchliches Ferienlager ins Berner Oberland fährt, packt er seine Sachen und verschwindet klammheimlich. Der Roman schließt mit den Schilderungen der Niedergeschlagenheit und emotionalen Taubheit seiner Frau und Töchter sowie ihrer Versuche, das Erlebte zu verarbeiten.

2. Literaturwissenschaftliche Einordnung

Seit zwei Jahrzehnten erlebt die deutschsprachige Gegenwartsliteratur infolge der Globalisierung, Transnationalisierung und Migration einen Paradigmenwechsel, der sich in einer rasanten Diversifizierung des Literaturbetriebs und einem veränderten Literatur- und Kulturverständnis äußert. Schriftsteller*innen, die auf eigene Migrationserfahrungen zurückgreifen können oder direkte Nachkommen von Einwander*innen sind, stellen unsere aktuellen gesellschaftlichen Dispositionen auf künstlerisch-ästhetisch vielfältige Weise zur Diskussion und fordern damit unsere herkömmlichen Annahmen über diese heraus.[2] Während fiktionale Texte aus ethnisch-kulturellen oder religiösen Zugehörigkeiten resultierende Fremdheitserfahrungen und den Umgang mit ihnen aus individueller Perspektive seit über sechs Jahrzehnten immer differenzierter thematisieren, waren solche, die Herkunft und deutsche, österreichische oder Schweizer Identität(en) im Spannungsfeld von ‚race', ‚class' und ‚gender' behandeln, oder progressive, intersektionale und vielfältige deutschsprachige Texte, die Kinder und Jugendliche of Color nicht nur als Randfiguren und als Opfer von Diskriminierung und Othering darstellen, eine Ausnahme. In der Belletristik rückt mit dem Erscheinen von Romanen wie *Brüder* (2019) von Jackie Thomae, *1000 serpentinen angst* (2020) von Olivia Wenzel und *Adas Raum* (2021) von Sharon Dodua Otoo die Diskussion um Diversität, Diskriminierung und Rassismus in den deutschsprachigen Ländern in den Vordergrund. Gleichzeitig wächst u. a. das Interesse für Bilderbücher wie *Nelly und die Berlinchen* (2019) von Karin Beese und Mathilde Rousseau oder *Klar bin ich von hier!* (2020) von Sabine Priess und Hélène Baum, die Kindern of Color positive Identifikationsfiguren bieten.

Zu diesem literarischen Diskurs leistet auch Samira El-Maawi mit ihrem Debütroman einen Beitrag. Sie widmet sich sowohl als Schriftstellerin als auch als „Schwarze Schweizerin"[3] der Darstellung vom individuellen und institutionellen Rassismus, auf dem gesellschaftliche Machtstrukturen basieren und die ihn deswegen stets neu reproduzieren.[4] Sie geht dabei über eine anklagende Bestandsaufnahme oder eine bloße Repräsentation der bisher nicht nur in der Schweizer Gegenwartsliteratur raren Schwarzen Positionen weit hinaus und zeigt, welche Auswirkungen sie auf das Selbstbild und die Sozialisations- und Enkulturationsprozesse von Individuen haben.

Der Autorin gelingt dies auf eine stilistisch-ästhetisch facettenreiche Weise. Die gewählte Erzählperspektive eines Kindes, eines gegenwärtig erzählenden Ichs, das auch als handelnde Figur in Erscheinung tritt, verleiht dem Roman

---

2   Auch die KJL-Forschung zählte schon kurz nach der Jahrtausendwende „Fremdheit, Andersheit auf Grund der Zugehörigkeit zu einer bestimmten Rasse, Nation, Kultur oder Ethnie [...] zu den am häufigsten verarbeiteten Alteritätsphänomenen der KJL". Petra Büker und Clemens Kammler, 2003, Das Fremde und das Andere in der Kinder- und Jugendliteratur, in: Das Fremde und das Andere. Interpretationen und didaktische Analysen zeitgenössischer Kinder- und Jugendbücher, hrsg. von dens., Weinheim/München: Juventa, S. 7–27, hier S. 13.
3   Wegelin, Anna: Ein Buch über Alltagsrassismus: Weil sie weiss, wie es ist, anders auszusehen. 2020. https://www.tagblatt.ch/kultur/ein-buch-uber-alltagsrassismus-weil-sie-weiss-wie-es-ist-anders-auszusehen-ld.1280283 (11.02.2024).
4   In diesem Zusammenhang wird das Adjektiv „Schwarz", das eine gesellschaftliche Positionierung bezeichnet, auf rassistische Benachteiligungen verweist und empowernd verwendet wird, auch in diesem Beitrag großgeschrieben. Die kursive Schreibung des Adjektivs *„weiß"* bildet die oft unbenannte privilegierte Position innerhalb des gesellschaftlichen Machtgefüges ab.

einen Ton, der unbedarft und ernsthaft zugleich ist.[5] Sie führt aber auch zu einer stärkeren Wechselwirkung zwischen Figuren- und Erzählebene: Obwohl der Tempusgebrauch (durchgehend Präsens) suggeriert, dass zwischen dem Erleben und dem Erzählen kein zeitlicher Abstand besteht und folglich ein Kind an seinen Erfahrungen und Erlebnissen unmittelbar teilhaben lässt, ist das erzählte Geschehen auch in dem Sinne von Bedeutung, dass es auf das erzählende Kind charakterisierend zurückwirkt. Seine Erzählungen über den Vater und andere Personen aus seinem näheren Umfeld sind stets mit subjektiv wertenden Äußerungen durchsetzt, die eine geringe Distanz zum Erlebten vorweisen und die eigentliche Erzählmotivation des Kindes – sich in einer feindlich gesinnten Welt selbst zu verorten – offenlegen.

Die Figurenkonstellation und die Schilderung der Lebensumstände konzentrieren sich auf den familiären Mikrokosmos mit seinem unmittelbaren Beziehungsgeflecht im dörflichen Milieu nahe Zürich, das aus Kontakten in der Schule, Arbeit und Kirche besteht. Über das Dorf erfährt man außer den Einstellungen seiner Bewohner zum ‚Fremden' kaum etwas. Dort wohnen auch andere Einwandererfamilien wie die Familie der Schulfreundin Carmelina und „wir haben vier braune Männer im Dorf/und fünf halbbraune Kinder" (HmV, S. 20).

Zu den formal-stilistischen Textmerkmalen gehört die Modifikation der ‚klassischen' Romanform durch eine auffällige Zersplitterung des Textes, wohl mit dem Ziel, für das komplexe und vielschichtige Thema eine kindgerechte, aber adäquate Erzählweise zu finden. Die in der Handlungsabfolge so verursachten ‚Leerstellen' müssen von der Leserschaft gefüllt werden. Die auf die Verwendung der Alltagssprache zurückzuführende Schlichtheit des Textes wird durch das Wiederaufgreifen und die Variation früherer Textstellen ad absurdum geführt und verleiht dem Text den Charakter einer Collage. Dem Text ist darüber hinaus auch eine textinterne Mehrsprachigkeit zu eigen: Die Integration sprachlicher Elemente – einzelner Wörter, Phrasen und Redewendungen – in Swahili an mehreren Stellen des Romans (vgl. HmV, S. 29, 53 und 74 f.) verweist auf die Zugehörigkeit des Vaters zu einer anderen Kultur, ohne ihn zu exotisieren. In der Vater-Tochter-Kommunikation dienen sie aus der Perspektive des Vaters der Erzeugung von Nähe, die aber für die Tochter nur eine relative sein kann, weil sie die Sprache – „sein Geheimnis" (HmV, S. 24) – nicht spricht.

---

5   Zu den Formen und Besonderheiten kindlichen Ich-Erzählens siehe Regina Hofmann, 2010, Der kindliche Ich-Erzähler in der modernen Kinderliteratur: eine erzähltheoretische Analyse mit Blick auf aktuelle Kinderromane, Berlin et al.: Peter Lang.

3. Zentrale Aspekte des unterrichtlichen Einsatzes

Für den unterrichtlichen Einsatz des Romans spricht, dass er einige Aufgaben des Literaturunterrichts vielschichtig einzulösen vermag. Zunächst präsentiert er durch die zeitliche Verortung des Romangeschehens in den 1980er Jahren einen historischen Blick auf ein aktuelles Thema der (post-)migrantischen Gesellschaften.[6] Er transportiert dabei auch explizites historisches Wissen, indem er wiederholt auf die Person des südafrikanischen Aktivisten und Politikers, Nelson Mandela, verweist, aus dessen Widerstand gegen die Apartheid der Vater seine Kraft im Kampf gegen den alltäglichen Rassismus in der Schweiz schöpft. Seine Freilassung am 11. Februar 1990 markiert für ihn einen wichtigen Tag, an dem der zu besonderen Anlässen genutzte Fernseher aus dem Keller geholt wird und die Kinder länger aufbleiben dürfen (vgl. HmV, S. 100 f.). Bei einem Gottesdienst der Reformierten Kirche, den die Familie sonntags besucht, wird *We shall overcome* (Pete Seeger) gesungen, das zum Protestlied der afroamerikanischen Bürgerrechtsbewegung wurde (vgl. HmV, S. 28 f.). Die südafrikanische Sängerin Miriam Makeba, die seit ihrem Exil 1960 gegen die Apartheid kämpfte, gehört ebenfalls zu den positiven Bezugspunkten der Familie (vgl. HmV, S. 49). An zwei Stellen des Romans wird außerdem der rassistische Geheimbund Ku-Klux-Klan erwähnt (vgl. HmV, S. 42 und 103).

Im Hinblick auf das literarische Motiv des Fremden/Anderen wird im Roman verdeutlicht, dass Fremdheit keine objektive Eigenschaft eines Menschen oder eines Phänomens ist, sondern das Ergebnis einer Interpretations- und Konstruktionsleistung.[7] Vorurteile und Stereotype gegenüber dem Fremden/Anderen sind alltäglich und berauben das Individuum seiner eigentlichen Identität. Die Literatur reflektiert diese Erfahrungen und Prozesse im Gegensatz zum Alltagsdiskurs mithilfe von Verfremdungstechniken, womit sie zur Desautomatisierung unserer Wahrnehmung beiträgt. Gleichzeitig prägt sie seit Jahrhunderten unsere Wirklichkeitswahrnehmung mit. Wie sich Fremdheit/Andersheit im Roman auch jenseits des einengenden kulturellen Verständnisses manifestiert (neben den Differenzmerkmalen Migrationshintergrund, Sprache und Religion auch Körper und Alter sowie die Zugehörigkeit der älteren Schwester zu einem alternativen Milieu vgl. HmV, S. 128), welche Symbolwelten aktiviert werden (vgl. die filmischen Reminiszenzen wie *Out of Africa* HmV, S. 23 und die *Tarzan*-Filme HmV, S. 39 sowie die Hinweise auf die Praxis der kolonialen Völkerschauen HmV, S. 104) oder wel-

---

6 Zum Begriff „postmigrantische Gesellschaft" siehe Naika Foroutan, 2018, Die postmigrantische Perspektive: Aushandlungsprozesse in pluralen Gesellschaften, in: Postmigrantische Visionen. Erfahrungen – Ideen – Reflexionen, hrsg. von Marc Hill und Erol Yildiz, Bielefeld: transcript, S. 15–27.
7 Vgl. Andrea Leskovec, 2011, Einführung in die interkulturelle Literaturwissenschaft, Darmstadt: WBG, S. 47.

che Entsprechung die thematische Fremdheit auf der formalen Ebene findet, sind lohnende Fragestellungen für den Literaturunterricht.

Eine Auseinandersetzung mit der formalen Ebene fördert die ästhetische Erfahrung und auch die Kompetenz, diese zu beurteilen. Im Roman wechseln sich szenisch angelegte, poetische und kommentierende Passagen miteinander ab. In den ersteren, die sich in der Überzahl befinden, aber nicht immer chronologisch aufeinander folgen und zusammen so etwas wie einen Haupterzählstrang ergeben, werden von der Ich-Erzählerin Situationen aus dem Familienalltag und Gespräche von den einzelnen Familienmitgliedern mit Menschen aus ihrem näheren Umfeld geschildert. Es handelt sich hierbei um Textminiaturen, die über die kürzeren oder längeren Dialoge der Leserschaft den Charakter und die Handlungsmotivation der Sprechenden näherbringen sollen.

Die poetischen Passagen bestehen aus freien Versen, kurzen Aufzählungen, die eine Art Bestandaufnahme darstellen, und Wiederholungen. Sie verleihen dem Text seinen unverwechselbaren Rhythmus und generieren durch die Verknappung der Aussagen bis zu einer Essenz seine emotionale Kraft (vgl. HmV, S. 19 f. und 33).

In den Text wurden außerdem mehrere, mantraartig wiederholte Sätze (teils in Kursivschrift) integriert, die in wenigen Fällen auch auf einzelnen Seiten separat stehen.[8] Sie beziehen sich auf den Vater und liefern eine Einschätzung seiner Person, seines Charakters und seiner Einstellungen durch die Ich-Erzählerin. Sie problematisieren seinen Umgang mit Fremdheitserfahrungen und Rassismus und führen vor Augen, dass er als Vater und Vorbild mehrfach versagt. Obschon eine Zerlegung der unkonventionellen Romanform in ihre Einzelteile und deren Rezeption nacheinander grundsätzlich ein legitimes Leseverfahren darstellt, wäre eine Behandlung der erwähnten Teile in ihrer Aufeinanderbezogenheit eine adäquatere Rezeptionsweise.

Nicht zuletzt liefert dieser literarische Text für die eigene Persönlichkeitsbildung entscheidende Impulse. Er kann die emotionale und die kritisch-moralische Urteilsfähigkeit der Schüler*innen fördern, indem man sie zum Umgang mit Rassismus und Diskriminierung anleitet. In beiden Fällen kann seine Lektüre sowohl Identifikations- als auch Distanzierungserlebnisse auslösen. Denn obwohl die Fremdheitserfahrungen des Vaters und seiner Kinder sich im Wesentlichen

---

8   Hierzu gehören u. a. „Ich weiß mehr über die Geschichte von Nelson Mandela als über die Geschichte meines Vaters."/„*Ich weiß mehr über die Geschichte von Nelson Mandela als über die Geschichte meines Vaters.*" (vgl. S. 15, 17, 25, 29, 56, 59, 66, 67, 78, 83, 99 und 101), „‚Alles halbherzige Menschen hier', grummelt mein Vater und verschwindet in der Küche." (S. 22, 30, 33, 38 und 79, Herv. i.O.), „Gott ist für meinen Vater ein Ausländer" (S. 26 und 77), „Und wer will schon die Tochter meines Vaters." (S. 109, 114, 117, 128, 129 und 132, Herv. i.O.), „Mein Vater winkt mir zu, bis ihn das Blau des Himmels verschluckt." (S. 119), „Mein Vater hat mein Land mitgenommen." (S. 122), „Er [der Vater] bleibt an dem Ort, wo die Erde wie der Himmel riecht." (S. 135) Die drei letzten Aussagesätze beziehen sich auf die Zeit nach seinem Verschwinden und symbolisieren den Abschied von ihm.

voneinander nicht abheben, unterscheiden sich die Reaktionen der Töchter auf die Ressentiments ihres Umfelds von denen des Vaters. Trotz seiner wachsenden Abschottung („*Mein Vater baut sich eine Insel mitten in der Schweiz*", HmV, S. 25, 32 und 68, Herv. i.O.) sind sie unabhängig voneinander und auch wieder mit unterschiedlichen Strategien bemüht, ein Zugehörigkeitsgefühl zu der Schweizer Gesellschaft zu entwickeln und dieses in der Öffentlichkeit zu verteidigen.

4. Die macht- und differenztheoretische Perspektive

Besondere Bedeutung kommt Samira El-Maawis *In der Heimat meines Vaters riecht die Erde wie der Himmel* im Hinblick auf den Auf- und Ausbau (inter-)kultureller Kompetenzen aus einer kulturwissenschaftlich angelegten, macht- und differenztheoretisch fundierten Analyseperspektive zu.[9] Während im Roman peu à peu verschiedene Modi der Fremdwahrnehmung auf individueller Ebene präsentiert werden, wird einerseits sichtbar, dass kein Modus gänzlich zuschreibungsfrei ist und Mechanismen der ‚VerAnderung' (im Sinne von Gayatri Spivaks Konzept des Othering) wirksam sind,[10] andererseits wie individuelle Haltungen und Einstellungen durch kollektive Bilder über den Fremden/Anderen geprägt sind.[11]

Eine grundsätzlich positive Einstellung, wie sie die Mutter in ihren Haltungen auf den ersten Blick repräsentiert, ist im Dorf eher selten. Mit fortschreitender Lektüre wird allerdings klar, dass ihr ein ‚klassisch' zu nennender exotisierender Blick auf den Anderen eigen ist, der viel mit Begehren zu tun hat. In der kindlich-naiven Sprache der Erzählerin formuliert, sei der Vater für sie wie die Kokosnüsse im Supermarkt, die „etwas Spezielles" seien, „weil sie nicht bei uns wachsen" (HmV, S. 9). Auch Menschen, die ungebeten sie oder ihre Haare anfassen, während sie ihrem Vater „nicht einmal in die Augen [schauen]" (HmV, S. 18), oder Schwarze Babys am „schönsten und herzigsten" finden, „sogar wenn beide Elternteile hässlich sind" (HmV, S. 22), gehören ebenfalls in diese Kategorie.

Diese Haltungen gehen mit einem ignoranten Blick auf den afrikanischen Kontinent einher, der als geographische Einheit ohne regionale Unterschiede oder Länderspezifika betrachtet wird. Dem versucht die Mutter, die im Roman als eine unermüdliche Kämpferin für Frauen- und Menschenrechte dargestellt wird, entgegenzuwirken, indem sie mit ihrem Mann in Kindergärten und Schu-

---

9 Vgl. Lothar Bredella, 2010, Das Verstehen des Anderen. Kulturwissenschaftliche und literaturdidaktische Studien, Tübingen: Narr; Magdalena Kißling, 2020, Weiße Normalität. Perspektiven einer postkolonialen Literaturdidaktik. Bielefeld: Aisthesis.
10 Vgl. María do Mar Castro Varela und Paul Mecheril, 2016, Die Dämonisierung der Anderen. Rassismuskritik der Gegenwart, Bielefeld: transcript.
11 Vgl. Edward W. Said, 1981, Orientalismus, Berlin: Ullstein.

len geht, um Aufklärungsarbeit zu leisten. Insbesondere nach rassistischen Anfeindungen gegenüber ihren Töchtern durch Mitschüler*innen fordert sie ein Treffen bei der Klassenlehrerin ein. Gleichzeitig ist sie eine ambivalente Figur, die zwar friedensliebend ist und an Integration glaubt, aber mit dem Thema romantisierend-missionarisch umgeht, statt dem Anderen auf Augenhöhe zu begegnen.

Auf die Dezentrierung dieser Standpunkte, die dem deutschsprachigen Lesepublikum bekannt sein dürften, wirkt der Roman vorrangig dadurch hin, dass er das Aufwachsen in einer von Hierarchien geprägten (weißen) Gesellschaft nicht einfach nur aus der Perspektive der (Schwarzen) Ausgegrenzten darstellt, sondern sie in ihrer Vielfalt und Individualität aufgreift. Jenseits herkömmlicher Opferbilder werden neue soziale Positionen und Bilder der Selbstermächtigung angeboten, die Kindern und Jugendlichen helfen, soziale Dilemmata unter Berücksichtigung des situativen Kontextes wahrzunehmen und für sie angemessene und gerechte Lösungen zu finden.

Dabei steht der verklärend-poetische Titel des Romans im Widerspruch zum Erleben der beiden Töchter. Sie nehmen die verschiedenen Ausprägungen negativer Einstellungen wie Ignoranz, subtile und aktive Formen der Ausgrenzung oder Verachtung differenziert wahr. Da sie an ihrer Hautfarbe nichts ändern können, beginnt die Zweitgeborene, Strategien und Maßnahmen der Menschen in ihrem Umfeld, mit denen diese persönliche Autonomie und Selbstbestimmung erlangen wollen, zu beobachten, zu erproben und zu bewerten. Die Erarbeitung dieser Aspekte soll im Folgenden kurz skizziert werden.

5. Didaktisch-methodische Konkretisierungen

Statt die Ohnmacht Schwarzer Menschen gegenüber Fremdzuschreibungen durch ihre Umgebung und Rassismus-Erfahrungen im Alltag im Unterricht zu thematisieren, die ‚traditionelle' Wahrnehmungsmuster reproduzieren und verfestigen und für deren Nachvollzug die Kinder- und Jugendliteratur zahlreiche Beispiele bietet, empfiehlt sich eine Fokussierung der Ich-Erzählerin als handelndes Subjekt. Die Relevanz dieser Beobachtungsperspektive und der entsprechenden didaktisch-methodischen Herangehensweise ergibt sich für die schulischen Kontexte aus der eingangs genannten Notwendigkeit, einerseits das Bewusstsein und die Akzeptanz für die diverse, vielschichtige und komplexe Realität von Einwanderungsgesellschaften unabhängig von der Herkunft der Lernenden zu stärken, andererseits neben den Fremdverstehensprozessen von weißen Lernenden die Identitätsfindungsprozesse von Schüler*innen of Color zu unterstützen.

Die Erzählerin durchläuft in ihrem Selbstfindungsprozess mehrere Phasen. Diese gilt es, in einer Unterrichtsreihe zu thematisieren. Der Roman soll im Vorfeld zu Hause mit dem Arbeitsauftrag gelesen werden, einerseits Textstellen, die historisches Wissen über die Geschichte Schwarzer Menschen vermitteln, andererseits interessante oder irritierende Textstellen über die individuellen Erfahrungen der Familienmitglieder zu markieren. Hier kann die Lehrkraft schon die Gruppeneinteilung vorwegnehmen, indem die Beobachtung konkreter Figuren als Aufgabe gegeben wird. Um die Fülle des Materials handhabbar zu machen, soll im Unterricht nämlich arbeitsteilig gearbeitet werden.

Die erste Gruppe sammelt während der Lektüre die Beobachtungen, die die Ich-Erzählerin in ihrer Umgebung (außer über den Vater und die Schwester) macht und wie sie die Verhaltensweisen sieht. Mögliche Antworten sind:

- Die Erzählerin wehrt sich gegen das Bild des ‚Exotischen', das ihr und ihrem Vater durch ihr Umfeld entgegengebracht wird (vgl. HmV, S. 9).
- Sie nimmt bewusst wahr, dass um sie herum alle „weiß" sind, und ist verunsichert (vgl. HmV, S. 19 f.).
- Sie stellt fest, dass sich die Träume ihrer Freundin Carmelina, die Fußballspielerin werden möchte, von den Vorstellungen ihrer Eltern, die für sie eine Zukunft als Hausfrau und Mutter vorsehen, unterscheiden (vgl. HmV, S. 21).
- Sie registriert Situationen, die ein rassistisch übergriffiges Verhalten in ihrem Umfeld sichtbar machen (vgl. folgende Szenen: bei angeblichem Fehlverhalten als „Buschmann" beschimpft werden HmV, S. 60, am Flughafen den Pass lange kontrolliert bekommen, „als wäre er ein dickes, spannendes Buch" HmV, S. 79 f., in der Straßenbahn sexualisierte Gewalt erfahren HmV, S. 124).
- Sie lehnt die Strategien der Mutter, zum Verstehen der Fremden/Anderen durch Faktenwissen und die Betonung positiver Bilder über die andere(n) Kultur(en) beizutragen, wegen deren oft bevormundender Haltung ab (vgl. HmV, S. 32).

Die zweite Gruppe beschreibt die Verhaltensweisen des Vaters und analysiert die Kommentare der Tochter hierzu. Mögliche Antworten sind:

- Der Vater flieht bei Konflikten mit der ‚Außenwelt' in seine Küche und kocht exzessiv (vgl. HmV, S. 10 ff.) oder reagiert mit Wut, die so groß ist, dass sie ihn „schwächt" (HmV, S. 31).
- Er sucht sich kämpferische Vorbilder (vgl. Nelson Mandela HmV, S. 14) und hat manchmal selbst „einen starken Rücken"/*„einen starken Rücken"* (HmV, S. 58, 62 und 72, Herv. i.O.).
- Er erzählt sehr wenig über sich selbst und seine Herkunft (vgl. *„Ich weiß mehr über die Geschichte von Nelson Mandela als über die Geschichte meines Vaters."* HmV, S. 17, Herv. i.O.). Seine Sprache hat er den Töchtern nicht beigebracht (vgl. HmV, S. 24).
- Wenn Miriam Makeba im Radio singt, singt der Vater mit und wirbelt die Mutter durch die Küche (vgl. HmV, S. 49).

- „Mein Vater trägt Gründe zusammen und lädt sie auf seinen Rücken, bis er unter ihnen zusammenbricht." (HmV, S. 84, 86, 87, 102, 108 und 109, Herv. i.O.)

Die dritte Gruppe setzt sich mit den Verhaltensweisen und Strategien der Schwester auseinander:

- Die Schwester denkt Integration nicht als einseitige Leistung, die von den Eingewanderten zu erwarten ist: „‚Langsam, aber sicher verwurzelt er [der Vater] sich‘, meint meine Mutter./‚Wie lange geht es denn, bis sich eine Pflanze ganz verwurzelt?‘, frage ich sie./‚Das kommt auf die Pflanze drauf an.‘/‚Und auf die Erde‘, fügt meine Schwester hinzu" (HmV, S. 9).
- Die Schwester zeigt Verständnis für den Vater, der über Ressentiments oder offene Anfeindungen erzählt, aber verlangt vom ihm, dass er sich in solchen Situationen wehrt (vgl. HmV, S. 31 und 61).
- „Meine Schwester tut so, als ob sie ein *weißes* Mädchen sei. Aber es ist ein Trick, sie wartet darauf, dass ihr alle zuhören (sic!) und dann sagt sie allen ihre Meinung. Sie ist mutig und gar nicht nett" (HmV, S. 34).
- Sie will im Gegensatz zu ihrem Vater (vgl. HmV, S. 84f. und 109), der dies auch seinen Töchtern für die Zukunft nahelegt, nicht auswandern, denn sie möchte „nicht noch mehr Ausländerin sein als [sie] es hier schon [ist]" (HmV, S. 85).
- Ihr ist es egal, dass der Vater, gegen den sie rebelliert hat, weggegangen ist: „Sie hat jetzt viel mit sich selbst zu tun und erfindet sich neu./Sie trägt ihre Lippen schwarz/[...]/und eine rasierte Kopfhälfte" (HmV, S. 128).

Die Ergebnisse werden präsentiert und diskutiert, abschließend die wichtigsten Erkenntnisse festgehalten.

Im zweiten Arbeitsschritt wird das Selbstbild der Erzählerin in neuen Kleingruppen erarbeitet: Wie sieht sie sich und ihre Familie? Was hat sie von ihrem Umfeld für die Zukunft gelernt? Hierzu werden Zitate zur Verfügung gestellt und farblich markiert:

- „Ich glaube, dass wir eigentlich eine normale Familie sind, obwohl mein Vater ein Ausländer ist, [...]" (HmV, S. 18).
- „Wir dürfen nicht auffallen, weil wir sowieso schon genug auffallen." (HmV, S. 28)
- „Weil ich anders bin, muss ich besonders sein/besonders nett/[...]/und nie unartig" (HmV, S. 33).
- „Manchmal wäre ich gerne meine Schwester, [...]" (HmV, S. 39).
- „Ich spiele eigentlich lieber mit *weißen* Kindern, denn so fühle ich mich weniger braun und die Menschen haben vielleicht auch weniger Angst, wenn eine Horde *weißer* Kinder auf sie zu rennt" (HmV, S. 40).
- „Meine Hautfarbe ist so mächtig wie ein hohes Gefängnis. Ich kann zwar mit dem Gefängnis herumlaufen, aber ich werde nie aus ihm ausbrechen können, [...]" (HmV, S. 41).

- „Menschen, die anders sind, mögen andere Menschen, die anders sind. Meine Mutter sagt, dass die Menschen vor allem das mögen, was sie kennen." (HmV, S. 43)
- „Ich trage Afrika und Europa in meinem Körper und ich möchte, wenn ich groß bin, niemanden über nichts aufklären müssen." (HmV, S. 54)
- „Ich verstehe nicht, weshalb mein Vater eine Sprache [Arabisch, wenn er betet, *Anm. M.R.*] übt, die er hier nicht sprechen kann. Mir wäre es lieber, er würde Schweizerdeutsch üben [...]" (HmV, S. 98).
- „Ich bin außen braun und innen *weiß*. Manchmal fühle ich mich auch umgekehrt." (HmV, S. 109)
- „Ich werde nie mein Land verlassen. / Nie verlasse ich mein Land. / Aber wo ist mein Land?" (HmV, S. 121)

Im Anschluss wird gefragt, wie sich die Lernenden diese Aussagen erklären und welche Haltung sie zu ihnen einnehmen würden.

Die kindliche Ich-Erzählerin hat ihr unmittelbares Umfeld eine geraume Zeit mit Neugier beobachtet und festgestellt, wie man als Afroschweizerin gelesen wird. Was ihrem Vater, ihrer Schwester und ihr selbst gespiegelt wurde, nutzt sie dazu, herauszufinden, wer sie ist und was sie möchte. Den von ihrer Mutter und ihrer Großmutter vorgeschlagenen Weg lehnt sie ab, weil sie ihr mit einer wohlwollenden, aber in ihren Augen falschen Haltung gegenüber ihrer Andersheit nicht weiterhelfen können und weil sie grundsätzlich nicht die gleichen Erfahrungen wie sie machen.

Sie erhofft sich Antworten von ihrem Vater. Der sanfte und fröhliche Mann führt ihr vor Augen, dass ein gutes Leben in der Schweiz nur möglich ist, wenn beide Seiten in einem wechselseitigen Prozess für alle daran arbeiten. Solange die Schweiz an einer gleichberechtigten Teilhabe nicht interessiert ist, muss man für diese kämpfen. Dass ihr Vater kaum wehrhaft ist und wenig Resilienz mitbringt, schmerzt sie. Sie begreift schnell, dass er sie das für das Schwarze Leben in der Schweiz Notwendige nicht lehren kann. Sie wünscht sich einen Kämpfer als Vater. Die Auswanderung (oder wie bei ihrem Vater: die Rückkehr) ist keine Option für sie, weil sie sich als Schweizerin begreift.

Als Vorbild taugt auch ihre Schwester, die gegen den Status Quo rebelliert, nicht, weil die Erzählerin deren Wunsch, sich als Außenseiterin in der Gesellschaft einzurichten, wenig abgewinnen kann. Wie ein gutes Leben zu erreichen wäre, darauf gibt sie eine eindeutige Antwort: Sich eine Stimme geben und selbstbestimmt (auch als Schriftstellerin, vgl. HmV, S. 76) die eigenen Geschichten erzählen.

Verhandlungen sexueller und kultureller Fremd- und Selbstbestimmungen in Kristina Aamands interkulturellem Adoleszenzroman *Wenn Worte meine Waffe wären*

Martina Kofer und Cornelia Zierau

1. Textvorstellung

Der Roman *Wenn Worte meine Waffe wären*[1] von Kristina Aamand, 2016 erstmalig erschienen und seit 2018 durch Ulrike Brauns in deutscher Übersetzung vorliegend, lässt sich als interkultureller Adoleszenzroman klassifizieren. Die 16-jährige Protagonistin Sheherazade Jenin, aus deren Perspektive der Roman erzählt wird, ist mit ihren Eltern als Siebenjährige aus dem Westjordanland nach Dänemark eingewandert. Während ihr Vater, der unter einer posttraumatischen Belastungsstörung leidet, wegen eines Herzversagens in einem Kopenhagener Krankenhaus behandelt wird, lernt sie Thea kennen, deren Mutter mit Lähmungserscheinungen ebenfalls dort eingewiesen wurde. Beide Mädchen, die aus völlig unterschiedlichen sozialen Schichten kommen – Thea aus einem gutbürgerlichen, linksliberalen, kritisch-intellektuellen Elternhaus und Sheherazade aus der Hochhaussiedlung Parkerne im sozial benachteiligten Kopenhagener Randbezirk Vestegnen –, verlieben sich ineinander und beginnen eine Beziehung. Dadurch werden Sheherazades bisheriges Leben und ihre Wertvorstellungen völlig auf den Kopf gestellt. Als ihre Mutter von der Beziehung erfährt, muss sie die elterliche Wohnung verlassen und zieht zu Thea. Dennoch geht sie konsequent ihren Weg und baut ihr künstlerisches Talent weiter aus. Dieses findet in der Gestaltung der Zines, die den Roman medial durchziehen, Ausdruck. Als sie auf einer Lesung ihre Zines vorstellt, erscheint auch ihr genesener Vater, der selber in seinen Jugendjahren Dichter und Journalist war, und bestärkt sie in ihrem Lebensweg. So kommt es am Ende des Romans zu einer Art Happy End.

Der Roman eignet sich für einen diversitäts- und rassismussensiblen wie auch medienkompetenzorientierten Literaturunterricht ab der Klasse 9. Zu berücksichtigen ist jedoch, dass der Roman auch das Thema Suizid behandelt. Sohane, eine junge Frau aus dem Wohnblock der Jenins, nimmt sich mit Hilfe von Tabletten das Leben. Weil sie von ihrem Ehemann misshandelt wurde, verließ

---

[1] Im Folgenden wird aus dem Roman mit der Sigle „WW" zitiert.

sie ihn mehrfach und flüchtete sich zurück ins Elternhaus. Für die muslimisch-konservative Familie wie auch das Umfeld, in dem sie lebt, gilt das als Schande, von der sich Sohane nicht befreien kann. Sie stellt damit gewissermaßen eine Gegenfigur zu Sheherazade dar.

2. Literaturwissenschaftliche Analyse

> Im Adoleszenzroman geht es neben einer möglichen Identitätskrise grundsätzlich um das Spannungsverhältnis zwischen Individuation und sozialer Integration in einer eigenständigen Lebensphase mit selbsterlebbarer Qualität.[2]

Dieser allgemeinen Definition folgend, kann *Wenn Worte meine Waffe wären* in das Genre des Adoleszenzromans eingeordnet werden. Im Unterschied zum prototypischen postmodernen Adoleszenzroman weist Kristina Aamands Jugendroman verschiedene Besonderheiten auf, wie z. B. die interkulturelle Ausrichtung[3], die milieuübergreifende Freundschaft und die Liebesbeziehung der Protagonistinnen. Während für den postmodernen Adoleszenzroman eine Interpretation und Bewertung „allgemeine[r] Probleme in ‚milieubezogener Perspektive'", die durch ein Leben „in Partialwelten, Subsystemen und Öffentlichkeiten" geprägt sind,[4] symptomatisch ist, durchbricht *Wenn Worte meine Waffe wären* über die spezifische Figurenkonstellation das Verharren in voneinander getrennten Milieus. Stattdessen wird über Dialoge und (Streit-)Gespräche der beiden Mädchen immer wieder versucht, ein Verständnis für die Lebenswelt der anderen zu entwickeln. Als positives Merkmal des Romans sticht dabei auch die selbstkritische Haltung Theas hervor, die sich ihrer Privilegien als Angehörige der dominanzkulturellen, gutsituierten Mittelschicht durchaus bewusst ist und diese wiederholt selbstironisch kommentiert. Dennoch wird an vielen Stellen deutlich, dass auch Thea als politisch kritisches und engagiertes Mädchen die westlichen Stereotype von muslimischen Familien entweder unhinterfragt übernimmt oder auch Situationen durch mangelndes Wissen über die ‚andere' Kultur falsch einschätzt. Eben diese Missverständnisse und Fehleinschätzungen lösen jedoch einen konstruktiven

---

2 Carsten Gansel, 2010, Moderne Kinder- und Jugendliteratur. Ein Praxishandbuch für den Unterricht, 4. überarb. Aufl., Berlin: Cornelsen, S. 169.
3 Vgl. Stefanie Jakobi, Julian Osthues und Jennifer Pavlik (Hg), 2022, Adoleszenz und Alterität. Aktuelle Perspektiven der interkulturellen Literaturwissenschaft und Literaturdidaktik. Bielefeld: transcript.
4 Gansel, Moderne Kinder- und Jugendliteratur [Anm. 2], S. 182. Vgl. auch Cornelia Zierau, 2016, Adoleszenz als Transitraum: Das literarische Motiv der Reise als Ort der Verhandlung von Identitätskonzepten am Beispiel des Romans *Tschick* von Wolfgang Herrndorf, in: Germanistik in Ireland. Jahrbuch der German Studies Association, 11: Transit oder Transformation? Sprachliche und literarische Grenzüberschreitungen, S. 105–121, hier S. 108.

Dialog auf Augenhöhe zwischen Sheherazade und Thea aus. So führen die beiden Mädchen beispielsweise ein Streitgespräch über die Praxis des ‚Ehrenmords' an Frauen in patriarchal und religiös-orthodox dominierten Gesellschaften. Während Thea auf die reale Problematik hinweist, kritisiert Sheherazade aus dominanzkritischer Perspektive vor allem die mediale Instrumentalisierung des Themas durch populäre Medien, die ihrer Meinung nach vor allem ökonomischen Zwecken dient:

„Was willst du damit sagen? Beleidigst du hier gerade die Arbeit meiner Eltern?" Thea lacht.
„Ja, tut mir leid. Aber wenn man so was von außen betrachtet, bleibt das unweigerlich scheißoberflächlich. Egal, Hauptsache, die Auflage verkauft sich gut. Ehrenmord und so was zieht ja immer."
„Willst du damit sagen, dass das kein echtes Problem ist? Du bist schließlich auf deine Mutter zugegangen und sie hat dir praktisch die ausgestreckte Hand abgehackt. Und Sohane ist tot."
„Und was genau bringt es, wenn Herr und Frau Hansen sich bei Kaffee und Kuchen über Einwandererintrigen unterhalten?" Ich werde langsam wütend.
„Weil es auf die Probleme aufmerksam macht? Das ist doch wichtig?" Jetzt wird auch Thea lauter. „So was sollte nicht unter den Teppich gekehrt werden."
„Wichtig für wen?"
„Für die Politik und alle, die gern dafür sorgen möchten, dass sich was verändert."
„Ich würde ja gern den Politiker sehen, der den Heiligen Bart davon überzeugen kann, dass nichts gegen Homosexualität spricht!"
„Okay. Trotzdem können sie denen helfen, die Probleme mit ihrer Familie haben."
„Wie denn, Thea?"
„Das weiß ich doch auch nicht. Ich bin ja keine verdammte Sozialarbeiterin. Und das ist auch gut so! Denn sonst wäre das hier wirklich falsch." Plötzlich ist Theas Hand auf meiner Brust.
„Du Arsch." Ich lache, schubse ihre Hand weg und schaue mich schnell um. „Hast du denn keine Ehre, Bleichgesicht?" (WW, S. 231 ff.)

Der „Trend der literarischen Inszenierung von Randgruppen-Adoleszenzen"[5], den Gansel in der aktuellen Adoleszenzliteratur erkennt, führt seiner Auffassung nach weniger zu einer Rekonstruktion als zu einer Ästhetisierung von Wirklichkeit, mit dem Zweck, „zu provozieren und aufzustören".[6] Dies lässt sich bereits an dem mit

---

5 Carsten Gansel, 2016, Adoleszenz. Zu theoretischen Aspekten und aktuellen Entwicklungen, in: Der Deutschunterricht 2, S. 2–12, hier S. 11.
6 Ebd. Vgl. auch Claudia Kukulenz und Cornelia Zierau, 2016, Elsternhandschuh und Fehdekleid. Symbolisches Verstehen im Literaturunterricht am Beispiel von Nils Mohls Stadtrandtrilogie, in: Literatur im Unterricht: Texte der Gegenwartsliteratur für die Schule (LiU) 17, S. 287–300, hier S. 291.

Vulgärsprache und drastischen Bildern versetzten Sprachgebrauch der Mädchen erkennen. In dieser Hinsicht ist aber insbesondere der intermediale Ansatz des Romans, die Integration von selbstgestalteten Zines, mit Hilfe derer Sheherazade ihren Lebensalltag verarbeitet, von großer Bedeutung. Diese stellen eine zweite Erzählebene dar, durch welche die Ich-Erzählerin eine verstärkt selbstbewusste, reflektierende und handlungsstarke Position einnimmt. Um dieses zu verdeutlichen, wird im Folgenden kurz auf die Bedeutung von Zines als subversives Medium von Jugendlichen eingegangen.

Zines können definiert werden als zumeist gedruckte „selbstgestaltete und selbstvertriebene Medien [...], die innerhalb von [juvenilen] Szenekontexten entstehen und innerhalb von Szenen zirkulieren, sich dabei als nicht-kommerziell begreifen und eine Form der szeneninternen Kommunikation sind"[7]. Entstanden in der US-amerikanischen Do-it-yourself-Bewegung, orientieren sich Zines stilistisch an der sogenannten „‚Erpresserbriefästhetik'"[8], einer Bricolage-Technik, die aus dem Zusammenpuzzeln von ausgeschnittenen Schnipseln aus unterschiedlichen Printmedien besteht, die durch ihre Neuanordnung eine neue Aussagekraft erhalten. Die Do-it-yourself-Philosophie sieht im eigenkreativen Erstellen verschiedenster Produkte eine Widerstands- und Verweigerungspraktik gegen einen „passiven Kulturkonsum" und die Dominanz der kapitalistischen (Kultur-)Produktion.[9] Entscheidendes Merkmal ist, „dass sie antiautoritär, antihegemonial und niederschwellig"[10] wirkt. Sie ermöglicht Teilhabe „ohne großes Vorwissen oder Zugang zu exklusiven Strukturen zu besitzen"[11]. Zines können aber auch, wie in *Wenn Worte meine Waffe wären*, einem Tagebuch gleichen und sehr persönliche Erfahrungen beinhalten. Sie können für junge Mädchen den Zweck haben, Traumata zu verarbeiten und – wie im Fall Sheherazades – letztlich therapeutisch wirken.[12] So verarbeitet Sheherazade in ihren Zines vor allem ihre

---

7 Almut Sülzle, 2018, Forschen mit Zines, in: Szenen, Artefakte und Inszenierungen. Interdisziplinäre Perspektiven, hrsg. von JuBri-Forschungsverbund Techniken jugendlicher Bricolage, Wiesbaden: Springer, S. 3–32, hier S. 4.
8 Marc Dietrich und Günter Mey, 2015, Die Szene als hybrides „Posterchild". Alters-/entwicklungs-, generations- und genderbezogene Konstruktionen im Ox #29-Punkzine, in: Zugänge, Herausforderungen und Perspektiven der Analyse von Fanzines. Exemplarische Analysen zu Ox #29 (JuBri-Workingpaper), hrsg. von Almut Sülzle, S. 30–51, hier S. 33. https://jubri.jugendkulturen.de/publikationen.html (11.02.2024).
9 Jannis K. Androutsopoulos, 2002, Fanzines und Facetten der linguistischen Printmedienanalyse, in: Der Deutschunterricht 2, S. 4–15, hier S. 7.
10 Sonja Eismann, 2011, Do it yourself und Radical Crafting. Wie radikal ist Handarbeit? Zu Geschichte und Aktualität von Do-it-yourself-Strategien in Aktivismus und Kunst, in: Art Education Research, Jg. 2, Nr. 3, S. 1–16, hier S. 2.
11 Ebd.
12 Vgl. Kristen Schilt, 2003, „I'll Resist With Every Inch and Every Breath". Girls and Zine Making as a Form of Resistance, in: Youth & Society 35.1, S. 71–97.

Erfahrungen mit ihrem psychisch kranken Vater, der in Krisensituationen zu Zerstörungswut und verbaler Aggression neigt.

Wie die literaturwissenschaftliche Analyse gezeigt hat, lässt sich der Roman aufgrund der Thematik und der interessanten intermedialen Gestaltung in einem medienkompetenzorientierten, das interkulturelle Lernen fördernden Deutschunterricht einsetzen, worauf im Folgenden in den didaktischen Kommentaren genauer eingegangen wird.

3. Zur Didaktisierung des Romans *Wenn Worte meine Waffe wären*

3.1 Didaktischer Kommentar I: Mediendidaktisches und literarästhetisches Potential des Romans

Betrachtet man die Zines und die Text-Bild-Korrespondenz im Roman, handelt es sich hier nach der Kategorisierung von Irina O. Rajewsky in erster Linie um eine *Medienkombination*.[13] Dabei werden zunächst die Fanzines selbst durch Collagen von Schrift, Zeichnungen, Zeitschriftenbildern und -schriftzügen etc. zu einem intermedialen Produkt. Fotos werden offenkundig vermieden, was die Funktion der Zines als Repräsentationsform von Traumatischem und Unsagbarem insofern unterstützt, als dass durch die Art der gewählten Materialien eine gewisse Distanz zum eigenen Erleben gesetzt wird. Auch wenn sie an das vorher Erzählte anknüpfen, findet in ihnen kein Akt der Wiederholung statt, sondern es wird Raum für eine „selbstreflexive[...] Ausdrucksfläche"[14] geschaffen, um das schwer bis nicht in Worte zu Fassende mit Hilfe anderer medialer Formen auszudrücken und zu verarbeiten. Dementsprechend werden in den Zines Themen angesprochen, die Sheherazades Leben schwierig machen: Erinnerungen an die Vergangenheit vor ihrer Flucht nach Dänemark, die Kriegseindrücke und die psychische Krankheit ihres Vaters mit allen Auswirkungen auf sie und ihre Mutter, die sexuellen und geschlechtsspezifischen Rollenzwänge sowie der Selbstmord von Sohane, rassistische Erfahrungen. Es wird eine andere Erzählebene eröffnet, die wesentlich für das Textverständnis ist und zu einem *„transmedia storytelling"*[15] führt.

---

13 Vgl. Irina O. Rajewsky, 2004, Intermedialität – eine Begriffsbestimmung, in: Intermedialität im Deutschunterricht, hrsg. von Marion Bönninghausen und Heidi Rösch, Baltmannsweiler: Schneider Verlag Hohengehren, S. 8–30, hier S. 14 ff.

14 Anna Stemmann, 2020, Epische Texte 2: Jugendroman, in: Handbuch Kinder- und Jugendliteratur, hrsg. von Tobias Kurwinkel und Philipp Schmerheim, Stuttgart: J. B. Metzler, S. 166–176, hier S. 174.

15 Irina O. Rajewsky, 2019, Literaturbezogene Intermedialität, in: Intermedialität. Formen – Diskurse – Didaktik, hrsg. von Klaus Maiwald, Baltmannsweiler: Schneider Verlag Hohengehren,

Die intermediale Darstellung hat dabei auch Auswirkungen auf die Rezeption des Romans. Durch den Wechsel der Darstellungsverfahren tritt bei den Leser*innen eine Irritation ein, die fruchtbar für die ästhetische Bildung ist. Denn dadurch wird – so Bönninghausen – ein

> Automatismus der (unreflektierten) Wahrnehmung unterbrochen [...]. [...] Die Perspektivität der Dinge und Zeichen wird deutlich. Intermediale Kunst wird so zu einem Akt der Selbstdarstellung und Selbstreflexion von Kultur, die zunehmend medial bestimmt ist, und damit zu einem Ort ästhetisch-kultureller Bildung.[16]

Schüler*innen können dabei Reichweiten und Grenzen medialer Darstellungsformen erkennen und erfahren am Beispiel von Sheherazades Fanzines, wie unterschiedliche mediale Techniken und Strategien dazu beitragen können, Medien selbstreguliert, d. h. zur Optimierung eigener Darstellungs- und Wirkungsabsichten, zu nutzen. In Bezug auf die Protagonistin werden die Leser*innen in ihrer Vorstellungsbildung unterstützt, wodurch ihnen ein besserer Einblick in Shes Psyche und Gedankenwelt gelingt.

Erzähltechnisch im Kontrast zu der individualisierten Ausdrucksform der Zines steht das große Ausmaß an Dialogizität im Roman, wie die zitierte Textstelle im Abschnitt 2 veranschaulicht. Darüber gelingt es trotz der personalisierten Erzählweise, auch der zweiten Hauptfigur Thea eine Stimme zu geben, sodass für die Leser*innen eine sogenannte *„Doppelte Optik als Anregung zur Selbst- und Fremdreflexion"*, bei der die „Figuren [...] aus unterschiedlichen Blickwinkeln gezeichnet" werden, entsteht.[17] Dies ist im Kontext des interkulturellen Erzählens und Lernens insofern wichtig, als dass im Nachvollzug der jeweiligen Figurenperspektive verschiedene Positionierungen wie auch (Wert-)haltungen für die Leser*innen sichtbar werden. Dies lässt sich insbesondere an den Streitgesprächen der Mädchen sehr gut erkennen, wie z. B. im Zitat in Abschnitt 2 dargestellt, wo es um die unterschiedlichen Sichtweisen beider auf die Sexualmoral in Shes Umfeld und ihre Möglichkeiten der Selbstbefreiung geht. Durch diese „ethnische Mehrfachadressiertheit"[18] wird ermöglicht, (kulturelle) Selbstwahrnehmung und Fremdbilder zu erkennen, zu differenzieren und zu reflektieren. Indem der Spinner'sche Aspekt des literarischen Lernens, die *Perspektive literarischer Figuren nachzuvollzie-*

S. 49–75, hier S. 49 [Hervorh. i. Original]. Vgl. auch Stemmann, Epische Texte 2 [Anm. 14], hier S. 175.

16 Marion Bönninghausen, 2005, Intermediale Kompetenz, in: Kompetenzen im Deutschunterricht, 2. überarb. und erw. Aufl., hrsg. von Heidi Rösch, Frankfurt am Main: Peter Lang, S. 51–69, hier S. 66. Vgl. auch Kaspar H. Spinner, 1998, Thesen zur ästhetischen Bildung im Literaturunterricht heute, in: Der Deutschunterricht 6, S. 46–54.

17 Heidi Rösch, 2006, Was ist interkulturell wertvolle Kinder- und Jugendliteratur?, in: Beiträge Jugendliteratur und Medien 58, S. 94–103, hier S. 96 [Hervorh. i. Original].

18 Ebd., S. 97.

hen,[19] durch die *Doppelte Optik*, die Möglichkeit des *Perspektivenwechsels* und die *ethnische Mehrfachadressiertheit* erweitert wird, lässt sich literarisches mit interkulturellem Lernen verbinden.

3.2 Didaktischer Kommentar II: Interkulturelles Lernen im Zusammenspiel mit rassismuskritischer Bildung und intersektionaler Pädagogik

Der Roman *Wenn Worte meine Waffe wären* bietet sich in vielfacher Hinsicht für wesentliche Ziele des interkulturellen Lernens an, wie sie die Kultusministerkonferenz 2013 in ihrem erweiterten Beschluss als Leitlinie vorgegeben hat.[20] Die empfohlene Umsetzung von „interkultureller Bildung als Schlüsselkompetenz aller"[21] setzt dabei nach unserem Verständnis voraus, dass (1) „‚Kultur' nicht als Wesensmerkmal verstanden, und der Prozess der kulturellen Zuschreibungen [...] als ein aktives und zu veränderndes Handeln"[22] vermittelt wird, dass (2) Kulturalisierungen vermieden bzw. kritisch hinterfragt werden und dass (3) reflektiert wird, „inwiefern es zur Reproduktion von ‚Wir'- und ‚Nicht-Wir'-Unterscheidungen"[23] kommt und ein Bewusstwerdungsprozess der „jeweils eigene[n] Eingebundenheit in hierarchische gesellschaftliche Verhältnisse"[24] initiiert wird.

Des Weiteren bedarf es einiger Präzisierungen der Handlungsempfehlungen, die vor allem den nicht weiter ausdifferenzierten Aspekt der rassistischen Diskriminierung und der intersektionalen Verflechtung von Diskriminierungskategorien betreffen.[25] Von daher wird hier ein Ansatz von interkultureller literarischer Bildung verfolgt, der einerseits den Blick für Interdependenzen von Diskriminierungsmechanismen im Sinne einer intersektionalen Pädagogik[26] schulen soll und

---

19 Vgl. Kaspar H. Spinner, 2006, Literarisches Lernen, in: Praxis Deutsch 200, S. 6–16, hier S. 9.
20 Vgl. Kultusministerkonferenz (Beschluss vom 25.10.1996 i.d.F. vom 05.12.2013): Interkulturelle Bildung und Erziehung in der Schule. https://www.kmk.org/themen/allgemeinbildende-schulen/weitere-unterrichtsinhalte-und-themen/interkulturelle-bildung.html (11.02.2024).
21 Ebd., S. 6.
22 Annita Kalpaka und Paul Mecheril, 2010, ‚Interkulturell'. Von spezifisch kulturalistischen Ansätzen zu allgemein reflexiven Perspektiven, in: Migrationspädagogik, hrsg. von Paul Mecheril, María do Mar Castro Varela, İnci Dirim, Annita Kalpaka und Claus Melter, Weinheim/Basel: Beltz, S. 77–98, hier S. 93.
23 Ebd.
24 Ebd., S. 83.
25 Vgl. dazu Karim Fereidooni und Mona Massumi, 2015, Rassismuskritik in der Ausbildung von Lehrerinnen und Lehrern, in: Aus Politik und Zeitgeschichte 40, 65. Jg., hrsg. von der Bundeszentrale für politische Bildung, S. 38–43. https://www.bpb.de/shop/zeitschriften/apuz/212371/rechts-in-der-mitte (11.02.2024).
26 Intersektionale Pädagogik hat zum Ziel, „Menschen in ihren verschiedenen Identitäten zu sehen, also eine Mehrfachzugehörigkeit anzuerkennen." Darüber hinaus geht es darum, „zu ver-

andererseits interkulturelle Bildung auch als Bewusstwerdungsprozess und Kritik an der Reproduktion rassistischen Wissens in Bildungsmedien begreift, in deren Rahmen bei Schüler*innen eine diversitäts- und „diskriminierungssensible Lektüre" geschult werden soll.[27]

Vor diesem Hintergrund stellen wir didaktische Überlegungen an, die rassismuskritische Bildung und einen intersektionalen Analyseansatz miteinbeziehen und im Sinne einer intermedialen Bildung umgesetzt werden können. Rassismuskritische Bildung zielt dabei darauf, *alle* Schüler*innen dafür zu sensibilisieren, „rassismusrelevante Sachverhalte in Texten [...] zu erkennen und dekonstruieren zu können"[28]. Damit geht zudem die Bereitschaft einher, die eigene Sprecher*innenposition kritisch zu reflektieren, da es sich immer um „ein Sprechen [handelt], das eine soziale Ausgangsposition hat"[29] und das in hierarchische Machtverhältnisse eingebunden ist. Der Roman von Kristina Aamand bietet sich daran anknüpfend u. a. dazu an, die Auseinandersetzung mit dem eigenen „Weißsein und den damit zusammenhängenden (un)sichtbaren Privilegien"[30] anzuregen. Die ironisch-komischen Dialoge zwischen She und Thea stellen gute Ausgangsmöglichkeiten dazu dar. So ist es für einen Jugendroman relativ außergewöhnlich, dass nicht nur She als Muslima markiert wird, sondern auch Thea als *weißes* Mädchen, wie beispielsweise an der Betrachtung von Theas Körper durch She deutlich wird: „Weiße Mädchen haben leuchtend rote Brustwarzen ... Darüber habe ich mir noch nie Gedanken gemacht." (WW, S. 92) Im Text wird so ein „Perspektivwechsel" vom beschriebenen und rassialisierten zum beschreibenden und imaginierenden Subjekt vollzogen, der eine „Kritik an der einseitigen Markierungspraktik der Figur des *Anderen* in literarischen Texten"

---

stehen, dass wir auf verschiedenen Ebenen diskriminiert werden, auf einer individuellen, einer institutionellen und einer strukturellen, und dass diese oft zusammenwirken können [...]." Vgl. I-Päd (Initiative für Intersektionale Pädagogik) (Hrsg.): Intersektionale Pädagogik. Handreichung für Sozialarbeiter_innen, Erzieher_innen, Lehrkräfte und die, die es noch werden wollen. Ein Beitrag zu inklusiver pädagogischer Praxis und vorurteilsbewusster Bildung und Erziehung. 2015. http://www.i-paed-berlin.de/de/Downloads/ (11.02.2024), S. 9.

27 Vgl. dazu ausführlicher Magdalena Kißling, 2020, Weiße Normalität. Perspektiven einer postkolonialen Literaturdidaktik, Bielefeld: Aisthesis, S. 313.
28 Nina Simon und Karim Fereidooni, 2021, Rassismus(kritik) und Fachdidaktiken – (K)ein Zusammenhang? – Einleitende Gedanken, in: Rassismuskritische Fachdidaktiken. Theoretische Reflexionen und fachdidaktische Entwürfe rassismuskritischer Unterrichtsplanung hrsg. von Karim Fereidooni und Nina Simon, Wiesbaden: Springer, S. 1–17, hier S. 3.
29 Paul Mecheril, 1999, Wer spricht und über wen? Gedanken zu einem (re-)konstruktiven Umgang mit dem Anderen des Anderen in den Sozialwissenschaften, in: Der Fundamentalismusverdacht. Plädoyer für eine Neuorientierung der Forschung im Umgang mit allochthonen Jugendlichen, hrsg. von Wolf-Dietrich Bukow und Markus Ottersbach, Wiesbaden: Springer, S. 231–266, hier S. 242.
30 Fereidooni und Massumi, Rassismuskritik in der Ausbildung [Anm. 25], S. 8.

impliziert.[31] Im Sinne von interkultureller Kompetenz wird hier in Form einer ethnischen Mehrfachadressiertheit nicht einseitig auf People of Color geblickt, sondern Differenz auch mit Blick auf die weiße Dominanzgesellschaft erzählt. Die Differenzlinie ‚Race' wird dabei an einigen Stellen von der Ich-Erzählerin gerade dafür eingesetzt, um das Gemeinsame der lesbischen Liebe zu verdecken, wie beispielsweise bei einem Wedding-Planer-Treffen, zu dem She Thea eingeladen hat:

> All die Frauen hier im Wohnzimmer. Wenn die wüssten, was wir getan haben. [...] Aber sie wissen ja nichts. Ich bin nur ein ganz gewöhnliches, bekopftuchtes Mädchen, das einem weißen Mädchen zeigt, wie eine Hochzeit auf arabisch arrangiert wird. (WW, S. 149)

Insbesondere das Tragen des Kopftuchs sorgt wiederholt für Auseinandersetzungen zwischen Thea und She. Für She bedeutet es nicht lediglich ein Entgegenkommen den Eltern gegenüber. Es erfüllt für sie zudem einen Selbstzweck, da sie sich so vor sexueller Belästigung in ihrem Viertel geschützt fühlt. Für Thea ist es hingegen schwer zu verstehen, dass She ein Kopftuch trägt. Für sie sind weibliche Freiheit und Selbstbestimmung damit nicht zu vereinbaren, während She das Tragen des Kopftuchs verteidigt und Thea ebenso eine Form der Angepasstheit an ihre soziale Umgebung vorwirft:

> „Also, ich trage das sehr wohl freiwillig!" Ich setze mich im Bett auf. „Das ist so typisch dänisch. Immer schön glauben, wir sind alle unterdrückt und so ein Scheiß. Und nur wegen eines schäbigen Stück Stoffs. Bist du etwa nicht unterdrückt, weil deine Eltern reich sind? Das, was du anziehst, passt doch auch genau hierher. Du siehst aus wie alle anderen, verwöhnten Østerbro-Sprösslinge. Niemand schreibt mir vor, was ich zu glauben und zu denken habe, und ich entscheide selbst, ob ich nun Kopftuch trage oder nicht!" (WW, S. 119)

An dieser Stelle wird die dominanzkritische Perspektive, die She einnimmt, sehr deutlich. Das Stilmittel der Doppelten Optik des Romans bietet sich besonders gut dafür an, kulturrassistische Argumentationsmuster und dominante weiße Perspektiven im Unterricht kritisch zu thematisieren. Denn deutlich wird, dass Theas Meinung nicht als allgemeingültige ‚Wahrheit' erzählt wird, sondern „dass Wahrheit subjektiv ist", wie es die Autorin im Nachwort des Romans formuliert (WW, S. 269). Die Dialogizität und Doppelte Optik des Romans regen so dazu an, den Blick zu erweitern und die Intersektionalität verschiedener sozialer Differenzierungskategorien und Diskriminierungsformen zu erfassen. Sexismus ist dabei ein den Text begleitendes Thema und wird nicht als kulturspezifisches,

---

31 Kißling, Weiße Normalität [Anm. 27], S. 55. Kißling bezieht sich hier auf Toni Morrison, 1992, Playing in the Dark. Whiteness and the Literary Imagination, New York: Vintage.

sondern universales Diskriminierungsproblem verhandelt. Auch Thea wird fortwährend mit sexistischen Beleidigungen und Anmachen konfrontiert, gegen die sie sich zur Wehr setzt. So wird deutlich, dass auch sie sich nicht ‚frei' bewegen kann.

Neben der Auseinandersetzung mit Sexismus spielt die Reflexion von sozialen Unterschieden eine bedeutende Rolle im Text. So wird She das ‚Anderssein' Theas schlagartig bewusst, als sie Thea erstmals in dem hippen und wohlhabenden Viertel Østerbro besucht, das sie als das Gegenteil des ärmlichen Vestegnen wahrnimmt. Diese Differenz wird von Thea etwas halbherzig widergespiegelt: „‚Ja, ich weiß, uns geht es ziemlich gut. Manchmal schäme ich mich ein bisschen dafür, dass man für das Geld, das unsere Espressomaschine gekostet hat, sechstausend Kinder in Afrika hätte impfen können.'" (WW, S. 91)

Für den Unterricht ist es von daher auch bedeutend, die Kategorie *Class* mitzuverhandeln und Überlegungen anzustellen, inwiefern Freiheit auch mit ökonomischer Freiheit und der Zugehörigkeit zur weiß-europäischen Mittelschicht in Verbindung steht. Dabei geht es bei einer intersektionalen Herangehensweise an den Unterrichtsgegenstand auch darum, „die unterschiedlichen Konstruktionen von Identität [...] im Kontext von Normalitätsdiskursen" wahrzunehmen.[32] Relevant sind nicht nur Abweichungen von kulturellen Normen, sondern auch von religiösen, sexuellen und anderen Identitäten, die der Vorstellung von Normalität widersprechen.[33] So ist Sheherazade ob ihres Lesbischseins selbst verunsichert und hält sich zunächst am ‚Fremdbild' der vermeintlich muslimischen Community fest. Indem ausgerechnet ihr Vater sich mit ihr solidarisiert und ihr Mut macht, wird im Text auch das sich in den letzten Jahren im öffentlichen Diskurs gefestigte Stereotyp des homophoben männlichen Muslims[34] revidiert:

„Aber ... muslimische Mädchen sind doch nicht lesbisch, oder? Ich habe jedenfalls noch nie von einer lesbischen Muslima gehört."
„Als ich jung war, gab es eine Menge Lesben. Heute ... sind alle so altmodisch und *haram* bis ins Letzte. Lass dies, lass das." (WW, S. 225, Hervorh. i. Original)

---

32 Lisa Wille, 2019, Von Diskriminierung zu Intersektionalität, von den Disability Studies zu einer transdisziplinären Literaturwissenschaft. Oder: Die Krux der Normativität und die Notwendigkeit einer intersektionalen Perspektive, in: Literary Disability Studies. Theorie und Praxis in der Literaturwissenschaft, hrsg. von Matthias Luserke-Jaqui, Würzburg: Königshausen und Neumann, S. 115–145, hier S. 138.
33 Vgl. ebd.
34 Vgl. Zülfukar Çetin, 2015, Zusammen- und Wechselwirkung von Heteronormativität und (antimuslimischem) Rassismus. Am Beispiel von Mehrfachdiskriminierung binationaler schwuler Paare in Berlin, in: Selbstbestimmung und Anerkennung sexueller und geschlechtlicher Vielfalt. Lebenswirklichkeiten, Forschungsergebnisse und Bildungsbausteine, hrsg. von Friederike Schmidt, Anne-Christin Schondelmayer und Ute B. Schröder, Wiesbaden: Springer, S. 45–62, hier S. 51.

Allerdings nimmt der Vater hier, ebenso wie die Teilnehmer*innen der Selbsthilfegruppe, der sich She anschließt, eine Outsider-Position ein. Denn während auf der einen Seite ein muslimisches Kollektiv dargestellt wird, das sich durch und durch heteronormativ zeigt, geben die Nicht-Reaktionen aus dem ‚weiß-europäischen' Umfeld ein ebenso vereinheitlichendes Bild ab. Hier wird nur in Form eines ironischen Kommentars auf die ‚selbstverständliche' Toleranz der Eltern verwiesen: „‚[...] Hier sind doch alle so politisch korrekt und tolerant, dass man sich mit jedem schwulen Sohn brüstet und noch mit ihm angibt.'" (WW, S. 203) Die fehlende Ausdifferenzierung von Meinungen zur Vielfalt sexueller und geschlechtlicher Identität auf der Seite der weiß-europäischen Figuren suggeriert so eine selbstverständliche Offenheit gegenüber variablen sexuellen Identitäten, die trotz der Gegenstimme des Vaters Vorurteile lediglich auf der Seite der ‚Anderen' verortet.[35] Hier zeigt sich eine Schwäche in der Konzeption des Textes, die im Unterricht nicht nur im Sinne einer rassismuskritischen Bildung, sondern auch entgegen einer Verschleierung von Diskriminierungspraxen in westlichen Gesellschaften berücksichtigt werden sollte. Denn die „oft proklamierte Normalität sexueller und geschlechtlicher Vielfalt ist [...] häufig nur eine scheinbare"[36]:

> Vor diesem Hintergrund, aber auch im Hinblick auf die Komplexität sozialer Wirklichkeit sind Pädagog_innen herausgefordert, Selbstverständlichkeiten von Geschlechter- und Begehrensnormen zu hinterfragen und sich zugleich dafür zu engagieren, dass Vielfalt auch gelebte und sichtbare Realität wird.[37]

So bietet der aus der Ich-Perspektive der muslimischen Lesbe Sheherazade erzählte Jugendroman – trotz der genannten Schwäche – Raum „für die Thematisierungen sexueller Lern- und Erlebnisfähigkeit von BIPoC Handlungssubjekten, also aus den Perspektiven von mehrfach marginalisierten Menschen und ihren Zugehörigen"[38]. Eine multiple Perspektive auf die in der Adoleszenz besonders wichtige individuelle Auseinandersetzung mit Familie und Sexualität kann so in Bildungsinstitutionen dazu beitragen, dass auch Schwarze und PoC-Jugendliche Identifikationsangebote bekommen, „die sie in der herrschenden weißen

---

35 Vgl. dazu auch Maisha-Maureen Auma, 2020, Sexualpädagogisches Empowerment und Rassismuskritik, in: Fucktencheck. Intersektionale Perspektiven auf Sexualpädagogik, hrsg. von Initiative intersektionale Pädagogik (i-Päd), S. 46–51, hier S. 49. http://www.i-paed-berlin.de (11.02.2024).
36 Friederike Schmidt, Anne-Christin Schondelmayer und Ute. B. Schröder, 2015, Einleitung, in: Selbstbestimmung und Anerkennung sexueller und geschlechtlicher Vielfalt. Lebenswirklichkeiten, Forschungsergebnisse und Bildungsbausteine, hrsg. von Friederike Schmidt, Anne-Christin Schondelmayer und Ute B. Schröder, Wiesbaden: Springer, S. 9–22, hier S. 11.
37 Ebd.
38 Auma, Sexualpädagogisches Empowerment und Rassismuskritik [Anm. 35], S. 49.

Kultur [ansonsten] nicht finden"[39]. Dies betrifft auch die Identifikationsangebote für muslimische Mädchen in literarischen Texten. Denn der Großteil der Kinder- und Jugendliteratur geht über die Darstellung muslimischer Mädchen als ‚Opfer' ihrer Familie kaum hinaus.[40] *Wenn Worte meine Waffe wären* bietet von daher vor allem aufgrund der starken Subjektposition der Ich-Erzählerin eine gute Unterrichtsgrundlage, um gesellschaftliche Normsetzungen kritisch zu diskutieren und Erwartungshaltungen zu hinterfragen. Dazu tragen in besonderem Maße auch die im Text als zweite Erzählebene integrierten Zines bei. Denn diese eröffnen eine sehr intensive und persönliche Sicht auf Sheherazades Innenleben und können nach Almut Sülzle vor allem für heranwachsende Mädchen „neue Räume jenseits der Dichotomie privat/öffentlich"[41] eröffnen, die frei vom Urteil erwachsener Autoritäten sind.

Berücksichtigt man den Umstand, dass Sheherazade im intersektionalen Sinne einer Mehrfachdiskriminierung – als Mädchen, Lesbe, Muslima, Anderskulturelle – ausgesetzt ist, bieten Zines nicht nur eine Alternative der medialen Selbstermächtigung. Sie können es ihren Produzent*innen auch ermöglichen, einer eindeutigen Kategorisierung zu entkommen, indem sie die verschiedenen urteilenden Stimmen durch ihre widersprüchliche Anordnung dekonstruieren. Folglich kann das Schreiben und Produzieren von Zines und deren Funktion als zweite Erzählebene als eine subjektiv-widerständige Ausdrucksform der Protagonistin bewertet werden, die ihr die Möglichkeit verschafft, sich eine eigene Stimme fern von der Autorität und den Normen des Elternhauses, der Schule und des Viertels, aber auch der dominanzkulturellen Mehrheitsgesellschaft und ihrer medialen Produktionen zu verschaffen.

4. Didaktisch-methodische Konkretisierungen

Wie bisher herausgearbeitet wurde, sind Sheherazades Fanzines innovative, irritierende, aber auch sehr motivierende narrative Elemente dieses Romans, mit denen die Schüler*innen vertraut gemacht werden sollen, um sie zum Zwecke eigener, selbstregulierter Mediennutzung und Ausdrucksfindung erkennen und ggf.

---

39 Stuart Hall, 2000, Rassismus als ideologischer Diskurs, in: Theorien über Rassismus, hrsg. von Nora Räthzel, Hamburg: Argument, S. 7–16, hier S. 12. Vgl. dazu auch Martina Kofer, 2022, Deutschland als Schwarze Heimat in der postmigrantischen Gegenwartsliteratur. Literaturdidaktik aus rassismuskritischer Perspektive, in: Heimat in der postmigrantischen Gesellschaft. Literaturdidaktische Perspektiven, hrsg. von Renata Behrendt und Söhnke Post, Frankfurt am Main u. a.: Peter Lang, S. 171–187.
40 Vgl. Annette Kliewer, 2013, „Danke, emanzipiert sind wir selber?" Postkoloniale Überlegungen zum *fremden Mädchen* in der Kinder- und Jugendliteratur, in: kjl & m 13.X „Das ist bestimmt was Kulturelles", München: Kopaed, S. 217–225.
41 Sülzle, Forschen mit Zines [Anm. 7], S. 17.

selber einsetzen zu können. Für einen möglichst umfassenden Eindruck von der Gestaltungsvarietät von Zines sollte eines herausgesucht werden, das inhaltlich gut erfasst werden kann, aber auch möglichst viele unterschiedliche Bausteine enthält. Geeignet erscheint das Zine auf den Seiten 36–40, in dem sich Sheherazade mit der posttraumatischen Belastungsstörung ihres Vaters auseinandersetzt, die immer wieder zu Gewalt- und Wutausbrüchen führt. In Gruppen oder im Plenum werden die Schüler*innen angeregt, die Themen des betrachteten Fanzines zu erarbeiten. Anschließend sollen sie die collagenartige Zusammenstellung von verschiedenen Gestaltungsmitteln genauer untersuchen. Die Schüler*innen werden in der Analyse der Wirkungsweise der einzelnen Elemente erkennen können, dass hier sehr persönliche Darstellungsformen (Handschrift, Zeichnungen) mit unpersönlichen Gestaltungsmitteln wie den Zeitschriftenbildern und -überschriften kombiniert werden.

Wenn die Zines an sich analysiert sind, erfolgt im nächsten Schritt eine Betrachtung des Zusammenhangs zum narrativen, kontinuierlichen Romanteil. Die Schüler*innen werden die Diskrepanz zwischen dem Druckbild und der handschriftlichen Gestaltung der Zines entdecken und von da aus ggf. erkennen können, dass hier eine individuelle und subjektive Vertiefung des zuvor Geschilderten stattfindet, wie in diesem Fall die Auseinandersetzung mit dem, was die Krankheit, die posttraumatische Belastungsstörung des Vaters, wirklich für She und ihre Mutter bedeutet. Über die zeichnerischen und graphischen Elemente lässt sich erschließen, dass hier eine subjektive Ausdrucksform gefunden wurde, Belastendes, Schmerzhaftes und Traumatisches auszudrücken. Darüber hinaus werden insbesondere über die unpersönlichen Zeitschriftenüberschriften, -auszüge und Abbildungen dem persönlichen Ausdruck (Wert-)Haltungen, Einstellungen und Erwartungen der Dominanzgesellschaft gegenübergestellt. Die Schüler*innen können somit ggf. nachvollziehen, unter welchem Druck Sheherazade steht, die einerseits die familiären Anforderungen und Normen erfüllen soll, sich andererseits aber auch dem Druck der öffentlichen Meinung ausgesetzt sieht. Somit können die Schüler*innen dahin geführt werden, die Zines als eine Form der medialen Selbstermächtigung Sheherazades zu erkennen, mit Hilfe derer sie ihren zum Teil widerstreitenden Gefühlen und Gedanken sowie ihren Problemen Ausdruck verleiht.

Um den Schüler*innen abschließend die Möglichkeit zu geben, sich in neuen und innovativen Ausdrucksformen auszuprobieren, erhalten sie den Auftrag, am Beispiel eines selbstgewählten oder vorgegebenen Themas selber ein Fanzine zu gestalten.[42] In jedem Fall müsste das Thema sowohl eine persönliche als auch eine gesellschaftliche Dimension haben. Zum Kontext des Romans würden sich Genderbilder anbieten. Jungen wie Mädchen haben dazu individuelle Vorstellun-

---

42 Eine Anleitung dafür bietet die Akademie für Leseförderung Niedersachsen in Form eines Lernvideos: https://www.youtube.com/watch?v=TAIrbglXuD4 (11.02.2024).

gen, müssen sich aber auch familiären und gesellschaftlichen Erwartungen sowie medialen Repräsentationen stellen.

Im nächsten Schritt kommt es nun darauf an, dass die Schüler*innen erkennen, wie auch mit Hilfe von sprachlich-narrativen und erzähltechnischen Mitteln Möglichkeiten der Partizipation bzw. des Ausschlusses aus dem gesellschaftlichen Diskurs gelenkt werden können.[43] Dazu wird die Klasse als Ganzes oder in Gruppen aufgefordert, sich den im Abschnitt 2 abgebildeten Dialog anzuschauen und herauszuarbeiten, welche Positionen und Wertvorstellungen die beiden Mädchen vertreten. Sie werden die zunächst relativ unvereinbaren Positionen erkennen, die im Grunde Shes Auseinandersetzungen mit der Dominanzgesellschaft – die hier von Thea repräsentiert wird – in ihren Zines spiegeln.

Im Sinne der in Teil 3.2 angeführten Voraussetzungen für ein rassismuskritisch und intersektional ausgerichtetes interkulturelles Lernen sollte im Unterricht darauf geachtet werden, dass die Perspektive Sheherazades und die von ihr angesprochenen Machtverhältnisse im Vordergrund stehen. Dabei ist bei einer Thematisierung von hegemonialen Verhältnissen wie Weiß-Schwarz, Reich-Arm, Mann-Frau etc. im Unterricht von Bedeutung, sich über das eigene „Involviertsein in gesellschaftliche (Herrschafts-)Verhältnisse" bewusst zu werden und in eine „(selbst-)kritische Reflexion auf die eigene gesellschaftliche Positionierung" und damit potenziell verbundene Privilegien münden zu lassen.[44] Dabei

> können Schüler*innen umso wahrscheinlicher dazu angeregt werden, (selbst-reflexiv) über ihr eigenes Involviertsein nachzudenken, je transparenter die Lehrkraft ihnen gegenüber macht, dass auch sie selbst in gesellschaftliche Verhältnisse involviert ist.[45]

---

43 Vgl. Martina Kofer und Cornelia Zierau, 2020, Sprachsensibler Literaturunterricht mit „Tschick". Sprachliches und literarästhetisches Lernen in einem integrativen Deutschunterricht?, in: Sprache als Herausforderung – Literatur als Ziel. Kinder- und jugendliterarische Texte und Medien als Ressource für sprachsensibles Lernen Teil 2, hrsg. von Jörn Brüggemann und Birgit Mesch, Baltmannsweiler: Schneider Verlag Hohengehren, S. 249–265, hier S. 254 ff., wo dieses am Beispiel des Romans *Tschick* herausgearbeitet und didaktisch gestaltet wurde. Vgl. auch Zierau, Adoleszenz als Transitraum [Anm. 4], bes. S. 110 ff. und Cornelia Zierau, 2016, „Irgendwo da draußen und Walachei, das ist dasselbe." Wolfgang Herrndorfs Roman *tschick*. Ein Adoleszenzroman mit interkulturellem Potential im Literaturunterricht, in: Wolfgang Herrndorf lesen. Beiträge zur Didaktik der deutschsprachigen Gegenwartsliteratur, hrsg. v. Jan Standke, Trier: Wissenschaftlicher Verlag, S. 81–93, bes. S. 88 ff.
44 Nina Simon, 2021, Der Jugendroman *Unser wildes Blut*. Rassismuskritische Analyse und deutschdidaktische Überlegungen, in: Rassismuskritische Fachdidaktiken. Theoretische Reflexionen und fachdidaktische Entwürfe rassismuskritischer Unterrichtsplanung, hrsg. von Karim Fereidooni und Nina Simon, S. 411–434, hier S. 423.
45 Ebd., S. 424.

Dieses Involviertsein könnte beispielsweise in Form einer Collage erarbeitet werden, in der die eigene gesellschaftliche Positionierung, Privilegien oder auch soziale Nachteile, Erfahrungen mit Sexismus, Rassismus und anderen Differenzierungen dargestellt werden können. Der verfremdende Charakter der Collage kann dabei auch für die nötige Distanz sorgen, um die sensiblen Informationen öffentlich machen zu können.

Auf die szenische Dialogstruktur zurückkommend zeigt sich, dass darüber die kontroversen Stimmen Theas und Shes im Romangefüge hörbar werden. Das wäre anders, wenn der Konflikt aus einer monologischen, personalen Erzählform dargeboten würde. Die Schüler*innen können das mit Hilfe einer produktiven Schreibaufgabe herausarbeiten, indem sie den Dialog in einen Monolog entweder aus der Sicht von She oder von Thea umschreiben. Wichtig wäre hier, die jeweilige Perspektive auf die Andere gut herauszuarbeiten und kritisch im Unterricht zu reflektieren. Noch wirkungsvoller könnte es werden, wenn diese Konfliktdarstellungen kontextualisiert würden, indem Thea z. B. ihren Eltern vom Streit mit She berichtet und She sie in ein Tagebuch schreibt oder sie einer weiteren hinzugedachten Figur, die in einer ihr ähnlichen familiären und gesellschaftlichen Konstellation steckt, erzählt. Darüber würden die Schüler*innen erkennen, wie schwierig es ist, sich mit sozio-kulturellen Konflikten und unterschiedlichen Werthaltungen auseinanderzusetzen und Lösungen zu finden, wenn man nur in den eigenen Partialwelten, Subsystemen und Internetblasen unterwegs ist.

Die didaktisch-methodischen Konkretisierungen veranschaulichen, dass über die Auseinandersetzung mit intermedialen wie mit sprachlich-narrativen Erzählstrukturen in aktueller Jugendliteratur Schüler*innen Medienkompetenzen erwerben können, die sie bei gleichzeitigem Ausbau ihrer Meinungs- und Identitätsbildung zu einer selbstregulierten Mediennutzung befähigen. Darüber hinaus führen genau diese Fähigkeiten, intermediale und erzähltechnische Elemente erkennen, analysieren und reflektieren zu können, zu einem rassismus- und diversitätssensiblen Literaturunterricht, der das Potential hat, literarästhetisches, medienkompetenzorientiertes sowie interkulturelles Lernen zu verbinden.

„Was wissen denn Sie?"

Interkulturelle Begegnungen in und mit Gudrun Pausewangs *Die Not der Familie Caldera*

Katrin Geneuss und Christian Hoiß

1. Zur Neubetrachtung einer vielgelesenen Schullektüre

Der 1977 erschienene Roman *Die Not der Familie Caldera* wurde u. a. mit dem Buxtehuder Bullen ausgezeichnet und in den 1980er Jahren nicht selten als Klassenlektüre im Deutschunterricht eingesetzt. Auch in der Gegenwart gibt es nach wie vor gute Gründe für eine Re-Lektüre, aber nicht nur. Für uns Autor*innen stellt dieser Beitrag einen vorläufigen Ergebnisstand nach zahlreichen Diskussionen dar, der versucht, unseren Bedenken im Kontext gegenwärtiger Diskurse um Diversität, Diskriminierung und Rassismus im pädagogisch-didaktischen Kontext[1] konstruktiv zu begegnen. Der Beitrag zeigt das Potenzial der Erzählung im Kontext interkulturellen Lernens ebenso auf wie die problematischen ethisch-normativen Implikationen, die die Textauswahl von Pausewangs *Die Not der Familie Caldera* mit sich bringt und die begleitend zur Lektüre unbedingt zu reflektieren und zu thematisieren sind.

Im Sinne Klafkis ist es als zeitgemäß zu erachten, im Literaturunterricht die Begegnung mit historisch, kulturell, sozio-ökonomisch und geographisch bedingt anderen Lebensentwürfen sowie ihren oft vielfach limitierten Möglichkeiten zu initiieren. Denn der Abgleich mit den Wirklichkeiten anderer, auch vergangener oder zukünftiger Personen sowie das gemeinsame kritische Aufgreifen gesellschaftlicher Fragestellungen fördern im interkulturellen Kontext ein globales Problembewusstsein und tragen zur Entwicklung einer Solidaritätsfähigkeit bei.[2]

Die Beschäftigung mit Pausewangs Roman wirft dabei die Frage auf, wie sich die Situation in Südamerika in dem halben Jahrhundert seit seinem Entstehen verändert hat. Parallel dazu ist anhand der Lektüre gut herauszuarbeiten, wie sehr sich (literarische) Diskurse um Diversität, Rassismus, Diskriminierung, Ge-

---

1 Vgl. stellvertretend: Magdalena Kißling, 2020, *Weiße Normalität. Perspektiven einer postkolonialen Literaturdidaktik*. Bielefeld: Aisthesis. Nina Simon, 2021, Wissensbestände (be)herrschen(d). Zur (Un)Möglichkeit herrschaftskritischer (Deutsch)(Hochschul)Didaktik. Wiesbaden: Springer VS.
2 Vgl. Wolfgang Klafki, 2007, Neue Studien zur Bildungstheorie und Didaktik. Zeitgemäße Allgemeinbildung und kritisch-konstruktive Didaktik, 6. neu ausgestattete Auflage. Weinheim/Basel: Beltz, S. 89 f.

schlechterrollen oder Intersektionalität im Wandel befinden. Das zeigt sich im Kleinen anhand heute tabuisierter Wörter und Redewendungen, aber auch im Großen, wenn es im Rahmen des *Critical-Whiteness*-Diskurses um die Frage geht, inwiefern es angemessen bzw. zulässig ist, dass eine privilegierte *weiße*[3] Person aus dem Globalen Norden unterprivilegierte und strukturell benachteiligte indigene bzw. Schwarze Menschen aus dem Globalen Süden bevormundet und ihnen ihre Stimme ‚gibt'.

2. Zusammenfassung des Textes

Die für die Sekundarstufe I (Klasse 5–7) geeignete Lektüre handelt von dem Jungen Ramón Caldera, der mit seiner Großfamilie in den Anden aufwächst. Die Familie lebt in einfachen Verhältnissen von der Landwirtschaft. Ramón tut sich bereits in frühen Jahren als besonders geschickter und schlauer Handwerker hervor, der sich mit dem Bau von Hütten einen Namen in der Umgebung macht. Ambitioniert und mit dem Vorsatz, in der Stadt zu reüssieren sowie seine Bildungsmöglichkeiten auszuloten, verlässt er mit 19 Jahren das entlegene Bergdorf. Bereits der Weg aus dem kühlen Hochland hinab in die schwülen Täler macht ihm körperlich zu schaffen. In der Stadt angekommen setzen ihm nicht nur die klimatischen Bedingungen zu. Er steht einer von Rassismus und Diskriminierung geprägten Gesellschaftsstruktur gegenüber, in der die indigene Bevölkerung extrem marginalisiert wird. So wird ihm z. B. geraten, den langen schwarzen Zopf und die traditionelle Kleidung abzulegen, um seine Herkunft zu verbergen. Dennoch findet er bald eine Beschäftigung, arbeitet sich im Handumdrehen vom Kehrer in einer Fabrik zum Hilfsarbeiter an den Maschinen hoch und verliebt sich in das Dienstmädchen Rafaela. Nach ihrer Heirat kaufen sie ein kleines Haus und bekommen mehrere Kinder.

Dann jedoch erleiden sie mehrere Schicksalsschläge: Ramón hat einen Arbeitsunfall, verliert dabei drei Finger und in der Folge seine Arbeit in der Fabrik. Außerdem sterben mehrere ihrer Kinder. Auch Rafaela kann nicht mehr arbeiten, da sie auf die Kinder aufpassen muss. So verliert die Familie ihr Haus, muss in

---

3   Durch die Sichtbarmachung der Wörter *weiß* (kursiv) und Schwarz (großgeschrieben) wird darauf hingewiesen, dass es sich nicht um die Farbadjektive handelt, sondern um politische Bezeichnungen. Das großgeschriebene S drückt einen Widerstand gegen rassistische Denkmuster aus und legt in der sprachlichen Reflexion Rassismus offen. Auch das *Weiß*-Sein wird durch die Kursivierung im Wort *weiß* gebrochen, allerdings mit einer anderen Strategie als mit der, die im Schwarz-Sein den Widerstand markiert.
Vgl. dazu Susan Arndt, 2017, Mythen von Weißsein – Migration und kulturelle Begegnung in der englisch- und deutschsprachigen Literatur. Bielefeld: transcript.
Susan Arndt, 2016, Die 101 wichtigsten Fragen. Rassismus, 2. Aufl. München: C. H. Beck.
Tupoka Ogette, 2019, exit RACISM. rassismuskritisch denken lernen. Münster: Unrast.

eine Hütte in einem Armenviertel ziehen und leidet fortan unter chronischem Hunger. Vater Ramón, der sich lange gegen Betteln und das Stehlen bzw. Aufsammeln von Nahrung auf der Straße gewehrt hatte, gibt dem Drängen seiner Familie letztendlich nach und schließt sich einer organisierten Diebesbande an. Das Schicksal der Familie scheint für kurze Zeit eine gute Wendung zu nehmen, denn die neue Arbeit wirft genug Geld für Nahrung und Kleidung ab und die Kinder können wieder zur Schule gehen. Doch das Glück währt nicht lange: Als er seinen Sohn Joselito bei einem nächtlichen Coup mitnimmt, wird Ramón von der Polizei überrascht und vor den Augen seines Sohnes erschossen. Die Mutter Rafaela sowie die Kinder betteln fortan auf öffentlichen Plätzen und ziehen von Haus zu Haus, um Essensreste oder Spenden zu erhalten.

Den Rahmen der Handlung bildet ein Gespräch zwischen einer wohlhabenden *weißen* Lehrerin, die in einem Viertel lebt, „in dem fast nur Reiche [wohnen]" (NFC, S. 3)[4], und Joselito und seiner Schwester Luisa. Sie erzählen der Lehrerin, wie aus dem hoffnungsfrohen, mutigen Vater ein Bettler und Dieb wurde, wie er trotz Ehrgeiz, gutem Willen und vieler Fähigkeiten zusammen mit seiner Familie in Armut und Elend stürzte und schließlich starb. Und zwischen den Zeilen erzählt Joselito, wie ein feindliches Klassensystem die Not der Armen hervorruft und sie zugleich weitgehend ignoriert. Aus Mitleid, Scham und Schuldgefühl möchte die Lehrerin den Kindern einen Wunsch erfüllen. Doch während sich die Schwester Luisa einen ganzen Laib Weißbrot wünscht, lehnt Joselito jedwedes Angebot ab und verkündet „voller Haß" (NFC, S. 183), nichts sehnlicher zu wollen, als ein Dieb zu werden wie sein Vater.

3. Literaturwissenschaftliche Analyse im Hinblick auf das interkulturelle Lernen

Dass eine wohlhabende europäische Lehrerin den Kindern in der Rahmenerzählung zuhört und deren Geschichte den Leser*innen weitergibt, ist für die Dynamik der Handlung durchaus bedeutsam. Denn im Grunde ist *Die Not der Familie Caldera* von Anfang an als Geschichte einer gescheiterten (interkulturellen) Begegnung zu lesen. Als die Lehrerin die Kinder ins kühle Haus bittet und sie nach deren Lebensumständen fragt, entgegnet ihr Joselito, der Sohn Ramóns: „Was wissen denn Sie?" (NFC, S. 5). Er wirft ihr damit vor, dass sie aus dem Erfahrungsraum einer *weißen* und zugleich reichen Person gar nicht die Möglichkeit habe, sich in seine Situation hineinzuversetzen. Für die Lehrerin hingegen scheint sich alles nur um das kognitive Nachvollziehen der Situation zu drehen („Aber nun woll-

---

4   Die zitierten Seitenzahlen beziehen sich hier und im Folgenden auf die Ausgabe der Ravensburger Junge Reihe von 1978: Gudrun Pausewang, 1978, Die Not der Familie Caldera, 2. Auflage. Ravensburg: Maier. Im Folgenden abgekürzt mit der Sigle NFC.

te ich alles wissen" [ebd.]). Bis zum Ende kann sie Joselito nicht im eigentlichen Sinne *verstehen*.

In der Begegnung der drei Personen bzw. der zwei Welten zeichnet sich von Beginn an eine unüberbrückbare Differenz ab. Diese wird auch durch die gemeinsame Erfahrung der Erzählung der Kinder nicht überwunden, welche im weiteren Verlauf in der Binnenhandlung auktorial erzählt wird. Es ist aus der Handlungslogik heraus zu schließen, dass es letztlich die Lehrerin ist, die die Handlung quasi aus zweiter Hand wiedergibt. Sie verleiht der Familie Caldera eine Stimme, um sie in ihrer Welt weiterzugeben. Aus postkolonialer Perspektive ist dieser Vorgang nicht unproblematisch, denn die Handlung hätte durchaus auch direkt von den Kindern (vor-)getragen werden können, um marginalisierte Stimmen nicht auch im literarischen Werk zu marginalisieren und unsichtbar zu machen.

Zugleich bleibt die dadurch entstehende *weiße* Distanz zu den Hauptfiguren von Pausewang nicht unreflektiert. Der Roman setzt sprachlich nicht auf eine Emotionalisierung oder eine anmaßende Involvierung; vielmehr ist die Sprache im Roman nüchtern und distanziert. Das Sterben der Kinder, der tragische Tod des Vaters am Ende und der langsame Niedergang der Familie werden zügig und in knappen Sätzen nacherzählt. Der Erzählstil erinnert oft an eine sachliche Berichterstattung, die im Gegensatz zur (auch emotionalen) Komplexität des Geschehens und der Schwere des Schicksals steht. Es passt zu Joselitos Vorwurf, dass die Erzählinstanz zwar weiß, aber nicht wirklich versteht, was passiert. So wird erzählerisch gar nicht erst der Eindruck erweckt, dass es in dieser Erzählwelt eine Lösung für die Probleme der Hauptfiguren geben kann.

Auch die Figuren und deren von Rassismus geprägter Alltag werden aus *weißer* Perspektive wiedergegeben. Für die äußere Darstellung der Figuren werden häufig Worte bzw. Stereotype verwendet, die zwar im historischen Kontext zu lesen sind, aus heutiger Sicht allerdings als *Othering* zu bewerten und als rassistisch einzustufen sind (z. B. „Sie hatte ein kleines rundes, sehr freundliches, aber fast schwarzes Gesicht mit wulstigen Lippen" [NFC, S. 19] oder „eine krummrückige Indianerin mit Zehen wie Wurzelknollen und Triefaugen" [NFC, S. 9]). Der diskriminierende Umgang mit marginalisierten Bevölkerungsgruppen wird auch von den Figuren selbst thematisiert. Als Ramón zum ersten Mal seine zukünftige Frau Rafaela trifft, „gaff[t]" (NFC, S. 19) er sie an, woraufhin sie ihn fragt, ob er noch nie eine Schwarze Person gesehen habe. Im Roman verwenden Rafaela und später auch andere Figuren hierfür wiederholt das N-Wort. Gleichzeitig gilt *Weiß*-Sein als prävalente und zu präferierende Norm, die die gesellschaftlichen Bedingungen bestimmt. Im Spiel entlarven Ramóns Kinder *weiß* als sozial konstruierte Kategorie: „‚Wenigstens einmal im Jahr kann es sich unsereiner doch mal leisten, eine weiße Haut zu haben', sagte José" (NFC, S. 56), als die Familie Ramóns anlässlich eines Karnevalsumzugs sich und alle Feiernden mit weißer Maisstärke bestäubt.

Die Handlung spielt in einer Großstadt in Lateinamerika, wobei auf ein spezifisches Setting mit Zeit und Ort verzichtet wird. Der Roman erhält dadurch eine gewisse Allgemeingültigkeit, als könnte sich diese Geschichte auf dem ganzen Kontinent zutragen. Die Parabelstruktur im Roman manifestiert sich maßgeblich über den schematischen Verlauf der Handlung: Ein junger begabter Mann bricht aus dem beschränkenden heimatlichen Umfeld aus und zieht hinaus in die Welt, um sein Glück zu finden. Mit Glück, Witz und Fleiß entwickelt sich eine Erfolgsgeschichte, die sich – ausgelöst durch den versehrenden Arbeitsunfall – in eine Geschichte des Niedergangs umwandelt. Über allem steht eine fatale Determiniertheit, die an die milieugebundenen Darstellungen von nicht-privilegierten Menschen im Naturalismus erinnert (etwa bei Hauptmann oder Zola). Egal was Ramón und seine Familie versuchen, die gesellschaftlichen Verhältnisse erlauben einen sozialen Aufstieg gepaart mit Nahrungs- und Planungssicherheit nur bis zu einem gewissen Grad. Aufgrund fehlender sozialer Absicherung, verschärft durch die fehlenden familiären Sicherungsnetze, die die landwirtschaftlich geprägten Strukturen in Ramóns Heimat, nicht aber die Stadt bieten, ist dieser hart erarbeitete Aufstieg konstant in Gefahr. Diese an das Milieu gebundene Ausweglosigkeit wird zudem an die nächste Generation tradiert, was sich z. B. gegen Ende des Romans am innigsten Wunsch Joselitos erkennen lässt, der ein Dieb werden will wie sein Vater: „Dann komme ich und hole mir selber alles, was ich mir wünsche" (NFC, S. 183). Joselito meint erkannt zu haben, dass nur der Weg der Kriminalität ihn aus der Misere führen kann, obwohl dieser Weg dem Vater das Leben kostet. Besonders die Kirche wird als Institution beschrieben, die diese Strukturen noch verstärkt.

[D]ie herbe Kritik an den jahrhundertelangen Praktiken der katholischen Kirche in Südamerika, die den arbeitslosen und unterprivilegierten Massen zwar ständig eine ‚bessere' Zukunft verspricht, tatsächlich jedoch der kleinen Schicht von Großgrundbesitzern, Industriellen und Politikern in die Hände spielt,[5]

ist auch in *Die Not der Familie Caldera* deutlich zu spüren. Kirchenvertreter erscheinen als vermeintlich ohnmächtige Repräsentanten einer Einrichtung, die das Leid wohl sehen, sich aber durch Passivität auszeichnen. Als sich Ramón eingesteht, dass er den sozialen Abstieg nicht mehr abwenden kann, bittet er als pflichtbewusster Katholik den Pfarrer um Hilfe. Dieser verweist auf seinen eingeschränkten Handlungsspielraum: „‚Man muss es nehmen, wie's kommt. Gott weiß, was er tut. Da hilft nur beten.'" (NFC, S. 77).

---

5   Peter Morris-Keitel, 1994, „Hoffnung im Überfluß": Über die Erfahrbarkeit einer anderen Welt im Werk Gudrun Pausewangs, in: The German Quarterly, Vol. 67, No. 3 (Of Novels and Novellas: Focus on Narrative Prose), S. 389–399, hier S. 391.

Die Not der Familie Caldera zeigt auf der Bildebene der Parabel die gleiche Not, wie sie Millionen von anderen Familien erleben. Die Calderas sind nur ein Sinnbild und gewissermaßen Stellvertreter*innen für das Streben ganzer Bevölkerungsschichten nach sozialem Aufstieg, Wohlstand und Sicherheit. So fokussiert der Roman zwar auf Aufstieg und Niedergang von Ramón Caldera, keineswegs handelt es sich aber um einen Bildungs- oder Entwicklungsroman. Eher lässt er sich auf einer Sinnebene als sozialkritischer Gesellschaftsroman lesen, in dem es massiv und zugleich kaum sichtbar um strukturelle Probleme geht. Das zeigt sich etwa darin, dass man von den vielen Mitgliedern der titelgebenden Familie Caldera bis zum Ende bis auf den Namen nur wenig weiß. Es sticht ins Auge, wie wenig differenziert die Figuren dargestellt werden. Ähnlich wie im Setting zeichnet sich eine holzschnittartig gestaltete Allgemeingültigkeit ab: Die Eltern sorgen sich, die Kinder haben Hunger, der alte José gibt Rat, tröstet und spielt Gitarre etc.[6]

Wird die Familie Caldera – zum Ende hin nur noch in Ausnahmesituationen – besonders glücklich dargestellt, so singt, tanzt, isst und trinkt sie. Für die Kinder der Familie bedeutet es ein großes Glück, in die Schule zu gehen und Lesen und Schreiben lernen zu dürfen. Rafaela legt stets dann, wenn sie glücklich ist, ein „silberfadendurchwirktes Kleid" (NFC, S. 35) und eine „goldene Brosche" (ebd.) in Form eines R an; beides Gegenstände, die sie zu Beginn ihrer Beziehung von Ramón bekommen hatte. Sie symbolisieren Rafaelas Hoffnung auf Teilhabe am gesellschaftlichen Aufstieg und die für sie damit eng verbundenen Zurschaustellung von Statussymbolen, zu denen mit zunehmender Armut immer mehr auch Dinge wie Schuhe, intakte Hosen oder geschnittene Haare gehören. Versuchen sie in der ersten Phase des Aufstiegs noch den urbanen Lebensstil zu übernehmen, so schaffen sie dies in der zweiten Phase immer weniger. Sie sind wieder auf Strukturen und Routinen angewiesen, die Ramón aus seinem Heimatdorf kennt (Haus mit den eigenen Händen bauen, Selbstversorgung etc.), die jedoch im urbanen Umfeld nicht greifen. Die Familie wird am Ende mittellos und ist auf Almosen und Diebstahl angewiesen, um zu überleben.

Besonders aufschlussreich ist in diesem Zusammenhang die unübersehbare emotionale, materielle und perspektivische Kluft zur Lehrerin am Ende der Geschichte, als Luisa und Joselito fertig berichtet haben. „Ich schämte mich" (NFC, S. 182), drückt die Lehrerin ihre Gefühle aus, als sie ihren Reichtum betrachtet. In ihrer Ohnmacht will sie den Kindern nicht nur Essen schenken, sie möchte ihnen auch noch einen Wunsch erfüllen. Während sich Luisa „ein ganzes Brot für

---

6   Die Schwarz-Weiß-Illustrationen von Hilke Peters spiegeln in der verwendeten Ausgabe die plakative Darstellung der Figuren im Text wider, ihre Gesichtszüge jedoch sind eher ausdrucksarm. Selbst in Augenblicken von Freude und Ausgelassenheit erwecken die Gestalten einen einsamen und schutzlosen Eindruck. Die Zeichnungen wirken statisch, holzschnittartig und entbehren jeder Dynamik, sodass die Figuren paralysiert oder handlungsunfähig anmuten.

[s]ich allein" (NFC, S. 182) wünscht, weist Joselito ihr Angebot jedoch entschieden zurück. Ihn stößt, so lässt sich deuten, die Doppelmoral der Lehrerin ab, die noch zu Beginn des Romans ein Bedrohungsszenario skizziert, in dem es „sogar in unserem ruhigen Viertel ungemütlich" (NFC, S. 4) wird und die Masse der armen Menschen zunehmend in die heile Welt der reichen eindringt. Er möchte weder Almosen noch andere Wünsche von ihr erfüllt haben. Drohend entgegnet er ihr: „Ich wünsche mir, dass ich schon ein paar Jahre älter wäre. [...] Dann komme ich und hole mir selber alles, was ist mir wünsche!" (NFC, S. 183). Man kann diesen Akt der Zurückweisung auch als Kritik an einer bis heute beobachtbaren Praxis deuten, dass sich der Globale Norden mithilfe von Spenden erkenntlich zeigen möchte, dennoch aber kein profundes Interesse bekundet, die die Not verursachenden – und gleichzeitig den eigenen Reichtum schaffenden – Strukturen zu beheben. Entsprechend lässt Joselito die Lehrerin mit der Zurückweisung hilflos mit ihrem schlechten Gewissen stehen – und damit auch die vermutlich privilegierteren deutschsprachigen Leser*innen. Die Stimme der reichen Frau, die den Kindern aus Scham etwas schenken will, steht der Stimme Joselitos gegenüber, der (ähnlich seinem Vater) seinen einzigen verbliebenen Handlungsspielraum ergreift und dieses Angebot ablehnt.

4. Allgemein literaturdidaktisches Potential

Der Roman lädt ein, über die Beweggründe der Hauptfiguren zu sprechen und die Ursachen für das parabelhaft dargestellte Schicksal Ramóns und seiner Familie nachzuzeichnen. Dabei ist interessant, wie die Trennung von Lebensräumen (Stadt und Land; arme und reiche Viertel) dargestellt wird und wie schwierig es für die Menschen ist, sich in der jeweils anderen Welt zu bewegen. Im Gegensatz zu Ramóns altem Leben auf dem Land wirkt die Komplexität der Stadt geradezu bedrohlich, ihre Strukturen für marginalisierte Gruppen menschenfeindlich. Die Überschreitung oder das Aufbrechen der Grenzen sind mit einem hohen Risiko verbunden und werden im Roman in der Regel bestraft (gesundheitliches Risiko, Gesichtsverlust, Tod). Doch Schattenseiten finden sich auch auf dem Land: Kindersterblichkeit („Ramón war der siebte von zwölf Geschwistern, von denen aber fünf gestorben waren" [NFC, S. 6]), mangelnde Hygiene („[der Vater], der schon von weitem nach Knoblauch, Schweiß und Fellen roch" [NFC, S. 7]), mangelnde Bildung („Er wünschte sich sehnlich, Lesen und Schreiben zu lernen" [NFC, S. 7]), benachteiligende und diskriminierende Hierarchien („Je dümmer ihr [Indios] bleibt, desto leichter wird man mit euch fertig" [NFC, S. 7]) und Sucht („Wenn du hier oben bleibst, verblödest du und wirst genau so ein stinkender und versoffener Indio wie alle anderen um dich herum" [NFC, S. 8]).

Die Unvereinbarkeit der beiden Welten wird am Beispiel dreier Mädchen dargestellt (NFC, S. 9 ff.), die in der großen Stadt arbeiten und im Bergdorf nunmehr mit ihren hohen Absätzen im Schlamm stecken bleiben, aber sich über die Dorfbewohner*innen erhaben fühlen. Dass sie jedoch auch in der Stadt nicht heimisch geworden sind, zeigt sich daran, dass sie jedes Mal in Tränen ausbrechen, wenn sie wieder zu ihren Arbeitsplätzen in die Stadt zurückkehren müssen. Auch Ramón hat sich von seiner Ursprungskultur entfremdet und zieht es selbst in Momenten größter Not nicht mehr in Erwägung, mit seiner verarmten Familie zurück in das Bergdorf zu ziehen.

Besonderes didaktisches Potential liegt daneben in der Analyse der dargestellten Dilemmata. Viele Figuren fechten innere Kämpfe aus, meist ohne befriedigendes Ergebnis. So erkennt zum Beispiel die reiche europäische Lehrerin ihren Reichtum, weiß aber nicht, wie sie die Kinder Ramóns daran teilhaben lassen kann. Ihr Versuch, Hilfe anzubieten, läuft ins Leere. Ramón selbst steht immer wieder vor dem Dilemma, weiter in die Armut abzurutschen oder durch Diebstahl die Familie über Wasser zu halten. Hätte er doch als Hüttenbauer und Schilfdachdecker zuhause bleiben sollen? Wenn er aber doch den Traum von langfristiger Teilhabe am Leben in der Großstadt verfolgen will, wo im Verlauf seines Lebensweges hätte er sich anders verhalten müssen? Welche Handlungsspielräume hatte er überhaupt?

Auch die Historizität des Romans kann in den Blick genommen werden: Neben einer kritischen Sprachbetrachtung der im analytischen Teil erarbeiteten Facetten können Vorstellungen, die in den 1970er Jahren über Kulturen und Kontinente vorherrschten, zum Thema gemacht werden. Die klare Rollenverteilung zwischen Mann und Frau bietet hier ebenso Anlass zu Diskussionen und diachronen Vergleichen wie die zunehmende Alphabetisierung der indigenen Bevölkerung und die Verbesserung der allgemeinen Lebensumstände auf dem Land. Allerdings bleibt zu konstatieren, dass die soziale Ungleichheit in Lateinamerika vor allem auch aufgrund der globalen Ungleichheit nach wie vor enorm ist.

5. Didaktischer Kommentar in Bezug auf das interkulturelle Lernen

Gerade der Umgang mit literarischen Texten im Unterricht bietet Schüler*innen Gelegenheit, ihr Wissen über eigene und andere Kulturen zu erweitern, eigene Haltungen zu entwickeln und bisher womöglich unreflektierte Zuschreibungen kritisch zu reflektieren.

> Literarischen Texten kommt insofern eine besondere Rolle zu, als sie ansonsten kaum zugängliche komplexe soziale und kulturelle Prozesse und Interaktionen modellie-

ren [...] und die Leser/innen zu einer bestimmten Sicht auf diskursive und kulturelle Vorgänge anregen[7].

Auch anhand des Romans *Die Not der Familie Caldera* können solche Teilziele interkulturellen Lernens erreicht werden. Zudem kann an einem bewussten und kritischen Umgang mit Stereotypen, einer (ansatzweisen) Überwindung des Ethnozentrismus und einem vertieften Verständnis für Fremdheit und Fremdheitsdynamiken gearbeitet werden. Der Aufbau von Wissen über andere Kulturen, das Erkennen stereotypischer Darstellung und Überzeichnungen (ohne z. B. die positiven Seiten einer Gesellschaft zu zeigen), das Verständnis für die eigene Kulturverhaftung (auch von Gudrun Pausewang) sowie die Anerkennung eigener Privilegien angesichts gravierender globaler Ungerechtigkeit stellen weitere Lernbereiche dar.

Da der exakte Ort der Handlung nicht bekannt ist, können Schüler*innen zunächst Vermutungen darüber anstellen und diese anhand von Textstellen belegen. Die Schüler*innen erwerben dabei ausgehend vom konkreten Beispiel Wissen über die Pluralität südamerikanischer Kulturen. Dabei gilt es zu thematisieren, dass die Schwarze sowie die indigene Bevölkerung nach wie vor stark isoliert, strukturell benachteiligt und diskriminiert wird und überdurchschnittlich oft in prekären Verhältnissen lebt. Auch die Landflucht ist zu beleuchten, die in den 1940er Jahren begann und bis heute nicht abreißt. Sie ist ein Trend, der auch deswegen zu besprechen ist, weil er auch auf globaler Ebene zu beobachten ist und stark von sozio-ökonomischen Faktoren bestimmt ist. Fehlende Lebensperspektiven auf dem Land führen Menschen auf der Suche nach Arbeit in die Städte, wo sie in einem Teufelskreis aus diskriminierenden Strukturen, Nahrungsmangel, schlechten Bildungschancen und unzureichender medizinischer Versorgung landen. Mitunter bleibt nur der Ausweg in die Kriminalität, wie Ramóns Beispiel verdeutlicht.

Darüber hinaus greift der Roman die Ausbeutungsmechanismen durch privilegierte Gruppen auf: Das Eintauchen Ramóns in die Großstadt beginnt mit der äußerlichen Verwandlung, indem er seinen „herrlichen Zopf" (NFC, S. 17) abschneidet und Hose, Poncho und Beutel an Ernesto verkauft, „der in seiner Heimat Ernst hieß" (NFC, S. 21). Letzteres kann als Andeutung auf die Praxis gewertet werden, dass in den späten 1970er Jahren europäische Einwanderer*innen oder Reisende im südamerikanischen Ausland nicht selten die Not der einheimischen Bevölkerung ausnutzten und Kulturgut ‚erwarben', in diesem Fall sogar das sprichwörtliche ‚letzte Hemd' Ramóns.

---

7 Wolfgang Hallet, 2010, Kulturdidaktik, in: Metzler Lexikon Fremdsprachendidaktik. Ansätze – Methoden – Grundbegriffe, hrsg. von Carola Surkamp, Stuttgart: Metzler, S. 152–156, hier S. 155 f.

6. Didaktisch-methodische Überlegungen und Umsetzungen

In Anbetracht der beschriebenen Implikationen empfehlen wir das Werk als Klassenlektüre für die Sekundarstufe. Vorausgehend oder begleitend sollte jedoch die im Werk verwendete Sprache intensiv betrachtet werden. Denn vor allem Forschungsimpulse der *Cultural* und *Postcolonial Studies*, aber auch im gesellschaftlichen Diskurs zunehmend hörbar werdende anti-rassistische Stimmen haben seit Erscheinen des Werks zu einer gesellschaftlichen Sensibilisierung geführt. Viele der im Roman wie selbstverständlich verwendeten Zuschreibungen für Bevölkerungsgruppen erscheinen heute nicht nur als geschmacklos, sondern sind ohne jeden Zweifel als rassistisch einzustufen. Daher sollte mit den Schüler*innen u. a. diskutiert werden, inwiefern ein Werk mit derart drastischer Sprache heute noch Raum im Deutschunterricht einnehmen soll oder ob nicht stattdessen Texte von People of Color zu wählen sind, die womöglich von einem ähnlichen Sachverhalt, aber aus einer anderen Perspektive und daher mit anderen Selbst- bzw. Fremdzuschreibungen erzählen. Unabhängig vom sprachlichen Ausdruck im Werk, der im historischen Kontext zu betrachten ist, gilt es in den Diskussionen und Arbeitsphasen durchgehend kultur- und diversitätssensible Sprache als Teil wertschätzender Kommunikation zu verwenden. Ein pädagogisch-didaktisches Dilemma bleibt dabei ungelöst: Das Inkaufnehmen der literarischen Begegnung mit rassistischer Sprache im Deutschunterricht gibt dieser Sprache einen Resonanzraum, in dem bestehende Rassismen reproduziert werden und Schwarze Schüler*innen bzw. People of Color potenziell schmerzhafte Rassismuserfahrungen machen müssen,[8] die den oben beschriebenen Zielen interkultureller Bildung grundlegend entgegenstehen.

Grundsätzlich kann die Beschäftigung mit Pausewangs Roman im Literaturunterricht aber auch Räume für interkulturelle Begegnung schaffen. Sie bietet vielfältige Möglichkeiten zur Anschlusskommunikation, zur Verhandlung von Werten und Einstellungen sowie zum Füllen von Leerstellen, die der literarische Text enthält. Eine solche Leerstelle im Roman, die sich zum Weiterschreiben anbietet, ist die Reaktion der *weißen* Frau auf Joselitos Worte. Ihr Wunsch zu helfen ist von Joselito ausgeschlagen worden, aber möglicherweise sucht sie in Zukunft nach Wegen, ihren aktiven Beitrag zu ausgleichender Gerechtigkeit zu leisten? Welche könnten das sein? Sucht sie Kontakt zu Joselitos Familie? Mit dem Füllen dieser Leerstelle werden die Schüler*innen auch dazu angehalten, konstruktive Wege aus der frustrierenden Situation zu suchen und so neben literarischem und sprachlichem Lernen auch das Experimentieren mit Handlungsalterativen zu üben. Als Ausgangspunkt für die Fortschreibung des Romans bietet sich folgendes Zitat Pausewangs aus der Prager Zeitung am 30.03.2018 an:

---

8 Vgl. Tupoka Ogette, [Anm. 3], S. 16.

In vielen Menschen habe ich etwas bewirkt. Aber ich müsste in noch viel mehr Menschen etwas bewirken! Und nicht nur ich! Von allen Menschen müsste ein Widerstand gegen Kriege und ein Puls für das Wohlergehen aller seiner Mitbürger ausgehen! Erst dann würde sich mehr zum Positiven ändern.[9]

Für das Weiterschreiben des Textes eignen sich unterschiedliche mediale Formen: Einerseits die Anknüpfung an die Romanform an, um den Faden des Ausgangswerkes aufzugreifen. Andererseits liegen auch mündliche Textformen wie ein Podcast oder ein V-Log nahe, da sich die Aktualisierung des Textes nicht nur in der Sprache, sondern auch im Medium spiegelt. Dazu ließe sich textimmanent argumentieren, dass viele der Hauptfiguren nicht schreiben können, oder, falls des Schreibens mächtig, Personen erreichen können, die nicht alphabetisiert sind. Eine Mischform wäre ein Blogformat, in das man Bild- und Tonmaterial einbetten kann.

Die Not der Familie Caldera eignet sich als historisch zu perspektivierende Lektüre dazu, in der Sekundarstufe I analytisch wie produktions- und handlungsorientiert zu arbeiten und früh grundlegende Kompetenzen im Bereich des interkulturellen Lernens zu schulen. Die Behandlung des Romans im Deutschunterricht der Gegenwart eröffnet Kindern und Jugendlichen Einblick in eine Welt, die trotz aller digitalen Möglichkeiten heute vielleicht verschlossener ist als zu der Entstehungszeit des Romans. Dies kann daran liegen, dass das Augenmerk heute eher auf akute Krisen gerichtet ist denn auf strukturelle Probleme in südamerikanischen Gesellschaften. Es kann aber auch an der Verknüpfung von regionaler und zeitlicher Distanz zwischen Handlung und (heutigen) Rezipient*innen liegen, da der Roman gewissermaßen im Geiste einer Zeit geschrieben wurde, der Leser*innen früherer Generationen noch (besser) bekannt war.

Trotz der angesprochenen und zu problematisierenden Aspekte kann Pausewangs Roman als Schullektüre eine Mittlerrolle zwischen den Lebensumständen der Calderas und den (vermutlich) deutschen Rezipient*innen einnehmen. Da die Erzählinstanz das Familienschicksal nicht erlebt, sondern lediglich aus dem Kindermund Joselitos und Luisas erfahren hat, erklären sich Vereinfachungen und Unschärfen ebenso wie die Allgemeingültigkeit der Parabel. Die Reduktion der Figuren, die in teilweise schemenhafter Interaktion ihrem Schicksal entgegentreiben, mündet darin, dass Joselito das Gespräch mit der Lehrerin, das für ihn keine Begegnung im Sinne einer Verständigung ist, abbricht. Diese bis dato defizitäre Verständigung gilt es im Deutschunterricht wieder aufzunehmen. In diesem Ansinnen ist auch Pausewangs Erzählung zu lesen.

---

9 Klaus Hanisch, 2018, „Ich habe in vielen Menschen etwas bewirkt.", Interview mit Gudrun Pausewang, in: Prager Zeitung vom 30.03.2018. https://www.pragerzeitung.cz/ich-habe-in-vielen-menschen-etwas-bewirkt/ (30.03.2023).

Unter dem Strich steht Pausewangs preisgekrönter Jugendroman exemplarisch für ihr Anliegen, im Zeichen von Völkerverständigung und Frieden zu arbeiten, und ihre Erfahrungen, die sie als Lehrerin in Chile, Venezuela und Kolumbien machte, Kindern und Jugendlichen weiterzugeben.[10] Ihre Südamerika-Erzählungen zeichnen sich durch ein ihrer Literatur eingeschriebenes gesellschaftspolitisches Engagement sowie einen gesellschaftskritischen Grundton aus, der – parallel zu den in Lateinamerika ab Mitte der 1960er Jahre zunehmend Fuß fassenden befreiungstheologischen Ansätzen – Ausbeutung und Unterdrückung, Arbeitslosigkeit, Menschenfeindlichkeit und Armut aufzeigt und anprangert.[11] Es gelingt ihr dabei in nüchterner, kindgerechter Darstellungsweise die Auswüchse sozialer Ungerechtigkeit in eine leicht zu lesende Parabel zu verdichten, auch wenn aufgrund dessen die Komplexität der strukturellen Zusammenhänge stark vereinfacht wird.

---

10 Vgl. Peter Morris-Keitel, [Anm. 5], S. 390 ff.
11 Vgl. ebd., S. 391.

Eine Hand voller Sterne. Ein deutsch-polnisch-syrisches Projekt

Der Jugendroman *Eine Hand voller Sterne* von Rafik Schami

Annette Kliewer

1. Einleitung

Der 1946 in Damaskus geborene Rafik Schami gehört zu den bekanntesten Autoren Deutschlands. Er stammt aus einer christlich-aramäischen Minderheit in Damaskus, besuchte ein jesuitisches Kloster-Internat im Norden Libanons und studierte in Damaskus Chemie, Mathematik und Physik. Schon mit neunzehn Jahren gründete und leitete er 1966 in der Altstadt von Damaskus die Wandzeitung *Al-Muntalak* (dt. ‚Ausgangspunkt'), die 1969 verboten wurde. 1971 emigrierte er – aus Furcht vor der Einberufung in die Armee – nach Deutschland und setzte hier zunächst sein Chemie-Studium fort, das er mit einer Promotion abschloss. Er veröffentlichte zahlreiche Texte in Zeitschriften und Anthologien, zunächst in arabischer, seit 1977 auch in deutscher Sprache. 1978 erschien mit *Andere Märchen* sein erstes Buch in deutscher Sprache. Von 1980 bis 1985 war Rafik Schami Mitherausgeber und Autor der Reihe *Südwind-Gastarbeiterdeutsch* und der Reihe *Südwind-Literatur* (insgesamt 13 Bände). 1985 erhielt er den „Adelbert-von-Chamisso"-Preis für sein Gesamtwerk, einen Preis, der für Autor*innen nicht-deutscher Muttersprache ausgeschrieben war. Er nahm schon bald eine besondere Rolle als „orientalischer Märchenonkel"[1] und beim Publikum erfolgreicher Brückenbauer zu einer orientalischen Erzähltradition ein.

Der Longseller *Eine Hand voller Sterne* aus dem Jahr 1987[2], nominiert für den Deutschen Jugendliteraturpreis, greift autobiographische Erfahrungen des Autors auf: So spielt auch er in dem christlichen Viertel in Damaskus und indirekt wird die Verfolgung der journalistischen Arbeit Schamis angesprochen. Es handelt sich um einen Tagebuchroman, der namenlose Ich-Erzähler ist zu Beginn der Aufzeichnungen 14 Jahre alt, zum Ende des Buches 17 Jahre. Sein Vater ist Bäcker und er möchte, dass sein Sohn den Betrieb übernimmt. Deshalb steht er den schu-

---

1 Benoît Ellerbach, 2018, L'Arabie contée aux Allemands. Fictions interculturelles chez Rafik Schami. Würzburg: Königshausen & Neumann, S. 108.
2 Rafik Schami, 1987, Eine Hand voller Sterne. Weinheim: Beltz & Gelberg. Rafik Schami, 2018, Eine Hand voller Sterne. Hörbuch. Untermünkheim: Steinbach.

lischen Erfolgen seines Sohnes – er erhält als Klassenbester eine Urkunde – skeptisch gegenüber und zwingt ihn auch, in der Bäckerei zu arbeiten. Sein eigentlicher Berufswunsch ist, Journalist zu werden, da er sich für soziale und politische Fragen interessiert. Immerhin gelingt es ihm, mit seinem Vater auszuhandeln, dass er Brote austragen darf, und bei diesen Botengängen erfährt er mehr über die Stadt und ihre Bewohner*innen. Eines Tages lernt er auch den Journalisten Habib kennen, der zu seinem Vorbild wird, weil er es wagt, oppositionelle Inhalte ans Licht zu bringen. Der Ich-Erzähler ist verliebt in seine Nachbarin Nadja, der aber der Kontakt mit ihm verboten wird. Er hat zwei Freunde, Mahmud und Josef, mit denen er die Untergrundorganisation *Die Schwarze Hand* gründet, die gegen das Unrecht in seiner Stadt ankämpfen will. Auch Mahmud interessiert sich für das Schreiben, er verfasst Theaterstücke mit sozial-politischem Anspruch. Von seinem anderen Freund Josef distanziert sich der Ich-Erzähler mehr und mehr, denn Josef lässt sich im Laufe des Romans auf die Ideologie des Regimes ein. Sein bester Freund ist aber der 75-jährige Kutscher Onkel Salim, der ihm immer wieder Geschichten erzählt, die der Ich-Erzähler dann auch aufschreibt. Er unterstützt ihn als (groß-)väterlicher Freund, auch bei den illegalen journalistischen Aktionen um eine geheime „Sockenzeitung", bei der billige Socken mit versteckten Botschaften über das diktatorische Regime verkauft werden.

Der Roman war Mittelpunkt der Aktionen *Eine Stadt. Ein Buch* 2012 in Wien und *Ein Buch für die Stadt* 2015 in Köln. Das Buch erhielt den Zürcher Kinder- und Jugendbuchpreis „La vache qui lit" und den „Preis der Leseratten" des ZDF. 2018 wurde ein Hörbuch zu diesem Roman veröffentlicht. 2020 drehte der Drehbuchautor/Regisseur Michael Schäfer einen Film, aus Sicherheitsgründen im Libanon. Es gibt verschiedene didaktische Auseinandersetzungen mit dem Roman.[3]

Der Tagebuchroman greift mehrere Stränge auf, die sich im Laufe des Textes aufeinander beziehen. Dies erfordert von den jugendlichen Leser*innen, dass sie den Überblick behalten und sich auf Parallelhandlungen einlassen können. Der Roman eignet sich damit für eine Klassenlektüre in den Klassen 7 bis 9 und regt zu zahlreichen fächerübergreifenden Aktivitäten an, vor allem im Bereich Geographie, Religion/Ethik, Geschichte, Musik und Bildende Kunst.

2. Literaturwissenschaftliche und literaturdidaktische Analyse

Der Roman erlaubt es, in eine andere Zeit einzutauchen, in der es noch kein Internet und kaum Technik gab. Besonders durch das Einflechten zahlloser Anekdoten

---

[3] Annette Deeken, 1995, Der listige Hakawati. Über den orientalischen Märchenerzähler Rafik Schami, in: Deutschunterricht. 48, S. 363–370; Abdullah Incekan, 2012, Eine Hand voller Sterne im Unterricht: Lehrerhandreichung zum Jugendroman von Rafik Schami (Klassenstufe 7–9, mit Kopiervorlagen und Lösungsvorschlägen). Weinheim/Basel: Beltz.

und Schelmengeschichten, oft mündlich wiedergegeben durch Onkel Salim, entsteht eine fast märchenhafte Atmosphäre, die sich vor allem aus vielen Versatzstücken eines „orientalischen" Lebens speist. So wird das Leben in den Gassen der Damazener Altstadt, das Nebeneinander verschiedener Kulturen und Religionen, aber auch die bedrohliche Situation einer Diktatur geschildert. Ein weiteres Thema, das deutschen Jugendlichen erst einmal fremd sein wird, ist die Schilderung der Kinderarbeit. Es finden sich aber auch Themenfelder, die westliche Jugendliche der Mittelstufe zur Identifikation einladen: An erster Stelle ist hier der Vater-Sohn-Konflikt zu nennen, auch wenn wohl die wenigsten Jugendlichen mit den Forderungen eines Vaters konfrontiert werden, der sie vor zu viel Bildung schützen möchte. Auch die Themen „Freundschaft" und „(erste) Liebe" in verschiedenen Facetten durchziehen das ganze Buch. Weitere wichtige Themen sind die jugendliche Identitätssuche, vor allem bei der Wahl eines Berufs sowie Fragen um Zivilcourage und Auseinandersetzung mit den Verlogenheiten der umgebenden Gesellschaft. Aktualität gewinnt der Roman heute durch die Darstellung der Instabilität im Nahen Osten und den aktuellen Bürgerkrieg in Syrien, der ja durch die Anwesenheit vieler syrischer Geflüchteter in unserer Gesellschaft eine besondere Präsenz gewonnen hat. Das Regime hat sich nicht geändert, es handelt sich nur heute nicht mehr um Hafiz al-Assad, sondern um seinen Sohn Baschar al-Assad.

In diesem Zusammenhang wäre grundlegender auf die Bedeutung von Rafik Schami in der deutschen Literaturlandschaft genauer einzugehen: Schami, der selbst Edward Saids „Orientalismus"-These gutheißt, nach der der ‚Orient' nur eine Konstruktion des Westens ist, mit allen faszinierenden und allen angsteinflößenden Aspekten, scheint sich selbst nicht freimachen zu können von diesem „Orientalismus".[4] Dies hat vor allem Benoît Ellerbach in seiner monumentalen Doktorarbeit aus dem Jahr 2018 nachgewiesen: Gerade weil er die Nähe zur orientalischen Mündlichkeit hochhielt und zum Bestsellerautor wurde, schrieb man ihn in Deutschland gerne der Unterhaltungsliteratur oder der Kinderliteratur zu. Dem hält Hans-Heino Ewers in seinem Vortrag *Ein orientalischer Märchenerzähler, ein moderner Schriftsteller* schon im Jahr 2000 entgegen, wie stark Schami auf das deutsche romantische Modell der Aufwertung von Mündlichkeit (etwa bei Goethe, Heine und Chamisso) rekurriert.[5] Ellerbach macht deutlich, dass dem Autor seine Vermittlerrolle auch geschadet hat, indem er einem Orientbild zuarbeitete, das vereinfachend und stereotyp war. Wenn er etwa die Orte seiner Kindheit in Damaskus als ‚Idylle' oder ‚Utopie' darstellt, so sind deutsche Leser ohne Kennt-

---

4 Edward Said, 1981, Orientalismus. Frankfurt am Main: Ullstein.
5 Vgl. Hans-Heino Ewers, 2000, Ein orientalischer Märchenerzähler, ein moderner Schriftsteller? Überlegungen zur Autorschaft Rafik Schamis, in: Konfigurationen des Fremden in der Kinder- und Jugendliteratur nach 1945, hrsg. von Ulrich Nassen und Gina Weinkauff. München: Iudicium 2000, S. 155–168.

nis der syrischen Kulturlandschaft nicht in der Lage, diesen Konstruktcharakter der Beschreibung zu entlarven, und halten den beschriebenen Orient für Realität. Bleibt Schami wirklich in der Lage, mit den exotischen Erwartungen an ihn zu spielen und den Exotismus zu instrumentalisieren? Oder unterliegt er seinem eigenen Erfolgskonzept und verkauft sich kommerziellen Interessen, indem er gerade durch seine Selbstinszenierung in seinen Lesungen oder in der Auseinandersetzung mit den Medien die Rolle übernimmt, die man ihm zuschreibt und dabei Begriffe wie ‚arabische Kultur' oder ‚Orient' vereinfacht und damit verfälscht? Auf jeden Fall lässt sich bei Schami eine Entwicklung feststellen: Vom Wegbereiter der ‚Gastarbeiterliteratur' ist er zu einem in Deutschland anerkannten Unterhaltungsautor geworden, der sich zeitweilig auf die KJL begrenzte. Dabei zeigt gerade *Eine Hand voller Sterne*, wie er geschickt zwischen orientalischer Märchenatmosphäre und Aufruf zur Zivilcourage vermittelt. Damit deutet er eine politische Positionierung an, wie sie sich in seinen späten Erwachsenenromanen *Die dunkle Seite der Liebe* (2004) und vor allem in *Das Geheimnis des Kalligraphen* (2008) wiederfindet. Hier nimmt er die Entwicklung in seinem Land in ähnlicher Weise in den Blick. Die späten Erwachsenenromane kehren damit quasi zum Anfang seines Schreibens zurück und machen sich zunehmend frei von dem Blick der Deutschen auf seine Heimat.[6]

3. Interkulturelles Lernen

„Interkulturelle Literaturdidaktik ist eine [...] Lesart, die einerseits die Interkulturalität poetischer Werke entschlüsselt und zur Wirkung bringt, andererseits aber auch literaturdidaktische Lehr-Lern-Settings im Umgang mit jeder Literatur so gestaltet, dass interkulturelles Lernen unterstützt wird."[7] Es wird also Literatur gelesen, die andere Kulturerfahrungen vermittelt.[8] Dabei kann es sich um Lite-

---

6 Vgl. Rafik Schami, 1986, Eine Literatur zwischen Minderheit und Mehrheit, in: Eine nicht nur deutsche Literatur. Zur Standortbestimmung der ‚Ausländerliteratur', hrsg. von Irmgard Ackermann und Harald Weinrich. München: Piper, S. 55–59.
7 Heidi Rösch, 2020, Interkulturelle Literaturdidaktik, in: http://www.kinderundjugendmedien.de/index.php/fachdidaktik/5053-interkulturelle-literaturdidaktik (11.02.2024); Vgl. auch: Heidi Rösch, 2013, Interkulturelle Literaturdidaktik im Spannungsfeld von Differenz und Diskriminierung, Diversität und Hybridität, in: kjl&m extra 13, S. 21–32; Vgl. auch: Christian Dawidowski und Dieter Wrobel (Hrsg.), 2006, Interkultureller Literaturunterricht. Baltmannsweiler: Schneider Verlag Hohengehren.
8 Bezogen auf die Kinder- und Jugendliteratur wird diese im Überblick von Gina Weinkauff dargestellt: Gina Weinkauff, 2000, Multikulturalität als Thema der Kinder- und Jugendbuchliteratur (KJL), in: Taschenbuch der Kinder- und Jugendbuchliteratur, hrsg. von Günther Lange. Baltmannsweiler: Schneider Verlag Hohengehren (Band 2), S. 766–783.

raturbeispiele im grenzüberschreitenden Raum handeln[9] oder um komparatistisches Arbeiten an europäischen Nationalliteraturen. Es kann aber auch mit postkolonialem Blick um das Lesen von Literatur aus den Südlichen Kontinenten gehen und damit um eine Umkehrung der Perspektive.[10] Diese Herangehensweise erlaubt es, ‚fremde Literatur' in den Deutschunterricht aufzunehmen und damit traditionelle Kanongrenzen zu überschreiten. Diese Grenzen können sich aber auch auf den innerdeutschen Raum beziehen, wenn Regional- oder Dialektliteratur oder aber Literatur von Schriftsteller*innen nicht-deutscher Muttersprache an den Rand gedrängt werden und Diversität unterdrückt wird.[11] Und schließlich kann die traditionelle Kanonliteratur mit einem interkulturellen Blick gelesen werden. Rösch fasst die verschiedenen Herangehensweisen unter dem Begriff „MIST" zusammen: Es gibt das multikulturelle Nebeneinander, den interkulturellen wechselseitigen Transfer, die synkulturelle Verschmelzung und den transkulturellen einseitigen Transfer.[12]

Schließlich kann ein interkultureller Literaturunterricht aber auch davon bestimmt sein, dass nicht der Gegenstand als neu oder ‚fremd' gekennzeichnet ist, sondern die Herangehensweise. Hier ließen sich – nach Heidi Rösch[13] – zwei Modelle erkennen: Zum einen die Vorstellung, Literatur biete die Gelegenheit, Fremdheitserfahrungen zu machen und dadurch die Konstituierung einer eigenen Identität zu unterstützen. Literatur sei, allein schon weil sie von anderen Menschen in einer anderen räumlichen, historischen oder kulturellen Situation geschrieben wurde und von anderen Menschen handelt, mit Fremdheit behaftet. Diese Vorstellung wurde vor allem von Michael Hofmann in seiner Einführung in die Interkulturelle Literaturwissenschaft in Anlehnung an Konzepte der Fremdbegegnung von Ortfried Schäffter (1991) vorgeschlagen.[14] Es gebe also die Möglichkeit eines Austauschs von Selbst und Fremdem, aber immer eine bestehende Dichotomie von beidem.

---

9 Vgl. Annette Kliewer, 2006, Interregionalität. Literaturunterricht an der Grenze zum Elsass. Baltmannsweiler: Schneider Verlag Hohengehren. (zugleich Habilitation an der Universität Koblenz-Landau, Campus Landau).

10 Vgl. Annette Kliewer und Eva Massingue, 2006, Guck mal übern Tellerrand. Kinder- und Jugendliteratur aus den Südlichen Kontinenten im Deutschunterricht. Baltmannsweiler: Schneider Verlag Hohengehren.

11 Vgl. Annette Kliewer, 2022, Gegen die Vereindeutigung der Welt. Mehrsprachigkeit in der Regionalliteratur an den Grenzen der Oberrheinregion. In: Titelbach, Ulrike (Hrsg.): Mehr Sprachigkeit. Unterrichtsvorschläge für die Arbeit mit mehrsprachiger Literatur in der Sekundarstufe. Wien: Praesens, S. 97–116.

12 Vgl. Heidi Rösch, 2016, Glokale Literatur im (Deutsch-als-)Fremdsprachenunterricht, in: Info DaF Jg. 43, H. 1, S. 3–20. https://www.degruyter.com/view/journals/infodaf/43/1/article-p3.xml?tab_body=pdf-74962, S. 8 (11.02.2024).

13 Vgl. Rösch, Glokale Literatur [Anm. 12], S. 16.

14 Vgl. Michael Hofmann, 2006, Interkulturelle Literaturwissenschaft. Paderborn: Fink.

Eine Alternative ist der Literaturbegriff, den Werner Wintersteiner in seiner Habilitation *Poetik der Verschiedenheit* (2006) formuliert: Literatur ist demnach immer schon *in sich* Begegnung mit Alterität.[15] Sie biete – anders als pragmatische Texte und Alltagskommunikation – immer Offenheit der Deutungen an. Nicht erst im Rezeptionsvorgang könne es eine Begegnung von Fremdem geben, sondern auch in der Literatur selbst. Sie sei immer auch eine Verbindung von Universalem und Partikularem und damit eine Möglichkeit der Selbstbegegnung.

Die interkulturelle Herangehensweise an Diversität verharrt in binären Mustern von Eigenem und Fremdem. Eine postmigrantische Herangehensweise, bei der gar nicht mehr klar ist, wer die Mehrheitsgesellschaft vertritt und wer zur Minderheit gehört, führt weiter: Wenn schon die Leser*innen sich als ‚fremd' in der homogenen Gesellschaft wahrnehmen, ist die „fremde Literatur" gar nicht mehr so ‚fremd'.[16] Besonders spannend wird es, wenn über den Klassenraum hinausgehende Begegnungen versucht werden: Im vorliegenden Fall handelte es sich um ein deutsch-polnisches Projekt, das unterschiedliche Stränge der interkulturellen Literaturdidaktik aufgriff: Zum einen wurde mit Rafik Schamis *Eine Hand voller Sterne* ein Roman gelesen, den man früher als „Migrantenliteratur" bezeichnet hätte und heute als „bikulturelle Literatur" bezeichnet.[17] Sein Autor sieht sich als Vermittler zwischen dem Orient und dem Okzident und eröffnet damit für den Deutschunterricht einen Perspektivwechsel. Gleichzeitig konnte der Text Anlass für einen Austausch über die interne Diversität im Klassenzimmer sein und den Blick öffnen für Erfahrungen von geflüchteten Menschen in unserer Gesellschaft.

4. Didaktisch-methodische Konkretisierungen

Ich stelle im Folgenden eine Unterrichtsreihe vor, die ich im Herbst 2020 in einer achten Klasse durchgeführt habe. Neben die Auseinandersetzung mit einem Text, der interkulturelle Erfahrungen vermittelt, traten eine ganze Reihe weiterer interkultureller Anregungen: Ausgangspunkt unserer Arbeit waren Materialien, die in dem Lesebuch *P.A.U.L.D 8* angeboten werden.[18] Hierbei handelt es sich um Auszüge aus mehreren Romanen von Rafik Schami, einen Sachtext über die Geschichte des Landes Syrien und einen Zeitungstext zum Thema „Integration". Ergänzt wurde die Arbeit durch vierzehn Auszüge aus dem Roman *Eine Hand voller*

---

15 Vgl. Werner Wintersteiner, 2006, Poetik der Verschiedenheit. Literatur, Bildung, Globalisierung. Klagenfurt/Celovec: Drava.
16 Zur postmigrantischen Pädagogik: Marc Hill, i. Dr., Postmigrantische Bildung. Praxis und Programme. Bielefeld: transcript; Marc Hill und Erol Yildiz (Hrsg.), 2018, Postmigrantische Visionen. Erfahrungen – Ideen – Reflexionen. Bielefeld: transcript.
17 Rösch, Glokale Literatur [Anm. 12], S. 7.
18 Johannes Diekhans und Michael Fuchs, 2014, P.A.U.L. D. 8 – Persönliches Arbeits- und Lesebuch Deutsch – Für Gymnasien in Baden-Württemberg u. a. Paderborn: Schöningh.

Sterne, Recherchearbeit und Interviews mit Betroffenen. Eine besondere Situation ergab sich dadurch, dass die Klasse ein eTwinning-Projekt mit einer polnischen Klasse durchführte und so alle Lektüre- und Rechercheergebnisse auch an die Schüler*innen dieser Klasse weitergegeben wurden.

Begegnung mit Syrien
Die Lektüre des Jugendbuchklassikers aus dem Jahr 1987 schockiert durch seine Aktualität. Die kollektive Wahrnehmung des Landes hat sich insofern verändert, als Schüler*innen zumindest Grundkenntnisse über den Bürgerkrieg in Syrien haben, dass ihr Bild dieses Landes dadurch aber auch bestimmt ist von Leid und Unterdrückung und die ursprüngliche architektonische Schönheit, die Hochkultur des Landes, die multikulturelle Öffnung, der relativ hohe Bildungsgrad der Bevölkerung kaum wahrgenommen wird. Ein erster Rechercheauftrag an die Schüler*innen bezog sich demnach auf das Land, seine Geschichte, seine aktuelle politische und militärische Situation, seine Religionen, seine Kultur und seine gesellschaftliche Zusammensetzung. Ergebnisse wurden in kurzen Power-Point-Präsentationen und/oder in Quizlets für die anderen deutschen und die polnischen Schüler*innen zusammengefasst.

Begegnung mit einer syrischen Geflüchteten
Eine Vertiefung erfuhr diese Auseinandersetzung mit dem Land durch eine Begegnung mit einer Frau, die 2015 aus Syrien geflohen war und nun genügend Deutsch sprach, um den Schüler*innen auf ihre Fragen antworten zu können. Diese Fragen waren sowohl allgemeiner Art: Sie sollte ihr Land vorstellen, was sie vor allem mit YouTube-Filmen und eigenen Bildern aus dem syrischen Alltag anschaulich machte. Es kamen aber auch zahlreiche persönliche Fragen zu Syrien, zu ihrer Flucht und zu ihrem neuen Leben in Deutschland. Die Erfahrungen aus dem Gespräch wurden nachträglich auf zwei Texte von Rafik Schami übertragen, die sich im Lesebuch (P.A.U.L. D) fanden: In dem Auszug aus *Erzähler der Nacht*[19] wird ein Gespräch eines Rückkehrers aus dem amerikanischen Exil dargestellt. Tuma erzählt von den Merkwürdigkeiten des Lebens in der Fremde. Die umgekehrte Sicht auf unsere Gesellschaft in Anlehnung an die Methode der *Lettres Persanes* (1721) von Montesquieu erlaubt einen Perspektivwechsel. Nicht das Fremde steht im Vordergrund, sondern die Fremdheitserfahrung angesichts einer Gesellschaft, die uns als selbstverständlich erscheint. Hier konnten sich Schüler*innen ‚mit Migrationshintergrund' einbringen, die auf die von ihnen erlebten Merkwürdigkeiten im deutschen Alltag eingingen. Der zweite Text, ein Zeitungstext mit dem Titel *Erfahrungen eines zugereisten Orientalen*[20], reagiert auf die Forderung, dass die neu angekommenen ‚Fremden' sich an eine – wie

---

19   Rafik Schami, 1995, Erzähler der Nacht. Weinheim: Beltz & Gelberg, S. 148 ff.
20   Vgl. Diekhans / Fuchs 2014, S. 35–36.

auch immer zu definierende – ‚deutsche Kultur' anpassen sollen. Schami stellt die Frage, an welche Kultur man sich hier denn anpassen solle, wenn doch die Deutschen selbst nicht einmal wüssten, wie sie diese Kultur positiv füllen können. An der Tafel wurde gesammelt, was wir für „typisch deutsch" halten: Ein Sammelsurium von merkwürdigsten Vorurteilen fand sich hier: Deutsche äßen Bratwurst, feierten Kirmes und trügen Lederhosen. Besonders von Schüler*innen ‚mit Migrationshintergrund' kamen aber auch aus dem Alltag beobachtete Zuschreibungen: „Deutsche wollen immer Rabattmärkchen sammeln", „Deutsche wissen alles besser", „Deutsche essen Essen ohne Geschmack", „Deutsche verkleiden sich zum Wandern mit Outdoor-Klamotten". Insgesamt wurde aber deutlich, dass keine*r der Anwesenden diese Zuschreibungen auf sich selbst zulassen wollte und es auch keine positiven Vorstellungen einer einheitlichen ‚deutschen Identität' gab. Da das Projekt auch als deutsch-polnische Kooperation geplant war, wurden ebenfalls Zuschreibungen über Polen gesammelt. Hier fanden sich die üblichen negativen National-Stereotypen („Polen klauen alle", „Polen kommen hierher und machen die billige Arbeit", „Polen kommen hierher und holen unseren Sperrmüll"). In einer folgenden Videokonferenz hatten die Polen ein Bilderquiz organisiert, in dem sie Fotos von deutschen und polnischen Persönlichkeiten, Orten und Bräuchen zuordnen ließen.[21] Hier merkten die deutschen Schüler*innen schnell, wie wenig sie über das Nachbarland wussten. Das Nicht-Wissen über die Nachbarn im Osten wurde als Grundlage für Stereotypen erkannt und in einem digitalen Besuch des „Polenmobils" während der Homeschooling-Phase aufgearbeitet.

Umsetzung als Bilderbuch
Der Tagebuchroman bietet eine Reihe von in sich abgeschlossenen Geschichten in der Geschichte, ein typisches Element im Erzählen von Rafik Schami, das er aber auch aus der orientalischen Erzähltradition übernimmt. Schelmenhafte Missgeschicke und lustige Anekdoten von ‚kleinen Leuten' dienen auch der humorvollen Auflockerung in einer eher düsteren Schilderung des Alltags in einem repressiven Staat. Viele dieser Einschübe greifen aber diesen Staat indirekt an, indem sie die Absurdität seiner Machthaber anprangern.

Da nicht der gesamte Roman im Unterricht gelesen wurde, wählten sich jeweils zwei Schüler*innen einen Auszug aus, der in ein Bilderbuch umgeschrieben werden sollte. Bilderbücher eignen sich für das interkulturelle Lernen in besonderer Weise, weil sie zum einen mit wenig Text auskommen und das Verständnis durch Bilder erleichtern, zum anderen durch serielles Erzählen Wiederholungen von Sprachmustern anbieten.[22] Dies bedeutete, dass ein- bis dreiseitige Tex-

---

21 https://learningapps.org/watch?v=pedbf2g2j20 (11.02.2024)
22 Vgl. Annette Kliewer, 2002, Bilderbücher aus Frankreich im Unterricht der Grundschulen – eine interkulturelle Ermunterung zum Lesen, in: Kinder -Lesen – Literatur, Beilage der Zeitschrift

te reduziert werden mussten auf ihren Erzählkern. Gleichzeitig sollte eine erste Planung eines Bilderbuchs erfolgen, sodass markiert wurde, wo eine neue Seite beginnen sollte, wo Illustrationen weiterführende Informationen oder Interpretationen anbieten sollten. Die Illustrationen selbst wurden dann im Kunstunterricht angefertigt, wobei immer zwei Schüler*innen die gleiche Textstelle erhielten und nachträglich von der Klasse die bessere Umsetzung ausgewählt wurde. Um die Illustrationen möglichst einheitlich zu gestalten, wurde von den Schüler*innen vorher festgelegt, welche Eigenschaften beibehalten werden sollten, um bestimmte Figuren wiedererkennen zu können. Über virtuelle Tools wie Polly und Padlet nahmen die Schüler*innen an dem Entscheidungsprozess teil, welche Bilderbücher in einer Ausstellung in der Schule, als e-Magazine auf der Homepage und in einem verlassenen Laden in der Innenstadt gezeigt werden sollten.[23]

Europäisches Projekt

Abb. 1: Zeichnung, anonym, Deutschland.   Abb. 2: Zeichnung, Dominica Lechocinska, Poland.

Das Projekt war Teil eines virtuellen Austauschprojekts, zusammen mit einer Deutschlehrerin aus dem polnischen Rzeszów, die an einer Schule für hochbegabte Kunst-Schüler*innen arbeitet (vgl. Abb. 1 und Abb. 2). Zu berücksichtigen war von vorneherein, dass die Kompetenzen in beiden Schulen völlig anders gelagert sind: Die polnischen Schüler*innen sind sprachliche Anfänger*innen im Deutschen, es war also unbedingt notwendig, dass die deutschen Schüler*innen ihnen vereinfachte Texte als Vorlage für die Bilderbücher zur Verfügung stellen. Ihre künstlerischen Umsetzungen waren dagegen auf höchstem Niveau und überstie-

---

„Praxis Grundschule" H. 3, S. 1–3 (online: https://silo.tips/download/dr-annette-kliewer-in-bilderbcher-aus-frankreich-im-unterricht-der-grundschulen (11.02.2024).

23 Bei diesem Illustrationsprojekt konnte auch die neue Graphic Novel von Markus Köninger einbezogen werden: Markus Köninger und Rafik Schami, 2018, Eine Hand voller Sterne. Graphic Novel. Weinheim/Basel: Beltz & Gelberg.

gen die Kompetenzen der deutschen Schüler*innen erheblich. Das Projekt gliedert sich ein in eine Reihe von ähnlich gelagerten Projekten zwischen den beiden Kolleginnen, die es immer geschafft haben, deutschsprachige Muttersprachler*innen mit polnischsprachigen Fremdsprachlerner*innen kreativ zusammen arbeiten zu lassen.[24]

Neben dem Ziel, dass deutsche und polnische Schüler*innen ein Projekt gemeinsam gestalten, gab es aber auch ein politisches Ziel: Polen ist ein Land, das Flüchtlingen verschlossen bleibt, die polnischen Schüler*innen haben deshalb kaum Erfahrungen mit Diversität und sie hatten in diesem Projekt erstmals die Gelegenheit, eine geflüchtete Person direkt erleben zu können. Dazu wurde das ausführliche Gespräch der Syrerin mit der deutschen Klasse aufgezeichnet und in einer gekürzten Fassung den polnischen Schüler*innen zur Verfügung gestellt. Die polnischen Schüler*innen konnten während einer Videokonferenz aber auch direkt Fragen an die Syrerin stellen und sie hat ihnen eine schriftliche Beantwortung weiterer Fragen geschickt.

Das Projekt wurde zur Zeit des Lockdowns in Polen und des Teil-Lockdowns in Deutschland durchgeführt, der Umgang mit Medien war schon von daher ein wichtiger Bestandteil der gemeinsamen Arbeit: Gemeinsames Hauptmedium war Microsoft Teams. Beide Klassen waren in einem gemeinsamen Team, wo man aufeinander reagieren konnte und in dem auch Videokonferenzen organisiert wurden. Dabei benutzten wir auch das Tool „Wonder"[25], bei dem die Schüler*innen sich informell begegnen können, was in einer normalen Videokonferenz nicht möglich ist.

Ergebnisse der gemeinsamen Arbeit wurden über Padlets geteilt, etwa ein Padlet mit den fertigen Büchern der deutschen Schüler*innen (Text) und der polnischen Schüler*innen (Illustration).

Als Archiv der gemeinsamen Aktivitäten diente außerdem das europäische Portal eTwinning.[26] Hier stellten sich alle Schüler*innen in kurzen Texten vor, hier wurden alle Unterrichtsergebnisse und weitere Anregungen der Auseinandersetzung mit den Partner*innen (z. B. kleine Filme über die deutsch-polnischen Beziehungen oder ein Austausch über die aktuelle Corona-Situation in beiden Ländern) gesammelt.[27] In der Regel findet der Austausch über eTwinning ja in der Fremdsprache statt, in unserem Beispiel wurde die deutsche Sprache gewählt.

---

24 Die vorherigen Projekte ab dem Jahr 2014 bezogen sich auf die Themen „Janusz Korczak", „Romeo und Julia" und „Nosferatu – Arbeit mit einem Stummfilm".
25 https://www.wonder.me/ (22.03.2023).
26 Vgl. https://twinspace.etwinning.net/122573/home (23.03.2023).
27 Vgl. https://padlet.com/agata_sztefko/guz0p3jff13pe6Oh (11.02.2024).

5. Ausblick

Die Unterrichtsreihe zeigt einen Versuch, Diversität nicht nur über einen Text und die Informationen über Syrien erfahrbar zu machen, der auch über dreißig Jahre nach seiner Entstehung zur Auseinandersetzung mit Orient-Klischees einlädt. Auch das Lernsetting ist entscheidend für eine postmigrantische Herangehensweise an den Deutschunterricht: Dichotomien werden besser in Frage gestellt, wenn nicht nur zwei Positionen sich gegenüberstehen. Dies ist ein Ansatz, der die Erasmus-Programme der EU[28] schon seit Jahrzehnten bestimmt, auch hier treffen sich zu gemeinsamen Projekten immer Partner*innen aus mehreren Ländern. Eine Übertragung dieser Vorgehensweise könnte ein wenig helfen, Stereotypen aufzuweichen.

---

28 Vgl. https://erasmusplus.schule/ (11.02.2024).

„Wir träumen alle davon, Schmetterlinge zu werden, doch man will uns nur als Raupen leben lassen."

Rafik Schamis *Sami und der Wunsch nach Freiheit*

Monika Hernik

1. Der Roman, der Autor und der Hintergrund des Romans

„Eine gute Geschichte endet nicht, sie stößt nur die Tür zu neuen Geschichten auf" – heißt es im Klappentext der ersten Ausgabe des Kinderromans *Sami und der Wunsch nach Freiheit* von Rafik Schami. Damit bringt der Autor seine Poetik zutreffend auf den Punkt und auch in diesem Text wird nicht eine, sondern es werden gleich mehrere Geschichten erzählt. Trotz der schwierigen historischen Kulisse gelingt es Schami ein weiteres Mal, uns in die märchenhaften Gassen von Damaskus seiner Kindheit mitzunehmen.

Der Roman *Sami oder der Wunsch nach Freiheit* ist 2017 bei Beltz und Gelberg erschienen. Der Text hat 320 Seiten und besteht aus 35 Kapiteln, die durchnummeriert und jeweils mit einem Titel versehen sind, der auf den Inhalt anspielt, diesen dennoch weder verrät noch etwas vorwegnimmt. Das Cover ist in Gelb-, Orange- und Rottönen gehalten, lässt beim genaueren Hinschauen im Hintergrund das Minarett und die Moschee erahnen. Im Zentrum des Umschlagbildes sieht man die dunkle Silhouette von einem Mann oder Jungen, der von einer Katze begleitet wird.[1] Das Cover deutet demnach daraufhin, dass die Handlung nicht in einem europäischen Raum spielen wird.

Der Autor, Rafik Schami, der 2021 seinen 75. Geburtstag und am 19. März den 50. Jahrestag in Deutschland feierte, gehört zu den prominentesten und erfolgreichsten Schriftstellern deutscher Sprache. Unter den zahlreichen Preisen, mit denen er ausgezeichnet wurde, finden sich u. a. der Adelbert-von-Chamisso-Preis, der Hermann-Hesse-Preis, Prix de Lecture und der Hans-Erich-Nossack-Preis sowie der Große Preis der Akademie für Kinder und Jugendliteratur Volkach. Der Roman *Sami und der Wunsch nach Freiheit* wurde 2018 mit dem Jugendbuchpreis FRIDOLIN und mit dem Gustav-Heidemann-Friedenspreis

---

[1] Auch andere Bücher von Rafik Schami, die bei B&G erschienen sind, verweisen bereits bei der Aufmachung auf den Schauplatz der Geschichte (*Eine Hand voller Sterne, Der ehrliche Lügner, Erzähler der Nacht*).

ausgezeichnet (die Erzählung *Die Narbe des Himmels* aus dem Roman wurde mit dem Georg-K.-Glaser-Preis gekrönt).

Der Roman, der eigentlich eine Geschichte in der Geschichte ist, erzählt von der Freundschaft zweier Jungen, Sami und Scharif, die zusammen aufwachsen, in die Schule gehen und die unterschiedlichsten Abenteuer erleben. Sami, der Titelfigur, wird nachgesagt, dass er sich bei zahlreichen Vorfällen immer neue Narben holt, die wiederum neue Geschichten mit sich bringen. Der Erzähler begleitet die beiden Hauptfiguren von der Geburt bis hin zur Studienzeit und ihrer Flucht aus Damaskus, gleichwohl liegt der Fokus auf der Darstellung der Kindheit und Jugend im christlichen Viertel der Stadt. Eine Besonderheit der Erzählung ist ihr Aufbau – sie setzt sich aus zahlreichen Episoden zusammen, die alle in unterschiedliche Richtungen, schlussendlich aber zurück zu den beiden Protagonisten führen. Diesen mosaikartigen Aufbau der Geschichte sieht der Autor als seine Schreibart schlechthin: „Ich baue ja Mosaikbilder, die aus kleinen Steinen bestehen. Jede Geschichte steht für sich, aber das Ganze, wenn sie es aus der Ferne sehen, sehen sie dann ein Gemälde [sic!]."[2]

Die Kritiken zum Roman fallen durchweg positiv aus, gleichwohl merkt Lea Frehse in *Die Zeit* an, man würde – wenn man das Buch mit dem ersten Roman Schamis *Die Hand voller Sterne* vergleicht – merken, dass der Autor den realen Hintergrund der Handlung in *Samis Wunsch nach Freiheit*, den der Aufstand in Syrien 2011 bildet, nicht aus eigener Erfahrung kennt und somit eher eine Art „Verneigung vor dem Mut der jungen Generation" als eine Erklärung dafür schafft.[3]

Der Roman wird vom Verlag ab 14 Jahren und in der Lehrerhandreichung für die Klassen 8–10 empfohlen.[4] Die Hauptfiguren werden im Kindesalter eingeführt und sind am Textende erwachsen, gleichwohl spielt sich die meiste Handlung in der Schulzeit der beiden ab. Da im Roman Themen wie körperliche Gewalt Kindern gegenüber seitens der Eltern, aber auch der Lehrer*innen, Gewalt in der Familie, Zwangsheirat, Leben in der Diktatur mit seiner ganzen Grausamkeit angesprochen werden, wäre der Text eher Schüler*innen der höheren Klassen, frühestens ab der 7. Klasse zu empfehlen. Damit wären sie im gleichen Alter wie die

---

2 Maren Ahring, 2021: NDR-Interview mit Rafik Schami: „Die deutsche Sprache ist meine Ersatzheimat". 2021. https://www.ndr.de/kultur/buch/Rafik-Schami-Schriftsteller-feiert-75-Geburtstag,rafikschami132.html (30.06.2021).

3 Vgl. dazu: Lea Frehse, 2018, Das geliebte Land, in: Die Zeit vom 02. Mai 2018. https://www.ndr.de/kultur/buch/Rafik-Schami-Schriftsteller-feiert-75-Geburtstag,rafikschami132.html (12.07.2021); Hannelore Piehler, 2017, Schillerndes Erzählgewebe mit dunklen Fäden, in: Literaturkritik.de. https://literaturkritik.de/schami-sami-und-der-wunsch-nach-freiheit-schillerndes-erzaehlgewebe-mit-dunklen-faeden,23962.html [zugegriffen am 10.06.2021] oder Roswitha Budeus-Budde, 2017, Erzählung aus Damaskus. Aufstand der Kinder, in: Süddeutsche Zeitung vom 12. Oktober 2017. https://www.sueddeutsche.de/panorama/erzaehlung-aus-damaskus-aufstand-der-kinder-1.3702883 (12.02.2024).

4 Vgl. https://www.beltz.de/kinderbuch_jugendbuch/produkte/details/46854-sami-und-der-wunsch-nach-freiheit.html (11.06.2021)

beiden Protagonisten, was den Zugang zum Text erleichtert, die Empathiebildung und Perspektivenübernahme fördert. Da sowohl das Thema als auch die Darbietungsweise, also sowohl das „Was" als auch das „Wie" des Textes für die meisten Rezipierenden etwas Neues und damit Herausforderndes darstellen könnten, müssten die Leser*innen bereits über Wissen zu tradierten Erzählweisen verfügen, um sich den Unterschied bewusst zu machen.

Der Textbeginn als Invocatio setzt dem eigentlichen Anfang der Geschichte eine Widmung des Autors voraus: „Für die tapferen Kinder von Daraa, die im Frühjahr 2011 rebellierten, um den Erwachsenen zu helfen, aufrecht zu gehen."[5] Damit wird eine deutliche Verbindung zu der außertextuellen Wirklichkeit geschaffen, denn der Autor verweist hier auf die Vorfälle in der Stadt Daraa, wo ein paar Schulkinder auf dem Schulgelände Graffitis gegen den Staatspräsidenten Assad an die Wand gesprüht haben. Kurz daraufhin wurden die Jugendlichen (14- bis 15-jährige Jungen) von der Polizei verhaftet und einen Monat lang festgehalten und gefoltert, bis sie gestanden haben. Die Erwachsenen sind auf die Straßen gegangen und haben mit friedlichen Protesten ihre Kinder zurückgefordert. Die Sicherheitskräfte antworteten mit Feuer, die Lage eskalierte:

> Der Funke springt auf andere Städte über. Die Revolution hat begonnen. Bald darauf wird daraus ein Bürgerkrieg, der bis heute – sechs Jahre später – fast einer halben Million Menschen das Leben gekostet hat.[6]

2. Das Erzählen in *Sami und der Wunsch nach Freiheit*

Der Widmung folgt das erste Kapitel *Scharif oder Wie man durch Zufall zu Geschichten kommt*, das gemeinsam mit dem letzten Kapitel *Die Tür aufstoßen oder Eine gute Geschichte endet nicht* eine Art Klammer der Erzählung bildet. Hier meldet sich der Autor Rafik Schami zu Wort, um die Umstände des Zusammentreffens mit Scharif nach dessen Flucht aus Syrien zu schildern. Der junge Mann, dem der Autor bei Bekannten begegnet, bietet an, ihm eine unglaubliche Geschichte zu erzählen und verlangt als „Gegenleistung" eine Laute. Schami willigt ein und bekommt dafür den Stoff für die Erzählung: „Doch welche Geschichte dieser junge Mann mit dem schönen, blassen Gesicht zu erzählen hatte, hätte ich nie im Leben erwartet." (Sami, S. 15)

Die Rahmenhandlung wird demnach von dem allwissenden heterodiegetischen Erzähler präsentiert, der sich als Autor des Textes ausgibt, und sie bildet

---

5   Rafik Schami, 2017, Sami oder der Wunsch nach Freiheit, Weinheim/Basel: Beltz & Gelberg. Nachfolgend im Text mit „Sami" abgekürzt.
6   Anna Ossius, 2017, Wie Graffiti von Schuljungen einen Bürgerkrieg auslösten, in: Deutschlandfunk vom 15.03.2017. https://www.deutschlandfunk.de/sechs-jahre-syrienkrieg-wie-graffiti-von-schuljungen-einen.1773.de.html?dram:article_id=381266 (12.02.2024).

die extradiegetische Ebene des Erzählens. Samis und Scharifs Geschichte, die die intradiegetische Erzählebene bildet, wird wiederum aus der Sicht von Scharif als einem homodiegetischen Erzähler wiedergegeben. Da auch jedes Kapitel eine separate Geschichte für sich enthält, ist der Aufbau des Romans ziemlich komplex und sollte älteren und lesegeübten Rezipierenden empfohlen werden.

Das Textende ist teilweise geschlossen, denn man erfährt aus dem letzten Kapitel der Scharif-Geschichte und dem den Rahmen abschließenden Schami-Kapitel, dass beide Freunde am Leben geblieben und dem Terror entkommen sind. Gleichwohl bleibt der Abschluss auch ungewiss, weil viele Fragen offenbleiben. So erfährt man nicht, wie es mit Sami weitergehen wird, der nun nach Syrien zurückgehen will, und auch die Schicksale anderer Figuren bleiben unbekannt. Die Entwicklungen in Syrien, dem Schauplatz der Handlung, werden realistisch und wenig optimistisch dargestellt, ohne Hoffnung auf ein Happy End. Dies war aber durchaus vom Autor gewollt, denn – so Schami im Gespräch – „die Literatur, die sich einem Happy End verpflichtet, ist eine sehr schlechte. Lieber ein offenes Ende. Immerhin sind beide Helden entkommen. Das ist Glück genug."[7]

Was den Roman auszeichnet, ist zweifelsohne der Aufbau, der einerseits für den Autor Rafik Schami charakteristisch ist, andererseits ganz stark an die orientalische Erzählkunst der *1001 Nacht* erinnert. Dies gibt Schami in zahlreichen Gesprächen offen zu, zum Beispiel an folgender Stelle:

> Man hat nicht extra ein Gen für das Erzählen, sondern das ist kulturell. Durch die Wüste müssen sie viel erzählen, damit sie Farben hineinbringen. Die Wüste ist eine Einöde. Also erzählt man von Wasserfällen, von Milchflüssen. Wenn sie in Deutschland von Milchflüssen erzählen, dann fragen die: Ist das Bio?[8]

Schamis Geschichten werden von der Kritik als ein „farbiger Teppich" oder ein „schillerndes Gewebe mit dunklen Farben" bezeichnet.[9] Der mosaikartige Aufbau der Erzählung, die sich aus vielen Stücken zusammensetzt, dürfte für die Rezipierenden aus dem europäischen Kulturkreis durchaus neu sein. In dem Roman wird ein Erzähler eingesetzt, der ebenfalls in der orientalischen Tradition des mündlichen Erzählens steht. So wird die Binnenhandlung um Sami und Scharif von dem zweiten wiedergegeben. Dabei wechselt dieser ständig vom erzählenden zum erlebenden Ich, berichtet einmal aus der zeitlichen Distanz, aus der er die Ereignisse erinnert, um dann zu unmittelbarer Teilnahme am Geschehen zu schalten, so wie es beispielsweise an folgender Stelle heißt:

---

7 Rafik Schami im Gespräch mit Anja Schirmer und Marc Böhmann, in: Anja Schirmer, 2020, Lehrerhandreichung zum Roman *Sami und der Wunsch nach Freiheit*, 2020, Weinheim / Basel: Beltz & Gelberg, S. 13.
8 Maren Ahring, NDR-Interview [Anm. 2] (30.06.2021).
9 Vgl. ebd.

Auch ich wurde oft in der Schule geschlagen. Meine Angst und meine Scham vor meiner Ohnmacht und vor den Zuschauenden haben viele diese [sic!] Momente für immer in mein Gedächtnis eingebrannt. Aber nun zurück zum armen Jungen aus unserer Klasse. (Sami, S. 64)

Das erzählende Ich mischt sich ganz oft in die Handlung ein, mit Kommentaren, Einschüben, aber auch Wertungen, die auf diese Weise dennoch nicht moralisierend, sondern vielmehr authentisch als figurale Aussagen im Text fungieren. An ganz vielen Stellen im Roman tritt der Erzähler als Person in der Handlung in Erscheinung und kommentiert den Fortgang der Geschichte, zum Beispiel wie folgt: „Nun bin ich abgeschweift. Über Sofia kann man ein ganzes Buch schreiben, doch ich kehre lieber zu Sami zurück." (Sami, S. 19)

Ganz oft dienen Einschübe dieser Art ebenfalls der Steigerung der Spannung, die sich in dem Fall an dem Fortgang der Geschichte und den noch aufkommenden Geheimnissen orientiert. So stimmt der Erzähler die Lesenden auf eine weitere Geschichte wie folgt ein:

Doch alle Geschichten waren nichts gegen die, die ich höchstpersönlich miterlebt hatte, wie jene, als der kleine Sami seine Mutter gegen seinen Vater verteidigte, davon erzähle ich dir gleich, oder wie er sich bei der Rettung einer Katze eine Narbe eingehandelt hatte. (Sami, S. 32)

An vielen Stellen haben die Aussagen des Erzählers den Charakter eines Cliffhangers am Kapitelschluss oder einer Prolepse, nehmen die Handlung vorweg und verraten damit seine Allwissenheit, wenn es um den Verlauf der Erzählung geht. Manchmal werden wiederum Analepsen eingebaut, wenn der Erzähler von der Erzählebene in die Vergangenheit zurückschaut, um die Geschichte plausibler zu gestalten – all das kommentiert er, zum Beispiel auf folgende Weise: „Aber vielleicht muss ich zuerst die Vorgeschichte erzählen." (Sami, S. 243)

Diese Art des Erzählens verstärkt die Illusion der Oralität, denn Scharif als Erzähler ist in der Geschichte genauso präsent wie seine kindliche Figur. Wird aus der kindlichen Ich-Sicht erzählt, hat man es mit einem homodiegetischen oder personalen Erzähler zu tun, der vollkommen den Blickwinkel der Figur übernimmt, aus ihrer subjektiven und begrenzten Sicht spricht. So hat man beispielsweise kein Wissen über die Gedanken- und Gefühlswelt von Sami, denn man bekommt nur Einsicht in das Innere der Figur Scharifs.

3. Orte und Figuren

Wie die meisten Texte mit interkulturellem Potential lebt auch Schamis Roman von den Orten, die beschrieben werden. Nicht anders als in seinen anderen Damaskus-Romanen *Eine Hand voller Sterne* und *Erzähler der Nacht* kommt dem Raum in *Sami und der Wunsch nach Freiheit* eine besondere Bedeutung zu. Dies wird auch von der Kritik positiv bemerkt:

> Man glaubt, ein Kitzeln in der Nase zu spüren, wenn man durch dieses Buch blättert: Da meint man beim Lesen plötzlich das frische Brot zu riechen, das der Bäcker aus dem Ofen holt, oder den übervollen Aschenbecher des traurigen Journalisten Habib.[10]

Das alte Christenviertel, das zum Zentrum der Geschichte wird, ist viel mehr als eine Bühne für die Ereignisse. Der Ort wird zum atmosphärisch gestimmten Raum, wenn er vom Erzähler mit Gerüchen, Speisen und Gefühlen verbunden wird. Als Beispiel kann man eine von zahlreichen Beschreibungen der Stadt nennen, in der es heißt:

> Es ist ein besonderes Licht, und Damaskus sieht am schönsten in der Morgendämmerung aus, der Stunde der Unschuld, wie ich sie nenne, wenn man gerade anfängt, einen schwarzen von einem weißen Faden zu unterscheiden. Auch der uralte Jasminstrauch in unserem Innenhof duftete nur am Morgen so rein wie die Seele der Babys, danach bedeckten die aufdringlichen Zwiebel-, Knoblauch- und Bratölfahnen seine schüchternen Liebeserklärungen. (Sami, S. 132)

Der Erzähler greift des Öfteren zum Stilmittel der Metapher und des Vergleichs, von denen manche in einem anderen Kulturraum entstanden sind. Auch die beschriebenen Orte, wie der Hammam, dem das Kapitel *Dort, wo die Zeit wohnt oder die Vertreibung aus dem Paradies* gewidmet ist, dürften den Lesenden unbekannt vorkommen. Gleichwohl steht der Raum des christlichen Viertels von Damaskus im Roman symbolisch für eine glückliche Kindheit, unbeschwerte Kinderspiele, die ersten Freundschaften, die waghalsigen Abenteuer und damit ist es ein Raum, den die Rezipierenden problemlos in Verbindung zu eigener Wirklichkeit setzen können. Dieser Raum wird höchstwahrscheinlich von den Erwachsenen anders gedeutet und entschlüsselt als von Kindern oder Jugendlichen, was auf das All-Age-Potential des Textes schließen lässt.

Die Räume, die im Roman mit viel Liebe zum Detail ausgestattet werden, werden mit genauso akribisch entworfenen Figuren bevölkert. Die erzählte Zeit im Text umfasst 22 Jahre, es wird demnach viel mit Raffung und Zeitsprung gearbeitet und trotzdem sind die beiden Hauptfiguren nicht die einzigen, die mehrdimensional, offen und als Individuen konzipiert werden. Hassan, der Süßwarenverkäufer, der mehrere Sprachen spricht, Burhan, der Besitzer des Cafés für Taubstumme, oder der einzigartige Postbote Elias, dessen Geschichten viel Platz

---

10 Lea Frehse, 2018, Das geliebte Land [Anm. 3].

im Roman bekommen – all diese Figuren werden mit einer Vorgeschichte, vielen Einzelheiten zum Äußeren, zum Charakter und zu ihrem Verhalten ausgestattet. Onkel Elias wird vom Erzähler zu einer Art Autorität erklärt, denn es sind seine Aussagen mit wertendem Charakter, die immer wieder zitiert oder vom Erzähler übernommen werden. So kommentiert Elias einen Schulsportwettbewerb, bei dem der beste Sportler von der Polizei weggeführt wird, damit der Präsidentensohn den ersten Platz belegen kann, wie folgt: „‚Kein Wunder', sagte Onkel Elias, als er das hörte, ‚dass wir auch im Sport auf Weltebene nichts werden.'" (Sami, S. 99)

Neben der Figur von Elias äußert – wie früher angemerkt – der Erzähler seine Wertungen an vielen Stellen in der Erzählung. Diese werden eher, wiederum der orientalischen Erzählkunst nach, als Lebensweisheiten oder Maximen formuliert, die das gerade Erzählte kommentieren. Oft haben auch die Kapitelüberschriften diese kommentierend-wertende Funktion, wie zum Beispiel: *Schafe bedienen nie den Metzger, Eine Kuh feiert nie den Tod ihres Kalbes*. Bei den wertenden Kommentaren des Erzählers handelt es sich entweder um die Aussagen des erzählenden Ichs, die aus der Retrospektive getätigt werden, oder um Äußerungen des kindlichen Ichs aus der Sicht der Figur. Sie betreffen die unterschiedlichsten Themen, von der Politik bis zur Liebe: „Mit wäre, könnte und sollte sind wir in Syrien ganz stark, aber damit hat noch kein Land etwas gewonnen" (Sami, S. 96) oder „Erzählen ist ein Zauber, ja, ich bin sogar davon überzeugt, dass im Vergleich zu einem guten Erzähler jeder Zauberer im Zirkus blass erscheint" (Sami, S. 111).

4. Zwischenfazit

Schamis Roman kann man als einen politischen, also problemorientierten bzw. zeitgeschichtlichen Roman lesen, denn einerseits wird hier auf tatsächliche Ereignisse der Zeitgeschichte rekurriert, andererseits wird aber an keiner Stelle vom Präsidenten Assad gesprochen. Damit kann der Text genauso gut als ein Parabelstück über das Leben in einer Diktatur mit universellem Charakter gelten.

Ebenfalls kann der Text als ein Entwicklungsroman, wie in der Handreichung vom Verlag vorgeschlagen, gelesen werden.[11] Darüber hinaus beinhaltet er Elemente des Adoleszenzromans, denn im Zentrum des Erzählten steht die Schilderung der Kindheit, aber auch der Abschied davon, der hier vom Regime gewissermaßen erzwungen wird. Themen wie Abgrenzung von den Erwachsenen, das Bestimmen der eigenen Identität und Bedeutung der Peergroup werden ebenfalls mit aufgegriffen.

---

11 Anja Schirmer, 2020, Lehrerhandreichung zum Roman [Anm. 7], S. 6

5. Allgemeines didaktisches Potential

Das Buch bietet eine breite Palette an Themen, die sowohl in den Bereich des Vertrauten und aus der unmittelbaren Lebenswirklichkeit Bekannten gehören als auch etwas Neues und damit Herausforderndes für die Rezipierenden darstellen könnten. Damit schafft der Text Möglichkeit zur Leseförderung und zum literarischen Lernen, abhängig davon, für welche Thematik man sich entscheidet. Eine besondere Rolle spielt im Roman das Thema der Freundschaft zwischen den beiden Jungen, die in der Kindheit beginnt und bis zur Adoleszenz dauert, um dann nach der durch die Flucht erzwungenen Trennung im Erwachsenenalter weiterzugehen. Ein anderes wichtiges Thema ist das soziale Umfeld der Hauptfiguren und der damit verbundene Unterschied zwischen Reichen und Armen. Auch wenn man auf den ersten Blick den Eindruck gewinnt, die Figuren des Romans, denen es materiell bessergeht, werden eindeutig als negativ eingestuft, wird dies später relativiert, denn es kommen im Text auch positiv konzipierte Figuren vor, für die das Finanzielle kein Defizit darstellt, beispielsweise der Besitzer des Cafés für Taubstumme.

Einer der Themenkreise, die im Roman kontinuierlich angesprochen werden, sind die Menschenrechte – hier sowohl die Rechte der Erwachsenen als auch die der Kinder – die unter Diktatur oft missachtet und verletzt werden. Dabei wird es für die Lesenden an manchen Stellen in der Geschichte bestimmt überraschend sein, dass an anderen Orten der Welt beispielsweise körperliche Gewalt in der Schule keine Seltenheit ist. Dies dürfte bei der Lektüre zu Irritationen führen, gleichwohl schafft Schami eine ausgewogene Mischung aus Ernsthaftem und Problematischem einerseits und Heiterem und Humorvollem andererseits, so dass das Erzählte trotz schwieriger Thematik nicht bedrückend wirkt.

Der mosaikartige Aufbau bietet die Möglichkeit, nach der Einführung des Romans mit der Rahmenhandlung, mit einzelnen Kapiteln separat zu arbeiten. Somit muss man nicht den ganzen Text besprechen, sondern kann entweder auf gewählte Kapitel zu sprechen kommen, abhängig davon, welche thematischen Schwerpunkte man setzen will, oder parallel einige Kapitel in Gruppen erarbeiten lassen. Der Roman bietet das geradezu an, da manche Kapitel, wie beispielsweise *Der Preis der Fotographie, Girgis Beichte, Die Prophezeiung des Süßigkeitenverkäufers, Das Kind und der Wärter* oder *Eine Kuh feiert nie den Tod ihres Kalbes* als separate Kurzgeschichten betrachtet werden können, die Einblicke liefern in die fremde Welt des Romans oder in die Problematik des Lebens in der Diktatur.

Die Figurenkonstellation ist reich an Identifikationsangeboten, denn außer den beiden männlichen Protagonisten kommen auch noch weibliche Figuren vor, die Mädchen oder junge Frauen literarisch abholen können, zum Beispiel Nelly, die Freundin von Scharif. Es werden ebenfalls zahlreiche Anti-Helden entworfen, wie Samis Vater beispielsweise, der seiner Frau und seinem Sohn gegenüber oft gewalttätig wird, oder Figuren von sadistischen Lehrern, Spitzeln und Befürwortern des autoritären Systems. Den Frauen-Figuren im Roman wird eine besondere Rolle zugeschrieben, sie übernehmen meist die Vorbild- und Autoritätsfunktion, im Gegensatz zu den oft schwachen und negativ entworfenen Gestalten der Männer: „Das Wissen der Frauen bleibt ihr Geheimnis und der Austausch untereinander ist ihre Macht." (Sami, S. 31)

6. Interkulturelles Lernen mit *Sami und der Wunsch nach Freiheit*

„Der Begriff Interkulturalität betrifft [...] alle Phänomene, die aus dem Kontakt zwischen unterschiedlichen Kulturen entstehen"[12] – so die Definition von Lüsebrink. Demnach versteht man unter Interkulturalität das Neue, Hybride, das aus dem Aufeinandertreffen von Kulturen entsteht, die „Interaktion zwischen Kulturen im Sinne eines Austauschs von je kulturell Eignem"[13].

Geht man mit diesem Verständnis von Interkulturalität an den Text von Schami heran, kann man ihm durchaus ein beachtliches Potential in diesem Bereich zuerkennen. Der Hauptstrang der Handlung erzählt die Geschichte der Freundschaft zweier Jungen, die kindliche Streiche, unbeschwerte Freizeit, erste Liebesbeziehungen, Streitigkeiten mit Gleichaltrigen, Schulprobleme bis hin zu ernsthaften Problemen miteinander teilen. Dies dürfte den Rezipient*innen durchaus vertraut und bekannt sein, so dass es relativ leichtfallen sollte, einen Bezug zum Alltagsleben der Schüler*innen herzustellen. Je mehr man sich jedoch mit dem Text beschäftigt und je genauer man auf die einzelnen kleinen Nebenhandlungen eingeht, umso deutlicher werden die kulturellen Unterschiede. Aus der Konfrontation der eigenen Alltagswelt mit der Romanwelt können die Rezipierenden also nicht nur Wissen über die Gewohnheiten und Lebensumstände der fremden Kultur mitnehmen, sondern auch die Tatsache, dass es zwischen dem Fremden und Eigenen durchaus Überschneidungen und Ähnlichkeiten gibt.

Heidi Rösch schlägt vier Kriterien vor, die über das interkulturelle Potential eines Textes entscheiden: Wissen, Können und soziale bzw. personale Bewusstheit.[14] Mit dem Wissen ist die Polyvalenz der Texte gemeint, ihre Mehrdeutigkeit und Leerstellen, die den Lesenden die Möglichkeit zur eigenen Wertsetzung ermöglichen. Interkulturelle Literatur sollte demnach zwar als Quelle des Wissens und der Kenntnisse über die fremde Kultur fungieren, dennoch muss sie nicht zwingend und einzig aus dieser Perspektive interpretiert werden können.

---

12 Hans-Jürgen Lüsebrink, 2016, Interkulturelle Kommunikation. Interaktion, Fremdwahrnehmung, Kulturtransfer, Stuttgart: Metzler, S. 17.
13 Michael Hoffmann, 2006, Interkulturelle Literaturwissenschaft. Eine Einführung, Paderborn: UTB Fink, S. 11.
14 Vgl. Heidi Rösch, 1997, Bilderbücher zum interkulturellen Lernen, Baltmannsweiler: Schneider Verlag Hohengehren, S. 54 ff.

Dieses Kriterium erfüllt Schamis Roman, da er einerseits vielfältige Einblicke in die Welt Syriens liefert und durch die Gestaltung der räumlichen Kulisse und der differenzierten Figurenkonstellation auch eine Art „Lebensgefühl" von Damaskus zu vermitteln sucht, andererseits kann er gleichwohl als eine Abenteuergeschichte zweier Protagonisten gelesen werden, die so ähnlich an vielen Orten angesiedelt werden könnte.

Das zweite Kriterium ist nach Rösch das Können, also die stilistische Qualität der Texte. Von besonderer Bedeutung ist dabei, dass die interkulturelle Literatur dazu beiträgt, tradierte stereotype Bilder zu hinterfragen, klischeehaften Darstellungsweisen mit alternativen Diskursen entgegenzusteuern und gleichzeitig die Perspektivenübernahme und Empathiebildung bei den Lesenden zu fördern.

Auch in dieser Hinsicht zeigt sich *Samis Wunsch nach Freiheit* als ein Roman mit interkulturellem Potential, denn der Protagonist ist keine passive Figur, die Dinge mit sich geschehen lässt und auf Helfer-Figuren angewiesen ist. Sami ist aktiv, gestaltet sein Schicksal selbstständig, auch wenn er Hilfe annimmt. Die Schilderung der Damaszener Kindheit der beiden Figuren ist teilweise konträr zu dem tradierten Bild des geflüchteten Sorgenkindes, dem von der breiten Öffentlichkeit kontinuierlich fast ausschließlich Mängel und Defizite zugesprochen werden. Natürlich wachsen Schamis Protagonisten in anderen, materiell schlechteren Verhältnissen als die meisten europäischen Leser*innen des Romans auf, gleichwohl wird im Text kein einseitiges und stereotypes Bild einer Kindheit in Syrien entworfen. Dank der zahlreichen Bezüge zur universellen Kindheit entsteht bei den Rezipient*innen das Gefühl der Empathie und der Wunsch, mit der Figur mitzufühlen, was wiederum zur Fremd- und anschließend Selbstreflexion führt.

Das dritte von Rösch angeführte Kriterium ist die soziale Bewusstheit. Damit meint sie „[...] die Überschreitungen des nationalen, monokulturellen Charakters von Literatur, indem unterschiedliche kulturelle Einflüsse ästhetisch gestaltet werden [...]."[15] Interkulturelle Literatur sollte demnach Themen der Migration, Hybridität, Multikulturalität und Ethnizität zum Ausdruck bringen, so dass bei den Rezipierenden eine offene Haltung der Thematik gegenüber erreicht wird, kulturelle Gemeinsamkeiten in den Vordergrund gerückt werden, während Differenzen geduldet und ertragen werden.

Auch in dieser Hinsicht kann Schamis Text als interkulturell gelten, da er besonders durch seine spezifische mosaikartige Erzählform nicht dem gewöhnlichen Aufbau einer Geschichte gleicht und somit fremde narrative Erzählmuster vermittelt. Da die Art des Erzählens und die Spannung, die sowohl in der Haupthandlung als auch in den zahlreichen Nebenhandlungen aufgebaut wird, für Spaß

---

15 Ebd., S. 55f.

bei der Lektüre sorgen, ist die Chance dazu, bei den Lesenden eine offene Haltung der fremden Kultur gegenüber zu evozieren, durchaus gegeben.

Interkulturelle Texte sprechen insbesondere – so Röschs Auffassung und das vierte Kriterium der Interkulturalität, die personale Bewusstheit – ein multikulturelles Publikum an. Demnach wenden sich die Leser*innen Romanen mit interkulturellem Potential zu, die Fragen der Migration und hybrider Gesellschaft offen gegenüberstehen und sich damit unvoreingenommen beschäftigen möchten. Dies sollte bei kindlichen Rezipierenden, die stärker dazu tendieren, literarische Figuren emotional zu betrachten und ihre Perspektive zu übernehmen, ohne auf stereotype Denkweisen zurückzugreifen, mit Hilfe von Romanen wie Schamis *Wunsch nach Freiheit* durchaus erreichbar sein.

Eine Quelle neuen Wissens im Roman ist offenkundig die Thematik des Kinderaufstandes, die weitgehend unbekannt ist. Dabei steht dieser in unmittelbarer Verbindung zu den Unruhen und Konflikten, die schlussendlich Auslöser der großen „Geflüchtetenwelle" um 2015 waren. An der Stelle entsteht für die Schüler*innen eine klare Verbindung zwischen dem bislang eher unbekannten Thema des Buches und ihrer Lebenswirklichkeit, denn in den immer heterogener werdenden Klassen dürfte es durchaus ein Thema sein, woher die geflüchteten Kinder kommen und aus welchen Gründen sie ihr Zuhause verlassen mussten. Christian Dawidowski unterscheidet in Anlehnung an Reviere vier Stufen des interkulturellen Lernprozesses: die Irritation, die Transparenz, den Perspektivenwechsel und den Transfer.[16] Diese kann man sehr gut mit der Kategorie der Störung in Verbindung bringen, wie sie von Carsten Gansel definiert wird.[17] Gansel unterscheidet ein wiederkehrendes Muster, nach dem eine Störung beim Kontakt mit Fremdem, Unverständlichem, Aufsehenerregendem verläuft: So steht am Anfang die Irritation als Reaktion auf eine Normverletzung bzw. Grenzüberschreitung, wenn etwas als anders, nicht vertraut erscheint. Die zweite Stufe wäre dann das Erkennen der Störung als solche und gegebenenfalls Verstärken der Irritation. Es folgt eine Kommunikation über die Störung, infolge deren es entweder zur Entstörung oder aber zur Zerstörung kommen kann. Das Ergebnis kann demnach entweder ein Kompromiss sein, möglich ist aber auch, dass die Ursache der Störung nicht akzeptiert und damit weiterhin als anders und nicht vertraut betrachtet wird oder aber, dass das psychische System in Konfrontation mit der Störung scheitert. Eine enorm wichtige Erkenntnis ist dabei jedoch, dass es sich bei Stö-

---

16 Vgl. dazu Christian Dawidowski, 2013, Theoretische Entwürfe zur Interkulturellen Didaktik. Zur Verbindung pädagogischer Konzepte und deutschdidaktischer Interkulturalitätskonzepte, in: Interkultureller Literaturunterricht, hrsg. von Christian Dawidowski und Dieter Wrobel, Hohengehren: Schneider, S. 18–36, hier S. 25 ff.
17 Vgl. dazu Carsten Gansel, 2013, Zu Aspekten einer Bestimmung der Kategorie ‚Störung' – Möglichkeiten der Anwendung für Analysen des Handlungs- und Symbolsystems Literatur, in: Das 'Prinzip Störung' in den Geistes- und Sozialwissenschaften, hrsg. von Carsten Gansel, Berlin: De Gruyter, S. 31–57.

rung immer um ein – mit Luhmann gesprochen – „systemeigenes Konstrukt, immer um Selbstirritation, freilich aus Anlass von Umwelteinwirkungen" handelt.[18] Es wäre dennoch falsch, Störungen nur als Dysfunktionen, Deviationen oder Unfälle aufzufassen – so Carsten Gansel, der auf Ulrich Jäger verweist und in der Kategorie der Störungen auch durchaus Positives sehen möchte, denn so Gansel: „Sie sind ein wesentliches Mittel, um gesellschaftliche Wandlungsprozesse anzuregen."[19]

7. Didaktisch-methodische Konkretisierungen

Schamis Text hält ein großes Aufstörungspotential für die Leser*innen bereit. Irritationsmomente bei der Lektüre könnten entstehen, wenn das Bild der Schule als einer verhassten Institution entworfen wird, in der Gewalt an der Tagesordnung ist, nichts Sinnvolles vermittelt wird, die Kinder schrittweise seelisch gebrochen werden: „Die Schule war das Gegenbild, die Gegenwelt zu allem, was frei, glücklich sein kann. Angst umhüllte uns, Freundschaft schließen war fast unmöglich in einer Atmosphäre der Bespitzelung." (Sami, S. 62)

Um in diesen thematischen Bereich einzusteigen, könnte man in der Anfangsphase der „ersten Begegnung" oder der „Wahrnehmung"[20] mit Textstellen beginnen, die den Raum Schule charakterisieren. Eine andere Variante des Einstiegs wäre das Heranziehen anderer Textsorten, zum Beispiel Zeitungsartikel oder Internetquellen, in denen Schulsysteme anderer Länder oder anderer Zeitepochen thematisiert werden, um den Schüler*innen bewusst zu machen, dass Schule als Institution nicht immer und nicht überall gleich definiert wird bzw. wurde.[21] In der Phase der Transparenz könnte man textanalytisch vorgehen, indem man beispielsweise die Figuren und deren Ansichten zum Thema Schule analysiert, wie zum Beispiel die Aussage des Erzählers:

> Das Lernen geschah an unserer Schule nicht, um Neugierde, Wissen, Forschen anzuregen und zu entwickeln, sondern bestand im stupiden Auswendiglernen, als ob Chemie oder Mathematik aus Koranversen bestünden. (Sami, 44)

---

18 Niklas Luhmann, 1987, Soziale Systeme. Grundriss einer allgemeinen Theorie, Frankfurt am Main: Suhrkamp, S. 118; vgl. dazu u. a.: Carsten Gansel, 2015, Störungen in (Kinder- und Jugend-)Literatur und Medien. Aspekte einer Theorie der Störung, in: Norm und Normüberschreitung in der Kinder- und Jugendliteratur und ihren Institutionen, hrsg. von Ricarda Freudenberg und Petra Josting, München: kjl&m 15.extra, S. 15–30.
19 Ebd., S. 17.
20 Dawidowski, Theoretische Entwürfe zur Interkulturellen Didaktik [Anm. 16], S. 30.
21 Es würde sich an der Stelle ebenfalls anbieten, Schule als literarischen Schauplatz zu thematisieren und ihr Bild in unterschiedlichen Epochen zu analysieren, z. B. den Schulromanen von Herman Hesse oder Heinrich Mann.

Der Raum Schule wird im Roman mit entsprechendem Figurenensemble ausgestattet: Es gibt die guten, engagierten Lehrer*innen, die früher oder später weggehen oder auf mysteriöse Weise verschwinden, ganz schlimme sadistische Schläger oder absolut unfähige systemkonforme Lehrkräfte, die den Kindern nichts beibringen wollen. Auf der Seite der kindlichen Figuren gibt es ebenfalls Opfer und Täter, Gemobbte und Gequälte, die Widerständischen und Spitzel. Arbeit am Text zu den Figuren in Form vom Entwerfen von komplexen Figurenkonstellationen, Steckbriefen oder Charakteristiken ermöglicht das Herausarbeiten von neuen und vertrauten Aspekten des Raums Schule im Roman. Dabei sollten die Schüler*innen erstmal so nahe wie möglich am Text bleiben, also mit Textstellen arbeiten, um die Textaussage zu erfassen, und erst später zu eigenen Interpretationsansätzen kommen. Die Phase des Perspektivenwechsels, die in dem Oszillieren zwischen Eigenem und Fremden, zwischen Bestehendem und Neuem, in der Komplettierung der Neu-Konstruktion besteht[22], sollte dazu führen, die Textintention bzw. Textaussage zum Thema Schule zu erörtern. In literarischen Gesprächen könnte man nach den Unterschieden und Gemeinsamkeiten zwischen der Lebenswirklichkeit der Schüler*innen und der Textfiguren fragen, wie zum Beispiel die Schulfreundschaften, der Zusammenhalt der Klassengemeinschaft oder aber das Schikanieren der Kinder, ständiges Bestrafen oder Unterricht, der nur aus Abfragen von auswendig Gelerntem besteht. Handlungs- und produktionsorientiere Aufgabenstellungen in dem Bereich könnten beispielsweise sein: das Verfassen eines Briefes an seine Klasse von einem der Lehrer, die weggegangen sind und richtig gut waren, eine eigene Klassenzeitung mit kleinen Geschichten und Beiträgen erstellen, nach dem Beispiel von Samis Klasse. In der Phase des Transfers sollte es nun darum gehen, das Neue auch abgesehen von der Textsituation zu sehen und auf die eigene Lebenswirklichkeit zu übertragen. Da die Interkulturalität heute nicht nur das Bewusstwerden der Unterschiede zwischen Eigenem und Fremdem, sondern vielmehr die Resultate der Vermischung zwischen Tradiertem und Neuem, den Transfer zwischen den Kulturen auf unterschiedlichen Ebenen meint[23], sollte man aus der Arbeit am Romantext beispielsweise mitnehmen können, dass der Schulunterricht an vielen Orten zwar anders verläuft, gleichwohl stellt die Bildung einen universellen Wert dar, denn für die Hauptfiguren wurde sie zum Weg in die Freiheit. Die Begeisterung und das Engagement der Romanfiguren für den Unterricht, in dem man frei denken konnte und die eigene Meinung frei äußern durfte, könnte für Schüler*innen, die dies für selbstverständlich halten, ebenfalls motivierend wirken.

---

22 Ebd.
23 Vgl. dazu u. a.: Nazli Hodaie, 2020, Interkulturalität, in: Handbuch Kinder- und Jugendliteratur, hrsg. von Tobias Kurwinkel und Philip Schmerheim, Stuttgart: Metzler 2020, S. 322–333.

Auf der Ebene des „Wie" bietet das Buch weitere Möglichkeiten, dem interkulturellen Ansatz zu folgen, indem man sich mit dem Aufbau des Romans befasst. Das Vorkommen einer Erzählinstanz, die sich immer wieder zu Wort meldet, die Handlung begleitet und sich einmischt, tritt in moderner Kinder- und Jugendliteratur, in der sehr oft zu personalen bzw. homodiegetischen Erzählstimmen gegriffen wird, eher selten auf. Hier könnte man beim produktiven Umgang mit dem Text beispielsweise ein Hör- oder Rollenspiel entwickeln lassen, bei dem der Erzähler als die Figur des Narrators und Vermittlers in Erscheinung tritt und seinen Part übernimmt, oder aber die Geschichte aus einer anderen Perspektive, zum Beispiel Samis erzählen lassen. Im textanalytischen Verfahren könnte man aus den vielen nacheinander folgenden Geschichten eine durchgehende Sami-und-Scharif-Handlung ausarbeiten lassen, an der man deren Verlauf sowie den Spannungsaufbau und zeitliche Gestaltung (mit Aussparungen, Pausen oder Zeitsprüngen) nachzeichnen könnte.

8. Zusammenschau

Rafik Schamis Geschichte *Sami und der Wunsch nach Freiheit* bietet sehr viele Zugänge und eine große thematische Vielfalt. Offensichtlich müsste man abhängig von der schulischen Wirklichkeit und der Zusammensetzung der jeweiligen Klasse abwägen, ob manche Themen, zum Beispiel die Flucht oder der Alltag in der Diktatur, besprochen werden sollten, wenn sich in der Klasse beispielsweise Jugendliche mit unmittelbarer Fluchterfahrung oder ähnlichen traumatischen Erlebnissen befinden. Im Roman werden die relativ schwierigen Themen mit leichten und humorvollen Alltagsszenen ausgeglichen, so dass das Erzählte ausgewogen und keineswegs bedrückend erscheint. Ähnlich müsste man im Unterricht verfahren, indem man dem Roman mit allen seinen Facetten gerecht wird: dem schwierigen Leben der Menschen in einem System, das sie der Menschlichkeit beraubt, aber genauso dem magischen Einblick in eine verzauberte Welt der Kindheit zweier Jungen, die sich auch in dieser Welt ihre kindliche Freude, Neugier und Abenteuerlust nicht wegnehmen lassen.

Eine Kindheitsautobiographie über Flucht
Mehrnousch Zaeri-Esfahanis *33 Bogen und ein Teehaus*

Kristina Krieger

1. Eine Flucht von Iran über die Türkei nach Deutschland

„Ich bin Pilgerin aus Isfahan, und mein Pilgerweg war es, Freiheit und Frieden zu finden."[1] Mit diesem Satz endet der autobiographische Roman *33 Bogen und ein Teehaus* von Mehrnousch Zaeri-Esfahani, welcher die Fluchtgeschichte der Familie Zaeri-Esfahani (übersetzt: Pilger aus Isfahan) in den 1980er Jahren aus Iran über die Türkei und die DDR in die Bundesrepublik erzählt. Der Roman gliedert sich anhand der unterschiedlichen Stationen der Flucht in drei Teile und wird von einem Pro- und einem Epilog gerahmt, in denen die Erzählerin ihre Geschichte in Bezug zur Atomkatastrophe in Tschernobyl setzt, bei der zeitgleich mit ihrer Ankunft in Deutschland viele Kinder unerwartet ihre Heimat verloren. Das Gefühl des Heimatverlustes verbindet sie mit diesen Kindern, deren Schicksal die Erzählerin erst als Erwachsene nachvollziehen konnte, da sie als Kind die deutschen Nachrichten über diese Katastrophe nicht verstand.

Aus einer kindlich-naiven Sicht erzählt uns die anfangs fünfjährige Mehrnousch von ihrer wohlbehüteten Kindheit in Isfahan, der Freude der Familie über die islamische Revolution und den erfolgreichen Sturz des Schahs. Doch mit der Machtübernahme Ayatollah Chomeinis 1979 erfüllen sich die Hoffnungen der Isfahani nicht, vielmehr berichtet die Ich-Erzählerin von erschreckenden politischen Umwälzungen und der Etablierung einer Willkürherrschaft. Ständig werden neue Gesetze erlassen und Menschen in ihrem Privatleben immer stärker eingeschränkt. Als 1980 schließlich der Iran-Irak-Krieg ausbricht und in seiner Folge das Gesetz erlassen wird, dass Jungen ab 15 Jahren sich für den Kriegseinsatz bereithalten sollen, verlässt die Familie ihre Heimat Iran, um Mehrnouschs 14-jährigen Bruder zu schützen.

Zunächst reisen sie mit dem Bus in die Türkei, womit der zweite Teil des Romans beginnt. Mehrnousch und ihre beiden älteren Brüder leben sich schnell in Istanbul ein und lernen Türkisch. Allerdings dürfen ihre Eltern ihre Berufe als Krankenschwester und Chirurg in der Türkei nicht ausüben und die Kinder keine Schule besuchen. Der Alltag der Eltern ist dementsprechend von Perspektivlosig-

---

[1] Mehrnousch Zaeri-Esfahani, 2016, 33 Bogen und ein Teehaus, Wuppertal: Peter Hammer, S. 146. Im Folgenden zitiert mit der vorangestellten Sigle ‚33 Bogen' und Seitenzahl in Klammern direkt im Fließtext.

keit geprägt, bis sich die Möglichkeit ergibt, ein 30-Stunden-Visum für die DDR zu erhalten, mit dem die Familie nach Ostberlin fliegt.

Der dritte Teil des Romans beginnt mit der sofortigen Abschiebung der Familie nach Westberlin, wo sie nach einem Hotelaufenthalt von wenigen Tagen Asyl beantragt. Darauf folgt eine qualvolle Reise durch unterschiedliche Flüchtlingsheime. Aus Berlin, das Mehrnousch und ihre Geschwister neugierig erkunden, werden sie unerwartet in „ein dunkles, trauriges Loch namens ‚Zentrale Anlaufstelle für Flüchtlinge'" (33 Bogen, S. 110) in Karlsruhe gebracht. Die Umstände, unter denen die Familie dort leben muss (verdreckte Toiletten, zerrissene Bettwäsche, Schlägereien), lassen die mittlerweile elfjährige Mehrnousch daran zweifeln, „je wieder ein normales Leben in einem normalen Haus und mit normalen Freunden in einer normalen Schule" (33 Bogen, S. 115) zu führen.

Erst als die Familie ungefähr einen Monat später das Übergangsheim verlassen und eine Sozialwohnung in Heidelberg beziehen darf, wächst die Hoffnung wieder. Mehrnousch und ihre Geschwister werden an der Internationalen Gesamtschule Heidelberg (IGH) eingeschult und versuchen, sich in ihrer neuen Heimat einzuleben. So beginnt ein langer Weg, der neben Begegnungen mit wohlwollenden Lehrer*innen und Mitschüler*innen ebenso viele Momente des Scheiterns und Zweifelns, von Ausgrenzung und Trauer bereithält.

Da es sich bei dem Roman um eine Kindheitsautobiographie der Autorin handelt, eignet er sich für die Behandlung in einem interkulturellen Literaturunterricht. Durch die zeitliche Differenz zwischen den Erlebnissen des erinnerten Ich und der Niederschrift des sich erinnernden Ich wird die Erzählerin selbst zu einer Mittlerin zwischen den Kulturen (vgl. 2.1), indem sie Momente kultureller Fremdheit für die Leser*innen identifiziert und erläutert sowie rückblickend eigene Momente von interkultureller Irritation in Deutschland authentisch und humorvoll erzählt. Hierdurch wird die interkultureller Literatur eigene doppelte Optik der Selbst- und Fremdwahrnehmung unterstützt.[2]

Durch seine sprachlich einfache Gestaltung und die durch einen hohen Grad an Oralität geprägte Erzählweise (vgl. 2.2) eignet sich der interkulturelle Roman in besonderer Weise, um von Jugendlichen wie Erwachsenen gelesen zu werden. Der parataktische Satzbau sowie der verständliche Wortschatz ermöglichen Lernenden mit unterschiedlich stark ausgeprägter Lesekompetenz einen schnellen Zugang zur Geschichte. Durch die von bildhaften Vergleichen und Metaphern geprägte Erzählweise, welche anekdotisch unterschiedliche Kindheitserlebnisse der kleinen Mehrnousch zum Leben erweckt, knüpft der Roman an frühe orale literarische Sozialisationserfahrungen der Leser*innen an und lädt sie dazu ein, bildliche Vorstellungen, auch von einem für sie womöglich fremden Land wie Iran, zu entwickeln sowie die kindliche Perspektive der Protagonistin nachzuvollziehen.

---

2 Vgl. Heidi Rösch, 2006, Was ist interkulturell wertvolle Kinder- und Jugendliteratur?, in: Beiträge Jugendliteratur und Medien 2, S. 94–103, hier S. 102.

2. Eine Kindheitsautobiographie zur Kulturvermittlung

Bei *33 Bogen und ein Teehaus* handelt es sich um eine Kindheitsautobiographie in Form eines Fluchtromans, der sich in der großen „Schnittmenge zwischen Migrations- und Migrantenliteratur"[3] verorten lässt, da die nach Deutschland migrierte Autorin Mehrnousch Zaeri-Esfahani selbst ihre Fluchtgeschichte erzählt. Durch das Sich-Zurückversetzen in die kindliche Wahrnehmung nutzt sie die Möglichkeit, das Unfassbare zu versprachlichen.[4] Somit gewinnt die literarische Darstellung einen hohen Grad an Authentizität, was insbesondere im Umgang mit interkultureller KJL relevant ist, um Erfahrungen von migrierten bzw. geflohenen Menschen nachvollziehen zu können.

2.1 Multiperspektivität und das Verhältnis von sich erinnerndem und erinnertem Ich

Kindheitsautobiographien stehen vor der Herausforderung, „die zeitliche, emotionale und geistige Diskrepanz zwischen dem erinnerten Ich der Kindheit und dem sich erinnernden Ich des erwachsenen Autors zu überwinden oder diese zumindest darzustellen."[5] Diese Dichotomie zwischen erinnertem und sich erinnerndem Ich ist ein Charakteristikum von (Kindheits-)Autobiographien[6], dem in dem Roman durch eine autodiegetische Ich-Erzählperspektive begegnet wird. Durch diese gelingt es der Autorin, die Gefühle und Gedanken des erinnerten Ich zu erzählen. Die zeitliche, emotionale und geistige Distanz des sich erinnernden Ich befähigt sie dazu, die gesellschaftlich-historischen Zusammenhänge in Iran, die sie als Kind nicht verstanden hat, für Leser*innen nachvollziehbar darzustellen.

Vor allem relevante gesellschaftlich-politische Perspektiven und Standpunkte werden durch Reproduktion wörtlicher Rede in die Erzählung eingeflochten, indem beispielsweise Mehrnouschs Oma erklärt, Ajatollah Chomeini sei „ein alter, weiser Mann, der an Gott glaubt" (33 Bogen, S. 24), oder Mehrnouschs Mutter äußert, dass der Schah „es zu weit getrieben" (ebd., S. 20) habe.

Insbesondere im dritten Teil des Romans, welcher in Deutschland spielt, werden Standpunkte und Sichtweisen von Deutschen vom erzählenden Ich in Form

---

3   Heidi Rösch, 2019, Migrationsliteratur, in: Grundthemen der Literaturwissenschaft: Literaturdidaktik, hrsg. von Christiane Lütge, Berlin: Walter de Gruyter, S. 338–356, hier S. 339.
4   Vgl. Eva Lezzi, 2000, Zerstörte Kindheit, Literarische Autobiographien zur Shoah, Köln: Böhlau, S. 123.
5   Ebd, S. 124.
6   Vgl. Philippe Lejeune, 1994, Der autobiographische Pakt, Frankfurt am Main: Suhrkamp, S. 20.

von indirekter Rede wiedergegeben und infrage gestellt. So kommentiert das erzählende Ich beispielsweise das diskriminierende Verhalten von Deutschen:

> Andere Menschen wiederum schauten uns angeekelt an und sagten uns ins Gesicht, dass wir aus Deutschland verschwinden sollten. Sie schämten sich nicht, dies offen zum Ausdruck zu bringen, obwohl sie uns gar nicht kannten. Sie sagten, in der Bundesrepublik sei nicht genug Platz. Für mich war es unfassbar, dass sie nicht das Geringste über die politische Lage in Iran wussten. (33 Bogen, S. 115)

Durch den Einbezug dieser Sichtweise auf die Migration der Familie eröffnet der Roman eine Multiperspektivität,[7] denn durch die Reproduktion dieser kritischen Standpunkte „entfernt sich der Erzählende von rein individuellen und monokulturellen Stellungnahmen und nähert sich anderen Menschen und Kulturen an"[8]. Gerade weil diese Standpunkte den Erinnerungen des erzählenden Ich unterworfen und durch die subjektive Perspektivierung infrage gestellt oder ironisiert werden, fordern sie in einem interkulturellen Literaturunterricht zur Diskussion und Reflexion heraus.

2.2 Erzähltechniken von Kindheitsautobiographien

Kindheitsautobiographien stehen immer in einem Spannungsverhältnis zwischen Faktualität und Fiktion, da das Zurückversetzen in das kindliche Erleben und Wahrnehmen nicht ohne Verfahren der Imagination funktioniert.[9] Das Resultat dieser Imagination stellt eine besondere Poetizität des Textes dar, welche sich einerseits sprachlich in einer starken Bildhaftigkeit sowie der Beschreibung von Details kindlicher Wahrnehmung widerspiegelt, andererseits inhaltlich in einer fragmentarischen Erzählstruktur.

Die Beschreibung von Details, welche die Intensität des sinnlichen und emotionalen kindlichen Erlebens hervorheben, trägt auch in *33 Bogen und ein Teehaus* zu einer Vergegenwärtigung der Kindheitserlebnisse von Mehrnousch bei. So erinnert sie sich z. B. anhand von Bildern und Gerüchen an ihre Erlebnisse bei einer Demonstration gegen den Schah, die sie mit einer Schifffahrt vergleicht, bei der ihr Vater ihr Sicherheit und Schutz bietet:

> Er nahm mich mit seinen großen Händen und setzte mich auf seine Schultern, die mir immer wie ein kraftvolles Schiff vorgekommen waren, das niemals untergehen

---

7 Vgl. Michael Hofmann und Iulia-Karin Patrut, 2015, Einführung in die interkulturelle Literatur, Darmstadt: WBG, S. 18.
8 Germain Nyada, 2010, Kindheit, Autobiografik und Interkulturalität. Ein Beitrag zur sprachübergreifenden und (kon-)textorientierten Literaturtheorie, Berlin: Lit, S. 129.
9 Vgl. Lezzi, Zerstörte Kindheit [Anm. 4], S. 133.

würde. Ich roch die Haare meines Vaters und hatte keine Angst mehr. Ich steckte die Nase in seine schwarzen, weichen Haare und riss die Augen weit auf. So weit, wie die Augen eines fünfjährigen Kindes werden können. Ich blickte auf ein Meer von Menschen. [...] Und immer wieder ging eine Welle durch die Menge. Auch mein Vater und ich wurden wiederholt von einer Welle erfasst. (33 Bogen, S. 22)

Solche bildhaften Vergleiche und die Verwendung von Metaphern knüpfen an orale Erzähltechniken an, die dazu dienen, den Leser*innen relevante Erinnerungen zu vergegenwärtigen und sich in das Geschehen einzufühlen.

Ein weiterer Aspekt der oralen Erzähltechnik sind die begrifflichen Erläuterungen im Text, welche darauf zurückzuführen sind, dass „das erzählende Ich im Erinnerungsprozess kulturelle Elemente seiner Gemeinschaft für den impliziten Hörer nicht für offenkundig hält"[10]. Diese Erläuterungen ermöglichen im ersten Teil des Romans einen Nachvollzug der historisch und kulturell fremden Elemente.

Die oralen Strukturen bilden „eine Strategie der interkulturellen Kommunikation als auch der autobiografischen Selbstpositionierung"[11] und dienen dementsprechend dem interkulturellen Austausch zwischen Erzählerin und Leser*innen.

Kerstin Lange bezeichnet Kindheitsautobiographien als „Selbstfragmente"[12], da sie i. d. R. keine zusammenhängende chronologische Geschichte darstellen, sondern einzelne erinnerte Szenen. Dementsprechend erzählt auch *33 Bogen und ein Teehaus* die Geschichte von Mehrnousch und ihrer Familie in Anekdoten, in denen mittels einzelner Ereignisse die Geschichte ihrer Flucht und der Ankunft in Deutschland rekonstruiert wird. In diesem Zusammenhang ist auffällig, dass die Kindheitserinnerungen an das Leben in Iran eng mit dem historisch-politischen Geschehen verwoben sind, während Erinnerungen an die Ankunft in Deutschland über Momente interkultureller Irritationen und Fremdheitserlebnisse erzählt werden. Hierbei werden die historischen Ereignisse, wie es für literarische Aufarbeitungen von Fluchterfahrungen kennzeichnend ist, subjektiv perspektiviert.[13] So schildert der Roman beispielsweise die Folgen der Machtübernahme durch Ajatollah Chomeini in Iran aus der Sicht der Familie Zaeri-Esfahani und bewertet diese negativ, womit diese Beurteilung im Gegensatz z. B. zu der der Wächter*innen der Islamischen Revolution steht. Auch der Versuch der DDR, der BRD durch die Vergabe von 30-Stunden-Visa an Geflohene wirt-

---

10 Nyada, Kindheit, Autobiografik und Interkulturalität [Anm. 8], S. 123.
11 Ebd., S. 127.
12 Kerstin Lange, 2008, Selbstfragmente, Autobiographien der Kindheit, Würzburg: Königshausen & Neumann, S. 12.
13 Vgl. Dieter Wrobel und Jana Mikota, 2017, Vorwort, in: Flucht-Literatur, Texte für den Unterricht (Band 2), hrsg. von Dieter Wrobel und Jana Mikota, Baltmannsweiler: Schneider Verlag Hohengehren, S. 9–10.

schaftlich zu schaden, ermöglicht der Familie einen Neuanfang in Deutschland und wird somit als Glück empfunden.

Diese subjektive Perspektivierung von historisch-politischen Ereignissen äußert sich im Roman vor allem durch die Verbindung mit persönlichen Kindheitserlebnissen von Mehrnousch, womit die individuellen und emotionalen Auswirkungen dieser Ereignisse auf das Erleben der Protagonistin herausgestellt werden. Beispielsweise wird der erste Schultag der Protagonistin in Iran davon überschattet, dass ihre Mutter ihr aufgrund des neu erlassenen Gesetzes zum Tragen eines Kopftuchs die Haare abschneidet (vgl. 33 Bogen, S. 38 ff.).

In Bezug auf die Darstellung historisch-politischer Ereignisse in Iran ergibt sich darüber hinaus eine Schnittstelle zwischen der fragmentarischen Erzählstruktur und der sprachlichen Darstellung, da historische Ereignisse und Personen durch die kindliche Erzählperspektive von Mehrnousch verfremdend dargestellt werden. So ist die Protagonistin beispielsweise irritiert davon, dass die Erwachsenen schlecht über den Schah sprechen, obwohl sie den Schah „immer toll gefunden" (ebd., S. 20) hatte. An der Diskrepanz zwischen der erwachsenen und der kindlichen Beurteilung wird erneut der Unterschied von Authentizität und Faktualität deutlich, der speziell in Kindheitsautobiographien eine große Bedeutung hat, denn

> Kinder sind im eigentlichen Sinne keine ‚Zeitgenossen'. Sie sind weder aktiv und verantwortlich in das politisch-historische Geschehen ihrer Zeit involviert, noch können sie die Wichtigkeit von historischen und gesellschaftlichen Ereignissen beurteilen oder die Bedeutung berühmter Persönlichkeiten ermessen, denen sie vielleicht in der Familie begegnen.[14]

Dem gegenüber sind die Erlebnisse in Deutschland geprägt von Momenten interkultureller Irritation und Diskriminierung, die den Leser*innen den Nachvollzug von Fremdheitserlebnissen und Herausforderungen des Ankommens ermöglichen. So besteht etwa der erste Kontakt mit einem Deutschen nach Ankunft in Westberlin in einem Konflikt mit einem Taxifahrer, der die sechsköpfige Familie nicht in seinem für vier Fahrgäste ausgelegten Mercedes-Benz in ein Hotel fahren möchte. Erst vor dem Hintergrund von Mehrnouschs Erinnerungen „an Hassan, unseren geliebten Taxifahrer in Isfahan" (33 Bogen, S. 90), bei dem 14 Kinder in ein Fahrzeug passten, wird die emotionale Reaktion der Familie auf die Zurückweisung des deutschen Taxifahrers nachvollziehbar.

Die Tatsache, dass das fragmentarische Erinnern im Iran- und Deutschlandteil des Romans unterschiedlich funktioniert, ist darauf zurückzuführen, dass niemand aus der Familie Zaeri-Esfahani der deutschen Sprache mächtig war. Dementsprechend können die Erlebnisse in Deutschland von der Protagonistin

---

14 Lange, Selbstfragmente [Anm. 12], S. 24.

nicht mit dem historisch-politischen Geschehen verknüpft werden. Dies wird durch den Pro- und Epilog bestätigt, in denen das sich erinnernde Ich reflektiert, wie sie die Atomkatastrophe von Tschernobyl, über die nach ihrer Ankunft in Deutschland alle Nachrichtensender stundenlang berichteten, schlichtweg nicht verstand.

3. Literarisches Lernen mit einer Kindheitsautobiographie

Durch die Lektüre von *33 Bogen und ein Teehaus* können Lernende erste Erfahrungen im Umgang mit literarischen Kindheitsautobiographien machen und die für diese charakteristische fragmentarische Erzählweise (vgl. 2.2) entdecken, um eine erste Vorstellung der Gattung zu entwickeln. Sofern sie bereits über Lektüreerfahrungen im Umgang mit anderen Autobiographien, z. B. der Subgattung ‚Tagebuch', verfügen, können Unterschiede und Gemeinsamkeiten thematisiert und die Vorstellung somit ausdifferenziert werden.

Aufgrund der klaren Erzählstruktur, welche sich an den unterschiedlichen geographischen Stationen der Flucht orientiert, ist es für Lernende möglich, die narrative Handlungslogik nachzuvollziehen. Diese wird lediglich durch den Pro- und Epilog gebrochen, in denen das erzählende Ich aus der Perspektive der erwachsenen Mehrnousch spricht und die zeitliche Differenz zwischen dem Verfassen des Romans und den dargestellten Erinnerungen verdeutlicht. Diese Beobachtung kann einen Anlass für eine nähere Untersuchung der Erzählperspektive (vgl. 2.1) darstellen, wobei das für Autobiographien komplexe Verhältnis von sich erinnerndem und erinnertem Ich mit den Lernenden thematisiert werden kann.

Die besondere Poetizität des Textes (vgl. 2.2) lädt die Leser*innen dazu ein, konkrete bildliche Vorstellungen von den dargestellten Erlebnissen zu entwickeln. Eine Reflexion der sprachlichen Gestaltung des Romans fördert zudem die Fähigkeit der Lernenden, metaphorische Ausdrucksweisen zu verstehen. Diese Fähigkeit kann zusätzlich durch den Einbezug der Vignetten, welche der Bruder der Autorin zur Einleitung jedes Kapitels entworfen hat, gefördert werden. Diese stehen jeweils in einem symbolisch-metaphorischen Bezug zum dargestellten Inhalt und können im Anschluss an die Lektüre untersucht und begründet einem Kapitel zugeordnet werden.

4. Das interkulturelle Lernpotential einer Kindheitsautobiographie

In Bezug auf interkulturelles Lernen bietet sich der dritte Teil des Romans, welcher in Deutschland spielt und viele Momente interkultureller Irritation Mehrnouschs explizit thematisiert, zur vertieften Behandlung im Unterricht an. So zweifelt sie nach der Ankunft in Deutschland beispielsweise sowohl an ihrem Verstand wie auch an ihren eigenen Sinneswahrnehmungen, da sie ständig friert, obwohl die Deutschen T-Shirts tragen, und unbekanntes Essen häufig ganz anders schmeckt, als sie es erwartet (vgl. 33 Bogen, S. 113 f.). Dass diese Irritationen eng mit der eigenen Identität verknüpft sind, wird deutlich, als Mehrnousch bewusst wird, dass womöglich niemals jemand ihren Namen wieder so aussprechen würde, wie ihre Großmutter es getan hatte, und sie sich fragt: „Hieß ich jetzt anders?" (ebd., S. 114)

4.1 Interkulturelle Begegnungssituationen reflektieren

Im Deutschlandteil werden darüber hinaus interkulturelle Begegnungssituationen geschildert, welche interessante Leerstellen enthalten, die von Schüler*innen in handlungs- und produktionsorientierten Verfahren gefüllt werden können, um unterschiedliche Perspektiven auf diese Situationen zu erproben.

Neben der bereits geschilderten Begegnung mit dem Taxifahrer, dessen Beweggründe dafür, die Familie nicht mit seinem Taxi in ein Hotel zu fahren, unerwähnt bleiben, was eine zu füllende Leerstelle darstellt, ist auch der erste Schultag von Mehrnousch an der Internationalen Gesamtschule Heidelberg für die Thematisierung im Literaturunterricht fruchtbar. Da die Lernenden mit der Situation vertraut sind, dass neue Mitschüler*innen in die Klasse kommen, können sie womöglich die Gedanken der Mitschüler*innen von Mehrnousch nachvollziehen und diese Leerstelle im Text füllen. Zugleich bietet der Textausschnitt die Möglichkeit zum Perspektivwechsel und zur kritischen Reflexion der Reaktionen von Mehrnouschs Mitschüler*innen, welche alle auf sie zu rennen, zeitgleich auf sie einreden und ihre langen schwarzen Haare ohne zu fragen anfassen (vgl. ebd., S. 126). Anhand dieses Beispiels können Fragen nach Alltagsrassismus und einem behutsamen und empathischen Umgang mit anderen Menschen diskutiert werden.

4.2 Die Entstehung von Vorurteilen thematisieren

Die gewählte Erzählperspektive sowie die Divergenz zwischen erzählendem und erzähltem Ich bieten die Gelegenheit, die Entstehung und Tradierung von

Vorurteilen kritisch zu reflektieren. So werden bereits im ersten Teil des Romans Vorurteile zur Abwertung von gesellschaftlichen Gruppen verwendet, wenn Mehrnouschs Mutter beispielsweise die weiblichen Pasdaran als „frustrierte Frauen vom Land" (ebd., S. 32) bezeichnet oder Mehrnousch das Tragen eines Kopftuchs mit der Begründung ablehnt, sie sähe dann „ja aus wie die hässlichen Mädchen vom Dorf" (ebd., S. 36). Hier nutzen die Figuren Vorurteile, um einen Unterschied zwischen den vermeintlich aufgeklärten und fortschrittlichen Menschen aus der Stadt und den vermeintlich weniger gebildeten vom Land zu konstruieren. Somit verweist der Text auf die Konstruiertheit von Wirklichkeit, Wahrnehmung, Fremd- und Eigenbildern, wie es laut Michael Hofmann für interkulturelle Literatur üblich ist.[15] Diese Art der Vorurteilsbildung ist den Schüler*innen vertraut und kann im Unterrichtsgeschehen diskutiert werden, um Stereotypisierungen zu entlarven und eigene Vorurteile kritisch zu reflektieren. Neben Vorurteilen in Bezug auf gesellschaftliche Gruppen reproduzieren die Figuren auch unreflektiert Stereotype in Bezug auf andere nationale Gruppen, indem beispielsweise die Araber als „die Wilden, die Barbaren" (33 Bogen, S. 35 f.) bezeichnet werden oder der Hundekot auf den Straßen Berlins für Mehrnouschs Familie „nicht in das Bild [...] von einem sauberen, ordentlichen Deutschland" (ebd., S. 104) passt.

Der Roman zeigt deutlich, dass die Bildung und Tradierung von Vorurteilen ein kulturübergreifendes Phänomen darstellen. Dies sollte in einem interkulturellen Literaturunterricht reflektiert werden, indem die Schüler*innen eigene Vorurteile zur Sprache bringen und deren Funktion kritisch hinterfragen.

Die Lektüre der Szene, in welcher ein arabischer Junge im Flüchtlingswohnheim Mehrnouschs Mutter mit einem Messer angreift und die Polizei gerufen werden muss (vgl. ebd., S. 97 ff.), kann genutzt werden, um die Vorurteile, welche in Deutschland gegenüber Geflüchteten bestehen, und vor allem ihre Entstehung kritisch zu reflektieren. In dieser Szene wird einerseits die Heterogenität der in einem Wohnheim lebenden Geflohenen dargestellt, zwischen denen aufgrund von Vorurteilen Konflikte entstehen, und andererseits die Entwicklung von Gewalt aufgrund der prekären Wohnverhältnisse geschildert. Das Geschehen kommentiert die Ich-Erzählerin abschließend mit den Worten: „Wir alle, inklusive des Hausmeisters, hatten von da an eine Geschichte mehr über Flüchtlingswohnheime zu erzählen." (ebd., S. 99) Hierdurch distanziert sie sich einerseits von dem Gewalt ausübenden Jungen aus dem Wohnheim und zeichnet ein differenzierteres Bild der Bewohner, andererseits identifiziert sie sich mit dem deutschen Hausmeister und hebt so den vermeintlichen kulturellen Unterschied zwischen deutschen Einheimischen und ausländischen Geflohenen auf.

---

15 Vgl. Michael Hofmann, 2006, Interkulturelle Literaturwissenschaft. Eine Einführung, Paderborn: Wilhelm Fink, S. 55.

4.3 Momente von Ausgrenzung erfassen

Auf der Handlungsebene wird auch der Umgang mit dem Fremden problematisiert,[16] indem Mehrnousch von Momenten der Ausgrenzung in Deutschland erzählt. Viele dieser Momente stehen nicht im Fokus der Darstellungen, sondern werden beiläufig erwähnt, wie die Tatsache, dass Passanten Mehrnousch und ihren Bruder auf der Straße in Berlin absichtlich anstießen (vgl. 33 Bogen, S. 105).

Offensichtliche Momente der Diskriminierung, wie die Szene, in der Mehrnousch aufgrund der Tatsache, dass sie versehentlich einen Schlafanzug in der Schule trägt, weil ihr der Unterschied zwischen Sommerkleidung und einem Schlafanzug nicht bewusst ist, von Mitschülerinnen ausgelacht und gehänselt wird (vgl. ebd., S. 133 ff.), bieten sich zur Thematisierung in einem interkulturell sensiblen Literaturunterricht an, um Lernende für interkulturelle Missverständnisse und einen rassismuskritischen Umgang hiermit zu sensibilisieren.

Auch andere Szenen aus dem Schulalltag sind geeignet, um die Bedeutung der Sprachbarriere zu verstehen, welche die Ankunft in einem anderen Land herausfordernd macht. So versteht Mehrnousch beispielsweise die Bedeutung des Begriffs „Einladung" nicht und versetzt hierdurch ihre Freundin Zuhal an deren Geburtstag (vgl. ebd., S. 131 f.). Diese Situation kommt lediglich zustande, weil die Lehrerin sich von Mehrnousch wünscht, dass diese kein Türkisch mehr spricht (vgl. ebd., S. 129). Diese Stelle ließe sich gerade in einer mehrsprachigen Lerngruppe nutzen, um über die Sinnhaftigkeit von Sprachverboten im Schulkontext zu diskutieren und Vor- und Nachteile von mehrsprachiger Unterrichtsgestaltung zu thematisieren.

5. Kindheitsautobiographische Erzählformen und -mittel didaktisch-methodisch nutzen

Im Folgenden werden Möglichkeiten vorgestellt, wie die in Kapitel 2 ausgeführten charakteristischen Eigenschaften von Kindheitsautobiographien in einem interkulturell sensiblen Literaturunterricht didaktisch-methodisch genutzt werden können, um eine Auseinandersetzung mit literarischen Figuren anzuregen und dabei Chancen und Grenzen von Perspektivwechseln durch szenisches Spiel (vgl. 5.1) sowie kreative Schreibaufträge (vgl. 5.2) zu erproben.

---

16 Vgl. Andrea Leskovec, 2011, Einführung in die interkulturelle Literaturwissenschaft, Darmstadt: WBG, S. 121.

5.1 Die fragmentarische Erzählweise zum szenischen Spiel nutzen

Durch die fragmentarische Erzählweise, welche die einzelnen Kindheitserinnerungen von Mehrnousch wie Szenen erscheinen lässt, bietet es sich an, einzelne Erlebnisse von den Lernenden szenisch darstellen zu lassen.

Ihre Erlebnisse in Deutschland erinnert Mehrnousch im dritten Teil des Romans anhand interkultureller Irritationsmomente (vgl. 2.2). Diese können für eine szenische Darstellung aufgegriffen werden, um nicht nur in der Rolle von Mehrnousch einen Perspektivwechsel vorzunehmen und Momente von Sprachlosigkeit und Fremdheit zu erproben, sondern auch durch die Rolleneinnahme einer anderen Figur vorhandene Leerstellen im Text zu füllen. Hierfür eignet sich neben der bereits erwähnten Szene mit dem Taxifahrer (vgl. 2.2) auch der Besuch eines Staubsaugervertreters, welcher die Familie vom Kauf eines Produkts überzeugen möchte, während diese ihm Bilder aus der Heimat zeigt und persische Köstlichkeiten für ihren unverhofften Besuch zubereitet (vgl. ebd., S. 136 f.).

Neben diesen durchaus humoristischen Szenen können, in Abhängigkeit von der jeweiligen Lerngruppe, auch Momente der Ausgrenzung (vgl. 4.3) spielerisch erprobt werden, um Dynamiken von Mobbing nachzuvollziehen.

Bei allen Formen des szenischen Spiels ist eine anschließende Reflexion unerlässlich, die in einem interkulturell sensiblen Literaturunterricht immer auch die Frage nach den Grenzen des Perspektivwechsels beinhalten sollte: Inwiefern hat sich mein Verständnis für die Figur verändert und wo bricht der Perspektivwechsel, weil es mir aufgrund meiner sprachlichen und kulturellen Prägung nicht möglich ist, mich in einen geflohenen Menschen hineinzuversetzen, der kein Wort Deutsch spricht? Durch diese Reflexion wird den Lernenden verdeutlicht, dass es eine Form von Fremdheit gibt, die man sich nicht aneignen kann,[17] und sie haben die Möglichkeit, ihre Ambiguitätstoleranz weiterzuentwickeln.

Neben szenischen bieten sich auch handlungsorientierte Verfahren wie Standbilder an, um die unterschiedlichen Einstellungen und Emotionen der Figuren darzustellen. In diesem Zusammenhang ist insbesondere der zweite Teil des Romans interessant, der in der Türkei spielt, da hier ein innerfamiliärer Konflikt auftritt. Die Kinder fühlen sich in der Türkei wohl, erlernen schnell die neue Sprache und empfinden diesen Transitort als ihre neue Heimat, während die Eltern sich wie gestrandete Wale fühlen (vgl. 33 Bogen, S. 70), denen aufgrund des Arbeitsverbots kein Ankommen möglich ist. Über Proxemik, Mimik und Gestik können Lernende die emotionale Situation jeder einzelnen Figur im Standbild verdeutlichen und zum Beispiel in Form eines Alter Egos kommentieren oder im Anschluss reflektieren. Auch eine Abfolge von drei Standbildern kann entwickelt werden, um die Entwicklung der Familiendynamik nachzuzeichnen.

---

17 Vgl. Georg Auernheimer, 2010, Einführung in die interkulturelle Pädagogik, Darmstadt: WBG, S. 107.

5.2 Multiperspektivität durch produktionsorientierte Schreibaufträge erweitern

Für den Nachvollzug der Perspektive unterschiedlicher Figuren können auch produktionsorientierte Schreibaufträge eingesetzt werden. Durch die autodiegetische Ich-Erzählperspektive (vgl. 2.1) erleben die Leser*innen die Handlung durch Mehrnouschs Augen, wodurch sich im Text mehrere Leerstellen ergeben. So erfahren die Leser*innen zum Beispiel kaum etwas über die Gedanken und Gefühle der Menschen, auf die Mehrnousch in Deutschland trifft.

Manche dieser Perspektiven, wie die der Mitschüler*innen an der IGH, welche Mehrnousch an ihrem ersten Schultag ausfragen möchten (vgl. ebd., S. 126), können von den Schüler*innen aufgrund des starken Lebensweltbezugs gut nachvollzogen werden und eignen sich hierdurch für produktionsorientierte Schreibaufträge in Form von Tagebucheinträgen o.Ä. Hierdurch können auch schwierige interkulturelle Begegnungssituationen, wie das Versetzen von Zuhal an deren Geburtstag (vgl. 4.3), reflektiert werden.

Die Entwicklung von produktionsorientierten Schreibaufträgen, in denen die Perspektive der Familie Zaeri-Esfahani eingenommen werden soll, ist aus Sicht eines interkulturell sensiblen Literaturunterrichts in mehrerlei Hinsicht problematisch. Zunächst ist es kaum möglich, authentische Schreibaufträge zu entwickeln, in denen die Familienmitglieder z. B. ihre Motive für die Flucht erläutern, da dies gegen die narrative Handlungslogik des Romans verstoßen würde, in dem geschildert wird, dass die Familie ihre Ausreise selbst gegenüber Familienangehörigen streng geheim hält (vgl. ebd., S. 63). Auch nach der Flucht nach Deutschland würden sie keine Briefe über ihre Fluchtmotive in die Heimat schreiben, um ihre Familienangehörigen, welche unter einem totalitären Regime leben, nicht in Gefahr zu bringen. Ferner stellt die Konfrontation der Leser*innen mit den Lebensumständen in Iran, die letztlich zur Flucht der Familie führen, für die meisten eine Erfahrung radikaler Fremdheit[18] dar, die im interkulturellen Literaturunterricht als solche gewürdigt und in einer offenen Anschlusskommunikation, z. B. in Form von literarischen Unterrichtsgesprächen nach dem Heidelberger Modell[19], thematisiert werden kann. Der Versuch, sich diese Form radikaler Fremdheit durch scheinbar authentische produktionsorientierte Schreibaufträge anzueignen, erscheint in einem interkulturell sensiblen Literaturunterricht nicht sinnvoll.

---

18 Vgl. Leskovec, Einführung in die interkulturelle Literaturwissenschaft [Anm. 16], S. 51.
19 Vgl. Gerhard Härle, 2011, „... und am Schluss weiß ich trotzdem nicht, was der Text sagt." Grundlagen, Zielperspektiven und Methoden des Literarischen Unterrichtsgesprächs, in: „Seit ein Gespräch wir sind und hören voneinander". Das Heidelberger Modell des Literarischen Unterrichtsgesprächs in Theorie und Praxis, hrsg. von Marcus Steinbrenner, Johannes Mayer und Bernhard Rank, Baltmannsweiler: Schneider Verlag Hohengehren, S. 29–66.

Stattdessen ist es denkbar, kreative Schreibaufträge zu entwickeln, mit deren Hilfe Lernende die emotionale Lage der Familienmitglieder reflektieren können. So wäre es beispielsweise möglich, sich in die beiden Schlumpffiguren hineinzuversetzen, welche Mehrnousch und ihr Bruder im KaDeWe kaufen und mit ins Flüchtlingswohnheim nehmen (vgl. 33 Bogen, S. 104 ff.). Die Diskrepanz zwischen dem Leben in der luxuriösen Welt des KaDeWe und der Ankunft in einem Flüchtlingswohnheim sowie die emotionale Bedeutung, welche die Schlumpffiguren für ihre neue Besitzerin haben, kann von Lernenden z. B. in Form von inneren Monologen aus Sicht der Schlümpfe reflektiert werden. Durch diese Form der Fiktionalisierung kann ein Nachvollzug des Fremdheitserlebens der Familie angestoßen werden, ohne sich dieses anzueignen.

Literarisch-sprachliches und interkulturelles Lernen mit dem migrationsmehrsprachigen Jugendroman *Nicu & Jess*

Ute Filsinger

Der Jugendroman *Nicu & Jess* (englischsprachiger Originaltitel: *We come apart*) des britischen Autorenteams Sarah Crossan und Brian Conaghan erschien – ins Deutsche übertragen von Cordula Setsman – im Jahr 2018 im Mixtvision Verlag. Der in freier Versform gestaltete Roman erzählt die Geschichte der Begegnung, Annäherung und unfreiwillig kurzen Liebesbeziehung der beiden 15-jährigen Hauptfiguren. Das Geschehen ist im nördlichen London verortet, das als Handlungsraum vor allem durch soziale Disparitäten sowie den sich radikalisierenden Nationalismus der Phase nach dem Brexit-Referendum geprägt scheint. Der Plot der nur wenige Wochen andauernden Liebesbeziehung zwischen Nicu und Jess erinnert in mancher Hinsicht an Shakespeares Tragödie *Romeo und Julia*. Denn genau wie bei Shakespeare versuchen auch Nicu und Jess, ihre Gefühle mit selbstzerstörerischem Mut gegen familiäre Widerstände und sozio-kulturelle Tabus durchzusetzen. Im Gegensatz zum Romeo-und-Julia-Stoff bildet bei *Nicu & Jess* allerdings keine bürgerliche Fehde die äußere Bedrohung der Liebesbeziehung, sondern vor allem die rassistischen Strukturen innerhalb der Migrationsgesellschaft.[1]. Und auch bei *Nicu & Jess* bleibt die Liebeserfüllung aufgrund der herrschenden Machtverhältnisse Utopie.

Neben der freien Versform bricht auf literarästhetischer Ebene vor allem die Figurensprache Nicus mit herkömmlichen Lesererwartungen. Denn seine durchgehend als Lerner*innenvarietät, mit einzelnen rumänischsprachigen Einschüben gestaltete Sprechweise prägt als Ausdruck literarischer Mehrsprachigkeit den Gesamttext deutlich. Die ästhetische Wirkung der Sprache Nicus geht dabei mit der jugendsprachlich gestalteten Figurensprache von Jess ein literaturdidaktisch ergiebiges Spannungsverhältnis ein. Der Jugendroman bietet daher gerade für den Literaturunterricht der Klassenstufen 9 und 10 vielseitige text- und rezepti-

---

[1] Der Begriff ‚Migrationsgesellschaft' wurde vor allem durch von Paul Mecheril geprägt und als weiter gefasstes Konzept anstelle von ‚Einwanderungsgesellschaft' oder ‚Zuwanderungsgesellschaft' in den migrationspädagogischen Diskurs eingeführt; vgl. Paul Mecheril, 2010, Migrationspädagogik. Hinführung zu einer Perspektive, in: Migrationspädagogik, hrsg. von Mecheril et al., Weinheim / Basel: Beltz, S. 7–22, hier S. 11.

onsseitige Anknüpfungspunkte für literarische, (mehr-)sprachliche sowie interkulturelle Lernprozesse.

1. Literaturwissenschaftliche Analyse: *Was* wird *Wie* erzählt in *Nicu & Jess*?

Der vorliegende Jugendroman lässt sich zunächst grundsätzlich dem Gattungsbegriff der ‚Migrationsliteratur' als spezifischer Form interkultureller Literatur[2] zuordnen. Migrationsliteratur wird von Heidi Rösch als Literatur definiert, „die Migration thematisch, sprachlich und ästhetisch gestaltet".[3] Der Terminus Migrationsliteratur bezieht sich dabei auf den Text und Gegenstand des jeweiligen Werks und nicht auf eine etwaige eigene Migrationserfahrung der Verfassenden, welche auch bei Sarah Crossan und Brian Conaghan – soweit bekannt – nicht vorliegt.[4] Migrationsliteratur kennzeichnet sich auf literatursprachlicher Ebene häufig durch Formen des mehrsprachigen Schreibens.[5]

Neben der expliziten Mehrsprachigkeit des Jugendromans *Nicu & Jess* lässt sich als weiteres herausstechendes erzähltechnisches Merkmal die multiperspektivische Erzählweise des Jugendromans nennen.[6] Der Plot – aufgeteilt in drei die Handlung strukturierende Teile – wird in einem konsequent durchgehaltenen Wechsel zwischen den beiden autodiegetischen Erzähl- und Fokalisie-

---

2 Mit Nazli Hodaie schließe ich mich einem Verständnis von interkultureller Literatur als einer Literatur an, „die konstruierte Grenzen überwindet und den gesellschaftlichen Masterdiskurs im Umgang mit kultureller Alterität nicht reproduziert, sondern ihm neue Perspektiven entgegensetzt" (S. 322). Dabei geht es um Geschichten, „die Binaritäten überwinden und Möglichkeiten für vielschichtigere Gefühle als Mitleid bereithalten, solche, die demonstrieren, was noch denkbar, was noch möglich wäre" (S. 331); Nazli Hodaie, 2020, Interkulturalität, in: Handbuch Kinder- und Jugendliteratur, hrsg. von Tobias Kurwinkel et al., Stuttgart: J. B. Metzler, S. 322–333.
3 Heidi Rösch, 2019a, Migrationsliteratur, in: Grundthemen der Literaturwissenschaft: Literaturdidaktik, hrsg. von Christiane Lütge, Berlin/Boston: De Gruyter, S. 338–356, hier S. 338.
4 Hodaie kommt in ihrer vergleichenden Betrachtung deutschsprachiger Kinder- und Jugendliteratur zum Thema Migration von Autor*innen mit bzw. ohne eigener Migrationserfahrung allerdings zu dem Ergebnis, dass autochthone Autor*innen eher zur Reproduktion gängiger Klischees und Stereotype neigen als allochthone. Letzteren gelingt es aus Sicht Hodaies besser als ihren autochthonen Kolleg*innen, die Homogenität von Fremdbildern in ihren Werken infrage zu stellen; vgl. Nazli Hodaie, 2010, Der gute Wille allein reicht nicht – Migration in der Kinderliteratur, in: Buch&Maus, H. 3, S. 9–12.
5 Vgl. weiterführend u. a. Esther Kilchmann, 2017, Von der Erfahrung zum Experiment: Literarische Mehrsprachigkeit 2000–2015, in: Gegenwart schreiben: Zur deutschsprachigen Literatur 2000–2015, hrsg. von Corina Caduff und Ulrike Vedder, Paderborn: Wilhelm Fink, S. 177–186.
6 Siehe ausführlich zu Multiperspektivität und Perspektivenstruktur Vera Nünning und Ansgar Nünning, 2000, Multiperspektivität aus narratologischer Sicht: Erzähltheoretische Grundlagen und Kategorien zur Analyse der Perspektivenstruktur narrativer Texte, in: Multiperspektivisches Erzählen. Zur Theorie und Geschichte der Perspektivenstruktur im englischen Roman des 18. bis 20. Jahrhunderts, hrsg. von Vera Nünning und Ansgar Nünning, Trier: wvt, S. 39–77.

rungsinstanzen Nicu und Jess wiedergegeben.[7] Neben der gemeinsam erlebten Handlung, die den zentralen Fluchtpunkt der Perspektivenstruktur des Romans bildet, werden auch jeweils unabhängig voneinander erlebte Episoden erzählt. Den Rezipient*innen eröffnen sich durch die dialogische Multiperspektivität unterschiedliche Angebote der Perspektivübernahme, des Perspektivwechsels und vor allem die auf Textverstehen bezogene Aufgabe der Koordination und Integration der Einzelperspektiven im Rahmen des Rezeptionsprozesses.[8]

Im ersten Teil des Romans[9] lernen sich die beiden Hauptfiguren während des Ableistens von Sozialstunden kennen. Nicu ist erst seit wenigen Wochen in England, wohin er gemeinsam mit seinen Eltern aus Rumänien temporär migriert ist. Seine Erzähler- und Figurensprache lässt sich als ästhetisch stilisierte Form einer Lerner*innensprache beschreiben.[10] Denn deren Wirkung entfaltet sich einerseits durch die Anlehnung an zweitspracherwerbstypischen Normabweichungen – „Sogar viel neue Sprache in meine Kopf/aber/noch nicht so gut/aus meine Mund" (NJ, S. 64) – und wirkt andererseits künstlerisch gestaltet durch den Einsatz von poetischen Stilmitteln, wie Wiederholungsfiguren: „Ich beobachten. / Vorstellen. / Träumen" (NJ, S. 69) oder Neologismen, wie „Regenschirmbaum" (NJ, S. 45) oder „Taugenichtsetisch" (NJ, S. 14). Auch ist Nicus Sprache von einzelnen wiederkehrenden lexikalischen Transfers aus dem Rumänischen, wie *mămică* (Mama), *tata* (Papa), *Anglia* (England), gekennzeichnet. Somit lässt sich *Nicu & Jess* als ein innere und äußere ‚Migrationsmehrsprachigkeit'[11] gestaltenden

---

7 Vgl. Nünning und Nünning, Multiperspektivität aus narratologischer Sicht [Anm. 6], S. 42.
8 Vgl. ebd., S. 64 ff.
9 Vgl. Sarah Crossan und Brian Conaghan, 2018, Nicu & Jess, aus dem Englischen übersetzt von Cordula Setsman, München: Mixtvision, S. 7–61; im Folgenden zitiert unter NJ.
10 Sowohl aus literaturwissenschaftlicher als auch -didaktischer Perspektive ergiebig ist hier die kritische Auseinandersetzung mit der Frage, ob die sprachliche Darstellung sowohl der Erzähler- als auch Figurenrede in Form einer Lerner*innensprache nicht zu einer (ungewollten) Stereotypisierung der migrierten Figur Nicus führt. Hätte nicht eine lerner*innensprachliche Darstellung der direkten Figurenrede als Mehrsprachigkeit darstellendes Verfahren ausgereicht? Führt eine reale Person innere Monologe nach einigen Wochen im Ankunftsland in der Erst- oder in der Zweitsprache oder einer Mischung aus beiden? Wo genau manifestiert sich eine etwaige Stigmatisierung Nicus: Durch die textseitige Sprachgestaltung der Erzählendeninstanz Nicus oder erst im Rahmen einer sprachnormorientierten Rezeptionshaltung? Ist Nicu in der Figurenkonstellation mit Jess eher hilflos oder handlungsmächtig positioniert? Die (selbst-)reflexive und diskursive Auseinandersetzung mit diesen Fragen kann m. E. (gerade im Unterricht) zu ergiebigen literarisch-sprachlichen Deutungsprozessen führen.
11 Der von Rösch geprägte Begriff ‚Migrationsmehrsprachigkeit' beschreibt „eine Mehrsprachigkeit unter Einbezug einer oder mehrerer Migrationssprachen, die vorwiegend ungesteuert erworben werden und unter den Bedingungen von Diglossie ein geringes Sprachprestige besitzen. Zur Migrationsmehrsprachigkeit gehört auch die Dominanzsprache Deutsch"; Heidi Rösch, 2019b, Linguizismus(-kritik) in der Lehrkräftebildung, in: Mit Sprache Grenzen überwinden: Sprachenlernen und Wertebildung im Kontext von Flucht und Migration, hrsg. von Sabine Schmölzer-Eibinger et al., Münster / New York: Waxmann, S. 179–194, hier 185 f.

und thematisierenden Jugendroman definieren.[12] Die Inszenierung von Migrationsmehrsprachigkeit transportiert somit sowohl formalästhetisch als auch inhaltlich eines der zentralen Themen des Romans: den Linguizismus[13] innerhalb der Migrationsgesellschaft.

Für Nicus Eltern ist die Hauptmotivation ihrer temporär angelegten Migration nach England, genügend Geld zu verdienen, um Nicus Hochzeit in Rumänien zu finanzieren. Nicu hingegen will keine arrangierte Ehe, sondern wünscht sich, dauerhaft in England bleiben zu können.[14] Er erhofft sich, dort seiner von Perspektivlosigkeit gekennzeichneten Lebensrealität in Rumänien zu entkommen, die für ihn als Angehörigen der ethnischen Minderheit der sog. ‚Roma' von Armut, Diskriminierung und Stigmatisierung geprägt ist.[15] Bei seinen Eltern, die als Figuren heterostereotyp und monolithisch konstruiert sind[16], trifft er mit diesen Wünschen auf Unverständnis und deutliche Ablehnung (vgl. NJ, S: 90 f.).

Jess lebt gemeinsam mit ihrer als passiv und überfordert dargestellten Mutter sowie dem aggressiv-übergriffigen und offen rassistisch agierenden Stiefvater Terry in einem „grauen Wohnblock" (NJ, S. 67) in einem von prekären Lebenslagen geprägten Nordlondoner Stadtviertel. Die Eltern von Nicu und Jess sind als Nebenfiguren über den Gesamtroman hinweg statisch und eindimensional gestaltet. Aufgebrochen wird diese stereotype Figurenzeichnung aber durch die vielschichtige und dynamische Darstellung der beiden jugendlichen Hauptfiguren. Beide Figuren kämpfen im Laufe der Handlung zunehmend aktiv und selbstbestimmt gegen die sie umgebende Misanthropie und Strukturen der Unterdrückung an.

Der zweite und umfassendste Teil des Romans (NJ, S. 64–253) fokussiert die Handlung des Liebesplots. Neben dem öffentlichen Park bildet in diesem Teil die Schule den zentralen Handlungsraum. Letztere fungiert im Roman als Schauplatz der gesellschaftspolitischen Kontroversen und Stimmungslagen rund um

---

12 Siehe ausführlicher zu (jugend-)literarischen Formen innerer Migrationsmehrsprachigkeit: Ute Filsinger und Susanne Bauer, 2021, Gebrochenesdeutschsprachigesraum als sprachlich-literarischer Lernraum – Zur Gestaltung von Migrationsmehrsprachigkeit in (Jugend-)Literatur zu Flucht und Migration, in: Mehr Sprachigkeit – Unterrichtsvorschläge für die Arbeit mit mehrsprachiger Literatur in der Sekundarstufe, hrsg. von Ulrike Titelbach, Praesens: Wien, S. 69–95.
13 Der Begriff ‚Linguizismus' beschreibt eine auf Sprachen und Sprachvarietäten bezogene spezifische Form des Rassismus; vgl. hierzu İnci Dirim, 2017, Linguizismus und linguizismuskritische pädagogische Professionalität, in: Slowakische Zeitschrift für Germanistik, Jg. 9, H. 1, S. 7–17, hier S. 7; Rösch, Linguizismus(-kritik) in der Lehrkräftebildung [Anm. 11], S. 179 f.
14 Vgl. Crossan und Conaghan, Nicu & Jess [Anm. 9], S. 37 f.
15 Vgl. in Bezug auf die Problematik bzgl. die Unschärfe des Begriffs ‚Roma' „im Sinne einer verallgemeinernden Selbst- und Fremdbezeichnung" Albert Scherr, 2017, Diskriminierung von Roma und Sinti, in: Handbuch Diskriminierung, hrsg. von Albert Scherr et al., Wiesbaden: Springer VS, S. 529–543, hier S. 530.
16 Vgl. Heidi Rösch, 2015a, Tschick und Maik. Stereotype in der Kinder- und Jugendliteratur, in: kjl&m, Jg. 67, H. 2, S. 26–32, hier S. 27.

den Brexit. Die Darstellung der Lehrer*innenfiguren ist durchweg negativ. Aus Jess' Perspektive erscheinen sie als übergriffige „Gutmensch-Lehrer" (NJ, S. 67) aus der Mittelschicht, die keinen Bezug zu und kein Bewusstsein für die von sozialer Benachteiligung geprägte Lebensrealität ihrer Schüler*innen haben (vgl. NJ, S. 146 f.). Nicu erlebt seine Lehrkräfte als ihm gegenüber ablehnend bis – im Falle der Figur des Sportlehrers – bekennend rassistisch eingestellt (vgl. NJ, S. 55 f., 64 f., 178). Insgesamt fühlt Nicu sich von den Lehrer*innen allein über seine nichtnormgerechte Sprechweise wahrgenommen und abgewertet – „Lehrer mich stecken in Taugenichtsgruppe. [...] Ich wissen Sachen. Aber Lehrer nie prüfen, nie fragen" (NJ, S. 64).

Obwohl Jess genau wie Nicu unter ihrer sozio-ökonomischen Marginalisierung und den damit einhergehenden Zuschreibungen leidet (vgl. NJ, S. 27 f., 146 f., 185), sieht sie anfangs nicht die Parallelen zwischen Nicu und ihr. Stattdessen wendet sie sich zunächst aus einer *weißen*[17] und in Bezug auf ihre eigene dominanzsprachliche Monolingualität als machtvoller erlebten Subjektposition an Nicu und wertet ihn aufgrund seiner migrationsmehrsprachigen Ausdruckweise und ethnischen Herkunft ab: „Verspotte ihn/und sein beschissenes Englisch//[Z-Wort]wolfsjunge[18]" (NJ, S. 77). Erst als die beiden zum ersten Mal länger miteinander sprechen, ändert sich ihre Haltung. Jess realisiert, obwohl „er nicht viel kapiert./Jedenfalls keine Wörter" (NJ, S. 82 f.), dass sie ihm vertrauen kann: „Und warum auch immer,/weiß ich plötzlich, dass er die Klappe halten kann,/und ich fang an zu reden" (NJ, S. 86). Analog zu vielen anderen Werken der aktuellen Kinder- und Jugendliteratur unterstützt Jess, als Vertreterin der Ankunftsgesellschaft, den neu zugewanderten Nicu, der im weiteren Verlauf der Handlung zunächst „ein Freund" (NJ, S. 118) wird, bei dessen Zweitsprach-

---

17 Aus der rassismuskritischen Perspektive wird *Weißsein* als rassistisches Konstrukt der unmarkierten Normalität in enger Verbindung mit Macht und Privilegien begriffen. Um diesen Konstruktcharakter und die rassismuskritische Perspektive auf sprachlicher Ebene aufzugreifen und zu kennzeichnen, kursiviere ich *weiß*, um die ideologische Prägung des Konzepts zu betonen; vgl. weiterführend u. a. Susan Arndt, 2017, Rassismus. Eine viel zu lange Geschichte, in: Rassismuskritik und Widerstandsformen, hrsg. von Karim Fereidooni, Wiesbaden: Springer, S. 29–45, hier S. 32.

18 Ich verzichte an dieser Stelle auf die Reproduktion der mit dem Z-Wort verbundenen rassistischen Kategorie, halte aber das distanziert-reflexive Aufgreifen (mit dem Ziel einer Sensibilisierung und Aufklärung in Bezug auf die Begriffsgeschichte und -wirkung) dieser (nicht nur) unter Jugendlichen nach wie vor verwendeten Bezeichnung als wichtigen Beitrag zu einer rassismuskritischen (literarischen) Bildung mit Blick auf eine postrassistische Zukunft; vgl. hierzu Scherr [Anm. 15], S. 92 ff., sowie Rösch, 2014, Rassistisches, rassismuskritisches, post-rassistisches Erzählen in der Kinder- und Jugendliteratur, in: „Wörter raus!?" – Zur Debatte um eine diskriminierungsfreie Sprache im Kinderbuch, hrsg. von Heidi Hahn et al., Weinheim/Basel: Beltz, S. 48–65.

erwerb[19] – „Aber sie sein auch Helfermädchen. Sie sagen, sie mir beibringen richtig sprechen, kosten es, was es wollen [...] Sie sagen: ‚Wenn wir Kumpel sein wollen, kannste nicht quatschen wie ein Idiot, Nicu'" (NJ, S. 103). Hier spiegeln sich (neo-)linguizistische Praktiken innerhalb der Migrationsgesellschaft wider, mit denen einer nicht-nativen Sprechweise der Mehrheitssprache mit direkter oder indirekter Ausgrenzung bzw. Unterdrückung begegnet wird.[20] Die sich vertiefende Beziehung zu Nicu bietet Jess allerdings unverhoffte Momente der Unbeschwertheit und der ungewohnt aufrichtigen Kommunikation. So beginnt sie, ihre rassifizierende und lingualisierende Positionierung Nicus durch andere und für sie neuartige Erfahrungen im zwischenmenschlichen Miteinander zu hinterfragen:

Seine Stimme tanzt
mit Worten, die zwar durcheinander sind,
aber wirklich was bedeuten.
Und immer wenn wir zusammen sind,
bringt er mich zum
Lachen,
und Lachen,
manchmal bis ich Seitenstechen habe. (NJ, S. 122)

Unter die den Roman dominierende Erzähler*innen- und Figurenrede von Nicu und Jess sind weitere, sozial und/oder ethnisch markierte Sprechweisen eingeflochten.[21] Zu nennen sind hier unter anderem die Sozialarbeiter*innenfiguren Andy und Dawn, deren Sprache von sozialpädagogischem Ethos und entsprechender Lexik gekennzeichnet ist: „Teamwork ist das Zauberwort" (NJ, S. 36) sowie die Stimmen der Lehrkräfte: „Wenn ich wüsste, was los ist, könnte ich dir helfen wieder in die Spur zu kommen" (NJ, S. 68) (Lehrer zu Jess); „Ich glaub kaum, dass du mitkommen wirst" (NJ, S. 178) (Lehrerin zu Nicu). Die vielgestaltigen Stimmen können als Ausdruck der (auf Sprachen bezogenen) migrationsgesellschaftlichen Machverhältnisse und Zuschreibungen verstanden

---

19 Vgl. hierzu Heidi Rösch, 2018, Alles wird gut!? – Flucht als Thema in aktuellen Bilderbüchern für den Elementar- und Primarbereich, in: leseforum.ch 2/2018, S. 1–25, hier S. 2. https://www.leseforum.ch/sysModules/obxLeseforum/Artikel/626/2018_2_de_roesch.pdf (12.02.2024).
20 Vgl. İnci Dirim, 2010, „Wenn man mit Akzent spricht, denken die Leute, dass man auch mit Akzent denkt oder so." Zur Frage des (Neo-)Linguizismus in den Diskursen über die Sprache(n) der Migrationsgesellschaft, in: Spannungsverhältnisse. Assimilationsdiskurse und interkulturell-pädagogische Forschung, hrsg von Paul Mecheril, İnci Dirim, Mechtild Gomolla, Sabine Hornberg, Krassimir Stojanov, Münster: Waxmann, S. 91–112.
21 Vgl. weiterführend Peter Auer, 2013, Ethnische Marker im Deutschen zwischen Varietät und Stil, in: Das Deutsch der Migranten: 48. Jahrestagung des Instituts für Deutsche Sprache, hrsg. von Arnulf Deppermann, Berlin [u. a.]: de Gruyter, S. 9–20.

werden. Wichtig ist zu betonen, dass die Stimmen von Nicu und Jess in Bezug auf den Umfang ihres Redeanteils und in Hinblick auf die Figurenkonstellation als hierarchisch gleichgestellt konstruiert sind.

Der dritte und letzte Teil des Romans (vgl. NJ, S. 265–300) handelt vom spannungsgeladenen ‚Ausreißen' von Nicu und Jess und ist im Gegensatz zu den ersten beiden Teilen von einer hochdynamischen Verkettung äußerer Handlungssequenzen gekennzeichnet, die nur eine Zeitspanne von wenigen Stunden einnehmen. Das offene Ende des Romans verweist auf die Unmöglichkeit der Liebesbeziehung in den bestehenden gesellschaftlichen Verhältnissen. Die im Roman dystopisch gezeichnete aktuelle Migrationsgesellschaft scheint keinen sicheren Ort für die Beziehung der beiden zu bieten.

2. Didaktischer Kommentar I: Literature und Language Awareness im Literaturunterricht mit *Nicu & Jess*

Für einen Literaturunterricht, der sich an der sprachlich-kulturellen Vielfalt der Lerngruppen und dem Ziel einer integrativen literarisch-sprachlichen Bildung orientiert, hat Heidi Rösch den Ansatz ‚Literature und Language Awareness (LitLA)' konzipiert.[22] Verkürzt zusammengefasst geht es bei LitLA darum, die literarische Gestaltung von Sprache(n) bzw. Mehrsprachigkeit in literarischen Werken zum Lerngegenstand im Literaturunterricht zu machen. Dabei versteht Rösch unter der sprachbezogenen Zieldimension ‚Language Awareness (LA)' vor allem einen machtkritisch-reflexiven Umgang mit der Dominanz der Mehrheitssprache, hier dem Deutschen, gegenüber weniger prestigestarken Sprachen und Sprachvarietäten innerhalb einer Gesellschaft, dabei insbesondere den vorhandenen Migrationssprachen. Ihr Verständnis von Language Awareness hat Rösch mit dem Begriff ‚Sprach(en)bewusstheit' ins Deutsche übertragen.[23] Hieran anknüpfend definiert Rösch ‚Literature Awareness (LitA)' als Literatur(en)bewusstheit. Literature Awareness zielt auf

> Wissen über, Wahrnehmung von und Sensibilisierung für Formen, Strukturen, Funktionen und Gebrauch sowie Erwerb, Vermittlung, Reflexion und In-Bezie-

---

[22] Vgl. Heidi Rösch, 2017, Language und Literature Awareness im Umgang mit Kinder- und Jugendliteratur, in: Lesen und Deutsch lernen. Wege der Förderung früher Literalität durch Kinderliteratur, hrsg. von Ulrike Eder und İnci Dirim, Wien: Praesens, S. 35–56; Heidi Rösch, 2021a, Literature und Language Awareness (LitLA), in: Mehr Sprachigkeit: Unterrichtsvorschläge für die Arbeit mit mehrsprachiger Literatur in der Sekundarstufe, hrsg. von Ulrike Titelbach, Wien: Praesens, S. 17–39.

[23] Vgl. Heidi Rösch, 2015b, Sprach(en)bewusstheit als Sprachbildungskonzept, in: Bildungsziel Mehrsprachigkeit – Towards the Aim of Education: Multilingualism, hrsg. von Alina Dittmann et al., Leipzig: Universitätsverlag, S. 93–108, hier S. 97 ff.

hung-Setzen von Literatur/en. Der Plural verweist sowohl auf unterschiedliche nationalsprachlich etikettierte Literaturen und ihre Übersetzungen, auf Genres wie Migrationsliteratur, ‚neue' Weltliteratur oder glokale Literatur als auch auf die Unterscheidung von Literatur hinsichtlich ihres migrationsgesellschaftlichen Potentials [...].[24]

Bei der Verbindung von Literatur und Language Awareness (LitLA) im Literaturunterricht ist es nach Rösch zentral, literarisches und sprachliches Lernen eng vor dem Hintergrund des jeweiligen literarischen Textes und dessen migrationsgesellschaftlichen Potentials zu verbinden. Die in LitLA-Lehr-Lernprozessen eingesetzten Werke werden somit weder als Sprachmusterlieferant noch als reine Impulse für zum Text und seiner literarischen Gestalt nicht mehr bezugnehmende Lernprozesse genutzt. Literatur bleibt vielmehr als zentraler Lerngegenstand des Literaturunterrichts im Fokus. Für LitLA-Lehr-Lernprozesse sieht Rösch insbesondere Werke als geeignet an, die mit poetischer Mehrsprachigkeit arbeiten und „Dominanzsprachlichkeit und die damit verbundene Diskriminierung von DaZ oder Migrationssprachen sowie Migrationsmehrsprachigkeit somit als verdrängte, inferiorisierte Sprachkompetenz sichtbar"[25] machen.

Der migrationsliterarische Jugendroman *Nicu & Jess* lässt sich als ein für LitLA-Lernprozesse geeignetes Werk bezeichnen, da im Text Migrationsmehrsprachigkeit im Zusammenhang mit Linguizismus sowohl auf formalästhetischer als auch inhaltlicher Ebene literarisch bearbeitet wird. Hierfür steht vor allem die literarisch-sprachliche Gestaltung der Figuren- und Erzählersprache Nicus, wobei es diesbezüglich die (im Text vor allem anfangs angelegte) inferiorisierende Subjektivierung[26] der Figur Nicus aufzudecken und im Rahmen der unterrichtlichen Rezeption aufzubrechen gilt. Die unterschiedlichen innertextlich angelegten Perspektiven auf Nicus Migrationsmehrsprachigkeit eröffnen dabei vielfältige literarische und (mehr-)sprachliche Lernmöglichkeiten. Auf Grundlage der anfänglich bei den meisten Lernenden erwartbaren Irritation und Deautomatisierung während der Erstbegegnung mit der Figurensprache Nicus können literarische Inszenierung und individuelle Lesarten innerhalb der Lerngruppe reflektiert und dominanzkritisch bearbeitet werden. Dabei bietet die in der Erzählstruktur selbst angelegte Multiperspektivität in Hinblick auf Sprache(n) und deren ästhetischer Nachvollzug im Zusammenhang mit den subjektiven Erfahrungen, Wahrnehmungen und Haltungen innerhalb der jeweiligen Lerngruppe reichhaltige Möglichkeiten zum unterrichtlichen Ausbau von Literatur und

---

24 Rösch, Literature und Language Awareness (LitLA) [Anm. 22], S. 18.
25 Ebd., S. 21.
26 Vgl. İnci Dirim, Ulrike Eder und Birgit Springsits, 2013, Subjektivierungskritischer Umgang mit Literatur in migrationsbedingt multilingual-multikulturellen Klassen der Sekundarstufe, in: Mehrsprachigkeit und Kinderliteratur, Stuttgart: Klett, S. 121–141, hier S. 127 ff.

Language Awareness (LitLA). Zum Anknüpfen an ästhetische Erfahrungen im Kontext der sprachbezogenen Perspektivenstruktur eignen sich besonders gut literarische Unterrichtsgespräche[27] sowie handlungs- und produktionsorientierte Methoden[28], die eine vertiefte Auseinandersetzung und Reflexion ermöglichen können.

Folgende initiierende Impulse[29] können dabei die Entwicklung von LitLA durch iteratives Aufgreifen über den gesamten unterrichtlichen Rezeptions- und Gesprächsprozess zum Jugendroman begleiten und strukturieren:

- Wie nimmt Jess Nicus Sprache wahr? Wodurch wird ihre Wahrnehmung beeinflusst?
- Wie nimmst du das (Macht-)Verhältnis zwischen Nicu und Jess in Bezug auf ihre Sprache und Kommunikation wahr? Wodurch wird deine Perspektive beeinflusst?
- Wie wirkt die Sprache Nicus auf dich? Wodurch entsteht diese Wirkung genau? Was beeinflusst diese Wirkung? Hat sich die Wirkung im Laufe des Lesens verändert?
- Wie nimmt Nicu die Reaktionen der weiteren Romanfiguren auf seine Sprache wahr? Welche Wirkung haben die Außenperspektiven auf sein Selbstbild?

Die ästhetischen Erfahrungen der Lernenden sind dabei der literaturdidaktische Schlüssel für abstrahierende LitLA-Lernprozesse.[30] Denn ästhetische Erfahrungen – verstanden als das Zusammenwirken ästhetischen Erlebens, ästhetischen Wahrnehmens sowie der Reflexion und Verbalisierung dieser Prozesse[31] – bilden das literaturdidaktische Fundament bei der konstruktiven (Weiter-)Entwicklung von LitLA-Deutungskonzepten im Literaturunterricht.

---

27 Vgl. für einen anwendungsorientierten Überblick zum didaktisch-methodischen Konzept des Literarischen Unterrichtsgesprächs Marcus Steinbrenner und Maja Wiprächtiger-Geppert, 2010, Verstehen und Nicht-Verstehen im Gespräch. Das Heidelberger Modell des Literarischen Unterrichtsgesprächs, in: Leseforum Schweiz. Literalität in Forschung und Praxis. Ausgabe 03/2010, S. 1–15, hier S. 11. https://www.leseforum.ch/sysModules/obxLeseforum/Artikel/434/verstehen-und-nicht-verstehen-im-gespraech.pdf (19.09.2022).
28 Vgl. für einen aktuellen Überblick zu handlungs- und produktionsorientierten Verfahren im Kontext von Heterogenität und Inklusion Tilman von Brand, 2019, Handlungs- und Produktionsorientierung im Literaturunterricht, in: Praxis Deutsch, Jg. 46, H. 276, S. 4–11.
29 Vgl. allgemein zu initiierenden Impuls(-fragen) Thomas Zabka, 2020, Gespräche über Literatur, in: Praxis Deutsch, Jg. 48, H. 280, S. 4–11.
30 Vgl. empirische Ergebnisse zu ästhetischen Erfahrungen und Deutungskonzepten von Lernenden im Umgang mit *Nicu & Jess* Ute Filsinger, 2023, Zur Entwicklung von Literature und Language Awareness (LitLA) im Umgang mit Mehrsprachigkeit in jugendliterarischen Werken – eine Entwicklungsforschungsstudie, Karlsruhe: Pädagogische Hochschule (Dissertation in Vorbereitung).
31 Vgl. Irmgard Nickel-Bacon, 2018, Ästhetische Erfahrung – ästhetische Sensibilisierung, in: Ästhetische Erfahrung mit Literatur: Textseitige Potenziale, rezeptionsseitige Prozesse, didaktische Schlussfolgerungen, hrsg. von Nickel-Bacon, München: Kopaed, S. 7–29.

3. Didaktischer Kommentar II: In Bezug auf interkulturelles Lernen

Interkulturelles Lernen als literaturdidaktische Zieldimension zu konstatieren, geht mit Problemen einher, die die Verwendung der Begriffe ‚Kultur' und ‚Interkultur' im pädagogischen Kontext insgesamt betreffen, und zwar insofern, dass „durch die Auseinandersetzung mit Differenz gesellschaftliche Verhältnisse von Über- und Unterordnung reproduziert und bestätigt werden".[32] Mit Bezugnahme auf diese Kritik kommt Nazli Hodaie für die sog. ‚interkulturelle Kinder- und Jugendliteratur' zu dem Schluss, dass vielen dieser Werke ein statisches Kulturverständnis zugrunde liegt, das mit essentialisierenden bzw. kulturalisierenden Tendenzen einhergeht.[33] Um diese Tendenzen zu vermeiden, verweist Hodaie auf einen dynamischen Kulturbegriff, wie er in der interkulturellen Literaturwissenschaft aktuell vorherrscht.[34] ‚Kultur' wird dabei nicht als statische und fest umgrenzte Einheit, sondern als stets vorübergehendes Ergebnis eines unabschließbaren Prozesses des Aushandelns verstanden[35] und „[k]ulturelle Differenz ist in diesem Verständnis [...] das Ergebnis einer Zuschreibung, die sich in einem Prozess der Begegnung vollzieht".[36] Zuschreibungen bzw. Anrufungen bergen allerdings die Gefahr, durch Subjektivierungsprozesse aus komplexen und dynamisch konstituierten Individuen eindimensional gedachte Subjekte zu konstruieren, die auf eine als statisch verstandene Kultur oder ein ‚Dazwischen' als Ort zwischen der Kultur der Mehrheits- und der Minderheitsgruppe reduziert werden.[37] Erfahrungen mit Alterität[38] und Irritation durch Unvertrautes sind andererseits universell menschliche Erfahrungen, die in vielfacher Form in Literatur gestaltet sind und im Literaturunterricht konstruktiv aufgegriffen werden können. Kultur(en) sollten dabei allerdings mit Blick auf intrakulturelle Diversität, Hybridisierungsprozesse und Mehrfachzugehörigkeiten aus einer migrationsgesellschaftlichen Perspektive thematisiert werden.

Daher wird es bei den folgenden Unterrichtsvorschlägen um einen subjektivierungs- und machtkritischen Ansatz eines interkulturellen Literaturunterrichts

---

32 Paul Mecheril, 2008, „Kompetenzlosigkeitskompetenz" – Pädagogisches Handeln unter Einwanderungsbedingungen, in: Interkulturelle Kompetenz und pädagogische Professionalität, hrsg. von Georg Auernheimer, Wiesbaden: VS Verlag für Sozialwissenschaften, S. 15–34, hier S. 17.
33 Vgl. Hodaie, Interkulturalität [Anm. 2], S. 323 f.
34 Vgl. Michael Hofmann, 2006, Interkulturelle Literaturwissenschaft: Eine Einführung, Paderborn: Fink, S. 9 ff.
35 Vgl. ebd., S. 13.
36 Hofmann, Interkulturelle Literaturwissenschaft [Anm. 34], S. 11.
37 Vgl. Dirim, Eder und Springsits, Subjektivierungskritischer Umgang mit Literatur in migrationsbedingt multilingual-multikulturellen Klassen der Sekundarstufe [Anm. 26], S. 123 ff.
38 Vgl. zum Aspekt der Alterität und dem Umgang in der Kinder- und Jugendliteratur Hodaie, Interkulturalität [Anm. 2], S. 324 f.

mit Fokus auf die Perspektivenstruktur in *Nicu & Jess* gehen. Angeknüpft wird dabei wiederum an Rösch, die gleichfalls einen dynamischen Kulturbegriff zugrunde legt, wenn sie literarisches und interkulturelles Lernen zu einer interkulturellen Lesart verbindet:

> Im Zentrum steht empathisches Lesen als eine elaborierte Form des identifikatorischen Lesens, die nicht Fremdverstehen anstrebt, sondern Selbstreflexion in der Auseinandersetzung mit dem Befremden, das die Literatur und die Anschlusskommunikation auslöst.[39]

Dabei bezieht sich Rösch auf die bei Kaspar H. Spinner als vierten Aspekt des literarischen Lernens formulierte Kompetenz der Perspektivenübernahme als Nachvollziehen von Figurenperspektiven[40], betont aber aus ihrem Verständnis der interkulturellen Literaturdidaktik die Bedeutung eines mehrfachen Perspektivenwechsels mit dem Ziel der Selbst- und Fremdreflexion.[41] Für Rösch geht es bei einem mehrfachen Perspektivenwechsel vor allem um den in Literatur erlebbaren „Wechsel zwischen subalternen und dominanzkulturellen Perspektiven [...] im Werk und in der Anschlusskommunikation über das Werk".[42]

Im Jugendroman *Nicu & Jess* bieten sich hier zahlreiche Textstellen an, die einen solchen mehrfachen Perspektivenwechsel, der Vertrautheit und Fremdheit aufgreift und dabei Dominanzverhältnisse und Subjektivierungsprozesse fokussiert, ermöglichen.

Denkbar wäre beispielsweise die Erarbeitung der im Roman angelegten divergierenden Perspektiven des pädagogischen Figurenarsenals auf die beiden Hauptfiguren Nicu und Jess (vgl. NJ, u. a. S. 36, 45, 55 f., 60 f., 64, 68, 146 f., 178 ff.).

Folgende Operatoren können auf didaktisch-methodischer Ebene leiten: Die Lernenden

- beschreiben die Perspektiven von Sozialarbeiter*innen und Lehrkräften auf Nicu und Jess,
- bewerten diese Perspektiven zunächst individuell, anschließend im intersubjektiven, gesprächsförmigen Austausch,
- vergleichen die ‚pädagogischen Perspektiven' mit der dargestellten Wirkung, die diese auf die Figuren haben,
- bewerten und ergänzen die erarbeitete Perspektivenstruktur.

---

39 Heidi Rösch, 2013, Interkulturelle Literaturdidaktik im Spannungsfeld von Differenz und Dominanz, Diversität und Hybridität, in: „Das ist bestimmt was Kulturelles" – Eigenes und Fremdes am Beispiel von Kinder- und Jugendmedien, kjl&m 13. extra., hrsg. von Petra Josting und Caroline Roeder, S. 21–32, hier S. 29.
40 Vgl. Kaspar H. Spinner, 2006, Literarisches Lernen, in: Praxis Deutsch, Jg. 33, H. 200, S. 6–16.
41 Vgl. Rösch, Interkulturelle Literaturdidaktik im Spannungsfeld von Differenz und Dominanz, Diversität und Hybridität [Anm. 39], S. 29.
42 Ebd., S. 28.

Dabei kann u. a. eine Erkenntnis der Lehr-Lernprozesse sein, dass sich in den dargestellten Erwachsenenperspektiven auf Nicu sowohl sprachbezogene als klassenbezogene Zuschreibungen bzw. Essentialisierung überlagern, während bei Jess in erster Linie klassenbezogene (Selbst-)Positionierungen wirken.

Initiierende Impulsfragen in diesem Kontext könnten sein: Wie werden Nicu und Jess von diesen Erwachsenen wahrgenommen? Wo liegen Unterschiede? Wo Gemeinsamkeiten? Wie gehen Nicu und Jess mit diesen Zuschreibungen jeweils um?

Des Weiteren wird im Jugendroman das Thema Rassismus als strukturell wirksames Machtverhältnis literarisch gestaltet und durch die in unterschiedlichen Romanorten wiederkehrende ideologisch geprägte Ungleichbehandlung bzw. antiziganistische Diskriminierung ethnisch markierter Figuren im literarischen Rezeptionsvorgang nachvollziehbar. Durch die Wirkungsmacht rassifizierender Ideologien in unterschiedlichen Handlungskontexten wie Öffentlichkeit, Schule, Peers und Familie kann ‚Othering' kritisch reflektiert werden. Dadurch dass auch Jess als Jugendliche aus prekären Verhältnissen Ausgrenzungserfahrungen u. a. in der Schule erlebt, lässt sich Rassismuskritik mit der intersektionalen Perspektive verbinden.[43]

Besonders ergiebig für ein interkulturelles als subjektivierungs- und machtkritisches Lernen ist die Tatsache, dass der Figur Nicu, als gerade eingewandertem Jugendlichen in einem frühen Stadium des Zweitspracherwerbs, eine den Gesamtroman dominierende Stimme gegeben wird. Die in dieser erzähltechnischen Strategie mitschwingende Gefahr eines paternalistischen Gestus wird dadurch unterlaufen, dass die Figurenkonzeption Nicus das von Rösch als „Defizitsyndrom"[44] bezeichnete Muster vermeidet, das Nicu als Hilfsbedürftigen darstellen würde. Im Gegenteil, die Figur ist als zielstrebig, kompetent und mutig gezeichnet. Und dadurch dass vielmehr Nicu für Jess da ist und sie bei ihren familiären Problemen unterstützt, wird auch das rassistische Argumentationsmuster des „Helfersyndroms"[45] vermieden bzw. umgekehrt. Doch der Jugendroman stellt eben auch dar, dass starke Persönlichkeitsattribute unter Umständen nicht ausreichen, um die machtvolle Wirkung gesellschaftlicher Differenzordnungen im Kontext von Migration zu überwinden.[46]

---

43 Vgl. grundlegend Gabriele Winker und Nina Degele, 2015, Intersektionalität – Zur Analyse sozialer Ungleichheiten, Bielefeld: transcript; und im Kontext eines rassimuskritischen Literaturunterrichts Heidi Rösch, 2021b, Rassismuskritisches Interpretieren in heterogenen Lerngruppen, in: ide – informationen zur deutschdidaktik, Jg. 45, H. 1, S. 106–114, hier S. 112.
44 Rösch, Rassistisches, rassismuskritisches, post-rassistisches Erzählen in der Kinder- und Jugendliteratur [Anm. 18], S. 52.
45 Ebd.
46 Vgl. vertiefend İnci Dirim und Paul Mecheril, 2018, Zwei analytische Schlüsselbegriffe: Differenzordnungen und Diskriminierungsverhältnisse, in: Heterogenität, Sprache(n), Bildung, hrsg. von İnci Dirim et al., Bad Heulbrunn: Julius Klinkhardt, S. 39–50.

Die im Folgenden dargestellten didaktisch-methodischen Konkretisierungen fokussieren die für den Jugendroman zentrale Wirkung und Funktion poetischer Mehrsprachigkeit. Der unterrichtlich angestrebte mehrfache Perspektivenwechsel durch das Aufgreifen und Analysieren der auf die auf Sprache(n) als Differenzkategorien angelegten Multiperspektivität des Werks soll zum Ausbau von Literature und Language Awareness (s. o.) sowie linguizismuskritischen Lernprozessen beitragen.

4. Didaktisch-methodische Konkretisierungen

Mit der folgenden Unterrichtsskizze zu zwei ausgewählten Kapiteln aus *Nicu & Jess* wird der inhaltliche Fokus auf literarische Formen und Funktionen von innerer Migrationsmehrsprachigkeit im Roman gelegt[47]. Dabei wird vor allem ein kritisch-reflexiver Umgang mit den rezeptionsseitig angebotenen und ggf. übernommenen Figurenperspektiven und Subjektpositionen im Kontext von Sprache(n) angestrebt. Den ästhetischen Erfahrungen der Lernenden soll gerade in Hinblick auf das ästhetische Erleben von Irritation Raum gegeben werden. Für alle Lernenden ist es für die gesprächsförmigen Unterrichtsprozesse hilfreich, auf ein differenziertes Angebot an fach- und bildungssprachlichen Formulierungshilfen zurückgreifen zu können.

Im Folgenden wird zu den beiden Teilkapiteln (NJ, S. 41 f. und S. 64 f.) ein schrittweises Vorgehen mit entsprechenden Zieldimensionen skizziert, das dem Ausbau von Literature und Language Awareness dienen soll. Bei der Durchführung liegt der methodische Schwerpunkt auf unterschiedlichen Gesprächsformen im Literaturunterricht.[48]

- *Schritt 1* – Individuelle Erstrezeption der beiden kurzen Kapitel mit der lesebegleitenden Aufgabenstellung, sich erste Eindrücke, Gefallen, Missfallen, Erinnerungen, Assoziationen, Fragen und Gedanken zu notieren.
  - Versprachlichung erster ästhetischer Rezeptionserfahrungen und Deutungskonzepte zur Figurensprache Nicus.
- *Schritt 2* – Im Tandem (mit Sitznachbar*in oder durch die Lehrkraft kombiniert) werden zunächst die notierten ersten Leseeindrücke artikuliert und im Gespräch verglichen, ergänzt und ggf. kontrovers diskutiert. Anschließend werden folgende Leitfragen thematisiert: Wie wirkt Nicus Art zu sprechen auf dich? Was würde sich ändern, wenn die Figur Nicu regelkonform spre-

---

47 Vgl. auch hier ausführlicher Filsinger und Bauer, Gebrochenesdeutschsprachigesraum als sprachlich-literarischer Lernraum – Zur Gestaltung von Migrationsmehrsprachigkeit in (Jugend-)Literatur zu Flucht und Migration [Anm. 12], S. 70.
48 Vgl. Zabka, Gespräche über Literatur [Anm. 29], S. 5 ff.

chen würde? Was wäre, wenn Nicus Erzählerrede in seiner anderen Sprache, Rumänisch, verfasst wäre?
- Vergleich des subjektiven ästhetischen Erlebens und Wahrnehmens sowie der ersten Deutungskonzepte zur Figurensprache Nicus.
- Reflexion von text- und rezeptionsseitigen Funktionen literarischer Mehrsprachigkeit.
- *Schritt 3* – In Kleingruppen werden folgende ‚Talking Points'[49] (zur Stellungnahme herausfordernde Aussagen) der Reihe nach diskutiert:
  a) Nicu schämt sich für seine Sprache.
  b) Die Lehrkräfte haben recht, wenn sie erwarten, dass Nicu besser die Landessprache sprechen sollte, bevor er in die neue Schule geht.
  c) Ein Buch, in dem so viele sprachliche Fehler sind, sollte nicht veröffentlicht werden. Argumentativer (alltagssprachlicher) Austausch u. a. zu Deutungskonzepten hinsichtlich des emotionalen Spracherlebens der Figur Nicu, zur Perspektive der Lehrerinnenfigur und zu sprachlichen und literaturbezogenen Normerwartungen in Schule, Gesellschaft und Literaturbetrieb.
- *Schritt 4* – Im Plenum wird ein vertiefendes Interpretationsgespräch geführt, das sich erstens der Frage widmet, welche offenen Fragen und Erkenntnisse sich aus den Tandem- und Kleingruppengesprächen ergeben haben, und zweitens zum abschließenden Austausch eines letzten Talking Points einlädt: Die Figurensprache Nicus soll uns beim Lesen irritieren und zum Nachdenken anregen.

---

49 Vgl. Daniela Seyler (2020): Talking Points und Talk Tools., in: Praxis Deutsch, Jg. 48, H. 280, S. 57–59.

Deutschsein unter anderen Bedingungen in Eleonora Hummels *Die Fische von Berlin* (2005)

Julia Podelo

1. Einleitung

Eleonora Hummels Roman *Die Fische von Berlin* (2005) erzählt die autobiographisch inspirierte Geschichte der zwölfjährigen Alina Schmidt, einer Deutschen in Kasachstan, deren Eltern die Ausreise nach Deutschland planen, während Alina die Vergangenheit ihres Großvaters aufdeckt.[1] Die Besonderheit des Romans liegt in der Aufarbeitung eines bisher literaturwissenschaftlich und -didaktisch wenig beachteten Themas: der Geschichte der Deutschen aus Russland („Spätaussiedler*innen').

Die Texte dieser Migrationsgruppe bieten interessante Ansatzpunkte für interkulturelle Lernsettings, da sie Impulse zu einer kritischen Auseinandersetzung mit „natio-ethno-kulturellen Zuschreibungen"[2] liefern und zeigen können, dass die eigene, als homogen wahrgenommene (deutsche) Kultur auch anders verstanden, verhandelt und tradiert werden kann, i. e. selbst heterogen, divers und dynamisch ist. Dieser Beitrag schlägt am Beispiel des Romans *Die Fische von Berlin* eine methodisch-didaktische Umsetzung dieser Perspektive im interkulturellen Literaturunterricht vor, ausgehend vom *fuzzy culture*-Konzept nach Bolten und unter Berücksichtigung der Besonderheiten des Romans.

1.1 Kurzer Exkurs: Russlanddeutsche und ihre Texte

Die Texte von und über Deutsche aus Russland stellen ein kaum beachtetes literarisches Korpus dar,[3] obwohl diese Minderheit der Deutschen aus Russland

---

1   Der zweite Teil der Erzählung (*Die Venus im Fenster*, 2009) führt die Geschichte der erwachsenen Alina nach ihrer Ankunft in Dresden fort.
2   Paul Mecheril, 2010, Migrationspädagogik. Hinführung zu einer Perspektive, in: Migrationspädagogik, hrsg. von Paul Mecheril, İnci Dirim u. a., Weinheim/Basel: Beltz, S. 7–22, hier S. 14.
3   Vgl. Artur Rosenstern und Melitta L. Roth, 2019, Zur Situation der russlanddeutschen Literatur gestern und heute, in: Ethnisch deutsche Autoren im kommunistischen Osteuropa, hrsg. von Gillian Pye und Sabine Strümper-Krobb, Konstanz: Hartung-Gorre Verlag, S. 89–95, hier S. 89; Carsten Gansel, 2018, Das Vergangene erinnern. Russlanddeutsche Literatur vor und nach 1989

bzw. *(Spät-)Aussiedler*innen*[4] häufiger im Fokus des öffentlichen Interesses[5] steht und zu einer der größten Migrationsgruppen der Bundesrepublik zählt.[6] Vielmehr zeigt sich in diskriminierenden medialen Darstellungen dieser Gruppe[7], wie wenig ihre spezifischen Migrationsbedingungen im Bewusstsein der Bundesrepublik verankert sind. Daher nehmen in letzter Zeit Initiativen zu, die dem ein realitätsnäheres und heterogenitätsbewusstes Bild entgegenstellen wollen.[8] Der schulische Einsatz russlanddeutscher literarischer Texte greift folglich aktuelle Diskurse auf und trägt dazu bei, gängige Narrative über Deutsche aus Russland mittels „vielfältige[r] und facettenreiche[r] Geschichten über komplexe mehrdimensionale Personen"[9] aufzulösen und die Heterogenität dieser Bevölkerungsgruppe aufzuzeigen. Ein Text, der dieser Anforderung gerecht wird, ist Eleonora Hummels *Die Fische von Berlin*.[10]

(Einleitung), in: Literatur der Russlanddeutschen und Erinnerung, hrsg. von Carsten Gansel, Berlin: Okapi, S. 17–32, hier S. 17.
4   Unter dem Begriff der *Deutschen aus Russland* werden alle deutschstämmigen und seit dem 18. Jahrhundert im Russischen Zarenreich lebenden Siedler*innen gezählt, die seit 1945 in der UdSSR noch sesshaft oder nach 1945 nach Deutschland als „(Spät-)Aussiedler*innen" zurückgekehrt sind. Sie werden oft als *Russlanddeutsche* bezeichnet, die bevorzugte Selbstbezeichnung ist jedoch *Deutsche aus Russland*, vgl. Julia Podelo, 2015, Russlanddeutsche Literatur. Eine Perspektive für den interkulturellen Deutschunterricht?; in: Didaktik des Deutschen als Zweitsprache-DiDaZ in Bamberg lehren und lernen, hrsg. von Claudia Kupfer-Schreiner und Annette Pöhlmann-Lang. Bamberg: University of Bamberg Press, S. 127–146. https://fis.uni-bamberg.de/bitstream/uniba/21540/1/Russlanddeutsche_Literatur.pdf (12.02.2024).
5   Beispielsweise seien hier die Publikationen der Bundeszentrale für politische Bildung (Hrsg.), 2019, angeführt: Dossier Russlanddeutsche. http://www.bpb.de/gesellschaft/migration/russlanddeutsche/ (12.02.2024) und dies. (Hrsg.), 2019, (Spät-)Aussiedler in der Migrationsgesellschaft. https://www.bpb.de/system/files/dokument_pdf/IzPB_340_Spaetaussiedler_barrierefrei.pdf (12.02.2024).
6   Vgl. Jannis Panagiotidis, 2021, Postsowjetische Migration in Deutschland. Expertise, in: Mediendienst Integration. MDI_Expertise_Postsowjetische_Migration.pdf (mediendienst-integration.de) (30.03.2023).
7   Vgl. beispielhaft: Irina Peter, Mär der „bösen Russlanddeutschen", in: TAZ, 26.07.2022. https://taz.de/Dokumentation-im-SWR/!5867067/(30.03.2023).
8   V.a. digitale Informationsangebote für und über Deutsche aus Russland, z. B. in Form von Podcasts („Steppenkinder – Der Aussiedler-Podcast", https://www.russlanddeutsche.de/de/kulturreferat/projekte/steppenkinder-der-aussiedler-podcast/folge-1.html (12.02.2024); „x3 – der erste Russlanddeutsche+ und Postsowjet Podcast", https://www.x3podcast.de/, 12.02.2024) oder digitalen Bildungsangeboten (Projekt o[s]tklick, https://www.ost-klick.de/, 12.02.2024).
9   Rosenstern und Roth, Zur Situation [Anm.3], S. 94.
10 Eleonora Hummel, 2005, Die Fische von Berlin, Göttingen: Steidl. Im Folgenden abgekürzt als Sigle FB.

1.2 Eleonora Hummel: *Die Fische von Berlin* (2005)

Hummel (*1970 in Kasachstan) migrierte als Aussiedlerin 1982 aus Kasachstan (UdSSR) in die DDR. Ihr literarisches Debüt feierte sie mit dem hier vorgestellten Roman *Die Fische von Berlin* (2005) und der Fortsetzung *Die Venus im Fenster* (2009)[11], die neben der Geschichte von Alina auch historische Informationen zu den Deutschen aus Russland, Fragen der Identitätssuche, Heimat und Muttersprache und zugleich die üblichen Entwicklungsaufgaben Jugendlicher thematisieren. Der Einsatz des Romans wäre ab Jahrgangsstufe 7, besser noch ab 9/10 denkbar, wenn Vorerfahrungen mit Themen wie Erster und Zweiter Weltkrieg, NS-Zeit, DDR und Sozialismus, Holocaust und Vertreibung vorliegen. *Die Fische von Berlin* spielt wie alle Werke Hummels in (post-)sowjetischen Kontexten.

Hummels Werke werden mitunter der *Russlanddeutschen Literatur*[12] zugerechnet, ohne dass derzeit eindeutig geklärt wäre, was unter dieser Literatur zu verstehen ist, denn die Zugehörigkeit dazu wird (bisher) nicht über formale Kriterien definiert, sondern ist eher eine Selbstpositionierung der Autor*innen.[13] Dies ist der Fall für Hummel, die zu den wenigen akademisch beachteten russlanddeutschen Autor*innen zählt[14] und deren Debütroman *Die Fische von Berlin* hinsichtlich seines interkulturellen literaturdidaktischen Potentials hier vorgestellt wird.

2. Inhalt des Romans

Die Fische von Berlin erzählt in 23 Kapiteln die Geschichte von Alina Schmidt und ihrer Familie, Vater Albert, Mutter Hilda und den älteren Geschwistern Irma und Willi sowie dem Großvater Eduard Bachmeier. Der erste Teil des Romans führt in den sozio-historischen Kontext der Erzählung ein: Alinas Familie ist Teil der deutschen Minderheit in der Sowjetunion, die sich seit Jahren erfolglos um die Ausreise in die Bundesrepublik Deutschland bemüht. Als Zwischenschritt plant

---

11 Eleonora Hummel, 2009, Die Venus im Fenster, Göttingen, Steidl.
12 Vgl. Sofie Friederike Mevissen, 29.10.2018, Russlanddeutsche Literatur, in: Dossier Russlanddeutsche, hrsg. von der Bundeszentrale für politische Bildung, https://www.bpb.de/themen/migration-integration/russlanddeutsche/276948/russlanddeutsche-literatur/ (12.02.2024); Podelo, Russlanddeutsche Literatur [Anm. 4]; Carsten Gansel (Hrsg.), 2018, Literatur der Russlanddeutschen und Erinnerung, Berlin: Okapi.
13 Vgl. Irina Pohlan, 2014, Abkapseln oder Brücken bauen? Russlanddeutsche SchriftstellerInnen zwischen Hier und Dort, in: Rückkehr in die Fremde? Ethnische Remigration russlanddeutscher Spätaussiedler, hrsg. von Birgit Menzel und Christine Engel, Berlin: Frank & Timme, S. 101–114, hier S. 101.
14 Ian McQuistion, 2019, Current Geography and New Horizons of Russian-German Literature in the Example of Eleonora Hummel's *In guten Händen, in einem schönen Land* (2013), in: Ethnisch deutsche Autoren im kommunistischen Osteuropa, hrsg. von Gillian Pye und Sabine Strümper-Krobb, Konstanz: Hartung-Gorre Verlag, S. 65–77, hier S. 70.

der Vater einen Umzug in den Westen der Sowjetunion. Der zweite Teil des Romans begleitet die Ausreisevorbereitungen von dort nach Deutschland.

Daneben entspinnt sich ein weiterer Erzählstrang: Die Romanhandlung beginnt, als die Ich-Erzählerin Alina beim Großvater ein Taschenmesser mit der Gravur ‚KB' entdeckt. Sie konfrontiert den Großvater und regt damit die Erzählung der Großelterngeneration an, die sich in ihrer Gesamtheit mit den zentralen Aspekten der Geschichte der Deutschen aus Russland deckt: Die Erzählung des Großvaters setzt bei seiner Inhaftnahme und Rückführung 1945 in die Sowjetunion ein, als er angelnd an einem Berliner See saß (FB, S. 55 f.). Nach und nach berichtet der Großvater von den politischen Säuberungen in der UdSSR 1937 (FB, S. 83), von seiner Verhaftung (FB, S. 92–98), vom Kriegsbeginn 1939 (FB, S. 119) und der darauffolgenden Rekrutierung zur Zwangsarbeit (FB, S. 132). Dieser Erzählstrang kulminiert in der Enthüllung, das Taschenmesser habe seinem Bruder, Konrad Bachmeier (‚KB'), gehört, Alinas wahrem Großvater, der nach seiner Flucht aus der Arbeitsarmee spurlos verschwunden sei. Er, Eduard, habe später an Stelle seines Bruders mit seiner Schwägerin und ihrem Kind wie Mann und Frau zusammengelebt (FB, S. 149, 215). Die Erzählung endet, kurz bevor Alina mit ihrer Familie nach Deutschland ausreist.

Inhaltsbezogen präsentiert sich der Roman als Migrationsliteratur,[15] wobei Alinas Fortzug aus Kasachstan eine Transitmigration darstellt. Der Transitort wird namentlich nie genannt, geografisch unklar als „Zwischen den Meeren" in der Zwischenüberschrift beschrieben und verbleibt damit nach Rösch ein „Nichtort"[16] – von Abreise geprägt und für Alina mit der Aufdeckung der als familiären Verrat empfundenen großväterlichen Identität verbunden. Für die Etikettierung als Migrationsliteratur sprechen weitere Aspekte, wie mehrsprachige Momente[17] oder die Fokussierung auf Alina als Angehörige der ‚mitgenommenen Generation' sowie Fragen der nationalen Identität (speziell des ‚Deutschseins').

3. Literaturwissenschaftliche Analyse

Hervorhebenswert ist die erzähltechnische Struktur des Romans, die sich durch drei tragende Elemente charakterisieren lässt: Geschickter Einsatz von Leerstellen, mehrstimmiges Erzählen und Geschlossenheit der Handlung.

---

15 Vgl. Heidi Rösch, 2019, III.2.8 Migrationsliteratur, in: Grundthemen der Literaturwissenschaft: Literaturdidaktik, hrsg. von Christiane Lütge, Berlin: De Gruyter, S. 338–356.
16 Ebd., S. 343.
17 Russische/sowjetische Begrifflichkeiten wie „Nemka" (FB, S. 71), „Stierherzen" (beliebte Tomatensorte in Russland, ebd., FB, S. 70), russlanddeutscher Dialekt wie „deitsch" oder „Deitschland" (FB, S. 30).

Historische Bezüge werden vage gehalten. Die Vorstellung einer deutschstämmigen Minderheit in einem sowjetischen Land entfaltet sich nur kleinschrittig über Alinas als problematisch erachteten Nachnamen „Schmidt" („Mit diesem Namen konnte ich nicht so tun, als wäre ich jemand anderer", FB, S. 13 f.), den „sowjetisch[en]" (FB, S. 15) politischen Kontext sowie die Ausreisemotive des Vaters nach „Deitschland" (FB, S. 24–30). Insgesamt ist das Unwissen Alinas (und damit der Lesenden) ein konstantes Motiv des Romans. Viele Entwicklungen bleiben angedeutet (z. B. Schwangerschaft der Schwester, vgl. FB, S. 78), hinter Umschreibungen verborgen[18] oder werden explizit als Missverständnis Alinas dargestellt:

> „Irgend etwas [sic!] mußte ich falsch verstanden haben. Oder hatte es mir einfach niemand gesagt? Wir hatten keine Karten für einen Flug nach Hannover, sondern für den Zug von Moskau nach Berlin Ost" (FB, S. 217)

Alinas Abhängigkeit von Informationen der Erwachsenen und ihre Rolle als familiäre Außenseiterin wird mehrfach deutlich,[19] allen voran in der Enthüllung der großväterlichen Identität (vgl. FB, S. 149): „Gelogen hat keiner. Sie haben nur alle mehr gewußt als ich" (FB, S. 154). Alinas ständiges Außen-Vor-Sein kann damit das Empfinden der sog. ‚mitgenommenen' Generation gut wiedergeben, der Kinder und Jugendlichen, die in die Ausreiseentscheidungen der Eltern kaum einbezogen wurden und sich mit den endgültigen Resultaten konfrontiert sehen. Diese fehlenden Informationen sind insofern intendiertes Gestaltungsmittel, als sie bewusst mit der Unwissenheit der Leser*innen in Bezug auf die russlanddeutsche Historie spielen: Die Leser*innen werden wie Alina in Unkenntnis der sich im Hintergrund abspielenden Vorgänge gelassen.

Auch die charakteristische Erzählweise Hummels, die in ihren späteren Werken[20] tragend wird, ist in *Die Fische von Berlin* angelegt: Die Haupterzählung (Ausreise der Schmidts) wird stetig zugunsten der Erzählungen des Großvaters unterbrochen. Die Erzählperspektive wechselt zwischen der primären Erzählinstanz Alina und dem monologischen Erzählen des Großvaters. Die (Erzähl-)Gegenwart wird innerhalb des Romans von der (Erzähl-)Vergangenheit beständig durchbrochen bzw. die Vergangenheit ragt in die Gegenwart hinein, was hinsichtlich der historischen Hintergründe der (Spät-)Aussiedler*innen-Migration ein Wesensmerkmal dieser Gesellschaftsgruppe darstellt, da die eigene, ethnische Vergangenheit die Migration in der Gegenwart ermöglichte, historische Traumata diese Migration aber erst motivierten.

---

18 Z.B. „die Bande" (FB, S. 25) für die dem Ansinnen des Vaters ablehnend eingestellten, aber gleichzeitig korrupten Behörden.
19 Z.B. als ihre Mutter ihr mitteilt, sie hätte „kältefrei", was sich später als falsch erweist (vgl. FB, S. 38 ff.).
20 Z.B. *In guten Händen, in einem schönen Land* (2013); *Die Wandelbaren* (2019).

Dieses mehrstimmige Erzählen setzt die von der russlanddeutschen Community geforderten „differenziert ausgearbeiteten Geschichten"[21] um, die einer homogenisierenden Wahrnehmung dieser Gruppe zuvorkommen und stattdessen ein Diversitätsbewusstsein für Migration entwickeln helfen sollen, was auf andere Migrationsprozesse (Gastarbeitermigration, Flucht usw.) übertragbar ist. In *Die Fische von Berlin* wird dies über die Einflechtung unterschiedlichster russlanddeutscher Migrationserfahrungen erzielt, die verdeutlichen: Nicht jede*r Deutsche aus Russland verfolgte die Ausreise mit denselben Motiven. Diese Erzählweise hemmt das Risiko einer eindimensionalen Figuren- oder Handlungsinterpretation und damit etwaiger Reproduktion von vereinfachten Vorstellungen Migrationsanderer.

Bemerkenswert ist zuletzt noch der strukturelle Aufbau, der sich in der Geschlossenheit der Handlung zeigt. Diese beginnt mit der Entdeckung eines Fotos des Großvaters mit der rückseitigen Notiz „Igarka 1956" und dem Taschenmesser unter seinem Kopfkissen (vgl. FB, S. 16 f.). Der Spannungsbogen der großväterlichen Erzählung spannt sich bis zum letzten Kapitel, in welchem erst die erzählinitiierenden Fragen nach dem Foto und dem Taschenmesser beantwortet werden. Der Epilog des Romans ist ein Zeitsprung zur erwachsenen Alina, die in Berlin einen See entdeckt, den sie mit dem aus den großväterlichen Erzählungen vergleicht: „Vielleicht war es nicht der richtige See. Aber die Fische, die mußten es sein" (FB, S. 223), womit die Handlung vom Titel *Die Fische von Berlin* bis zum Epilog rahmenartig eingefasst wird.

4. Allgemeines literaturdidaktisches Potential

Die Auseinandersetzung mit der Tiefenstruktur des Romans kann bei der Interpretation und im Verstehensprozess unterstützen, sowie für Merkmale und Funktionen literarischer Gestaltungsmittel sensibilisieren. Gerade die oben beschriebenen Erzählstrategien des Romans sollten im Unterricht einen größeren Raum erhalten. Das Fehlen einer chronologischen und einstimmigen Erzählung stellt das Wahrheitsmonopol der zentralen Figur Alina deutlich in Frage. Eine explizite Auseinandersetzung damit unterstützt die Entwicklung von Fiktionalitätsbewusstsein und schafft literarisches Wissen in Bezug auf die Fiktion produzierenden Erzählverfahren.

Angesichts der komplexen soziohistorischen Hintergründe zu den Deutschen aus Russland und diesbezüglichen Texten mag deren Einsatz im Literaturunterricht als sehr voraussetzungsreich erscheinen. Kleinere Inputs oder Recherche-

---

[21] Rosenstern und Roth, Zur Situation [Anm. 3], S. 94.

aufgaben können hier die historischen Fakten schnell vermitteln, um Hürden beim Textverstehen zu mindern.

5. Literaturdidaktischer Einsatz im interkulturellen Literaturunterricht

Für den hier vorgestellten Romantexte kann als interkulturelle literaturdidaktische Zielsetzung die Auseinandersetzung mit der Diversität nationaler Identifikationen gelten: Mithilfe der Romanfiguren kann die Vorstellung einer homogenen deutschen Identität dekonstruiert und stattdessen ein diversitätsorientiertes Verständnis von verschiedenen Ausprägungen nationaler Identität bzw. des ‚Deutschseins unter anderen Bedingungen' angebahnt werden: Die Geschichte Alinas, die sich als Geschichte einer Deutschen im Ausland und einer (mehrfachen) Migration entpuppt, bietet hierfür die Begegnung mit einer zunächst als ‚deutsch' wahrgenommenen Figur, deren ‚Deutschsein' im Text nach und nach als ein *anderes* (im Vergleich zum bundesdeutschen) ausgebaut wird. Spannend kann dabei eine Fokussierung auf die textseitigen ‚Inklusionsmechanismen' für die im Text aufgeworfenen Identitätskategorien (Frau, Deutsche, „Schmidt"...) sein: Über welche Textmerkmale wird z. B. ein ‚Deutschsein' suggeriert und welche führen dazu, dass Alina zunächst als dem deutschen Nationalraum zugehörig erfahren wird, obwohl die explizite Nennung der Nationalität erst im zweiten Teil des Romans erfolgt (z. B. Positionierung aufgrund des Nachnamens „Schmidt", FB, S. 13)? Wie stehen Selbst- und Fremdbilder der Figuren bezüglich dieser Fragen der Zugehörigkeit(en) zueinander, wie unterscheiden sich z. B. Konzepte von ‚Deutschsein' bei Alina (Scham, vgl. FB, S. 116), Irma (Ablehnung, vgl. FB, S. 111), ihrem Vater (Identifikation, vgl. FB, S. 30) und ihrem Großvater (Traumaursache, deren Aufdeckung seinen rapiden körperlichen Verfall einleitet, vgl. FB, S. 155 f.).

Mit der Zunahme historischer Faktualität („sowjetisch", FB, S. 15; Stalins Tod, FB, S. 47; Deutschland als Wunschziel, FB, S. 24), die zwar die Verortung der Figuren als Deutsche in sowjetischem Umfeld (aber nicht DDR) ermöglicht, kann es zu einer erstmaligen Irritation auf Seite der Lesenden kommen, die eine Umstrukturierung bisheriger Konzepte von ‚Deutschsein' provoziert und für ein didaktisiertes Nachdenken über Bedingungen und Voraussetzungen von nationaler Identität/Zugehörigkeit nutzbar wäre: Einzelne Textszenen zeigen die konkreten alltäglichen exkludierenden Auswirkungen des ‚Deutschseins' wie Beleidigung/Ausgrenzung, Verlust der Arbeit usw. Parallel zur obigen Frage nach Inklusionsstrategien im Text kann an dieser Stelle nach Exklusionsmechanismen geforscht werden: Mit welchen Mitteln wird im Text auf inhaltlicher (z. B. Zweifel an Irmas Studiumszusage aufgrund des Nachnamens, vgl. FB, S. 32) sowie sprachlicher Ebene Ausgrenzung deutlich (beispielweise mittels des stark politisierten Begriffs ‚Faschist*in', vgl. FB, S. 49)? Hierfür muss ein entsprechender kategorisierungssensibler Rahmen geschaffen werden: Wird vor der Lektüre zu viel Vorwissen aufgebaut und der Text klar als Migrant*innenliteratur eingeführt, kann dies entsprechende Präkonzepte der Schüler*innen aktivieren und das weitere Vorgehen sabotieren. Vielmehr sollen Schüler*innen die von ihnen ausgemachten Leerstellen (v. a. in Bezug auf die Identität der Figuren) explizit selbst und rein werkimmanent füllen. Gerade diese intuitiven Füllungen bzw. Inferenzen, die die Schüler*innen ziehen, bieten sich für weitere diversitäts- und diskriminierungskritische Unterrichtsarrangements an, bei denen die zugrundeliegenden kognitiven Mechanismen näher betrachtet werden, die zwar beim Verstehen von Welt helfen, aber die Gefahr der Stereotypisierung von Sachverhalten bergen. Hierbei steht nicht die Korrektheit dieser Füllungen im Fokus, sondern vor allem die Reflexion über Textelemente, die zu bestimmten Inferenzen anregen, wie o. g. Inklusions- oder Exklusionsmomente.

Für Schüler*innen ohne Migrationserfahrung ermöglicht der Text ein selbstreflexives Gedankenspiel: *Was wäre, wenn mir aufgrund meines ‚Deutschseins' Alltäglichkeiten verwehrt blieben?*, das in handlungs- und produktionsorientierten Settings genutzt werden könnte und sich als altersgerechte Anbahnung einer Critical Whiteness-Kompetenz anböte.

Für Schüler*innen mit *anderen* Migrationserfahrungen (Arbeitsmigration, Fluchtmigration usw.) bietet das Werk neben den allgemeinen Jugenderfahrungen weitere Identifikationsmomente wie die sog. *unfreiwillige* Migration (Nichteinbezug der Minderjährigen in Migrationsentscheidung), die Rolle von Transitorten, Fragen der Identität und Zugehörigkeit, Erfahrungen von Ausgrenzung und Scham (Alina, die unter Scham für ihre guten Russischkenntnisse gelobt wird, vgl. FB, S. 178) usw. Werden die individuellen Erfahrungen bei der Textinterpretation von der Lehrkraft behutsam und diversitätssensibel angeregt, kann gerade die Kontrastierung unterschiedlicher Migrationserfahrungen der gesamten Lerngruppe bei der Ausbildung einer diversitätssensiblen Wahrnehmung weiterhelfen. Geeignete Methoden finden sich hierfür in der Literaturdidaktik zur Genüge, hier seien beispielsweise das Heidelberger Modell des literarischen Unterrichtsgesprächs[22], welches in starkem Maße die interpretativen Zugänge der Schüler*innen fokussiert, oder die Dialogdidaktik nach Roche/Schiewer[23]

---

22 Vgl. Marcus Steinbrenner und Maja Wiprächtiger-Geppert, 2010, Verstehen und Nicht-Verstehen im Gespräch. Das Heidelberger Modell des Literarischen Unterrichtsgesprächs, in: Leseforum (3). https://www.leseforum.ch/myUploadData/files/2010_3_steinbrenner_wipraechtiger.pdf (12.02.2024).
23 Vgl. Jörg Roche und Gesine Lenore Schiewer (Hrsg.), 2017, Identitäten – Dialoge im Deutschunterricht. Schreiben – Lesen – Lernen – Lehren, Tübingen: Narr Francke.

genannt, die den Austausch unterschiedlicher Interpretationsansätze zwischen Schüler*innen befördert.

Schließlich gilt es die inhärente „pedagogical dimension"[24] der Texte aufzugreifen und das Aufklären über die Geschichte der Deutschen aus Russland und über ihre Heterogenität nicht zu vernachlässigen. Der reflektierte Einsatz der Texte kann eine erste Einflechtung zusätzlicher historischer Erfahrungen in das (bundesdeutsche) Kollektivgedächtnis sowie die diversitätsbewusstere Wahrnehmung ‚Migrationsanderer'[25] ermöglichen. *Die Fische von Berlin* bietet z. B. eine andere Perspektive auf den Zweiten Weltkrieg (Leben der Kriegsfeinde im Land der Siegermacht usw.) und den Kalten Krieg in anderen Teilen der Welt.

5.1 Vorab: Grundannahmen einer diversitätssensiblen Literaturdidaktik

Der vorliegende Beitrag folgt den von Rösch beschriebenen Intentionen interkultureller Literaturdidaktik:

> Es geht um Diskriminierung und Privilegierung im Kontext der Dominanzkultur [...]. Zu reflektieren ist die Kulturgebundenheit aller Menschen, Gruppen, Gesellschaften, Institutionen etc. und zwar im Kontext eines Verständnisses von Kultur als heterogen statt monolithisch, dynamisch statt statisch und interaktiv statt abgeschottet.[26]

Dieses Verständnis von *Interkulturalität* fokussiert damit *alle* Formen sozial bedingter Diversität und beschränkt sich nicht auf rein migrationsbedingte Unterschiede zwischen Individuen. In Konzeptionen der interkulturellen Literaturdidaktik wird zuweilen angegeben, man arbeite mit einem *offenen* Kulturbegriff, abseits jeglicher national-ethnischen Bezeichnungen[27], doch in der praktischen Umsetzung kommt vorrangig die enge, migrationsfokussierte Auffassung von *Interkulturalität* zum Tragen, die durch die angestrebte Anerkennung der Anderen „das Schema, das zwischen ‚Wir' und ‚Nicht-Wir' unterscheidet [,bestätigt]"[28], und die zu einer Reproduktion von gesellschaftlichen Ungleichverhältnissen führe, „[d]a [...] in dominanten Diskursen ‚interkulturell' mit ‚Migranten' verknüpft ist"[29]. Aus einer machtkritischen Perspektive heraus ist dieses Phänomen

---

24 McQuistion, Current Geography [Anm. 14], S. 75.
25 Mecheril, Migrationspädagogik [Anm. 2], S. 17.
26 Heidi Rösch, 2020, Interkulturelle Literaturdidaktik, in: KinderundJugendmedien.de. https://www.kinderundjugendmedien.de/fachdidaktik/5053-interkulturelleliteraturdidaktik (12.02.2024).
27 Vgl. Mecheril, Migrationspädagogik [Anm. 2], S. 14.
28 Paul Mecheril, 2015, Kulturell-ästhetische Bildung. Migrationspädagogische Anmerkungen, in: Kulturelle Bildung Online. https://www.kubi-online.de/artikel/kulturell-aesthetische-bildung-migrationspaedagogische-anmerkungen (12.02.2024).
29 Ebd.

des Otherings[30] zentraler Kritikpunkt der bisherigen pädagogischen Praxis. Othering trage laut Mecheril „komplementär dazu bei, dass die andere Seite – Menschen ‚ohne Hintergrund' – sich als nicht besonders, nicht integrationsbedürftig, sondern als normal und fraglos am richtigen Ort verstehen kann"[31].

Damit richten sich Zielsetzungen wie *Interkulturelle Kompetenz* oder *Diversitätsbewusstsein* eher an diejenigen, die im gesellschaftlichen Diskurs als Norm wahrgenommen werden, und nicht an diejenigen, die tagtäglich zwischen Erwartungen der sie umgebenden Mehrheitsgesellschaft (nicht-migrantisch, nicht-mehrsprachig, nicht-körperlich eingeschränkt usw.) und der eigenen Minderheit ihre eigene gesellschaftliche Rolle zu finden gezwungen sind und die dafür erforderlichen *interkulturellen* und sonstigen diversitätsbezogenen *Kompetenzen*[32] notwendigerweise entwickeln.[33] Wie dieses Dilemma im Literaturunterricht konstruktiv genutzt werden kann, soll ausgehend von Boltens *fuzzy culture*-Konzept näher erläutert werden.

5.2 Konkretisierungen

Für die Umsetzung der obigen Zielsetzungen und die Fokussierung auf Diskriminierung sowie Mechanismen von Inklusion/Exklusion bietet der Roman *Die Fische von Berlin* viele Textstellen an. Bereits am Romanbeginn reflektiert Alina: „Ich machte mir keine Gedanken darüber, warum mein Großvater keine Medaillen besaß" (FB, S. 9). Medaillen als gesellschaftliche Auszeichnung und gerade deren Fehlen (im Vergleich zu anderen Veteranen) deuten einen ersten exkludierenden Moment an. Ein Sammeln solcher Aussagen und Figurenmerkmale (z. B. in Form einer tabellarischen Übersicht) über den gesamten Romantext hinweg kann Schüler*innen einen Überblick über Inklusion- und Exklusionsstrategien bieten und in weiterführenden literarischen Gesprächen zeigen, anhand welcher Instrumente (wie Auszeichnungen wie Medaillen oder Urkunden, Namen und Bezeichnungen usw.) und zu welchem Zweck Zugehörigkeiten kommuniziert und verhandelt werden.

Die Ein- und Ausschlussverfahren lassen sich anhand von Figurenanalysen nachzeichnen. Ein hier vielsprechendes Konstrukt bzw. Analyseschema stellt das

---

30 Gemeint sind alle Bezeichnungs- und Zuschreibungspraxen, „um zwischen ‚uns' und jenen Personen(gruppen) zu unterscheiden, die gewöhnlich als kulturell Differente imaginiert werden: ‚die Fremden', ‚die Zuwanderer', ‚die Anderen', ‚die Ausländer', ‚die MigrantInnen', ‚Menschen mit Migrationshintergrund' etc.", ebd.
31 Ebd.
32 Wie beispielsweise Ambiguitätstoleranz, Fähigkeit zur Multiperspektivität und kritische Selbstreflexion, vgl. Cristina Allemann-Ghionda, 2013, Bildung für alle, Diversität und Inklusion. Internationale Perspektiven. Paderborn: Schöningh, hier S. 225–227.
33 Vgl. Rösch, Interkulturelle Literaturdidaktik [Anm. 26].

aus dem Kollektivansatz von Hansen[34] entwickelte *fuzzy culture*-Konzept von Bolten dar: Im Kollektivansatz gelten feste Kategorisierungen und Reduktionen auf einzelne Identitätsmerkmale als obsolet. Dies verknüpft Bolten mit einer grundsätzlichen Kritik am (eurozentrischen) Denken in Entweder-oder-Verhältnissen (binären Oppositionen), demnach man beispielsweise in Bezug auf *Kultur* nur Angehörige/r von Kultur A *oder* B sein kann,[35] doch nicht beides. Er operiert in seinem Konzept stattdessen mit einer mehrwertigen Logik, die nicht Entweder-oder-Entscheidungen verlangt, sondern ein abstufbares Kontinuum zwischen unterschiedlichen Polen annimmt, in dem z. B. jemand ‚ein bisschen' oder ‚etwas' Angehörige/r einer Kultur A oder B sein kann, was sich mit modernen, offenen Kulturdefinitionen deckt. Ein großer Vorteil liegt in der dezidierten Reduktion natio-ethnischer Elemente hinsichtlich ihrer identitätsstiftenden Funktion und die Fokussierung auf *andere* Zugehörigkeiten, sodass am Ende hochgradige Mehrwertigkeiten der Akteure dargestellt werden können: Handelnde Subjekte werden nicht mehr eindeutig zuordenbar (z. B. hinsichtlich Nationalitäten als Deutsche*r, Migrant*in usw.), da zwischen den unterschiedlichen Kollektiven unterschiedlich starke Wechselbeziehungen herrschen (z. B. Deutsche und Nicht-Deutsche, die gemeinsam dem Kollektiv der Opernliebhaber angehören). Diese Perspektive auf Zugehörigkeit wendet sich explizit ab von Eindeutigkeit und Klarheit und konzentriert sich bewusst auf *Zugehörigkeitsgrade*, bietet damit Mehrdeutigkeit und Unschärfe bzw. *fuzziness* (*fuzzy* engl. ‚verschwommen, unklar, unscharf').

Eine erste Figurenanalyse könnte die unterschiedlichen Zugehörigkeiten Alinas in den Vordergrund rücken und den Vergleich mit anderen Familienmitgliedern, sowie der Alina aus dem zweiten Romanteil ermöglichen. Hier käme das *fuzzy culture*-Konzept explizit zum Tragen, indem die Schüler*innen angehalten werden, unterschiedliche Kollektive zu erkennen und den Zugehörigkeitsgrad der Figuren zu diesen Kollektiven visuell zu beschreiben. Für Alina und ihre Familie wäre beispielsweise die visuelle Darstellung aus Abbildung 1 möglich.

Die Figurenanalyse nach dem *fuzzy culture*-Ansatz erlaubt die Visualisierung von Zugehörigkeitsgraden: Alina identifiziert sich im ersten Romanteil noch sehr als Enkelkind und wird im Text häufiger von ihrem Großvater als „Wnutschka" (FB 10) (russ. ‚Enkelin') angesprochen. Ihre Zugehörigkeit zum Kollektiv der Familie Schmidt bzw. das Verhältnis zu den eigenen Geschwistern hingegen wird

---

[34] Vgl. Klaus P. Hansen, 2011, Kultur und Kulturwissenschaft, 4., vollständig überarb. Aufl. Tübingen und Basel: A. Franke.

[35] Vgl. Jürgen Bolten, 2011, Unschärfe und Mehrwertigkeit. „Interkulturelle Kompetenz" vor dem Hintergrund eines offenen Kulturbegriffs, in: Perspektiven interkultureller Kompetenz, hrsg. von Wilfried Dreyer, Göttingen: Vandenhoeck & Ruprecht, S. 55–70, hier S. 57 f.

[36] Eigene Darstellung nach Jürgen Bolten, 2013, Fuzzy Cultures. Konsequenzen eines offenen und mehrwertigen Kulturbegriffs für Konzeptualisierungen interkultureller Personalentwicklungsmaßnahmen, in: SIETAR – Journal für interkulturelle Perspektiven 19, S. 4–10, hier S. 7.

Abb. 1: Polyrelationalität der Figuren Alina und Irma.³⁶

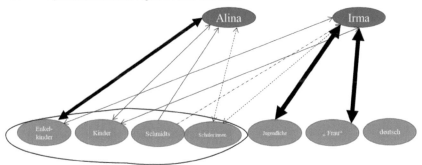

sowohl von ihr selbst angezweifelt als auch im Text eher als distanziert, gar desinteressiert geschildert. Zur Lebenswelt von Alina gehören die zusätzlich umrandeten Kollektive, wohingegen die anderen ihr ‚Leben' und ihre Identität marginal bis gar nicht beeinflussen: Zum Kollektiv der ‚Frauen'" bzw. des ‚Weiblichen' hat sie im Vergleich zu Irma zunächst keinen direkten eigenen Zugang, wenngleich Irma hier als Vermittlerin fungiert.³⁷ Sind diese primären Zugehörigkeiten dem Text entnommen und grafisch geordnet, folgen die vermittelten, indirekten Zugehörigkeiten: Das Kollektiv der ‚Deutschen', zu dem beide Schwestern noch keinen eigenen Bezug haben (bewusst oder unbewusst), könnte ebenso als „vermittelte Erfahrung aus dritter Hand"³⁸ beispielsweise über den Vater angesehen werden, der in der obigen Darstellung noch nicht eingetragen ist.

Entscheidend ist es hierbei nicht nur die Zugehörigkeitsgrade zu ermitteln (und am Text zu belegen), sondern zusätzlich die Reziprozität zu bestimmen: Inwiefern werden die Figuren vom Kollektiv selbst als Mitglieder anerkannt? Gerade das ständige Ausschließen Alinas (als Mitschülerin, als Spielkameradin, als Familienmitglied) stärkt umso mehr ihre Identifikation als ‚Enkeltochter' und die Beziehung zum Großvater. Erst dadurch erklärt sich die Wucht des ‚Verrats': Alinas primäre Zugehörigkeit und größtes Identitätsmerkmal wird mit der Offenbarung des Großvaters, nicht ihr leiblicher Großvater zu sein, zunichte. Es folgt ein vollständiger Identitätstaumel, der sich im zweiten Roman *Die Venus im Fenster* fortsetzt.

Hier sind vorherige Analyseergebnisse, wie die z. B. tabellarisch gesammelten Aufzählungen von Exklusionsmomenten von Nutzen: Möglich wären hier weitere Vergleiche der anderen Figuren und ihrer Kollektive, z. B. des Vaters (‚Dissident', ‚Hypochonder', ‚Schmidt', ‚Deutsch') und des Großvaters (‚Ofenbauer', ‚Deutscher', ‚Bachmeier', ‚Schmidt', ‚Zwangsarbeiter' usw.) und Fragen wie:

---

37 Vgl. ebd.
38 Ebd.

Was unterscheidet z. B. den Großvater von anderen Großvätern/Veteranen im Kollektiv?

Im zweiten Teil des Romans kommt es nicht nur zu einem räumlichen Transit für die Figuren, sondern auch der Kollektive: Zugehörigkeiten verändern, verschieben oder lösen sich gar auf (z. B. „Enkelin" bei Alina, „Schmidt" bei Irma durch die Hochzeit) oder werden konfliktuös (z. B. Irmas indirekte Zugehörigkeit zum Kollektiv der Deutschen und ihre Liason mit einem sowjetischen Amtsträger, vgl. FB, S. 62).

Das mehrstimmige Erzählen in Hummels Roman ermöglicht es diese Zugehörigkeiten zu den Kollektiven aus der jeweiligen Figurenperspektive heraus als Selbstpositionierung zu belegen (und nicht als kritische Zuschreibung *von außen*) und die den Kollektiven eigene Diversität aufzuzeigen (einige Kollektivmitglieder erfüllen die selbstkonstruierten Narrative über sich, z. B. Alinas Vater zum ‚Deutschsein', selbst nicht). Zudem lädt sie ein, mittels handlungs- und produktionsorientierter Verfahren implizite Selbstpositionierungen der Figuren deutlicher herauszustellen. Denkbar wäre hier z. B. ein Geständnisbrief des Großvaters an Alina, in welchem er ihr das Geheimnis des Taschenmessers enthüllt und sein jahrelanges Schweigen darüber erklärt.

Das ist wohl das zentralste Merkmale sowohl des Romans als auch des kollektiven Gedächtnisses der Deutschen aus Russland: kollektives Schweigen über die Vergangenheit, die eklatant in die Gegenwart hineinragt, und über die persönlichen Positionen und Befangenheiten. Durch textproduktive Verfahren wie das Verfassen persönlicher Briefe, oder szenische Darstellungen kann das textseitige Schweigen zumindest aufgebrochen und können Leerstellen sinnhaft gefüllt werden.

6. Fazit

Für die Literaturdidaktik sind sowohl die Arbeit mit russlanddeutschen Texten als auch mit dem *fuzzy culture*-Konzept bisher empirisch nicht untersucht, was sehr wünschenswert wäre, denn gerade das *fuzzy culture*-Konzept birgt durch seine Einfachheit großes Potential für weitere diversitätssensible Fragestellungen, wie Intersektionalität, *superdiversity* und Inklusion. Gerade da Boltens *fuzzy culture*-Konzept bisher kaum literaturdidaktisch rezipiert wird, sind sicherlich noch nicht alle einzelnen Aspekte des Konzepts für die Literaturdidaktik uneingeschränkt zu übernehmen. Hierfür wäre eine weitergehende diskursive Auseinandersetzung von großer Bedeutung.

Nicht nur russlanddeutsche, auch andere als *Migrationsliteratur* deklarierte Texte können von einer diversitätssensiblen und auf Mehrdeutigkeiten ausgelegten Lektüre profitieren und ihre thematische Bandbreite vollends entfalten. Wie der Beitrag hoffentlich am Beispiel Eleonora Hummels und ihrer Texte zeigen konnte, sind russlanddeutsche Texte im schulischen Literaturunterricht zu Unrecht marginalisiert, wenn nicht geradezu ignoriert. Dabei weisen sie sowohl in formalästhetischer wie inhaltlicher Hinsicht eine Reihe spannender Punkte auf, deren literarisch bildende Potentiale hoffentlich bald breitenwirksam erkannt werden.

Auch die Ostsee ist das Meer?

In Susan Krellers Roman *Elektrische Fische* migrationsbedingte Verschiedenheit wahrnehmen

Florian Hesse

1. Vorstellung des Romans und Gliederung des Beitrags

Emma, die Protagonistin in Susan Krellers Roman *Elektrische Fische*[1], wächst mit ihren zwei Geschwistern in Dublin auf. Als sich ihre Eltern trennen, beschließt Emmas Mutter, gemeinsam mit den drei Kindern zu ihren Eltern ins mecklenburg-vorpommersche Velgow zu ziehen, ein kleines Dorf, in dem sie selbst Kindheit und Jugend verbracht hat. Für Emma ist dabei schon vor der Ankunft in Deutschland klar, dass sie nach Dublin zurückkehren möchte: zu ihren irischen Großeltern, ihrer alten Schule, sogar zu ihrem trinkenden Vater. Fest entschlossen schmiedet sie vom ersten Tag an Pläne, wie sie Deutschland unbemerkt den Rücken kehren kann. Je länger Emma jedoch in Velgow lebt, desto mehr schwindet die Sicherheit, dass Irland noch ihre Heimat ist; und je stärker die Erinnerungen verblassen, desto mehr macht sich Orientierungslosigkeit breit, die sich für Emma so anfühlt „wie unter Wasser sein" (EF, S. 10). Beneidenswert sind für sie die titelgebenden elektrischen Fische, die unter Wasser Strom produzieren können, „damit sie sich orientieren und ihre Artgenossen finden können, v. a. in trüben Gewässern." (EF, S. 80)

Schon in diesen beiden Zitaten wird deutlich, dass sich Susan Kreller in ihrem Roman einer elaborierten Wassermetaphorik bedient, um die Gefühle der Figuren sprachlich greifbar zu machen. Eine herausgehobene Bedeutung erfährt dabei das Meer, das zu Beginn des Buches v. a. die unüberwindbare Distanz zwischen Irland und Deutschland markiert und erst allmählich zum verbindenden und heimatstiftenden Element avanciert. Entgegen der Auffassung von Emmas deutscher Oma ist die mecklenburg-vorpommersche Ostsee damit nicht bloß auch ein Meer, das denselben Stellenwert hat wie jenes vor der Küste Dublins. Vielmehr bildet das Meer eine Reflexionsfläche für Emmas Gefühle und verdeutlicht, welcher physischen und psychischen Anstrengungen es bedarf, sich in einer vermeintlich bekannten Umgebung heimisch zu fühlen.

Arbeitet man mit Krellers Roman in der Schule unter diesem Gesichtspunkt, können Schüler*innen der Sekundarstufe I nicht nur lernen, die im Roman dar-

---

[1] Susan Kreller, 2019, Elektrische Fische, Hamburg: Carlsen Verlag. Im Folgenden wird aus dem Primärtext mit der Sigle EF im Fließtext zitiert.

gestellten „Fremdheitserfahrungen kritisch zu eigenen Wertvorstellungen, Welt- und Selbstkonzepten in Beziehung [zu] setzen", sondern auch, „relevante Themen, Motive und Strukturen" sowie „Mehrdeutigkeit als konstitutives Merkmal literarischer Texte" zu erkennen und für das Text- und Selbstverstehen fruchtbar zu machen.[2] In den Worten Wintersteiners geht es also darum, sowohl auf inhaltlicher *als auch* ästhetischer Ebene eine durch Migration bedingte Verschiedenheit wahrzunehmen und damit einem wesentlichen Anliegen interkulturellen Lernens nachzukommen.[3]

Um aufzuzeigen, wie eben solche Lern- und Verstehensprozesse im Unterricht angeregt werden können, werden nachfolgend zunächst verschiedene Bedeutungsebenen des Wassers bzw. Meeres herausgearbeitet. Darauf aufbauend geht der Beitrag unter Berücksichtigung von Aspekten interkulturellen literarischen Lernens näher auf die didaktischen Potenziale des Romans ein. Diese werden abschließend in konkrete Anregungen für einen Einsatz des Romans im achten Jahrgang überführt.

2. Zur Darstellung des Meeres

2.1 Das Meer als Kontrast alter und neuer Heimat

Kurz nach ihrer Ankunft in Deutschland sucht Emma immer wieder nach Anknüpfungspunkten, also Gefühlen, Objekten oder Sinneseindrücken, die sich in Velgow analog zu Dublin verhalten und ihr ein Gefühl von Heimat vermitteln. Die Nähe der beiden Orte zum Meer mag hier von außen betrachtet als größte Gemeinsamkeit gelten, was auch Emmas deutsche Oma auf den Punkt bringt, wenn sie lapidar feststellt: „Auch die Ostsee ist das Meer." (EF, S. 46).

Emma lehnt diesen Gedanken zunächst ab, denn für sie gibt es in Velgow kein Meer, zumindest „[k]eins, das zählt." (ebd.). Nach einigem Abwägen („Und vielleicht stimmt sie ja sogar, die Sache mit der Ostsee und dem Meer", ebd.) lässt sie sich aber trotzdem auf die Bemerkung der Oma ein, die für sie fast schon wie eine „Drohung" (ebd.) klingt. Mit einem „klapprige[n] Klappfahrrad" (ebd.) aus den mitteldeutschen Fahrradwerken (kurz Mifa), dessen Reifen platt, Rahmen verrostet und Sattel schief ist, macht sich Emma also auf den Weg zum Meer: „Mifa und ich, wir sind beide wackelig und fremd." (ebd.).

---

2 KMK, 2012, Bildungsstandards für die allgemeine Hochschulreife, https://www.kmk.org/fileadmin/veroeffentlichungen_beschluesse/2012/2012_10_18-Bildungsstandards-Deutsch-Abi.pdf (12.02.2024), S. 18 f.
3 Vgl. Werner Wintersteiner, 2006a, Poetik der Verschiedenheit: Literatur, Bildung, Globalisierung, Klagenfurt/Celovec: Drava Verlag, S. 21.

Am Meer angekommen macht sich bei Emma Enttäuschung breit:

> Ruhig schwappen die kurzen Wellen über meine Füße und machen immer nur die gleichen Töne, keine, für die man das Radio lauter stellen würde, weiche wässrige, langweilige Geräusche [...]. [A]nsonsten ist die See ganz klar, nicht so trüb wie das Stückchen Meer zu Hause am Seapoint, wo alles grau ist und die Steinplatten am Ufer und die alten, badenden Männer und vor allem dieses Wasser, in dem man nichts und niemanden erkennen kann. Aber Granda Eamon und ich haben so lange geübt, bis wir uns trotzdem unter Wasser gesehen haben [...]. Hier sieht das Meer so klar und langweilig aus, dass es ein Kinderspiel wäre, sich da unten zu erkennen. (EF, S. 50)

Deutlich wird, dass Emma spezifische Erwartungen an das Meer hat, denen die Ostsee nicht gerecht wird: Die Ostsee ist weniger rau als die Irische See und außerdem deutlich klarer, weshalb sie für Emma „langweilig" wirkt. Zudem scheint Emma auch eine soziale Dimension am Meer zu vermissen, insbesondere hinsichtlich der gemeinsamen Tauchausflüge mit ihrem irischen Großvater: „In der Ostsee zu sein, fühlt sich an, als würde ich Granda Eamon verraten; es fühlt sich an, als hätte ich heimlich ein Ersatzmeer gefunden, mit Wellen, die sich auch ohne meinen Granda bewegen." (EF, S. 75).

Den auf mehreren Ebenen angesiedelten Kontrast begreifend, steht Emma noch eine Weile am Meer und hofft, „dass [ihr] der Ostseewind [ihr] Zuhause zurückspült" (EF, S. 51), bevor sie schließlich einsieht, dass die Ostsee ihr „Irland *nicht* vor die Füße spülen [wird], kein einziges Haus, kein einziges Familienmitglied, nichts." (ebd., Hervorh. im Orig.) Daraufhin entlädt Emma ihre Wut, die im Roman durch einen sich über eine Buchseite erstreckenden, emotionsgeladenen Gedankenstrom unterstrichen wird und hier lediglich ausschnitthaft angedeutet werden soll:

> Und als ich das kapiere, fange ich an, die Wellen zu treten und sie mit dem Fuß und mit aller Kraft zurückzustoßen, ich brülle sie alle ins Meer zurück, jede einzelne, ich trete mein Alleinsein in die Wellen und Aoifes Stummsein und alles, bis es sich endlich in Wassertropfen aufgelöst hat, [...] verfluche jeden einzelnen Tag in diesem fremdartigen Land, *I hate ye, bloody Ostsee!*, brülle ich und trete immer noch gegen die Wellen [...], ich brülle und brülle und brülle und weiß nicht, warum ich dann aufhöre zu schreien [...]. (EF, S. 51f., Hervorh. im Orig.)

Augenfällig wird an dieser Stelle, dass Emma an diesem Punkt des Migrationsprozesses noch nicht bereit ist, sich mit der neuen Situation in einem „fremdartigen Land" – hier repräsentiert durch das Meer – anzufreunden, sie es sogar gewaltsam von sich stößt und (auf Irisch) verflucht.

2.2 Das Meer als Rückzugsort

Circa ein halbes Jahr nach ihrer Ankunft in Deutschland ändert sich Emmas Einstellung. In Velgow ist nun Hochsommer und Emma fährt regelmäßig ans Meer. Die Bitte ihrer Mutter, auch einmal ihre kleine Schwester mitzunehmen, lehnt Emma ab:

> Es ist nicht so, dass ich sie nicht bei mir haben will, ich bin nur die ganze Zeit im Wasser, mit ein paar winzigen Unterbrechungen, und könnte mich gar nicht um sie kümmern. Statt in Museen und Freizeitparks bin ich im Meer, schwimme, tauche, versuche unter Wasser zu sehen, Algen und Sand und kleine Fische, Tag für Tag für Tag. (EF, S. 126)

Im Vergleich zu ihrer ersten Begegnung mit dem Meer ist auffällig, dass Emma nun nicht mehr gegen das Meer ankämpft, sondern sich – im Sinne eines umgekehrten Extrems – gar nicht mehr vom Meer lösen kann. Anstatt wie andere Jugendliche die Sommerferien zu nutzen, um „Museen oder Freizeitparks" zu besuchen, kehrt Emma in einem höchst repetitiven Modus „Tag für Tag für Tag" zum Meer zurück, um eine Fähigkeit zurückzuerlangen, die ihr im Zuge des Umzugs nach Deutschland verloren gegangen ist: Sie will unter Wasser sehen können. Dass diese Äußerung metaphorisch im Sinne des impliziten Wunsches nach Orientierung zu deuten ist, liegt deshalb nahe, weil Emma eigentlich geübt darin ist, unter Wasser zu sehen, und zwar in einem Meer, das viel trüber und weniger klar ist als die Ostsee. Dennoch muss sie erneut trainieren, „Algen und Sand und kleine Fische" im Wasser zu erkennen. Zum Teil schwimmt sie so lange, „dass [sie] zwar keine Schwimmhäute, aber Muskeln in den Armen bekomm[t]." (EF, S. 126 f.).

Neben dem Wunsch nach Orientierung gibt es aber noch einen Grund dafür, dass sich Emma so oft und lange im Wasser aufhält: „Wenn man im Wasser ist, ist es egal, ob man weiß, wo man zu Hause ist, hier, dort oder dazwischen, unter Wasser interessiert das keinen mehr, am allerwenigsten mich selbst." (EF, S. 126). Emma fühlt sich im Wasser also frei von Zuschreibungen und muss sich nicht rechtfertigen, ob sie sich noch als Irin oder schon als Deutsche fühlt. Das Wasser stellt damit für sie einen Rückzugsort dar, an dem die Frage nach Zugehörigkeit unbeantwortet bleiben kann.

Zugleich lässt sich rekonstruieren, dass Emma trotzdem ein Bedürfnis nach Nähe verspürt, da sie während des Schwimmens immer wieder an ihren Schulfreund Levin denken muss, der die Sommerferien in den Bergen verbringt: „Nur manchmal, wenn ich auftauche, versuche ich Levin in den Dünen zu erkennen, kann ja sein, dass er früher aus den Bergen zurückgekehrt ist." (EF, S. 126). Bereits hier deutet sich an, dass Emma in Velgow soziale Bindungen aufbaut, die die geplante Rückkehr nach Dublin zumindest erschweren. Zum Ende der Ferien geben Emmas Gedanken sogar erstmals Grund zur Annahme, dass sie erwägt, ihr altes Leben hinter sich zu lassen, denn zu diesem Zeitpunkt „sehen die Wellen aus wie lauter angehobene Teppiche, unter die man eine Menge kehren könnte, ganze Leben würden da drunterpassen. Ein ganzer Mensch." (EF, S. 127).

2.3 Das Meer als Heimat

Dass sich das zuletzt angeführte Zitat auch als Vorausdeutung auf den Suizidversuch von Levins Mutter deuten lässt, wird erst zum Ende des Romans plausibel. Letztere ist schwer an Schizophrenie erkrankt und davon besessen, mehr über elektrische Fische erfahren zu wollen. Genau wie Emma sucht also auch sie nach Orientierung und wie Emma hat auch sie ein besonderes Verhältnis zum Meer, da sie vor ihrer Erkrankung als Fischforscherin gearbeitet hat. Der Suizidversuch ereignet sich, als Emma mit Levin und dessen Bruder ihren Plan zur Rückkehr nach Dublin in die Tat umsetzen will. Unerwarteterweise besteht Levins Mutter darauf, die Gruppe zu begleiten, woraufhin Emma bereits ahnt, dass „[d]er ganze schöne Plan zu wackeln [beginnt]" (EF, S. 157). Levin federt die Bedenken Emmas allerdings ab, indem er ihr versichert, dass sie nach einem kurzen Aufenthalt am Meer den Fluchtplan wieder aufnehmen.

Dort angekommen wirkt das sonst beruhigende Meer für Emma wie eine „Stirn mit Sorgenfalten, überall Grau, überall Sorgen." (EF, S. 159). Die Sorgen resultieren daraus, dass Emma der eigens geplanten Rückkehraktion nicht mehr traut, und daraus, dass sie sich vorstellt, *„dieses* Meer nie wieder [zu] sehen, und nicht nur das Meer." (ebd., Hervorh. im Orig.). Im Hier und Jetzt ist Emma jedoch „ganz ruhig" (ebd.) und beobachtet gemeinsam mit Levin, wie dessen Mutter sichtlich *„erleichtert"* (EF, S. 160, Hervorh. im Orig.) im Meer schwimmt. Sowohl Emma als auch Levins Mutter scheinen für einen Augenblick ganz bei sich zu sein – ein Gedanke, der auch dadurch gestützt wird, dass sich Emma in diesem Moment an das Lied *Electrical Storm* (U2) erinnert und damit die Metapher der elektrischen Fische erneut aufruft und sogar steigert. Emma begreift nun auch, was Heimat für sie wirklich bedeutet:

> Und dann ist Levin ganz nah und warm, ich schließe die Augen und ein Wort schießt mir durch den Kopf, *home* schießt mir durch den Kopf, weil *Heimat* zu lange dauert, [...] *home* ist, wo jemand neben dir sitzt und dich ohne Vorwarnung von rechts nach links umarmt und dir den kleinsten Kuss der Welt gibt, [...] *home* ist, wenn du zum ersten Mal denkst, hier könntest du bleiben [...]. (EF, S. 162; Hervorh. im Orig.)

Erneut erhält man an dieser Stelle Einblicke in einen emotionsgeladenen Gedankenstrom Emmas. Anders als bei ihrer ersten Begegnung mit dem Meer, bei der sie sich noch mit aller Kraft gegen die neue Umgebung gewehrt hat, scheint sie nun jedoch angekommen zu sein. Klar geworden ist Emma nämlich, dass es nicht das Meer selbst war, das sie an Irland vermisst hat, sondern die Menschen, die diesen Ort für sie besonders gemacht haben. Mit Levin hat sie einen Freund gefunden, der ihr dieses Gefühl von Heimat auch in Velgow vermittelt.

Vor diesem Hintergrund ist auch Emmas Reaktion zu deuten, als sie bemerkt, dass Levins Mutter im Wasser plötzlich nicht mehr zu sehen ist: „Jetzt, als ich das mutterlose Meer sehe, habe ich nur drei Gedanken, erstens: hinein, zweitens: sofort, und drittens, dass ich ausgerechnet heute Unterwäsche mit Zitronenscheibenmuster trage [...]." (ebd.). Obwohl Emma von ihrem irischen Großvater gelernt hat, wie gefährlich es mitunter sein kann, eine andere Person aus dem Meer zu retten, und obwohl sie in diesem Moment selbst „nur noch aus Angst [besteht]" (EF, S. 164), weiß sie, dass sie die Mutter ihres Freundes und damit auch ihre neugewonnene Heimat retten muss:

> Dann tauche ich unter, und unten im Wasser beginnt der schlimme Teil, oben war es viel leichter, oben war die Welt, und in der Welt waren Levin und Ole und ich. Hier unten, da gibt es nur mich und meine Angst und, irgendwo, Levins Mutter, hier unten bin ich die Einzige, die dafür sorgen muss, dass es sie auch weiterhin gibt, ab jetzt liegt es nur noch an mir, wie viele Leben gleich kaputt sein werden, und deshalb werde ich sie finden [...]. (ebd.)

War Emma während der Sommerferien noch froh, so oft und so lange es geht unter Wasser zu sein, scheint die Situation nun umgekehrte Assoziationen zu wecken. Nicht mehr die Tiefe des Meeres, das Unter-Wasser-sein, sondern die Welt „oben" gibt ihr nun die Zuversicht, Levins Mutter zu finden.

Emma gelingt schließlich die Rettung der Mutter, zugleich weiß sie aber auch um die Tatsache, dass der Überlebenskampf von Levins Mutter noch nicht ausgestanden ist. Auch dies verdeutlicht ein letzter Blick auf das Meer:

> Ich drehe mich noch einmal zum Meer, wo sich schwarze Schatten auf die Wellen gelegt haben, sie sehen bedrohlich aus, wie Krähenschwärme, pausenlos schwappen die Krähenschatten vor und zurück [...] und ein Gedicht fällt mir ein, das wir in *St. Kilian's* gelernt haben, *All Day I Hear the Noise of Waters*, auf einmal verstehe ich es. (EF, S. 170)

Das Gedicht von James Joyce, das Emma nun zu verstehen glaubt, ist hier insofern eine treffende Referenz, als auch dessen lyrisches Ich das Emma bekannte Gefühl beschreibt, sich gewissermaßen „Tag für Tag für Tag" wie „unter Wasser" zu fühlen. Während Emma das Auftauchen gelungen ist, halten diese Emotionen bei Levins Mutter vermutlich auch nach dem Zwischenfall an. Die See wird Emma deshalb wohl „lange nicht mehr trösten" (ebd.) können.

3. Allgemeine literaturdidaktische Perspektiven

3.1 Figurenperspektiven nachvollziehen

Bündelt man die vorhergehenden Analysen hinsichtlich der Anforderungen an das Figurenverstehen, wird deutlich, dass es der Text erforderlich macht, einen „Zusammenhang von innerer Welt (Gefühle, Gedanken, Erfahrungen, Erinnerungen der Figuren) und äußerer Handlung"[4] herzustellen. Schüler*innen müssen also verstehen, dass Emmas jeweiliger Bezug zum Meer und dessen Darstellung mit ihrer Gefühlslage korrespondiert bzw. diese sprachlich zur Anschauung bringt. Insofern kann am Roman die Wahrnehmung einer mitunter impliziten Figurencharakterisierung eingeübt werden.

Eine weitere Herausforderung besteht darin, die dynamische Figurenkonzeption Emmas zu erkennen. So unterstreichen die vorangegangen Analysen, dass sich Emmas Perspektive auf ihr neues Leben in Velgow fortwährend ändert, indem bspw. die anfängliche Wut und Orientierungslosigkeit in ein starkes Zugehörigkeitsgefühl mit Blick auf ihren Freund Levin umschwingen. In diesem Zusammenhang werden auch Parallelen zu anderen kinder- und jugendliterarischen Initiations- oder Selbstfindungsgeschichten sichtbar, an die im Unterricht angeknüpft werden kann.[5]

Ein weiterführendes Lernziel kann schließlich darin gesehen werden, neben Emma auch weitere Figuren und deren Perspektive auf Selbst- und Heimatfindung vergleichend in den Blick zu nehmen. So klang in den oben vorgestellten Analysen bereits an, dass Emmas deutsche Großmutter einen vornehmlich konservativen Standpunkt zum Thema Immigration vertritt, der – wie aus anderen Textstellen im Roman hervorgeht – z. T. sogar mit Fremdenfeindlichkeit einhergeht. Wirkliches Verständnis für Emmas Situation bringt (ohne sich dessen bewusst zu sein) nur Levins Mutter auf, weil sie aufgrund ihrer Erkrankung fast täglich mit dem Gefühl des Sich-fremd-fühlens konfrontiert ist.

3.2 Sprachliche Gestaltung und Intertextualität wahrnehmen

Wechselt der Analysefokus von Emma auf andere Figuren und deren Beziehungen zueinander, sollte im Unterricht auch die Erzählperspektive zur Sprache kom-

---

4 Kasper H. Spinner, 2006, Literarisches Lernen, in: Praxis Deutsch 200, S. 6–16, hier S. 9.
5 Vgl. Markus Pissarek, 2020, Merkmale der Figur erkennen und interpretieren, in: Auf dem Weg zur literarischen Kompetenz. Ein Modell literarischen Lernens auf semiotischer Grundlage, 4. erg. Aufl., hrsg. von Anita Schilcher und Markus Pissarek, Baltmannsweiler: Schneider Verlag, S. 135–168, hier S. 154–159.

men. Denn alles, was Leser*innen über die anderen Figuren erfahren, wird durch Emmas Ich-Erzählung gefiltert. Dies kann nicht unerheblich sein, wenn es darum geht, Sympathien oder Antipathien für bestimmte Figuren zu entwickeln. So geht beispielsweise aus einigen Stellen des Romans hervor, dass sich Emmas deutsche Großeltern durchaus um ihr Wohlergehen bemühen – etwa wenn sie anfangen, im Radio „Ostseewelle statt Radio MV" (EF, S. 103) zu hören. Während dies von außen betrachtet durchaus als wohlwollende Geste gewertet werden kann, erscheint das Entgegenkommen aus Emmas Sicht als eher unpassende, tendenziell übergriffige Handlung.

Blickt man noch spezifischer auf die oben analysierten Meeresdarstellungen, werden weitere erzählerische Mittel wie beispielsweise semantische und topologische Kontrastierungen virulent.[6] So ist der häufig vorkommende topologische Kontrast von ‚oben' vs. ‚unten' bzw. ‚über' vs. ‚unter der Wasseroberfläche' auf semantischer Ebene eng mit der Frage verbunden, ob eine Figur von Orientierungslosigkeit betroffen ist oder nicht. Auch ist auffällig, dass sich Nähe und Distanz der Figuren zum Meer im Verlauf des Romans ebenso wie die damit verbundene Semantik ändern: Während zu Beginn des Romans der Eindruck entsteht, dass Emma in der Ostsee gerne so schwimmen und tauchen können möchte wie in Irland, um so ein Stück Heimat zurückzugewinnen, scheint am Ende des Romans eher der Strand Geborgenheit zu repräsentieren. Dass das Meer zudem auf einer übergeordneten Ebene als Transit-Ort begriffen werden kann, der einerseits die Distanz zwischen dem Heimat-Ort Dublin und dem Ziel-Ort Velgow markiert, andererseits aber auch zwischen beiden Orten vermittelt[7], wurde ebenfalls in den Analysen deutlich. Visuelle Methoden, mit Hilfe derer Schüler*innen sich des jeweiligen topografischen Standpunktes einer Figur bewusst werden können, sind hier sicher hilfreich, um bildliche Vorstellungen anzuregen und sich der Figurenstandpunkte klar zu werden.

Schließlich eignet sich der Roman auch dazu, ein erstes Bewusstsein für intertextuelle Referenzen in literarischen Texten zu schaffen. Denn schon in den wenigen Textausschnitten, die oben vertiefend analysiert wurden, werden Bezüge zu irischer Rockmusik (*Electrical Storm* von U2) sowie zu irischer Lyrik (*All Day I Hear the Noise of Waters* von James Joyce) hergestellt. Indem die Schüler*innen sich inhaltlich mit diesen auseinandersetzen, können weitere Bedeutungsdimensionen des Textes entfaltet werden. Dass die Texte dafür zunächst übersetzt werden müssen, sollte weniger als Hürde denn als Chance betrachtet werden, um auch

---

[6] Vgl. Karla Müller, 2020, Grundlegende semantische Ordnungen erkennen, in: Auf dem Weg zur literarischen Kompetenz. Ein Modell literarischen Lernens auf semiotischer Grundlage, 4. erg. Aufl., hrsg. von Anita Schilcher und Markus Pissarek, Baltmannsweiler: Schneider Verlag, S. 87–104, hier S. 92 ff.

[7] Vgl. Dieter Wrobel, 2016, Flucht-Texte – Flucht-Orte, in: Praxis Deutsch 257, S. 4–14, hier S. 10 f.

auf sprachlicher Ebene (ggf. im fächerübergreifenden Unterricht) ein Alteritätsbewusstsein zu schulen.

4. Ausschärfungen aus Sicht der interkulturellen Literaturdidaktik

Mit dem Nachvollzug von Figurenperspektiven und der Wahrnehmung der sprachlichen Gestaltung des literarischen Textes sind bereits zwei Aspekte literarischen Lernens angesprochen worden, die auch für den inter- bzw. transkulturellen Literaturunterricht von Bedeutung sind. Dessen Ziel besteht nämlich v. a. darin, durch literarische, theatrale oder filmische Texte Fremdheitserfahrungen zu ermöglichen[8] und damit einen Perspektivwechsel[9] bei den Schüler*innen anzuregen.

Damit ein solcher Perspektivwechsel glückt, sind neben der Auswahl geeigneter Texte bzw. Textpassagen zwei Gelingensbedingungen zu beachten. Erstens sei es laut Rösch entscheidend, „dass Migrationsliteratur literarisch gelesen"[10] werde. Gemeint ist damit, dass literarische Texte nicht funktionalisiert und wie Sachtexte gelesen werden sollen, die dann wie im traditionellen Landeskundeunterricht zu bloßen Informationslieferanten verkommen. Vielmehr gelte es, eine (post-)migrantische Perspektive auf Literatur einzunehmen, indem beispielsweise analysiert wird, wie Fremdheit zur Sprache kommt und welche (Denk-)Räume im Text konstruiert werden (vgl. Abschnitt 2).[11]

Zweitens bestehe Wintersteiner folgend ein häufiges Missverständnis darin, dass Perspektivwechsel und Fremdverstehen immer damit einhergehen müssten, die eigene Weltsicht an die der literarischen Figuren anzugleichen. Stattdessen gehe es darum, die eigene und die im Text dargestellte Perspektive dialogisch aufeinander zu beziehen, sodass sowohl eine Veränderung als auch ein bewusstes Beibehalten der eigenen Sichtweise möglich werden.[12] Bezogen auf Krellers *Elektrische Fische* bedeutet das, einerseits natürlich zu versuchen, die schwierige Situation nachzuvollziehen, in der sich Emma und ihre Familie befinden (Trennung der Eltern, Umzug in ein anderes Land, Heimweh, Sprachbarrieren etc.). Andererseits sollte der Unterricht letztlich nicht bei pauschalen Verständnis- oder gar Mitleidsbekundungen stehen bleiben, sondern vielmehr versuchen,

---

8 Vgl. Christian Dawidowski, 2019, Interkulturalität in der Literaturdidaktik: Empirie, Fachhistorie, Theorie, in: Der Deutschunterricht, S. 54–63, hier S. 60.
9 Vgl. Werner Wintersteiner, 2006b, Transkulturelle literarische Bildung. Die „Poetik der Verschiedenheit" in der literaturdidaktischen Praxis, Innsbruck u. a.: Studien Verlag, S. 125 ff.
10 Heidi Rösch, 2017, Deutschunterricht in der Migrationsgesellschaft. Eine Einführung, J. B. Metzler: Stuttgart, S. 104.
11 Vgl. ebd., S. 107 f.
12 Vgl. Wintersteiner, Transkulturelle literarische Bildung [Anm. 9], S. 130.

die Schüler*innen an differenzierte Wertungen der einzelnen Figuren heranzuführen. Schließlich sind diese den Umständen nicht bloß passiv unterworfen, sondern sie arbeiten sich auf unterschiedliche Arten und Weisen an ihnen ab (Emma will zunächst zurückkehren, ihre Schwester hört auf zu sprechen, ihr Bruder beginnt zu trinken etc.). Dabei müssen die Darstellungsstrategien des Textes insofern reflektiert werden, als die Ich-Erzählung Emmas bereits verschiedene Wertungen nahelegt, die mitunter kritisch zu reflektieren sind (vgl. Abschnitt 3.2).

Insgesamt kann geschlussfolgert werden, dass es für den interkulturellen Literaturunterricht von besonderer Bedeutung ist, im Sinne Spinners subjektive Involviertheit und genaue Textwahrnehmung in ein produktives, sich gegenseitig kritisch reflektierendes Wechselspiel zu bringen.[13] Entsprechend wird auch einsichtig, dass die interkulturelle Literaturdidaktik in zahlreichen Publikationen immer wieder das Kreft'sche Phasenmodell von Literaturunterricht aufgreift, dessen explizites Ziel es ist, beide Sichtweisen zu berücksichtigen und zu relationieren.[14] Die modifizierte Fassung dieses Modells durch Wintersteiner[15] soll im Folgenden zum Ausgangspunkt genommen werden, um unter Berücksichtigung der bisherigen Ausführungen didaktisch-methodische Vorschläge für den Einsatz des Romans im achten Jahrgang zu skizzieren.

5. Didaktisch-methodische Konkretisierungen

Im angenommenen Unterrichtsarrangement sollen dabei die oben analysierten Textstellen im Mittelpunkt stehen (vgl. Abschnitt 2), die im Roman insbesondere in den Kapiteln 11, 28 und 37 auszumachen sind. Nachfolgend wird vorausgesetzt, dass die Schüler*innen den Roman bereits im Vorfeld gelesen haben und mit dessen Handlung vertraut sind.

Wintersteiners adaptiertes Modell beginnt mit einer Phase der *Dezentrierung*. In dieser findet „eine spontane und subjektive, insofern auch kulturell einseitige ‚Begegnung' mit dem Text statt"[16], die die Schüler*innen mit einem anderen Wertesystem, Menschenbild etc. konfrontiert und damit in einem ersten Schritt irritieren kann. Eine mögliche Aufgabenstellung zur Anregung dieses Prozesses könnte lauten:

---

13 Vgl. Spinner, Literarisches Lernen [Anm. 4], S. 8f.
14 Vgl. z. B. Christian Dawidowski, 2016, Literaturdidaktik Deutsch. Eine Einführung, Paderborn: Schöningh, S. 124–126; Rösch, Deutschunterricht [Anm. 10], S. 25; Wintersteiner, Transkulturelle literarische Bildung [Anm. 9], S. 139f.
15 Vgl. Wintersteiner, Transkulturelle literarische Bildung [Anm. 9], S. 139f.
16 Ebd., S. 139.

Die Kapitel 11, 28 und 37 zeigen Emma in unterschiedlichen Situationen am Meer. Lest die Textstellen nochmals gründlich. Schreibt nach jedem Kapitel ein Wort in großer Schrift auf eine Metaplankarte, das eure Gedanken, Gefühle oder Eindrücke zu diesem Kapitel am ehesten einfängt.

Die Karten können anschließend bspw. in der Mitte eines Stuhlkreises kapitelweise ausgelegt werden und eine Grundlage für die sich anschließende *zweite Dezentrierung* bieten. In dieser Phase steht nicht mehr der individuelle Blick auf den Text, sondern „der Vergleich der unterschiedlichen Lesarten der verschiedenen RezipientInnen"[17] im Mittelpunkt. Um diesen anzuregen, eignen sich Impulse der Lehrkraft, die dazu auffordern, die persönliche Wahrnehmung den Mitschüler*innen transparent zu machen (z. B. Viele von euch haben zu Kapitel 11 das Wort *Wut* notiert. Könnt ihr das begründen?) bzw. mit anderen Wahrnehmungen in Beziehung zu setzen (z. B. Einige von euch haben das Wort *Wut*, andere das Wort *Heimweh* notiert. Wie passen diese Beobachtungen zusammen?).

Um einen Übergang zur Phase der *Aneignung* anzubahnen, die auf ein „erhöhtes Textverständnis" mit Blick auf Inhalt und Darstellung zielt[18], gilt es zu berücksichtigen, dass die von den Schüler*innen angeführten Erklärungen immer wieder an den Text rückgebunden werden (z. B. An welchen Textstellen habt ihr erkannt, dass Emma im elften Kapitel wütend ist? Was ist der Grund für ihre Wut?). Ebenso ist entscheidend, den in Abschnitt 2 ausgeführten und bereits in Abschnitt 3 didaktisch kommentierten inhaltlichen und sprachlichen Entwicklungen nachzuspüren (z. B. Wenn ihr vergleichend eure Gedanken zu den drei Kapiteln anschaut: Inwiefern zeigt sich darin eine Veränderung von Emmas Gefühlen? Inwiefern steht die unterschiedliche Darstellung des Meeres damit in Verbindung?).

Die vierte Phase, die *Applikation*, zielt schließlich auf „einen sensibleren, wacheren Umgang mit (kultureller) Fremdheit"[19], der sich unter anderem in einer „differenzierten Sicht auf viele Details unserer Welt-Anschauung"[20] niederschlagen kann. Die hier fokussierten Textstellen des Romans können eine solche differenzierte Sichtweise insofern schulen, als sie zeigen, dass Migrationsprozesse nicht automatisch abgeschlossen sind, wenn der Zielort erreicht ist – auch wenn dieser große Ähnlichkeiten mit dem früheren Zuhause aufweist. Vielmehr ist es notwendig, sich zunächst neu zu orientieren und sich Bekanntes (hier: das Meer) zu eigen zu machen. Um solche Differenzierungen noch einmal ins Blickfeld zu rücken, könnte eine Abschlussdiskussion die titelgebende Frage des vorliegenden Beitrages pointiert aufgreifen:

---

17 Ebd.
18 Ebd.
19 Ebd.
20 Ebd., S. 140.

Emmas Großmutter ist der Meinung, dass die Ostsee letztlich ‚auch nur ein Meer' sei, wie es Emma bereits aus Dublin kenne. Inwiefern hat Emmas Oma Recht? Inwiefern ist ihr vor dem Hintergrund der bisherigen Diskussionen aber auch zu widersprechen?

An dieser Stelle kann auch nochmals auf die eingangs gesammelten Assoziationen verwiesen werden, um sowohl die verschiedenen inhaltlichen und sprachlichen Sichtweisen auf Migration, Fremdheit und Heimat im Verlauf der Handlung als auch die unterschiedlichen Wahrnehmungen dieser Facetten von Verschiedenheit durch die Schüler*innen sichtbar zu machen und in die Diskussion einzubeziehen.

Que Du Luu: *Im Jahr des Affen* (2016)
Eine „Banane" mit Fluchterfahrung im Familiengepäck

Gabriela Scherer

1. Roman mit interkultureller Thematik für Jugendliche ab 15 J.

Im Jahr des Affen ist der dritte Roman der deutschsprachigen Autorin Que Du Luu, die 1973 in Südvietnam (Saigon/Cholon) geboren wurde, chinesischer Abstammung ist und als kleines Kind mit ihren Eltern aus Vietnam floh. Aufgewachsen ist Que Du Luu in Herford in Deutschland, wo ihre Eltern ein China-Restaurant betrieben.[1] Für den 2016 erschienenen Jugendroman *Im Jahr des Affen* erhielt sie den Nachwuchspreis der Deutschen Akademie für Kinder- und Jugendliteratur. 2017 stand *Im Jahr des Affen* außerdem auf der Nominierungsliste des Deutschen Jugendliteraturpreises und brachte Que Du Luu das Kranichsteiner Jugendliteratur-Stipendium ein.

Die Erzählgegenwart des Romans ist auf 1992 datiert. Das geht stimmig einher mit dem Titel des Romans, der auf die Tierkreiszeichen des chinesischen Horoskops referiert. 1992 war ein Affenjahr im Zeichen des Elements Wasser. Die Publikation des Romans fiel ebenfalls in ein Affenjahr; 2016 aber war mit dem Element Feuer verbunden. Letzteres tritt bei dem im Königskinder Verlag in der Carlsen-Gruppe erschienenen Jugendbuch in den Drachen auf dem Umschlag in Erscheinung. Im Jahreshoroskop steht der Affe stets für Wandel: „Im Affenjahr würde sich vieles verändern, denn der Affe war immer in Bewegung."[2] Alle wichtigen Figuren des Romans sind denn auch in der Tat von Veränderungen betroffen. Veränderung ist aber auch ein typisches Merkmal für die Lebensphase, in der die Kindheit zu Ende geht.

Fiktiver Schauplatz der teilweise autobiographisch inspirierten Romanhandlung ist ein China-Restaurant an der westfälischen Aa, mitten im unspektakulären Herford. Hauptfigur ist die 16-jährige Gymnasiastin Minh Thi Tu. Wie die Autorin ist auch ihr fiktives Alter Ego ein Kind der über 1,5 Millionen sog. Boatpeople, die nach dem Sieg der Kommunisten in Vietnam aus der Region des früheren Indochinas über das Meer in den Westen flohen. Ihre Flucht nach Europa haben die damals dreijährige Minh Thi und ihr Vater Thien Tu nur knapp überlebt. Aus Erzählungen weiß sie: Andere hatten weniger Glück.

---

1 Vgl. die offizielle Homepage der Autorin: http://www.queduluu.de/autorin.html (12.02.2024).
2 Que Du Luu, 2016, Im Jahr des Affen. Hamburg: Königskinder, hier S. 91.

Nähere Details und unschöne Zusammenhänge ihres Entkommens erfährt Minh Thi durch rückblickendes Erzählen von Bao, der seit rund zwei Jahren als Koch im wenig florierenden Restaurant ihres Vaters arbeitet und der damals auf ihrem Flüchtlingsboot war. Ein traumatischer Zwischenstopp in Singapur, wo das von einem heftigen Sturm havarierte Boot nach sicherer Landung und Betankung von den dortigen Behörden wieder aufs offene Meer hinausgezogen wurde, sowie ein Jahr in einem Flüchtlingslager in Thailand sind Einzelheiten ihrer Überlebensgeschichte, die sie mit Bao teilt. Weshalb Bao im fensterlosen Keller hinter der Restaurantküche haust und als Angestellter ihres Vaters zwar gut kocht, sich jedoch hartnäckig zu spülen weigert, enthüllt seine Erzählung Minh Thi auch: Vor der Machtübernahme durch die Kommunisten betrieb Baos Mutter eine florierende Straßenküche in Saigon; mit harter Arbeit ermöglichte sie ihrem Sohn eine verwöhnte Kindheit, wofür er sich nie durch Mithilfe, wie z. B. Spülen, revanchierte. Dass Baos Mutter trotz ihrer Ersparnisse aus dieser Zeit nur eine Schiffspassage für ihren Sohn und nicht auch für sich selbst kaufen konnte, ist Minh This Vater anzulasten, der als Zwischenhändler für die Fluchtoption fungierte. Um seine damals dreijährige Tochter nicht unbegleitet übers Meer schicken zu müssen, knöpfte Minh Thi Vater Baos Mutter sehr viel mehr Geld für den Schiffsplatz ihres Sohnes ab, als dieser tatsächlich kostete. Baos Mutter blieb also zugunsten der gemeinsamen Flucht von Vater und Tochter Tu zurück in Vietnam.

Dass es Bao in den zwölf Jahren, die er nun in Deutschland lebt, nicht gelungen ist, die Mutter nachzuholen, hängt mit den widrigen Umständen seiner Migrationsgeschichte zusammen, die sich in wesentlichen Punkten von derjenigen Minh This unterscheidet. Während sie als Kleinkind und unter der Obhut ihres Vaters den Bildungsweg im Ankunftsland überhaupt erst antrat und dabei die Umgebungssprache mühelos als Erstsprache lernte, schaffte es der unbegleitete Jugendliche nicht, sich die neue Sprache und Schrift so anzueignen, dass ein erfolgreicher Schulabschluss daraus resultierte. Baos Verdienstmöglichkeiten sind daher so gering wie sein Selbstvertrauen. Unter diesen Voraussetzungen eine Antragstellung auf Familienzusammenführung anzugehen, verspricht wenig Aussicht auf Erfolg.

Als Minh This Vater mit einem Herzinfarkt notfallmäßig ins Spital eingeliefert werden muss, übernimmt sie das Kellnern und die Aufsicht im Restaurant. Dass Minh Thi für ihre Arbeit im Restaurant in Hose und Hemd ihres Vaters schlüpft, hat nicht nur praktische Gründe, sondern ist symbolisch aufgeladen. Denn auch dieser Erzählinhalt verhandelt ähnlich wie bei Bao die Anforderungen, die sich Jugendlichen stellen, wenn äußere Umstände sie zwingen, aus den sorglosen Kinderschuhen zu schlüpfen.

Der Einfachheit halber wird Minh Thi von ihren deutschen Freundinnen seit Kindertagen Mini genannt. Ihr Vater spricht ihren Namen hingegen chinesisch aus, in deutscher Umschrift klingt das so: Mäi Yü. Die Rufnamen Minh Thi/Mini/

Mäi Yü machen die hybride Identität dieser Figur anschaulich. Ähnliches lässt sich auch für die chinesischen Wendungen in Alphabetschrift sagen, die in Minis Dialoge mit ihren Kommunikationspartnern, die Chinesisch sprechen, eingestreut sind.

Nicht zuletzt aber ist es die Beschimpfung als „Banane"[3], die Bao als Bezeichnung für Mini in die Diskussion bringt, als ihr aus Australien zu Besuch angereister Onkel Wu sich wundert, wie wenig die Tochter seines jüngeren Bruders mit chinesischem Brauchtum vertraut ist. Die (De-)Klassifizierung Minis als „Banane" problematisiert ihre mehrkulturelle Zugehörigkeit. „‚Du weißt nicht, was eine Banane ist?', fragte Onkel Wu ungläubig. ‚Sie ist außen gelb und innen weiß.'"[4] Aufgrund ihrer westlichen Sozialisation betrachten Bao und ihr Onkel Minis Denken, Auftreten und Handeln als weiß – in ihrem Fall bedeutet dies konkret: im Innern ist sie deutsch. Ihre Physiognomie gibt demgegenüber ihre asiatische Abstammung zu erkennen: ihre äußere Erscheinung fällt unter das Etikett gelb – allerdings passt eine vietnamesische Chinesin nicht in die gängigen (europäischen) Schablonen für Menschen asiatischer Herkunft, was die Problematik der uneindeutigen Kulturzugehörigkeit für Mini verschärft. Für ihren Vater, der seine chinesische Identität bereits aus einer Diaspora mitbringt, ist die Vielfalt des „Auslandchinese"-Seins hingegen ein unproblematisches Phänomen:

> Wenn ich meinem Vater vorwarf, wir seien überhaupt nichts Richtiges, niemand könne was mit Chinesen anfangen, die aus Vietnam kamen, antwortete er, dass wir doch richtige Chinesen seien. Für Chinesen sei es nicht ungewöhnlich, außerhalb Chinas zu leben. Sie hätten nicht nur in Vietnam gelebt, sondern lebten schon seit Generationen in Singapur, Thailand, Malaysia oder Amerika, wo sie ihre Chinatowns aufgebaut hätten. Man nannte sie ‚Auslandchinesen'.[5]

Wenig überraschend für einen Jugendroman ist, dass Mini sich gleich zu Beginn der Narration verliebt. Dass ihre Eroberung Bela ausgerechnet der Schwarm ihrer besten Freundin ist, charakterisiert Mini zudem als typischen Teenager. Mit Blick auf Alter und altersspezifischer Erfahrungswelt dieser primären Identifikationsfigur, die sich zwischen den Kulturen mit erster Liebe, Identitätssuche und Erwachsenwerden herumschlägt, wird *Im Jahr des Affen* hier für den Unterricht in Jahrgangsstufe 9/10 vorgeschlagen. Als weitere potenzielle Identifikationsfläche für diese Altersstufe kommt Bao in Frage, der im rückblickend Erzählten in ebendiesem Alter ist. Rezensionen des Romans sehen dies ähnlich: „Ein Roman für Ju-

---

3   Ebd., S. 74.
4   Ebd., S. 75.
5   Ebd., S. 89.

gendliche ab ca. 15 Jahren, der sich um die Bedeutung der eigenen Herkunft und die Suche nach dem Ort, der eine neue Heimat sein kann, dreht."[6]

2. Erzählperspektive und stilistische Besonderheiten

Erzählt wird aus der Ich-Perspektive Minis. Mini ist also Fokalfigur und autodiegetische Erzählerin. Viele der Erfahrungen, von denen so im epischen Präteritum und mit interner Fokalisierung berichtet wird, sind durch die symbolische Abwertung aufgrund asiatischen Aussehens getrübt. Darüber kommt man beim Lesen automatisch ins Grübeln.

> ‚Ich will mir mal die Hände waschen!'.
> Ich schaute zur Seite. Das Mädchen war hochgewachsen und sah ziemlich gut aus. Sie meinte aber Sarah.
> Sarah rührte sich nicht.
> ‚Hey!', rief die Tussi und wischte mit der Hand vor Sarahs Gesicht vorbei. ‚Hey, jemand zu Hause?'
> ‚Wasch dir doch woanders die Hände', sagte ich. ‚Dahinten ist auch noch ein freies Waschbecken.'
> Nun wandte sie sich mir zu. Ich konnte an ihrem Blick sehen, was jetzt kam.
> ‚Geh Reis pflücken!', sagte sie.
> Sarah drehte sich um und ihre Hand schnellte auf einmal hoch. Sie pikte ihr fast ins Auge. Ich sah die Angst auf dem Gesicht der Tussi. Sie drehte sich um und lief raus.
> Jetzt kam auch Micha aus dem Toilettenraum.
> ‚Du hast was verpasst!', regte sich Sarah auf. Von ihrer Schockstarre keine Spur mehr.
> ‚Eben kam ein Miststück! Die hat Mini blöd von der Seite angemacht!'[7]

Mit einer ähnlichen Abwertungsgeste wie hier in der Damentoilette einer Diskothek sieht sich Mini auch im Krankenhaus konfrontiert, in das sie ihren Vater wegen seines Herzinfarkts bringt. Aufgrund ihres asiatischen Erscheinungsbildes werden Vater und Tochter Tu dort in der Notaufnahme mangelhafte Kenntnisse der deutschen Sprache unterstellt. Die Art und Weise aber, wie Mini diese Szene wiedergibt, ist nicht frei von Situationskomik. Die Sympathie der Leser*innen wird dadurch klar gegen den in seiner Ignoranz bloßgestellten Arzt gerichtet:

> Er fragte meinen Vater, wann das angefangen hätte, aber mein Vater sagte nichts, wahrscheinlich dachte er nach. Der Arzt wandte sich an mich: ‚Du sprechen Deutsch?'

---

6   Sabine Planka, 2016, Du Luu, Que: Im Jahr des Affen. Online unter: https://www.kinderundjugendmedien.de/kritik/jugendroman/1631-du-luu-que-im-jahr-des-affen (12.02.2024).
7   Du Luu, Im Jahr des Affen [Anm. 2], S. 19.

Ich nickte.
Er sah sich den Zettel mit den EKG-Linien an.
Der Arzt stellte mir Fragen. Er sprach laut und falsch: ‚Wann das so? Er nehmen Me-di-zin? Ha-ben Pro-bleme mit Bauch? Ma-gen? Ma-gen-ge-schwüre? O-pe-ration?' Er bewegte seine Finger wie eine Schere.
Ich beantwortete alles.[8]

Situationskomik lässt Mini auch in die selbstironische Darstellung ihres chinesischen Alltags mitten in Deutschland einfließen. Beispielsweise erläutert sie, dass ‚die Weißen' auf Chinesisch *Gwai Lou* genannt würden, was wörtlich ‚Gespenstermenschen' heiße.[9] Vom Einzug ihres Vaters ins Spitalzimmer berichtet Mini rund um diese Worterläuterung herum wie folgt:

Im Zimmer angekommen, rief die Schwester dem Mann am Fenster zu: ‚Herr Schmidt, das ist Herr Tu, ihr neuer Zimmernachbar.'
Der Typ sah fies aus.
‚Tag', nuschelte ich, aber er antwortete nicht.
Während ich die Sachen meines Vaters in den Schrank packte, sagte mein Vater: *‚Gogo Gwai Lou houssi hm djungi ngo.'*
[…]
Mein Vater hatte gerade gesagt: ‚Dieser Gespenstermensch mag mich anscheinend nicht.'
Er redete ständig über Anwesende auf Chinesisch und meinte, sie würden das nicht merken. Er fühlte sich so sicher in seinem Chinesisch, dass es ihm gar nicht auffiel, wenn er dabei auf die entsprechenden Leute zeigte. Manchmal stellte ich mir vor, wie jemand meinen Vater anblaffte: ‚Ich hab genau verstanden, was Sie über mich gesagt haben!'[10]

Um kulturelle Codierungen als stereotype Wahrnehmungsmuster zu thematisieren, arbeitet Mini außerdem mit dem Stilmittel der Zuspitzung. Beispielsweise schildert sie ein Frühstück, das sie gemeinsam mit ihrem Vater und Onkel Wu in einem edlen Café in der Innenstadt einnimmt, folgendermaßen:

Am Nebentisch saßen zwei Damen. Die eine strich sich gerade mit einer eleganten Handbewegung Marmelade auf ihr Croissant. Beide schauten uns schon die ganze Zeit streng an.
Onkel Wu wollte doch nicht wirklich um neun Uhr morgens ein Schnitzel essen?
Mein Vater sagte, er wolle auch das Schnitzel nehmen.

---

8   Ebd., S. 39.
9   Vgl. ebd., S. 46 [Kursive im Orig.].
10 Ebd., S. 46 f. [Kursive im Orig.].

Die Kellnerin verzog keine Miene, als mein Vater zweimal ‚Schnisel' bestellte. Ich sagte, ich wolle ein Brötchen mit Marmelade.
[...]
Schon nach kurzer Zeit brachte die Kellnerin das Essen.
Die anderen Gäste sahen uns jetzt erst recht an, manche verstohlen, manche unverhohlen.
Es reichte wohl nicht, dass drei Chinesen ohne Kontrabass in ein feines Café gingen. Sie mussten auch noch Schnitzel mit Pommes zum Frühstück bestellen.
Beim Essen schwatzten mein Vater und Onkel Wu so laut, als seien sie auf einem chinesischen Basar. Ihr Sprechen hob sich von dem leisen Gemurmel der anderen ab. [...] Wenn sie nicht sprachen, schmatzten sie laut. Ich sah die anderen Leute tuscheln.
[...]
Wir waren Chinesen und blieben Chinesen. Das Gegenteil von feinen deutschen Damen. Ich starrte auf meinen Teller, spürte aber immer noch die Blicke der anderen. Auf meinen Fingern, auf meinem Gesicht, auf meinem Hinterkopf.
Die Chinesen. Sie haben schwarzes Haar, platte Nasen und Schlitzaugen. Sie kommen hierhin, essen Schnitzel und schwängern das ganze Café, das morgendlich nach frisch gebackenen Brötchen und Kaffee geduftet hat, mit dem Gestank von Frittenfett.
‚Was hast du?', fragte mein Vater.
‚*Mou jäh* – nichts', sagte ich.[11]

Hier wird deutlich, dass Mini – anders als die in ihrer chinesischen Identität gefestigten Erwachsenen – gerne unangefochten Teil der Umgebungskultur und Mehrheitsgesellschaft in Deutschland wäre. Indem sie Vater und Onkel mit den Augen der ebenfalls stereotypisierten Einheimischen beim Frühstücken im „feinen [deutschen] Café" betrachtet, kommt in ihr vor den Blicken „feiner deutscher Damen" angesichts der Essenspraxis ihrer Verwandten („als seien sie auf einem chinesischen Basar") Scham auf.

3. Literaturdidaktisches Potenzial für unterschiedliche Niveaustufen

Klopft man *Im Jahr des Affen* unter Zuhilfenahme einer Kompetenzmodellierung auf Herausforderungen und Potenzial ab,[12] wird deutlich, dass der Jugendroman

---

11 Ebd., S. 79–81 [Kursive im Orig.].
12 Dies geschieht im hier Folgenden in Anlehnung an die Modellierung von Anita Schilcher und Markus Pissarek (Hrsg.), 2018, Auf dem Weg zur literarischen Kompetenz. Ein Modell literarischen Lernens auf semiotischer Grundlage. 4. ergänzte Aufl. Baltmannsweiler: Schneider Verlag Hohengehren.

sich als literarischer Sachgegenstand in einer Klasse mit heterogenen Lernvoraussetzungen eignet.

Betrachtet man beispielsweise die literarische Kompetenz „explizite und implizite Textbedeutung verstehen"[13] näher, zeigt sich, dass sich hier auf allen vier Niveaustufen mit dem Roman arbeiten lässt. Dies sei an einem kurzen Textauszug exemplifiziert – es handelt sich dabei um die Textstelle, die unmittelbar anschließt an das Zitat oben. Nach einem Zeitsprung mit narrativer Nullposition (markiert mit dem Symbol ~) eröffnet Mini die neue Szenerie folgendermaßen:

> Als wir unser Restaurant betraten, war ich richtig froh, hier zu sein. Hier wunderte sich niemand über uns. Wir passten zu der Einrichtung. Das Restaurant kam mir auf einmal vor wie eine Theaterbühne. Nur wenn ich den Mund aufmachte, schauten manche Gäste irritiert. Akzentfreies Deutsch passte nicht zu meinem Erscheinungsbild. Und wenn ich mich besser auf die Rolle vorbereitet hätte, hätte ich auch die falsche Aussprache gelernt. Ich würde mir mit einem Seidenfächer Luft zufächern und schüchtern lächeln.
>
> Ich dachte an die Filme, in denen kleine asiatische Männer immer lispelten und die letzten Trottel waren. Wenn so ein Film lief, griff mein Vater nach der Fernbedienung, schaltete um und sagte: ‚Bruce Lee hätte diesen Regisseur verhauen.'[14]

Niveaustufe 1 erfordert: „Explizite und implizite Textbedeutungen am Text belegen und einfache Präsuppositionen offenlegen."[15] Die zitierte Textstelle besagt explizit, dass Mini sowie ihr Vater und Onkel zur Einrichtung in ihrem Restaurant passen. Impliziert wird dabei, dass ihr chinesisches Aussehen mit der chinesischen Inneneinrichtung ihres China-Restaurants konform geht. Einzig Minis akzentfreies Deutsch passt explizit nicht dazu. Die Präsupposition, die hier erkannt werden muss, lautet: Wer aussieht wie Mini, spricht den R-Laut als L-Laut aus.

Niveaustufe 2: „Implizite Bedeutungen und die logisch-semantische Tiefenstruktur aus der lexikalischen Oberfläche folgern."[16] Wörtlich ist hier von Minis Erleichterung die Rede, wieder im China-Restaurant ihres Vaters zu sein – und zwar explizit deswegen, weil sich hier niemand über sie drei wundert. Impliziert wird: Ihr Aussehen und Benehmen passen zur Einrichtung des China-Restaurants. Die logisch-semantische Tiefenstruktur, die sich aus der Aussage „Das Restaurant kam mir vor wie eine Theaterbühne" ergibt, entwirft den chinesisch konnotierten Handlungsraum jedoch zugleich als einen, in dem Mini nur eine ihr qua Physiognomie zugesprochene Rolle spielt. Im China-Restaurant wird von ihr und ihren Verwandten erwartet, dass sie keine einwandfreie Passung zum Deutschsein aufweisen. Deshalb stört Minis akzentfreies Deutsch ihre nahezu

---

13   Ebd., S. 324.
14   Du Luu, Im Jahr des Affen [Anm. 2], S. 81.
15   Schilcher und Pissarek (Hrsg.), Auf dem Weg zur literarischen Kompetenz [Anm. 12], S. 324.
16   Ebd.

perfekte Rollenimitation – daran aber ließe sich arbeiten, wie Mini ironisch kommentiert.

Ironie zu erkennen ist eine Anforderung, die zu *Niveaustufe 3* zählt: „Die implizite Bedeutung von abweichendem und uneigentlichem Sprachgebrauch (beispielsweise in Form von Metaphern und Ironie) verstehen."[17] Zur Perfektionierung ihres Rollenspiels zieht Mini ironisch in Betracht, eine falsche Aussprache des Deutschen zu lernen und sich einen Seidenfächer zuzulegen.

Textverstehen auf *Niveaustufe 4* bedeutet: „Einen kulturellen Referenzrahmen für die Rekonstruktion impliziter Bedeutungen heranziehen."[18] Um die implizite Bedeutung des zweiten Absatzes des oben stehenden Textauszugs zu verstehen, muss man sich die gängige Besetzungspraxis US-amerikanischer Filmemacher als Referenzrahmen vor Augen stellen: Asiatische Männer werden im westlichen Kino gern für die Rolle des schmächtigen, lispelnden Blödmanns gecastet. Der berühmte sino-amerikanische Kampfkünstler Bruce Lee war dagegen ein intelligenter und muskulöser Leinwandheld des Martial-Arts-Genres.

4. Interkulturelles Lernen in zeitgeschichtlicher Kontextualisierung

Im Jahr des Affen ist ein zeitgeschichtlicher Jugendroman. In Kombination mit seinem primären Erzählgegenstand des sich Zurechtfinden Müssens zwischen verschiedenen Kulturen verhandelt er das Thema Flucht am Beispiel konkreter Ursachen und verallgemeinerbarer Wirkungen. Beim Lesen drängen sich, wie für einen zeitgeschichtlichen Jugendroman üblich,[19] gleich mehrere Querbezüge zur Realgeschichte auf; es ist der bundesrepublikanische Umgang mit Flüchtlingen in Vergangenheit und Gegenwart, der hierbei im Fokus steht:

3. Die Art und Weise, wie das Angekommen Sein in Deutschland von Vater und Tochter Tu im Roman geschildert wird, rückt die vergleichsweise gelungene Integration indochinesischer Bootsflüchtlinge in den Blick, die gegen Ende der 1970er Jahre in der BRD aufgenommen wurden.[20] Mini steht als positives Beispiel für die elterlichen Bemühungen um die Bildung der Kinder ih-

---

17 Ebd.
18 Ebd.
19 Vgl. die Gattungsdefinition auf der Online-Plattform KinderundJugendmedien.de von Julian Kanning, 2018, Zeitgeschichtliche Kinder- und Jugendliteratur. Online unter: https://kinderundjugendmedien.de/index.php/begriffe-und-termini/2270-zeitgeschichtliche-kinder-und-jugendliteratur (12.02.2024).
20 Vgl. Noa K. Ha, 03.07.20, Vietdeutschland und die Realität der Migration im vereinten Deutschland. Online unter: https://www.bpb.de/shop/zeitschriften/apuz/312269/vietdeutschland-und-die-realitaet-der-migration-im-vereinten-deutschland/ (12.02.2024).

res vietnamesischen Herkunftsmilieus. Sie besucht das Gymnasium und soll nach dem Abitur studieren. An Bao wird im Unterschied dazu verallgemeinert aufgezeigt, wie schwierig sich Integration gestalten kann, wenn die Sprachkenntnisse für die Wahrnehmung von Bildungsangeboten im Ankunftsland mangelhaft bleiben und die elterliche Fürsorge dem Heranwachsenden fehlt.

4. Da die erzählte Handlung in die 1990er Jahre gelegt ist, kommt man nicht umhin, sich auch den realhistorischen Kontext der fiktiven Erzählgegenwart aufzurufen. Auch wenn im Roman selbst nicht thematisiert wird, dass in der BRD nach der deutschen Wiedervereinigung in Ost- ebenso wie in Westdeutschland rechtsextremistisch motivierte Gewalt gegen Asylbewerberinnen und Arbeitsmigranten aufgeflammt ist (man denke an die Brandanschläge in Hoyerswerda 1991, Rostock-Lichtenhagen 1992, Mölln 1992, Solingen 1993), läuft dies implizit als gesellschaftliche Kulisse im Hintergrund von Minis komplexer Selbstfindung als Deutsche aus Vietnam mit chinesischen Wurzeln mit.

5. Der Roman ist 2016 erschienen. Zu diesem Zeitpunkt war die Erinnerung an die bundesrepublikanische Willkommenskultur für syrische Flüchtlinge, die an Europas Toren standen, mit dem berühmt gewordenen Satz der damaligen deutschen Bundeskanzlerin „Wir schaffen das" aus dem Jahr zuvor noch frisch – und auch die gesellschaftlichen Folgen (u. a. der bedenklich große Zulauf von Wählerstimmen aus verschiedenen Milieus und sozialen Schichten zur rechtspopulistischen AfD) waren da schon abzusehen. Mit diesem realgeschichtlichen Heute bildet der Roman mit seinen beiden literarisierten Damals ein gedankliches Dreieck, das es im Unterricht sorgfältig aufzugleisen gilt.

5. Didaktisch-methodische Konkretisierung: Zum Beispiel ein Lesebegleitheft

Zur Erschließung von Text und Kontext bieten sich zweifelsohne handlungs- und produktionsorientierte Zugänge an (z. B. zur Auseinandersetzung mit der hybriden Identität der Protagonistin und den mit uneindeutigen (Selbst-)Zuschreibungen verbundenen Effekten); aber auch gezielte Rechercheaufgaben (v. a. zur Eruierung der historischen Querbezüge) sowie Aufgabenstellungen, die auf Textverstehen hinarbeiten (etwa zur Frage, wie die Rückblenden auf die Fluchtgeschichte die Wahrnehmung der Figuren verändern), sind passend. Dabei kann an zentralen Aspekten literarischen Lernens[21] gearbeitet werden wie „sprachliche Gestaltung aufmerksam wahrnehmen" (etwa zur Auseinandersetzung mit der Funktion der chinesischen Dialogteile), „Perspektiven literarischer Figuren nachvollzie-

---

21 In Anlehnung an Kaspar H. Spinner, 2006, Literarisches Lernen, in: Praxis Deutsch 200, S. 6–16.

hen" (hierfür bieten sich v. a. Mini, Bao, Bela und Onkel Wu an), „narrative Handlungslogik verstehen" (z. B. Gründe für Baos Unwillen, für Minis Vater an der Spüle zu stehen, erkennen) und „mit Fiktionalität bewusst umgehen" (hier geht es um die parabolische Bedeutung literarisierter Historie, also z. B. um die Frage, wofür die realistisch erzählten individuellen Fluchtgeschichten von Bao und Mini, die handlungslogisch miteinander verknüpft sind, verallgemeinert betrachtet gleichnishaft stehen).

Wie erwähnt, kann literarisches Lernen je Lerntyp individualisiert gefördert und der Fokus der unterrichtlichen Arbeit auch auf literarische Kompetenzen und hier auf unterschiedliche Niveaustufen gelegt werden. Ein von der Lehrkraft erstelltes Lesebegleitheft mit unterschiedlichen Aufgabenstellungen zur Lektürebegleitung kann mehreren Anliegen Rechnung tragen: Es kann individualisierte Lernangebote machen und die kognitive Texterschließung mit emotional-imaginativ anregenden Arbeitsaufträgen kombinieren. Hierzu ein paar Vorschläge:

a) Materialseite für ein Lesebegleitheft, mit der Abbildung einer Banane, einer zweispaltigen Tabelle sowie dem Arbeitsauftrag, während der Lektüre des Romans Textauszüge zu notieren, die sich mit Minis „Banane"-Sein auseinandersetzen. Die Exzerpte sind als Zitate markiert in der linken Spalte der Tabelle anzubringen, inkl. Seitenzahl. Rechts davon sollen eigene Kommentare Platz finden. In etwa so:

Textauszug aus dem Roman *Im Jahr des Affen*	Mein eigener Kommentar dazu
„Auf dem Nachhauseweg machte ich mir immer noch Gedanken über das Bananensein. ‚Gelb' war sowieso eine doofe Bezeichnung. Welcher Idiot hatte sich das ausgedacht – dass Asiaten gelb waren, Europäer weiß und Afrikaner schwarz? Ich hatte jedenfalls noch nie einen Asiaten mit gelber Haut gesehen. Bekamen nicht Leberkranke eine gelbe Haut? Wieso sollten alle Asiaten Leberprobleme haben? Und warum war ich nicht froh darüber, dass ich angeblich innen weiß war? Hatte ich mich nicht immer wie jeder andere hier gefühlt?" [22]	

Das ist ein Angebot zur Texterschließung, das mit Blick auf die literarische Kompetenz „explizite und implizite Textbedeutung verstehen" Kommentaren auf den Niveaustufen 1 bis 4 Raum gibt.

b) Materialseite für ein Lesebegleitheft, die die Aufhänger „typisch deutsch?" und „typisch chinesisch?" in der Kopfzeile trägt, mit Raum für Zitate aus dem Buch, die (national-)kulturelle Zuschreibungen in Frage stellen. In etwa so:

---

22 Du Luu, Im Jahr des Affen [Anm. 2], S. 75.
23 Ebd., S. 103 [Kursive im Orig.].

typisch deutsch?	typisch chinesisch?
„Was war denn typisch deutsch? Mir fiel nichts ein. Onkel Wu antwortete: ‚Ich will *Nabsui* sehen. Die Menschen, die Hitler mögen.' Er meinte wohl die Nazis. ‚Ja, Nazis gibt es noch', sagte mein Vater. ‚Aber sie sehen nicht mehr so aus, sie tragen keine Uniformen mehr. In Australien gibt es doch auch Nazis.' ‚In Australien?', fragte Onkel Wu. ‚Die *Gwai Lou*, die keine Chinesen mögen.' Mein Vater bezeichnete alles, was fremdenfeindlich war, als Nazis. ‚Das sind keine *Nabsui*', sagte Onkel Wu, ‚so sind die *Gwai Lou* einfach.'"²³	„‚Wo kommst du wech?' ‚Aus Vietnam.' ‚Ah, Vietnamesen also.' ‚Nein, Chinesen.' – ‚Ni hau!' ‚Nein, Chinesen, die Kantonesisch sprechen.' – ‚Hongkong-Chinesen?' ‚Nein, aus Vietnam, hab ich doch gesagt.'"²⁴

c) Materialseite für ein Lesebegleitheft, die „Identitätsfindung und Fremdverstehen" fördert.²⁵ Arbeitsauftrag: Finde eine passende Bezeichnung, mit der Mini sich in Anlehnung an das „Vier-nicht-ähnlich-Tier"²⁶ identifizieren kann; suche auch für Bao und für dich selbst je ein zutreffendes Sinnbild.

Mini	Bao	Du selbst
Sie selbst sieht sich als ein „Vielen-nicht-ähnlich-Mensch".²⁷		

Diese Aufgabenstellung fällt hinsichtlich der Romanfiguren Mini und Bao unter die Rubrik „Merkmale der Figur erkennen und interpretieren". Die Ausführung kann auf Niveaustufe 1 „Merkmale und Funktionen von Figuren erkennen – Charakterisierung über explizite Zuschreibungen und Figurenverhalten unterscheiden können" ebenso gut erfolgen wie auf Niveaustufe 3 „Relationen von Figuren zueinander erkennen und systematisieren können. Kontrast- und Korrespondenzrelationen in der Figurenkonstellation beschreiben und interpretieren können."²⁸
In einem Unterrichtsgespräch im Klassenraum im Austausch über die Einträge in den Lesebegleitheften kann unter der Gesprächsleitung der Lehrkraft auch zu Niveaustufe 4 geschritten werden: „Figuren als Konstrukt und Repräsentanten erfassen können."²⁹ Was die Notizen angeht, die die Jugendlichen

---

24 Ebd., S. 89 [Kursive im Orig.].
25 Zu diesen beiden Lernzielen des Literaturunterrichts vgl. Kaspar H. Spinner, 1999, Zielsetzungen des Literaturunterrichts, in: Ders., 2001, Kreativer Deutschunterricht: Identität – Imagination – Kognition. Seelze: Friedrich Verlag in Verbindung mit Klett, S. 168–172, hier S. 171.
26 Du Luu, Im Jahr des Affen [Anm. 2], S. 117.
27 Vgl. ebd.
28 Schilcher und Pissarek (Hrsg.), Auf dem Weg zur literarischen Kompetenz [Anm. 12], S. 324.
29 Ebd.

mit der Klasse dabei dann teilen sollen, ist hierbei aber Vorsicht angebracht – die Mitteilung ihrer Einträge zu Mini und Bao kann problemlos eingefordert werden, während die Notate zu ihrer eigenen Person nicht im Klassenverband verhandelt werden sollten.

d) Materialseite für ein Lesebegleitheft, die am Lernaspekt „mit Fiktionalität bewusst umgehen" arbeitet.[30] Der Umgang mit dem angebotenen fiktionalen Weltmodell kann sich dabei auf Niveaustufe 1 abspielen: „Einfache Textsorten- und Genrekompetenz erwerben und explizite Signale innerhalb des Textes erkennen."[31] Es kann sich aber auch durchaus mehr daraus entwickeln. Auf dieser Materialseite sind linker Hand Sprechblasen zu sehen, in denen Sätze aus den Erzählungen von Onkel Wu bzw. Bao über die Flucht aus Vietnam stehen: „Ihr seid 1976 geflohen, das war sehr früh, da gab es wenig Piraten."[32] Bzw.: „Wir kamen zuerst in Singapur an!"[33] In Gegenüberstellung sind rechter Hand Bildschirme eingefügt, in die Zitate aus einem Informationstext zu den vietnamesischen Bootsflüchtlingen geschrieben werden können wie: „Oft kenterten die Boote in den unberechenbaren Monsun-Winden oder sie wurden von Piraten angegriffen."[34] Die Aufgabenstellung hierzu verlangt, auf der Basis eines Sachtextes (z. B. Eintrag zu „Boatpeople" auf Wikipedia) Figurenreden im Roman am historischen Narrativ zu messen. Worin stimmen Fakten und Fiktion inhaltlich überein? Und worin unterscheiden sie sich in ihren Formulierungen?

Die Gegenüberstellung von Textzitaten aus dem Roman und aus dem Sachtext zu vergleichbaren Inhalten führt vor Augen, wie inhaltlich Übereinstimmendes unterschiedliche Effekte beim Lesen erzielt, je nachdem, ob personalisiert von einem Einzelschicksal erzählt wird („Ihr seid 1976 geflohen", „Wir kamen zuerst in Singapur an!") oder in der Verallgemeinerung vom Schicksal vieler Namenloser („Oft kenterten die Boote"). Der informierende Bericht will aus kritischer Distanz kognitiv verarbeitet werden, während literarisches Erzählen auf emotionale und imaginative Verstrickung in den fiktiven Handlungsraum setzt. Gleichnishaftes Reden mit Mitteln der Fiktion aber regt zum subjektiv involvierten Nachdenken über die Wirklichkeit an.

Und nicht zuletzt aus letzterem speist sich ja auch der Mehrwert von interkulturellen Lernangeboten im Deutschunterricht auf der Grundlage von (kinder- und jugend-)literarischen Texten wie Que Du Luus Jugendroman *Im Jahr des Affen!*

---

30 Vgl. Spinner, Literarisches Lernen [Anm. 21], S. 10 f.
31 Schilcher und Pissarek (Hrsg.), Auf dem Weg zur literarischen Kompetenz [Anm. 12], S. 325.
32 Du Luu, Im Jahr des Affen [Anm. 2], S. 243.
33 Ebd., S. 213.
34 Eintrag Boatpeople, 12.10.22, Online unter: https://de.wikipedia.org/wiki/Boatpeople (12.02.2024).

David Yoon: *Frankly in Love* (Jahrgangsstufe 9/10)

Johannes Windrich

1. Inhaltsangabe

Frankly in Love ist der Debütroman des US-amerikanischen Schriftstellers und Illustrators David Yoon.[1] Nach seinem Erscheinen stürmte das Buch 2019 die US-Bestsellerlisten; im Folgejahr kam sogleich die deutsche Übersetzung von Claudia Max heraus. Der Text handelt von den Schwierigkeiten einer interkulturellen Beziehung unter Teenagern und allgemein vom Aufeinanderprallen unterschiedlicher Wertvorstellungen in einer multiethnisch geprägten Gesellschaft. Aufgrund der Thematik und des Alters der Hauptfiguren ist der Roman im Deutschunterricht frühestens ab der neunten, eher ab der zehnten Klassenstufe zu verwenden.

Hauptfigur und Ich-Erzähler des Romans ist Frank Li, der in Südkalifornien sein letztes Jahr an der Highschool absolviert. Seine Eltern sind Anfang der 90er Jahre aus Korea in die USA immigriert, gemeinsam mit vier befreundeten Paaren, mit denen sie sich auch in ihrer neuen Heimat regelmäßig treffen. Ihre Gemeinschaft legt größten Wert darauf, dass ihre Kinder ihrerseits Koreaner heiraten; wer sich nicht daran hält, wird verstoßen. Frank sind die Konsequenzen dieser Familienpolitik nur allzu gut bewusst: Seine ältere Schwester Hanna hat keinerlei Kontakt mehr zu ihren Eltern, seitdem sie ihnen eröffnet hat, dass sie mit einem Afroamerikaner zusammen ist.

Als sich Frank und seine weiße Schulfreundin Brit ineinander verlieben, gerät er daher in einen Zwiespalt. Die gleichaltrige Joy, Tochter eines der befreundeten Paare, ist ebenfalls mit einem Nicht-Koreaner zusammen. In ihrer vertrackten Lage beschließen sie, eine Scheinbeziehung einzugehen: Ihre Eltern sollen glauben, sie seien zusammen, damit sie sich bei ihren angeblichen Verabredungen heimlich mit ihren tatsächlichen Partnern treffen können (Kap. 8). Frank kann sich allerdings nicht dazu überwinden, Brit einzuweihen, da er sich für die Haltung seiner Eltern schämt. Zunächst scheint der Plan aufzugehen. Frank und Brit besuchen eine Kinovorstellung, während Joy den Abend mit ihrem Freund verbringt (Kap. 10). Doch bald fangen die Probleme an. Brit hat ihren Eltern Frank schon beim ersten Date vorgestellt und möchte nun auch seine Familie kennenlernen.

---

[1] David Yoon, 2020, Frankly in Love, München: cbj Kinder- und Jugendbuchverlag. Im Folgenden erscheinen die Seitenzahlen mit der Sigle FiL im Text.

Daher organisiert Frank ein Barbecue bei sich zu Hause. Die Party läuft einigermaßen glimpflich ab, obwohl unvermutet Joy auftaucht, die nach einem Telefonat zwischen den Müttern herbeibeordert worden ist (Kap. 13). Brit hat weiterhin keine Ahnung davon, dass Frank seinen Eltern nichts von ihrer Beziehung erzählt hat.

Kurz darauf passiert ein Unglück. Franks Vater wird in seinem Lebensmittelladen angeschossen. Frank fährt sofort ins Krankenhaus, zusammen mit Joy, doch Brit gegenüber muss er den Vorfall verheimlichen, da sie sonst selbst dorthin eilen würde (Kap. 16). Entsprechend betreten reagiert sie am nächsten Tag auf Franks Bericht. Auch ein Restaurantbesuch mit Brits Eltern verläuft nur vordergründig in vertrauter Atmosphäre. Als die Koreaner-Familien kurz darauf eine Hochzeit besuchen, tritt ein, was sich schrittweise angebahnt hat: Die vorgetäuschte Beziehung zwischen Frank und Joy verwandelt sich in eine echte (Kap. 21). Brit ist fassungslos, als Frank sich von ihr trennt und ihr nachträglich beichtet, welches Arrangement er zu Beginn ihrer Liaison mit Joy getroffen hat (vgl. FiL, S. 299 f.).

Frank und Joy genießen anfangs das Glück, endlich eine Beziehung ohne jede Heimlichtuerei führen zu können. Doch schon bald ziehen neue Wolken herauf. Auf einem Koreaner-Familientreffen kommt es zum Eklat, als Joys Vater eine herablassende Bemerkung über Mr. Li macht und dieser seinen alten Bekannten wütend beschimpft. Wie sich später herausstellt, bestand bereits in Korea ein Bildungs- und Rangunterschied zwischen den beiden Familien (vgl. FiL, S. 364). Mrs. Li verrät Frank außerdem, worin der tiefere Grund für die heftige Reaktion des Vaters liegt: Im Zuge des Krankenhausaufenthalts ist bei ihm Krebs im fortgeschrittenen Stadium festgestellt worden – daher will er die arrogante Behandlung durch Joys Vater nicht länger hinnehmen.

Nach dem Streit brechen die beiden Familien den Kontakt ab. Auch ihre Kinder sollen sich nicht mehr sehen. Frank berichtet Joy von der tödlichen Krankheit seines Vaters, bittet sie aber im Namen seiner Eltern, zu Hause nichts davon zu erzählen (vgl. FiL, S. 391). Immerhin treffen sich die beiden mit Franks bestem Freund, der sich Q nennt, und nehmen die Antworten der Colleges auf ihre Bewerbungen in Augenschein. Alle haben Zusagen von Eliteuniversitäten bekommen: Frank geht nach Stanford, sein Freund ans MIT und Joy nach Pittsburgh (Kap. 29). Das bedeutet aber zugleich, dass sich ihre Wege trennen werden. Anfangs nehmen sich Frank und Joy vor, wenigstens den letzten gemeinsamen Sommer auszukosten. Doch nach ein paar verpatzten Begegnungen entschließt sich Joy zur Trennung, um den unguten Schwebezustand zu beenden (Kap. 33). Trotzdem scheiden die beiden im Guten voneinander. Auch in anderer Hinsicht gibt es ein Happy End: Als Mr. Li im Sterben liegt, kommt seine hochschwangere Tochter Hanna mit ihrem Mann in die Heimat zurück und versöhnt sich mit ihren Eltern (vgl. FiL, S. 482). Zudem ist zu erwähnen, dass Q Frank zum Abschied seine Liebe gesteht, sich ihm gegenüber also als Homosexueller outet (vgl. FiL, S. 475).

2. Literaturwissenschaftliche Analyse

Frankly in Love entspricht dem Modell des Adoleszenzromans. Die Erzählung dreht sich um die Selbstfindung eines jungen Mannes, um seinen Konflikt mit Familie und Gesellschaft, der in einer gewissen Reifung mündet; dabei stehen vorwiegend alltagsnahe Gegenstände im Vordergrund.[2] Es gibt gute Gründe, den Roman der postmodernen Variante dieses Genres zuzurechnen: Er ist nicht in einer kulturell homogenen, sondern in einer pluralen Gesellschaft angesiedelt; außerdem gilt für ihn ähnlich wie für andere Vertreter dieser neuen Ausprägung: „anstatt expliziter Gesellschaftskritik evozieren die Texte ein Spiel mit den herrschenden Normen und Werten".[3]

Was das Erzählverfahren betrifft, so bewegt sich *Frankly in Love* in eher konventionellen Bahnen. Die erzählte Zeit umfasst das letzte Halbjahr an der Highschool, d. h. die Zeit von Spätherbst 2019 bis zum Sommer 2020 (genau datiert ist nur der zweite Teil der Hochschul-Eignungsprüfungen, der kurz nach der Nacht im Krankenhaus stattfindet, vgl. FiL, S. 253 ff. sowie S. 318). Der mit „thanksgiving" betitelte Epilog mit dem Tod von Franks Vater ist zeitlich um ein paar Monate abgesetzt. Von kurzen Analepsen abgesehen (vgl. z. B. FiL, S. 292), wird die chronologische Ordnung der Ereignisse nirgends in nennenswerter Weise durchbrochen. Ebenso verbleibt die Erzählperspektive durchgängig bei Frank.

Die konzeptionellen Finessen des Romans sind in anderen Bereichen zu finden. Beispielsweise führt der Erzähler den/die Leser/in an mehreren Stellen in die Irre, indem er Dialoge zwischen Frank und anderen Figuren wie selbstverständlich fortsetzt, um dann sogleich klarzustellen, dass es sich bei Franks letzter Äußerung jeweils nur um Gedankenrede gehandelt habe. Als Mr. und Mrs. Li zu Beginn des Romans über Chinesen herziehen, antwortet ihr Sohn prompt: „Joy Song hat einen chinesischen Freund, dritte Generation" (FiL, S. 45). Im Erzählkommentar fügt er sogleich hinzu, er habe das natürlich *nicht* gesagt (vgl. ebd.). Oder als zweites Beispiel: Nach dem Barbecue im Hause Li äußert Brit Frank gegenüber die Vermutung, seine Mutter wisse, dass Joy mit dem besagten Chinesen liiert sei. Die Replik lautet: „Nein, denn ich tue, als wäre ich mit Joy zusammen, um dich vor Mom-n-Dad zu verstecken" (FiL, S. 186). Auch hier folgt sogleich die Auflösung: „Natürlich sage ich nichts dergleichen. Ein Teil von mir will es einfach tun. Aber als ich mir vorstelle, wie sehr diese Worte Brit verletzen würden, lasse ich es lieber" (ebd.). Aus diesen Worten lässt sich ersehen, worin die Funktion dieses Manövers liegt: Indem der Text Frank wie selbstverständlich antworten lässt, dies aber sogleich als bloße Gedankenrede entlarvt, bringt er den inneren Zwie-

---

2 Vgl. Gina Weinkauff und Gabriele von Glasenapp, 2018, Kinder- und Jugendliteratur, 3. aktual. u. erw. Auflage, Paderborn: Ferdinand Schöningh, S. 125.
3 Ebd., S. 132.

spalt der Hauptfigur zum Vorschein. Er würde gerne so reden und handeln, wie es den gängigen Vorstellungen entspricht, kann es aber angesichts der besonderen Konstellation nicht tun.

Noch auffälliger ist die strukturbildende Funktion bestimmter Metaphern. An erster Stelle ist dabei die des Schwebens zu nennen. Frank nennt die Kinder der fünf koreanischstämmigen Familien „Limbos" (FiL, S. 34, vgl. engl. *limbo* = Schwebezustand); damit soll ihr Schwellendasein zwischen der koreanischen und der amerikanischen Kultur gekennzeichnet werden. Wenn er das Lebensgefühl seiner Schwester und ihre Abtrennung von den Eltern beschreibt, greift er ebenfalls auf diese Metapher zurück (vgl. FiL, S. 108). An etlichen Stellen behauptet Frank darüber hinaus ganz konkret, seine Füße verließen gerade den Boden bzw. seine Sohlen fänden keinen Halt – etwa als Brit zu Beginn des Romans unvermutet im Laden seiner Eltern auftaucht (vgl. FiL, S. 93, ähnlich S. 160). Hier liegt der Akzent weniger auf der allgemeinen Gespaltenheit als vielmehr auf dem Gefühl momentaner Verlegenheit. Diese Bedeutungsnuance vermengt sich später mit einer weiteren: Als Frank und Joy auf der Koreaner-Hochzeit kurz davor sind, sich ihre Liebe zu gestehen, stellt er fest, dass nicht nur seine, sondern auch „ihre Füße [...] den Boden verlassen haben. Das ist noch nie passiert. Es waren immer nur meine Füße, nie die von jemand anderem" (FiL, S. 288). Was anfangs noch als Metapher für mangelnde Verwurzelung sowie für Verunsicherung erschien, entwickelt sich zur Chiffre des Verliebtseins.

Das Pendant zum Schweben bildet ein Motiv, das sowohl im Englischen als auch im Deutschen häufig im Kontext der Migration verwendet wird: Bäume bzw. Wurzeln. Zunächst taucht es mehrfach in Träumen auf. Im Gefolge der Nacht im Krankenhaus träumt Frank von einem „pulsierenden Wald aus feuchten schwarzen Bäumen", wobei er „weiß, dass die Bäume das Innere von Dads Lungen sind" (FiL, S. 248). Nach dem Eklat auf dem Koreaner-Treffen und der Konfrontation mit der Krebserkrankung seines Vaters gerät er im Traum wieder in diesen Wald; es scheint derselbe zu sein, nur dass er „nicht durch die festen Umrisse von Dads Lungen begrenzt" ist (FiL, S. 376). Als Frank seinen Ekel überwindet und die schleimige Rinde eines Baums umarmt, wird er selbst zum Baum und schlägt Wurzeln, ehe sich alles in eine freundliche Szenerie auflöst (vgl. FiL, S. 376f.). Die Symbolik der Bilderfolge ist kaum zu verkennen: Frank überschreitet die Schwelle zu einer ‚Verwurzelung', die weniger mit äußeren Zuschreibungen, eher mit innerer Reife zu tun hat. Er hat sein Selbstverständnis als schwebender „Limbo" überwunden und erlangt in der Auseinandersetzung mit dem Sterben seines Vaters eine neue Identität, jenseits einer primär ethnisch begriffenen Zugehörigkeit.[4]

---

4 Das Erreichen der neuen Stufe wird im Text durch eine Umkehrung des Schwebe-Motivs markiert. Als sich Vater und Sohn gegenseitig ihrer Liebe versichern, vermerkt der Erzähler: „Ich bekomme wieder dieses bekannte schwebende Gefühl, aber dieses Mal bin nicht ich derjenige,

Was sich im Traum ankündigt, bewährt sich später in der Wirklichkeit. Als Frank am Ende mit einem Freund erstmals nach Stanford fährt, passieren sie einen Wald, der kurz zuvor bei einem großen Brand vernichtet worden ist (vgl. FiL, S. 475 f.) – der Erzählung zufolge just an dem Tag, als Frank sich von Brit getrennt hat (vgl. FiL, S. 296). Angesichts der verkohlten Bäume zeigt sich die Weiterentwicklung der Hauptfigur. Anstatt in Verzweiflung zu geraten, denkt Frank: „Im Leben dieses kolossalen Organismus ist es nur ein Moment, denn die Bäume werden wieder wachsen, und niemand wird sich mehr daran erinnern, dass es je Flammen gegeben hat, die heiß und hoch genug waren, um Häuser schmelzen zu lassen" (FiL, S. 476). Er beginnt seinen neuen Lebensabschnitt im Bewusstsein, auch künftige Phasen des Verlusts und der Einsamkeit aushalten zu können.

3. Beschreibung des allgemeinen literaturdidaktischen Potentials

Frankly in Love erscheint aus mehreren Gründen für die Lektüre im Deutschunterricht geeignet. Der Text bereitet keinerlei Verständnisschwierigkeiten; Fragen zu den Besonderheiten des US-Schulsystems lassen sich schnell klären. Mit seinen fast 500 Seiten mag das Buch recht umfangreich wirken, doch es liest sich leicht (und kann ggf. auch in längeren Auszügen behandelt werden). Angesichts adoleszenzspezifischer Themen – von den Konflikten mit den Eltern über Liebe und Sexualität bis hin zu sozialen Netzwerken und Computerspielen – ist der Roman an den Verständnis- und Erlebnishorizont von Schülerinnen und Schülern aus der 10. Klasse ohne Weiteres anschlussfähig. Auch der Wortwitz und der lockere, vielfach von jugendsprachlicher Idiomatik geprägte Stil tragen dazu bei. Der wohl wichtigste Aspekt besteht darin, dass der Text ein spannendes Beispiel für die Identitätsbildung eines Heranwachsenden darstellt. Die einzelnen Entwicklungsschritte können über Rollenspiele und kreative Schreibaufgaben, etwa Briefe oder innere Monologe, nachvollzogen werden. Bei leistungsstarken Lerngruppen käme auch die Rekonstruktion der Leitmotive und Metaphernfelder in ihrem Zusammenhang zum Reifungsprozess der Hauptfigur in Betracht (s. o.).

Franks Verhältnis zu seiner Familie durchläuft innerhalb der Erzählung eine bemerkenswerte Entwicklung. Anfangs bezeichnet er seine Eltern ohne Umschweife als Rassisten; im erzählenden Kommentar fügt er hinzu: „Ich bin so an ihren Rassismus gewöhnt, dass ich mich nicht mal mehr überwinden kann, mit ihnen darüber zu streiten" (FiL, S. 44). Joy und er sind sich in dieser Bewertung ih-

---

der schwebt. Auch nicht Dad. Sondern all der Mist um uns herum. Die Stühle und der Toaster und Töpfe und Pfannen und massenhaft verrückter Nippes auf den Bücherregalen, die sich plötzlich auf dem Teppich wiederfinden" (FiL, S. 472).

rer Eltern völlig einig (vgl. FiL, S. 39, 111). Im Verlauf des Romans entwickelt Frank indes eine immer größere Empathie für die Gefühle seiner Eltern. Eindrücklich zeigt sich das an den bereits erwähnten Träumen, in denen Bilder von den Lungen seines Vaters mit der Vorstellung von Verwurzelung zusammenfließen (s. o.), am deutlichsten schließlich an seinen Gesprächen mit dem sterbenden Vater (Kap. 36).

Dieser Prozess verläuft bezeichnenderweise in Gegenrichtung zu Brit. Bei ihrem letzten Rendezvous, unmittelbar nach dem gemeinsamen Restaurantbesuch mit ihren Eltern, sagt sie zu ihrem Freund: „Irgendwo habe ich gelesen, dass man seine Eltern hassen muss, um sich abnabeln zu können" (FiL, S. 270). Damit vertritt sie eine ganz andere Position als Frank. Dieser hat bereits zuvor darüber nachgedacht, was Brits Verhältnis zu ihren Eltern von seinem unterscheidet:

> [...] anders als bei ihr ist der Bullshit meiner Eltern ein wesentlicher Bestandteil meines Lebens. Der Bullshit meiner Eltern besitzt die Macht, jede Stunde jedes Tages zu bestimmen, bis in die ferne Zukunft. Brits Bullshit hingegen lässt sich leicht abstreifen. Sie wird Beziehungen eingehen können, mit wem sie möchte, sie wird studieren können, was sie möchte, tun können, was sie will und wie sie es will. Ihr Bullshit sind maximal Lebensweisheiten beim Essen und nicht mehr (FiL, S. 268).

Frank behält diese Gedanken für sich. Nichtsdestoweniger steht für ihn außer Frage, dass familiäre Bindungen in seinem Leben eine ungleich größere Rolle spielen als bei Brit und er sich daher ihre Haltung zur Abnabelung von den Eltern nicht einfach zu eigen machen kann. Dieser Unterschied verdeutlicht nochmals die Probleme, die letztlich zur Trennung der beiden führen.

Der Text präsentiert also verschiedene Varianten, vor dem Hintergrund der elterlichen Autorität eine wie auch immer geartete eigene Identität zu erlangen. Während sich Brit zunehmend von ihren Eltern distanziert, erreicht Frank die Stufe des Erwachsenwerdens, indem er sich mit den Vorstellungen und der Vergangenheit seiner Familie auseinandersetzt, indem er mit seiner Mutter und seinem Vater lange und offene Gespräche führt, um sie besser zu verstehen und dadurch seinen eigenen Weg zu finden (vgl. den Titel des vierten Großabschnitts, FiL, S. 379). Der Vergleich zwischen diesen beiden Modellen bildet eine vielversprechende Diskussionsgrundlage für den Unterricht; er ließe sich zudem mit kulturellen Unterschieden zwischen den betreffenden gesellschaftlichen Gruppen verknüpfen.

4. Relevanz für das interkulturelle Lernen

Frankly in Love bietet für die Förderung interkultureller Kompetenz im Deutschunterricht[5] geradezu mustergültige Ansatzpunkte. Erstens zeichnet der Roman ein ebenso reichhaltiges wie differenziertes Bild vom Aufwachsen in einem von verschiedenen Kulturen und ethnischen Gruppen geprägten Umfeld. Zweitens thematisiert er zwei grundlegende Probleme, mit denen pluralistische Gesellschaften in einer zunehmend globalisierten Welt häufig konfrontiert sind: zum einen das Streben bestimmter Bevölkerungsgruppen nach (vermeintlicher) ethnischer Homogenität, zum anderen strukturelle Asymmetrien zwischen Angehörigen unterschiedlicher Herkunftsländer und Kulturen, vor allem zwischen Weißen und Nichtweißen.

Frank bewegt sich in mindestens vier verschiedenen kulturell-ethnischen Milieus: erstens die koreanischstämmige Elterngeneration, die auch nach 30 Jahren in Kalifornien ihre alte kulturelle Prägung aufrechterhalten möchte, zweitens die „Limbos", ihre in den USA aufgewachsenen und viel stärker in der dortigen Kultur verwurzelten Kinder, drittens die Familie von Franks afroamerikanischem Freund Q und viertens die wohlhabenden Weißen, vertreten von Brit und ihren Eltern. Die unterschiedlichen Werte und Gepflogenheiten dieser Milieus werden auf vielfältige Weise sichtbar: Qs Eltern gehen mit Frank locker und vertraut um, insistieren aber auf Tischgebet und Abräumen von Geschirr (vgl. u. a. FiL, S. 76, 79). Brits Familie gibt sich betont liberal und aufgeschlossen, beweist mitunter jedoch wenig Gespür für Franks Haltung zur Herkunftskultur seiner Eltern (vgl. Kap. 20). Interessant ist außerdem, dass der Text auch ein Gegenmodell zu den „Limbos" vorstellt: die sogenannten „Über-Koreaner", Altersgenossen von Frank und Joy, die die koreanische Herkunft im Gegensatz zu diesen als positives Distinktionsmerkmal sehen und ihre Eltern darin sogar noch überbieten. Somit bestehen nicht nur zwischen den einzelnen Gruppen, sondern auch innerhalb derselben erhebliche Unterschiede.

Das erste der beiden genannten Probleme wird primär durch die Eltern der fünf koreanischstämmigen Familien repräsentiert. Der Text führt prägnant vor Augen, welche Konsequenzen eine auf ethnische ‚Reinheit' bedachte Haltung mit sich bringen kann – allein schon nach praktischen Gesichtspunkten: Frank reflektiert zu Beginn, dass er unter diesen Vorzeichen nur über eine winzige Auswahl an potentiellen Partnerinnen verfügt, da in Südkalifornien kaum koreanischstämmige Amerikanerinnen seines Alters zu finden seien (vgl. FiL, S. 26). Joy zielt

---

5   Zu diesem Thema vgl. grundlegend Dieter Wrobel, 2006, Texte als Mittler zwischen Kulturen. Begegnung und Bildung als Elemente des interkulturellen Literaturunterrichts, in: Interkultureller Literaturunterricht. Konzepte – Modelle – Perspektiven, hrsg. von Christian Dawidowski und Dieter Wrobel, Baltmannsweiler: Schneider Verlag Hohengehren, S. 37–52, hier S. 42 et passim.

auf denselben Punkt, wenn sie sarkastisch bemerkt, ihre Eltern wollten sie „wie scheiß Zoo-Pandas miteinander paaren" (FiL, S. 105, vgl. S. 100). Im Roman lässt sich ein ganzes Spektrum von Einstellungen zu diesem Thema erkennen, von den tendenziell kritischen „Limbos" bis hin zu den besagten „Über-Koreanern".[6]

Wie daraus hervorgeht, behandelt *Frankly in Love* das Rassismus-Problem nicht einfach entlang der Konfliktlinie zwischen einer weißen Mehrheitsgesellschaft und nichtweißen Minderheiten. Es ist davon auszugehen, dass dies einer sachlichen Auseinandersetzung mit dem Thema im Unterricht zugutekommt: Da die Konstellation mit den Koreaner-Familien für die Lebensrealität in Deutschland eher untypisch ist, sollten die Schüler*innen in der Lage sein, die nötige reflexive Distanz zu wahren und nicht in stereotype (Abwehr-)Reaktionen zu verfallen. Darüber hinaus vermeidet der Roman eine simple Gegenüberstellung von Gut und Böse, zeigt vielmehr ein ganzes Feld von Gruppen und Positionen. Auch dies trägt dazu bei, sich mit den Herausforderungen des interkulturellen Miteinanders in differenzierter und unvoreingenommener Weise zu beschäftigen.

Die Asymmetrie zwischen Weißen und Nichtweißen wird indes auf andere Weise thematisiert. Sie offenbart sich insbesondere in den Schwierigkeiten, auf die Brit und Frank in ihrer Beziehung stoßen. Wie bereits angedeutet, begreift sich Brit selbst als linksliberal; sie reflektiert kritisch, dass für „die meisten Leute […] durch und durch amerikanisch *weiß*" bedeutet (FiL, S. 259; Herv. i. O.). Auch ihre Eltern reagieren offen und lernwillig, als Brit sie beim Restaurantbesuch auf einen Fauxpas aufmerksam macht: Sie waren selbstverständlich davon ausgegangen, dass Frank bestens über die Einzelheiten des koreanischen Essens Bescheid weiß, haben ihn also primär als Koreaner und nur sekundär als Amerikaner wahrgenommen. Von ihrer Tochter darauf angesprochen, sehen sie sofort ein, dass man bei ihnen umgekehrt nicht automatisch Expertise für irische oder französische Speisen vermuten würde (vgl. FiL, S. 262 ff.).

Trotz der aufgeklärten Haltung von Brits Familie beginnt Frank gerade in dieser Phase der Handlung, sich die fundamentalen Unterschiede zwischen sich und seiner Freundin einzugestehen: „Brit – die weise, wache, bewusste Brit – gehört, ob sie will oder nicht, der weißen Mehrheit an und genießt alle ihre Privilegien – *ebenfalls ob sie will oder nicht*" (FiL, S. 258; Herv. i.O.). Auch mit seinem Freund Q diskutiert er intensiv über diese Thematik. „Koreanisch ist immer nur eine Sache und sonst nichts", erklärt er, und Q führt seine Überlegung weiter: „Weiß kann an erster Stelle alles sein, was es will, und erst ganz zum Schluss weiß" (FiL, S. 245). Bei dieser Gelegenheit erfährt man auch einiges über das Selbstverständnis von Qs

---

6   Mitunter kommt es auch zu Szenen, in denen Frank selbst Gewissensbisse befallen, weil er sich so weit von seiner Herkunftskultur entfernt hat, etwa beim Besuch eines koreanischen Straßenfests (Kap. 24).

afroamerikanischer Familie angesichts der von der weißen Mehrheit okkupierten Diskurshoheit (vgl. ebd.).

Während diese Debatten recht abstrakt geführt werden, ist in Franks Gedanken zu Brit immer wieder sehr konkret zu erkennen, worin sich die Ungleichheit zwischen den beiden äußert. Im Zuge der Unterhaltung mit Q überlegt er:

> Ich will einfach sorglos sein, so wie in diesen Teeniefilmen, in denen alle Jugendlichen (will heißen alle weißen Jugendlichen) ihre Ratespiele spielen und ihr Liebesdrama ausleben und nebeneinander auf mondbeschienenem Rasen liegen und zu den Sternen hinaufblicken. Und sich über all die höheren Dinge Gedanken machen: das Universum, Schicksal und dergleichen philosophische Dinge. Und nicht über solchen überholten Bullshit wie den Rassismus ihrer Eltern. (FiL, S. 244 f.)

Tatsächlich besteht ein wesentlicher Unterschied zu Brit darin, dass sie sich wie selbstverständlich mit vertrauten Vorstellungen bzw. Klischees aus Filmen identifizieren kann, während er immer wieder kulturelle Barrieren spürt. Das gilt auch für ihre bereits erwähnte Idee, die Eltern ihres Freundes kennenzulernen. Frank ist sofort klar: „Ich weiß, sie hatte ein vertrauliches Essen mit Mom-n-Dad im Kopf, so wie es weiße Kids in Filmen machen" (FiL, S. 160). Besonders deutlich wird die Diskrepanz zwischen ihnen, als sie ihr erstes großes Date haben, zum nächtlichen Strand fahren und eine von Frank produzierte Geräusch-Collage hören:

> Und während wir dort in dieser überperfekten Kulisse stehen und dem Filmsoundtrack unserer Geschichte lauschen, werden Brit und ich zu bekannten Promischauspielern in einer klassischen Liebesromanze, die jeder kennt und mag. Ich weiß, was als Nächstes passieren wird. Das weiß jeder. [...] Liebe ich Brit? Ja. Vermutlich schon. Aber da ist eine Kluft, die meine Liebe davon abhält, richtig Platz zu nehmen. Sie wackelt. Sie ist unvollkommen. Ist es etwas, das ich in Ordnung bringen kann? Ich weiß es nicht. Und wenn nicht, ist es etwas, woran ich mich gewöhnen kann? Ist es etwas, womit ich leben kann? Ich begreife, dass nur ich dieses Kluftproblem habe. Brit spürt keine Kluft. Für sie ist die Liebe leichter – einfacher, weniger kompliziert. Meine Liebe ist leicht deformiert. Meine Liebe ist nicht Standard. Sie erfordert Behelfslösungen (FiL, S. 198 ff.).

Selbst in der romantischen Szenerie am Strand kann Frank sein Unbehagen an Ritualen der Mehrheitsgesellschaft, an deren Umgang mit Emotionen nicht gänzlich abstreifen. Diese Reflexionen führen eindrucksvoll vor Augen, wie weit die Empfindung mangelnder kultureller Zugehörigkeit reicht und in welcher Weise sie im Einzelnen hervortreten kann. Sie vermitteln ein starkes Bild vom Lebensgefühl eines zwischen zwei sehr unterschiedlichen Kulturen aufgewachsenen Jugendlichen.

Was die interkulturelle Thematik betrifft, so lassen sich auch noch in anderer Hinsicht interessante Lernprozesse anstoßen. Wie in einzelnen Kommentaren im Internet anklang, wirkt Frank auf etliche Leser*innen nicht durchweg sympathisch.[7] Offenbar hat das hauptsächlich damit zu tun, dass die Geheimhaltung der Scheinbeziehung gegenüber Brit oder die Sorge vor dem Bruch mit den Eltern auf den ersten Blick wenig nachvollziehbar erscheinen. Dieser Eindruck könnte eventuell auch bei Schülerinnen und Schülern entstehen. Es ist ungemein wichtig, ggf. diese Einschätzung sowie die dazugehörigen Beweggründe im Unterricht festzuhalten. Auf diese Weise ließe sich im zweiten Schritt reflektieren, ob das mangelnde Verständnis für Frank möglicherweise mit der westlichen Perspektive zusammenhängt, mit den Vorstellungen der weißen Mehrheitsgesellschaft – wie bei Brit. Auch dabei handelt es sich um eine der vielen Möglichkeiten, anhand von *Frankly in Love* die interkulturelle Kompetenz zu überprüfen.[8]

5. Didaktisch-methodische Konkretisierungen

Das didaktische Konzept zielt darauf ab, Empathie für die Identitätsbildung interkulturell aufgewachsener Jugendlicher sowie Offenheit für von traditionellen westlichen Maßstäben abweichende Wertvorstellungen zu fördern. Im Unterricht ließe dabei folgendermaßen vorgehen: Nach der Sicherung des Handlungsverständnisses und der Charakterisierung der zentralen Figuren empfiehlt sich zunächst eine graphische Übersicht über die unterschiedlichen Milieus und ihre Rituale, Anschauungen und Gepflogenheiten, etwa in Form von Plakaten (s. o., Abschnitt 4). Auf der Basis dessen könnten die zu Beginn des dritten Abschnitts erwähnten Arbeitsaufträge zu den einzelnen Stationen von Franks Identitätsentwicklung, ggf. unter Einschluss der Metaphorik rund um „Schweben" und „Wurzeln", in Angriff genommen werden.

Um Franks Lebensgefühl zwischen Herkunfts- und Aufnahmekultur konkret erfahrbar zu machen, bietet sich ein drittes Leitmotiv an. Im Roman findet sich an zahlreichen Stellen der Satz „Ich liebe dich". Er wird von diversen Figuren zu unterschiedlichen Anlässen mit einem ganzen Panorama von Untertönen und Sub-

---

7   Verschiedentlich hieß es, es sei nicht leicht, sich mit den Hauptcharakteren inklusive Frank zu identifizieren, etwa bei den Kundenrezensionen von „Sternfahrerin" und „deferenderofbu". https://www.amazon.de/Frankly-Love-erz%C3%A4hlen-jedenfalls-Eltern-ebook/product-reviews/B07Y6HZNKY/ref=cm_cr_dp_d_show_all_btm?ie=UTF8&reviewerType=all_reviews (26.04.2021).
8   Hier ließe sich insbesondere an produktionsorientierte Verfahren denken, die bei der Vermittlung interkultureller Lernziele wie kritischer Selbstreflexion generell eine wichtige Rolle spielen. Vgl. Inga Pohlmeier, 2014, Interkulturalität im Deutschunterricht, in: Fachdidaktik Deutsch. Grundzüge der Sprach- und Literaturdidaktik, hrsg. von Charis Goer und Katharina Köller, Paderborn: Wilhelm Fink, S. 64–76, hier S. 74.

texten ausgesprochen. Mit Blick auf die interkulturelle Thematik ist er insofern von Interesse, als sich gerade an ihm Franks Fremdheitsgefühle entzünden. Als Brit „Ich liebe dich" zu ihm sagt, folgt zunächst der zitierte innere Monolog, in dem Frank über sein „Kluftproblem" nachdenkt (vgl. FiL, S. 199, s. o.). Erst danach sagt auch er diese Worte, allerdings eher zögerlich (vgl. FiL, S. 200). Beim zweiten Mal denkt er immerhin: „Als ich es ausspreche, fühlt es sich wahrer an. Je öfter ich es sagen werde, umso wahrer wird es sich wahrscheinlich mit der Zeit anfühlen" (FiL, S. 201).

Diese Hoffnung bleibt letztlich unerfüllt. Noch bevor Frank mit Joy zusammenkommt, unterhalten sich die beiden über die Glaubwürdigkeit dieses Satzes gegenüber ihren Partnern (vgl. FiL, S. 210–213). Später treten gerade im „Ich liebe dich"-Sagen Franks ganze Zweifel gegenüber Brit hervor (vgl. FiL, S. 258, 270). Als er und seine Schwester nach der Schussverletzung des Vaters sich den Satz per SMS schreiben, empfindet er seine Bedeutung hingegen in voller Klarheit (vgl. FiL, S. 228). Die Wortfolge taucht noch an weiteren zentralen Stellen auf, etwa aus dem Mund des sterbenden Vaters (vgl. FiL, S. 471f.), der dies zuvor noch nie zu seinem Sohn gesagt hatte (vgl. FiL, S. 17).

Die unterschiedlichen Bedeutungsnuancen und -hintergründe dieses Satzes ließen sich im Deutschunterricht von den Schülerinnen und Schülern jeweils mit der entsprechenden Intonation vortragen. Diese Übung könnte sogar als eine Art Ratespiel durchgeführt werden. Im Zentrum der Aufgabe stünde dabei der Unterschied zwischen dem „Ich liebe dich" von Frank und Brit in ihrer Date-Szene. Die Fähigkeit, die Differenzen in der Identifikation mit der Kultur der Mehrheitsgesellschaft hörbar zu machen, wäre ggf. ein wichtiger Indikator für die interkulturelle Kompetenz der Lerngruppe.

„Alles ist mehrerlei":

Zweieinhalb Störche: Roman einer Kindheit in Siebenbürgen von Claudiu M. Florian und sein Potenzial zur Förderung des interkulturellen Dialogs im Deutschunterricht

Antonella Catone und Daniela Sorrentino[1]

1. Einleitung

In den gegenwärtigen Bildungseinrichtungen der deutschsprachigen Länder herrscht eine große kulturelle Vielfalt, der bildungspolitisch und didaktisch zunehmend Rechnung getragen wird. Folglich gewinnen sowohl die Entwicklung einer interkulturellen Kompetenz[2] auf individueller und kollektiver Ebene als auch das interkulturelle Lernen als pädagogisches Prinzip dazu vermehrt an Bedeutung[3]. Als ausschlaggebend zur Förderung des interkulturellen Dialogs im Unterricht erweisen sich insbesondere Texte, in denen

> Begegnungen mit Fremden und/oder Alteritätserfahrungen in einer Art und Weise thematisiert werden, dass man ihnen sowohl unter literarisch-ästhetischen als auch unter inhaltlichen und sprachlichen Gesichtspunkten großes Bildungspotenzial zusprechen kann.[4]

---

1   Der Aufsatz wurde von beiden Autorinnen gemeinsam verfasst. Die wissenschaftliche Verantwortung wird folgendermaßen zugewiesen: Daniela Sorrentino ist für die Abschnitte 2 und 3 verantwortlich, Antonella Catone ist für den Abschnitt 4 verantwortlich. Einleitung und abschließende Bemerkungen sind Ergebnisse gemeinsamer Arbeit.
2   Obwohl der Begriff der *interkulturellen Kompetenz* in der Zwischenzeit ziemlich inflationär gebraucht wird und zu einem Modewort geworden ist, gilt immer noch das, was Thomas in seiner Studie ausgeführt hat: „Interkulturelle Kompetenz zeigt sich in der Fähigkeit, kulturelle Bedingungen und Einflussfaktoren im Wahrnehmen, Urteilen, Empfinden und Handeln bei sich selbst und bei anderen Personen zu erfassen, zu respektieren, zu würdigen und produktiv zu nutzen im Sinne einer wechselseitigen Anpassung, von Toleranz gegenüber Inkompatibilitäten und einer Entwicklung hin zu synergieträchtigen Formen der Zusammenarbeit, des Zusammenlebens und handlungswirksamer Orientierungsmuster in Bezug auf Weltinterpretation und Weltgestaltung", Alexander Thomas, 2003, Interkulturelle Kompetenz. Grundlagen, Probleme und Konzepte. 2. Aufl., in: Erwägen – Wissen – Ethik 14(1). Stuttgart: Lucius & Lucius, S. 137–150, hier S. 143.
3   Vgl. Alois Wierlacher und Andrea Bogner (Hrsg.), 2003, Handbuch interkulturelle Germanistik. Stuttgart: Metzler, S. 482.
4   Gabriela Scherer und Karin Vach (Hrsg.), 2019, Interkulturelles Lernen mit Kinderliteratur. Unterrichtsvorschläge und Praxisbeispiele. Hannover: Klett Kallmeyer, S. 27.

In diesem Sinne erweist sich unseres Erachtens die Auswahl des Romans *Zweieinhalb Störche: Roman einer Kindheit in Siebenbürgen*[5] (2008) von Claudiu Mihail Florian als sehr treffend in didaktischer Hinsicht und kann sich insbesondere für den interkulturellen Deutschunterricht mit Schüler*innen aus dem 9. und 10. Jahrgang eignen[6]. Er birgt nämlich ein hohes Identifikationspotential für Heranwachsende, die in mehrsprachigen und multikulturellen Umgebungen aufwachsen und sich – genauso wie der junge Protagonist – mit Fragen der eigenen sich zwischen zwei oder mehreren Lebensumgebungen bewegenden, abwechselnden Identität befassen.

2. Romanstruktur, Erzählperspektive und stilistische Besonderheiten

Der Roman *Zweieinhalb Störche: Roman einer Kindheit in Siebenbürgen* stammt aus der Feder des rumänischen Schriftstellers Claudiu Mihail Florian. Geboren 1969 in Rupea – in der Nähe von Kronstadt – wuchs er zweisprachig (deutsch/rumänisch) in Siebenbürgen auf. Später studierte er zunächst Germanistik in Bukarest und anschließend Zeitgeschichte in Bielefeld. Zwischen 2017 und 2020 leitet er das Rumänische Kulturinstitut in Berlin. Hier erschien 2008 sein Buch im Transit Verlag und er erhielt 2016 den *European Union Price for Literature*. Der Roman erzählt die Kindheitsgeschichte eines Sechsjährigen, der bei seinen Großeltern in einem kleinen, abgelegenen Dorf im multiethnischen Siebenbürgen der 70er Jahre aufwächst. An diesem Ort, der am Fuße einer mittelalterlichen Festung nicht weit von Kronstadt liegt, treffen verschiedene Sprachen, Kulturen und Religionen aufeinander, denn Rumänen, Ungarn, Roma und Deutsche leben hier seit langem – ca. acht Jahrhunderten – nebeneinander. Auch das engere familiäre Umfeld des jungen, namenlosen Protagonisten ist multikulturell: Mütterlicherseits ist der Großvater Iorgu Rumäne und stammt aus der südwestlichen Region Oltenien, die Großmutter Anni ist deutscher Abstammung und Siebenbürger Sächsin, ebenso wie der Urgroßvater des Kindes – sein Otata – und seine Mutter Carmen. Sein Vater Călin ist hingegen Rumäne aus der Walachei – er kommt aus Giurgiu an der Grenze zu Bulgarien –, wo sich seine ganze Familie noch befindet. Er lebt jedoch mit seiner klavierspielenden Frau in Bukarest, wo er als Theaterregisseur arbeitet. Außerdem hat das Kind noch Verwandte in Deutschland – die Geschwister seiner Großmutter. Es wächst also umgeben von einer Vielfältigkeit der Idiome, der Bräuche, der Konfessionen sowie der Menschen in seiner Fami-

---

5 Claudiu M. Florian, 2008, Zweieinhalb Störche: Roman einer Kindheit in Siebenbürgen, Berlin: Transit Buchverlag. Aus dieser Ausgabe wird im Folgenden zitiert.
6 Vgl. Kinga Erzse-Boitor, 2009, Das Bild des Anderen in der rumäniendeutschen Kinder- und Jugendliteratur, Frankfurt am Main: Peter Lang, S. 24.

lie und Gegend auf. Seine idyllische Kindheit und die Geschichte seiner Familie werden jedoch von den aufwühlenden historischen Ereignissen Rumäniens der 70er Jahre umgewälzt, als die Kommunisten den Vater aus dem Theater in Bukarest entlassen, den Großeltern ihr Haus wegnehmen und eine neue Lehrerin in die Grundschule des Kindes schicken, die ihn und seine Freund*innen zu „Falken des Vaterlandes" (ZS, S. 197)[7] kommunistisch erziehen will.

Der Roman hat eine klar nachvollziehbare Struktur und ist in fünf Kapitel aufgegliedert, die mit verschiedenen Orten verbunden sind und jeweils auf die Beziehung des Kindes zu den unterschiedlichen Mitgliedern seiner Familie fokussieren. Das erste Kapitel (*Mehrerlei*) spielt im Heimatort des Protagonisten in Siebenbürgen, wobei das Kind – im Alter von ca. fünf Jahren – seinen Alltag mit den Großeltern vor dem Hintergrund des ihn umgebenden Mehrerlei schildert: „Es ist nicht alles eins. Es ist alles zwei. Oder drei. Oder vier" (ZS, S. 7). So werden in seiner Gegend Rumänisch, Deutsch, Sächsisch[8] und Ungarisch gesprochen, es gibt drei Kirchen mit unterschiedlichen Glockentönen für die Sachsen, die Ungarn, die Rumänen, auch die Feiern, die Häuser und die Gärten sind verschieden sowie die Gerüche und Geschmäcker. Das zweite (*Der weisse Mercedes*) und dritte Kapitel (*Alles Oltener*) erzählen jeweils von Treffen des Kindes mit seinen nach Westdeutschland ausgewanderten Onkeln großmütterlicherseits und mit den Verwandten aus Oltenien großväterlicherseits, deren Besuch beim Kind sehr unterschiedliche Vorstellungen und Phantasien weckt. Das vierte Kapitel (*In der Walachei*) ist der Beschreibung der Familie seines Vaters gewidmet, die der Protagonist anlässlich einer Reise mit ihm in die Walachei in die Nähe von Giurgiu – am Ufer der Donau – im Sommer kurz vor Beginn der Grundschule trifft. Hier werden die besonderen Bräuche, Mentalität und Geschichte dieses Zweigs der Familie dargestellt. Im fünften und abschließenden Kapitel (*Falken des Vaterlandes*) kehrt das Kind nach Hause zurück und schildert seinen neuen Alltag an der nun zu besuchenden Grundschule, wobei der Umgang mit den anderen Kindern und mit seiner besten Freundin – Katharina – vor dem Hintergrund des kommunistischen Erziehungskonzeptes dargelegt wird.

Der Roman wird aus kindlicher Perspektive in der ersten Person erzählt. Durch seine aufmerksamen Augen und Ohren nimmt das Kind Farben und Laute um sich herum wahr und beschreibt bis ins kleinste Detail Gegenstände, Räume und Menschen. Daneben filtert es das Wahrgenommene und Erlebte durch seine naiven, phantasievollen Gedanken und teilweise sehr lustigen Assoziationen. So denkt es sich seine Familie als ein Nest aus zweieinhalb Störchen, wobei seine Großeltern die zwei Störche sind, die sich tagtäglich um ihn kümmern. Er selbst kommt sich als halber Storch vor, der sich nach einer anderen, ergänzenden

---

7 ZS steht ab jetzt für *Zweieinhalb Störche*.
8 Dabei handelt es sich um den Dialekt der Siebenbürger Sachsen, der in seiner Familie von der mütterlichen Seite gesprochen wird.

Hälfte – einem Brüderchen oder einer Schwester – sehnt. Deutschland – das in den Gesprächen der Erwachsenen um ihn immer wieder zur Sprache kommt – stellt er sich als ein weit entferntes Märchenland vor, in dem sich tolle Spielzeuge und leckere Süßigkeiten befinden.

Zur Darlegung der kindlichen, vorurteilslosen Sichtweise des Protagonisten trägt auch die von ihm verwendete sehr poetische und bildhafte Sprache bei. Sie besteht aus kreativen Komposita, Wortspielen, Zitaten aus Kinderreimen sowie Ausdrücken und Sprichwörtern aus mehreren Sprachen, wobei das Kind häufig eigene Erklärungen von Wortbedeutungen sowie Überlegungen über lexikalische Assoziationen in verschiedenen Sprachen hinzufügt. Diese scharfsinnige mehrsprachige Sprachbewusstheit[9] stellt eine wertvolle Ressource bei ihm dar, die es gerade dank des Kontaktes mit den verschiedenen Sprachen in seiner Umgebung entfalten kann. Die Stimme des Protagonisten wird im Roman durch die direkten Gespräche der Erwachsenen um ihn ergänzt, in denen komplexe historische, zum Teil dramatische Ereignisse am Beispiel der Geschichte seiner Familie erzählt werden. Die soziale und emotionale Auflagung, die daraus entsteht, wird jedoch immer durch die kindliche Perspektive gemildert, was der Erzählung eine feine Komik und teilweise bittere Ironie verleiht. Aus einem teils autobiographischen Roman über die Kindheit des Autors wird also auch ein weiterer historischer Generationenroman: im Hintergrund einer Zeitspanne, die die Jahre im Kindergarten bis zum ersten Schultag des Protagonisten umfasst, steht die Geschichte mehrerer Generationen aus der Familie des Kindes und damit verbunden auch die Geschichte Rumäniens und Europas vor den zwei Weltkriegen über die Errichtung des kommunistischen Regimes bis zum Aufstieg von Ceaușescu in den 70er Jahren. Dabei wird vor allem auf die teilweise dramatische Geschichte der Siebenbürger Sachsen fokussiert, die als deutschsprachige Minderheit in Rumänien die Deportation in die Sowjetunion im Zweiten Weltkrieg und später den Menschenhandel mit Deutschland durch den rumänischen Diktator erleiden mussten. Vor allem nach dem Fall der Berliner Mauer ging die Zahl der Siebenbürger Sachsen aufgrund der Massenauswanderung nach Deutschland stark zurück, sie bilden aber immer noch eine wichtige Minderheit in Rumänien mit einer wertvollen kulturellen Brückenfunktion zwischen den zwei Ländern im heutigen Europa.

---

9 Vgl. dazu Monika Angela Budde, 2016, Mehrsprachigkeit – Language Awareness – Sprachbewusstheit. Einführung, in: Zeitschrift für Interkulturellen Fremdsprachenunterricht 21(2), S. 1–4; Lena Bien-Miller, Muhammed Akbulut, Anja Wildemann und Hans H. Reich, 2017, Zusammenhänge zwischen mehrsprachigen Sprachkompetenzen und Sprachbewusstheit bei Grundschulkindern, in: Zeitschrift für Erziehungswissenschaft 20(2), S. 193–211; Anja Wildemann, Muhammed Akbulut und Lena Bien-Miller, 2016, Mehrsprachige Sprachbewusstheit zum Ende der Grundschulzeit – Vorstellung und Diskussion eines Elizitationsverfahrens, in: Zeitschrift für Interkulturellen Fremdsprachenunterricht, 21(2), S. 42–56.

3. Literaturdidaktisches Potenzial

Aufgrund seiner thematisch-inhaltlichen und sprachlich-stilistischen Beschaffenheit weist der Roman ein sehr hohes allgemeines literaturdidaktisches Potenzial auf[10], wodurch subjektive Involviertheit gefördert sowie ästhetische Wirkungen wahrgenommen werden können. Die kindliche Sichtweise eröffnet einen sehr persönlichen Zugang zur Welt des Protagonisten und die Lernenden können seine Gedanken, Phantasien und sensiblen Wahrnehmungen miterleben, wobei ein besonderer Fokus auf dem Visuellen und Akustischen liegt. Es häufen sich detaillierte Beschreibungen von Landschaften, Menschen und Gegenständen. Farben, Blicke, Stimmen und Geräusche aus der Umgebung werden eindrucksvoll wiedergegeben. Weiterhin können die Schüler*innen den Reiz und die Komik wahrnehmen, die mit der Erzählperspektive verbunden sind. Jene besteht häufig darin, dass der Protagonist mit gewissen Ausdrücken und Verhaltensweisen der Erwachsenen nicht viel anfangen kann, dafür aber oft eigene Erklärungen beziehungsweise Interpretationen findet. Zum Beispiel hat das Kind Schwierigkeiten zu verstehen, wer die verschiedenen Referent*innen des Demonstrativpronomens ‚Diese' beim Reden mit seinen Großeltern jeweils sind. Sie beziehen sich damit abwertend auf die herrschenden Kommunisten, jedoch benutzt die Großmutter das Pronomen ‚Diese' auch, wenn sie über die Freunde ihres Mannes redet, mit denen er sich häufig zu lange in der Stadt trinkend unterhält. Diesbezüglich beobachtet der Protagonist, dass „nicht nur die Großmutter, sondern beide manchmal über andere Leute reden und trotzdem ‚Diese' zu ihnen sagen. Eben wieder an diesem frühen Sommerabend. – Diese haben wieder ein Gesetz herausgebracht! Sofort muss ich an Großvaters Freunde denken. [...] Sie alle und noch ein paar andere sind Diese, die immer gemeint sind, wenn der Großvater in der Stadt und wir mit der Großmutter alleine zu Hause sind. Doch kann ich nicht begreifen, was Diese für ein – wie war das Wort? – Gesetz? – herausbringen konnten und von wo. [...]" Und erst später stellt er fest: „dass der Großvater so plötzlich wieder von Diesen spricht, lässt mich vermuten, dass mit ‚hier' nicht unbedingt unser Hof gemeint ist und auch nicht der der Herberts, ja selbst unsere Gasse nicht und wahrscheinlich auch nicht der Ort. Diese sind die Bösewichte, die ab und zu gemeint sind, wenn der Großvater zu Hause ist und der rotbraune Fernseher läuft. Doch weder der Fernseher noch das schwarze Radio sagen Diese. So sagen nur die Leute hier bei uns" (ZS, S. 53, 61). In dieser Textstelle wird auch soziale Kritik mit Ironie kombiniert, so dass sehr ernste Themen auf eine humorvolle und trotzdem nachdenklich stimmende Weise thematisiert werden. Auf sprachlich-stilistischer Ebene können sich

---

10 Vgl. Katharina Kräling und Katharina Martín Fraile, 2015, „Un lujo de primera necesidad". Literarästhetisches Lernen im Spanischunterricht, in: Der fremdsprachliche Unterricht Spanisch 13(49), S. 4–9; Kaspar H. Spinner, 2006, Literarisches Lernen, in: Praxis Deutsch 200, S. 6–16.

die Schüler*innen mit gewissen Merkmalen literarischer Kindersprache befassen, die sich durch den Roman ziehen und ihm eine besondere Poetizität und mehrsprachige Färbung verleihen. Es handelt sich dabei um ein reflektiertes und kunstvoll eingesetztes Gestaltungsmittel, dessen ästhetische Wirkung die Lernenden reflektieren sollten.

Didaktisch-methodische Konkretisierungen
Nachfolgend soll skizziert werden, wie das literaturdidaktische Potenzial des Romans mit besonderem Bezug auf das interkulturelle Lernen anhand didaktisch-methodischer Vorschläge im Unterricht umgesetzt werden kann. Dabei werden textanalytische Verfahren mit handlungs- und produktionsorientierten Methoden kombiniert. Textanalytische Verfahren tragen dazu bei, gewisse aus historischer und landeskundlicher Perspektive relevante Inhalte zu bearbeiten sowie Form und Funktion von sprachlich-stilistischen Gestaltungsmitteln zu ergründen. Handlungs- und produktionsorientierte Methoden zielen auf die aktive Auseinandersetzung der Lernenden mit dem Roman ab – und über diesen hinaus. Insbesondere sollen Interesse und Akzeptanz für interkulturelle Unterschiede gefördert werden[11].

Nachdem sich die Lernenden mit grundlegenden Aspekten der Landeskunde und der Geschichte von Siebenbürgen befasst haben, kann im Unterricht die nähere Beschäftigung mit Florians Roman durch die Fokussierung auf gewisse Inhalte erfolgen. Diese betreffen die Wechselfälle der Familie vor dem Hintergrund der Geschichte von Siebenbürgen und Rumänien. Der Roman zeichnet sich nämlich durch eine Überschneidung verschiedener räumlicher und zeitlicher Ebenen aus. Die Familiengeschichte, die die Leser*innen dank der Erzählung der Romanfiguren selbst miterleben können, umfasst vier Generationen: die des Kindes, seiner Eltern, seiner Großeltern und seines Urgroßvaters, die wiederum mit verschiedenen Orten verbunden sind. Dies kann in methodisch-didaktischer Hinsicht fruchtbar gemacht werden, indem die Lernenden zunächst den Stammbaum des Kindes vor dem Hintergrund der Orte seiner Familie erstellen, sich dann auf die Zeitachse konzentrieren und die relevantesten historischen Ereignisse rekonstruieren, die die Mitglieder der Familie des Kindes erleben. Als nützlich in diesem Zusammenhang erweisen sich vor allem die Reden des Großvaters Iorgu. Er ist Träger eines historischen Gedächtnisses und eines kollektiven Erbes und berichtet im Laufe des Romans ausführlich über Menschen, Städte und Geschehnisse aus unterschiedlichen vergangenen Zeiten, welche die

---

11 Vgl. Kerstin Göbel, 2007, Qualität im interkulturellen Englischunterricht – Eine Videostudie. Münster: Waxmann, S. 52; Kerstin Göbel und Petra Buchwald, 2008, Interkulturelles Kompetenztraining: Lernziele und didaktische Methoden, in: Interkulturelle Kompetenz in Schule und Weiterbildung (Bd. 8), hrsg. von Tobias Ringeisen, Petra Buchwald und Christine Schwarzer, Berlin u. a.: LIT-Verl., S. 115–132.

Lernenden möglicherweise kaum oder nur zum Teil kennen. In einer Passage erzählt er zum Beispiel zunächst von der Deportation der Siebenbürger Sachsen in die Sowjetunion nach Kriegsende, bei der er als Gendarm im Auftrag der Russen mitmachen musste. Eine Frau konnte er aber vor der Deportation retten, indem er sie heiratete – und das war die Großmutter Anni (vgl. ZS, S. 126, 128). Außerdem kann das Thema der sprachlichen Vielfalt behandelt werden, und zwar aufgrund folgenden Auszugs aus dem Kapitel *Mehrerlei*:

> Weniger ähnlich und verwechselbar als das Mehrerlei der Glockentöne ist das Mehrerlei der Sprachen. Mit dem Großvater spreche ich nicht in der gleichen Sprache wie mit der Großmutter, er selbst aber spricht mit ihr so wie mit mir. Obwohl er nicht mehr als nur Rumänisch spricht. Durch ihn finden wir alle die Sprache der Verständigung. Die Großmutter wiederum spricht mit mir Deutsch – und somit anders als mit den Nachbarn oder mit der sächsischen Sippschaft. Fühlt sich ihr Deutsch-mit-mir an wie ein fliegender Teppich, rau, doch mit geraden Kanten und fransenlos, so klingt ihr Sächsisch-mit-den-anderen wie fliegende Fransen, ohne Teppich. Hingegen ist Großvaters Sprache die Sprache des Doktor Voicu und der Menschlein im rotbraunen Fernseher und in den gezielt gesuchten und herbeigerufenen Sendungen im schwarzen Radio. […]. Jede Begegnung auf der Gasse, jede Begrüßung in einer gemeinsamen Sprache und jeder kurze Halt fügen neues Wissen über das Befinden des Anderen hinzu. Nicht alle sprechen Deutsch, auch nicht Sächsisch und auch nicht Ungarisch, doch alle sprechen Rumänisch. Es ist die Weltsprache, die keinen unwissend davonkommen lässt. Selbst wenn die Töne dabei unterschiedlich in Kehlen, über Zungenspitzen oder zwischen den Zähnen rollen. (ZS, S. 16 f.)

In dieser Passage thematisiert das Kind den vielfältigen Sprachgebrauch unter den Menschen in seiner Umwelt, seine damit verbundenen fantasievollen Assoziationen, aber auch den Reichtum für die Verständigung, der dadurch ermöglicht wird. Davon ausgehend können die Lernenden sich beispielsweise in der Form von Gruppeninterviews über erlebte sprachliche Vielfalt in der eigenen Umgebung austauschen und eventuell ein Plakat zum Thema Sprachenvielfalt in der Klasse erstellen. Schließlich können sie anhand der vielen Beispiele kreativer Verbindungen, Redewendungen, Assoziationen und Worterklärungen in den verschiedenen Sprachen des Protagonisten auf die eigene innere Mehrsprachigkeit fokussieren. Hierbei können sie ähnliche Beispiele aus dem eigenen Repertoire erwähnen und diese durch eigene Produkte darstellen[12].

---

12 Sie können beispielsweise einen Blog führen, Memes erstellen, einen Podcast aufnehmen, vgl. Bob Blume, 2020, 33 Ideen Digitale Medien Deutsch, Augsburg: Auer, S. 56–74.

4. Interkulturelles Potenzial

Im Roman findet sich eine Vielzahl von Szenarien, die interkulturelle Lernprozesse im Unterricht initiieren können. Der Text zeigt das Zusammenleben verschiedener Kulturen, Familienkonstellationen und Sprachen und ermöglicht, kulturelle, soziale und sprachliche Heterogenität im didaktischen Kontext zu thematisieren. Der Protagonist stellt fest, dass es mehrerlei Sprachen, Weihnachtslieder, Wahrheiten und „selbst mehrerlei Deutschländer" (ZS, S. 161) gibt. Diese Vielfalt prägt schon seine ersten Lebensjahre, als er im Kindergarten auf verschiedene Kulturen trifft und Unterschiede ohne Bewertungen und Vorurteile wahrnimmt. Darüber hinaus stellt sprachliche, soziale und kulturelle Vielfältigkeit ein ansprechendes und aktuelles Thema auch für Heranwachsende aus deutschsprachigen Ländern dar, die der anvisierte Adressat*innen unseres didaktischen Vorschlags sind. Damit werden sie womöglich in ihrem zunehmend mehrsprachigen und multikulturellen Alltag in und außerhalb der Schule mehr und mehr konfrontiert. Durch die naiven, offenen Augen des sich zwischen mehreren Sprachen und Welten bewegenden Ich-Erzählers können die Lernenden interkulturelle Begegnungen schätzen lernen, Akzeptanz für Fremdes aufbauen und sich einen weiten und offenen Kulturbegriff jenseits von räumlichen Begrenzungen aneignen. Dadurch kann man zur Flexibilisierung und Dynamisierung einer modifizierten Wir-Identität beitragen[13]. Denn das Unterrichten in einer interkulturellen Perspektive impliziert einen Perspektivenwechsel aus der Sicht des Lehrens und Lernens in dem Bewusstsein, dass jedes interkulturelle Angebot dem Dialog und der Gegenseitigkeit Raum geben muss.

Didaktisch-methodische Konkretisierungen
In den Reden des Großvaters kommt auch das Thema der Grenze vor, denn Siebenbürgen gehörte zu unterschiedlichen Ländern und Völkern, wozu u. a. das Römische Reich, das Osmanische Reich, die Habsburgermonarchie, Ungarn und Rumänien zählen, und seine Grenzen wurden im Laufe der Zeit immer wieder neu gezogen. Außerdem stehen Grenze und Grenzüberschreitung auch im Zusammenhang mit schmerzhaften Migrationsgeschichten und Ausreiseversuchen, wie am Beispiel eines Gesprächs zwischen der Mutter des Kindes und ihren nach Deutschland emigrierten Onkeln sichtbar wird. Nachdem sie den Onkeln von der Entlassung ihres Mannes als Theaterregisseur in Bukarest erzählt hat, bittet sie diese um Hilfe, damit sie nach Deutschland emigrieren können, falls

---

13 Vgl. Christian Dawidowski, 2006, Theoretische Entwürfe zur Interkulturellen Literaturdidaktik. Zur Verbindung pädagogischer und deutschdidaktischer Interkulturalitätskonzepte, in: Interkultureller Literaturunterricht. Konzepte – Modelle – Perspektive. Diskussionsforum Deutsch. Band 22, hrsg. von Christian Dawidowski und Dieter Wrobel, Hohengehren: Schneider, S. 18–36.

sich die Situation in Rumänien für sie und ihren Mann weiterhin verschlimmern sollte (vgl. ZS, S. 108, 109). Davon ausgehend könnten die Lernenden über den Begriff der Grenze gemeinsam reflektieren, auch im Hinblick auf seine zeitliche und räumliche Wandelbarkeit, und aus eigener Erfahrung Orte und Grenzen nennen, die sie selbst erlebt haben. Anschließend könnten sie ein *Storytelling-*Video erstellen, in dem sie auf die heikle Frage der Grenzen und Grenzüberschreitung in der heutigen Zeit sowie auf die damit verbundenen Herausforderungen und Chancen multikultureller und mehrsprachiger Gesellschaften eingehen.

Die verschiedenen Sprachen, Kulturen und Orte im Roman bieten weiterhin viele Anregungen zur Thematisierung interkultureller Erfahrungen im Unterricht. Der Protagonist entdeckt andere Kulturen und Räume, die er vorher nicht kannte, und sieht darüber hinaus sowohl Deutschland als auch Menschen, die dorthin auswandern, mit neugierigen und begeisterten Augen. Dementsprechend können die Lernenden einen der bedeutendsten Auszüge aus dem Roman lesen, in dem es um die Begriffe ‚Indeutschland, Nachdeutschland, Ausdeutschland' geht:

> Wie das Echo einer betörenden Traumwelt nistet sich nach und nach in meinem Gehör ein Ort ein, dessen Nachname sich mit ständig ändernden Vornamen schmückt, wie wechselnde Mützen ein und desselben Hauptes: *Ausdeutschland, Indeutschland, Nachdeutschland. Ausdeutschland* kommen die eisernen Autochen. *Nachdeutschland* gehen alle, die für immer wegziehen. *Indeutschland* gibt es das beste Kaugummi mit der buntesten Verpackung, dem köstlichsten Geruch und zwischendurch, beim Kauen, in voller Armeslänge dehnbar, für alle zu sehen. *Ausdeutschland* kommen hin und wieder Onkels und Tanten, mit großen Koffern, die allerlei Kostbarkeiten bergen. Bei uns hier, heißt es, haben wir alles, was wir brauchen. Doch das Außergewöhnliche, das Feine, das Erwünschte und Erträumte kommt *Ausdeutschland*. Die Menschen *Ausdeutschland* leben in einem prächtigen Bilderbuch, in einem großartigen, doch irgendwie verschwommenen und schwer vorstellbaren Märchen. Glaube ich. Denn sie sind mir nie vor Augen, wenn ich von ihnen reden höre. (ZS, S. 57)

Das Kind beschreibt hier die Verwandtschaft ‚Ausdeutschland', die ihm ‚eiserne Autochen' und Kaugummi als Geschenk mitbringt. Der Protagonist weiß nicht, wo Deutschland liegt, aber er stellt es sich als ein Land mit fantastischen Eigenschaften vor. Davon ausgehend können die Lernenden über eigene interkulturelle Erlebnisse reflektieren und Laute, Gerüche, Bilder und Emotionen hervorrufen, die sie selbst ab ihrer Kindheit durch die Begegnung mit anderen Menschen und Kulturen empfunden haben. Diese können durch vielfältige handlungsorientierte Arbeitsformen wie zum Beispiel digitale Formen des kreativen Schreibens[14] beziehungsweise durch Einsatz von Chat-Tools erarbeitet werden[15].

5. Abschließende Bemerkungen

Durch den Roman von Claudiu M. Florian können sich die Lernenden auf fruchtbare Art dem ‚Bild des Anderen' im Deutschunterricht gegenüberstellen. Darunter verstehen wir mit Erzse-Boitor die individuell und historisch wechselnde Sicht auf eine multiethnische, konfliktträchtige, aber auch begegnungsreiche Gesellschaft[16]. Die Schüler*innen können verstehen und akzeptieren lernen, dass es unterschiedliche Kulturen, Sprachen, Denk- und Handlungsweisen gibt, und dadurch über ihre eigene sowie über fremde Kulturen reflektieren. Dies regt sie dazu an, die Vielfalt zu schätzen, die sich aus der Annahme verschiedener Standpunkte ergibt. Florians Roman erweist sich letztendlich als ein Werk außerordentlicher Aktualität, das uns viele Dinge mit Leichtigkeit durch die Naivität des Protagonisten lehrt, dessen tiefster Sinn in den immer wiederkehrenden Tragödien der Geschichte liegt. Der Roman erlaubt uns, über Minderheiten, Migrationserfahrungen und Begegnungs- und Interaktionsprozesse zwischen Völkern nachzudenken, die manchmal friedlich verlaufen, häufiger jedoch von Konflikten und leider zunehmender Intoleranz geprägt sind. Aus diesem Grund erweist sich der interkulturelle Dialog zur Förderung und Wertschätzung kultureller, sozialer und sprachlicher Vielfalt im Unterricht in der heutigen Zeit als notwendiger denn je.

---

14 Vgl. Ulrike Krieg-Holz und Christian Schütte, 2019, Digitale Textsorten, in: ide – Informationen zur Deutschdidaktik 1, S. 53–65.
15 Zum Beispiel können die Lernenden ihre interkulturellen Erlebnisse in einen Dialog umsetzten und sie mit der App TextingStory (textingstory.com) als Video publizieren. Diese App präsentiert einen Dialog, als wäre er in einem Chat-Programm geschrieben, vgl. Philippe Wampfler, 2020, Digitales Schreiben. Blogs & Co. im Unterricht, Stuttgart: Reclam, S. 113.
16 Erzse-Boitor, 2009, Das Bild des Anderen [Anm. 6], S. 24.

Anleitung zum Unglücklichsein oder Wie wird man seines eigenen Glückes Schmied?

Rolf Lapperts *Pampa Blues* aus Sicht einer interkulturellen Literaturdidaktik

Nicole Masanek

1. Einführung: *Pampa Blues* und interkulturelles Lernen

Interkulturalität bezieht sich auf alle Phänomene, „die aus dem Kontakt zwischen unterschiedlichen Kulturen entstehen"[1]. In Texten der Migrationsliteratur[2], die häufig über Themen wie Krieg, Flucht, Vertreibung erzählen und den Fokus so auf Begegnungen von Angehörigen verschiedener kultureller Gruppen richten, sind interkulturelle Phänomene deutlich erkennbar. Worin aber liegt der Bezug zur Interkulturalität und zum interkulturellen Lernen in Rolf Lapperts 2012 erschienenen Roman *Pampa Blues*[3], der fast ausschließlich in dem kleinen Dorf Wingroden spielt? Zur Klärung soll zunächst der Terminus der Kultur näher beleuchtet werden.

Einer gemeinsamen *Kultur* werden Gruppen von Menschen zugeordnet, „die durch historische Entwicklungen sowie durch bestimmte Sprachen, Mentalitäten, Kunst- und Lebensformen charakterisiert werden [...]"[4]. In diesem Sinne kann der Begriff der Kultur auf nationale oder politische Gebilde bezogen werden (z. B. die deutsche oder europäische Kultur) oder auf bestimmte Gruppen *innerhalb dieser Gebilde*, die sich „an gemeinsamen Werten, Praktiken und Institutionen orientieren"[5]. Ersichtlich wird, dass der Kulturbegriff, der immer auf etwas Gemeinsames einer Gruppe verweist, das Merkmal der Andersartigkeit als konstitutives Element in sich trägt: Wird beispielsweise über die Jugendkultur gesprochen, so ist zugleich ein Unterschied zur Erwachsenenkultur impliziert.

---

[1] Hans-Jürgen Lüsebrink, 2016, Interkulturelle Kommunikation. Interaktion, Fremdwahrnehmung, Kulturtransfer, 4. Aufl. Stuttgart, Weimar: Springer, S. 17.
[2] Vgl. Heidi Rösch, 2017, Deutschunterricht in der Migrationsgesellschaft. Eine Einführung, Stuttgart: Springer, S. 72.
[3] Alle Verweise auf den Primärtext sind folgender Quelle entnommen: Rolf Lappert, 2012, Pampa Blues, München: dtv. Im Folgenden wird dieser Roman durch die Sigle PB mit anschließender Nennung der Seitenzahl abgekürzt.
[4] Gabriela Scherer und Karin Vach (Hrsg.), 2019, Interkulturelles Lernen mit Kinderliteratur. Unterrichtsvorschläge und Praxisbeispiele, Seelze: Friedrich-Verlag, S. 20.
[5] Ebd.

Mit diesem Moment der Abgrenzung geht die Gefahr der Hierarchisierung von Kulturen einher, die Bhabha in Anlehnung an René Green durch den Rückgriff auf die Metapher eines Hauses veranschaulicht[6]: Ein Raum dieses Hauses ist jeweils durch die Vertreter*innen einer bestimmten Kultur besetzt, sodass sich einige Kulturen im Penthouse situieren, während andere nur eine Parterre- oder gar eine Kellerwohnung besitzen[7]. Da diese Situierungen aber keine essentialistischen Gegebenheiten darstellen, sondern als Resultate von diskursiven Aushandlungsprozessen *zwischen* Vertreter*innen einzelner Kulturen verstanden werden müssen, gibt es zugleich einen dritten Raum zwischen Oben und Unten, den Bhabha metaphorisch als ein Treppenhaus kennzeichnet:

> Das Treppenhaus als Schwellenraum zwischen den Identitätsbestimmungen wird zum Prozess symbolischer Interaktion, zum Verbindungsgefüge, das den Unterschied zwischen Oben und Unten, Schwarz und Weiß konstruiert. Das Hin und Her des Treppenhauses, die Bewegung und der Übergang der Zeit, die es gestattet, verhindern, daß sich Identitäten an seinem oberen oder unteren Ende zu ursprünglichen Polaritäten festsetzen.[8]

Pampa Blues lässt sich lesen als die Geschichte von Menschen, die einer ausgegrenzten, untergeordneten, d. h. ‚im Keller' angesiedelten Kultur angehörig sind, von dem aus der Weg ins Treppenhaus und damit zu einer Hybridisierung kultureller Phänomene lange Zeit verschlossen ist. In diesem Sinne zielt das Vorhaben, Lapperts *Pampa Blues* interkulturell les- und lehrbar zu machen, auf die Analyse der Konstruktion der Wingrodener Kultur sowie der Kulturgebundenheit der Protagonist*innen, die in ihren Mente- (Meinungen, Wissen, Normen) sowie Soziofakten (z. B. das Verhalten und Handeln)[9] ersichtlich wird.

2. Kurze Textvorstellung mit Ausführungen zur intendierten Jahrgangsstufe

Wingroden, Schauplatz des Geschehens in *Pampa Blues*, liegt weit abgeschieden von allem. Neben den Landwirten Kurt, Willi, Horst, Alfons und Otto wohnen hier noch Anna, die Friseurin, sowie Georgi, ihr aus Russland stammender Ehemann. Außerdem gibt es noch Jojo, der im *Schimmel*, dem einzigen Gasthaus im Ort, arbeitet und unsterblich in Anna verliebt ist, sowie Maslow. Er ist ein Mittfünfziger,

---

6 Homi K. Bhabha, 2000, Die Verortung der Kultur. Mit einem Vorwort von Elisabeth Bronfen, Tübingen: Stauffenberg Verlag, S. 5.
7 Vgl. ebd.
8 Ebd.
9 Vgl. Heidi Rösch, 2020, Interkulturelle Literaturdidaktik. http://kinderundjugendmedien.de/index.php/fachdidaktik/5053-interkulturelle-literaturdidaktik (12.02.2024).

der als bisher letztes Kind in Wingroden geboren wurde. Maslow versucht „mit allen möglichen und unmöglichen Mitteln, aus diesem Kaff einen blühenden Ort zu machen" (PB, S. 36). Im Fokus dieses Romans steht aber Ben, ein knapp 17-jähriger Junge, der das Geschehen als autodiegetischer Erzähler und in der Sprache eines Jugendlichen erzählt. Ben lebt nicht das, was man als eine ‚normale' Jugend bezeichnen würde. Als einziger Teenager in Wingroden verbringt er die Tage nicht nur in einer Welt der Erwachsenen, sondern kümmert sich tagtäglich um seinen dementen Großvater Karl, während seine Mutter als Jazz-Sängerin quer durch Europa tourt. Ben hasst sein Leben und möchte das Dorf so schnell wie möglich verlassen. Dagegen will Maslow es mit einer skurrilen Idee aus seiner Verschlafenheit retten: Mit Jojos Hilfe baut er ein UFO, das er des Nachts durch Wingroden fliegen lässt. Damit verbunden ist die Hoffnung auf Schlagzeilen und Besucher. Anders als geplant, kommt allerdings zunächst nicht die Presse nach Wingroden, sondern eine junge Frau namens Lena, in die Ben sich verliebt. Lena bringt eine neue Perspektive mit und schaut anders auf Bens Leben und auf seine Wünsche und Sehnsüchte. Durch eine List schafft sie es, diese Sicht auch in Ben zu verwurzeln, was ihm einen neuen Blick auf Wingroden und sein Leben dort ermöglicht. Im Prozess der ausgelösten Reifung wird es Ben so möglich zu erkennen, dass zu Hause dort ist, „wo jemand merkt, dass du nicht mehr da bist." (PB, S. 3) Parallel dazu beginnt ‚die Welt', sich für Wingroden zu interessieren: Weil Jojo mit dem selbstgebauten UFO versehentlich im Hof des Frauengefängnisses landet, in dem Anna wegen des unbegründeten Mordverdachts an Georgi sitzt, fallen zahlreiche Reporter in Wingroden ein. Sie konstruieren rund um die UFO-Landung eine nur halbwahre, aber immerhin romantische Geschichte zwischen Jojo und Anna. Wingroden wird international bekannt und Maslow gelingt es, das bisher verschlafene Nest in ein romantisches Hochzeitsdorf, das Gäste aus aller Welt empfängt, zu verwandeln.

Sowohl die in diesem Roman lesbare Adoleszenz-Thematik als auch die interne Fokalisierung auf Ben, der jugendlichen Leser*innen Identifikations- sowie Alteritätserfahrungen ermöglicht, lassen einen Einsatz in den Klassenstufen 9 und 10 sinnvoll erscheinen. Dagegen empfehle ich eine Lektüre in unteren Klassenstufen, wie in anderen didaktischen Modellen vorgeschlagen[10], nicht. Denn zum einen ist der Protagonist mitsamt seiner Problematik noch weit von der Lebenswelt von Siebt- und Achtklässler*innen entfernt und zum anderen verlangt die interkulturelle Ausrichtung der folgenden didaktisch-methodischen Überlegungen den Lernenden ein erhöhtes Abstraktionsvermögen ab.

---

10   10 Vgl. Susanne Mayer, 2016, Ein Holden Caufield in der Provinz – Pampa Blues von Rolf Lappert und der gleichnamige Film von Kai Wessel. https://lehrerfortbildung-bw.de/u_sprachlit/deutsch/gym/bp2016/fb5/2_text/08_pampa/pampa_blues.pdf (12.02.2024).

3. *Pampa Blues* in interkultureller Hinsicht

In diesem Kapitel wird der Roman literaturwissenschaftlich analysiert. Fokussiert wird dabei eine interkulturelle Lesart, die als fachliche Grundlegung der folgenden didaktisch-methodischen Überlegungen dient.

3.1 Die Wingrodener Kultur

Früher gab es in Wingroden eine Grundschule, eine Busverbindung und eine weltberühmte Glasbläserei (vgl. PB, S. 36). Doch diese Zeiten, in denen der Ort einen lebendigen Kontakt zur Außenwelt pflegte, sind längst vorbei. In der erzählten Zeit des Romans gibt es nur noch einen Lebensmittelladen, der zugleich die Postannahmestelle und der Friseursalon ist, sowie eine Kneipe, den *Schimmel*, mit einigen Gästezimmern (vgl. PB, S. 19). Wingroden liegt somit im wahrsten Sinne des Wortes in der Pampa, d. h. in einer dünn besiedelten, einsamen und abgelegenen Gegend. Die Menschen in Wingroden leben, so erzählt Lappert, über weite Strecken des Romans in völliger Isolation zum Rest der Welt. Weder verlassen sie jemals ihr Dorf für eine längere Zeit – „Keiner im Dorf verreist jemals." (PB, S. 13) – noch verirrt sich jemand aus anderen Teilen der Welt nach Wingroden: „Absperren muss man hier nicht. Nach Wingroden kommt kein Schwein, nicht einmal ein Einbrecher." (PB, S. 28) Medien, die einen Kontakt zur Außenwelt ermöglichen könnten, stehen nur begrenzt zur Verfügung: Die Zeitung kommt nur mit zwei Tagen Verspätung im Dorf an und mit Ausnahme von Maslow haben die Bewohner*innen Wingrodens nicht einmal Handys (vgl. PB, S. 195). Das in vielfältigen Bildern veranschaulichte Motiv des Stillstehens von Zeit und Raum – und damit auch die nicht vorhandene Bewegung im Treppenhaus – ist ein zentrales Merkmal, durch das sich die Wingrodener Kultur konstituiert und zugleich von der Welt außerhalb abgrenzt. Während man einen derartigen Ort nostalgisch als einen Sehnsuchtsort fernab jeglicher Zivilisation deuten könnte, wird dieses Kernmerkmal der Wingrodener Kultur innertextuell negativ konnotiert – und zwar als rückständig, verstaubt und abgestorben. So betrachtet Ben im Schaufenster des Wingrodener Dorfladens „das verstaubte Modell eines Vergnügungsparks mit Buden, Bahnen, Riesenrad und einem gemalten See, auf dem kleine Ruderboote und tote Insekten liegen." (PB, S. 19)

In diesem von der Welt scheinbar vergessenen Ort leben Menschen, die verlassen und zurückgelassen wurden: So wird beispielsweise rückblickend von Bens Vater erzählt, der Biologe und Ethnologe war und bei einem Flugzeugabsturz in Afrika vor acht Jahren ums Leben kam. Die semantische Nähe von Wingroden, das sich als Anagramm zu *Nirgendwo* lesen lässt (vgl. PB, S. 189), zu Ausgrenzung und Vergessen, wird durch den im Titel enthaltenen Verweis auf den *Blues* untermauert: Diese Musikrichtung entwickelte sich am Ende des 19. Jahrhunderts aus der unterdrückten afroamerikanischen Gesellschaftsschicht der USA. In den Songtexten geht es häufig um Diskriminierung, Ausgrenzung und Resignation[11] und damit um Themen, die ebenfalls für die Wingrodener hochaktuell sind.

Der überwiegend im Präsens verfasste Roman ist über weite Passagen zeitdeckend erzählt und die Geschehnisse werden aus Bens Sicht berichtet. Rezipierende werden so dominant mit seiner Wahrnehmung und seiner Sicht auf Wingroden konfrontiert:

> Otto, Willi, Horst und Kurt *brauchen* jeden Abend ihre vier, fünf Bier. Sie *müssen* sich die Birne vernebeln, um es in diesem Kaff auszuhalten. Nüchtern ist das Leben in Wingroden kaum zu ertragen. (PB, S. 48, Herv. im Original)

Der von Ben im Laufe des Romans wiederholt gebrauchte Ausdruck *Kaff* legt seine als ein Mentefakt zu bestimmende Meinung zu Wingroden offen, die durchweg von Negativität und Abwertung gekennzeichnet ist. Zugleich identifiziert Ben sich mit diesem von ihm abgelehnten Ort und mit dessen Bewohner*innen („uns"), was mit einer Abgrenzung von anderen Orten und Lebensweisen einhergeht: „*Wir* in Wingroden müssen nicht auf dem Laufenden sein, *die Welt* dreht sich auch ohne uns weiter." (PB, S. 26, Herv. v.m.) Das von Ben entworfene Gegenbild ‚der Welt' besitzt allerdings sehr unklare Züge. Sein wesentlichstes Charakteristikum dürfte die grundsätzliche Andersartigkeit zu Wingroden sein: „Was ich hier nicht gelernt habe, ist, wie die Welt da draußen funktioniert und wie sich ein nacktes Mädchen anfühlt." (PB, S. 10) Die Adverbien *hier* und *da* zeigen deutlich die binäre Spaltung der Lebensweisen und -orte, wie sie in Bens Wahrnehmung vorherrscht. Erkennbar wird, dass Ben einen Othering-Prozess vornimmt, d. h. er klassifiziert andere Menschen, andere Orte, andere Kulturen als andersartig und fremd.[12] Dies geht mit der Abwertung der Wingrodener Kultur und seinen Bewohner*innen einher. So denkt Ben in dem Moment, als er Lena kennenlernt: „Bestimmt hat sie einen Freund, so einen Supersportler, neben dem ich wie ein Zwerg mit Bulimie aussehe." (PB, S. 169 f.) Ben und weitere Dorfbewohner*innen tragen so konstitutiv zu ihrer eigenen Ausgrenzung bei, *indem sie diese feststellen*. Das Prinzip der Festgestelltheit aber „als Zeichen kultureller/historischer/ethnischer Differenz [...] ist eine paradoxe Form der Repräsentation: sie bezeichnet Starre und eine unwandelbare Ordnung [...]"[13]. Zu dieser Starre gehören ebenfalls die Angst vor und die Ablehnung des als ‚fremd' Ausgemachten, wie sie in der Reaktion einiger Bauern auf das Erscheinen des UFOs erkennbar wird (vgl. PB, S. 128 f.).

---

11 Vgl. Hans Heinrich Eggebrecht, 1995, Terminologie der Musik im 20. Jahrhundert, Stuttgart: Franz Steiner Verlag.
12 Vgl. Lajos Brons, 2015, Othering, an Analysis, in: Transcience 6/1, S. 69–90. http://www2.hu-berlin.de/transcience/Vol6_No1_2015_69_90.pdf (12.02.2024).
13 Bhabha, Verortung der Kultur [Anm. 6], S. 97.

3.2 Lena und das andere Wingroden

Nach dem Erscheinen des vermeintlichen UFOs stellt die Figur der Lena den zweiten Einbruch in die bisher vertraute Welt Wingrodens dar. Ihr Blick auf das Dorf ist anders als der von Ben: Wingroden, von Ben als ein *Nirgendwo* definiert, wird in dem Blick Lenas zu einem romantischen *Irgendwo* (vgl. PB, S. 189), in dem es viel zu entdecken gibt. Dass die Menschen in Wingroden nett sind, hören die Lesenden an dieser Stelle des fortgeschrittenen Romans das erste Mal explizit. Inferenziell erschließen lässt sich dieses Merkmal allerdings bereits an anderen Stellen des Textes. So unterstützt Maslow die anderen Dorfbewohner*innen finanziell großzügig. Weiterhin wird in diesem Dorf jeder integriert, auch Georgi, der Russe, der im Krieg offensichtlich viel getötet hat, sich selbst dafür hasst und deshalb der Alkoholsucht verfallen ist. Menschen verschiedener Nationen und Generationen – Ben ist mit seinen 16 Jahren der jüngste und Karl mit 82 Jahren der älteste Einwohner des Dorfes – leben friedlich miteinander. In Wingroden werden so, wie auf den von Maslow gedruckten Postkarten steht, „aus Fremden Freunde" (PB, S. 31). Die von ‚der Welt' abgegrenzte Wingrodener Kultur zeichnet sich intern folglich durch eine große Offenheit, Vorurteilsfreiheit und Pluralität aus, wie sie sich auch in dem Motiv des umgebauten Mofas, das von Ben als *Tuk-Tuk* bezeichnet wird, finden lässt: Alle Dorfbewohner*innen schenken Ben Gegenstände (z. B. Haarspangen, Münzen, Glasscherben), mit denen er sein Tuk-Tuk beklebt. Dabei entsteht etwas Neues, Vielfältiges und Buntgemischtes, das von allen Dorfbewohner*innen gemeinsam ‚erschaffen' wird (vgl. PB, S. 15). In den Mentefakten von Ben und den meisten Dorfbewohner*innen findet diese andere, verdeckte Seite des Ortes aber (zunächst) keine Beachtung.

3.3 Ein Happy End der anderen Art

Gegen Ende des Romans ist dann zwar nicht alles, aber doch vieles anders: In dem neu entstandenen ‚Hochzeitsort Wingroden' heiraten viele Paare, sogar eines aus Japan, während Jojo und Anna nach Teneriffa fliegen. Die Isolation sowie das Othering der Wingrodener Kultur sind aufgehoben: Menschen aus Wingroden und Menschen aus ‚der Welt' begegnen sich nun im Treppenhaus, um die jeweiligen Räume zu wechseln: An die Stelle von Starrheit und Unterordnung ist eine Bewegung getreten, aus der Neues erwachsen kann und darf.

Zeitgleich ist Bens Stagnation beendet: Nachdem er Wingroden fluchtartig verlassen und seinen Großvater in ein Altersheim gesteckt hat, bereut er sein Handeln, kehrt zurück und beschließt, freiwillig bei Karl zu bleiben: „Ich bin gerne mit meinem Großvater zusammen, und ich glaube, er ist auch gerne mit mir zusammen." (PB, S. 266) Gemeinsam züchten Ben und Karl nun Rosen, d. h. sie bauen etwas an, lassen etwas wachsen. Dies wird nur möglich durch die neu gewonnene

Offenheit gegenüber dem, was ehemals als anders und fremd empfunden wurde. Deutlich erkennbar wird dies an dem Verhältnis von Karl zu Vögeln. Während der Großvater früher Vögel, die in der Gärtnerei waren, als feindliche Eindringlinge erkannte und tötete (vgl. PB, S. 159), hat sich sein Verhältnis zu ihnen am Ende des Romans völlig umgekehrt:

> Karl steht mit ausgebreiteten Armen in der Sonne. [...] Drei kleine Vögel hüpfen auf seinen Armen herum und picken die Körner aus den nach oben gedrehten Handflächen. (PB, S. 248)

Aus dem Nirgendwo ist wieder Wingroden geworden, ein offener, vielfältiger Ort, an dem Neues wächst und gedeiht. Ebenso ist Ben eingetreten in einen lebendigen Kontakt mit der Welt, die Veränderungen unterliegen darf und kann:

> Ich habe keine Ahnung, wie lange das Geschäft mit dem Heiraten noch laufen und ob unser Dorf für immer einen Platz auf der Landkarte haben wird. Aber was ich ganz sicher weiß, ist, dass man seine Träume nicht aufgeben darf. (PB, S. 264f.)

Lapperts *Pampa Blues* zeigt folglich nicht nur, wie der Prozess kultureller Ausgrenzung funktioniert, sondern auch den Weg hin zu einem Rückgängigmachen der Isolation und zu einer gelebten Interkulturalität, d. h. zu einem Denken und Handeln *dazwischen*, das „vor allem Überlagerungen (Interferenzen), wechselseitige Abhängigkeiten (Interdependenzen) und gegenseitige Durchdringung von Grenzen und Kontakten"[14] erlaubt.

4. Didaktischer Kommentar I: Das allgemeine literaturdidaktische Potential von *Pampa Blues*

Pampa Blues lässt sich als ein klassischer Jugendroman verstehen: Im Zentrum steht die jugendliche Figur des Ben, die sich in einer schwierigen Lebensphase, dem Übergang vom Teenager zum Erwachsenen, befindet. Erzählt wird der Prozess der Entwicklung des Protagonisten, der vor allem ein innerlicher ist, während die äußere Rahmung von Bens Leben nur wenig Veränderung erfährt. Die über weite Strecken berichtete Monotonie in seinem Leben spiegelt sich in der strukturellen Verfasstheit des Romans wider, die erst gegen Ende des Textes andere Orte, weitere Personen und vor allem neue Ereignisse zulässt. Über diese

---

14 Jacques Demorgon und Hagen Kordes, 2006, Multikultur, Transkultur, Leitkultur, Interkultur, in: Interkulturell denken und handeln. Theoretische Grundlagen und gesellschaftliche Praxis, hrsg. von Hans Nicklas, Burkhard Müller und Hagen Kordes, Frankfurt am Main/New York: Campus, S. 27–36, hier S. 34.

Hürde der längeren Ereignislosigkeit müssen die Lernenden springen, was vermutlich am besten durch eine frühe Fokussierung auf Ben gelingt. Dieser Protagonist dürfte für Schüler*innen der Klassen 9 und 10 ein vielfaches Identifikationspotential bieten, das sich vor allem in seinen Ängsten, seinen Wünschen und Sehnsüchten, aber ebenso in seiner Verunsicherung finden lässt. Zugleich lebt Ben in einer Welt der Erwachsenen, die zumindest in dieser Ausschließlichkeit den meisten der jungen Leser*innen fremd sein dürfte, sodass ihnen „Zugänge zu anderen Welten und Handlungsmöglichkeiten"[15] und dadurch deutliche Alteritätserfahrungen eröffnet werden. Vor allem ermöglicht der Roman Antworten darauf zu geben, wie man mit schwierigen und persönlich unbefriedigenden Lebensverhältnissen konstruktiv und innerlich wachsend umgehen kann. Innerhalb dieses übergeordneten thematischen Rahmens bietet der Text die Behandlung vielfältiger thematischer Schwerpunkte an, die das Interesse von Schüler*innen der neunten und zehnten Jahrgangsstufe wecken dürften. In Anlehnung an Gina Weinkauff können folgende genannt werden:

- Erwachsenwerden / Lebensentwürfe
- Demenz / Tod
- Liebe / Sexualität / Freundschaft
- Träume / Realität / Abenteuersehnsucht
- Umgang mit und Einfluss von Medien
- elterliche Pflichten / Beziehungen / Generationenkonflikte
- Treue / Verantwortung
- Alkoholkonsum Jugendlicher[16]

Die Nähe vieler der o. g. Themen zur Lebenswelt der Lernenden ermöglicht ein expressives Handeln, d. h. Schüler*innen können eigene Meinungen und Wünsche äußern und diese ins Verhältnis zu Ben und seinem Leben setzen. Ebenfalls sind auf dieser Basis ethische Diskussionen, z. B. über Fragen der Verantwortung gegenüber älteren Generationen oder über die Rolle der Medien in unserer Gesellschaft, möglich, sodass die Auseinandersetzung mit diesem Roman zur Persönlichkeitsentwicklung von Schüler*innen beitragen kann.[17]

Das wesentliche literaturdidaktische Potential dieses Textes sehe ich allerdings in der Analyse und kritischen Reflexion der eingeschränkten Perspektivität von Bens Blick. Sehr fruchtbar dürfte es deshalb sein, seine Sicht auf das Dorf gegenzulesen und seine Perspektive derart als eine subjektiv-individuelle erkenn-

---

15 Scherer/Vach, Interkulturelles Lernen [Anm. 4], S. 24.
16 Vgl. Gina Weinkauff (Hrsg.), o. J., Ein Unterrichtsmodell zu "Pampa Blues" von Rolf Lappert. https://docplayer.org/16479150-Ein-unterrichtsmodell-zu-pampa-blues-von-rolf-lappert.html (12.02.2024).
17 Vgl. KMK, 2003, Bildungsstandards im Fach Deutsch für den Mittleren Schulabschluss. https://www.kmk.org/fileadmin/Dateien/veroeffentlichungen_beschluesse/2003/2003_12_04-BS-Deutsch-MS.pdf (12.02.2024).

bar zu machen. Dadurch wird das Hinterfragen von Perspektiven, gegebenen Informationen und scheinbaren Wahrheiten eingeübt.[18]

5. Didaktischer Kommentar II: Das didaktische Potential von *Pampa Blues* in Bezug auf das interkulturelle Lernen

Die interkulturelle Literaturdidaktik zielt darauf ab, „interkulturelle Literatur zu lesen und Literatur interkulturell zu lesen."[19] Im ersteren Sinne geht es um die Auseinandersetzung mit Texten, innerhalb derer die Begegnung mehrerer Kulturen thematisiert wird. Überdies kann aber Literatur, welche diese Begegnung nicht explizit in den Vordergrund hebt, interkulturell gelesen werden, z. B. durch die Reflexion der

> Kulturgebundenheit aller Menschen, Gruppen, Gesellschaften, Institutionen etc. und zwar im Kontext eines Verständnisses von Kultur als heterogen statt monolithisch, dynamisch statt statisch und interaktiv statt abgeschottet.[20]

In einer derartigen Lesart liegt das interkulturelle Potential von *Pampa Blues*. Denn erzählt wird die Geschichte eines Jungen, der zunächst in der Identifikation mit einer starren und von ihm abgewerteten kulturellen Identität festsitzt und es dann schafft, sich aus der Starrheit seines kulturellen Blicks zu lösen. Folglich ermöglicht dieser Roman nicht nur eine Auseinandersetzung über Mechanismen der Konstruktion von Kultur, die machtvolle Ein- und Ausgrenzungen umfasst, sondern auch der bedeutsame Aspekt der eigenen subjektiven und kulturellen Perspektivierung kann hinterfragt werden. Lernenden wird es so möglich, Kultur als ein dynamisches Konstrukt betrachten zu lernen, das veränderbar ist, und zwar *auch* aus der Kraft des eigenen Willens und Handelns.

6. Didaktisch-methodische Konkretisierungen

Im folgenden didaktisch-methodischen Modell wird die Auseinandersetzung mit *Pampa Blues* unter einer interkulturellen Perspektive und in drei Lese-Etappen vorgeschlagen:

---

18   Vgl. KMK, Bildungsstandards im Fach Deutsch [Anm. 17].
19   Rösch, Interkulturelle Literaturdidaktik [Anm. 9].
20   Ebd.

Textgrundlage	Thematische Schwerpunkte
Etappe 1: Lektüre bis einschließlich Kapitel 20	Wer ist Ben?
	Bens Lebensmittelpunkt – Wingroden
	Kultur – Was ist das?
	Wer sieht und wer spricht? Erzählperspektive und -stimme
	Maslow, die Bauern und das UFO
Etappe 2: Lektüre bis einschließlich Kapitel 20 sowie S. 254 und 255	Wer ist Lena?
	Bens Tuk-Tuk
Etappe 3: Lektüre bis einschließlich des letzten Kapitels	Ben gestern – Ben heute: Ein Vergleich
	Wingroden gestern – Wingroden heute: Ein Vergleich

6.1 Didaktisch-methodische Überlegungen zur Etappe 1

Thematischer Schwerpunkt: Wer ist Ben?
In einem ersten Schritt sollen die Lernenden Ben in seinen wesentlichen Charakterzügen und Lebensumständen verstehen lernen. Um dabei genug Raum für die eigene Vorstellungsbildung zu geben, bietet sich methodisch ein handlungs- und produktionsorientierter Zugang (z. B. durch Standbilder oder Rollenbiographien) an. Erwünscht ist, dass die Schüler*innen differierende Facetten und Vorstellungen der Figur präsentieren, die im Anschluss durch eine genaue Textarbeit überprüft werden.

Thematischer Schwerpunkt: Bens Lebensmittelpunkt – Wingroden
In einem zweiten Schritt soll das Augenmerk auf das Erkennen zentraler Merkmale der Wingrodener Kultur gerichtet werden. Damit die Abgeschiedenheit und Undurchlässigkeit des Dorfes erfahrbar werden, bekommen die Schüler*innen zwei knappe, das Dorf beschreibende Textauszüge (z. B. PB, S. 19 und PB, S. 21) als Fotokopie hereingereicht. Entsprechend der Methode *Talking to the text*[21] sollen die Lernenden im Zuge der Lektüre ihre ganz eigenen Fragen, Kommentare, Assoziationen auf der Kopie verschriftlichen. Derart wird den Lernenden eine subjektive Annäherung an den literarischen Text ermöglicht, die durch das sich anschließende Klassengespräch näher fundiert werden kann.

Zur weiteren Vertiefung können sich die Lernenden mit dem Titel des Romans, *Pampa Blues*, auseinandersetzen. Hierzu kann ein Blues-Stück gehört und die dabei assoziierte Stimmung in Beziehung zu dem bereits vorhandenen Wissen über Wingroden gesetzt werden. In eigener Recherche können die Lernen-

---

21 Vgl. Nicole Masanek, 2008, Talking to the text. Schreibend Texte verstehen, in: Praxis Deutsch 210, S. 22–25.

den weitere Informationen über diese Musikrichtung sowie über *die Pampa* suchen (z. B. über Wikipedia). Folgendes Schaubild ist als Ergebnissicherung denkbar (Abb. 1):

Abb. 1: Wingroden = Nirgendwo.

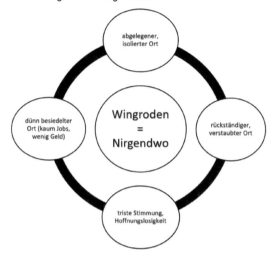

Thematischer Schwerpunkt: Kultur – Was ist das?
Dieses Schwerpunktthema verfolgt das Ziel, ein erweitertes, nicht auf nationale oder ethnische Gruppen reduziertes Verständnis des Kulturbegriffes zu erlangen. Dabei sollte eine erste Annäherung über eine Sammlung zu dem Wortfeld *Kultur* erfolgen. Durch die gewonnenen Begriffe (z. B. Jugendkultur, Freikörperkultur, Popkultur) können wesentliche Merkmale des Kulturbegriffs – Gemeinsamkeiten einer Gruppe bei gleichzeitiger Abgrenzung nach außen – herausgearbeitet werden. Zur Vertiefung und Sicherung kann das folgende Zitat eingesetzt werden:

Unter Kultur verstehen wir ein System von Werten und Handlungen, das von Angehörigen einer bestimmten Gruppe oder einer Gesellschaft gemeinsam gelebt wird und das sie von Angehörigen anderer Gruppen und Gesellschaften unterscheidet.

(vereinfacht nach Barmeyer, Christoph, 2012, Taschenlexikon Interkulturalität, Stuttgart: UTB, S. 95)

Damit das Leben in Wingroden als eine spezifische Kulturform verstanden werden kann, muss das erworbene Verständnis von Kultur zu diesem Ort in Beziehung gesetzt werden.

Thematischer Schwerpunkt: Wer sieht und wer spricht? – Erzählperspektive und -stimme

Innerhalb dieses Schwerpunktes sollen die Schüler*innen die interne Fokalisierung auf den autodiegetischen Erzähler Ben erkennen, die maßgeblich zu der negativen Bewertung der Wingrodener Kultur innerhalb des Romans beiträgt. Dazu setzen die Lernenden sich mit folgenden Zitaten auseinander:

„ICH HASSE MEIN LEBEN. In drei Jahren werde ich zwanzig, das ist die Hälfte von vierzig. In acht Jahren ist Karl neunzig, und ich bin fünfundzwanzig und vielleicht noch immer hier. Mit ihm. Das will ich mir gar nicht erst vorstellen. Die Realität reicht mir völlig." (PB, S. 9)
„Wir in Wingroden müssen nicht auf dem Laufenden sein, die Welt dreht sich auch ohne uns weiter." (PB, S. 26)
„Seit ich hier lebe, behauptet Maslow, es würde sich bald etwas ändern. Aber es ändert sich nichts. Alles bleibt öde und einsam. Nur der Ort sieht jedes Jahr ein bisschen anders aus, schäbiger." (PB, S. 40)
„Nüchtern ist das Leben in Wingroden kaum zu ertragen. Ich weiß, wovon ich rede. Bier dient bei uns als eine Art Schluckimpfung gegen den täglichen Stumpfsinn." (PB, S. 48)

Um die Ergebnisse – die Dominanz von Bens Blick sowie seiner Stimme – zu sichern und den Zusammenhang zur kulturellen Abgrenzung für die Lernenden erfahrbar zu machen, wird den Lernenden im Anschluss an die Lektüre die Aufgabe gegeben zu überlegen, wo Wingroden *aus Bens Sicht* in einem Haus der Kulturen seinen Platz findet (vgl. Abb. 2).

Abb. 2: Haus der Kulturen.

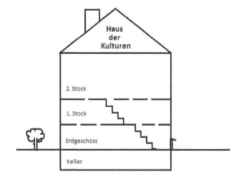

Ergänzend hierzu kann die Bens Meinung unterstützende Perspektive der Bauern (z. B. PB, S. 44–46) einbezogen werden. Deutlich werden muss die sich im Haus der Kulturen abbildende *hierarchische Organisation* verschiedener Lebensformen, die maßgeblich durch Bens Wahrnehmung konstruiert wird. Denkbar ist, dass an dieser Stelle schon ein erster Versuch des Hinterfragens der negativen Bewertung Wingrodens unternommen und dabei auch ein kritischer Blick auf das Haus der Kulturen geworfen wird.

Thematischer Schwerpunkt: Maslow, die Bauern und das UFO
Im Fokus dieses Schwerpunktes steht die Beschäftigung mit dem vermeintlichen UFO und der Reaktion der Bauern darauf. Als Einstieg fungiert folgender Arbeitsauftrag:

Arbeitsauftrag: „Na ja, ich liege im Bett', murmelt er [Willi] leise. ‚Und da höre ich dieses seltsame Geräusch. Ich mache die Augen auf, und da sind diese Lichter und alles.'" (PB, S. 68) Das sagt Willi, nachdem er das vermeintliche UFO gesehen hat. Stelle dir vor, du liegst nachts im Bett und vor deinem Fenster schwebt plötzlich ein UFO. Wie würdest du wohl darauf reagieren?

Auf Basis ihres eigenen vermuteten Verhaltens setzen sich die Lernenden nun mit den Reaktionen der Dorfbewohner*innen auf das UFO auseinander (z. B. PB, S. 128, PB, S. 92, PB, S. 192, PB, S. 129). Wichtig ist die Erkenntnis, dass das vermeintlich Fremde (das UFO) Angst und Unsicherheit auslöst. Diese Wahrnehmung soll zur Situierung Wingrodens und seiner Bewohner*innen im *Haus der Kulturen* in Beziehung gesetzt werden: „Warum besteigen die Wingrodener nicht einfach die Treppe, um einen anderen Ort im Haus zu besetzen?"

6.2 Didaktisch-methodische Überlegungen zur Etappe 2

Thematischer Schwerpunkt: Wer ist Lena?
Das wesentliche Ziel dieser Etappe besteht darin, die *andere Perspektive* von Lena auf Wingroden zu erkennen. Dazu bietet sich folgende Aufgabe an:

Nachdem Lena Wingroden und seine Bewohner*innen kennengelernt hat, denkt sie darüber nach, ob sie in diesem Dorf leben möchte. Verfasse einen inneren Monolog, der Lenas Meinung zu Wingroden und seinen Bewohner*innen deutlich macht!

Kontrastierend zu Lenas – positiver – Meinung gegenüber diesem Dorf kann ihr Brief an Ben (vgl. PB, S. 225) betrachtet und darüber reflektiert werden, warum Lena, die hier die Übernahme von Bens Perspektive vortäuscht, plötzlich abwertend über Wingroden und Bens Leben schreibt. Auf diese Weise wird deutlich, wie unterschiedlich die Perspektive von Ben und Lena auf ein- und denselben Ort ist.

Anschließend sollen mögliche Gründe für Lenas andere Perspektive auf Wingroden, die vermutlich in Lenas Vergangenheit mit ihrer unsteten Mutter liegen (vgl. PB, S. 255), erkannt werden.

Thematischer Schwerpunkt: Bens Tuk-Tuk
Zur Erschließung weiterer positiver Merkmale Wingrodens wird der Fokus nun auf Bens Tuk-Tuk gerichtet. Auf Basis des Textauszuges in PB, S. 15 kann folgender Arbeitsauftrag erledigt werden:

Arbeitsauftrag: Malt das Tuk-Tuk entsprechend der Beschreibung. Diskutiert anschließend auf Basis eurer Zeichnungen: Was erzählt uns das Tuk-Tuk über das Leben in Wingroden?

In einem nächsten Schritt können sich die Lernenden eigenständig auf die Suche nach weiteren Textbelegen machen, aus denen sich die Sicht auf ein anderes Wingroden erschließen lässt. Am Ende kann den Schüler*innen die Frage gestellt werden, wo *sie selbst* Wingroden im Haus der Kulturen anordnen würden.

6.3 Didaktisch-methodische Überlegungen zur Etappe 3

Thematischer Schwerpunkt: Ben gestern – Ben heute: Ein Vergleich
Das Ende des Buches, das Bens Leben (zunächst?) ohne Lena und weiterhin in Wingroden beschreibt, dürfte die Lernenden überraschen. Zur Sicherung der gelesenen Textinformationen erhalten die Schüler*innen deshalb zunächst folgende Tabelle:

Ben	...zu Beginn des Romans	...am Ende des Romans
Sein Wohnort?		
Zustand des Hauses, in dem er wohnt?		
Sein Alter und Beruf?		
Aufenthaltsort seiner Mutter?		
Seine Tätigkeiten im Alltag?		
Seine Haltung zu Karl?		
Sein Kontakt zu Frauen?		
Sein Verhältnis zu seinen Träumen und Wünschen?		

Im Anschluss daran können diskursiv die Veränderungen hervorgehoben werden, z. B. die Bedeutung des Rosenzüchtens oder auch Bens Verhältnis zu Karl. Ein wesentlicher Fokus sollte darauf liegen, dass sich Bens Gefühl der Isolierung und Abschottung gelöst hat und ihm gerade deshalb ein Bleiben und auch ein Warten möglich wird. Ergänzend dazu kann die Vogel-Szene Karls (vgl. PB, S. 248) betrachtet werden, welche die neue Offenheit des Großvaters zeigt.

Thematischer Schwerpunkt: Wingroden gestern – Wingroden heute: Ein Vergleich
Zentrales Ziel dieser Etappe ist ein Erkennen der Veränderung, die Wingroden am Ende des Romans durchlaufen hat. Ein besonderer Fokus soll dabei auf der neu gewonnenen Interkulturalität Wingrodens liegen (vgl. PB, S. 264). Hierzu kann folgender Arbeitsauftrag eingesetzt werden:

Arbeitsauftrag: Bens Mutter kehrt nach langer Abwesenheit nach Wingroden zurück. Was sie dort sieht, überrascht sie. Verfasse einen Tagebucheintrag, in dem sie den aktuellen Zustand des Dorfes beschreibt!

Im Anschluss wird im Unterrichtsgespräch über die Einordnung des ‚neuen' Wingrodens in das Haus der Kulturen diskutiert. Dabei sollte auch überlegt werden, inwieweit ein hierarchisch angeordnetes Haus der Kulturen überhaupt noch einen passenden Ort für das nun durchlässig gewordene Dorf bietet.

7. Abschluss

Eine Auseinandersetzung mit *Pampa Blues* in interkultureller Hinsicht fördert Empathie und Fremdverstehen und kann Schüler*innen für Ein- und Ausgrenzungen, die sie selbst tagtäglich, z. B. in Form bestimmter Cliquenbildungen, vornehmen, sensibilisieren. Weiterhin kann eine Beschäftigung mit diesem Roman dazu führen, den Blick auf die Kraft des eigenen Handelns zu richten: Denn ob man sein Leben eher als eine *Anleitung zum Unglücklichsein* wahrnimmt oder kraft eigenen Handelns versucht, *seines eigenen Glückes Schmied* zu werden, hat viel mit veränderbaren Perspektivierungen auf das eigene Leben zu tun. Das und noch vieles mehr lehrt *Pampa Blues* seinen Leser*innen.

„So ist das, wenn man die Welt von einer privilegierten Position aus betrachtet":

Alteritätserfahrung und Fremdverstehen im Literaturunterricht. Vorschläge für literarisches und interkulturelles Lernen mit Tahereh Mafis Jugendroman *Wie du mich siehst*

Janika Frei-Kuhlmann

1. Textvorstellung

Der Jugendroman *Wie du mich siehst* erzählt die Geschichte der 16-jährigen US-Amerikanerin Shirin, die iranischer Abstammung ist und aufgrund des Tragens eines Kopftuches regelmäßigen Anfeindungen ausgesetzt ist. Misstrauische Blicke, beleidigende Kommentare oder physische Übergriffe prägen den Alltag der Protagonistin. Die sich gleichermaßen wiederholenden Reaktionen anderer und die offene Ablehnung gegenüber Shirin führen dazu, dass sich die Jugendliche in die soziale Isolation flüchtet und selbst Frustration, Wut und Vorurteile entwickelt. Einzig ihrem Mitschüler Ocean gelingt es, eine Beziehung zu Shirin aufzubauen, welche zur Folge hat, dass auch Ocean, der bisher keinerlei Erfahrung mit Ausgrenzung machen musste, von seinen Mitmenschen angefeindet wird. Der Jugendliche wird mit der Tatsache konfrontiert, dass er von Ausländer- und Fremdenfeindlichkeit, Intoleranz und Rassismus umgeben ist: Reaktionen, vor denen Shirin ihn gewarnt hat und an deren Ausmaß er zuvor nicht glauben wollte. Über Umwege überwinden die Heranwachsenden schließlich die äußeren Einflüsse, die an ihre Beziehung herangetragen werden. Erst durch die erfolgreiche Teilnahme an einem Breakdance-Wettbewerb erfährt die Protagonistin überraschend Anerkennung und Wertschätzung von ihren Mitschüler*innen. Zeitnah folgt jedoch seitens Shirins Familie die Entscheidung über einen weiteren Umzug. Mit einer Abschiedsszene zwischen Shirin und Ocean endet die Erzählung und der Fortgang ihrer Beziehung bleibt offen.

2. Literaturwissenschaftliche Analyse

Mit dem von Katarina Ganslandt übersetzten und im Jahre 2019 im Fischer Verlag erschienenen Roman *Wie du mich siehst*[1] liefert Tahereh Mafi ein Werk, welches klassische Motive des Adoleszenzromans mit einer interkulturellen Thematik vereint. Neben Erfahrungen mit Ausgrenzung, Ausländer- und Fremdenfeindlichkeit und Rassismus spielen Prozesse des Erwachsenwerdens eine zentrale Rolle. Während der Text in dieser Hinsicht an bekannte Sujets aktueller interkultureller Kinder- und Jugendliteratur anknüpfen kann, so ist es doch die besondere Erzählweise, durch die die Autorin eine spezifische, individuelle Sichtweise auf die Geschehnisse ermöglicht und dabei autobiografische Erfahrungen einbezieht. Auf diese Weise entsteht ein authentischer Einblick in das von rassistischen Strukturen durchzogene Leben einer jungen Muslima. Dabei stilisiert der Roman keineswegs eine heile, konfliktfreie Welt, sondern zeigt die ungeschönten Ausgrenzungserlebnisse der jugendlichen Protagonistin auf. Auch wenn die Zukunft der Figuren durch das offene Ende der Erzählung ungewiss bleibt, so deutet die Autorin mit ihrem Werk zumindest im Ansatz Lösungsvorschläge für interkulturelle Spannungs- und Konfliktsituationen an, die sich in die bekannten Darstellungsmuster interkultureller Literatur einreihen lassen. Kennzeichnend dabei sind insbesondere „eine unvoreingenommene Fremdwahrnehmung, Selbstreflexion hinsichtlich eigener Stereotypen und Vorurteile, Empathiefähigkeit, Ambiguitätstoleranz sowie Anerkennung des Rechts anderer auf Anderssein"[2], die sich allesamt in *Wie du mich siehst* manifestieren.

Erzählperspektive und sprachlich-stilistische Besonderheiten

Aus einer homodiegetischen Erzählperspektive stellt der Roman die Erlebnisse der Protagonistin Shirin dar. In Form von monologischen Sequenzen und fast schon szenisch wirkenden Dialog- und Situationswiedergaben lässt die Heldin der Erzählung an den Geschehnissen und ihrem Innenleben teilhaben. Charakteristisch ist dabei der Wechsel von nüchternen Situationsbeschreibungen und emotionalen Einblicken in die Gedanken- und Gefühlswelt der 16-Jährigen.

Reflexionen, Kommentierungen und Einschätzungen der Protagonistin manifestieren die Unmittelbarkeit des Erzählens. Der jugendliche Sprachstil ist dabei geprägt von sarkastisch anmutenden Wortneuschöpfungen, Interjektionen, Schimpfwörtern und einer stark an die Alltagssprache angelehnten Syntax. Vielfach tragen Auslassungen, Pausen und dynamische Dialogwiedergaben zur Authentizität der Gesprächssituationen zwischen den Figuren bei.

---

1 Die amerikanische Originalausgabe erschien 2018 unter dem Titel *A Very Large Expanse of Sea* bei HarperCollins, New York.
2 Nazli Hodaie, 2020, Interkulturalität, in: Handbuch Kinder- und Jugendliteratur, hrsg. von Tobias Kurwinkel und Philipp Schmerheim, Berlin: J. B. Metzler, S. 322–333, hier S. 323.

Bezeichnungen für traditionelle Feste und Bräuche, Gerichte oder spezifische Ausdrücke werden dabei in persischer Sprache wiedergegeben. Diese werden den Lesenden durch die Protagonistin zugänglich gemacht, indem sie Übersetzungen, Ausführungen und Erklärungen anführt. Eingebettet sind diese häufig in explizite Nachfragen durch Ocean, der „jedes Detail genau erklärt bekommen"[3] möchte und damit gewissermaßen den unerfahrenen Rezipienten auf der innertextuellen Ebene abbildet. Shirin führt ihn und damit auch die Leserschaft in ihr Leben und die kulturell geprägten Traditionen ihrer Familie ein, wodurch Alteritätserfahrung ermöglicht wird.

Semantische Raumstrukturen
Als oppositionelle Räume werden einerseits die private Umgebung im Zuhause der Protagonistin und andererseits die Öffentlichkeit, darin in besonderer Weise die Schule eingeschlossen, dargestellt. Shirin setzt die Schule mit einer „Strafanstalt" (TM, S. 20), einem „Gefängnis namens Highschool" (TM, S. 16) gleich, erst auf ihrem Heimweg verspürt sie „Erleichterung" (ebd.). Auf lakonisch kurze Weise rekapituliert sie: „Seit ich denken konnte, hatten die Leute mich wie Dreck behandelt – falscher Name/falsche Herkunft/falsche Religion/falsche Gesellschaftsschicht" (TM, S. 17). Im öffentlichen Raum findet die Protagonistin keinen Anschluss, weshalb bei ihr eine ständige Abwehrhaltung präsent ist, welche sich in Wut, Frustration und „Gleichgültigkeit" (TM, S, 65) zeigt. Vielfach wird deutlich, dass Shirin mit ihren Problemen auf sich allein gestellt ist und sich selbst bei körperlichen Übergriffen nicht auf die Staatsgewalt verlassen kann (vgl. TM, S, 206).

Während sich damit der Aufenthalt für Shirin in der Öffentlichkeit in mehrfacher Hinsicht als Belastung darstellt, zeigt sich im Elternhaus ein Zufluchtsort, den sie sehnsüchtig mit „vertrauten, tröstlichen Geräusche[n] und Gerüche[n]" (TM, S, 208) assoziiert.

Antje Graf et al. konstatieren dahingehend, dass die „Darstellung von Kulturunterschieden zwischen innerer, familiärer und äußerer, öffentlicher Welt"[4] ein häufig zu beobachtendes Sujet innerhalb interkulturell ausgerichteter Literatur sei. Eine besondere Rolle innerhalb dieser Konstellation zeigt sich in der Figur Ocean, welche „die Welt [bislang nur] von einer privilegierten Position aus betrachte[t]" (TM, S. 280). Der Jugendliche gehört zu dem Teil der Gesellschaft, welche Shirin bisher nur mit der Ablehnung gegenüber ihrer eigenen Person kennengelernt hat. Gleichwohl ist es sein aufrichtiges Interesse (vgl. TM, S. 228) an

---

3   Tahereh Mafi, 2019, Wie du mich siehst, Frankfurt am Main: Fischer Verlag, S. 228. Im Folgenden wird nach dieser Ausgabe im laufenden Text mit der Sigle TM und der entsprechenden Seitenzahl zitiert.
4   Antje Graf, Johannes Kleine und Daniela Kölling, 2011, Thematisierung und Inszenierung von Fremdheit in der Migrationsliteratur für Kinder und Jugendliche. Aktuelle Tendenzen in Literatur und Forschung, in: Interjuli, 02, S. 6–26, hier S. 18.

Shirin und ihrem Leben, welches ihm eine Annäherung an die Protagonistin ermöglicht. Ocean fungiert damit als eine Art Vermittlerfigur zwischen den sich gegenüberstehenden Sphären, auch wenn er selbst aufgrund seines Kontaktes zu Shirin mit Anfeindungen konfrontiert wird. Erst mit und durch ihn werden bei den Figuren Reflexionsprozesse ausgelöst, auch wenn diese weitgehend nicht zur Konfliktlösung oder Annäherung beitragen. Deutlich verfolgt die Autorin jedoch den Ansatz, dass ein offenes Miteinander zum Abbau von Vorurteilen und Fremdenangst beitragen kann. Insbesondere das gegenseitige Wahrnehmen und Hinsehen nehmen dabei im gesellschaftlichen Miteinander eine entscheidende Rolle ein.

Wie du mich siehst – Zum Motiv des Sehens

Das Motiv des Sehens findet stets Eingang in die Erzählung. Explizit wird dies im deutschsprachigen Romantitel. Insbesondere auf der innertextuellen Ebene bildet die gegenseitige Wahrnehmung den Ausgangspunkt für die spezifischen Handlungsmuster:

> Ich machte es wie an jeder neuen Schule und vermied es, irgendwen anzuschauen. Ich wurde nämlich angeschaut, und sobald ich zurückschaute, fassten die Leute das als Einladung auf, irgendeinen Kommentar von sich zu geben. Das war dann fast immer etwas Beleidigendes oder Dummes oder beides. Deshalb hatte ich schon vor längerer Zeit entschieden, es mir leichter zu machen, indem ich so tat, als wären sie gar nicht da. (TM, S. 5 f.)

Shirins Beschreibungen deuten darauf hin, dass die Wahrnehmung ihrer Person auf einer oberflächlich-perzeptiven Ebene verankert bleibt, bei der lediglich die „Fokussierung eines Menschen oder Objekts"[5] erfolgt.

Ein empathischer Zugang zum Gegenüber bleibt damit jedoch aus. Die Protagonistin wird „über eine einzige, äußerliche Sache definiert" (TM, S. 217), nämlich über ihr Kopftuch, womit zumeist eine Reduzierung auf ihr optisches Erscheinungsbild und die Stigmatisierung ihrer Person einhergehen. Ihr äußeres Erscheinungsbild führt dazu, dass sie zum einen von den Lehrkräften diskriminiert wird, indem ihr fehlende Sprachkenntnisse unterstellt und fehlende Kompetenzen zugeschrieben werden, und zum anderen, dass ihre Mitschüler*innen sie kritisch beäugen, sie beleidigen oder Verbindungen zwischen ihr und dem terroristischen Islamismus artikuliert werden, wodurch sich das Feindbild in Shirin zunehmend festigt. Aus dem Starrverhalten der Mitschüler*innen entwickelt sich bei der Jugendlichen das Bedürfnis nach absoluter Unauffälligkeit, sodass sich die

---

5 Sabine Flach, 2001, Das Auge. Motiv und Selbstthematisierung des Sehens in der Kunst der Moderne, in: Körperteile. Eine kulturelle Anatomie, hrsg. von Claudia Benthien und Christoph Wulf, Hamburg: Rowohlt, S. 49–65, hier S. 50.

Schultoilette für Shirin als geeigneter Ort erweist, um während der Unterrichtspausen jeglichen Blicken und Begegnungen zu entfliehen (vgl. TM, S. 9). Dialogversuche oder Kontaktanbahnungen bleiben auf beiden Seiten aus. Gleichwohl zeigt sich bei der Protagonistin der Wunsch nach einer ganzheitlichen Wahrnehmung ihrer Person, welche sich nicht allein auf das Registrieren ihres Kopftuches beschränkt. Diese Art der Begegnung erfährt sie bei einer kulturübergreifenden Breakdance-Veranstaltung, bei der ihr „Äußeres [...] keine Reaktionen hervorrief" (TM, S. 86) und einzig die Leidenschaft zum Tanzen im Vordergrund steht: Verhältnisse, die die junge Protagonistin bisher nicht kennengelernt hat und die ihrer Sehnsucht nach Normalität und Akzeptanz nachkommen (vgl. TM, S. 110, 155). Spätestens als die Mitschüler*innen Shirins Leistungen beim Breakdance *sehen* und ihr am nächsten Schultag mit Wertschätzung und Respekt entgegentreten, zeichnet sich ab, worauf der Roman hindeuten möchte: *Wie du mich siehst* stellt die Bedeutung der spezifischen Art und Weise der Wahrnehmung im gesellschaftlichen Miteinander heraus, welche über den reinen Akt des sich (An-)Sehens hinausgeht. Die gegenseitige Begegnung, die mit dem visuellen Eindruck beginnt, sollte (nicht nur) im Sinne einer interkulturellen Kommunikation nicht allein auf der Wahrnehmung äußerer Attribute und ihrer Bewertung in Form von Stereotypisierung oder Stigmatisierung beruhen, was in den Figuren und ihrer Entwicklung im Verlauf des Romans aufgezeigt wird.

3. Didaktischer Kommentar I: Allgemeines Potential

Die Romanlektüre im Literaturunterricht eignet sich je nach Schulform in den oberen Klassenstufen der Sekundarstufe I. Der Einsatz des Romans zu Beginn der Sekundarstufe II ist ebenfalls denkbar, da die agierenden Romanfiguren über 16 Jahre alt sind und die thematischen Schwerpunktsetzungen an die außerliterarischen Realitätserfahrungen der Schüler*innen anknüpfen können, wodurch eine Identifikation mit den fiktionalen Figuren- und Raumkonfigurationen angebahnt werden kann.

Wenn auch die Darstellung interkultureller Phänomene eine zentrale Rolle im Roman einnimmt, lassen sich darüber hinaus weitere Lesarten legitimieren: So handelt es sich bei *Wie du mich siehst* keineswegs ausschließlich um eine Erzählung, in der kulturelle Zugehörigkeiten und Ausgrenzungserfahrungen literarisch verhandelt werden, sondern ebenso um einen autofiktionalen Roman, eine Liebesgeschichte, eine Entwicklungsgeschichte und einen Adoleszenzroman. Gattungstheoretische Fragen, die an den Primärtext gerichtet werden, eignen sich zur Erarbeitung gattungspoetologischer und -typisierender Merkmale und damit zur Generierung von domänenspezifischem Wissen. Gleichermaßen können Überlegungen zu den genreübergreifenden Tendenzen sowie die Auseinandersetzung mit den Motiven und interkulturellen Implikationen des Romans daran anknüpfen.

Literatur mit kultureller Themensetzung als „Literatur fremder Kulturen"[6] zu bezeichnen, ist dabei jedoch keineswegs eine befriedigende terminologische Bestimmung. Zu spezifisch sind die Texte in ihren jeweiligen literarischen Ausformungen und Intentionen, sodass selbst Ausdifferenzierungen wie *Migrantenliteratur*, *Migrationsliteratur* oder *Interkulturelle Literatur*[7] zu teilweise unpräzisen Festlegungen führen. Mit den jeweiligen Begriffen einer gehen spezifische historische Perspektiven, thematische Ausrichtungen und Schwerpunktsetzungen der Texte, die im Literaturunterricht aufgearbeitet und mit dem Roman in Beziehung gesetzt werden können.

Die einzigartige Eigenschaft von Literatur, den Rezipient*innen Perspektivwechsel in bislang unergründete, fremde Positionen oder Sichtweisen zu ermöglichen und damit Reflexions- und Erkundungsprozesse anzubahnen, kann gerade in einem interkulturell orientierten Literaturunterricht fruchtbar gemacht werden. Der kritische Einwand der Germanistik, die Literaturdidaktik würde angesichts kompetenzorientierter Zwecke literarische Texte instrumentalisieren und funktionalisieren[8], kann hier dahingehend und zumindest ansatzweise mitbedacht werden, indem der Rezeptions- und Reflexionsprozess nicht allein auf interkulturelle Gesichtspunkte reduziert wird, sondern auch die ästhetischen Dimensionen des Textes in die Beschäftigung mit dem Werk einbezogen werden. Gabriela Scherer und Karin Vach konstatieren in diesem Zusammenhang, dass in interkulturell ausgerichteten Texten „Begegnungen mit Fremden und/oder Alteritätserfahrungen in einer Art und Weise thematisiert werden, dass man ihnen sowohl unter literarästhetischen als auch unter inhaltlichen und sprachlichen Gesichtspunkten großes Bildungspotenzial zusprechen kann"[9]. Dies umfasst auch eine Auseinandersetzung mit erzähltechnischen und narrativen Spezifika, weshalb sich eine Untersuchung der Erzählperspektive besonders dann als ergiebig gestalten kann, wenn die Darstellung des Geschehens im literarischen Text eine Reflexion seitens der Rezipient*innen erfordert, denn „die hermeneutische Denkfigur des Fremdverstehens impliziert einen Perspektivwechsel, um das Fremde

---

6 Christian Dawidowski, 2016, Literaturdidaktik Deutsch, Paderborn: Schöningh, S. 120.
7 Vgl. ebd.
8 Vgl. Monika Neuhofer, 2018, Wozu Literatur und warum eigentlich? Schulischer Fremdsprachenunterricht in Zeiten der Kompetenzorientierung am Beispiel der zweiten lebenden Fremdsprache in Österreich, in: HeLix. Dossier zur romanischen Literaturwissenschaft, Jahrgang 11, Heft 1, S. 98–107.
   Christian Dawidowski und Dieter Wrobel, 2016, Einführung: Interkulturalität im Literaturunterricht, in: Interkultureller Literaturunterricht, hrsg. von Christian Dawidowski und Dieter Wrobel, Baltmannsweiler: Schneider Verlag Hohengehren, S. 1–16.
9 Gabriela Scherer und Karin Vach, 2019, Interkulturelles Lernen mit Kinderliteratur. Unterrichtsvorschläge und Praxisbeispiele, Hannover: Klett Kallmeyer, S. 27.

nicht mit dem Eigenen zu subsumieren, sondern vom Standort des Anderen aus zu rekonstruieren, wie dieser die Welt sieht."[10] Dazu bedarf es Kenntnisse über dessen „Welt, Glaubens-/Normensysteme, Lebensformen, Alltag und Sprache"[11], die im monoperspektivisch erzählten Roman durch die Ausführungen der Hauptfigur an die Leserschaft herangetragen werden. Es handelt sich dabei um keine sachlich-neutrale Darstellung der Geschehnisse, weshalb die Vergegenwärtigung der Erzählsituation als subjektiv gefärbte Sichtweise auch für die Rekonstruktion des Inhalts unerlässlich wird.

4. Didaktischer Kommentar II: Bezug auf das interkulturelle Lernen

Im Hinblick auf eine interkulturelle oder transkulturelle Literaturdidaktik betont Werner Wintersteiner, dass diese über die Vermittlung rein literarischer Kompetenzen hinausgeht, indem auf „globales Lernen und interkulturelle Bildung"[12] abgezielt wird, welche als „Teil einer ganzheitlichen Persönlichkeitsbildung"[13] angesehen werden können. Die Beschäftigung mit literarischen Texten setzt das Einfühlungsvermögen der Lernenden voraus oder bringt dieses erst hervor, sodass das Verständnis für interkulturelle Begegnungen, kulturelle Phänomene und eigene Erfahrungen mithilfe interkulturell ausgerichteter Literatur gefördert werden kann.

Die Hauptfigur bietet sich in besonderer Weise für das Nachvollziehen und Einfühlen einer fremden Sichtweise an. Tahereh Mafi zeichnet mit der Protagonistin eine Figur kultureller Hybridität, welche sich in das „Konzept der multiplen Identitäten"[14] einordnen lässt, das „die verschiedenen gesellschaftlichen, in die persönliche Entwicklung hineinwirkenden und vom Individuum mitzugestaltenden Aspekte von Identität (Kultur, Geschlecht, Status, Religion etc.) berücksichtigt"[15]. Denn neben den bereits skizzierten motivischen Schwerpunkten wird die Erzählung insbesondere durchzogen von der Herausforderung der Entwicklung einer eigenen Identität als Minderheit in einer von rassistischen Strukturen geprägten Gesellschaft. Darüber, dass Empathie und Fremdverstehen durch die Be-

---

10 Swantje Ehlers, 2016, Der Roman im Deutschunterricht, Paderborn: Schöningh, S. 151.
11 Ebd.
12 Werner Wintersteiner, 2021, Transkulturelle Literaturdidaktik. Theoretische Begründungen, didaktische Ziele, literarische Beispiele, in: Literarische Bildung im kompetenzorientierten Deutschunterricht, hrsg. von Heidi Rösch, Stuttgart: Fillibach bei Klett, S. 33–48, hier S. 44.
13 Ebd., S. 45.
14 Heidi Rösch, 2004, Literatur interkulturell lesen, Grundlegung einer interkulturellen Lesart mit Beispielen aus der Kinder- und Jugendliteratur. 7./8. Jahrgangsstufe, in: Deutschunterricht 57/4, S. 36–41, hier S. 36.
15 Ebd.

schäftigung mit Literatur gefördert werden sollen und der Literaturunterricht einen Beitrag zu dieser mittlerweile zurecht anerkannten Schlüsselkompetenz leisten kann, ist sich die Literaturwissenschaft und -didaktik weitgehend einig.[16]

Die Auseinandersetzung mit der eigenen „historischen, politischen, gesellschaftlichen und kulturellen Rolle"[17] kann über den ‚Umweg' des Perspektivwechsels ermöglicht werden. Selbstreflexion ist immer auch an Fremdverstehen geknüpft, weshalb nicht von zwei isolierten Rezeptions- und Reflexionsprozessen ausgegangen werden kann, sondern vielmehr von einer Interdependenz dieser. Erst wenn durch den initiierten Perspektivwechsel deutlich wird, an welchen Stellen der Erzählung etwa Missstände wie Rassismus, Unterdrückung oder Diskriminierung dargestellt werden, können anschließend Selbstreflexionsprozesse seitens der Leserschaft folgen. Für den Literaturunterricht gilt daher unter anderem auch, Möglichkeitsräume für Perspektivwechsel und Alteritätserfahrung zu schaffen, die das Potential haben, (Selbst-)Reflexionsprozesse bei Leser*innen anzubahnen. Das Ziel sollte dabei aber nicht die Aneignung einer anderen Rolle oder Perspektive sein, sondern vielmehr, dass eine „fremde Befindlichkeit [...] nachempfunden wird; aber doch in dem Bewusstsein, dass es sich um eine *fremde* Befindlichkeit handelt"[18]. Erst auf diesem Wege kann – auch im Sinne subjektiver Involviertheit – ein Bezug und reflektierter Umgang zu den literarischen Figuren und ihren Lebensentwürfen erfolgen.

In *Wie du mich siehst* werden die Geschehnisse aus der Sicht einer jungen Muslima dargestellt. Gleichermaßen hängen die beschriebenen Erlebnisse von den Handlungen und Reaktionen der Diskriminierenden ab, weshalb insbesondere die Erzählperspektive dazu beiträgt, dass die Folgen und persönlichen Auswirkungen rassistischer Übergriffe auf das Individuum unmittelbar dargestellt werden. Leser*innen ohne Migrations- oder Rassismuserfahrungen wird damit ein Perspektivwechsel und das Hineinversetzen in für sie möglicherweise fremde, irritierende Situationen ermöglicht. Die Beschäftigung mit der Fremdheit oder Andersartigkeit von Lebensentwürfen, die von den eigenen abweichen, kann nicht nur zur Empathieförderung im Sinne des interkulturellen Lernens beitragen, wenn Verständnis und Sensibilität für Shirins Gefühle, Gedanken und Erfahrungen entwickelt werden, sondern kann auch zu „gesteigerter Selbstreflexion"[19] führen, indem zusätzlich eine kognitive Auseinandersetzung mit den

---

16 Vgl. Jana Mikota, 2012, Interkulturalität in der deutschsprachigen Kinder- und Jugendliteratur, in: Literatur im Unterricht (LiU) 13, Heft 3, S. 207–223, hier S. 211.
17 Heidi Rösch, 2000, Globalisierung in der Kinder- und Jugendliteratur und ihrer Didaktik, in: Informationen zur Deutschdidaktik. Kinderliteratur aus dem Süden, Heft 4, S. 18–35, hier S. 22.
18 Ulf Abraham und Ortwin Beisbart, 1998, Entgrenzte Fremdwahrnehmung? Kinder als „Leser" von Bilderbüchern zwischen Identifikation und Empathie, in: Das Fremde in der Kinder- und Jugendliteratur. Interkulturelle Perspektiven, hrsg. von Bettina Hurrelmann und Karin Richter, Weinheim / München: Juventa, S. 181–198, hier S. 182 (Hervorh. im Orig.).
19 Kaspar Spinner, 2006, Literarisches Lernen, in: Praxis Deutsch 200, S. 6–16, hier S. 9.

Figuren, ihren inneren psychischen Prozessen und der Bedeutung von rassistisch geprägten gesellschaftlichen Strukturen für das Individuum erfolgt.

5. Didaktisch-Methodische Konkretisierungen

Rassismussensibilisierung und Gegenwartsbedeutung
Im Zuge der Lektüre können Schüler*innen an das Themengebiet der (rassistisch motivierten) Diskriminierung herangeführt werden. Im Sinne eines fächerübergreifenden Unterrichts kann die Auseinandersetzung sowohl historisch und politisch perspektiviert als auch mit dem tagesaktuellen Geschehen verknüpft werden. Insbesondere die Frage nach dem Tragen eines Kopftuches, welches ein zentrales Thema im Roman darstellt, findet sich in aktuellen Debatten über religiöse Symbole im öffentlichen Raum wieder. Die bewusste Auseinandersetzung mit Shirins Situation und ihrer persönlichen Positionierung im Diskurs kann durch die Vertiefung von Faktenwissen zu religiösen Zeichen ergänzt werden, wodurch die Schüler*innen erweitertes Wissen um die Bedeutung und Symbolik des Kopftuches erlangen. Diese kontextbezogene Beschäftigung mit dem Text erfordert, dass das für die Auseinandersetzung erforderliche Wissen bei den Lernenden vorab generiert werden muss, weshalb methodische Überlegungen und inhaltliche Kontextualisierungen notwendig sind. Rechercheaufträge, bei denen die Schüler*innen eigenständig auf die Suche nach Kontextinformationen zu aktuellen Diskussionen oder zur Biografie der Autorin gehen, können dabei in die Bearbeitung integriert werden. Anschließende Gesprächsanlässe ermöglichen es, sich bewusst auf die gesellschaftspolitische Debatte einzulassen, um Stereotype und Klischees zu hinterfragen. Romanpassagen, die die Kopftuchthematik aufgreifen, können dabei sinnstiftend in die Auseinandersetzung einbezogen und reflektiert werden. Die Darstellung der daraus resultierenden Fremdenfeindlichkeit bietet Anlass dafür, sich näher mit dem Thema selbst und Shirins Zugehörigkeitsproblematik als Teil einer diskriminierten Minderheit zu befassen. Darüber hinaus besteht die Möglichkeit, mit den Lernenden darüber zu reflektieren, inwiefern ihre persönlichen Erfahrungen den im Roman beschriebenen Erlebnissen der Figuren ähneln. Das literarische Gespräch als „eine offene Form des Austauschs über Lektüreerfahrungen und Deutungsmöglichkeiten"[20] bietet dabei eine sinnstiftende Methode, um verschiedene Eindrücke und Sichtweisen der Lernenden in Verbindung zu setzen.

---

20 Kaspar H. Spinner, 2016, Methoden des Literaturunterrichts, in: Deutschunterricht in Theorie und Praxis, Band 11/2, hrsg. von Winfried Ulrich, Lese- und Literaturunterricht, Teil 2, hrsg. von Michael Kämper-van den Boogaart und Kaspar H. Spinner, 2. unv. Auflage, Baltmannsweiler: Schneider Verlag Hohengehren, S. 202–242, hier S. 202.

Bewusstseinsbildung für Gemeinsamkeiten und Differenzen
Das Hineinversetzen jugendlicher Leser*innen in die Situation der Protagonistin wird dadurch unterstützt, dass nicht ausschließlich die Thematisierung unterschiedlicher kultureller, religiöser oder sozialer Differenzen im Zentrum der Darstellung steht, sondern auch der adoleszente Reifungsprozess der Protagonistin. Identitätsbildungsprozesse bei der Protagonistin werden begleitet durch die allmähliche Ablösung der Protagonistin vom Elternhaus, das Entwickeln erster Intimitätsbeziehungen, die Ausbildung eigener Wertvorstellungen und Positionierungen in gesellschaftspolitischen, religiösen Fragen. Das Durchleben dieser Irrungen und Wirrungen des Erwachsenwerdens kann an die Erfahrungen jugendlicher Leser*innen anknüpfen. Perspektivwechsel und Fremdverstehen werden zunächst auf der Grundlage von Gemeinsamkeiten aufgebaut, in die sich auch Jugendliche ohne Zuwanderungsgeschichte oder Rassismuserfahrung hineinversetzen können. Das Gemeinsame bildet somit die Basis für die Überbrückung des Fremden und vor allem dort setzt der Roman Akzente: Immer deutlicher wird nämlich im Verlauf der Erzählung, wie ähnlich die Herausforderungen und Probleme der Heranwachsenden aus den unterschiedlichen Kulturkreisen sind. Ansätze der kritischen Aufarbeitung von Stereotypen und Vorurteilen werden dabei zumindest bei einigen Romanfiguren erkennbar. Im Zuge von Figurencharakterisierungen können die Lebensentwürfe der Figuren in Beziehung gesetzt oder die Rolle der Breakdance-Veranstaltungen als multikulturellem Begegnungsort reflektiert werden. Kulturelle Differenzen sollten bei der Herausstellung des Gemeinsamen jedoch nicht außer Acht gelassen werden, sondern bewusst in die Reflexionsprozesse einbezogen werden.

Mit der Erzählsituation auseinandersetzen
Eine eingehende Untersuchung der pragmatischen Ebene des Textes kann sich gerade deshalb als ertragreich gestalten, weil nicht nur Aspekte für die insbesondere in den höheren Klassen wichtiger werdende Erzähltextanalyse eingeleitet werden, sondern auch eine intensive Auseinandersetzung mit dem sprachlichen Duktus erfolgt. Für eine angemessene analytische Annäherung an die Darstellungsstrategien von literarischen Texten erscheint es daher unerlässlich, die Vermittlungsebene zu betrachten. Neben dem Aufbau von deklarativem Wissen über unterschiedliche Erzähltechniken sollte auch die damit zusammenhängende Funktion und Intention herausgearbeitet werden. Insbesondere in der Beschäftigung mit *Wie du mich siehst* sollte dabei deutlich werden, dass es sich beim Roman nicht um eine objektive Darstellung zum Thema Kultur handelt, sondern um einen Text, der Einblicke in die persönlichen Erfahrungen einer jugendlichen Muslima im Kontext von alltäglicher Diskriminierung gewährt. Ein dezidiertes Hinterfragen und Reflektieren der Erzählperspektive und der dargestellten Welt kann zum einen zur Einsicht in die narrativen Darstellungsmöglichkeiten von Literatur und ihrer jeweiligen Funktion und zum anderen zur

Herausstellung von Shirins Sichtweise beitragen. Gleichermaßen kann mit der Beschäftigung der Erzähl- und Sprechinstanz ein tiefergreifendes Textverstehen gefördert werden, indem Aspekte der Erzähltextanalyse mit der Analyse und Interpretation von Shirins Erfahrungen in Verbindung gesetzt werden.[21]

Eigen- und Fremddarstellungen wahrnehmen und analysieren
Figuren als Handlungsträger und „heuristische Größen"[22] bieten einen möglichen Ausgangspunkt für die Textinterpretation und Figurencharakterisierung. Die durch die Erzählsituation gewissermaßen eingeschränkte Darstellungsweise erfordert das Auffüllen von Leerstellen und die Ergänzung von Deutungsmöglichkeiten, die sich zwar aus den überlieferten Informationen der Erzählinstanz ergeben, sich in Teilen aber davon ablösen, um andere Perspektiven auf das Beschriebene zu ermöglichen. Auf diese Weise kann ein bewusster Blick auf die Selbstwahrnehmung der Protagonistin und die des Umfeldes gerichtet, Fremd- und Eigencharakterisierung unterschieden und adäquat interpretiert werden. Etwa durch den Rückgriff auf produktive Verfahren, die dazu auffordern, dass die Lernenden mithilfe der Romanvorlage Texte aus der Sicht von anderen Figuren schreiben und sich dabei entweder in die Protagonistin versetzen oder sich gar von der Sicht Shirins ablösen, können Perspektivwechsel initiiert werden. Die Analyse der Figurenkonstellation eignet sich dazu, die zentralen Beziehungsdynamiken zu fokussieren.

Nicht außer Acht zu lassen ist dabei, dass sich die Handlung insbesondere durch die Entwicklung einzelner Figuren konstruiert. Die Analyse der Figurenkonzeptionen kann nach den Kategorien *eindimensional-mehrdimensional, statisch-dynamisch, offen(enigmatisch)-geschlossen* erfolgen, die den Lernenden helfen können, Charakterisierungstechniken zu identifizieren und die Darstellungsweisen kategorisch einzuordnen.[23] Insbesondere die Entwicklung von Shirin, Ocean oder den Mitschüler*innen sollte dabei Eingang in die Überlegungen finden, da hier das Umdenken der Figuren hinsichtlich ihrer Verhaltensweisen deutlich wird. Die Untersuchung der spezifischen Entwicklungsmuster, die sich in den Figuren aufzeigen und in direkter Verbindung zur interkulturellen Thematik stehen, können mithilfe von innertextuellen Vergleichen erfolgen. Dabei kann „die Entwicklung einer Figur herausgearbeitet und dazu ihr Verhalten und ihre Einstellung zu Beginn und am Ende einer Erzählung miteinander verglichen

---

21 Vgl. ebd., S. 209f.
22 Markus Pissarek, 2018, Merkmale der Figur erkennen und interpretieren, in: Auf dem Weg zur literarischen Kompetenz. Ein Modell literarischen Lernens auf semiotischer Grundlage, hrsg. von Anita Schilcher und Markus Pissarek, Baltmannsweiler: Schneider Verlag Hohengehren, S. 135–168, hier S. 135.
23 Vgl. ebd., S. 145.

werden"[24]. Schlüsselmomente der Erzählung – etwa der Tanzwettbewerb, der zur Beziehungsveränderung unter den Figuren beiträgt – sollten in die Reflexionen eingebunden werden. Auch hier können textproduktive Verfahren anknüpfen, die den Schüler*innen eine intensive Auseinandersetzung mit dem Text erlauben. Komponentenanalysen, die in kooperativen Arbeitsformen denkbar sind und bei denen die markantesten Charaktereigenschaften und -entwicklungen der Figuren herausgestellt werden, bieten dabei eine sinnvolle Grundlage zur Weiterarbeit, wenn es um die Auseinandersetzung mit den Figuren und ihren Beziehungen untereinander geht. Anknüpfend daran können Rollenbiografien verfasst werden, die die „Einfühlung in die Lebenssituation und die innere Welt einzelner literarischer Figuren"[25] erlauben. Dazu arbeiten die Schüler*innen körperliche und sprachliche Wesenszüge, Charaktermerkmale und biografische Details der literarischen Figur heraus. Verfasst werden die Rollenbiografien aus der Perspektive der Figur. Der Fokus kann dabei auf der Darstellung der literarischen Figur mithilfe von Informationen liegen, die unmittelbar aus dem Text erschlossen werden können, oder aber auf einer imaginativen Erweiterung durch das Verfassen oder Weiterschreiben von Szenarien, die im Originaltext nicht explizit ausgeführt werden. Beide Herangehensweisen erfordern eine textnahe Lektüre und tragen zum Textverständnis und zur Figureneinfühlung bei.

---

24 Kaspar H. Spinner, 2016, Methoden des Literaturunterrichts, in: Deutschunterricht in Theorie und Praxis, Band 11/2, hrsg. von Winfried Ulrich, Lese- und Literaturunterricht, Teil 2, hrsg. von Michael Kämper-van den Boogaart und Kaspar H. Spinner, 2. unv. Auflage, Baltmannsweiler: Schneider Verlag Hohengehren, S. 202–242, hier S. 216.
25 Ingo Scheller, 2016, Szenische Interpretation: Theorie und Praxis eines handlungs- und erfahrungsbezogenen Literaturunterrichts in Sekundarstufe I und II, 4. Auflage, Seelze: Kallmeyer Klett, S. 6.

Julya Rabinowich: *Dazwischen: Ich* (2016)

Ein Adoleszenzroman über interkulturelle Identitätsprozesse

Larissa Carolin Jagdschian

1. Vorstellung des Romans

In dem Roman *Dazwischen: Ich* (2016) von Julya Rabinowich wird der Integrationsprozess eines 15-jährigen Mädchens namens Madina beschrieben, die gemeinsam mit ihrer Familie nach Deutschland geflohen ist. Der Ausgangsort der Flucht bleibt unbekannt, nur als Fluchtgrund wird die systematische Verfolgung des Vaters und der Tante Amina genannt. Im Mittelpunkt der Erzählung stehen jedoch weniger die Erfahrungen während der Flucht, sondern die autodiegetische Erzählerin Madina berichtet in ihrem Tagebuch von interethnischen Begegnungskontexten in der Ankunftsgesellschaft, die ihren Integrationsprozess bestimmen und nicht selten konflikthaft verlaufen. So ist ihr Integrationsprozess gekennzeichnet durch die Kollision liberaler geschlechtsspezifischer Wertvorstellungen der Peer-Group mit konservativen Geschlechtsnormen der Familie. Zu den Konfliktpunkten gehören unter anderem Fragen des Schminkens, der Kleidung, des Übernachtens bei ihrer Freundin Laura oder der Besuch einer Geburtstagsfeier ohne männliche Begleitung. Diese Aktivitäten, die der Vater aufgrund seines normativen Verständnisses gegenüber Frauen einschränkt, kollidieren im Laufe des Geschehens mit Madinas liberaler werdenden Geschlechtsvorstellungen. Madina versucht in diversen interethnischen Begegnungskontexten mit ihrem Vater und Laura die Frage „Wie war ich denn?"[1] zu beantworten, indem sie in ihrem Identitätsprozess sowohl die Maßstäbe des Vaters als auch ihre eigenen Geschlechtsvorstellungen als Dazwischen in Einklang zu bringen versucht (vgl. DI, S. 94). Die Konflikte werden bis zum Schluss nicht aufgelöst. Beim Vater verstärken sich die Gefühle des Fremdseins und die Schuldgefühle gegenüber seinen zurückgelassenen Eltern und seinem Bruder, sodass er sich entscheidet, zurückzukehren und sich den Separatisten zu stellen, um seinen inhaftierten Bruder zu retten. Madina hilft indessen der Mutter und der Tante Amina in Deutschland zu bleiben, indem sie einen Asylantrag stellt und sich damit endgültig von den patriarchalischen Geschlechterrollenvorstellungen des Vaters emanzipiert. Indem Madina ihren Identitätsprozess also nicht in der absoluten Gegenüberstellung des sozialen und per-

---

1 Julya Rabinowich, 2019, Dazwischen: Ich, 4. Aufl. München: dtv, S. 60. Im Folgenden unter dem Sigle DI mit fortlaufender Seitenzahl.

sonalen Bereichs belässt, sondern Übergangs- bzw. Zwischenräume als Dazwischen schafft, eignet sich ihr Roman als Exempel für die Auseinandersetzung mit interkulturellen Identitätsprozessen im Kontext des literarischen Lernens.

2. Literaturwissenschaftliche Analyse

Gattungstheoretisch lässt sich Julya Rabinowichs Roman aufgrund der Darstellung der Integration und Interkulturalität der Migrationsliteratur[2] zuordnen, wobei unter Interkulturalität hier nach Erll und Gymnich das Inkontakttreten sowie Interagieren von verschiedenen Kulturen[3] verstanden wird. Interkulturalität tritt in Rabinowichs Roman in der Freundschaft und den damit einhergehenden Kollisionen von divergierenden Geschlechterrollen- und Herkunftsvorstellungen in Erscheinung. Erzählt wird von diesen Austauschprozessen und -konflikten aus einer weiblichen, autodiegetischen Perspektive, sodass aufgrund der eingeschränkten zentrierten Erzählperspektive nur die Gedanken der Protagonistin Madina deutlich werden.

Die interethnischen Begegnungen führen im Roman zu keiner einseitigen Stilisierung als Fremde in der Ankunftsgesellschaft, sondern der Austausch zwischen verschiedenen Figuren mit unterschiedlichen normativen Ansichten bringt „dynamische Zwischen- oder Überschneidungssituationen"[4] hervor, aus denen eine „Vermischung und [ein] Dazwischen"[5] im Handeln der Protagonistin Madina resultieren. In diesem ‚Dazwischen' zeigen sich nicht nur interkulturelle Differenzen und Gemeinsamkeiten, sondern es kommt zu einer „gegenseitigen Durchdringung von Grenzen und Kontaktzonen"[6]. Migrant*innen wie Madina werden in diesen Kontaktzonen zu sogenannten *liminalen Figuren*[7], indem sie in den Grenzzonen Übergänge zwischen verschiedenen interkulturellen Vorstel-

---

2 Vgl. Heidi Rösch, 2019, Migrationsliteratur, in: Grundthemen der Literaturwissenschaft: Literaturdidaktik, hrsg. von Christiane Lütge, Berlin, Boston: de Gruyter, S. 338–356, hier S. 338.
3 Vgl. Astrid Erll und Marion Gymnich, 2007, Interkulturelle Kompetenzen. Erfolgreich kommunizieren zwischen den Kulturen. Stuttgart: Klett, S. 32.
4 Karl Esselborn, 2007, Interkulturelle Literatur. Entwicklungen und Tendenzen, in: Dialoge zwischen den Kulturen. Interkulturelle Literatur und ihre Didaktik, hrsg. von Irmgard Honnef-Becker, Baltmannsweiler: Schneider Verlag Hohengehren, S. 9–28, hier S. 10.
5 Emer O'Sullivan, 2000, Kulturelle Hybridität und Transfer. Black Britain in der (ins Deutsche übersetzten) Kinder- und Jugendliteratur, in: Konfigurationen des Fremden in der Kinder- und Jugendliteratur nach 1945, hrsg. von Ulrich Nassen und Gina Weinkauff, München: Iudicium, S. 75–93, hier S. 76.
6 Heidi Rösch, 2013, Interkulturelle Literaturdidaktik im Spannungsfeld von Differenz und Dominanz, Diversität und Hybridität, in: „Das ist bestimmt was Kulturelles" – Eigenes und Fremdes am Beispiel von Kinder- und Jugendmedien, hrsg. von Petra Josting und Caroline Roeder, München: kopaed, S. 21–32, hier S. 24.
7 Vgl. Roland Borgards, 2012, Liminale Anthropologien. Skizze eines Forschungsfeldes, in: Liminale Anthropologien. Zwischenzeiten, Schwellenphänomene, Zwischenräume in Literatur und

lungen herstellen. Indem Madina zur liminalen Grenzgängerin wird, entwirft sie im Dazwischen alternative Formen des Selbstentwurfs. Begegnungen mit interkulturell variierenden Vorstellungen in Konzepten des Heranwachsens gehören auch „zu den zentralen Erfahrungsinhalten der Adoleszenz"[8], sodass *Dazwischen: Ich* genrehybrid und ebenso ein (wenn auch interkultureller) Adoleszenzroman ist. Madina tritt hier als Individuum auf, das „selbstreflexiv ihre widersprüchliche Rolle, ihre krisenhafte Entwicklung und innere Zerrissenheit bedenk[t]"[9]. „[I]n dieser Phase des Heranwachsens [weisen adoleszente Figuren wie Madina] eine umfassende und ebenso ambivalente Selbstpositionierung"[10] auf, die, addiert mit den interkulturellen Elementen, zu einem ambigen Identitätsprozess führen. „Entgegen der klassischen Jugendromandramaturgie wird" Caroline Roeder zufolge Madinas „Suche nach Identität maßgeblich von ihrer Lebenswirklichkeit gestört"[11], die das Dazwischen herstellt. Betrachtet man ausgehend davon den Roman genauer, fällt auf, dass dieses Dazwischen sowohl in den Diskussionen über die Legitimation und Weiterentwicklung von Geschlechternormen in liberalen und konservativen Gesellschaftsgruppierungen als auch in den Erinnerungsprozessen[12] entsteht. Ihr interkultureller Identitätsprozess wird dabei von zwei Kategorien – *Geschlecht* sowie *Herkunft* – beeinflusst, die in den Diskussionen über Geschlechternormen zusammenwirken und Folgen patriarchalischer Machtstrukturen aufdecken. Im Folgenden soll am Beispiel der Differenzkategorien *Geschlecht* und *Herkunft* das Dazwischen als gegenseitige Durchdringung von Vorstellungen und Kontaktzonen der verschiedenen Gruppierungen aufgeschlüsselt werden. Das Ziel ist es, im Dazwischen alternative interkulturelle Geschlechtervorstellungen und Formen des Entwurfs als adoleszentes sowie interkulturelles Selbst zu skizzieren.

Die Kategorie *Geschlecht* zeigt sich z. B. im Roman in der physischen Repräsentationsform des Haares. Madina beschreibt in ihrem Tagebuch ihre Haare als „dicke[n] schöne[n] glänzende[n] Zopf" (DI, S. 19), um den␣her␣ihre Freundinnen sie

---

Philosophie, hrsg. von Jochen Achilles, Roland Borgards und Brigitte Burrichter, Würzburg: Königshausen und Neumann, S. 9–13, hier S. 10 f.

8   Gina Weinkauff, 2006, Konzepte kultureller Identität in der deutschsprachigen Kinder- und Jugendliteratur, in: Beiträge Jugendliteratur und Medien, Jg. 58, H. 2, S. 83–93, hier S. 83.
9   Carsten Gansel, 2000, Der Adoleszenzroman. Zwischen Moderne und Postmoderne, in: Taschenbuch der Kinder- und Jugendliteratur. Bd. 1: Grundlagen und Gattungen, hrsg. von Günter Lange, Baltmannsweiler: Schneider Verlag Hohengehren, S. 359–398, hier S. 369.
10 Anna Stemmann, 2019, Räume der Adoleszenz. Deutschsprachige Jugendliteratur der Gegenwart in topographischer Perspektive. Berlin: J. B. Metzler, S. 5.
11 Caroline Roeder, 2017, Bindestrich-Existenzen oder „Ich war der Vielen-nicht-ähnlich-Mensch", in: 1001 02, S. 23 ff., hier S. 24.
12 Laura Beck, 2022, Dazwischen: Ich. Zu Adoleszenz- und Alteritätserfahrungen nach der Flucht bei Julya Rabinowich, in: Adoleszenz und Alterität. Aktuelle Perspektiven der interkulturellen Literaturwissenschaft und Literaturdidaktik, hrsg. von Stefanie Jakobi, Julian Osthies, Jennifer Pavlik. Bielefeld: transcript, S. 123–142, hier: S. 128.

beneiden. Anders als ihre Mitschüler*innen darf Madina ihre Haare jedoch nicht offen tragen, da ihr „Vater [sonst] sauer" (ebd.) ist. Bereits in diesen kurzen, als innerer Monolog konzipierten Sequenzen wird deutlich, dass die Haare zum semantischen Bedeutungsträger werden, an dem sich geschlechtsspezifische sowie herkunftsbedingte Vorstellungen der Gruppierung Freunde und Familie ablesen lassen. So ist ihr Haar in ihrem Freundschaftskreis ein Attraktivitätsmerkmal, das Gefallen hervorruft. Im Familienkreis ist dagegen das Zurschaustellen von Attraktivitätsmerkmalen verboten, da dies als unanständig gilt (vgl. ebd., S. 86). Der Vater erwartet daher, dass Madina ein Kopftuch trägt, obwohl sie das „zu Hause [in ihrer Herkunftsgesellschaft; L. J] auch nie getragen [hat]. Aber hier ist auf einmal alles anders" (ebd., S. 20). Zurückzuführen sind die väterlichen konservativen Weiblichkeitsvorstellungen auf seine herkunftsbedingten Ansichten, die für sein Denken und Handeln ein leitendes Prinzip sind, mit dem Argument, „damit ja niemand vergisst, wer wir sind" (ebd., S. 132). Ihr Vater ist der Überzeugung, dass eine Anpassung an andere, nicht herkunftsbedingte Geschlechternormen zum Verlust der Identität führt. Sein Handeln und Denken über Geschlechternormen dienen für ihn zur Identitätswahrung, während Madina sich wünscht, eine Identität im Kontakt mit ihrem liberalen respektive freizügigeren Freundeskreis jenseits konservativer Weiblichkeitsvorstellungen auszubilden. In diesen Situationen werden die Differenzkategorien – Geschlecht und *Herkunft* – so miteinander verwoben, dass Madina aufgrund der fehlenden Selbstpositionierung zu einer Seite (entweder der liberalen oder konservativen) eine Abweichung vom Ideal der muslimischen Frau darstellt.

Im Laufe diverser Auseinandersetzungen mit dem Vater und den damit verbundenen Einschränkungen distanziert sich Madina von diesen herkunftsbedingten Geschlechtervorstellungen und wünscht sich, den Konventionen der Ankunftsgesellschaft zu entsprechen. So glaubt sie, eine Veränderung der Haarfarbe würde ihre *Herkunft* verbergen und sie besser integrieren:

> Wenn ich mir wenigstens ein Schokobraun färben könnte. Dann würde ich gleich viel mehr aussehen wie die anderen. [...] Da könnte ich mir einreden, ich wäre einfach ganz, ganz lange in einem exotischen Land im Urlaub gewesen. Ich würde gerne manchmal so tun, als wäre ich immer schon nur hier gewesen. (Ebd., S. 163)

Das Aufgreifen der symbolischen, geschlechtsspezifischen Repräsentationsform des Haares im Zusammenspiel mit der *Herkunft* zeigt deutlich den Wunsch des Dazugehörens und eröffnet den ersten Raum des Dazwischen. Madina wird zwar augenscheinlich von außen aufgrund ihrer Haarfarbe auf ihre *Herkunft* reduziert, sie selbst erschafft jedoch im Umgang mit ihren Freundinnen einen Zwischenraum, indem sie ihre herkunftsbedingte Haarfarbe mit dem Neid gegenüber ihrem ‚schönen Zopf' kompensiert. Sie erkennt später selbst: „Schön blöd, wenn man glaubt, mit dem Färben der Haare alles verändern zu können" (DI, S. 165). Der

Vergleich deckt auf, dass Madina sich in einem Zwischenstadium befindet, da sie einerseits versucht, den Konventionen der Ankunftsgesellschaft zu entsprechen, andererseits aber reflektiert, dass ein Ändern äußerer Merkmale wie der Haarfarbe nicht die *Herkunft* verschleiert. Trotz reflexiver Ansätze dominiert der Wunsch des Dazugehörens, wie der Dialog mit dem Vater über das zuvor untersagte Übernachten bei der Freundin Laura belegt.

,Das ist hier aber ganz normal!', schreie ich. Der Drache bricht aus, ohne Rücksicht auf mich zu nehmen. Mein Kopf und mein Bauch werden so heiß, dass ich fürchte, die Worte werden als Flammenzungen zwischen meinen Lippen hervorkommen. ,Du wirst es nie verstehen! Nie! Nie! Wenn wir nicht hierbleiben dürfen, dann liegt es nicht an mir! Sondern an dir! An dir!' (Ebd., S. 178)

Aus dem in direkter Figurenrede wiedergegebenen Dialog wird deutlich, dass Madina sich unwissend mehr an den Standards der Freundschaftsgruppe orientiert und deren Einhaltung an den Erfolg ihrer Integration in der Ankunftsgesellschaft knüpft. Erstmals distanziert sie sich in ihrem Handeln von konservativen Geschlechternormen ihrer *Herkunft*, ohne sich dieses Wandlungsprozesses bewusst zu sein. Sie beschreibt stattdessen ihr Handeln als Kontrollverlust über sich selbst. Mit dem Symbol des Drachens verweist sie auf diese nicht zu kontrollierende innere Instanz, die auf einen weiteren Raum des Dazwischen hindeutet. Das Dazwischen zeigt sich in diesem Beispiel, indem Madina situativ keinen Kompromiss zwischen den *geschlechtsspezifischen* Vorstellungen und der *Herkunft* herstellen kann.

Betrachtet man ausgehend von diesen zwei Konfliktsituationen Madinas weiteren Identitätsprozess, findet in diesem Disput zwischen dem Vater und ihr ein Wendepunkt statt, der zu einer Umkehrung der vorher bestehenden Herrschafts- und Ohnmachtsverhältnisse führt. Statt sich weiterhin den geschlechtsspezifischen Vorstellungen des Vaters zu beugen, ihre Wut nur im Tagebuch in Form von inneren Monologen zu verschriftlichen, ergreift Madina die Handlungsinitiative. Nachdem sich der Vater entschieden hat, in seine alte Heimat zurückzukehren, versucht sie einen Asylgrund zu finden, um in Deutschland zu bleiben. Sie erkennt: „Ich will mich nicht aufgeben. Dieses Ich, das hier gelebt hat, [hätte] [...] überhaupt keinen Platz mehr zu Hause" (ebd., S. 294). Ausgehend von dieser Erkenntnis überzeugt sie ihre Mutter und ihre Tante Amina, einen eigenen Asylantrag zu stellen, und emanzipiert sich damit weiter von (männlichen) Machtverhältnissen. Ihr Vater entscheidet nicht mehr länger, wo und wie sie zu leben hat, sondern Madina trifft selbstständig Entscheidungen. Ausdruck des Ablösungsprozesses von bestehenden männlichen Herkunfts- und Machtstrukturen ist das Abschneiden ihres Haares, das erneut den *herkunftsbedingten Geschlechter*vorstellungen widerspricht (vgl. ebd., S. 301). Indem sich Madina die Haare abschneidet und sich damit endgültig vom Konflikt über konservative Geschlechternormen distanziert, trennt sie sich von herkunftsbedingten Verhaltensweisen und tritt als junge Frau ohne männliche Unterstützung für ihre Rechte ein. Diese Veränderung der Identität verharrt nicht wie vorher im Bewusstseinsraum (also im Tagebuch), sondern wird von der Beamtin der Asylbehörde in direkter Figurenrede bestätigt: „Solche wie dich können wir hier gut brauchen" (DI, S. 301) Diese Bestätigung von außen sowie die kurzen Haare als Symbol der Distanzierung vom Konflikt lassen Madina in den verschiedenen Räumen des Dazwischen zu einer emanzipierten Frau heranreifen.

Zusammenfassend semantisiert sich das Interkulturelle als Dazwischen in einem sich wechselseitig bedingenden Begegnungs- und Distanzierungsverhältnis zwischen zwei konträr gegenüberstehenden Gruppierungen. Der interethnische Begegnungsprozess am Beispiel des *Geschlechts* und der *Herkunft* belegt, dass interkulturelle Identitäten „das provisorische und zeitweilige Ereignis eines unabschließbaren Prozesses"[13] sind, in dem Madina eigene geschlechtsspezifische Vorstellungen entwickelt. *Dazwischen: Ich* ist ein Roman, der mit Madina eine *liminale Denkfigur* erschafft, die aufzeigt, unter welchen Einflussfaktoren das adoleszente Selbst in einer nicht abschließbaren Suche im Wechselspiel der Ankunfts- und Herkunftsgesellschaft entworfen wird.

3. Didaktischer Kommentar

Aufgrund der altersgerechten Thematik des Adoleszenzprozesses ist ihr Roman mit 297 Seiten für die Jahrgangsstufen 8 bis 9 geeignet. Vermieden werden sollte allgemein, die beschriebenen Migrationserfahrungen als repräsentativ für außerliterarische Erfahrungen von Mitschüler*innen mit Migrationserfahrungen zu betrachten. Der Roman bietet als Artefakt Einblicke in literarische Formen der Verarbeitung von Migrations- bzw. Fluchterfahrungen. Eine vertiefte Auseinandersetzung mit literarischen Formen der Interkulturalität kann die Schüler*innen dazu anregen, sich im Rahmen des literarischen und interkulturellen Lernens mit eigenen, eventuell ethnozentristischen Vorstellungen über Interkulturalität zu beschäftigen, um sozialisationsbedingte Stereotype aufzudecken und am Beispiel von Madina reflektierend zu erweitern.

Zunächst können die Schüler*innen, die sich in der achten oder neunten Klasse auch in ihrem Adoleszenzprozess befinden, im Sinne von Kaspar H. Spinners Aspekten des literarischen Lernens „die eigene [s]ubjektive Involviertheit und genaue Wahrnehmung [miteinander] ins Spiel bringen"[14]. Sie rekonstruieren mit Bezug auf ihre Erfahrungen Madinas adoleszente Überlegungen und Konflikte im

---

13 Michael Hofmann und Iulia-Karin Patrut, 2015, Einführung in die interkulturelle Literatur. Darmstadt: WBG, S. 23.
14 Kaspar H. Spinner, 2006, Literarisches Lernen, in: Praxis Deutsch 200, S. 6–16, hier S. 8.

Umgang mit ihrem Vater/ihrer Familie und ihren Freundinnen. Aufschlussreich ist hier besonders die Form des Tagebuchs. Dieses bietet als intimes Selbstzeugnis[15] die Möglichkeit, mit den Schüler*innen die einzelnen und nicht immer zusammenhängenden oder auch problematischen Konflikte in den interethnischen Begegnungsprozessen aufzudecken (vgl. DI, S. 23 ff.). Entsprechend stehen Madinas interkulturelle Vorstellungen im Fokus. Die Schüler*innen erkennen in der Auseinandersetzung mit Madina, dass interkulturelle Identitäten sich in einem stetigen Wandel befinden. Ebenfalls können sie im Umgang mit dem Roman kulturspezifische Codes der erzählten Welt (zum Beispiel der Haare) herausarbeiten und deren Bedeutung für die interkulturelle Identitätsbildung verhandeln. Auf Basis des Nachvollzugs der Perspektive einer literarischen Figur lernen sie, interkulturelle Identitätsprozesse nicht als einseitigen Prozess zu betrachten, der mit dem Aufgeben herkunftsspezifischer Vorstellungen und einer absoluten Anpassung an die Ankunftsgesellschaft einhergeht. Aus der Reflexion der Darstellung im Tagebuch und der Perspektivübernahme stellen die Schüler*innen fest, dass interkulturelle Identitätsprozesse Übergangs- und Zwischenphasen als Dazwischen hervorbringen. Die Perspektivübernahme führt zu einer Neu-Konzeption des Verstehens migrationsgesellschaftlicher Identitätsprozesse. Interkulturelle Identitäten werden somit nicht mehr nur aus der Perspektive dominanzkritischer Diskurse betrachtet, sondern als individueller, diegetisch modellierter Akt, der unter anderem aus dem Wechselspiel zwischen dem *Geschlecht* und der *Herkunft* entsteht.

Diese Prozesse der Umstrukturierung bzw. der Erweiterung interkultureller Prozesse, der Reflexion der subjektiven Involviertheit der Leser*innen sowie die Perspektivübernahme als Aspekte des literarischen Lernens sind dabei eng verknüpft mit Aspekten des interkulturellen Lernens. Unter dem interkulturellen Lernen versteht Dawidowski einen „Vorgang und [ein] Ergebnis einer Umstrukturierung selbstorganisierter Ich- und Weltentwürfe an Hand einer Neuinterpretation kultureller Repräsentationen"[16]. Da Madina durchgehend in ihrem Tagebuch Prozesse der (Um-)Strukturierung am Beispiel von *Geschlechts*- und *Herkunfts*merkmalen thematisiert, zeigt sie auf, dass interkulturelle Identitätsprozesse nicht immer eindeutig, sondern prozessartig verlaufen. Am Beispiel der diegetisch konstruierten Interkultur als Schwellenphase im Vergleich zum

---

15 Vgl. Julia Benner, 2018, „This book contains private information". Kinder- und jugendliterarische Tagebuchliteratur, in: Time Warp und Taschenuhr. Zeit in der Kinder- und Jugendliteratur, hrsg. von Heidi Lexe. Wien: Stube, S. 20–32, hier: S. 20.
16 Christian Dawidowski, 2006, Theoretische Entwürfe zur Interkulturellen Literaturdidaktik. Zur Verbindung pädagogischer und deutschdidaktischer Interkulturalitätskonzepte, in: Interkultureller Literaturunterricht: Konzepte – Modelle – Perspektiven, hrsg. von Christian Dawidowski und Dieter Wrobel, Baltmannsweiler: Schneider Verlag Hohengehren, S. 18–36, hier S. 25.

eigenen Wissen über Interkulturalität können die Schüler*innen folglich „Spielräume des Auch-Anders-Denkbaren"[17] eruieren.

4. Didaktisch-methodische Konkretisierungen

Ausgehend von den didaktischen Überlegungen können unterschiedliche methodische Zugriffe im Deutschunterricht genutzt werden. Die nachfolgenden Ideen sind nicht als chronologisch abzuarbeitende Unterrichtseinheit, sondern als praxisbezogene Anregungen zu verstehen.

Als Einstieg in die Unterrichtsreihe lässt die Lehrkraft am Beispiel des Covers des Romans die Schüler*innen selbstständig – ohne Lehrer*innenintervention – über TaskCards sammeln, was sie mit dem Titel *Dazwischen: Ich* assoziieren. Die digitale Plattform eignet sich, um auch während der darauffolgenden Unterrichtsstunden einen methodischen Rückbezug und eine Weiterentwicklung der eigenen Überlegungen zu gewährleisten. Das Ziel des Einstiegs ist es, ein sensibles Bewusstsein über die Vielfältigkeit des Verständnisses für interkulturelle Identitätsprozesse zu initiieren, indem die Schüler*innen ausgehend von den verschiedenen Assoziationen eigenständig problematisieren, dass Interkulturalität nicht eindeutig zu bestimmen ist.

Ausgehend von den Assoziationen können die Schüler*innen im Rahmen von anschließenden handlungs- und produktionsorientierten Arrangements[18] lernen, ihre vorab festgehaltenen subjektiven Imaginationen über das Dazwischen zu erweitern.

Baustein: Die Erzählperspektive bestimmen→ *Kap. 2, S. 14–21 | Kap. 6, S. 76–77 | Kap. 7, S. 82–88*
Arbeitsauftrag: Bestimme die Erzählperspektive. Schau dabei genau im Text nach, welches Personalpronomen benutzt wird. Erläutere an einem von Dir ausgewählten Textbeispiel, welche Wirkung die Erzählperspektive auf die Darstellung von Madinas Identitätsprozess hat.

Zu Beginn der Unterrichtseinheit bestimmen und reflektieren die Schüler*innen am Beispiel verschiedener Textstellen zunächst in Einzelarbeit, welche Erzählperspektive vorliegt und welche Funktionen die Perspektive hat. Je nach analytischer Stärke untersuchen sie im Kontext einer inhaltlichen Differenzierung un-

---

17 Hofmann und Patrut, Einführung in die interkulturelle Literatur [Anm. 13], S. 15.
18 Vgl. Günter Waldmann, 2004, Produktiver Umgang mit Literatur: Didaktischer Kunstgriff oder strukturell geforderte Form des Literaturverstehens? – Zur Entstehung eines Konzepts, in: Zeitzeugen der Deutschdidaktik, hrsg. von Werner Schlotthaus und Jörn Stückrath, Baltmannsweiler: Schneider Verlag Hohengehren, S. 104–118.

terschiedliche Textstellen, damit jede*r Schüler*in die Merkmale der Erzählperspektive benennen kann. In einem Plenumsgespräch sollten die Schüler*innen dann feststellen, dass mittels der autodiegetischen Erzählperspektive die Rezipient*innen erstens einen Einblick in die Gefühlslage und Gedanken der Hauptfigur bekommen und Madinas Introspektion die Darstellung des interkulturellen Identitätsprozesses beeinflusst. Zweitens arbeiten die Schüler*innen in einem Plenumsgespräch an formalästhetischen Textmerkmalen (wie den Haaren) heraus, wie Geschlechtervorstellungen aus Madinas Perspektive konstruiert werden. Damit nähern sie sich der literarischen Konstruiertheit der Geschlechternormen im Einklang mit der Differenzkategorie *Herkunft* an.

Baustein: Aus der Erzählperspektive des Vaters weiterschreiben→ *Kap. 7, S. 86 | Kap. 11, S. 153–154 | Kap. 13, S. 160–161*

Arbeitsauftrag: Schreibt den Konflikt aus der Erzählperspektive des Vaters weiter und reflektiert, wie sich der Vater fühlen könnte oder wovor er Angst hat.

Nachdem die Schüler*innen erkannt haben, dass aufgrund der autodiegetischen Erzählperspektive der interkulturelle Identitätsprozess einseitig dargestellt wird, sollen die Schüler*innen in dieser Unterrichtsstunde einen Tagebucheintrag verfassen. Aus der (reflektierten) Distanz und der Erkenntnis einer eingeschränkten und subjektiven Erzählperspektive können die Schüler*innen je nach Kompetenzgrad Konfliktsituationen entweder aus einer anderen Figurenperspektive weiterschreiben oder szenisch darstellen. Die methodische Differenzierungsmaßnahme soll es allen Schüler*innen ermöglichen, das Wechsel- und Abhängigkeitsverhältnis von Erzählperspektive und Differenzkategorien (*Geschlecht* und *Herkunft*) zu erarbeiten. Hier würde sich besonders der Vater anbieten, um Konfliktsituationen und einseitige Ansichten aufgrund der autodiegetischen Erzählperspektive von Madina aufzubrechen. Zum Beispiel kann aus der Perspektive des Vaters reflektiert werden, warum er sich auf seine konservativen Werte gegenüber Frauen stützt oder welche Ängste er als Migrant hat. Die vorgestellten Texte werden bei TaskCards hochgeladen, um verschiedene Sichtweisen auf Geschlechts- und Herkunftsvorstellungen zu sammeln und gegenüberzustellen.

Baustein: Interethnische Begegnungen und interkulturelle Konflikte szenisch nachspielen→ *Kap. 11, S. 129–144 | Kap. 13, S. 174–180 | Kap. 19, S. 258–262*

Arbeitsauftrag: Bildet bitte 8er-Gruppen. Besetzt innerhalb Eurer Gruppe jedes Gruppenmitglied mit einer der folgenden Rollen: Madina, Vater und Mutter von Madina, Amina, Rami, Laura, Lauras Mutter und Markus. Überlegt Euch eine mögliche Gestik und Mimik für die Konfliktsituation, um die Gefühle und Gedanken Eurer Figur darzustellen. Notiert

> vorab mögliche Gedanken und Streitpunkte schriftlich. Präsentiert danach das Streitgespräch vor der Klasse.

Um die Multiperspektivität der interkulturellen Vorstellungen differenzierter als in der Einstiegsphase in den Blick zu nehmen, bietet sich zur Förderung der literarischen Kompetenz neben dem Weiterschreiben einer Textstelle auch das bereits erwähnte szenische Spiel an. Um die Perspektiven der Figuren (Vater, Mutter, Tante Amina, Rami, Lauras Mutter, Laura oder Markus) einzunehmen, können die Schüler*innen sich vorab in einer kurzen, assoziativen produktiven Schreibphase überlegen, was die Figuren während der Konfliktsituationen denken und wie sie handeln würden.

Für das szenische Spiel würde sich der Streit in Madinas Familie bezüglich der Teilnahme an Lauras Geburtstagsfeier anbieten. Der Vergleich der Standpunkte kann die Sorge der Eltern und auch die eingeschränkte Sicht von Madina auf ihr eigenes Vergnügen offenlegen. Lauras Familie kann wiederum ihr geschlechtsspezifisches, freiheitsliebenderes Denken artikulieren. Das Ziel der Durchführung des szenischen Streitgesprächs ist es, die verschiedenen geschlechter- und herkunftsspezifischen Facetten aufzudecken, um die Gefühle und Gedanken der Figuren zu vergegenwärtigen. Ebenso können die Schüler*innen durch die verschiedenen Figurenperspektiven – sowohl während des Umschreibens des Textes als auch beim szenischen Streitgespräch – fremde Sichtweisen antizipieren und mit ihren Vorstellungen abgleichen, um nicht bekannte geschlechtsspezifische Vorstellungen von Migrant*innen zu erahnen und die eigenen Vorurteile, also die *Vor*verurteilung über geschlechter- und herkunftsspezifische Vorstellungen, zu beurteilen. Jedes Dokument kann bei TaskCards eingefügt werden, sodass die Schüler*innen am Ende der Unterrichtseinheit einen Überblick haben.

> **Baustein:** Was haben wir mit Madina gelernt? Reflexion und Beurteilung des interkulturellen Identitätsprozesses

Das Ziel der handlungs- und produktionsorientierten Arrangements ist es, dass die Schüler*innen in einem abschließenden Plenumsgespräch mit Bezug auf ihre anfangs formulierten Assoziationen, ihre geschriebenen Texte in TaskCards oder ihre Ergebnisse aus dem szenischen Streitgespräch erkennen, wie geschlechter- und herkunftsspezifische Vorstellungen in interethnischen Begegnungskontexten sich gegenseitig beeinflussen. Die Lehrkraft sollte sich zur Förderung der Reflexionskompetenz der Schüler*innen im Plenumsgespräch zurückhalten, damit die Schüler*innen selbstständig lernen, literarische Konstruktions- und Wechselverhältnisse in interkulturellen Identitätsprozessen abschließend zu beurteilen. Bei zurückhaltenden Meldungen kann die Lehrkraft über erzählstimulierende Impulse – wie „*was habt ihr zuvor vom Roman erwartet und was habt ihr im Streitgespräch oder während des Weiterschreibens der Texte feststellen können?*" – die Diskussion anregen.

5. Schlussfolgerungen

Das Ziel der Unterrichtsreihe sollte es sein, als Schüler*in eigenständig zu erkennen, dass es sich bei Madina um eine literarische Exempelfigur handelt, die keinen repräsentativen Einblick in interkulturelle Identitäts- und interethnische Begegnungsprozesse von Migrant*innen gibt. Die Räume des Dazwischen eröffnen vielmehr „verschiedene Wege zu einer Antwort"[19], indem die Schüler*innen die adoleszenten Räume des Dazwischens im Sinne der responsiven Literaturdidaktik als hermeneutisch unvollständiges Bedeutungsreservoir betrachten. In der Auseinandersetzung mit dem Text lernen sie, ihre eigenen und fremden Vorstellungen von interkulturellen Identitätsprozessen stetig neu zu verhandeln. Madina bietet damit eine sukzessive Annäherung an Vorstellungen über Interkulturalität und Migrationserfahrungen.

---

[19] Nicola Mitterer, 2016, Das Fremde in der Literatur: Zur Grundlegung einer responsiven Literaturdidaktik. Bielefeld: transcript, S. 273.

Ein Buch für einen König, ein Buch für eine Königin!

Literatur als (interkulturelle) Selbstermächtigung

Kristina Kocyba

1. Der Doppelroman *Im Bauch der Königin*[1]

Karosh Tahas 2020 erschienener Roman *Im Bauch der Königin* führt in eine Welt Jugendlicher, die kurz vor dem Abitur stehen und mit der Frage konfrontiert sind, wohin ihr Weg gehen soll.[2] Dabei spielen nicht nur ihre individuellen Pläne und beruflichen Ziele eine Rolle, sondern auch ihr Beziehungsstatus und insbesondere ihr Verhältnis zu den Eltern. Denn der gelungene Schritt in die eigenverantwortete Selbstständigkeit hängt für Amal, die weibliche Protagonistin, und Raffiq, den männlichen Protagonisten, ganz wesentlich davon ab, sich Klarheit über die eigene Familiengeschichte zu verschaffen. Ihrem Aufbruch in die Welt der Erwachsenen geht eine schmerzhafte Neubewertung des familialen Verbundes und ihrer eigenen Position darin voraus. Um diesen Prozess literarisch zu ergründen, bietet der Roman eine innovative Struktur, indem das skizzierte Szenario einmal aus der Warte einer jungen Frau, einmal aus der eines jungen Mannes durchlebt wird. Dabei handelt es sich jedoch nicht um dieselbe Geschichte, die aus zwei unterschiedlichen Perspektiven erzählt wird, sondern um Varianten eines ähnlichen fiktionalen Szenarios.

Amal lebt mit ihrer Mutter und ihrem kleinen Bruder Baran zusammen. Der Vater hat die Familie vor Jahren verlassen und ist in den Irak zurückgekehrt, um dem sozialen Abstieg in Deutschland zu entfliehen und an sein erfolgreiches Leben als Architekt wieder anzuknüpfen. Für Amals Mutter war dieser Weg zurück keine Option; gleichzeitig leidet sie darunter, die Verlassene zu sein, und sucht mehr und mehr Trost in der Religion. Wenngleich sie ihrer Kinder zuliebe in Deutschland geblieben ist, ist das Verhältnis zueinander belastet. Reibungen

---

[1] Für diese Form multiperspektivischen Erzählens erscheint der Begriff ‚Doppelroman' weniger missverständlich als der Begriff ‚Wenderoman', da damit auch s.g. ‚Wende-Literatur' (im Zusammenhang mit der politischen Wende 1989/90) bezeichnet wird.

[2] Es bietet sich daher an, den Roman mit Schüler*innen, die einen vergleichbaren Schritt antizipieren, zu behandeln, also ab Jahrgangsstufe 9. Charakteristisch für den Adoleszenzroman werden auch in diesem Buch Themen wie Identitätssuche, erste sexuelle Erfahrungen oder die Bewältigung von Lebenskrisen thematisiert. Als altersübergreifender Erzähltext kann der Roman zur s.g. Crossover- oder All-Age-Literatur gezählt werden.

entstehen vor allem zwischen der Mutter und Amal, die den mütterlichen Vorstellungen einer schönen und folgsamen Tochter nicht entspricht. Denn Amal ist ein „Mogli-Mädchen"[3]: Sie legt keinen Wert auf stereotype weibliche Attribute wie Gefälligkeit und Schönheit, prügelt sich mit Kontrahent*innen und träumt davon, die Freiheiten eines Jungen genießen zu können. Ihr engster Freund ist Younes, Sohn von Shahira, zu dem sie eine tiefe, freundschaftliche Liebe verspürt, und der wie auch sie darunter leidet, dass der Vater die Familie verlassen hat. Am Ende dieser Erzählung macht sich Amal alleine auf den Weg nach Kurdistan, um den Vater und seine neue Familie aufzusuchen und sich Gewissheit über ihre eigenen Gefühle und die des Vaters zu verschaffen.

Auch in der parallelen Erzählung taucht das Mädchen Amal wieder auf, in einer ähnlichen, aber doch neuen Konstellation. Hier tritt sie genau als Gegenbild auf: Sie ist eine geschminkte junge Frau mit einem festen Freund, den sie jedoch bereit ist, zu verlassen, um nach dem Abitur ein Jahr als Au-pair in den USA zu verbringen. Während sie in der einen Erzählung als Haupt- und Erzählerfigur auftritt, ist sie in dieser Erzählung nur eine Nebenfigur. Ich-Erzähler ist ihr Freund Raffiq, wobei die Liebesbeziehung mit Amal nur einen Nebenstrang darstellt. Denn diese Erzählung kreist um die Freundschaft zwischen den Schülern Raffiq und Younes und ihrer Ablösung von der Familie: Während seine Eltern die Rückkehr in den Irak erwägen, entscheidet sich Raffiq für ein erfolgversprechenderes Leben in Deutschland. Younes wiederum erlebt eine andere Form der Probe, nämlich die Verabschiedung von seinem idealisierten Vaterbild, das er sich durch die Abwesenheit seines leiblichen Vaters über die Jahre hinweg aufgebaut hat. Am Ende starten die beiden Freunde gemeinsam in ihr Erwachsenenleben, indem sie in Frankfurt eine WG gründen.

Ein gemeinsamer Angelpunkt dieser zwei in einem Buch zusammengefassten Narrative ist Shahira: Stets als Mutter von Younes, wobei dieser – wie soeben aufgezeigt – in den beiden Texten als jeweils unterschiedlich konzipierte Figur auftritt. Sie ist die titelgebende Königin, aus deren Innerstem, ihrem Privat- und Intimleben, sich die Geschichten entspinnen. Denn um die attraktive und ihre Sexualität frei auslebende Frau ranken sich die Gerüchte der Nachbarschaft. Aus dem Gerede, so könnte man abstrahieren, entstehen Geschichten, aus den Geschichten die zwei vorliegenden Narrative. Aber auch außerhalb dieses literarischen Kosmos kommt Shahira eine wichtige Bedeutung zu. Sie steht in intertextueller Beziehung zu Scheherazade aus *Tausendundeine Nacht*, die mittels Erzählens das eigene sowie das Leben vieler Frauen rettet. Zudem ist Scheherazade auch ein Sinnbild für Autorschaft, und insbesondere weiblicher Autorschaft, die sich in Konkurrenz zum männlich dominierten Literaturbetrieb erst durchsetzen muss und dabei mit Blick auf (weibliche) Sexualität zu einer neuen Sprache

---

3 Karosh Taha, 2020, Im Bauch der Königin, Köln: DuMont, S. 10, 11, 12, 27, 30, 64, 113, 114 u. 256. [Teil Amal]

findet.⁴ Das innovative narratologische Modell Tahas forciert diesen Ansatz, indem die Geschichten überborden, den ihnen zugewiesenen Raum zwischen den Buchklappendeckeln ausweiten. Anstelle *eines* Anfangs und *eines* Endes erhalten wir zwei Anfänge und zwei (offene) Enden; deutlicher können die Fäden zum Weiterspinnen von Geschichten nicht ausgelegt werden.

2. Clash of Cultures oder Clash of Generations?

Die wissenschaftliche Diskussion um den Begriff Interkulturalität wie auch sein Transfer in den allgemeineren, gesamtgesellschaftlichen Diskurs dauert bereits mehrere Jahrzehnte an und ließ, vergleichbar mit dem zugrundeliegenden Kulturbegriff, unterschiedliche Konzeptionen hervortreten.⁵ So dominiert heute, abgesehen von regressiven Gegenentwürfen, ein Verständnis von Kultur, das sich von einem ‚engen‘, homogenen und exklusiven zu einem ‚weiten‘, durchlässigen und inklusiven entfaltet hat. Diese Tendenz kulminiert in Aleida Assmanns Aussage „Kultur ist alles, was vom Menschen gemacht ist."⁶ Folglich verläuft auch der Vergleich von Kulturen, wie er dem Begriff Interkulturalität eingeschrieben ist, heute weniger konfrontativ. Vielmehr untersucht man Diskurse (etwa aus dem Themenfeld Gender), die alle Kulturen durchziehen, aber in unterschiedlichen und sich verändernden Ausprägungen.⁷ In der theoretischen Debatte besteht gegenwärtig die Herausforderung, Kulturalität als Analysekategorie von kulturalistischen Tendenzen zu befreien und damit ihre Anwendbarkeit zu erhalten. Aber nicht nur das theoretische Verständnis, was nun unter Interkulturalität zu verstehen ist, ändert sich, sondern auch die sozialen und institutionellen Praktiken. So hat sich beispielsweise der Umgang mit Mehrsprachigkeit in der Schule stark gewandelt, von der Zurückweisung zur Anerkennung und Förderung von Herkunftssprachen.

---

4 Vgl. einschlägig Gabriele Schulz, Carolin Ries und Olaf Zimmermann (Hrsg.), 2016, Frauen in Kultur und Medien. Ein Überblick über aktuelle Tendenzen, Entwicklungen und Lösungsvorschläge, Berlin: Astov-Druck sowie Nicole Seifert, ²2021, Frauenliteratur. Abgewertet, vergessen, wiederentdeckt, Frankfurt am Main: Kiepenheuer & Witsch.
5 Zur Geschichte des Kulturbegriffs vgl. z. B. Petra Buchwald und Kerstin Göbel, 2017, Interkulturalität und Schule. Migration – Heterogenität – Bildung, Paderborn: Ferdinand Schöningh, hier S. 60–72.
6 Aleida Assmann, ³2011, Einführung in die Kulturwissenschaften. Grundbegriffe, Themen, Fragestellungen, Berlin: Erich Schmidt Verlag, S. 19.
7 Vgl. auch den in der Forschung zu Interkulturalität vertreten Ansatz, wonach Kultur als zentrale Differenzkategorie zugunsten eines dynamischen und interaktiven Kulturbegriffs abgelehnt wird. Vgl. Nazli Hodaie, 2020, Interkulturalität in der Kinder- und Jugendliteratur, in: Handbuch Kinder- und Jugendliteratur, hrsg. v. Tobias Kurwinkel u. Philipp Schmerheim, Stuttgart: Metzler, S. 322–333.

Taha, die selbst Geschichte und Englisch studiert und im Ruhrgebiet als Lehrerin gearbeitet hat, präsentiert in ihrem Roman eine Gruppe Jugendlicher, deren Eltern teils in Deutschland, teils im Ausland geboren wurden. Die Migrationserfahrung wirkt sich jedoch vielmehr auf das Leben der Eltern und das Verhältnis zu ihren Kindern aus als auf die Beziehungen zwischen den Jugendlichen, wie sich bspw. an der Figur Jenny aufzeigen lässt. In Raffiqs Erzählung fungiert Jenny als wertvolle ‚Informationsquelle', um mehr über Amals Pläne nach dem Abitur herauszubekommen und diese möglicherweise zu vereiteln.[8] Jenny und Raffiq sind lose befreundet, gehören zur gleichen Clique, unabhängig von Jennys Annahme, dass „Raffick" (sie spricht seinen Namen falsch aus) im Irak geboren sei. Auch wenn sie die Lebenssituation ihres in Deutschland geborenen Freundes nicht vollständig erfasst, zeigt sich an ihrer Aufregung um seine ‚Rückkehr' ihre emotionale Nähe und Verbundenheit:

> „Stell dir vor, deine Eltern wandern irgendwohin aus und du musst mit." Jetzt schaut sie mich mit aufgerissenen Augen an. Der Mund zwei Winkel, die nach unten zeigen. Sie schluckt schwer. „Raffick, musst du zurück?" „Zurück? Jenny, ich bin hier geboren." „Ja, du weißt, was ich meine." „Ich bin kein scheiß Fisch, der ins Wasser muss." „Raffick, musst du zurück?" „Zurückzurück! Was soll der Scheiß? Du klingst ja wie mein Vater! Genauso behindert klingst du, Jenny." [...] „Ist gut, Raffick, ich hab dich verstanden." Jenny legt eine Hand auf meine, sie ist warm und weich. Ich würde gerne meinen Kopf auf ihre Schulter legen, Jenny kann bestimmt gut trösten.[9]

Es sind also nicht die Jugendlichen, die zwischen den Kulturen zerrissen sind (sie leben selbstverständlich in ihrem deutschen Schulalltag und in ihren mehr oder weniger kurdisch geprägten Familien), sondern die Eltern. Dieser Riss kann auch deswegen nicht heilen, weil die Eltern, insbesondere die Väter, unter dem sozialen Abstieg und der kontinuierlich erfahrenen Diskriminierung, vor allem am Arbeitsplatz, leiden. Beispielhaft hierfür ist der herabwürdigende Umgangston, dem Raffiqs Vater gegenüber seinem Chef ausgesetzt ist:[10]

---

8 Vgl. Taha, *Im Bauch der Königin*, S. 70–73. [Teil Raffiq]
9 Ebd., S. 71 f. [Teil Raffiq]
10 Sowohl bei Raffiq wie auch bei Amal verursacht der gescheiterte Spracherwerb der Väter eine Kluft zwischen den Generationen: „Einer der Gründe, warum Vater nach Kurdistan zurückkehrte: Ich [Amal] half ihm bei den Hausaufgaben, weil er die Abendschule besuchte, sein Abschluss wurde nicht anerkannt, und damals fand ich es lustig, meinem Vater bei den Hausaufgaben zu helfen, aber jetzt, wenn ich so daran denke – wer hilft denn seinem Vater die Hausaufgaben zu machen, und kann ihn im nächsten Moment ernst nehmen, wenn er meint, man solle auf sein Zimmer gehen, warum durfte jemand mir sagen, was ich machen oder lassen soll, wenn er nicht verstand, dass es das Mädchen und nicht die Mädchen heißt? Ich erzähle Younes, es muss traurig gewesen sein, mein Vater zu sein: Es war, als hätte er sein früheres Leben nur geträumt, weißt du. Als hätte er das alles nie geschafft.", Taha, *Im Bauch der Königin*, S. 72. [Teil Amal]

> Sein Chef, Herr Bauer, führt mich zu ihm, sagt, dass mein Vater einer seiner besten Arbeiter ist. [...] Herr Bauer ruft nach meinem Vater, wedelt ihn mit der Hand her. Wenn er das noch einmal macht, klatsche ich ihm eine. „Herr Khalid! Kommen! Sohn da." Ich schaue zu Herrn Bauer, der plötzlich angefangen hat, wie ein Spacko zu reden. Vater kommt lächelnd auf uns zu, klopft mir auf die Schultern: „Raffiq, mein großer Sohn." „Sohn werden später fleißig wie Herr Khalid", meint der Chef. Alter, Sohn boxen Ihnen gleich in den Sack. Er erlaubt meinem Vater eine zehnminütige Pause, ist großzügig. „Ohne Herrn Khalid läuft der Laden nicht", sagt er zu mir, aber so laut, dass es nicht ernst gemeint sein kann.[11]

Während Raffiqs Vater diese tägliche Erniedrigung noch ertragen muss, um seinen Arbeitsplatz nicht zu verlieren (nicht ohne Grund setzt sich am Ende seine Idee der Rückkehr nach Kurdistan durch), ist sein Sohn dieser Form der Diskriminierung entwachsen. Wie sich sein Vater aus dieser belastenden Lebenssituation zu retten versucht, stellt jedoch für den Sohn keine Lösung dar: „In Kurdistan werde ich das, was du hier bist."[12] Die Geschichte um Raffiq wie auch Amal ist damit in der postmigrantischen deutschen Gesellschaft angesiedelt, wo zumindest für die jüngere Generation Zugehörigkeit und Zusammenhalt nicht (nur) über die Herkunft ausgemacht werden. Angewandt auf Tahas Roman würde der von der deutschen Theatermacherin und Intendantin des Maxim Gorki Theaters Shermin Langhoff geprägte Begriff der postmigrantischen Gesellschaft darauf zielen, Jennys Deutschsein und Raffiqs Deutschsein als eine gemeinsame Identität zu betrachten. Entsprechend neue Narrative müssten erzählt werden – ein Ansatz, der vom Theater auf die Literatur übertragbar ist. Langhoff schreibt:

> Es scheint mir einleuchtend, dass wir die Geschichten der zweiten und dritten Generation anders bezeichnen. Die stehen im Kontext der Migration, werden aber von denen erzählt, die selber gar nicht mehr gewandert sind. Eben postmigrantisch. [...] Ästhetisch war die alte migrantische Kulturproduktion sehr mit dem Begriff der Betroffenheit verbunden [...]. Es war oft ein Erzählen über das Ankommen in der neuen Umgebung und die Traumata der Migration. Für die zweite und dritte Generation stellt sich vieles heute anders dar und manches ist teilweise überwunden.[13]

In Anbetracht dieser Beobachtungen stellt sich also die Frage, wie sinnstiftend das Konzept der Interkulturalität für diese Generation Jugendlicher ist, und ob es nicht eine Spaltung projiziert, wo keine mehr ist. Denn die wesentliche Konflikt-

---

11 Ebd., S. 60 f. [Teil Raffiq]
12 Ebd., S. 93. [Teil Raffiq] Weiter heißt es: „Mehr sage ich nicht. Ich rede nicht vom Scheitern; mein Vater weiß, was an diesem Satz hängt, und der Satz liegt wie eine Leiche in unserem Wohnzimmer, wir starren alle auf sie [...]."
13 Shermin Langhoff, 2009, Wir inszenieren kein Getto Theater, in: taz vom 18.04.2009, o.S. https://taz.de/!674193/(April 2021).

linie, so viel wird im Roman deutlich, verläuft zwischen den Generationen, nicht den Kulturen.

3. Familienbilder und Geschlechterrollen als Bausteine einer Didaktisierung

Für die Eltern von Raffiq und Amal sind Fragen der kulturellen Differenz viel virulenter als für ihre Kinder. Dies betrifft nicht nur Gewohnheiten des alltäglichen Lebens, wie beispielsweise Gerichte, für die die richtigen Gewürze aus dem Ausland eingeflogen werden müssen, sondern auch sensible Themen, wie etwa Sexualität bzw. die Aufklärung darüber. Dabei arbeitet der Roman insbesondere mit der Figur Shahira weiblicher Stereotypenbildung entgegen, indem sie ihre Sexualität frei, polyamor und sinnlich erlebt.[14] Ist sie für viele erwachsenen Figuren im Roman anstößig, reagieren die Jugendlichen ambivalent: Teils übernehmen sie die abschätzige Haltung ihrer Eltern, teils befreunden sie sich mit der ungewöhnlichen Frau. Für die unterdrückten Wünsche und Fragen der Jugendlichen bietet Shahira eine willkommene Projektionsfläche jugendlichen Begehrens (das z. T. in einer sehr direkten Sprache Ausdruck findet), während von den Eltern Sexualität tabuisiert bzw. diffamiert wird. Exemplarisch hierfür ist die Textstelle, in der Raffiqs Vater seinem Sohn aus *Tausend und eine Nacht* vorliest, Passagen daraus übersetzt und explizite Inhalte zu übergehen versucht. Die darin geschilderte Sexualität wird als ‚schmutzig' und sündhaft verworfen:

> Sei vorsichtig mit den Frauen, sagte mein Vater grinsend, als er eine Geschichte aus *Tausendundeine Nacht* zu Ende erzählt hatte. Früher erzählte er mir aus alf leila wa leila. Manchmal saß er mit der arabischen Version in der Hand vor mir und übersetzte. An einigen Stelle wurde er ganz still.
> „Erzähl doch bitte." Er sagte immer: „Sie fordert ihn auf, dreckige Dinge mit ihr zu machen." „Was sind dreckige Dinge?" „Wenn fremde Frauen und Männer zusammen sind und sich näher kommen, dann sind das dreckige Dinge. Dann machen sie sich schuldig", erklärte er.[15]

Gerade mittels der Figur Raffiq und seiner Beziehung zu Shahira und Amal zeigt Taha unterschiedliche Sprechweisen über Sexualität auf, die sowohl von einem ta-

---

14 Insgesamt, auch mit Blick auf kulturelle bzw. ethnische Zuschreibungen, arbeitet der Roman Stereotypisierungen und damit auch einer Kulturalisierung entgegen. Zum Problem der Kulturalisierung im Deutschunterricht vgl. z. B. Heidi Rösch, 2017, Deutschunterricht in der Migrationsgesellschaft. Eine Einführung, Stuttgart: Metzler, S. 125.
15 Taha, *Im Bauch der Königin*, S. 25. [Teil Amal]

buisierten wie auch pornographischen sowie sinnlich-liebevollen Umgang damit zeugen.[16]

Eng verknüpft mit dieser Thematik sind Geschlechterrollen, welche in ihrer vermeintlichen Eindeutigkeit und vor allem negativen Beeinflussung unterschiedlich hinterfragt werden. Da ist zum einen Shahira, eine Frau, die vorläufig als „eine andere Spezies"[17] bezeichnet wird, weil schlichtweg die Begriffe für eine Frau fehlen, die ungebunden und leidenschaftlich ihre Sexualität mit verschiedenen Partnern genießt. Und da ist, wie eingangs erwähnt, Amal, das „Mogli-Mädchen"[18], dessen Verhalten und Äußeres traditionalistischen Vorstellungen von Weiblichkeit zuwiderlaufen:

> [...] [M]eine Mutter schämt sich, und das vereinfacht nichts; sie schämt sich, weil ich mit Younes befreundet bin, und sie schämt sich, weil ich ein Mädchen bin, und sie schämt sich, dass ich kein Mädchen bin, und sie ist auch irritiert, als wäre sie so blöd wie die anderen Leute und nicht meine Mutter, und sie sagt immer, ich solle nicht mit Younes Zeit verbringen, als klebte Pech an Younes [...].[19]

Mit ihren kurzen Haaren, unlackierten Nägeln und der legeren Kleidung entzieht sich Amal der Sexualisierung,[20] wie sie im familiären und schulischen Alltag unreflektiert eingeübt und von der braven, schönen Mitschülerin Sanye verkörpert wird. Aber anstatt auffallen und gefallen zu wollen, sehnt sich Amal nach einem Leben als Junge. Das bedeutet für sie, frei und unbehelligt ihren Weg gehen zu können:

> Ich stelle mir vor, ein Junge zu sein. [...] Ich bin ein Junge und gehe durch die Straßen und kann im Dunkeln nach Hause laufen, und die Frauen fragen mich nicht, wie es meiner Mutter geht, und sie sagen mir nicht, als großes Mädchen helfe ich meiner Mutter bestimmt im Haushalt, und Männer ignorieren mich, und ich kann einfach durch die Straßen gehen.[21]

Während sich Amals Mutter sehr an ihrer Tochter stößt, verbindet Amal und Younes eine enge, meist stille, manchmal auch turbulente Freundschaft. Als

---

16 Vgl. z. B. Raffiqs unverblümte eigene Wiedergabe einer Geschichte aus *Tausendundeiner Nacht*, seine laszive Beschreibung Shahiras sowie seine zärtliche Annäherung gegenüber Amal. Ebd., S. 26f., 82f. und 96f. [Teil Raffiq]
17 Ebd., S. 83. [Teil Raffiq]
18 Vgl. Anm. 3.
19 Taha, *Im Bauch der Königin*, S. 47. [Teil Amal]
20 „Der rote Lack sieht wie Flecken an meinen Fingern aus. Meine Nägel sind zum Kratzen da, sie haben eine Funktion, aber sie gehören nicht dekoriert, absurd, die rote Farbe betont die klumpigen Fingerspitzen." Ebd., S. 71. Umgekehrt die unverhohlene Freude der Mutter, als die Tochter eines Tages im Supermarkt einen Nagellack kauft: „Sie lächelt mich an [...] – endlich hinterlässt die Zivilisation Spuren bei dem Mogli-Mädchen, denkt sie." Ebd., S. 64. [Teil Amal]
21 Ebd., S. 80. [Teil Amal]

Amal eines Tages unerwartet in Shahiras weibliche Welt eintauchen darf und von ihr geschminkt wird, reagiert Younes wütend.[22] Aber auch gegenüber Younes gibt Amal ihre selbstbewusste Haltung unmissverständlich zum Ausdruck und fordert einen Umgang auf Augenhöhe; exemplarisch hierfür kann folgende Szene stehen:

> Ich habe meine Tage, ich will nicht schwimmen, sage ich ihm, erinnere ihn daran, dass ich einen anderen Körper habe, fordere ihn auf, an mir herunterzuschauen. Ich schwimme, sagt er, geht und dreht sich um, und du guckst zu. Ich laufe ihm nach. Wenn er das noch einmal macht, dieses Vorgehen, sich Umdrehen und mir Sagen, was ich zu tun habe, dann schlage ich ihn wieder [...].[23]

Amal gelingt es, ihre Wut zu zügeln und Gewalt zu vermeiden: „Younes, du kannst nicht so mit mir reden, sage ich ihm. Er legt seinen Arm um meinen Nacken. Sollte meine Mutter uns so sehen, wird sie mich heute Abend dafür ausschimpfen [...]."[24]

Stellt Amal mit ihrem Äußeren und Verhalten das Genderstereotyp weiblicher Gefälligkeit und Unterordnung bereits im deutschen Kontext in Frage – schließlich irritiert sie damit nicht nur ihre Mutter, sondern auch Klassenkameradinnen bis hin zur Schuldirektorin –, so verstärkt sich dieser Effekt bei ihrem Besuch ihres Vaters in Kurdistan. Schon vor der Reise warnt ihre Mutter sie, „keine Männer anzulächeln, dort bedeuten diese Kleinigkeiten etwas".[25] Aber bereits ihre kurzen Haare und die Tatsache, dass sie in der Öffentlichkeit raucht, sorgen bei ihrem Cousin, der sie anstelle ihres Vaters abholt, für Aufmerksamkeit: „Du rauchst, sagt er, nimmt den Koffer [...]. Onkel hat erzählt, dass du dir mal als Kind die Haare wie ein Junge geschnitten hast, sind die nicht mehr nachgewachsen?"[26] Ein wenig später an einer Tankstelle starrt der Verkäufer Amal an: „Er habe wahrscheinlich noch nie ein Mädchen mit so kurzen Haaren gesehen, sagt mein Cousin, entschuldigt den Mann."[27] Kurz darauf fragt Amal ihren Cousin, ob sie im Auto rauchen dürfe; dieser weist diese Idee als für Frauen anstandslose Tätigkeit ab:

> Mädchen sollten lieber nicht rauchen. Warum nicht, frage ich ihn. Das sieht unanständig aus, sagt er, und ich ergänze: so ein Ding im Mund zu haben, daran zu saugen und zu pusten, die Lippen zu kräuseln und den weißen, formlosen Rauch auszuhauchen. Er sagt, das machen bestimmte Frauen. Ne-sakini, sagt er. Eine ungehaltene,

---

22 „Und Shahira erlaubte mir, alles anzufassen, alles in die Hand zu nehmen, es zu befühlen, die Leichtigkeit der Gegenstände, in denen Zauberkraft stecke, sagte sie, und sie bot mir die Döschen, Tuben und Phiolen und die Pinsel und Stifte und die schweren Flakons an [...]". Vgl. ebd., S. 62–65, hier S. 62. [Teil Amal]
23 Taha, *Im Bauch der Königin*, S. 87. [Teil Amal]
24 Ebd. [Teil Amal]
25 Ebd., S. 95. [Teil Amal]
26 Ebd., S. 96. [Teil Amal]
27 Ebd., S. 97. [Teil Amal]

eine ungeduldige, eine nicht wartende Frau. Wenn ich rauche, bin ich eine Frau, die man nicht halten kann."[28]

Ungeachtet dieser vom Cousin auferlegten Einschränkungen erhofft sich Amal von ihrer Reise nach Kurdistan eine persönliche Befreiung. Sie glaubt, ohne ihre Familie und Freunde aus Deutschland sie selbst sein zu können – „auch wenn ich noch nicht weiß, wie ich bin."[29] Aber auch im neuen, prunkvollen Zuhause ihres nun wieder beruflich erfolgreichen Vaters stößt sie auf Widerstand. Ihre drei Stiefschwestern begrüßen sie scherzend als Bruder „und alle schauen mich an und lachen".[30] Es geht so weit, dass Shermin, die älteste Stiefschwester, Amal als ‚Jungen' süß findet und sich darüber freut, die Nacht mit einem Mann im Bett zu verbringen.[31] Gleichzeitig kommt Amal nicht umhin, Shermin sympathisch zu finden und sie glaubt zu verstehen, warum sich ihr Vater in die Mutter dieser charmanten jungen Frau verliebt hat.[32] Die Widerstände, auf die Amal im Haus ihres Vaters wie auch in der Öffentlichkeit stößt, bestätigen sie jedoch in ihrer Individualität. Als ihre Stiefmutter sie davon abhalten will, alleine das Haus zu verlassen, hört Amal nicht auf sie: „Sie sagt, setz dich hin, wir Frauen müssen uns zurückhalten, um die Männer zu zügeln, nur ungeduldige, nur ne-sakini würden ziellos durch die Gegend laufen. [...] Ich öffne die Tür."[33] Diese Geste steht in einem Spannungsverhältnis zu dem Ende dieses Teils des Romans; Amals Weg nach draußen ist auch der Weg zurück nach Deutschland, und unerwarteterweise auch ein Weg zurück zu ihrer Mutter, die Amal nach ihrer Reise viel besser verstehen kann. Mit dem neuen ihr entgegengebrachten Verständnis scheint auch die Mutter ihrer Tochter gegenüber milder gestimmt. Der Vater aber, den Amal so vermisste und zu dem sie als Kind ein gutes Verhältnis hatte,[34] wird, weil er die Familie aus egoistischen Gründen verlassen hat, von Amal abgestraft, indem die Geschichte über ihn bewusst und nachdrücklich zu einem Ende gebracht wird: „[...] wieder fragen sie mich, wie es bei meinem Vater in Kurdistan war, und ich bleibe stehen, und ich erzähle nichts."[35]

---

28 Ebd. [Teil Amal]
29 Taha, *Im Bauch der Königin*, S. 97. [Teil Amal]
30 Ebd., S. 101. [Teil Amal]
31 Vgl. ebd., S. 103. [Teil Amal]
32 Shermin hat auch eine geheime Affäre mit Amals Cousin, den sie nicht liebt, aber begehrt. Vgl. ebd., S. 117 f. [Teil Amal]
33 Ebd., S. 121. [Teil Amal]
34 Vgl. z. B. Amals Erinnerung, dass der Vater ihr kein Spielzeug, sondern Zeit geschenkt habe. Ebd., S. 31. [Teil Amal]
35 Taha, *Im Bauch der Königin*, S. 131. [Teil Amal]

4. Methodisch-didaktische Impulse für den Literaturunterricht

Die Ausführungen zeigen, dass sich das Thema Interkulturalität im Roman bevorzugt im Verbund mit den Themen Familie und Identität behandeln lässt. Die Generation der Jugendlichen repräsentiert dabei eine postmigrantische deutsche Gesellschaft. Die teils gravierenden Sorgen der Eltern sind nicht mehr ihre Sorgen und erscheinen nur noch als Teil des allgemeinen intergenerationalen Konflikts. Für Raffiq und Amal stellt sich nicht die Frage, ob sie nach Kurdistan oder Deutschland gehören, sondern in welchem Verhältnis sie zu ihren Eltern stehen. Im Zuge dieses schwierigen und teils schmerzhaften Prozesses gelingt es jedoch der Protagonistin und dem Protagonisten, sich zu behaupten und – charakteristisch für den Adoleszenzroman – eine eigene Position zu erkämpfen. Für die Untersuchung dieses Themenkomplexes bietet es sich an, den Text (oder nur einen der zwei Teile) zu lesen und z. B. in Form einer Stationenarbeit, die Pflicht- und Wahlaufgaben beinhaltet, bearbeiten zu lassen. Schwerpunkte können Fragen zu Familienbildern, Freundschaften wie auch geschlechtlicher Identität im Roman (und ggf. darüber hinaus) sein. Dabei sollte der Vergleich des Romangeschehens mit dem eigenen Umfeld oder persönlichen Erfahrungen in Anbetracht der sensiblen Thematik nur als Angebot zu einer tieferen Auseinandersetzung formuliert werden.

Neben der Charakterisierung der Figuren, der Herausarbeitung der Figurenkonstellation und ggf. einer persönlichen Stellungnahme könnte ein Schwerpunkt auch auf der Analyse der Sprache im Roman liegen. Sprache spielt inhaltlich eine wichtige Rolle, bspw. die unterschiedlichen Sprachkompetenzen der Eltern und ihrer Kinder hinsichtlich des Deutschen und Kurdischen. Ein Grund, weshalb Raffiq nicht nach Kurdistan möchte, ist beispielsweise die Tatsache, dass er nicht als Erwachsener eine neue Sprache lernen möchte („Das ist peinlich, mit siebzehn die eigene Muttersprache zu lernen."[36]). Für Amals Mutter stellt sich die Frage, in welcher Sprache sie mit ihrer Tochter, nachdem der Vater die Familie verlassen hat, sprechen soll. Und auch Amal reflektiert ihr sprachliches ‚Dazwischen-Sein' („Ich sehe Kurdisch, ich denke Deutsch, ich spreche manche Sätze in beiden Sprachen aus") und wie eine Synthese, das „Kur-Deutsch" oder „geheilte Deutsch", klingen würde.[37] Des Weiteren kommen im Roman auch äußerst unterschiedliche Sprechweisen zum Ausdruck: die herablassende Sprache des Chefs, die Jugendsprache in der Clique wie auch die variierenden Redeweisen über Sexualität.[38]

---

36 Taha, *Im Bauch der Königin*, S. 63. [Teil Raffiq]
37 Ebd., S. 123. [Teil Amal]
38 Eine weitere Aufgabe könnte auch eine geleitete Recherche zu Kurdistan umfassen, das den Hintergrund für das Romangeschehen liefert und folglich nicht als blasses Phantasma zurückstehen sollte.

Eine kreative Möglichkeit, den Roman zu erarbeiten, stellt die Behandlung des Textes als Drehbuch dar. Die Schüler*innen werden aufgefordert, auf Grundlage des Buches eine Verfilmung zu konzipieren. Zu diesem Zweck können z. B. eine Besetzungsliste erstellt, ein Filmplakat entworfen oder ein Trailer mit dem Smartphone gedreht werden. Auch am Beispiel von Ideen für einen Soundtrack kann die Stimmung zentraler Passagen aus dem Roman eingefangen werden. Vorteile dieses handlungsorientierten Ansatzes sind, dass die Schüler*innen ihre eigene Erfahrungswelt mit der fiktiven Welt des Romans verknüpfen können. Bei der Präsentation der Haupt- und Nebenrollen können sie nicht nur auf ihre eigenen Film- oder Serienstars zurückgreifen, sondern demonstrieren durch die Begründung ihrer Wahl auch die Charaktereigenschaften der jeweiligen Figur. Diese Methode macht also nicht nur Spaß, sie setzt auch eine gewissenhafte Auseinandersetzung mit den literarischen Figuren und der Atmosphäre des Romans voraus.

Mit Blick auf das narratologische Modell des Romans bietet es sich zudem an, Erzählfäden daraus aufzugreifen und weiterzuspinnen. Für besonders engagierte Schüler*innen wäre es vorstellbar, eine dritte fiktionale Welt, also eine weitere Geschichte zu konzipieren. Daneben gibt es zahlreiche Momente und Stellen im Roman, die einen Schreibanlass bieten und weniger aufwändig umgesetzt werden können, etwa eine E-Mail Amals aus Kurdistan an ihre Mutter, ein Chat-Verlauf zwischen Amal und ihrer Stiefschwester Shermin oder eine Postkarte von Raffiqs Freundin aus ihrem Au-pair-Jahr in den USA. Auf diese Weise kann ein Perspektivwechsel eingeübt und ein Verständigungsprozess zwischen den Familien, Freunden und Paaren wie auch Kulturen und Generationen initiiert werden. Standbilder vorab können helfen, sich in die jeweilige konfliktive Konstellation und die Figur einzufühlen und aus ihrer Perspektive – sowohl inhaltlich plausibel als auch sprachlich angepasst – zu schreiben. Auf diese Weise würden auch die Schüler*innen die ermächtigende Position von Autor*innenschaft erfahren.

Fremdheit erfahren

Shaun Tans Graphic Novel *The Arrival* (2006) im Literaturunterricht der Jahrgangsstufen 9/10

Christiane Hänny und Maike Jokisch

1. Einleitung

In den vergangenen Jahrzehnten hat sich auf dem kinder- und jugendliterarischen Markt ein breites Angebot an unterschiedlich stark pädagogisch ausgerichteten Werken etabliert, die Interkulturalität zum Thema machen.[1] Fiktionale Texte eignen sich in einem besonderen Maß zur Auseinandersetzung mit fremden Kulturen, da sie – anders als Sachtexte – durch vielfache Identifikationsangebote zum Selbst- und Fremdverstehen anregen.[2] Innerhalb eines vertrauten und geschützten Rahmens laden sie dazu ein, sich frei von der Angst vor Missverständnissen und Sanktionen mit anderen Kulturen auseinanderzusetzen.[3] Gabriela Scherer und Karin Vach (2019) bezeichnen Kinderliteratur dann als interkulturell, wenn von vielgestaltigen Welten und Kulturen erzählt wird, wenn sich unterschiedliche literarästhetische und mediale Traditionen in den Texten spiegeln, wenn eine thematische und sprachliche Vielfalt etwa im Hinblick auf kulturelle Symbole, Motive und Bilder zum Ausdruck kommt oder wenn kulturelle Verflechtungen und Überschneidungen sichtbar werden.[4]

Der Nachteil vieler interkultureller Texte liegt jedoch darin, dass sie mitunter genau das fördern, was zu verhindern eigentlich ihr Ziel ist. Anhand einer Vielzahl von Beispielen arbeitet Andra Riemhofer (2017) heraus, dass gerade solche kinder- und jugendliterarischen Texte, die interkulturelle Begegnungen explizit zum Thema machen, häufig besonders stark mit Klischees und Stereotypisierungen arbeiten.[5]

---

1 Für einen umfassenden Überblick vgl. Andra Riemhofer, 2017, Interkulturelle Kinder- und Jugendliteratur in Deutschland. Lesen auf eigene Gefahr, 2. überarb. Aufl. Baden-Baden: Tectum.
2 Vgl. Gabriela Scherer und Karin Vach, 2019, Interkulturelles Lernen mit Kinder- und Jugendliteratur. Unterrichtsvorschläge und Praxisbeispiele, Seelze: Klett, S. 24.
3 Vgl. Eva Burwitz-Melzer und Jürgen Quetz, 2011, Shaun Tan's Arrival als *graphic novel* für alle Fremdsprachen, in: Drei Schritte vor und manchmal auch sechs zurück: Internationale Perspektiven auf Entwicklungslinien im Bereich Deutsch als Fremdsprache, hrsg. von Barbara Schmenk und Nicola Würffel, Tübingen: Narr Francke Attempto, S. 135–145, hier S. 136.
4 Scherer und Vach, Interkulturelles Lernen mit Kinder- und Jugendliteratur [Anm. 2], S. 23.
5 Vgl. Riemhofer [Anm. 1], S. 3 u. 155.

Shaun Tans Graphic Novel *Ein neues Land* (2008; OT: *The Arrival*, 2006) beschränkt sich nicht auf die Darstellung spezifischer fremder Kulturen, sondern erschafft eine gänzlich neue, die für alle Rezipient*innen gleichermaßen fremd ist. Der Gefahr, dass die an sich schon schwer zu definierende ‚deutsche Kultur' automatisch und unreflektiert als Norm gesetzt und gegen fremde Kulturen abgegrenzt wird,[6] kann mit der Wahl von Tans Graphic Novel zur interkulturellen Bildung somit aktiv entgegengewirkt werden. Das Konzept der Multi- bzw. Interkulturalität wird eher auf einer Metaebene verhandelt. „Es ist diese Offenheit, die es potentiell allen Rezipienten erlaubt, sich mit der Hauptfigur zu identifizieren, gleichgültig welcher Kultur er oder sie angehört."[7] Anlehnungen an bestimmte Kulturen lassen sich zwar durchaus erkennen, jedoch werden diese jeweils derart verfremdet, dass im Rahmen einer didaktischen Auseinandersetzung in der Sekundarstufe I die Sinnhaftigkeit konkreter Zuschreibungen fragwürdig bleibt. Unter anderem aus diesem Grund soll der folgende Beitrag zu einer handlungs- und produktionsorientierten Auseinandersetzung mit Tans Graphic Novel anstelle einer diskursiv-analytischen anregen.

2. *The Arrival* und der Aufbruch in die Fremde

Die *Graphic Novel* „hat eine rasante kulturelle Karriere erlebt: Aus den populärkulturellen Comic-Traditionen und -Anfängen heraus hat sie sich einen Status als anerkannte literarische Gattung erobert".[8] Dabei nutzt sie „die Bildsprache der Comics sowie Perspektiven und Darstellungsstrategien des Films, um Geschichten zu erzählen oder sogar nicht-fiktionale Inhalte zu vermitteln."[9] Die zunehmende Popularität dieser multimodalen Textsorte kann vor allem mit einer Tendenzwende zur Medialisierung des Erzählens erklärt werden: „*Storytelling* findet heute in allen Medien statt, nicht mehr nur in gedruckter Form [...], und Bilder und grafische Darstellungen halten Einzug in traditionell wortgebundene Gattungen wie den Roman."[10]

---

6 Vgl. Ramses Michael Oueslati, 2013, Interkulturelle Bildung in der Schule. Kulturelle Vielfalt verwerten oder echte Teilhabe gewährleisten?, in: Interkulturelles Lernen. Ein Praxisbuch, hrsg. von Regine Hartung, Katty Nöllenburg und Özlem Deveci, Schwalbach: Debus Pädagogik Verlag, S. 22–34, hier S. 31.
7 Stefan Höppner, 2012, Ohne Worte. Erzählweisen des Fremden in Shaun Tans *The Arrival*, in: Comic und Literatur: Konstellationen, hrsg. von Monika Schmitz-Emans, Berlin: De Gruyter, S. 136–166, hier S. 139 f.
8 Wolfgang Hallet, 2012, Graphic Novels. Literarisches und multiliterales Lernen mit Comic-Romanen, in: *Der Fremdsprachliche Unterricht Englisch* 46, H. 117, Graphic Novels, S. 2–8, hier S. 2.
9 Solveig Möhrle, 2012, Editorial, in: Der Fremdsprachliche Unterricht Englisch 46, H. 117, *Graphic Novels*, S. 1.
10 Hallet, Graphic Novels [Anm. 8], S. 2–8, hier S. 2 [Herv. i. Orig.]; vgl. zum Phänomen der Medialisierung: Ansgar Nünning und Jan Rupp, 2011, Hybridisierung und Medialisierung als Kataly-

Im Fall von Tans Graphic Novel *Ein neues Land* wird das in der Gattung gewöhnlich vorhandene Zusammenspiel von Bild und Text aufgelöst. Durch den „vollständigen Verzicht auf Schrift"[11] wird in dieser *Silent Graphic Novel* ausschließlich über die bildliche Dimension erzählt, wodurch insbesondere die Kompetenz der *visual literacy* der Rezipient*innen herausgefordert wird:[12] „[D]as Buch [stellt] besonders hohe Anforderungen an die Kompetenz im Dekodieren von Bildern, vor allem da sich die Zeichnungen Tans oft nur bei geduldigem Betrachten erschließen."[13] Die in Erdtönen und schwarz-weiß gehaltenen Illustrationen zeichnen sich durch eine hohe Komplexität aus,[14] indem nicht nur die Detailfülle der Bilder, sondern auch die Begegnung mit unbekannten Requisiten, Schriftzeichen, Kreaturen und Gebräuchen einer fremden Kultur zu einer konzentrierten Betrachtung herausfordert. Darüber hinaus rekurrieren die Bilder häufig auf „Details aus vorherigen Abbildungen, präzisieren oder variieren sie. So muss der Leser stets auf der Suche nach visuellen ‚Echos' sein, die ihm Bedeutung erschließen können."[15] Die „photographisch anmutende[n]"[16] Bildsequenzen erinnern an Stummfilme aus den 1920er Jahren und ermöglichen über den visuellen Code den Nachvollzug der Fluchtgeschichte eines Mannes, der in dem ersten von sechs Kapiteln Abschied von seiner Familie nimmt und seine düster und bedrohlich wirkende Heimat verlässt, um jener an einem sichereren Ort eine neue Existenz zu ermöglichen. Hierzu muss er sich als Außenseiterfigur in einer unvertrauten Umgebung zurechtfinden:

---

satoren der Gattungsentwicklung: Theoretischer Bezugsrahmen, Analysekategorien und Funktionshypothesen zur Medialisierung des Erzählens im zeitgenössischen Roman, in: Medialisierung des Erzählens im englischsprachigen Roman der Gegenwart. Theoretischer Bezugsrahmen, Genres und Modellinterpretationen, hrsg. von dies., Trier: WVT 2011, S. 3–43, hier S. 3 f.; vgl. dazu auch Wolfgang Hallet, 2009, Visual Images of Space, Movement and Mobility in the Multimodal Novel, in: Moving Images – Mobile Viewers. 20th Century Visuality, hrsg. von Renate Brosch und unter Mitarbeit von Ronja Tripp und Nina Jürgens, Berlin: LIT, S. 227–247, hier S. 227.

11 Lisa König, 2017, Shaun Tan: Ein neues Land (2008/OA 2006). Orientierungslos?! Fremdheitserleben als Folge von Flucht (ab Klasse 9), in: Flucht-Literatur. Texte für den Unterricht. Band 2: Sekundarstufe I und II, hrsg. von Dieter Wrobel und Jana Mikota, Baltmannsweiler: Schneider Verlag Hohengehren, S. 53–60, hier S. 53.
12 Vgl. Möhrle, Editorial [Anm. 9], S. 1: „In der Beschäftigung mit dieser multimodalen Textsorte und dem Leben in Bildkästen (*panels*) schulen Lernende ihre narrative Kompetenz, ihre *visual literacy* und sie erwerben Lesestrategien, die für das Erschließen von Bildern, Filmen und anderen Texten hilfreich sind." [Herv. i. Orig.].
13 Burwitz-Melzer und Quetz, Shaun Tan's Arrival als *graphic novel* für alle Fremdsprachen [Anm. 3], S. 138.
14 Vgl. ebd., S. 138: „Die Illustrationen sind schwarz-grau, braun oder sepiafarben."
15 Ebd., hier S. 138.
16 König, Shaun Tan [Anm. 11], S. 53.

The city where most events are illustrated is imaginary, where fundamental things such as language, transportation, food, housing and work are all quite strange, and often surreal.[17]

Die Nähe zur Photographie in der bildlichen Darstellung erhöht dabei trotz dieser fremden und surrealen Elemente die Authentizität des Erzählten.[18] Obwohl die neue Heimat durch eine Vielzahl futuristischer Elemente ausgeschmückt ist, referenziert der Autor an anderen Stellen auf Photographien und Gemälde, die beispielsweise Szenen der Migrationsbewegungen nach Australien und Amerika widerspiegeln, aber auch an das durch die Weltkriege zerstörte Europa erinnern.[19] So weist das Passagierschiff nicht zufällig eine Ähnlichkeit zur *Titanic* auf und auch die Ankunft desselben an einer dem Zielort vorgelagerten ‚Passier-Schleuse' für Immigranten verweist nicht weniger zufällig auf Ellis Island:

> Gerade vor der Folie dieser allseits bekannten Bilder erfährt der Leser einerseits ein *déjà vu* – denn die Schiffsreisen, die gedrängte Fülle unruhig wartender Menschen auf Ellis Island, die Abschieds- und Ankunftsszenen sind ja allseits abrufbares Wissen –, andererseits wird er aber auch zutiefst verunsichert, denn gerade vor dem bekannten Hintergrund wirken die visuellen Verfremdungen [...] doppelt fremd. So schafft es Tan, den Leser selbst Fremdheit spüren zu lassen; ganz gleich aus welcher Kultur er kommt, er kann nachvollziehen, was der auswandernde Vater erlebt.[20]

Nach der Ankunft in der neuen Stadt muss der Protagonist die vorhandene sprachliche Barriere überwinden, indem er Dinge auf Papier aufmalt oder seine Fragen mithilfe von Gestik und Mimik auszudrücken versucht. In einem möblierten Mietzimmer angekommen, findet er sich umringt von neuen Gebrauchsgegenständen, deren Funktion ihm zunächst unbekannt ist. Trost spenden ihm in der Fremde zu Beginn lediglich einige Erinnerungsstücke, darunter das gerahmte Bild von seiner Familie, die er in einem kleinen Koffer mitnehmen konnte.

Während seiner ersten Stadterkundungen trifft der Protagonist auf drei sehr aufgeschlossene Personen, die ihm helfen und von „ihren ganz eigenen

---

17 Tan, Shaun: The Arrival. Teacher's Booknotes. 2006. https://pdf4pro.com/amp/view/teacher-s-book-notes-the-arrival-scholastic-3e1a9c.html (21.01.2024).
18 Vgl. Höppner, Ohne Worte [Anm. 7], S. 147.
19 Shaun Tan, 2006, The Arrival, London: Hodder Childrens Books, Artist's Note: „The drawing of migrants on a ship pays homage to a painting by Tom Roberts, *Going South*, 1886, at the National Gallery of Victoria, Melbourne. Other Visual references and inspirations include a 1912 photograph of a newsboy announcing the Titanic sinking, picture postcards of New York from the turn of the century, photographs of street scenes from post-war Europe [...]. Several drawings of immigrant processing, passport pictures and the ‚arrival hall' are based on photographs taken at Ellis Island, New York from 1892 to 1954 [...]."
20 Burwitz-Melzer und Quetz, Shaun Tan's Arrival als *graphic novel* für alle Fremdsprachen [Anm. 3], S. 139.

[Flucht-]Geschichten [erzählen], die [den Rezipient*innen] in Form von Flashbacks als Nebenhandlungen"[21] präsentiert werden. Die erste Binnenerzählung wird von einer jungen Frau eröffnet, die in ihrer Heimat zur Zwangsarbeit versklavt wurde. Die Bilder ihrer Erinnerungsgalerie erzählen von einer dystopischen Stätte der industriellen Massenproduktion, in der das Individuum lediglich als Produktionskraft angesehen wird und sein Recht auf Bildung und Freiheit verloren hat. Der zweite Flashback, erzählt von einem Familienvater, handelt von der Flucht vor einem bedrohlichen und übermächtigen Regime. Die Erinnerungsbilder des Erzählenden spielen in vielerlei Hinsicht auf die Katastrophe des Zweiten Weltkriegs und die Verbrechen der Nationalsozialisten an: Übermächtige Gestalten in Springerstiefeln, die mit Gasmasken auf Menschen Jagd machen, welche, wie ‚Schädlinge' oder ‚Unrat', von riesigen Geräten erfasst werden, die in ihrer Gestalt an eine Kombination aus einem Staubsauger und einem Verbrennungsofen erinnern. Diese Assoziation wird durch einen interpikturalen Verweis zum Berliner Holocaust-Mahnmal verstärkt: Innerhalb des ganzseitigen Panels zeigt sich das zusammengekauerte Paar, bestehend aus dem Familienvater und seiner Frau, umringt von den sich in Schieflage befindenden massiven Betonstelen. Die dritte Fluchtgeschichte wird von einem Kriegsinvaliden rekapituliert, der mit Uniform und Bajonett für sein Land in den Krieg zog, um unbestimmte Zeit später in eine Heimat aus Ruinen und verbrannter Erde zurückzukehren. Alle drei Geschichten weisen potenzielle Interferenzen zu aus den Medien bekannten und im kulturellen Gedächtnis der Rezipient*innen eingelagerten Bildern von Kriegs- und Terrorvergehen auf. Sie sind in ihrer Gestaltungsweise jedoch nicht eindeutig räumlich und zeitlich zu kontextualisieren – arbeiten also mit einer gezielten Unbestimmtheit, indem auf eindeutige Symbole, Uniformen oder Raum- und Zeitangaben verzichtet wird. Alle drei Fluchtgeschichten verdeutlichen, dass die Betroffenen ihre Heimat aus nachvollziehbaren Gründen verließen, da ihre Grundbedürfnisse nicht mehr gedeckt waren, ihre Grundrechte missachtet wurden und/oder sie sich sogar in Lebensgefahr befanden.

Das durch eine helle Farbgebung visualisierte und dadurch friedlich wirkende ‚neue Land', dessen städtische Silhouette darüber hinaus durch das Wahrzeichen einer die Dächer überragenden weißen Vogelskulptur, die an eine Friedenstaube erinnert,[22] ausgeschmückt wird, setzt sich gleichermaßen aus bekannten wie

---

21 Martin Miller, 2014, Interkulturelles Lernen ohne Worte! Shaun Tan's Graphic Novel „The Arrival", in: Praxis Fremdsprachenunterricht 11 (2014) 2, S. 8–12, hier S. 9 [Ergänzungen der Verf.].
22 Vgl. dazu auch König, Shaun Tan [Anm. 11], S. 55: „Während in der alten Heimat geradlinige Straßenzüge, scharfkantige Ecken und identische Häuser das Bild dominieren, finden sich im ‚neuen Land' rundere Formen, welche mit floralen, verschlungenen Mustern unterschiedlichste Gebäudetypen schmücken. Die beinahe engelsgleichen Vogelstatuen stehen dabei in deutlicher Diskrepanz zu dem reptilienähnlichen Schwanz, welcher das Stadtbild der Heimatstraßen des Protagonisten kennzeichnet."

unbekannten Attributen urbaner Settings zusammen: Neben Fabriksäulen, Treppen, Häusern und bepflanzten Grünflächen tauchen u. a. fliegende Schiffe, tierische Phantasiewesen, ‚Stein-Tipis' und riesige Zahnräder auf, die der Umgebung einen Einschlag aus dem Science-Fiction-Genre verleihen.

Das Leben in der neuartigen Umgebung wird für den Neuankömmling in vielerlei Hinsicht zur Herausforderung: Er muss sich nicht nur mit dem unbekannten Schriftzeichensystem vertraut machen, sondern auch damit zurechtkommen, dass das Konzept Zeit nicht mehr nach dem altvertrauten Muster organisiert ist. Somit ist er überwiegend auf seine Intuition, aber auch auf die Hilfe der Einheimischen angewiesen, die ihm anfangs insbesondere durch Mimik und Gestik zu helfen versuchen. Zusätzlich kostet ihn die Suche nach einer Arbeitsstelle viel Kraft, da die Betätigungsfelder der neuen Heimat undurchschaubare Strukturen aufweisen. Als Freund und alltäglicher Begleiter steht dem Protagonisten ein kleines phantastisches Haustier zur Seite.[23] Insgesamt werden Tiere als ein fester Bestandteil der Gesellschaft angesehen und in das tägliche Leben und Miteinander integriert.

3. Didaktischer Kommentar

Literarische Texte spielen eine wichtige Rolle bei der Auseinandersetzung mit der eigenen Person. Dabei sind sie nicht nur „Spiegel für persönliche Probleme, sondern vermitteln auch fremde Erfahrungsperspektiven."[24] Sie sind ein „Element der imaginativen und gedanklichen Welterkundung, über die jeweils gelebte individuelle Erfahrung hinaus."[25] Grundlegende Ziele des Literaturunterrichts sind u. a. die Förderung der Überwindung der eigenen Egozentrik sowie der Aufbau von Empathie und Fremdverstehen.[26] Beide Aspekte sind beim interkulturellen Lernen essentiell und dies gelingt – so der Grundgedanke der folgenden didaktischen Überlegungen – sehr viel eher durch einen affektiven als durch einen kognitiven Ansatz. Hierzu braucht es einen engen und intensiven Kontakt mit dem literarischen Text, der „durch handelndes Reagieren auf ihn und produktives Agie-

---

23 Vgl. König, Shaun Tan [Anm. 11], S. 56: „Die dargestellten Lebewesen scheint der ankommende Flüchtling aus seiner alten Heimat nicht zu kennen. So erschrickt er beispielsweise bei der Erkundung seiner Unterkunft aufgrund des Auftauchens eines für ihn unbekannten, chamäleonartigen Tieres."
24 Kaspar H. Spinner, 2001, Zielsetzungen des Literaturunterrichts, in: Kreativer Deutschunterricht. Identität, Imagination, Kognition, hrsg. von dems., Seelze: Kallmeyer, S. 168–173, hier S. 171.
25 Gerhard Haas, 2018, Handlungs- und produktionsorientierter Literaturunterricht, 12. Aufl. Seelze: Kallmeyer, S. 34.
26 Vgl. Spinner, Zielsetzungen des Literaturunterrichts [Anm. 24], S. 171.

ren mit ihm"²⁷ hergestellt wird. Werden diese Verfahren sinnvoll eingesetzt, so können einerseits individuelle Anknüpfungspunkte geschaffen und andererseits die Aufmerksamkeit für das Fremde auch über die Textgrenzen hinaus gesteigert werden.²⁸

Eben solche Anknüpfungspunkte sollten gleich zu Beginn der Auseinandersetzung mit dem Text hergestellt werden. Neben einer kognitiven Auseinandersetzung mit der Graphic Novel – etwa im Rahmen eines literarischen Gesprächs – können Formen des Szenischen Spiels vor allem einen affektiven Zugang zur Handlung bieten. Abschließend wird durch eine kreative Aufgabenstellung eine Brücke zwischen fiktionalem Geschehen und faktualer Realität geschaffen.

4. *The Arrival* in der Sekundarstufe I

Der Umgang mit Tans Graphic Novel wird gegen Ende der Sekundarstufe I, frühestens ab Klassenstufe 9 empfohlen. Gegebenenfalls kommt auch eine Betrachtung in der Sekundarstufe II infrage – insbesondere dann, wenn historische Kontexte und Verweise stärker einbezogen werden. In diesem Beitrag soll der Fokus jedoch auf einer Lerngruppe jüngeren Alters liegen. Zwar setzt sich Tans Bilderzählung aus einem Mosaik von bildlichen, historischen und literarischen Anspielungen und Verweisen zusammen, jedoch stehen diese allein im Dienst der Erzählung und müssen für eine angemessene Rezeption nicht im Einzelnen entschlüsselt werden.²⁹

Durch das ergebnisoffene und schüler*innenorientierte Unterrichtskonzept können die folgenden Vorschläge für alle Schulformen adaptiert werden und eignen sich insbesondere auch für heterogene Klassen. Eine groß angelegte und international durchgeführte Studie von Evelyn Arizpe, Teresa Colomer und Carmen Martínez-Roldán (2015) zu Tans Graphic Novel im Schulunterricht mit Migrantenkindern hat das enorme Potential des Textes bereits unter Beweis gestellt.³⁰

Literarische Texte ermöglichen eine Annäherung an Figuren, Situationen, Zeiten und Orte, die Lesende selbst nie erleben werden. Diese Alterität schafft einerseits eine

---

27 Haas, Handlungs- und produktionsorientierter Literaturunterricht [Anm. 25], S. 44.
28 Vgl. Kaspar H. Spinner, 2010, Handlungs- und produktionsorientierter Literaturunterricht, in: Taschenbuch des Deutschunterrichts. Band 2: Literatur- und Mediendidaktik, hrsg. von Volker Frederking, Hans W. Huneke, Axel Krommer und Christel Meier, Baltmannsweiler: Schneider Verlag Hohengehren, S. 311–325, hier S. 319.
29 Vgl. Höppner, Ohne Worte [Anm. 7], S. 155.
30 Evelyn Arizpe, Teresa Colomer und Carmen Martínez-Roldán, 2015, Visual Journeys Through Wordless Narratives. An International Inquiry with Immigrant Children and *The Arrival*, London, New York: Bloomsbury Academic.

Distanz zwischen Texten und Lesenden, ermöglicht aber andererseits zugleich, sich sukzessive an diese Fremdheit heranzutasten.³¹

Dieses Herantasten kann durch produktionsorientierte Zugänge des Szenischen Spiels unterstützt werden, indem „die Schüler mit ihrer Stimme und ihrem Körper Zugänge zu einem Text erproben und zur Darstellung bringen"³², wodurch insbesondere ihre „Fantasie und Interaktionsfähigkeit"³³ gefördert wird. Somit werden unterschiedliche Handlungsabschnitte der Graphic Novel durch eine intensivere Art der Textbegegnung erfahrbar, indem „Lernende und Lehrende mit all ihren Sinnen eingebunden"³⁴ werden.

Phantasiereise
Die Fluchtgeschichte des Protagonisten kann zum Einstieg der Unterrichtseinheit von den Schüler*innen oder der Lehrperson in eine Phantasiereise überführt werden, durch die ihre jeweiligen Zuhörer*innen die Flucht in das ‚neue Land' imaginativ miterleben können. Hierbei soll der Blickpunkt vor allem auf die Umstände gelenkt werden, die den Familienvater zur Flucht veranlasst haben. Da die Bedrohung in seiner Heimat sehr abstrakt dargestellt wird (drachenähnliche Schattensilhouette), bietet diese Aufgabe viel Interpretationsraum und regt zur Reflexion darüber an, welche Umstände zu einem solchen Entschluss führen können. Auch andere Stationen der Fluchtgeschichte können so thematisiert werden. Die Ankunft in der fremden Stadt eignet sich ebenfalls für eine Beschreibung im Format dieser Methode. Der Phantasiereise-Spielleiter kann hierbei individuelle Akzente setzen und wahlweise „charakteristische Merkmale des Ortes, wichtige Gegenstände, die anwesenden Personen und[/oder] deren Handlungen"³⁵ beschreiben, wodurch ein Nachvollzug dieser geschilderten Irritationsmomente ermöglicht wird. Ein anschließendes Gespräch im Klassenverbund regt dazu an, die gesammelten Eindrücke und Gefühle zu verbalisieren.³⁶

Ist die Phantasiereise von der Lehrkraft konzipiert, könnte diese damit enden, dass der Protagonist in der fremden Unterkunft ankommt und seinen Koffer öffnet. Zum Abschluss kann die Frage formuliert werden, welche persönlichen (All-

---

31 Dieter Wrobel und Jana Mikota, 2017, Flucht-Literatur. Texte für den Unterricht. Vorwort, in: Flucht-Literatur (Band 2: Sekundarstufe I und II, hrsg. von dens., Baltmannsweiler: Schneider Verlag Hohengehren, S. 9–10, hier S. 9.
32 Kaspar H. Spinner, 2017, Szenische Interpretation, in: Methoden im Deutschunterricht. Exemplarische Lernwege für die Sekundarstufe I und II. Praxis Deutsch, hrsg. von Jürgen Baurmann und Clemens Kammler, Seelze: Kallmeyer in Verbindung mit Klett 2017, S. 101–103, hier S. 101.
33 Ulf Abraham und Matthis Kepser, 2009, Literaturdidaktik Deutsch. Eine Einführung, Berlin: Erich Schmidt 2009, S. 223.
34 Ingo Scheller, 1998, Szenisches Spiel. Handbuch für die pädagogische Praxis, Berlin: Cornelsen Scriptor, S. 13.
35 Ebd., S. 39–40.
36 Vgl. ebd., S. 40.

tags-)Gegenstände sich darin befinden, was wiederum unmittelbar zur nächsten Aufgabenstellung überleiten kann.

Museumsrundgang

Die Graphic Novel beginnt und endet mit einer Bilderstrecke von Alltagsgegenständen – manche von ihnen wurden von dem Protagonisten mitgenommen, andere mussten zurückgelassen werden und wurden durch neue ersetzt. In diesem Zusammenhang stellen sich unweigerlich die Fragen, inwieweit Heimat, Alltag und Kultur auch mit persönlichen Gegenständen verknüpft sind. Diese Fragen sollen sich auch die Schüler*innen stellen, indem sie sich Gedanken darüber machen, welche Gegenstände sie selbst bei einem Aufbruch in die Fremde ohne Wiederkehr mitnehmen würden.

Diese Gegenstände können am Folgetag innerhalb der Klasse ausgestellt und deren Betrachtung in Form eines Museumsrundgangs arrangiert werden. Es ist zu erwarten, dass sich manche Gegenstände ähneln (etwa Erinnerungsfotos), andere aber stark variieren. Vielleicht geben sie sogar Aufschluss über unterschiedliche kulturelle Hintergründe der Kinder selbst. Die Ergebnisse können schließlich für einen Dialog über Heimat, Kultur und Fremdheit genutzt werden.

Pantomime

Um einen besseren Nachvollzug der Fremdheitserfahrungen zu gewährleisten, würde sich ebenfalls die pantomimische Nachstellung ausgewählter Textstellen eignen, in denen Tans Protagonist durch das neue Umfeld, das unbekannte Sprachsystem und die dort geltenden Regeln und Konventionen Strategien zur Verständigung entwickeln muss. Über diesen Weg wird für die Schüler*innen individuell erfahrbar, wie schwierig es ist, wenn sprachliche Barrieren die Kommunikation erschweren oder verhindern, sodass übergangsweise Problemlösungsstrategien entwickelt werden müssen und z. B. Gestik und Mimik einen ganz anderen Stellenwert erlangen. Ebenfalls können Momente des anfänglichen Scheiterns, der Isolation und Ablehnung über diese Darstellungsweise thematisiert werden. Die ausgewählten Sequenzen könnten außerdem zur Erstellung eines kurzen Stummfilms weiterverwendet werden, den die Schüler*innen im Rahmen einer Gruppenarbeit in Eigenregie drehen. Somit müssen sie wirkungsästhetische Entscheidungen treffen, die u. a. das Setting, mögliche Requisiten und Kostüme, die passende Vertonung (Filmmusik) und auch die Szenenauswahl sowie die ausgewählten Kameraperspektiven einbeziehen. Die individuell getroffenen Darstellungsentscheidungen können zu einer vertiefenden emotional-affektiven und selbstreflexiven Auseinandersetzung mit dem Unterrichtsinhalt führen.

Kreativer Arbeitsauftrag
Zum Abschluss der Unterrichtseinheit kann sich von der konkreten Vorlage der Graphic Novel gelöst werden, um einen genaueren Blick auf die Vorgehensweise des Autors zu werfen. Die von Tan erzählte Geschichte ist zwar fiktional, jedoch orientierte er sich bei der Konzeption der Handlung an authentischen Fluchtberichten, Fotografien und künstlerischen Darstellungen unterschiedlicher Epochen und Nationalitäten. Um eine Verbindung zwischen den Erfahrungen mit dem fiktionalen Werk und der historischen und aktuellen Realität bezüglich der Themen Flucht und Migration herzustellen, können sich die Schüler*innen im Rahmen einer produktionsorientierten Aufgabenstellung der Arbeitsweise des Autors annähern. Hierzu soll der Klasse Material unterschiedlicher Medialitäten zur Verfügung gestellt werden, welches für eine eigene kreative Herangehensweise an die Thematik genutzt werden soll.[37] Wie auch Shaun Tan sollen die Schüler*innen durch die Inspiration authentischer Ereignisse eine Geschichte zu den Themen Flucht, Migration und der Begegnung unterschiedlicher Kulturen erzählen. Es gilt nun, Empathie und Fremdverstehen nicht nur handelnd, aber rezeptiv nachzuvollziehen, sondern mithilfe realer Vorbilder auch produktiv, anhand selbst erdachter Figuren, unter Beweis zu stellen.

Der Arbeitsauftrag sollte hier offen genug sein, um ausreichend Raum für kreative Prozesse zu gewähren, aber mithilfe der bereitgestellten Materialien dennoch genug Orientierung bereitzustellen, um einen selbstbewussten Umgang mit einer solch offenen Aufgabenstellung zu ermöglichen. Wie genau dieser kreative Arbeitsauftrag aussehen soll, kann spezifisch an die Lerngruppe angepasst werden (abhängig von Klassenstufe, Leistungsniveau, (schrift-)sprachlichen Kompetenzen, Heterogenität etc.). Geeignet erscheinen auf den ersten Blick das kreative Schreiben oder – gleich der Graphic Novel Tans – bildnerisches Erzählen durch Zeichnungen und/oder (Foto-)Collagen. Auch szenische Umsetzungen sind in diesem Zusammenhang denkbar.

---

37 Folgende drei Adressen erscheinen zur Materialrecherche von Fluchtberichten unterschiedlicher nationaler und kultureller Kontexte vielversprechend:
1. Die Internetseite des Zentrums gegen Vertreibungen (https://www.z-g-v.de/zgv/zeitzeugenberichte): Die Stiftung widmet sich der Aufarbeitung und Archivierung von Berichten zu Flucht und Vertreibung aus dem Osten im 20. Jahrhundert. Es finden sich schriftliche Zeitzeugenberichte zu den Themen Alltagsleben im Herkunftsland, Flucht und Ankunft im Westen sowie Links zu Ausstellungen und YouTube-Videos zu Interviews mit Zeitzeugen.
2. Die Internetseite der UNO-Flüchtlingshilfe (https://www.uno-fluechtlingshilfe.de/hilfe-weltweit/fluechtlinge-erzaehlen): Hier finden sich Fluchtberichte von Menschen unterschiedlicher Nationalitäten des 21. Jahrhunderts.
3. Das HKW (Haus der Kulturen der Welt) baut mit dem *Archiv der Flucht* gerade einen digitalen Gedächtnisort mit 50 Videointerviews von Menschen auf, die in den vergangenen 70 Jahren nach Deutschland bzw. die DDR immigriert sind (https://www.hkw.de/de/programm/projekte/2021/archiv_der_flucht/start.php).

5. Schluss

Höppner (2012) weist neben seiner umfassenden Analyse historischer und (inter-)kultureller Verweise auch auf den utopischen Charakter von Tans Graphic Novel hin. „*The Arrival* [entwirft] ein mögliches Bild davon, wie eine Gesellschaft mit der Migration umgehen sollte und wie es ist, sich als Migrant in einer fremden Gesellschaft zu bewegen."[38] Entgegen Tans ursprünglicher Intention verzichtet er letztlich auf Darstellungen von Rassismus und Ausgrenzung.[39] Die Bilderzählung des australischen Autors bietet somit für die Schüler*innen nicht nur die Möglichkeit einer individuellen und gleichzeitig universellen Fremdheitserfahrung, sondern ist zugleich Vorbild für einen offenen und empathischen Umgang mit Angehörigen fremder Kulturen.

---

38 Höppner, Ohne Worte [Anm. 7], S. 162 [Herv. i. Orig.].
39 Vgl. ebd., S. 161 f.

Verzeichnis der Beiträger*innen

Dr. **Vesna Bjegač**, Akademische Rätin am Lehrstuhl Didaktik der deutschen Sprache und Literatur sowie des Deutschen als Zweitsprache der Ludwig-Maximilians-Universität München; *Forschungsschwerpunkte:* Interdependenzen von Wissen (und Wissensproduktionen), Machtverhältnissen und Subjektbildungsprozessen im Kontext von Migration, Sprache(n) und Bildung, Diskurs- und subjektivierungsanalytische Zugänge im Literaturunterricht, Empowerment und Sprachen(-bildung).

PD Dr. **Natalia Blum-Barth**, Wissenschaftliche Mitarbeiterin am Institut für Germanistik: Literatur, Sprache, Medien am Karlsruher Institut für Technologie (KIT); aktuelle *Forschungsschwerpunkte:* Didaktik und Mehrsprachigkeit, übersetzte Literatur, transnationale Literatur, Literatur und Medien.

Prof. Dr. **Antonella Catone** ist assoziierte Professorin für deutsche Sprache und Übersetzung an der Universität Foggia. Aktuelle *Forschungsschwerpunkte*: Interkulturelle Literatur im DaF-Unterricht, Übersetzungsdidaktik, Fachsprache in literarischen Texten.

Ben Dittmann, B. A. Kulturwissenschaften und aktuell Masterstudium in Neuerer Deutscher Literaturwissenschaft an der FernUniversität in Hagen; aktuelle *Forschungsinteressen:* Kulturgeschichte der Stelle, Kulturtechniken der Stellenkonstitution.

Dr. **Susanne Drogi**, Wissenschaftliche Mitarbeiterin im Bereich Grundschuldidaktik Deutsch an der Martin-Luther-Universität Halle-Wittenberg; *Forschungsschwerpunkte:* KJL im Medienverbund, Zeitgeschichtliche KJL.

Prof. 'in Dr. **Juliane Dube**, Professorin für Germanistische Literatur- und Mediendidaktik an der Justus-Liebig-Universität Gießen; aktuelle *Forschungsschwerpunkte:* Literarisches Lernen mit (interkultureller) (Kinder- und Jugend-)Literatur sowie Medien im inklusiven Deutschunterricht, Entwicklung und Förderung von Lesekompetenz und -motivation.

Dr. **Ute Filsinger** ist akademische Mitarbeiterin an der Pädagogischen Hochschule Karlsruhe; aktuelle *Forschungsschwerpunkte:* Literarische Mehrsprachigkeit in der Kinder- und Jugendliteratur, Ansätze des sprachsensiblen Literaturunterrichts.

Janika Frei-Kuhlmann, Wissenschaftliche Mitarbeiterin am Institut für Germanistik der Justus-Liebig-Universität Gießen; aktuelle *Forschungsschwerpunkte*: Literatur- und Mediendidaktik (darunter insbesondere grafische Literatur und Kinder- und Jugendliteratur) sowie empirische Leseprozess-/Rezeptionsforschung.

Dr. **Katrin Geneuss** ist wissenschaftliche Mitarbeiterin an der Ludwig-Maximilians-Universität München. Sie entwickelt und koordiniert die interdisziplinären Studiengänge „Nachhaltigkeit" und „Bildung für nachhaltige Entwicklung"; aktuelle *Forschungsschwerpunkte*: innovative, ganzheitliche Lernformen für den Fachunterricht

Christiane Hänny, Wissenschaftliche Mitarbeiterin und Doktorandin am Institut für Germanistik an der Rheinland-Pfälzischen Technischen Universität Kaiserslautern-Landau (Campus Landau); aktuelle *Forschungsschwerpunkte*: Bildende Funktionen von Kinder- und Jugendliteratur, Bilderbuchrezeption.

PD Dr. **Ines Heiser**, als abgeordnete Studienrätin wissenschaftliche Mitarbeiterin am Institut für Neuere deutsche Literatur der Philipps-Universität Marburg; aktuelle *Forschungsschwerpunkte*: Literaturunterricht und Diversität unter intersektionaler Perspektive, ästhetisches Lernen im Literaturunterricht, Didaktik der Kinder- und Jugendliteratur und Leseförderung.

Dr. **Astrid Henning-Mohr**, wissenschaftliche Mitarbeiterin an der Martin-Luther-Universität Halle/Wittenberg; aktuelle *Forschungsschwerpunkte*: historische Kinder- und Jugendliteratur, Mehrsprachigkeit der Kinder- und Jugendliteratur, Literarisches Lernen im sprachheterogenen Unterricht.

Dr. **Monika Hernik-Mlodzianowska**, wissenschaftliche Mitarbeiterin an der Universität Potsdam; aktuelle *Forschungsschwerpunkte*: Flucht und Migration in der KJL, Kinder- und Jugendliteratur der DDR.

Dr. des. **Florian Hesse**, Postdoc an der Friedrich-Schiller-Universität Jena, aktuelle *Forschungsschwerpunkte*: literaturdidaktische Professionalisierungs- und Unterrichtsforschung, aktuelle Kinder- und Jugendliteratur und -medien.

Dr. **Christian Hoiß** ist Akademischer Oberrat am Institut für deutsche Sprache und Literatur II an der Universität zu Köln. Seine *Forschungsschwerpunkte* liegen auf kulturwissenschaftlichen Zugängen im Sprach- und Literaturunterricht, mediendidaktischen Implikationen des digitalen Wandels sowie einer fachdidaktischen BNE-Forschung.

Dr. **Larissa Carolin Jagdschian**, wissenschaftliche Mitarbeiterin an der Universität Bielefeld; aktuelle *Forschungsschwerpunkte*: Flucht, zeitgeschichtliche Kinder- und Jugendliteratur und Gedächtnistheorien.

Wolfgang Jäger, Lehrkraft an einem Gymnasium in Frankfurt am Main; aktuelle *Forschungsinteressen*: Kinder- und Jugendmedien und ihre Didaktik, Demokratiebildung und Digitalisierung im Bildungsbereich.

Maike Jokisch, Wissenschaftliche Mitarbeiterin am Institut für Germanistik der Universität Koblenz-Landau (Campus Landau; bis Ende 2022); aktuelle *Forschungsschwerpunkte*: Holocaust-Literatur, Graphic Novels, zeitgenössisches Drama, Krankheitsdarstellungen in der Literatur (insbesondere Demenzdarstellungen in der Literatur), Science Fiction.

Dr. habil. **Annette Kliewer**, Studiendirektorin am Gymnasium im Alfred-Grosser-Schulzentrum Bad Bergzabern mit den Fächern Deutsch, Religion, Ethik und Französisch; aktuelle *Forschungsschwerpunkte*: Holocaust-Forschung, Gender-Studies, Kinder- und Jugendliteratur und ihre Didaktik, interkulturelle Literaturdidaktik.

Dr. **Kristina Kocyba**, wissenschaftliche Mitarbeiterin an der Professur für Schulpädagogik an der Technischen Universität Dresden; aktuelle *Forschungsschwerpunkte*: Exil, Migration und Flucht; schulische Integration Geflüchteter Kulturwissenschaften und ihre Didaktisierung für Schule und Hochschule.

Dr. **Martina Kofer**, akademische Mitarbeiterin an der Universität Potsdam; aktuelle *Forschungsschwerpunkte*: Interkulturelle/postmigrantische Literaturwissenschaft und -didaktik, literarische Mehrsprachigkeitsdidaktik.

Kristina Krieger, wissenschaftliche Mitarbeiterin am Institut für deutsche Literatur und ihre Didaktik an der Goethe-Universität Frankfurt a. M. *Forschungsschwerpunkte*: Diversität in aktueller Kinder- und Jugendliteratur, schulische Rezeption von Kinder- und Jugendtheater.

Dr. **Kirsten Kumschlies**, Akademische Rätin für Grundschuldidaktik Deutsch an der Universität Trier; aktuelle *Forschungsschwerpunkte*: Kinder- und Jugendliteratur zu Mauerfall und Wende, Zeitgenössische Kinderliteratur und ihre Didaktik, Medienverbünde im Unterricht der Grundschule.

Prof. Dr. **Nicole Masanek**, Professorin für Fachdidaktik Deutsch, Schwerpunkt Literaturdidaktik an der Universität Trier; aktuelle *Forschungsschwerpunkte*: Kinder- und Jugendmedien, diversitätsorientierte Literaturdidaktik, Lehrkräfteprofessionalisierung, Entwicklung und Förderung von Lesekompetenz.

Dr. **Jana Mikota**, Oberstudienrätin am Germanistischen Seminar der Universität Siegen im Bereich der Literaturwissenschaft und Literaturdidaktik; aktuelle *Forschungsschwerpunkte:* Kinder- und Jugendliteratur der BRD und DDR, historische und zeitgenössische Kinderliteratur und ihre Didaktik, Diversität und Intersektionalität im Kinderroman.

Dr. **Hajnalka Nagy**, Assoziierte Professorin am Institut für Germanistik/AECC an der Universität Klagenfurt; aktuelle *Forschungsschwerpunkte:* Transkulturelle Erinnerungsarbeit, Literaturdidaktik, Flucht- und Migrationsliteratur.

Prof. Dr. **Damaris Nübel**, Professorin für Ästhetik und Kommunikation in der Sozialen Arbeit (Schwerpunkt Theater/Literatur) an der Katholischen Hochschule Nordrhein-Westfalen, Abteilung Aachen; Lehr- und *Forschungsschwerpunkte:* Kulturelle Bildung, Kulturelle Teilhabe, Kinder- und Jugendliteratur/-theater, biografisches Schreiben/Theater.

Julia Podelo, Lehrkraft für besondere Aufgaben im Bereich Sprachbildung an der HU Berlin; aktuelle *Forschungsschwerpunkte:* Mehrsprachigkeit, diversitätssensible Deutschdidaktik, Literatur der Deutschen aus Russland.

Dr. **Monika Riedel**, Akademische Rätin a. Z. an der Technischen Universität Dortmund; aktuelle *Forschungsschwerpunkte:* Deutsch als Fremd- und Zweitsprache, inter-/transkulturelle und postmigrantische Literatur, kulturreflexives Lernen mit Literatur und Medien.

Prof. Dr. **Jörg Roche**, Institut für Deutsch als Fremdsprache, LMU München; aktuelle *Schwerpunkte:* Spracherwerbs- und Mehrsprachigkeitsforschung, Kognitive Linguistik und Didaktik, Berufsqualifizierende Sprache, Interkulturelle Kommunikation.

Prof. Dr. **Julia Catherine Sander**, Professorin für Neuere deutsche Literaturwissenschaft mit dem Schwerpunkt in der Lese- und Literaturdidaktik an der Johannes Gutenberg-Universität Mainz; aktuelle *Forschungsschwerpunkte:* Kinder- und Jugendmedien und ihre Didaktik, Critical Literacy, Leseförderung in der Ganztagsschule, Digitalisierung

Prof. Dr. **Gabriela Scherer**, Professorin für Literaturwissenschaft und Literaturdidaktik an der Rheinland-Pfälzischen Technischen Universität (RPTU); aktuelle *Forschungsschwerpunkte:* Bilderbuch(rezeptions)forschung, Kinder- und Jugendliteratur und ihre Didaktik, deutschsprachige Gegenwartsliteratur und ihre Didaktik.

Prof. Dr. **Gesine Lenore Schiewer**, Lehrstuhlinhaberin für Interkulturelle Germanistik an der Universität Bayreuth; aktuelle *Forschungsschwerpunkte:* Emotions- und Konfliktforschung, Partizipative Kommunikation und demokratische Strukturen.

Dr. phil. habil. **Susanne Schul**, Habilitation im Fachgebiet Germanistische Mediävistik an der Universität Kassel; Referentin für Angelegenheiten der Hochschulleitung Justus-Liebig-Universität Gießen; aktuelle *Forschungsschwerpunkte:* kulturwissenschaftliche Perspektiven auf Literaturdidaktik, insb. unter Berücksichtigung gendertheoretischer und intersektionaler Theorieansätze sowie literarhistorisches und medienästhetisches Lernen, u. a. mit Bezug auf Comic, Film und Theater.

Dr. **Farriba Schulz**, Wissenschaftliche Mitarbeiterin für Deutschunterricht und seine Didaktik in der Primarstufe an der Humboldt-Universität zu Berlin und an der Universität Potsdam. Aktuell Vertretungsprofessorin für Grundschulpädagogik/Deutsch an der Technischen Universität Dresden. *Forschungsschwerpunkte:* Kinderliteratur und ihre Didaktik mit einem besonderen Fokus auf Kindheitsbildern und (Visual)Literacy im Kontext von Inklusion.

Jun.-Prof. Dr. **Nina Simon**, Juniorprofessorin für DaF/DaZ mit dem Schwerpunkt Kulturstudien am Herder-Institut der Universität Leipzig; aktuelle *Forschungsschwerpunkte:* deutschdidaktische sowie DaFZ-Fragestellungen in der Tradition der Cultural Studies; Vorstandsmitglied des Vereins Migrationspädagogische Zweitsprachdidaktik sowie Sprecherin des Clusters Kulturelle Bildung und Diversität des Netzwerks Forschung Kulturelle Bildung.

HS-Prof. Dr. **Carmen Sippl**, Hochschulprofessorin für Kultursemiotik und Mehrsprachigkeit an der Pädagogischen Hochschule NÖ und Lehrbeauftragte an der Philologisch-Kulturwissenschaftlichen Fakultät der Universität Wien; *Forschungsschwerpunkte:* Anthropozän & Literatur, Kulturökologie & Literaturdidaktik, Inter-/Transkulturalität.

Juliana Sölter war nach ihrem Studium des Lehramts für Grundschulen mit den Fächern Deutsch, Mathematik und Kunst/Werken als wissenschaftliche Mitarbeiterin an der Martin-Luther-Universität Halle tätig. Derzeit absolviert sie ihr zweites Staatsexamen an einer Grundschule in Sachsen; besondere *Arbeitsschwerpunkte:* Didaktik von Deutsch als Zweitsprache und Literaturdidaktik.

Prof. Dr. **Daniela Sorrentino**, Associate Professorin für deutsche Sprache und Übersetzung an der Universität Kalabrien, aktuelle *Forschungsschwerpunkte:* Kinder- und Jugendliteratur und ihre Übersetzung, interkulturelle Didaktik.

Andy Sudermann, freiberuflicher Dozent, u. a. Lehrbeauftragter am Institut für Germanistik der Rheinland-Pfälzischen Technischen Universität Kaiserslautern-Landau, Campus Landau; aktueller *Forschungsschwerpunkt:* Kinder- und Jugendliteratur.

Dr. **Andreas Wicke**, Dozent an der Universität Kassel im Bereich Literaturwissenschaft/Literaturdidaktik; aktuelle *Lehr- und Forschungsschwerpunkte:* Hörspiel, Klassiker-Adaptionen für Kinder, Didaktik der Kinder- und Jugendliteratur.

Dr. habil. **Johannes Windrich**, Lehrer für Deutsch und Philosophie am Rosa-Luxemburg-Gymnasium Berlin; aktuelle *Forschungsschwerpunkte:* Lesetheorien aus dem Umkreis der Embodied Cognition, Gegenwartsliteratur.

Dr. **Cornelia Zierau**, Oberstudienrätin im Hochschuldienst an der Universität Paderborn; aktuelle *Forschungsschwerpunkte:* Interkulturalität und Mehrsprachigkeit, Adoleszenzliteratur.

Eva Maria Waibel
Haltung gibt Halt
Mehr Gelassenheit in der Erziehung
2022, 232 Seiten, broschiert
ISBN: 978-3-7799-7018-7
Auch als E-BOOK erhältlich

Auf der Grundlage ihrer langen Erfahrung als Mutter, Großmutter, Lehrerin, Psychotherapeutin und Dozentin für Pädagogik entfaltet die Autorin Themen wie Menschsein und Selbstbestimmung, Werte und Haltung, Gelassenheit und Offenheit. Sie lenkt unseren Blick auf eine an der Person und deren Sinn orientierte Pädagogik. Dabei geht es um den Blick hinter die Kulissen und tiefes Verstehen, um Augenhöhe und Anfragen, um Grenzsetzung und Abgrenzung. Es geht um Erziehung im Dialog.
In diesem Buch finden Sie dazu vertiefendes Hintergrundwissen und praktische Hinweise, aber auch eine „Landkarte" mit elementaren Wegweisern.

www.beltz.de
Beltz Juventa · Werderstraße 10 · 69469 Weinheim

Milena Feldmann | Markus Rieger-Ladich | Carlotta Voß | Kai Wortmann (Hrsg.)
Schlüsselbegriffe der Allgemeinen Erziehungswissenschaft
Pädagogisches Vokabular in Bewegung
2022, 472 Seiten, Hardcover
ISBN: 978-3-7799-6819-1
Auch als E-BOOK erhältlich

Das pädagogische Vokabular wird von Begriffen geprägt, die manche als »einheimische« kennzeichnen. Aber es gibt auch eine Vielzahl von »Neuankömmlingen«, die in Anspruch genommen werden, wenn es darum geht, die Veränderungen des pädagogischen Feldes zu beobachten und auf den Begriff zu bringen.

Das Buch reflektiert diese Entwicklung, verschafft einen lesbaren, prägnanten Überblick über das pädagogische Vokabular und setzt sich kritisch mit der Genese, Bestimmung und Verwendung der Begriffe auseinander. Dabei geht es darum, den pädagogischen Diskurs in seiner Widersprüchlichkeit, Ungleichzeitigkeit und Dynamik möglichst unvoreingenommen und multiperspektivisch zum Gegenstand zu machen.

Auf diese Weise wird das Buch zu einem attraktiven Nachschlagewerk und Ideengeber für Student*innen, Doktorand*innen und Fachwissenschaftler*innen gleichermaßen.

www.beltz.de
Beltz Juventa · Werderstraße 10 · 69469 Weinheim

Dieter Nittel | Heide von Felden | Meron Mendel (Hrsg.)
Handbuch Erziehungswissenschaftliche Biographieforschung und Biographiearbeit
2023, 1327 Seiten, Hardcover
ISBN: 978-3-7799-6107-9
Auch als E-BOOK erhältlich

Das Konzept Biographie ist für die Pädagogik in vielerlei Hinsicht bestimmend: Denn Erziehung, Bildung und Lernen sind immer sowohl in biographische Erfahrungen als auch gesellschaftliche Strukturen eingebettet. Das Handbuch vereinigt erstmals Beiträge der erziehungswissenschaftlichen Biographieforschung mit denen der pädagogischen Biographiearbeit und gestaltet das Verhältnis von Theorie und Praxis somit transparenter. Es bietet einen Überblick in alle erziehungswissenschaftliche Subdisziplinen, Einblicke in breite Themengebiete und Antworten auf Methodenfragen. Zugleich wird die internationale Diskussion einbezogen und eine Brücke zwischen der Geschichte der Forschungsrichtung und den Zukunftsvorstellungen jüngerer Forscherinnen und Forscher geschlagen.

www.beltz.de
Beltz Juventa · Werderstraße 10 · 69469 Weinheim